U0679512

中国人为人、处世、治学的必读书。

耀世典藏版
YAO SHI DIAN CANG BAN
丛书主编 刘光蓉

国学今读系列

五经全鉴

■ [西周] 姬昌等◎著　芳园◎主编

天津出版传媒集团

天津人民出版社

图书在版编目（CIP）数据

五经全鉴：耀世典藏版 /（西周）姬昌等著；芳园
主编 . —— 天津：天津人民出版社，2015.3（2019.7 重印）
（国学今读系列 / 刘光远主编）
ISBN 978-7-201-09144-0

Ⅰ.①五… Ⅱ.①姬… ②芳… Ⅲ.①五经—通俗读
物 Ⅳ.① B222.1-49

中国版本图书馆 CIP 数据核字 (2015) 第 033167 号

五经全鉴（耀世典藏版）
WUJING QUANJIAN（YAOSHIDIANCANG BAN）

出　　版	天津人民出版社
出 版 人	刘　庆
地　　址	天津市和平区西康路 35 号康岳大厦
邮政编码	300051
邮购电话	（022）23332469
网　　址	http://www.tjrmcbs.com
电子信箱	reader@tjrmcbs.com

责任编辑	刘建鹏
装帧设计	映象视觉

制版印刷	三河市同力彩印有限公司
经　　销	新华书店
开　　本	720×1020 毫米　1/16
印　　张	27.5
字　　数	600 千字
版次印次	2015 年 3 月第 1 版　2019 年 7 月第 2 次印刷
定　　价	89.00 元

版权所有　侵权必究
图书如出现印装质量问题，请致电联系调换（022-23332469）

前　言

　　所谓"五经"，是《周易》《尚书》《诗经》《礼记》和《春秋》这五本书的合称，经朱熹编定之后广为流传。"五经"自南宋定名后一直延续至今，影响极为深远。千百年来，"五经"启迪了中国人对自然与社会的深刻感受，启发了华夏儿女的智慧，上至帝王将相、下至黎民百姓，一生都追求"修身、齐家、治国、平天下"的古训。"五经"具有极大的影响力，其中所蕴含的优秀文化正潜移默化地影响着人们，使我们既可以通过它了解中华民族的历史，也可以在汲取传统文化精髓的过程中，增智广识、立德励志。

　　《周易》被誉为"群经之首，大道之源"，是我国最古老且最深邃的哲学经典。《周易》在内容上特别强调宇宙变化生生不已的性质，提出了"天地之大德曰生""生生之谓易"的主张；又提出通变观念，"穷则变，变则通，通则久"，发挥了"物极必反"的思想，强调"居安思危"的忧患意识；还肯定了变革的重要意义。

　　《尚书》是我国现存最早的官方史书，是上古历史文件的汇编。该书分为《虞书》《夏书》《商书》和《周书》四个部分，主要记录虞夏、商、周各代一部分帝王的言行。其最引人注目的思想倾向，是以天命观念解释历史兴亡，以便为现实提供借鉴。

　　《诗经》是我国第一部诗歌总集，收录西周初年至春秋中叶三百余首诗歌，根据音乐不同划分为"风""雅""颂"三部分，全面反映了先秦时期社会生活的方方面面，同时诗中广泛运用赋、比、兴的写作手法，并开创了我国传统诗歌的现实主义之先河。

　　《礼记》是一部儒家思想的资料汇编，里面包含的儒家思想史料相当丰富。它的思想理论性内容深厚而丰富，它以礼乐为核心，内容主要是记载和论述先秦的礼制、礼仪，记录孔子和其弟子等的问答，记述修身做人的准则等，涉及政治、伦理、哲学、美学、教育、宗教、文化等各方面的思想学说。

　　《春秋》是中国现存最早的一部编年体史书，据传是由孔子修订的。记载了从鲁隐公元年（公元前722年）到鲁哀公十四年（公元前481年）的历史，内容包括诸侯国间的聘问、会盟、征伐、婚丧、篡弑等。书中几乎每个句子都暗含褒贬之意，这种"微言大义"的写法被后人称为"春秋笔法"。

　　"五经"是中国历史悠久、地位崇高的文化典籍，这些经典中蕴含了华夏先哲的智慧，记述了儒家学说的核心思想，内容涉及历史、政治、哲学、文学等诸多方面。自西汉"独尊儒术"

后，这些经典就一直备受推崇。阅读"五经"，既可修身养性，又可增智广识，还可立德励志。然而，传统国学经典对我们多数人来说可能存在着某些阅读障碍，因此我们在编辑本书时，增加注音、注释、译文等辅助性项目，为读者扫除了字、词、句等阅读障碍，使几千年前的经典浅显易解。同时，为帮助读者更为直观地理解和领会古代先贤的思想与精神，本书选取了与正文相契合的精美插图示意，原汁原味地再现了当时历史背景、社会生活和人物的情感、精神风貌，诠释圣贤的思想和言论。对于文章中难于理解的部分，更做详细图解，让人一目了然。图文配合，意境悠远，与经典古籍相得益彰，为读者的阅读增添了不少趣味，使阅读变为一种赏心悦目的视觉享受。

阅读"五经"，通晓古今智慧，塑造完整人格，丰富美好情感，提高处事能力，让人自强不息而又能厚德载物，坚守正直而又能与时俱进。

目 录

第五卷　礼记

第一卷

诗经

诗 经

《诗经》是我国古代第一部诗歌总集，作品产生的时代，上起西周初年（约公元前 11 世纪），下迄春秋中叶（约公元前 7 世纪）。是中国优秀传统文化中的核心经典之一。

《诗经》在我国文学史、经学史，以至在人类的文化史中，都占有重要的地位。如果想了解中国文化，《诗经》是不可不读的一部要籍，要做一个有文化的中国人，《诗经》更是必读的经典。著名历史学家顾颉刚先生说："《诗经》这一部书，可以算作中国所有书籍当中最有价值的。"

这部两千七百多年前的诗歌集——《诗经》是奠定中国文化基础的重要基石。

《诗经》

作者

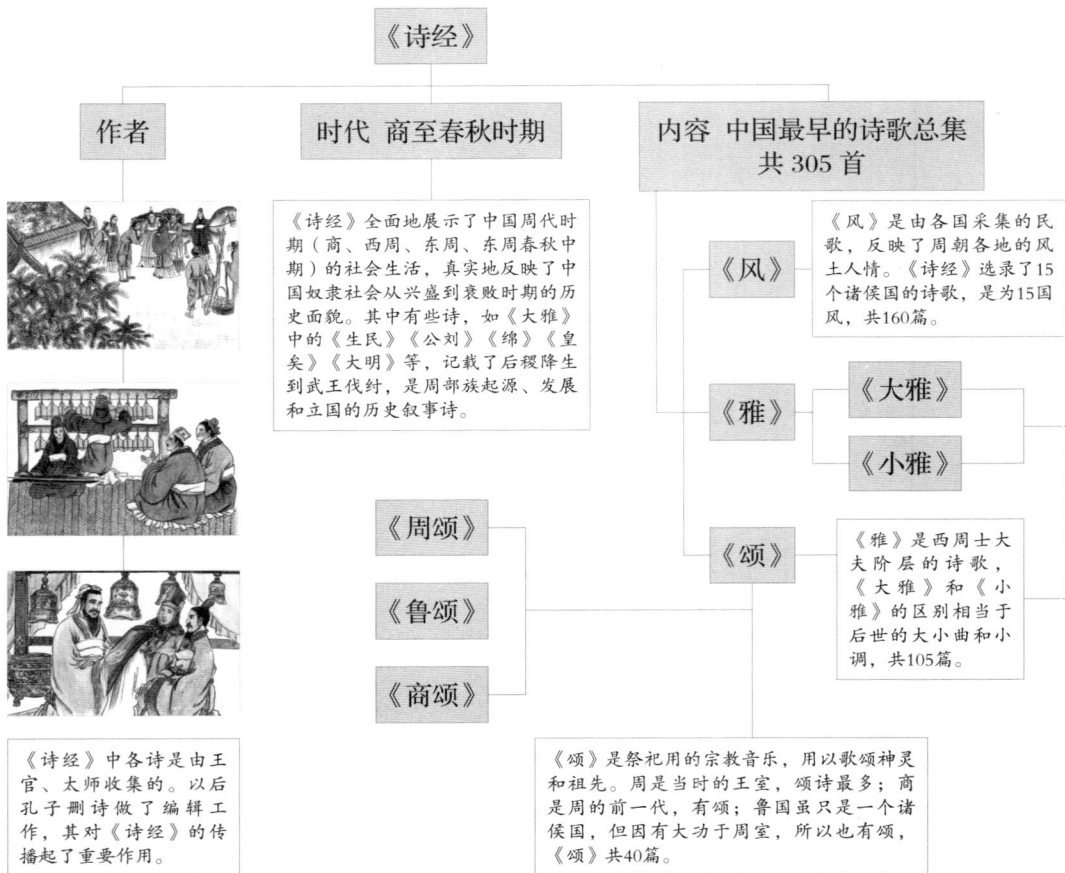

《诗经》中各诗是由王官、太师收集的。以后孔子删诗做了编辑工作，其对《诗经》的传播起了重要作用。

时代 商至春秋时期

《诗经》全面地展示了中国周代时期（商、西周、东周、东周春秋中期）的社会生活，真实地反映了中国奴隶社会从兴盛到衰败时期的历史面貌。其中有些诗，如《大雅》中的《生民》《公刘》《绵》《皇矣》《大明》等，记载了后稷降生到武王伐纣，是周部族起源、发展和立国的历史叙事诗。

《周颂》

《鲁颂》

《商颂》

内容 中国最早的诗歌总集 共 305 首

《风》

《雅》——《大雅》《小雅》

《颂》

《风》是由各国采集的民歌，反映了周朝各地的风土人情。《诗经》选录了 15 个诸侯国的诗歌，是为 15 国风，共 160 篇。

《雅》是西周士大夫阶层的诗歌，《大雅》和《小雅》的区别相当于后世的大小曲和小调，共 105 篇。

《颂》是祭祀用的宗教音乐，用以歌颂神灵和祖先。周是当时的王室，颂诗最多；商是周的前一代，有颂；鲁国虽只是一个诸侯国，但因有大功于周室，所以也有颂，《颂》共 40 篇。

《诗经》的来源

《诗经》原先称作《诗》或《诗三百》，到了汉代都把它当儒家的经典来读，才叫作《诗经》的。《诗经》来源于民间歌谣，上古的时候，没有文字，只有唱的歌谣，"一个人高兴的时候或悲哀的时候，常愿意将自己的心情诉说出来，给别人或自己听。日常的言语不够劲儿，便用歌唱；一唱三叹的叫别人回肠荡气"（朱自清语）。这就是《诗》中《国风》的来源了。《诗经》中的《雅》《颂》是宴会、祭祀的乐章，出自贵族之手。

　　《诗经》在成书之前，早就在口头流传了。《诗经》的作者是谁呢？因为没有相关的文献记载，至今尚不得知。按照历代的说法，大概是西周前后的时候，官方有专门搜集诗歌的人到民间"采诗"，然后记录下来；或是有宫廷乐师编写，再配上朝廷音乐，伴上舞蹈表演。

　　最初的诗是在有了文字以后，有人将那些歌谣记录下来写成的。这些记录诗歌的人是乐工，他们记录诗歌不是出于研究的缘故，而是出于他们的职责，因为他们就是奏乐唱歌的；这就得把歌词记下来，制成了唱本儿。到了春秋时，出现了太师这个官职，他们是乐工的头儿，负责为各国宴会使臣时奏乐唱歌。太师们整理本国和别国乐歌，搜集乐词和乐谱，把歌曲按照贵族的口味包装出来。太师搜得的歌谣有乐歌和徒歌之分，徒歌是需要合乐才能唱的，往往在合乐的时候要叠字或叠章，以增加歌曲的音乐美，所以歌词的原貌便有些改变了。除此之外，太师们对贵族祭祖、宴客、出兵、打猎时作的诗也有保存。这类诗的内容不外乎典礼、讽谏、颂美等等。后来，周天子和各国诸侯又要求臣民向他们献诗，以供乐工演唱。太师们把所有搜集到的诗歌编辑起来，据说有三千多首。

　　到了春秋末年，"道德丧而礼乐崩"，传说孔子有感于这些诗歌的教化意义，决定把它们编订成册，将三千多首诗删到三百篇，取名《诗三百》，遂成《诗经》。从此，《诗经》做了"六书"之一，到了宋代还被选入了《四书五经》，成为读书人上进登科的必读之物。

《诗》言志

　　俗话说"诗言志"，其实"诗"这个字就是"言"和"志"的合体。古代所谓"言志"总是牵扯着政治或教化。春秋时很流行赋诗，各国使臣往往在外交宴会上要点一篇诗或几篇诗叫乐工唱，这跟今人在 KTV 点歌演唱一样，只不过前者点诗一定有政治的意味，以表达对某国或某人的愿望、感谢、责难等。而且点诗时往往不管上下文的意义，只拉出一章中的一两句，这种断章取义只是为了暗示政治。如《左传》上说，晋使赵孟出访郑国，郑伯就在垂陇设宴款待他。席间子太叔为赵孟赋诗："邂逅相遇，适我愿兮。"子太叔取的是《野有蔓草》的末两句，借以表达对赵孟欢迎之至。其实这首诗原是男女私情之作，他这样做只是为了"言志"，所以不必在乎原诗的主旨了。

以诗言志如同今天的点歌，可"断章取义"。

例：以歌颂邂逅的爱情之歌来表达对远道而来的国宾的欢迎之情。

3

到了孔子时代，赋诗已经不常见了，孔子见它有教化意义，与儒家"温柔敦厚"的作风相似，就删诗成三百，称为"诗三百"，还教给学生学习，用诗来讨论修身的道理，成为"六经"之一。"如切如磋，如琢如磨"，他用玉比作人，教导学生做学问需下工夫才行；"巧笑倩兮，美目盼兮，素以为绚兮"，本来说的天生丽质的美人，他却比作画画，说做事情是要一步步进行的。后来《庄子》和《荀子》里都说到"诗言志"，这个"志"就是指的教化，到了以后，《诗三百》就称作《诗经》了。"诗"为何要"言志"，诗歌所要言的"志"到底是什么？闻一多认为，志有三义，即记忆、记录和怀抱；朱自清认为，到了"诗言志"和"诗以言志"这两句话，志已经指"怀抱"了。

但春秋时列国的赋诗只是用诗，并非解诗；那时诗的主要作用还在乐歌，因乐歌而加以借用，不过是一种方便罢了。至于诗篇本来的意义，那时原很明白，用不着讨论。到了孔子时代，诗已经不常歌唱了，诗篇本来的意义，经过了多年的借用，也渐渐含糊了。他就按着借用的办法，根据他教授学生的需要，断章取义地来解释这些诗篇。后来解释《诗经》的儒生都跟着他的脚步走。最有权威的毛氏《诗传》和郑玄《诗笺》差不多全是断章取义，甚至断句断义——断句取义是在一句、两句里拉出的一个两个字来发挥，比起断章取义，真是变本加厉了。

《诗经》的六艺

《诗经》有 305 篇，内容有风、雅、颂，写法有赋、比、兴，这被称为"诗经六义"。风指《国风》，写各诸侯国民间事、物，雅分《大雅》《小雅》，是朝廷正声雅乐，颂是宗庙祭祀的舞曲歌辞。《诗经》凭什么成为儒家经典？简单地说就是那三个字：思无邪。孔子读《关雎》时说："乐而不淫，哀而不伤。"意思是虽然它写爱情，但能保持适度，能在"礼"的约束范围内，后人更是把它意思延伸为"温柔敦厚"。除此之外，它还有很多写战事、写农民疾苦和贵族贪婪的诗，如《秦风·无衣》说的是边塞将士艰苦生活，《硕鼠》篇借大老鼠的贪吃讥讽贵族的贪敛，这类针砭时弊的歌谣与儒家的"仁爱"不谋而合。

《诗经》的六艺

风 — 风：《诗经》有15国风，共收录160首诗，都是民间歌谣，歌唱男女恋情，描述各地风土人情。

雅 — 雅：《诗经》中的雅诗分为《小雅》与《大雅》，共收录105首，都是宴会、郊庙的乐章。

颂 — 颂：包括《周颂》《商颂》《鲁颂》，是敬天祭主的乐章。"颂"就是"容"，是载歌载舞的意思。

赋 — 赋：就是叙述和描写，直接叙述或描写一件事。

比 — 比：就是比喻在《诗经》中用得很广泛，有明喻、隐喻、借喻等。

兴 — 兴：是启发，也称为起兴。它是诗人见到一种景物，触动了他的心事和感情而发出的歌唱。

《诗经》还是文学史上的经典。它是中国第一部诗歌总集。《诗经》在写法上堪称后人写诗的圭臬。前面说了，它有三种写法：赋、比、兴。赋就是直接陈述，比是打比方，兴是"先言他物以引起所咏之词"。《诗经》句式整齐，基本上都是四言诗，读起来抑扬顿挫，错落有致，很有音乐感。有的诗歌重复使用相同的韵、字、句甚至篇章，叫作"重章、叠字、叠句、叠韵"，也作为诗歌的文字技巧为后世效仿。

《诗经》的价值

> 1.《诗经》可以表达理想、志向，涵养性情，净化心灵（"诗三百，一言以蔽之，曰'思无邪'。）可以使人的感情真实、善良、美好，人格厚道，就是温柔敦厚。其实，人们常说的个人素质修养，不应该光是指处世技巧，更应该是指人自身心灵——情感世界的升华，这才是人自身的完善。

> 2.《诗经》教给人们通晓人情世态，这是人们做事、从政的基础。

> 3.读《诗经》可以使人们文才博雅，辞令美善，很好地应对人生中发生的各种事情。

> 4.《诗经》是中国文学之祖，学习中国文化的必读之书。是研究古代文字、历史、地理、政治、社会、经济、风土人情、爱情婚姻、宗教道德、名物名胜的重要资料。

古人所言《诗经》的作用

1. "《诗》言志。"（《书·舜典》）
2. "《诗》，可以兴，可以观，可以群，可以怨。迩之事父，远之事君，多识于鸟兽草木之名。"（《论语·阳货》）。
3. "温柔敦厚，《诗》教也。"（《礼记·经解》）
4. "诵《诗》三百，授之以政，不达。使于四方，不能专对。虽多，亦奚以为？"（《论语·子路》）。

三家《诗》及《毛诗》

　　大家都知道秦始皇焚书坑儒，包括《诗经》在内的先秦旧典，以及诸侯史记档案，大多都被化为灰烬了。汉代建国以后，恢复文教，《诗经》开始又流行于社会。民间涌现了鲁人浮丘伯、申培和辕固、韩婴、毛亨、毛苌等《诗经》学大家。他们研治《诗经》形成了汉代四家《诗》。

《鲁诗》	《齐诗》	《韩诗》	《毛诗》
鲁申培为《诗训故》，号曰《鲁诗》（亡于晋）。	齐辕固作《诗传》，号曰《齐诗》（亡于魏）。	燕人韩婴作《内外传》数万言，号曰《韩诗》。（亡于北宋，仅存《韩诗外传》）	由孔子弟子子夏，六传至鲁人毛亨（时人称为大毛公），作《诗训诂传》，传授赵人毛苌（时人称为小毛公），号曰《毛诗》。后汉郑玄为《毛诗》作笺号曰，从此"毛诗郑笺"传布天下。

5

国风·周南

《周南》是周国境内的民歌。周代初期周公旦统治东方，范围很大，境内民歌有不少是南方民歌流传过来的。《周南》有诗 11 篇。

◎关 雎◎

【原文】

关关雎鸠①，在河之洲②。窈窕淑女③，君子好逑④。
参差荇菜⑤，左右流之⑥。窈窕淑女，寤寐求之⑦。
求之不得，寤寐思服⑧。悠哉悠哉⑨，辗转反侧⑩。
参差荇菜，左右采之。窈窕淑女，琴瑟友之⑪。
参差荇菜，左右芼之⑫。窈窕淑女，钟鼓乐之⑬。

【主旨讲解】

这是一支相思曲。一位贵族小伙恋上了一河滨采荇的姑娘，思而难忘，辗转无眠，梦想着娶她回家，过上琴瑟友之的美好生活。诗篇情思无邪，句式回环，音调富于节奏感，往复不已，感人至深！

窈窕淑女，君子好逑。

【注解】

①关关：水鸟相互和答的鸣声。雎（jū）鸠（jiū）：水鸟名，即鱼鹰。相传这种鸟情意专一。②河：黄河。③窈（yǎo）窕（tiǎo）：幽静美丽的样子。淑：好，善。④逑（qiú）：配偶。⑤参（cēn）差（cī）：长短不齐的样子。荇（xìng）菜：一种水生植物，可以采来做蔬菜吃。⑥流：顺水之流而摘取。⑦寤（wù）：睡醒。寐（mèi）：睡着。⑧思服：思念。⑨悠哉：思虑深长的样子。哉：语气词，相当于"啊""呀"。⑩辗转反侧：在床上翻来覆去睡不安稳。⑪友：动词，亲近。⑫芼（mào）：择取。⑬乐：使动用法，使……乐，使……高兴。

【译文】

"关关……关关"彼此鸣叫相应和的一对雎鸠，栖宿在黄河中一方小洲上。娴静美丽的好姑娘，正是与君子相配的好对象。

长短不齐的荇菜，顺着水势时左时右地去采摘它。娴静美丽的好姑娘，睁开眼或在睡梦里，心思都追求着她。

追求她却不能得到她，睁眼时或在睡梦里不能止息对她的思念。那么深长的深长的思念啊，翻来覆去不能成眠。

长短不齐的荇菜，顺着水势时左时右地将它采摘。娴静美丽的好姑娘，必能琴瑟和鸣相亲相爱。

长短不齐的荇菜，左右选择才去摘取。娴静美丽的好姑娘，敲钟打鼓地将你迎娶。

◎葛　覃◎

【原文】

葛之覃兮①，施于中谷②，维叶萋萋③。黄鸟于飞④，集于灌木，其鸣喈喈⑤。
葛之覃兮，施于中谷，维叶莫莫⑥。是刈是濩⑦，为绤为绤⑧，服之无斁⑨。
言告师氏⑩，言告言归。薄污我私⑪，薄浣我衣⑫。害浣害否⑬，归宁父母⑭。

【主旨讲解】

这是一篇思归诗。一位女子，一年四时，辛勤劳动，割葛煮葛，纺纱做衣，心里思念父母，盼望归家探亲，快要回娘家了，心情好高兴啊！诗篇风格含蓄，辞浅情深。

【注解】

①葛：多年生植物，茎皮可织布，也称葛麻。覃（tán）：蔓延生长。②施（yì）：蔓延，伸展。中谷：即"谷中"。③维：发语词，无实义。萋萋：草木茂盛的样子。④于：语助词。⑤喈喈（jiē）：象声词，形容鸟的叫声。⑥莫莫：茂密的样子。⑦是：助词，表示并列的两个动作。刈（yì）：用刀割。濩（huò）：在水中煮。⑧为（wéi）：做。绤（chī）：细葛布。绤（xì）：粗葛布。⑨斁（yì）：厌恶，讨厌。⑩言：发语词。师氏：女管家。⑪薄：发语词。污：去污，清洗。私：内衣，穿在里面的衣服。⑫浣（huàn）：洗。衣：礼服，外衣。⑬害：通"曷"，哪些，什么。否：不要。⑭归宁：古代已婚女子回娘家省亲叫归宁。

【译文】

葛藤长又长，枝条伸展到山谷，叶儿繁茂。黄鸟翻飞，落在灌木丛，欢快地鸣叫，叽叽啾啾。

葛藤长又长，枝条伸展到山谷，叶儿繁茂。忙割忙煮，葛布有细也有粗，人人穿上都舒服。

告诉女师，我想告假回家。搓洗我的衣衫，清洗我的礼服。哪些要洗哪些不要洗，我急着回家看我的父母。

葛之覃兮，施于中谷。

◎卷　耳◎

【原文】

采采卷耳①，不盈顷筐②。嗟我怀人③，置彼周行④。
陟彼崔嵬⑤，我马虺隤⑥。我姑酌彼金罍⑦，维以不永怀⑧。
陟彼高冈⑨，我马玄黄⑩。我姑酌彼兕觥⑪，维以不永伤⑫。
陟彼砠矣⑬，我马瘏矣⑭。我仆痡矣⑮，云何吁矣⑯。

【主旨讲解】

这是一支怀人之歌。一名原野上采摘卷耳的少妇，因夫思远，心不在焉，浮想联翩，以致不能专心劳作。

诗篇写女子怀念之情层层深入，颇为感人。

【注解】

①采采：茂盛的样子。卷耳：植物名，即苍耳，嫩苗可以吃。②盈：满。顷筐：一种筐子，前低后高像箕形。③嗟（jiē）：叹词。怀人：想念的人。④周行：大路。⑤陟（zhì）：上升，登上。崔（cuī）嵬（wéi）：本指土山上盖有石块，后来引申为高峻不平的山。⑥虺（huī）隤（tuí）：足病跛蹶难走的样子。⑦姑：姑且。酌（zhuó）：斟酒，舀取。金罍（léi）：一种黄金装饰的青铜酒器。⑧维：发语词。以：用，借以。永怀：长久地思念。⑨高冈：高高的山脊。⑩玄黄：泛指因劳累过度而生的病。⑪兕（sì）觥（gōng）：兕是大型的酒器，兕是头上只长一只角的野牛，用兕牛的角做的觥叫兕觥。⑫伤：忧伤，忧思。⑬砠（jū）：盖着泥土的石山。⑭瘏（tú）：马病不能走路前进。⑮痡（pū）：人病不能行。⑯吁：忧伤，忧愁。

【译文】

采呀采那卷耳菜，采不满小小一浅筐。心中想念我的丈夫，我将小筐搁置在大道旁。

他该在登向高高的土石山了，我马也跑得腿软疲累。我姑且把金杯斟满酒，借此暂脱心里的长相思。

他该在登向高高的山脊梁了，我马也病得眼玄黄。我姑且把犀角大杯斟满酒，借此不让心中长久悲伤。

他该在登向乱石冈了，我马疲病倒在一旁。仆人也累得病快快了，这是什么样的哀愁忧伤！

采采卷耳，不盈顷筐。

◎桃　夭◎

【原文】

桃之夭夭①，灼灼其华②。之子于归③，宜其室家④。
桃之夭夭，有蕡其实⑤。之子于归，宜其家室。
桃之夭夭，其叶蓁蓁⑥。之子于归，宜其家人。

【主旨讲解】

这是一篇贺婚辞。诗人以桃花譬喻，赞美新娘年轻纯洁，明艳如画，祝祷新娘婚姻美满，家族兴旺。诗篇感情洋溢，色彩明亮，音调和谐。

【注解】

①夭夭（yāo）：娇嫩而茂盛的样子。②灼灼（zhuó）：花朵开得火红鲜艳的样子。华：同"花"。③之：指示代词，这，这个。子：女子，姑娘。于：往。归：女子出嫁，后世就用"于归"指出嫁。④宜：和顺。使动用法，使……和顺。室家：家庭。以下"家室""家人"同义。⑤有：助词，放在形容词的前面。有蕡：同"蕡蕡"（fén），指桃子又圆又大将成熟、红白相间的样子。⑥蓁蓁（zhēn）：叶子茂密的样子。

桃之夭夭，灼灼其华。

【译文】

桃树多么繁茂，盛开着鲜花朵朵。这个姑娘出嫁了，她的家庭定会和顺美满。

桃树多么繁茂，垂挂着果实累累。这个姑娘出嫁了，她的家室定会和顺美满。
桃树多么繁茂，桃叶儿郁郁葱葱。这个姑娘出嫁了，她的家人定会和顺美满。

◎芣 苢◎

【原文】

采采芣苢①，薄言采之②。采采芣苢，薄言有之③。
采采芣苢，薄言掇之④。采采芣苢，薄言捋之⑤。
采采芣苢，薄言袺之⑥。采采芣苢，薄言襭之⑦。

【主旨讲解】

这是一支劳动之歌。通过对劳人"采、有、掇、捋、袺、襭"六个动作的精细描摹，生动再现了古代姑娘集体采摘车前子的欢洽场面。诗篇节奏轻快，情调健康活泼，意境悠远。

【注解】

①采采：茂盛的样子。芣（fú）苢（yǐ）：植物名，即车前子草，旧注这种草可治难产或不孕症。车前草子多，正是原始先民对多子多育的祈求。②薄言：助词，无实义。③有：采取，指已采起来，比前一句"采"字又进一层。④掇（duō）：拣择，拾取。⑤捋（luō）：用手把车前子从草茎上抹取下来。⑥袺（jié）：用衣襟兜住。⑦襭（xié）：把衣襟角插在或系在衣带上兜东西。

采采芣苢，薄言采之。

【译文】

车前草啊采又采，快点把它采些来。车前草啊采又采，快点把它采得来。
车前草啊采又采，快点把它拾起来。车前草啊采又采，快点把它捋下来。
车前草啊采又采，快点把它装起来。车前草啊采又采，快点把它兜起来。

◎汉 广◎

【原文】

南有乔木①，不可休思②。汉有游女③，不可求思。汉之广矣④，不可泳思⑤。江之永矣⑥，不可方思⑦。翘翘错薪⑧，言刈其楚⑨。之子于归⑩，言秣其马⑪。汉之广矣，不可泳思。江之永矣，不可方思。翘翘错薪，言刈其蒌⑫。之子于归，言秣其驹⑬。汉之广矣，不可泳思。江之永矣，不可方思。

【主旨讲解】

这是一支单相思者之歌。一个憨厚的樵夫，独坐江边，慨叹心爱的人儿不可追求，却依旧幻想着替她养马喂驹，一往情深，惆怅难抑。诗篇以"乔木""游女"比兴，含蓄蕴藉，气象苍茫。

【注解】

①乔：高。②休：休息。思：语末助词。乔木高耸，很少树荫，因而不适宜在乔木下休息。③游女：出游的女子。女

江之永矣，不可方思。

子出游，是汉魏以前长江、汉水一带的风俗。④广：宽阔。⑤泳：游泳渡过，泅渡。⑥江：长江。永：长，指江水流得很远。⑦方：古称竹筏或木筏为"方"。用作动词，乘筏渡江。⑧翘翘：众多树枝挺出的样子。错：错杂，杂乱。薪：柴。古时男女嫁娶时烧火炬照明。因此，这里用"错薪"起兴。⑨言：关联词，有"乃""则"的作用。刈（yì）：割，砍。楚：荆，一种丛生的树木。⑩之子：那个女子。于归：出嫁。⑪秣：喂马。⑫蒌（lóu）：蒌蒿，植物名，生在水泽中，可作饲料。⑬驹（jū）：小马。

【译文】

　　南边有棵高大的树，却不能在树下休息。汉水边上有位游赏的姑娘，想要追求却没希望。汉水宽广无边，不能游到对岸。长江浩浩荡荡，无法乘筏渡江。杂乱丛生的草木，只砍取其中的荆条。那位姑娘要出嫁，先喂饱她骑的马。汉水宽广无边，不能游到对岸。长江浩浩荡荡，无法乘筏渡江。杂乱丛生的草木，只割取其中的蒌蒿。那位姑娘要出嫁，先喂饱她骑的小马。汉水宽广无边，不能游到对岸。长江浩浩荡荡，无法乘筏渡江。

◎汝　坟◎

【原文】

　　遵彼汝坟①，伐其条枚②。未见君子③，惄如调饥④。
　　遵彼汝坟，伐其条肄⑤。既见君子，不我遐弃⑥。
　　鲂鱼赪尾⑦，王室如毁⑧。虽则如毁，父母孔迩⑨。

【主旨讲解】

　　这是一篇表达思妇之情的诗，女子一边砍柴，一边思念远征未归的丈夫，并等到了丈夫的回归，尔后又挽留丈夫的故事。

【注解】

①遵：循，沿。汝：汝河，源出河南省。坟（fén）：通"濆"，水涯，大堤。②条：山楸树。一说树干（枝曰条，干曰枚）。③君子：此指在外服役或为官的丈夫。④惄（nì）：饥，一说忧愁。调（zhōu）：又作"辀"，"朝"（鲁诗此处作"朝"字），早晨。调饥：早上挨饿，以喻男女欢情未得满足。⑤肄（yì）：树砍后再生的小枝。⑥遐（xiá）：远。⑦鲂（fáng）鱼：鳊鱼。赪（chēng）：浅红色。⑧毁（huǐ）：火，齐人谓火为毁。如火焚一样的颜色。⑨孔：甚。迩（ěr）：近，此指迫近饥寒之境。

【译文】

　　沿着汝水堤岸走，采伐树枝和树干，好久未见到在外服役的丈夫，忧愁的模样就像欢情未足。沿着汝水堤岸走，采伐复生的小枝，已经见到了服役而归的丈夫，丈夫并没有疏远、抛弃我。鳊鱼尾巴浅红色，王室暴政急如火，虽然王室暴政下差役烈如火，父母仍然要侍奉、要养活。

国风·召南

《召南》是流传于召地的南方民歌。召地是西周初年召公管辖的河南及长江中下游的一部分地区。《召南》存诗14首。

◎摽有梅◎

【原文】

摽有梅①，其实七兮②。求我庶士③，迨其吉兮④。摽有梅，其实三兮⑤。求我庶士，迨其今兮⑥。摽有梅，顷筐塈之⑦。求我庶士，迨其谓之⑧！

【主旨讲解】

这是一支委婉而主动的求爱之歌。暮春时节，梅黄子熟，纷纷坠地。睹此情景，一位姑娘不由感到了岁月易逝，青春短暂，而自己婚嫁无期，形单影只，于是向自己心爱的小伙子唱出了这一迫切心声。全诗譬喻巧妙，风格质朴，感情真切。

【注解】

①摽（biào）：落，掉下，打落。有：语气助词。梅：梅子。②其：代词，指梅树。实：梅树的果实。七：七成，十分之七。③庶：众多。士：未婚男子。④迨（dài）：及，趁着。其：句中语气词，表示希望。吉：吉时，吉日良辰。⑤三：三成，十分之三。⑥今：今天。⑦顷筐：一种前低后高的箕形浅筐。塈（xì）：拾取。⑧谓：可借作"会"，聚会，相会。

求我庶士，迨其吉兮。

【译文】

熟透的梅子落纷纷，树上十成只剩七。追求我吧年轻人，趁着吉日快来娶。熟透的梅子落纷纷，树上现只剩三成。追求我吧年轻人，趁着今日定婚期。熟透的梅子落纷纷，多得要用筐儿盛。追求我吧年轻人，趁着仲春好同居。

◎江有汜◎

【原文】

江有汜①。之子归②，不我以③。不我以，其后也悔。
江有渚④。之子归，不我与⑤。不我与，其后也处⑥。
江有沱⑦。之子归，不我过⑧。不我过，其啸也歌⑨！

11

【主旨讲解】

在古代男权社会当中，女子对于丈夫再娶之事无能为力。此诗当中的女子在面对丈夫的抛弃时也只能自我安慰，女子深深的哀怨之情以咏唱的形式表达而出。此诗用长江之水有支流来作比，表明原谅丈夫另结新欢，希望丈夫对自己回心转意。

【注解】

①汜（sì）：由主流分出而复汇合的河水，此处指长江的支流。②归：嫁。③不我以：不用我。④渚（zhǔ）：王先谦《诗三家义集疏》"水中小洲曰渚，洲旁小水亦称渚"，即指江中小洲。⑤不我与：不与我。⑥处：忧愁。朱骏声《说文通训定声》"'处'，假借为'癙'，实为'鼠'"《诗经·小雅·雨无正》"鼠思泣血"，鼠思，忧思也。⑦沱（tuó）：长江的支流。⑧过：至也。一说度。⑨啸：一说蹙口出声，以抒愤懑之气，一说号哭。啸歌：闻一多《诗经通义》"啸歌者，即号哭。谓哭而有言，其言又有节调也。"

【译文】

长江有分而复合的支流，新人嫁来，便不要我。不要我，以后你一定会后悔。
长江有江中小洲周边水，新人嫁来，便不和我出双入对。不和我出双入对，以后你一定会忧愁。
长江有分叉的支流沱江，新人嫁来，便不和我照面。不和我照面，以后你就只能边哭边唱。

◎野有死麕◎

【原文】

野有死麕①，白茅包之②。有女怀春③，吉士诱之④。

林有朴樕⑤，野有死鹿。白茅纯束⑥，有女如玉。

舒而脱脱兮⑦！无感我帨兮⑧！无使尨也吠⑨！

【主旨讲解】

这篇诗叙述了一次幽会经过。一个青年猎手，在山里打死了一头野鹿，以鹿皮为礼，向一位少女求爱，获得成功。诗篇末后一章是他们幽会时的言辞记录，娇羞率真，诚挚无邪，令人印象深刻。

白茅纯束，有女如玉。

【注解】

①麕（jūn）：兽名，即獐，似鹿而小，无角。②白茅：植物名，其叶洁白柔滑，古人用它包裹肉等物。③怀春：思春，指情欲萌动。④吉：善、良。⑤朴樕（sù）：一种灌木。⑥纯：包，捆。⑦舒：徐缓，缓慢。脱脱（tuì）：又轻又慢的样子。⑧感：古同"撼"，振动，摇动。帨（shuì）：佩巾。遮蔽于胸腹之前。《礼记·内则》："女子生，设帨于门右。"可见自古以来，帨巾是女性的象征。⑨尨（máng）：长毛狗。

【译文】

野地里躺着死獐，用白色的茅草包起它。有个姑娘情窦初开，小伙子上前把话挑。
森林中，丛丛树，原野上躺着死鹿。用那白茅捆束它，有个姑娘如花似玉。
慢点儿，轻点儿啊！不要撩动我的佩巾！不要引得长毛狗叫！

国风·邶风

邶，周朝诸侯国之一，在今河南省淇县以北至河北南部一带。周武王灭商之后，封商纣王之子武庚于此。后武庚叛乱被杀国灭。《邶风》为邶地民歌，存诗19首，多数是东周时期的作品。

◎柏 舟◎

【原文】

　　泛彼柏舟①，亦泛其流②。耿耿不寐③，如有隐忧④。微我无酒⑤，以敖以游⑥。我心匪鉴⑦，不可以茹⑧。亦有兄弟⑨，不可以据⑩。薄言往诉⑪，逢彼之怒⑫。我心匪石，不可转也⑬。我心匪席，不可卷也。威仪棣棣⑭，不可选也⑮。忧心悄悄⑯，愠于群小⑰。觏闵既多⑱，受侮不少。静言⑲思之，寤辟有摽⑳。日居月诸㉑，胡迭而微㉒？心之忧矣，如匪浣衣㉓。静言思之，不能奋飞。

【主旨讲解】

　　这是一篇寄寓诗。通过描写一位遭遇家庭苦恼的男子，忧愁苦闷无处诉说，其处境窘困，兄弟冷遇，小人围攻，从而寄托政治上的失意，表明诗人洁身自好、坚贞不屈的理想。诗篇情辞并茂，譬喻贴切，思想深刻。

【注解】

①泛（fàn）：荡，飘泛。柏舟：柏木造的小船。柏木质地坚实，比喻志坚不移。②亦泛：同"泛泛"，随着流水飘流，含有无所依归的意思。③耿耿：形容心情烦忧、焦灼不安。寐：睡。④如：乃，是。⑤微：非，不是。⑥以：用来，借此。敖：同"遨"，遨游，漫游。⑦匪：不是。鉴：古镜。⑧茹：容纳，包含。⑨亦：即使。⑩据：依靠。⑪薄言：语助词，无实义。诉（sù）：告诉，诉说。⑫逢：遭遇，遇上。彼：他们。指兄弟。⑬转：转动。⑭威仪：威严、庄重的仪表举止。棣棣（lì）：雍容典雅、堂堂正正的样子。⑮选：挑剔，选择。⑯悄悄：忧愁的样子。⑰愠（yùn）：怨恨，怨怒。群小：众小人。⑱觏（gòu）：同"遘"，遭遇，碰到。闵（mǐn）：灾难。指中伤陷害的事。⑲言：同"然"，形容词词尾，"……的样子"。⑳寤：醒。睡不着觉。辟：通"擗"，两手拍胸脯。有：助词。摽（piào）：通"嘌"。"有摽"即"嘌嘌"，拍打胸脯的声音。㉑居、诸：助词。㉒胡：为什么。迭：更替。微：昏暗无光。㉓浣（huàn）：洗。

泛彼柏舟，亦泛其流。

【译文】

　　飘飘荡荡柏木舟，随着河水到处飘流。忧心焦灼难入睡，心有深深的忧愁。不是无酒来浇愁，四处遨游和漫游。我的心不是镜子，不能任谁都来照。虽然我也有兄弟，但却不能依靠。前去找他们倾诉苦衷，却遭遇他们对我怒气冲冲。我的心不是石头，不可以随意转移。我的心不是席子，不可以随意卷起。仪表庄重而典雅，哪能退让任人欺。忧心忡忡，被一群小人怨恨。遭遇的中伤陷害很多，遇到的侮辱也不少。仔细想起这些，梦醒后不禁捶胸痛苦。太阳啊月亮，为什么轮流亏蚀无光？我心中的忧愁，就像没洗的衣裳。仔细想起这些，恨不能高飞展翅翔。

◎绿　衣◎

【原文】

　　绿兮衣兮，绿衣黄里①。心之忧矣，曷维其已②！
　　绿兮衣兮，绿衣黄裳③。心之忧矣，曷维其亡④！
　　绿兮丝兮，女所治兮⑤。我思古人⑥，俾无訧兮⑦！
　　绨兮绤兮⑧，凄其以风⑨。我思古人，实获我心⑩！

【主旨讲解】

　　这是一篇沉痛的悼亡诗。在挚爱的妻子不幸亡故后，诗人睹物思人，反复翻看着伴侣遗下的绿衣黄裳，不觉心如刀割，悲恸黯然。诗篇措辞凄凉，音韵低沉，"绿衣"意象多次出现，尤增"物在人亡"的无限惆怅。

【注解】

①衣：外衣。里：内衣。②曷：何时，怎么。维：语气词。已：停止。③裳：下衣。④亡：同"忘"。⑤女：同"汝"，你。治：制，纺织。⑥古：通"故"，离世，故去。⑦俾：使，让。訧（yóu）：过失，失误。⑧绨（chī）：细葛布。绤（xì）：粗葛布。⑨凄：寒冷。其：形容词词尾，"……的样子"。以：因为。⑩实：实在，确实。获：得。

【译文】

　　绿色的衣服啊，绿上衣黄衬里。心中的忧伤，何时才能终止！
　　绿色的衣服啊，绿上衣黄裙裳。心中的忧伤，何时才能消亡！
　　绿色的丝啊，是你亲手纺出。我思念故人，使我避免了多少过错！
　　粗粗细细葛布衣，穿上身凉风习习。我思念故人，实在合我的心意！

绿兮丝兮，女所治兮。

◎击 鼓◎

【原文】

击鼓其镗①，踊跃用兵②。土国城漕③，我独南行。

从孙子仲④，平陈与宋⑤。不我以归⑥，忧心有忡⑦。

爰居爰处⑧？爰丧其马⑨？于以求之⑩？于林之下。

死生契阔⑪，与子成说⑫。执子之手，与子偕老。

于嗟阔兮⑬，不我活兮⑭！于嗟洵兮⑮，不我信兮⑯！

击鼓其镗，踊跃用兵。

【主旨讲解】

这是一篇战争的控诉诗。一位年轻士兵，随将远征，长年还乡无望，遥忆起当初夫妻之别，立下的重誓或成空梦，悲伤之情无以复加。诗篇叙事紧凑，抒情哀烈，末尾的直接哭诉，令人沉痛不堪卒读。

【注解】

①其：助词。镗（tāng）：象声词。击鼓声。古代有皮做的鼓，敲鼓的声为冬冬；有青铜制的鼓，敲的声音为镗镗。②踊跃：操练武术时，踊跃、进退的样子。兵：刀、枪一类的武器。③土：用作动词，以土修造城。国：首都。城：用作动词，筑城。漕：卫国的地名，在今河南省境内。④孙子仲：卫国军队的将帅。⑤平：平定，讨伐。陈、宋：国名，在今河南省境内。⑥不我以归：即"不以我归"。以：即"与"，允许，让。⑦有：助词。有忡：即"忡忡"，心神忧虑不安的样子。⑧爰：疑问代词，于何，在何处。⑨丧：丢失，散失。⑩于以：同"于何"，在哪里。⑪契：合。阔：离。死生契阔：死生离合，生离死别。⑫子：此处指作者的妻子。成说：订约，指临别时的誓言。⑬于嗟（jiē）：感叹词。阔：远别遥隔。⑭不我活：即"不活我"。活：使动用法，使……活下去。⑮洵（xiòng）：通"夐"，久远。⑯不我信：即"不信我"。信：信用，守约。

【译文】

战鼓擂得镗镗响，战士们踊跃练刀枪。修建国都建漕城，只有我从军往南方。
跟随统帅孙子仲，平定两国陈与宋。不让我回归家园，想家让我忧心忡忡。
在哪里居住？在哪里驻扎？在哪里丢失了马？在哪里寻到它？在那树林之下。
生死永远不分离，已与你立下誓盟。我会紧紧握着你的手，和你到老在一起。
啊！如今天各一方，叫我怎么活！啊！别离时日已久，叫我如何实现诺言！

◎凯 风◎

【原文】

凯风自南，吹彼棘心①。棘心夭夭②，母氏劬劳③！
凯风自南，吹彼棘薪④。母氏圣善⑤，我无令人⑥。
爰有寒泉⑦，在浚之下⑧。有子七人，母氏劳苦。
睍睆黄鸟⑨，载好其音⑩。有子七人，莫慰母心。

【主旨讲解】

这是一篇孝子悼念亡母的祭诗。追忆了生母抚养儿女的含辛劬劳，期望殷切；自责大器无成，深恩断报。诗篇四章，各章前半兴象，后半叙情，结构工稳，用词朴素。

【注解】

①棘：酸枣树。心：树木的嫩芽。②夭夭：繁盛的样子。③劬（qú）：辛苦，劳苦。④薪：已长成可作柴烧的酸枣树。⑤圣：明达，贤明。⑥令：美，好，善。⑦爰（yuán）：何处，哪里。⑧浚（jùn）：春秋时卫国的城邑名，在今河南省浚县。⑨睍（xiàn）睆（huǎn）：美丽，好看。⑩载：则。载好其音：即"其音则好"。

棘心夭夭，母氏劬劳！

【译文】

和风自南边吹来，吹动那酸枣树的嫩芽。酸枣树苗生机勃勃，母亲日夜操劳。
和风自南边吹来，吹动那酸枣树的枝干。母亲通达慈善，我们却不成材。
哪里有寒泉？在那浚邑城下。有儿女七人，母亲劳累辛苦。
美丽的黄鸟，它的歌声美妙。有儿女七人，难以安慰母亲的心。

◎谷 风◎

【原文】

习习谷风①，以阴以雨②。黾勉同心③，不宜有怒。采葑采菲④，无以下体⑤。德音莫违⑥，及尔同死⑦。

德音莫违，及尔同死。

行道迟迟⑧，中心有违⑨。不远伊迩⑩，薄送我畿⑪。谁谓荼苦，其甘如荠⑫。宴尔新昏⑬，如兄如弟。

泾以渭浊⑭，湜湜其沚⑮。宴尔新昏，不我屑以⑯。毋逝我梁⑰，毋发我笱⑱。我躬不阅⑲，遑恤我后⑳。

就其深矣，方之舟之㉑。就其浅矣，泳之游之。何有何亡，黾勉求之。凡民有丧㉒，匍匐救之㉓。

不我能畜㉔，反以我为雠㉕。既阻我德㉖，贾用不售㉗。昔育恐育鞫㉘，及尔颠覆㉙。既生既育㉚，比予于毒㉛。

我有旨蓄㉜，亦以御冬㉝。宴尔新昏，以我御穷㉞。有洸有溃㉟，既诒我肆㊱。不念昔者，伊余来墍㊲。

【主旨讲解】

这是一篇哀怨的弃妇诗。叙述女主人公勤勉持家，任劳任怨，光景渐好之后，却被忘恩负义、喜新厌旧的丈夫拳脚相加，以至在重婚之日遭逐。诗篇叙事细密跌宕，抒情如泣如诉，对比生动强烈。

【注解】

①习习：同"飒飒"，风声。②以：语助词。③黾（mǐn）勉：努力。④葑（fēng）：蔓菁，又名芜菁。菲（fēi）：莱菔，即萝卜。⑤以：用。葑和菲的叶和根都可食用。舍根取叶，比喻丈夫对妻子只重颜色，不重德行。⑥德音：善言，好话。违：违背。⑦及：与。⑧迟迟：缓慢的样子。⑨中心：即心中。违：背离、矛盾的意思。⑩伊：语助词。迩：近。⑪薄：语助词。畿（jī）：门槛。⑫荼、荠：野菜名，荼苦荠甘。⑬宴：快乐。昏：通"婚"。⑭泾渭：都是水名，发源于今甘肃省境内，至陕西省高陵县合流。泾水浊，渭水清。⑮湜湜（shí）：水清澈见底的样子。沚：《说文》引作"止"，指水静止。⑯不我屑以：即"不屑我以"。与：用。⑰毋：不要。逝：往、至。梁：鱼梁，指为捕鱼筑成的石堰，中有涵洞以流水。⑱发：开。笱（gǒu）：竹制捕鱼器具，口有倒刺，鱼能入而不能出。⑲躬：自身。阅：容。⑳遑恤：何暇顾虑。㉑方：筏子。用作动词，用舟渡水。"就其深矣"至"泳之游之"这四句以渡水比喻自己治理家务，无论碰到什么情况，都能竭尽全力，恰当处置。㉒民：指邻里。丧：指凶祸之事。㉓匍匐：手足并行。此处比喻尽力而为。㉔不我能畜：即"能不畜我"的倒文。能：同"乃""而"。畜（xù）：养、爱。㉕雠：即"仇"。㉖阻：却、拒。㉗贾（gǔ）：卖。用：货物。㉘育：生活。恐：窘迫。鞠（jū）：穷困。㉙颠覆：患难，穷困之状。㉚生：营生，这里指财产家业。㉛比……于：把……当作。㉜旨：美、好。蓄：夏秋时节贮藏，准备入冬时食用的蔬菜，如干菜、腌菜之类。㉝御：抵挡，对付。㉞以：用。㉟有洸（guāng）：本义为水涌出的样子。有溃：本义为水溃散的样子。㊱诒：同"遗"，给予。肄（yì）：劳苦。㊲伊：惟，只。来：语中助词，是。墍：爱。余：我。伊余来墍：即"惟爱我"。

【译文】

飒飒山谷起大风，伴着阴云伴着雨。夫妻勉励结同心，不应怨怒不相容。好比采摘蔓菁和萝卜，不能因叶把根弃。美好的誓言不要背弃，和你到死永不分离。

走出家门步履沉重，脚儿向前心却不忍。不求远送望近送，仅仅送我到门槛。谁说荼菜苦？（比起我的痛苦来，）它比荠菜还甜。你们新婚欢乐，亲爱如兄如弟。

渭水入泾泾水混，静止时清澈见底。你们新婚欢乐，却诬蔑我不纯洁。不要上我的拦鱼梁，不要开我的鱼笱。我自身不能见容，哪儿来得及顾虑到以后？

宴尔新昏，以我御穷。

到江河深处，就撑木筏划木舟。到江河浅处，就游泳把水泅。无论有或无，都努力去追求。只要邻居有难，就是爬着也去救。

你不爱我倒也罢，反而视我为仇人。既已拒绝我的心意，我的心意卖也卖不出去。昔日生活窘迫穷困，与你共度苦难。一旦生活改善，嫌我比作毒蛇。

我有美味的储备菜，用来抵御严冬。你们新婚欢乐，却用我来抵御贫穷。凶狠暴虐打又骂，还要逼我做苦工。你再也不念当初情意，一心爱我的时候。

◎式 微◎

【原文】

式微式微①，胡不归②？微君之故③，胡为乎中露④？
式微式微，胡不归？微君之躬⑤，胡为乎泥中？

【主旨讲解】

这篇诗表达了自由的丧失。一群古代劳工，长期服役于主子，披星戴月，风餐露宿，有家难归，于是辛酸之下，集体唱出了这支控诉之歌。诗篇词简义丰，节奏短促，使用反诘手法，强化了抒情力度。

【注解】

①式：发语词。微：天黑。②胡：为什么。③微：非，若非，要不是。君：这里指统治者。故：原故。④中露：露水中。⑤躬：身，自身。

微君之故，胡为乎中露？

【译文】

天色愈来愈黑，为什么还不回家？若不是主子的事，怎么会身沾露水？
天色愈来愈黑，为什么还不回家？若不是为了主子的贵体，怎么会在泥水中受苦？

◎北 门◎

【原文】

出自北门①，忧心殷殷②。终窭且贫③，莫知我艰④。已焉哉⑤！天实为之⑥，谓之何哉⑦！
王事适我⑧，政事一埤益我⑨。我入自外，室人交遍谪我⑩。已焉哉！天实为之，谓之何哉！
王事敦我⑪，政事一埤遗我⑫。我入自外，室人交遍摧我⑬。已焉哉！天实为之，谓之何哉！

出自北门，忧心殷殷。

【主旨讲解】

这是一篇诉苦之作。黄昏来了，凉风飘起，一名小吏匆促走出北门，想着自己奉公多劳，却出则不被上司体谅，入则家人群责怨穷，心里忧愤死了，遂爆发了听天由命的牢骚。诗篇情辞哀切，句法灵活，气脉通贯。

【注解】

①自：从。②殷殷：忧思深重的样子。③终：既。窭（jù）：贫而无以为礼。④莫：没有人。⑤已焉哉：感叹词。⑥实：语气词。⑦谓：说。⑧王事：公事，日常行政事务。适：扔给，推给。⑨一：完全。埤（pí）益：增加，堆积。⑩室人：全家人。交遍：交替，轮流。谪（zhé）：责备，埋怨。⑪敦：推给，指定。⑫遗：加给，交给。⑬摧：讽刺，挤兑。

【译文】

　　走出城北门，忧心沉沉。既寒酸又贫困，没有人了解我的艰辛。算了吧！天要如此，还能说什么？
　　王室的差事扔给我，政事全部推给我。我从外面回来，家人纷纷埋怨我。算了吧！天要如此，还能说什么？
　　王室的差事推给我，政事一并加在我身。我从外面回来，家人个个挖苦我。算了吧！天要如此，还能说什么？

◎北　风◎

【原文】

　　北风其凉，雨雪其雱①。惠而好我②，携手同行。其虚其邪③？既亟只且④！
　　北风其喈，雨雪其霏。惠而好我，携手同归。其虚其邪？既亟只且！
　　莫赤匪狐⑤，莫黑匪乌⑥。惠而好我，携手同车。其虚其邪？既亟只且！

【主旨讲解】

　　这是一支逃亡者之歌。烽火突生，时局险恶，生命危在旦夕，诗人心急如焚，于是起而号召朋友同奔远方，相避战祸。诗篇以风雪的暴烈起兴，象征社会黑暗，节末"其虚其邪？既亟只且！"反复疾呼，节奏短促，情绪激昂，愈增气氛紧张之感。

【注解】

①雱（pāng）：形容雪大。②惠：爱。好（hào）：爱，喜欢。③其：语助词。虚：通"舒"。邪：通"徐"。虚邪：犹豫不定的样子。④既：已。亟（jí）：急迫地，快。只且：语罪（fēi）：雪密的样子。⑤莫：无。匪：通"非"，不。⑥乌：乌鸦。

【译文】

　　北风那么凉，大雪纷纷扬。你若喜欢我，携手同路走。还犹豫等待什么？处境已急迫！
　　北风那么紧，大雪下得猛。你若喜欢我，携手同路回。还犹豫等待什么？处境已急迫！
　　不红不是狐狸，不黑不是乌鸦。你若喜欢我，携手同车行。还犹豫等待什么？处境已急迫！

惠而好我，携手同行。

◎静 女◎

【原文】

静女其姝①，俟我于城隅②。爱而不见③，搔首踟蹰④。
静女其娈⑤，贻我彤管⑥。彤管有炜⑦，说怿女美⑧。
自牧归荑⑨，洵美且异⑩。匪女之为美，美人之贻。

【主旨讲解】

这是一篇约会诗。一位男士与女友相约见面，老早等在城角，发现树丛挡住了视线，于是搔头踟蹰起来。这时女友来了，还带了彤管和荑草作礼物，把他打动了。诗篇言辞质朴，格调静雅，人物心理刻画巧妙。

【注解】

①静女：同"淑女"，文静娴雅的女子。姝（shū）：美丽，美好。②俟（sì）：等候，等待。隅（yú）：角落。③爱：通"薆"，躲藏，隐藏。④搔首：用手挠头。踟（chí）蹰（chú）：来回走动，走来走去。⑤娈（luán）：美丽，漂亮。⑥贻（yí）：赠送。彤（tóng）：红色。彤管：象征一片赤心和火样的热情。⑦有：助词。炜：红色鲜明，有光泽的样子。⑧说：同"悦"。怿（yì）：喜。说怿：喜爱。女：同"汝"，你。⑨牧：牧场，郊外。归（kuì）：通"馈"。赠送。荑（tí）：草名，白茅。古代常以白茅来象征婚媾。以白茅相赠，是一种求爱的表示。⑩洵（xún）：确实，真的。异：奇异。

【译文】

文静的姑娘多么美丽，约我等候在城门角。故意藏起来不让我看见，急得我挠头又徘徊。
文静的姑娘多么漂亮，送给我一个红管。红管亮闪闪，我真喜欢它的美丽。
从郊外回来送给我白茅，白茅实在美得出奇。并不是茅草有多好看，只因为是美人送的。

◎二子乘舟◎

【原文】

二子乘舟，泛泛其景①。愿言思子②，中心养养③。二子乘舟，泛泛其逝④。愿言思子，不瑕有害⑤？

【主旨讲解】

此诗一说是卫宣公二子，争相而死，人们以此为伤，故而作诗怀念他们。一说此诗是诗人怀念在外漂泊的亲人，感怀而作。

【注解】

①泛泛：船在水上行走的样子。景：同"憬"，远行的样子。②愿：思念的样子。言：语气助词，没有实义。③中心：心中。养养：忧愁不定的样子。④逝：往。⑤瑕：通"无"。不瑕，犹言"不无"，疑惑、揣测之词。

【译文】

两人同坐小船上，随波飘荡去远方。每当殷切地思念你们俩，心中就忧愁难安。两人同坐小船上，水波荡漾向远方。每当殷切地思念你们俩，但愿平安无祸殃。

国风·鄘风

　　鄘地究竟在何处？有不同说法。旧说是在商纣都城朝歌之南，王国维认为是在邶国之南，即今河北南部及河南北部地区。《鄘风》共 10 篇。

◎柏　舟◎

【原文】

　　　　汎彼柏舟①，在彼中河②。髧彼两髦③，实维我仪④。
　　　　之死矢靡它⑤。母也天只⑥！不谅人只！
　　　　汎彼柏舟，在彼河侧。髧彼两髦，实维我特⑦。
　　　　之死矢靡慝⑧。母也天只！不谅人只！

【主旨讲解】

　　少女公开违抗父母之命，要求婚姻自由。情感强烈，语气坚定。其中"之死矢靡它"一语已经成为我们今天表达强烈爱情意愿的常用词。

【注解】

①汎：漂浮貌。②中河：即河中。③髧（dàn）：头发下垂貌。两髦：古代男子未成年，前额作齐眉发；两侧头发扎为两绺左右垂下，谓之两髦。④实：是。维：为。仪：配偶。⑤之：到。矢：发誓。靡：无。⑥也、只：语助词。⑦特：配偶。⑧慝（tè）：同"忒"，改变。

髧彼两髦，实维我仪。

【译文】

　　柏木舟漂流着，在河的中央。垂着额发的少年，是我的好对象。
　　到死不再有他想。我的母亲我的天，却不体谅我心肠！
　　柏木舟漂流着，在河的两旁。垂着额发的少年，是我的好情郎。
　　到死不变这愿望。我的母亲我的天，却不体谅我心肠！

◎墙有茨◎

【原文】

　　墙有茨①，不可扫也。中冓之言②，不可道也。所可道也③，言之丑也。
　　墙有茨，不可襄也④。中冓之言，不可详也⑤。所可详也，言之长也。
　　墙有茨，不可束也⑥。中冓之言，不可读也⑦。所可读也，言之辱也。

【主旨讲解】

卫宣公强行娶了自己儿子的未婚妻齐女宣姜，宣公死后，他的儿子公子顽又和宣姜私通生下子嗣。这首诗即是揭露、讽刺卫国的这些丑闻的。

【注解】

①茨（cí）：蒺藜。②中冓（gòu）：宫闱之内。③所：尚。④襄：除去。⑤详：细说，或作宣扬解亦通。⑥束：打扫干净。⑦读：宣扬。

【译文】

墙上生着蒺藜，不可以除掉。宫中的秘密话，不可以乱聊。如果要乱聊，惹人一身臊。

墙上长着蒺藜，不可以除光。宫中的秘密话，不可以张扬。如果要张扬，说来话太长。

墙上长着蒺藜，不可以除净。宫中的秘密话，不可说与人听。如果要说与人听，真是让人难为情。

◎君子偕老◎

【原文】

君子偕老，副笄六珈①。委委佗佗，如山如河，象服是宜②。子之不淑，云如之何③！

玼兮玼兮，其之翟也④。鬒发如云，不屑髢也⑤；玉之瑱也，象之揥也，扬且之皙也⑥。胡然而天也？胡然而帝也⑦？

瑳兮瑳兮，其之展也⑧。蒙彼绉絺，是绁袢也⑨。子之清扬，扬且之颜也⑩。展如之人兮，邦之媛也⑪？

【主旨讲解】

这首诗通过极力描写宣姜的服饰、尊严、美丽的手法来讽刺她的所作所为与其地位的不相称。成语"胡天胡帝"即是出于此诗。

【注解】

①君子：指卫宣公。偕老：代指宣姜。副：王后的首饰。笄：簪子。珈：又称步摇，在笄之下，缀以玉，共六个，故名"六珈"。②委委佗佗（tuó）：行走庄重自得貌。如山如河：像山一般凝重，像河一般渊深。象服：画袍，皇后之服。③子：指宣姜。不淑：不善。云：语助词。如之何：即"奈之何"，有什么办法呢！④玼（cǐ）：玉色鲜明貌，此处用来形容翟衣鲜艳的样子。翟（dí）：翟衣，即画着翟雉花纹的祭服。⑤鬒（zhěn）：发黑而密。不屑：不用。髢（dí）：假发髻。⑥瑱：古人冠冕上垂于两侧用来塞耳朵的玉。揥（tì）：象牙簪。扬：脸美貌。且：语助词。皙：白。⑦胡：何。然：这样。⑧瑳（cuō）：通"玼"。展：展衣，白纱所制单衣。⑨蒙：覆盖。绉絺：细夏布。绁袢：内衣。⑩清扬：眉目清秀貌。⑪展：可是，一作确实解亦通。媛：美女。邦之媛，犹后世所说的国色。

委委佗佗，如山如河。

【译文】

君子终身相伴者，步摇玉管多婆娑。举止行动多自得，凝重如山深如河。穿着画袍也适合。可是行为太丑陋，对她又能说什么！

鲜艳礼服画翟雉。乌黑头发如云绮，根本不用假发髻。塞耳美玉垂两耳，象牙簪子插鬓里，一张脸庞白又美。莫非天神和帝子？

艳丽轻薄细纱衣。蒙着细夏布如轻丝。女子面美好眼眉。穿着单衣这女子，能是倾国的美人？

◎桑　中◎

【原文】

爰采唐矣①？沬之乡矣②。云谁之思③？美孟姜矣④。期我乎桑中⑤，要我乎上宫⑥，送我乎淇之上矣⑦。

爰采麦矣？沬之北矣。云谁之思？美孟弋矣⑧。期我乎桑中，要我乎上宫，送我乎淇之上矣。

爰采葑矣⑨？沬之东矣。云谁之思？美孟庸矣⑩。期我乎桑中，要我乎上宫，送我乎淇之上矣。

云谁之思？美孟姜矣。

【主旨讲解】

这是一幅幽会图卷。通过男方的思念和甜蜜回忆，展现了一对恋人在"桑中""上宫"两地幽聚，后在"淇水"送别的广阔情景。诗篇爱情不拘礼节，真诚直露，充满了自然气息。

【注解】

①爰：何处，哪里。唐：植物名，即菟丝，一种蔓生植物。②沬（mèi）：卫国城邑名。③云：助词。谁之思：即"思谁"，"之"为代词。④孟：排行第一。姜：姓。⑤期：约会。⑥要：同"邀"，邀请。上宫：楼。⑦淇：卫国水名。⑧弋：即"姒"，也是姓氏。⑨葑（fēng）：野菜名，即芜菁，芥菜。⑩庸：姓氏。

【译文】

到哪里采摘女萝？在那沬邑的郊野。心中把谁思念？是那美丽的孟姜。约我在桑林中相会，邀我相会在上宫，又送我到淇水边。

到哪里采摘麦子？在那沬邑的北边。心中把谁思念？是那美丽的孟弋。约我在桑林中相会，邀我相会在上宫，又送我到淇水边。

到哪里采摘芜菁？在那沬邑的东边。心中把谁思念？是那美丽的孟庸。约我在桑林中相会，邀我相会在上宫，又送我到淇水边。

◎载 驰◎

【原文】

载驰载驱①，归唁卫侯②。驱马悠悠③，言至于漕④。大夫跋涉⑤，我心则忧。

既不我嘉⑥，不能旋反⑦。视尔不臧⑧，我思不远⑨。既不我嘉，不能旋济⑩。视尔不臧，我思不闷⑪。

陟彼阿丘⑫，言采其蝱⑬。女子善怀⑭，亦各有行⑮。许人尤之⑯，众稚且狂⑰。

我行其野，芃芃其麦⑱。控于大邦⑲，谁因谁极⑳！

大夫君子，无我有尤㉑！百尔所思，不如我所之㉒！

【主旨讲解】

这是一支爱卫国之歌。作者许穆夫人，是春秋早期卫国之女，远嫁许国穆公。因故国为外族侵灭，多灾多难，她乘车归国图救，却被许国官员以不合礼教为由跟来拦截，这篇忧愤的诗歌就是在这种情况下写出来的。

载驰载驱，归唁卫侯。

【注解】

①载：乃。发语词，无实义。②唁（yàn）：向死者家属慰问或吊人失国。本诗作者许穆夫人本是卫国之女，嫁给许穆公。狄国攻陷卫都，卫懿公被杀。卫人在漕邑拥立戴公。不久，戴公死，文公继立。戴公、文公和许穆夫人是同胞兄妹。卫侯：卫国国君。③悠悠：道路遥远的样子。④漕：卫国地名。⑤大夫：指来到卫国劝说许穆夫人回去的许国大夫。跋涉：登山涉水。⑥不我嘉：即"不嘉我"。嘉：赞同。⑦旋：还归。反：同"返"。⑧视：比。尔：你们。臧：善。⑨远：深远。⑩济：渡河。⑪闷（bì）：闭塞，停止。不闷，不错，行得通。⑫陟（zhì）：登上。阿（ē）丘：偏高的山丘。⑬采：采摘。蝱（méng）：贝母，草药名，有治疗郁闷的功效。⑭善：多。怀：思念。善怀，多愁善感。⑮行（háng）：道理。⑯许人：许国的大夫们。尤：指责，非难。⑰稚：幼稚。狂：狂妄。⑱芃芃（péng）：茂盛的样子。⑲控：控告，赴告。大邦：大国。⑳因：依赖，依靠。极：求救。㉑无我有尤：即"无有尤我"。无：不要。有：又。㉒之：往，到。

【译文】

驾起马车快奔走，回去吊唁失国的卫侯。驱马走上漫漫长路，望到卫国漕城头。大夫跋山涉水追来，我心中充满忧愁。

既然不赞同我返卫，我也不能马上回去。比起你们没有良策，我的想法很快就可实现。既然不赞同我返卫，我决不渡河再回头。比起你们没有良策，我的想法却行得通。

登上那高高的山冈，采摘那解忧的贝母。女子多愁善感，自有道理和主张。许国大夫反对我，众人是如此幼稚愚狂。

我独行在郊野之中，一片麦子蓬勃如浪。想向大国奔走求告，可是向谁求援？向谁投靠？

你们这些大夫"君子"，不要再斥责我。纵使你们想出百般妙计，也不如我亲自跑一趟！

国风·卫风

卫地在今河北南部与河南北部一带。《卫风》是卫地民歌，共有10篇。

◎淇 奥◎

【原文】

瞻彼淇奥①，绿竹猗猗②。有匪君子③，如切如磋，如琢如磨④。瑟兮僴兮⑤，赫兮咺兮⑥。有匪君子，终不可谖兮⑦！

瞻彼淇奥，绿竹青青⑧。有匪君子，充耳琇莹⑨，会弁如星⑩。瑟兮僴兮，赫兮咺兮。有匪君子，终不可谖兮。

瞻彼淇奥，绿竹如箦⑪。有匪君子，如金如锡，如圭如璧⑫。宽兮绰兮⑬，猗重较兮⑭。善戏谑兮，不为虐兮⑮。

【主旨讲解】

这是一曲君子颂。诗人不遗余力，赞美这位居住在水边竹林的君子相貌端庄英俊，佩饰高雅，气宇轩昂，并且宅心仁厚，品行高尚。诗篇音韵铿锵，摹状细腻，形象塑造令人肃然起敬。

有匪君子，如切如磋，如琢如磨。

【注解】

①瞻：向前看，眺望。淇：淇水。卫国水名。奥（yù）：通"隩"，河岸弯曲的地方。②猗猗（yī）：长而美的样子。③有：助词。匪：通"斐"，有文采。④如切如磋，如琢如磨：雕刻骨器叫切，雕刻象牙叫磋，雕刻翠玉叫琢，雕刻美玉叫磨。以上四字用以形容人文采美好，治学修身、精益求精。⑤瑟：庄重的样子。僴（xiàn）：威武的样子。⑥赫：光明磊落。咺（xuǎn）：显著，盛大的样子。⑦谖（xuān）：忘记。⑧青青（jīng）：同"菁菁"，草木茂盛的样子。⑨充耳：古代冠冕上悬垂于耳际的饰物。琇（xiù）：像玉的美石。⑩会（kuài）：皮帽缝合的地方。弁（biàn）：古代成年男子戴的一种帽子。⑪箦（zé）：竹席。⑫圭（guī）：用作凭信的玉，形状上圆下方。璧（bì）：平而圆，中心有孔的玉。⑬宽：宽宏，宽厚。绰（chuò）：温和、柔和。⑭猗（yǐ）：同"倚"，依靠。较：古代车厢上的曲钩，可做扶手。⑮虐：以言语伤人。

【译文】

眺望那淇水弯曲处，翠绿的竹子修长。文质彬彬的君子，有如象牙经过切磋，有如美玉经过琢磨。他仪表庄重，威风凛凛。他光明磊落，威仪显著，叫人永远难忘怀。

眺望那淇水弯曲处，翠绿的竹子葱葱。文质彬彬的君子，充耳垂美玉晶莹，帽上玉亮如明星。他仪表庄重，威风凛凛。他光明磊落，威仪显著，叫人永远难忘怀。

眺望那淇水弯曲处，翠绿的竹子密如席。文质彬彬的君子，有如赤金白锡，有如方圭圆璧。他胸怀宽广性情温和，你看他登车凭依。他幽默风趣，善于说笑，但待人平易不刻薄。

◎ 氓 ◎

【原文】

氓之蚩蚩①，抱布贸丝②。匪来贸丝③，来即我谋。送子涉淇，至于顿丘④。匪我愆期⑤，子无良媒。将子无怒⑥，秋以为期⑦。

乘彼垝垣⑧，以望复关⑨。不见复关，泣涕涟涟。既见复关，载笑载言⑩。尔卜尔筮⑪，体无咎言。以尔车来，以我贿迁。

桑之未落，其叶沃若⑫。于嗟鸠兮，无食桑葚。于嗟女兮，无与士耽！士之耽兮，犹可说也⑬。女之耽兮，不可说也！

桑之落矣，其黄而陨⑭。自我徂尔⑮，三岁食贫。淇水汤汤⑯，渐车帷裳⑰。女也不爽，士贰其行⑱。士也罔极⑲，二三其德！

三岁为妇，靡室劳矣。夙兴夜寐，靡有朝矣。言既遂矣，至于暴矣。兄弟不知，咥其笑矣⑳。静言思之㉑，躬自悼矣㉒。

及尔偕老㉓，老使我怨。淇则有岸，隰则有泮㉔。总角之宴㉕，言笑晏晏㉖。信誓旦旦，不思其反。反是不思，亦已焉哉！

【主旨讲解】

这篇小型史诗是弃妇的自诉。一路讲述了主人公从集市订婚，复关迎娶，到操劳家室，丈夫弃虐，而至反躬自思的婚姻悲剧。诗篇叙议兼夹，记事完整，抒情悲喜顿挫，笔致波澜横生。

既见复关，载笑载言。

【注解】

①氓（méng）：民，人，诗中男子的代称。蚩蚩（chī）：憨厚的样子，或同"嗤嗤"，笑嘻嘻的样子。②布：古货币名。贸：买，交易。拿钱来买丝。一说"布"作"布匹"。以布匹换取丝，是以物换物。③匪：同"非"，不是。④顿丘：卫国地名。今河南清丰县西南。⑤愆（qiān）：拖延，耽误。愆期：约期而失信。⑥将（qiāng）：愿，请。⑦秋以为期：即"以秋为期"。⑧乘：登上。垝（guǐ）：毁坏，倒塌。垣（yuán）：墙。⑨复关：地名，氓所居住的地方。⑩载：语助词。载笑载言：又说又笑。⑪尔：你。卜：用火灼龟甲，根据裂纹来判定吉凶。筮（shì）：用蓍（shī）草依法排比成卦卜筮，以判吉凶。⑫其：代词，桑。沃若：润泽、茂盛的样子。⑬说：通"脱"，解脱，摆脱。⑭陨（yǔn）：坠落。⑮徂（cú）：往，到。徂尔：嫁给你。⑯汤汤（shāng）：水势很大的样子。⑰渐：浸湿。帷裳：车上的帷帐。写女子被弃后，渡淇水回去的情形。⑱贰：有二心，不专一。⑲罔：无。极：准则。罔

极：没有准则，行为不端。⑳咥（xì）：嬉笑的样子。带有讥讽的意味。㉑静言：冷静地。㉒躬：自身。悼：悲伤。㉓及：和，与。尔：你。㉔隰（xí）：低湿的地方。泮（pàn）：岸边。㉕总角：古人未成年时将头发束成丫状角髻。宴：欢乐。㉖晏晏：相处和悦融洽的样子。

【译文】

农家小伙笑嘻嘻，抱着布来换我的蚕丝。不是有心换丝，借机找我商量婚事。送他过淇水，送到顿丘才告辞。不是我拖延婚期，是你没有找个好媒人。请你不要生我气，约定秋天作为婚期。

登上那破败的墙垣，眺望我思念的复关。不见我的复关，伤心泪儿涟涟。见到我的复关，又笑又说心欢畅。你去占卦问卜，卦象没有不吉的话。驾着你的车来，搬迁我的嫁妆。

桑树叶儿未落，桑叶又嫩又润。唉，斑鸠，别贪吃那桑葚。唉，女人，不可与男人迷恋。男人迷恋，还可以解脱。女人迷恋，就无法自拔。

桑树叶儿落下，枯黄憔悴任飘零。自从我嫁到你家，三年来吃苦受穷。淇河水奔流荡荡，浸湿了车上的帷帐。我做妻子并没有过错，男人你却反复无常。男人变化无常性，三心二意坏德行。

做你妻子三年，家务辛劳没有不干。早起晚睡，天天如此，干也干不完。家业有成已安定，就变得粗暴无礼。兄弟们不知真相，嘻嘻讥笑再加嘲讪。静静细想，独自伤心悲叹。

曾经发誓，与你白头到老，这样的偕老使我怨恨。淇水虽宽有堤岸，沼泽虽阔有边涯。回想少年未嫁时，你说我笑温雅无间。誓言说得响亮，却不料如今翻脸变冤家。违背的誓言不愿再想，从今与你一刀两断！

◎伯　兮◎

【原文】

伯兮朅兮①，邦之桀兮②。伯也执殳③，为王前驱④。
自伯之东⑤，首如飞蓬⑥。岂无膏沐⑦？谁适为容⑧？
其雨其雨⑨，杲杲出日⑩。愿言思伯⑪，甘心首疾⑫。
焉得谖草⑬，言树之背⑭？愿言思伯，使我心痗⑮！

【主旨讲解】

这是一篇思夫诗。自从男人出征以来，女主人公妆饰尽废，头发蓬乱，心病恹恹，好像被抽空了一部分生活似的。诗篇首节写她以老公英姿威猛为傲，而后用整三节的篇幅吐诉离苦，抒情跌宕，对比有力。

【注解】

①伯：女子称其夫。朅（qiè）：威武健壮的样子。兮：语气词，相当于"啊""呀"。②邦：国家。桀（jié）：同"杰"，杰出人物。③执：拿着。殳（shū）：兵器，杖类，长一丈二尺。④前驱：先锋。⑤自：自从。之：往，到。⑥飞蓬：乱飞的蓬草。比喻女子披头散发的样子。⑦膏（gāo）：润发的油。沐：洗头。⑧适：喜欢。容：梳妆打扮。⑨其：表示祈求的语气词。雨（yù）：下雨。⑩杲杲（gǎo）：阳光火红光亮的样子。⑪愿言：念念不忘的样子。⑫首疾：头痛。⑬焉：哪里。谖（xuān）草：草名，萱草，又名忘忧草。⑭言：关联词，而。树：种植。背：堂屋的北面。⑮痗（mèi）：生病。

愿言思伯，甘心首疾。

【译文】

夫君多么英武，是邦国的英杰。夫君手执长殳，是国君的先锋。

自从夫君东征，我已无心梳妆，头发乱如飞蓬。难道没有润发油？可是，叫我为谁妆扮仪容？

下雨吧，下雨吧，太阳却火红光亮。念夫君，念夫君，情愿忍受相思的苦痛。

哪里能找到忘忧草？把它种在堂屋的北边。念夫君，念夫君，使我心病发作！

◎有　狐◎

【原文】

有狐绥绥，在彼淇梁①。心之忧矣，之子无裳②。

有狐绥绥，在彼淇厉③。心之忧矣，之子无带④。

有狐绥绥，在彼淇侧。心之忧矣，之子无服。

【主旨讲解】

女子的丈夫流落在外，她担心他无衣无裳，唱起歌曲表达忧伤，情感深至。

【注解】

①绥绥（suí）：行走缓慢的样子。梁：桥。②裳：下衣，如同今天的裙子。③厉：借作"濑"，水边的沙地。④带：衣带。

【译文】

狐狸慢慢地走，走在淇水的桥头。我心中伤悲呵，他连裤子也没有。

狐狸慢慢地走，走在淇水的滩头。我心中伤悲呵，他连衣带也没有。

狐狸慢慢地走，走在淇水的岸头。我心中伤悲呵，他连衣服也没有。

◎木　瓜◎

【原文】

投我以木瓜①，报之以琼琚②。匪报也③，永以为好也。

投我以木桃，报之以琼瑶④。匪报也，永以为好也。

投我以木李，报之以琼玖⑤。匪报也，永以为好也。

【主旨讲解】

这是两位互赠者表达永好之情的诗篇。一方以瓜桃李相馈，对方却薄来厚往，回赠琼瑶美玉，以此表明不是简单的答谢回报，而是愿永结情义，携手共老。诗篇氛围淡雅，音节从容，意象清新。

【注解】

①投：抛，投赠。木瓜：一种落叶灌木。古代风俗，以瓜果之类为男女定情信物。②报：报答，回赠。琼（qióng）：美玉美石的通称。琚（jū）：佩玉。③匪：通"非"。④瑶：美玉。⑤玖（jiǔ）：黑色的玉。琼玖：泛指美玉。

【译文】

你送我一个木瓜，我回送你一枚佩玉。这不只是回赠，而是为了永远相好。

你送我一个桃子，我回送你一块美石。这不只是回赠，而是为了永远相好。

你送我一个李子，我回送你黑色美玉。这不只是回赠，而是为了永远相好。

国风·王风

东周都城一带的民歌称为《王风》。王，是王都的意思。《王风》有诗10篇。

◎黍　离◎

【原文】

　　彼黍离离①，彼稷之苗②。行迈靡靡③，中心摇摇。知我者谓我心忧，不知我者谓我何求。悠悠苍天，此何人哉？

　　彼黍离离，彼稷之穗。行迈靡靡，中心如醉。知我者谓我心忧，不知我者谓我何求。悠悠苍天，此何人哉！

　　彼黍离离，彼稷之实。行迈靡靡，中心如噎。知我者谓我心忧，不知我者谓我何求。悠悠苍天，此何人哉！

【主旨讲解】

　　这是一曲悼念故国的挽歌。一位士人旧地重返，人物皆非，昔日的宫殿宗庙早已繁华落尽，遗迹难觅，唯有葱绿的黍粱摇动风中，一片荒凉，此情此景使他悲从中来，无边怅惘。诗篇节奏灵动，意境空旷，抒情迷离，读之令人难以释怀。

【注解】

①彼：指示代词，那，那个。黍（shǔ）：黍子，一种农作物，籽实去皮后叫黄米。离离：排列成行，整齐繁密的样子。②稷（jì）：谷子，一种农作物，籽去皮后叫小米。③行迈：行走不止。一说，迈为远行。靡靡：步行缓慢的样子。

【译文】

　　那黍子生长满田畴，那谷子抽苗绿油油。我举步迟迟，因为心中彷徨愁闷。理解我的人说我心中忧愁，不理解我的人说我有什么贪求。悠悠苍天啊，是谁害得我要离家走？

　　那黍子生长满田畴，那谷子抽穗垂下头。我举步迟迟，心中忧闷如醉。理解我的人说我心中忧愁，不理解我的人说我有什么贪求。悠悠苍天啊，是谁害得我要离家走？

　　那黍子生长满田畴，那谷子结实不胜收。我举步迟迟，心中哽塞郁闷。理解我的人说我心中忧愁，不理解我的人说我有什么贪求。悠悠苍天啊，是谁害得我要离家走？

知我者谓我心忧，不知我者谓我何求。

◎君子于役◎

【原文】

君子于役①，不知其期②。曷至哉③？鸡栖于埘④，日之夕矣⑤，羊牛下来。君子于役，如之何勿思⑥！

君子于役，不日不月⑦。曷其有佸⑧？鸡栖于桀⑨，日之夕矣，羊牛下括⑩。君子于役，苟无饥渴⑪？

【主旨讲解】

这是一篇幽静的怀人诗。圆日西坠，地平天阔，村边山岗和门前篱笆下，牛羊下山了，家鸡结群回栏，房顶炊烟直上。正在劳作的女主人公触景生情，想起久征在外的男人来了，心中攒满了忧虑和哀楚。诗篇言辞朴质，色调柔和，画感逼真。

【注解】

①君子：古代妻子对丈夫的敬称。于：去，往。役：古代徭役。②期：服役的期限。③曷（hé）：何，何时。④埘（shí）：在墙上挖洞或砌泥筑成的鸡窝。⑤夕：指傍晚时分。"鸡栖于埘"、"羊牛下来"尚有定时，而服役的人却没有归期。⑥如之何：怎么。⑦不日不月：没有定期。⑧有（yòu）：又，重新。佸（huó）：相会，团聚。⑨桀（jié）：亦作"榤"，指木桩，或以木桩支架起来的鸡棚。⑩括：来,到。⑪苟：句首语气词，表希望，或许，也许。

【译文】

丈夫去服役，不知道他的归期。他什么时候才能回来？鸡儿回窝，太阳也要落西山，羊牛都下了山坡。丈夫去服役，叫我怎能不苦苦思念？

丈夫去服役，没日没月，何时才能相聚？鸡儿回窝，太阳也要落西山，羊牛都下了山坡。丈夫去服役，是否受到饥渴折磨？

曷其有佸？鸡栖于桀，日之夕矣，羊牛下括。

◎兔　爰◎

【原文】

有兔爰爰①，雉离于罗②。我生之初，尚无为③。我生之后，逢此百罹④。尚寐无吪⑤！

有兔爰爰，雉离于罦⑥。我生之初，尚无造⑦。我生之后，逢此百忧。尚寐无觉⑧！

有兔爰爰，雉离于罿⑨。我生之初，尚无庸⑩。我生之后，逢此百凶。尚寐无聪⑪！

【主旨讲解】

这是一篇愤世诗。诗人生活的时代，值遇世风浇漓，苦集道减，盘剥日重，以出生之后与出生之初作比，加剧了对现状的仇恨。诗篇篇章末尾，诗人发出了不如长睡不起的悲壮气话，隐含着泣血的抗争。

【注解】

①爰爰（yuán）：缓缓，从容自得的样子。②雉（zhì）：野鸡。离：同"罹"，遭到。罗：罗网。③为：作为。一说劳役，兵役。④百：约数，言其多。罹：忧愁，苦难。⑤吪（é）：动。⑥罦（fú）：一种装有开关能自动开合捕鸟的网，又叫覆车网。⑦造：劳役之事。⑧觉：醒来，睡醒。⑨罿（chōng）：义同"罦"。⑩庸：即用，指劳役。⑪聪：听见，听到。

【译文】

兔子逍遥自在，野鸡却撞进罗网。我初生那时还没有劳役，我出生之后碰上无数的苦难。还是好好睡，不要动的好。

◎采 葛◎

【原文】

彼采葛兮^①，一日不见，如三月兮！
彼采萧兮^②，一日不见，如三秋兮！
彼采艾兮^③，一日不见，如三岁兮！

【主旨讲解】

这是一支相思小调。一日不见恋人，主人公饱受煎熬，神志恍然，好似度过了三月、三季、三年一般冗长，可见相知之真，相爱之深。诗篇旋律婉转，低语喃喃，抒情点到为止，质朴无华，而笔意纵横，收放自如。

【注解】

①葛：植物名。其纤维可以织布，块根可以吃。②萧：植物名。一种蒿子，有香气，古人用它来祭礼。③艾：植物名，烧艾叶可以治病。

【译文】

那采葛的姑娘，一天不见，像隔了三月不相见！

那采萧的姑娘，一天不见，像隔了三季不相见！

彼采葛兮，一日不见，如三月兮！

那采艾的姑娘，一天不见，像隔了三年不相见！

兔子逍遥自在，野鸡却撞进兽网。我初生那时还没有劳役，我出生之后碰上无数的忧愁。还是好好睡，不要醒的好。

兔子逍遥自在，野鸡却撞进鸟网。我初生那时还没有劳役，我出生之后碰上无数的凶祸。还是好好睡，不要听的好。

国风·郑风

周宣王始封其弟友于郑地,即今陕西西安附近。后郑桓公死,武公即位,迁至新郑,即今河南新郑。《郑风》是郑地民歌,内容多与男女恋情有关。共有21篇。

◎风　雨◎

【原文】

> 风雨凄凄①,鸡鸣喈喈②。既见君子③,云胡不夷④?
> 风雨潇潇⑤,鸡鸣胶胶⑥。既见君子,云胡不瘳⑦!
> 风雨如晦⑧,鸡鸣不已⑨。既见君子,云胡不喜!

【主旨讲解】

这是一支重逢之歌。一个风雨凄迷的早晨,栅栏下的鸡群在咯咯叫着乱窜,忧伤的女主人公打开门,这时久征远地的男人突然回来了,令她惊喜不已。诗篇节奏轻快,摹景抒情高度融合,场面有声有色。

【注解】

①凄凄:寒凉,阴冷。②喈喈:鸡叫的声音。③既:终于。④云胡:为何,为什么。夷:平静。⑤潇潇(xiāo):风雨急骤的样子。⑥胶胶:鸡叫的声音。⑦瘳(chōu):病愈。⑧晦(huì):昏暗。⑨已:停止。

【译文】

风雨交加阴又冷,鸡鸣喈喈报五更。丈夫已经回家来,心情为何不平静?

疾风骤雨冷潇潇,鸡叫咯咯报天明。丈夫已经回家来,心病为何不痊愈?

凄风冷雨天地昏,雄鸡报晓不停歇。丈夫已经回家来,心中为何不高兴?

既见君子,云胡不喜!

◎子　衿◎

【原文】

> 青青子衿①,悠悠我心②。纵我不往,子宁不嗣音③?
> 青青子佩④,悠悠我思。纵我不往,子宁不来?
> 挑兮达兮⑤,在城阙兮⑥。一日不见,如三月兮!

【主旨讲解】

这篇诗主题是等候恋人。丛林围绕的城楼上,四面空荡,一位姑娘踯躅其中,心烦意乱,幽怨男友不来相会，令她饱受相思煎熬，继而引发了一系列的猜想、疑问和怨怼。诗篇结构简约，语言通俗，心理刻画真切入神。

【注解】

① 衿（jīn）：衣领。② 悠悠：思念不已的样子。③ 宁：岂，难道。嗣（sì）：继续。音：音信。嗣音：即保持联系。④ 佩：指身上佩玉石的绶带。⑤ 挑：跳跃。达：放恣。《毛传》："挑达，往来相见貌。"⑥ 阙（què）：城门两边的高台。

【译文】

青青的是你衣领的颜色，悠悠思念的是我的心。即使我不去看你，你为何不捎个音信？
青青的是你佩带的颜色，悠悠的是我的思念。即使我不去看你，你为何不来？
走来走去，心神不宁，在城门边的高台里。只有一天没见面，好像隔了三个月！

◎出其东门◎

【原文】

出其东门，有女如云①。虽则如云，匪我思存②。缟衣綦巾③，聊乐我员④。
出其闉阇⑤，有女如荼⑥。虽则如荼，匪我思且⑦。缟衣茹藘⑧，聊可与娱。

【主旨讲解】

这是一支情有独钟的爱情之歌。步出城东门外，两边美女云集，然而这些衣着耀眼、灿烂如锦的小姐们，并没有令诗人心迷意乱，产生放弃探望城外村庄那位久藏在心的白衣青巾的姑娘的念头。他只爱她一人。诗篇对比明朗，结构规整。

出其东门，有女如云。

【注解】

①如云：形容众多。②思存：思念，念念不忘。③缟（gǎo）衣：白衣。綦（qí）巾：浅绿色的佩巾。④聊：且。乐：使动用法，使……乐。员：同"云"，语气词。⑤闉（yīn）阇（dū）：古代城门外层的半环形城墙，用以掩护城门，又名曲城。⑥荼〔tú）：茅草的白花，盛开时浓茂美丽。如荼：形容女子美丽。⑦且（jū）：语气词。⑧茹（yú）藘（lú）：植物名，即茜草，其根可作红色染料，这里借指红色头巾。

【译文】

出那东门，女子多如云。虽然多如云，不是我的意中人。素衣青佩巾，喜欢又相亲。
出那曲城门，女子美如花。虽然美如花，不是我的意中人。素衣红佩巾，与她同欢乐。

◎野有蔓草◎

【原文】

野有蔓草①，零露漙兮②。有美一人，清扬婉兮③。邂逅相遇④，适我愿兮⑤。
野有蔓草，零露瀼瀼⑥。有美一人，婉如清扬⑦。邂逅相遇，与子偕臧⑧。

【主旨讲解】

这是一支清新的爱情短歌。早春的郊外，丛草嫩软，露珠闪光，诗人驱车在路，与一眉目清秀的姑娘偶然相遇，彼此都陡然心动了。诗篇格调朗畅，意象质地纯净，抒情质朴简练。

【注解】

①蔓：蔓延。②零：落。露：露水。漙（tuán）：露水多的样子。③清扬：形容眉清目秀。婉：美好柔媚的样子。④邂逅：不期而遇。⑤适：适合、符合。愿：心愿。⑥瀼瀼（ráng）：露水大的样子。⑦如：而。⑧偕：一起。臧：善，美。一说通"藏"，指藏到幽僻的地方。

【译文】

蔓草青青，长在旷野里。晶莹剔透，露珠滴滴。美丽姑娘，眉清目秀，温柔多情。偶于路上巧相遇，情意相投合我愿。

蔓草青青，长在旷野里。晶莹剔透，露珠串串。美丽姑娘，眉清目秀，温柔多情。不期而会巧相遇，情投意合两心欢。

◎溱洧◎

【原文】

溱与洧，方涣涣兮①。士与女，方秉蕑兮②。女曰："观乎？"士曰："既且③。""且往观乎④！"洧之外，洵且訏乐⑤。维士与女⑥，伊其相谑⑦，赠之以勺药⑧。

溱与洧，浏其清矣⑨。士与女，殷其盈矣⑩。女曰："观乎？"士曰："既且。""且往观乎！"洧之外，洵且訏乐。维士与女，伊其将谑⑪，赠之以勺药。

【主旨讲解】

这是一支节日情歌。上巳节来了，冰雪消融，春风拂岸，溱河、洧河绿波晃荡，少年男女成群在户外游乐踏青，其中一对情投意合，邀请参加盛会，并互赠勺药，订下了永好的盟约。诗篇句法多变，境界开放，人物塑造活泼传神，民俗画面形象生动。

【注解】

①溱（zhēn）洧（wěi）：郑国二水名。两大河流在密县汇合。方：正当，正在。涣涣：河水盛涨的样子。②秉：拿着。蕑（jiān）：兰草的一种，生在水边。郑国的风俗，人们于三月上巳日拿着兰草，拔除邪恶，祈求吉利。③既：已经。且（cú）：同"徂"，往，去。④且：复，再。⑤洵（xún）：确实。訏（xū）：大，指盛会的场面。⑥维：语助词。⑦伊：语助词。其：他们，即士与女。相谑：互相调笑、戏谑。⑧勺药：植物名，三月开花，芳香可爱。古代男女相别赠勺药表示爱慕。⑨浏（liú）：水流清澈的样子。⑩殷：众多。⑪将：相互。

【译文】

溱水与洧水，正涨满春水。男士和女子，手捧兰花满怀香。女子说："去看看吧？"男的说："已经看过了。""再去看看也无妨！"洧水岸，场面实在盛大而热闹。男士和女子，相互调笑心花放，临别相赠美勺药。

溱水与洧水，流水清澈见底。男士和女子，熙熙攘攘又多挤。女子说："去看看吧？"男的说："已经看过了。""再去看看也无妨！"洧水岸，场面实在盛大而热闹。男士和女子，相互调笑心花放，相赠勺药表情长。

国风·齐风

齐国位于今山东省北部和中部地区。《齐风》收诗 11 篇，其中有爱情诗、叙事诗，也有讽刺诗。

◎鸡 鸣◎

【原文】

"鸡既鸣矣，朝既盈矣①。""匪鸡则鸣②，苍蝇之声。"

"东方明矣，朝既昌矣③。""匪东方则明，月出之光。"

"虫飞薨薨④，甘与子同梦⑤。""会且归矣⑥，无庶予子憎⑦。"

【主旨讲解】

妻子催促丈夫早起去上朝。两人一应一答。妻子催他，他便以种种理由拖延。

【注解】

①朝：朝廷。一说早集。盈：满。②匪：同"非"。则：的。③昌：盛多貌。④薨薨（hōng）：昆虫群飞声。⑤甘：乐意，喜欢。⑥会：朝会。且：将。⑦无庶：即"庶无"。庶，希望义。予子憎：招致憎恶。

【译文】

"公鸡已经叫了，上朝的官已经到了了。""不是公鸡叫，是苍蝇的嗡嗡声。"

"东方已经亮了，上朝的官已经站满朝堂了。""不是东方亮，是月光照着的。"

"虫子嗡嗡作响，多乐意和你同睡。""朝官就要散了，别招人说闲话！"

鸡既鸣矣，朝既盈矣。

◎ 还 ◎

【原文】

子之还兮①，遭我乎峱之间兮②。并驱从两肩兮③，揖我谓我儇兮④。

子之茂兮⑤，遭我乎峱之道兮。并驱从两牡兮⑥，揖我谓我好兮。

子之昌兮，遭我乎峱之阳兮⑦。并驱从两狼兮，揖我谓我臧兮⑧。

【主旨讲解】

这是一篇猎人笔记。深山密林中，作者与另一位狩猎同行意外撞面，均为对方的敏捷身手和娴熟猎艺折服，于是豁达地互表激赏、赞叹。诗篇句法参杂，灵活多动，"兮"字反复使用，音调一唱三叹。

【注解】

①还（xuán）：通"旋"，敏捷灵巧。②遭：碰，遇见。猇（náo）：山名。③从：追逐。肩：通"豣"，三岁的兽，大兽。④揖：拱手作揖。儇（xuān）：灵巧，敏捷。⑤茂：优秀。⑥牡（mǔ）：雄兽。⑦阳：山的南面。山之南曰阳，山之北曰阴。⑧臧：善，能干。

【译文】

你敏捷灵巧，我们相遇在猇山间。我俩并肩追逐两只大兽，你给我作揖夸我灵巧。
你身手不凡，我们相遇在猇山道。我俩并肩追逐两只雄兽，你给我作揖夸我身手好。
你健壮勇武，我们相遇在猇山南。我俩并肩追逐两只大狼，你给我作揖夸我本领高。

◎东方未明◎

【原文】

东方未明，颠倒衣裳①。颠之倒之，自公召之②。
东方未晞③，颠倒裳衣。倒之颠之，自公令之④。
折柳樊圃⑤，狂夫瞿瞿⑥。不能辰夜⑦，不夙则莫⑧。

【主旨讲解】

这是一支小官吏妻子的怨歌。一个漆黑凌晨，东边曙光未现，公侯派人来下令了，做小官吏的丈夫从梦中惊起，又气又怕，手忙脚乱以至把衣服穿反了。诗篇通过"颠倒衣裳"等细节描摹，巧妙逼真再现了小官吏生活的繁忙与无奈。

【注解】

①衣：上衣。裳：下衣。②自：从。召：召唤。③晞（xī）：天亮。④令：命令。⑤樊（fán）：篱笆，此作动词，编篱笆。圃：菜园子。⑥狂夫：指监工。瞿瞿（jù）：瞪眼怒视的样子。⑦辰：通"晨"，早上。⑧莫（mù）：古"暮"字，晚。

在我室兮，履我即兮。

【译文】

东方还未放亮，颠颠倒倒穿衣裳，手忙脚乱。颠颠倒倒很狼狈，因为公侯派人来叫。
东方还没放亮，颠颠倒倒穿衣裳，手忙脚乱。颠颠倒倒很狼狈，因为公侯派人来唤。
折下柳条编篱笆围菜园，监工在旁瞪眼看。不分昼夜，不是早起就是晚睡。

国风·魏风

魏地在安邑附近，即今山西南部芮城东北一带，《魏风》多为讽刺诗，共有7篇。

◎汾沮洳◎

【原文】

彼汾沮洳①，言采其莫②。彼其之子③，美无度④。美无度，殊异乎公路⑤。

彼汾一方，言采其桑。彼其之子，美如英。美如英⑥，殊异乎公行⑦。

彼汾一曲，言采其藚⑧。彼其之子，美如玉。美如玉，殊异乎公族⑨。

彼其之子，美如玉。

【主旨讲解】

公路、公行、公族都是贵族子弟世袭的官员，他们不劳而获。诗人赞扬汾水边的采菜人，一方面也讽刺了这些贵族的坐享其成。

【注解】

①汾：汾水，在今山西中部，西南流入黄河。沮（jù）洳（rù）：水边低湿的地方。②莫：野菜名。③彼、之：都是第三人称代词，反复说是为了加重语气。这里指采菜的人。④无度：无比。⑤公路：管魏君路车的官员。⑥英：花。⑦公行：管兵车的官员。⑧藚（xù）：泽泻草。⑨公族：管公族之事的官员。

【译文】

汾水岸边湿地，采摘莫菜而食。那个采菜人呵，漂亮真无比。漂亮真无比，他跟公路真不像。

汾水岸边坡上，采摘桑叶入筐。那个采桑人呵，漂亮如花一样。漂亮如花一样，他跟公行真不像。

汾水河边曲岸上，采摘泽泻入筐。那个采菜人呵，漂亮如玉一样。漂亮如玉一样，他跟公族真不像。

◎陟 岵◎

【原文】

陟彼岵兮①，瞻望父兮。父曰：嗟予子，行役夙夜无已。上慎旃哉②！犹来无止③！

陟彼屺兮④，瞻望母兮。母曰：嗟予季⑤，行役夙夜无寐。上慎旃哉！犹来无弃！

陟彼冈兮，瞻望兄兮。兄曰：嗟予弟，行役夙夜无偕⑥。上慎旃哉！犹来无死！

【主旨讲解】

男子一个人在外，想念家乡，便登上高处遥遥眺望，好像亲人都在召唤他早点回去。想念别人不直接写想念对方，却说对方想自己，这种写法很奇特，后人写诗多有模仿者。

【注解】

①陟（zhì）：登上。岵（hù）：多草木的山。②上：通"尚"，希望。旃（zhān）：之、焉的合声，语助词。③犹来：还是回来吧。④屺（qǐ）：没有草木的山。⑤季：小儿子。⑥偕：俱。

【译文】

登上青山头，远望老父亲。好像父亲对我说："孩子呀，早晚不停奔走着。可要当心身体啊，还是回来吧，不要留在那地方。"

登上秃山头，远望老妈妈。好像妈妈对我说："孩子呀，早晚奔忙睡不好。可要当心身体啊，还是回来吧，不要忘了你亲娘。"

登山高山头，远望我哥哥。好像哥哥对我说："兄弟呀，早晚一人在外忙。可要当心身体啊，还是回来吧，不要死在他乡无人知。"

◎十亩之间◎

【原文】

十亩之间兮①，桑者闲闲兮②，行与子还兮③。

十亩之外兮，桑者泄泄兮④，行与子逝兮⑤。

【主旨讲解】

这是一幅采桑晚归图。入暮时分，斜晖耀映，墟里正炊烟依依，山岭黛翠，宽广高深的桑园间，一群悠闲桑女呼引着伴儿同归，笑声回响在幽寂的上空。诗篇节奏饱满，空间开阔。

【注解】

①十亩：非实数，以整数表示面积大。②桑：作动词，采桑。闲闲：从容不迫、不慌不忙的样子。③行：走，离开。④泄泄（yì）：悠闲自适的样子。⑤逝：往，去。

十亩之外兮，桑者泄泄兮，行与子逝兮。

【译文】

十亩桑园中间，采桑的人不慌不忙。走吧，和你一起回家。

十亩桑园外边，采桑的人悠闲自适。走吧，和你一起往家走。

◎伐 檀◎

【原文】

坎坎伐檀兮①，置之河之干兮②，河水清且涟猗③。不稼不穑④，胡取禾三百廛兮⑤？不狩不猎⑥，胡瞻尔庭有县貆兮⑦？彼君子兮⑧，不素餐兮⑨！

坎坎伐辐兮⑩，置之河之侧兮⑪，河水清且直猗⑫。不稼不穑，胡取禾三百亿兮⑬？不狩不猎，胡瞻尔庭有县特兮⑭？彼君子兮，不素食兮！

坎坎伐轮兮⑮，置之河之漘兮⑯，河水清且沦猗⑰。不稼不穑，胡取禾三百囷兮⑱？不狩不猎，胡瞻尔庭有县鹑兮⑲？彼君子兮，不素飧兮⑳！

【主旨讲解】

这是一支伐木工人的战歌。河水清涟，古木参天，主人公们饥寒交迫，伐木造车，目睹了贵族老爷的盘剥贪婪、不劳而获，从而发出了自由而辛辣的质问。诗篇句法参差，气势逼人，讽刺有力。

【注解】

①坎坎：伐木声。檀：檀树。此树木质坚韧，可以造车。②置：放。之：代词，它。指檀木。后一个"之"是结构助词。干：岸。③且：而且。涟（lián）：风吹水面所起的波纹。猗：同"兮"，表示感叹语气。④稼（jià）：耕种。穑（sè）：收获。稼穑：指农业劳动。⑤胡：为什么。禾：百谷的通称。三百：形容很多，不是确数。廛（chán）：一百亩，古代一个成年男子耕种的田。⑥狩（shòu）：冬天打猎。猎：夜间打猎。统称狩猎为打猎。⑦瞻：看，瞧。庭：院子。县：同"悬"，悬挂。貆（huān）：一种像狐狸的小兽，即獾猪。⑧彼：那，那些。⑨素：白白地。素餐：白吃饭。此为反语。⑩辐：车辐中辏集于中心的直木、辐条。⑪侧：旁边，一边。⑫直：平。⑬亿：周代以十万为亿，指禾把的数目。这里泛指多。⑭特：三岁的兽，大野兽。⑮轮：车轮。⑯漘（chún）：水边，岸。⑰沦（lún）：小而圆的波纹。⑱囷（qūn）：圆形的谷仓。⑲鹑：鸟名，即鹌鹑。这里泛指飞禽。⑳飧（sūn）：熟食。泛指吃饭。

【译文】

砍伐檀树叮当响，把它置于河岸上，河水清清起波纹。你们既不播种又不收割，为什么拿走三百家的庄稼？不出狩又不打猎，为什么院子里挂獾猪？那些"君子"呀，可不白吃饭哪！

砍伐车辐叮当响，把它置于河边上，河水清清不见波澜。你们既不播种又不收割，为什么拿走三百捆的庄稼？不出狩又不打猎，为什么院子里挂大兽？那些"君子"呀，可不白吃饭哪！

坎坎伐檀兮，置之河之干兮，河水清且涟猗。

砍伐车轮叮当响，把它置于河水边，河水清清旋起波纹。你们既不播种又不收割，为什么拿走三百囤的庄稼？不出狩又不打猎，为什么院子里挂鹌鹑？那些"君子"呀，可不白吃饭哪！

◎硕　鼠◎

【原文】

硕鼠硕鼠①，无食我黍②！三岁贯女③，莫我肯顾④。逝将去女⑤，适彼乐土⑥。乐土乐土⑦，爰得我所⑧！

硕鼠硕鼠，无食我麦！三岁贯女，莫我肯德⑨。逝将去女，适彼乐国。乐国乐国，爰得我直⑩！

硕鼠硕鼠，无食我苗。三岁贯女，莫我肯劳⑪。逝将去女，适彼乐郊。乐郊乐郊，谁之永号⑫！

【主旨讲解】

这是一篇声讨文。社会不公，恶力横行，贵族大佬只知贪得无厌，剥削无边，老百姓活在水深火热中，由此愤而起来反抗，发出了势不两立的强音。诗篇抒情沉烈，节奏铿锵，通篇以"鼠"譬喻剥削者，贴切典型。

【注解】

①硕（shuò）鼠：硕借作"鼫"，鼫鼠即田鼠，喜食谷物。②黍：黍子。③三岁：泛指多年。贯：侍奉，服伺。女：同"汝"，你。④莫我肯顾：即"莫肯顾我"。下面"莫我肯德""莫我肯劳"均同。莫：不。顾：念及，顾及。⑤逝：通"誓"，发誓。将：将要。去：离去，走开。⑥适：到，往。⑦乐土：作者理想中享有自由平等的安乐地方。以下"乐国""乐郊"同。⑧爰（yuán）：乃，就，便。所：处所，指可以安居的地方。⑨德：感德，感激，恩惠。⑩直：通"值"，价值，代价。⑪劳：慰劳，体恤。⑫永号：长叹，长吁。

【译文】

大老鼠呀大老鼠，不要吃我的黄黍。多少年辛苦侍奉你，我的生活你不顾。如今我们誓将离开，去寻找那理想的乐土，乐土呀乐土，是我们的安居处！

大老鼠呀大老鼠，不要吃我的麦子。多少年辛苦侍奉你，你却从不对我施恩惠。如今我们誓将离开，去寻找那理想的乐国，乐国呀乐国，劳动价值归自己！

大老鼠呀大老鼠，不要吃我的禾苗。多少年辛苦侍奉你，你却从不慰劳我，如今我们誓将离开，去寻找那理想的乐郊，乐郊呀乐郊，谁还会长哭哀号！

硕鼠硕鼠，无食我黍！

国风·唐风

唐地位于今山西中部太原一带，始立于周成王时期，唐地有晋水，所以后来改国号为晋。《唐风》共有诗12篇。

◎蟋 蟀◎

【原文】

蟋蟀在堂①，岁聿其莫②。今我不乐，日月其除③。无已大康④，职思其居⑤。好乐无荒⑥，良士瞿瞿⑦。蟋蟀在堂，岁聿其逝⑧。今我不乐，日月其迈⑨。无已大康，职思其外⑩。好乐无荒，良士蹶蹶⑪。蟋蟀在堂，役车其休⑫。今我不乐，日月其慆⑬。无已大康，职思其忧。好乐无荒，良士休休⑭。

【主旨讲解】

这是一篇劝勉诗。作者表示，及时行乐的意志不能全然放纵，贪图享受导致荒废，需要慎重对待，善于自律，力劝勤勉踏实，激昂向上。诗篇语意一波三折，句式齐整，抒情坦率。

好乐无荒，良士休休。

【注解】

①堂：堂屋，正房。②聿：助词，无实义。莫：同"暮"，晚，将尽。③除：去、过去。④已：太，甚。大：同"太"，过分。康：安康，逸乐。⑤职：应当。其居：担任的职位，所处的地位。⑥好（hào）：喜好。荒：逸乐过度，无节制。⑦良：贤。瞿瞿：小心谨慎的样子。⑧逝：去，往。⑨迈：去，（时光）消逝。⑩外：职务以外的事。⑪蹶蹶（guì）：勤奋敏捷的样子。⑫休：休息，歇下来。⑬慆（tāo）：逝去，过去。⑭休休：快乐而有节制的样子。

【译文】

蟋蟀在堂屋鸣叫，一年又到尽头。今天不及时行乐，光阴一去再不还。过度安乐也不好，还要想想所担的职责。喜欢行乐但不荒淫无度，贤人应该常保持警醒。蟋蟀在堂屋鸣叫，一年又将过去。今天不及时行乐，光阴一去再不还。过度安乐也不好，还要想想职守以外的事。喜欢行乐但不荒淫无度，贤人勤奋又灵敏。蟋蟀在堂屋鸣叫，出差的车儿将回来。今天不及时行乐，光阴一去再不还。过度安乐也不好，还要想想忧心的事。喜欢行乐但不荒淫无度，贤人安详又舒心。

◎山有枢◎

【原文】

山有枢①，隰有榆②。子有衣裳，弗曳弗娄③。子有车马，弗驰弗驱④。宛其死矣⑤，他人是愉⑥。山有栲⑦，隰有杻⑧。子有廷内⑨，弗洒弗埽。子有钟鼓，弗鼓弗考⑩。宛其死矣，他人是保^⑪！山有漆，隰有栗。子有酒食，何不日鼓瑟！且以喜乐^⑫，且以永日^⑬。宛其死矣，他人入室！

【主旨讲解】

这是一支劝乐歌。守财奴有车马不用，钟鼓不奏，豪宅冷清，诗人看在眼里，遂粗豪地作诗劝乐，点明肉身一死，他人占领财物，便什么都没了。诗篇心直口快，节奏利落。

【注解】

①枢：树名，又名刺榆，一种有刺的榆树。②隰（xí）：低湿的地方。③曳：拉，拖。娄：通"搂"，撩，扯。曳、娄都是穿衣的动作，这里指穿。弗：不。④驰：让马快跑。驱：用鞭子打马。驰驱都是乘车的事。⑤宛：枯萎，死的样子。⑥他人是愉：即"愉他人"。是：代词，复指前置宾语。愉：使动用法，使……享乐，愉快。⑦栲（kǎo）：树名，即臭椿。⑧杻（niǔ）：梓一类的树。⑨廷：通"庭"，庭院。内：指房屋。⑩考：敲击。⑪保：占有。⑫且：姑且。⑬永日：延长岁月。

【译文】

刺榆长在山上，榆树生在低洼。你有衣裳，不穿不用。你有车马，不驱不驰。等你枯萎死去，别人享受喜洋洋。臭椿长在山上，杻树生在低洼。你有厅堂，不扫不洒。你有钟鼓，不敲不打。等你枯萎死去，别人占有坐享其成。漆树长在山上，栗树生在低洼。你有美酒佳肴，何不日日鼓瑟吹萧？姑且用它来寻乐，姑且用它度时光。等你枯萎死去，别人住进你的家。

◎绸　缪◎

【原文】

绸缪束薪^①，三星在天^②。今夕何夕？见此良人^③。子兮子兮^④，如此良人何^⑤？绸缪束刍^⑥，三星在隅^⑦。今夕何夕？见此邂逅^⑧。子兮子兮，如此邂逅何？绸缪束楚^⑨，三星在户^⑩。今夕何夕？见此粲者^⑪。子兮子兮，如此粲者何？

【主旨讲解】

这是一支闹洞房之歌。新婚之夜，喜庆的人们簇拥着来到洞房，当着羞涩的新娘新郎的面，戏谑地唱出了这支赞美和祝福的歌。诗篇节奏欢快，语言活泼，意境迷朦。

【注解】

①绸缪（móu）：缠绕。束：捆。薪：柴。②三星：这里指参宿三星。③良人：好人儿。④子兮：你呀。⑤如……何：把……怎么样。⑥刍（chú）：喂牲口的草。⑦隅：角落。⑧邂逅：不期而遇的人。⑨楚：荆条。⑩户：门。⑪粲：美丽，艳丽。

【译文】

把一捆柴禾左缠右绑，参宿三星高高在天。今夜是个啥日子？见到这个好人儿。你呀你呀，要把这个好人儿怎么办？把一捆牧草左缠右绑，参宿三星东南天边闪。今夜是个啥日子？见到这个可心人。你呀你呀，要把这个可心人怎么办？把一捆荆条左缠右绑，参宿三星低低门口闪。今夜是个啥日子？见到这个美人儿。你呀你呀，要把这个美人怎么办？

国风·秦风

秦地原为今甘肃天水一带，周平王时扩大至西周王畿和豳地，即今天的陕西地区及甘肃东部一带。《秦风》多写尚武精神，共有诗10首。

◎蒹　葭◎

【原文】

蒹葭苍苍①，白露为霜。所谓伊人②，在水一方③。溯洄从之④，道阻且长⑤。溯游从之⑥，宛⑦在水中央。

蒹葭凄凄⑧，白露未晞⑨。所谓伊人，在水之湄⑩。溯洄从之，道阻且跻⑪。溯游从之，宛在水中坻⑫。

蒹葭采采⑬，白露未已⑭。所谓伊人，在水之涘⑮。溯洄从之，道阻且右⑯。溯游从之，宛在水中沚⑰。

【主旨讲解】

这是一支秋日恋歌。露水苍茫的清晨，河中芦丛静悄悄的，地上结了一层霜花，诗人来到岸边，幻觉中恍惚见着了心爱的人儿立在彼岸端，追过去，就不见了，又看到人儿站在了水中的小洲上。诗篇物象清净，意境空幻，抒情优美婉约。

【注解】

① 蒹（jiān）：又称荻，细长的水草。葭（jiā）：初生的芦苇。苍苍：芦苇入秋后，颜色深青，茂盛鲜明的样子。② 谓：说。伊：指示代词，那，那个。③ 方：通"旁"。边，侧。④ 溯（sù）：逆着水流的方向行走。洄（huí）：弯曲盘旋的水道。从：追随，追寻，寻求。⑤ 阻：险阻，阻碍。⑥ 溯游：顺流而下。⑦ 宛：宛然，仿佛，好像。⑧ 凄凄：湿润的样子。⑨ 晞（xī）：干，晒干。⑩ 湄（méi）：水草交接的地方，水边，也即是岸边。⑪ 跻（jī）：地势高起。⑫ 坻（chí）：水中小沙洲。⑬ 采采：众多稠密的样子。⑭ 已：止。⑮ 涘（sì）：水边。⑯ 右：迂回，曲折。⑰ 沚（zhǐ）：水中小洲，小沙滩。

所谓伊人，在水一方。

【译文】

细长的荻苇青苍苍，白露凝成冰霜。我思念的人啊，在水的那一边。逆着河道追寻她，道路崎岖而漫长。顺着流水追寻她，她好像在水的中央。

细长的荻苇萋萋生，露水还没晒干。我思念的人啊，在河的岸边。逆着河道追寻她，道路崎岖而高险。顺着流水追寻她，她仿佛在水中沙洲上。

细长的荻苇密密长，露水还没有消失。我思念的人啊，在河的水边。逆着河道追寻她，道路崎岖而曲折。顺着流水追寻她，她仿佛在水中沙滩上。

◎黄 鸟◎

【原文】

交交黄鸟^①，止于棘^②。谁从穆公^③？子车奄息^④。维此奄息，百夫之特^⑤。临其穴^⑥，惴惴其慄^⑦。彼苍者天，歼我良人^⑧。如可赎兮，人百其身^⑨！

交交黄鸟，止于桑。谁从穆公？子车仲行^⑩。维此仲行，百夫之防^⑪。临其穴，惴惴其慄。彼苍者天，歼我良人。如可赎兮，人百其身！

交交黄鸟，止于楚。谁从穆公？子车铖虎^⑫。维此铖虎，百夫之御^⑬。临其穴，惴惴其慄。彼苍者天，歼我良人。如可赎兮，人百其身！

维此奄息，百夫之特。

【主旨讲解】

秦穆公死后以177人来殉葬，秦国的子车氏三子奄息、仲行、针虎也在其中。秦人痛惜"三良"的被害，作了这首挽诗。

【注解】

①交交：读为"咬咬"，鸟鸣声。黄鸟：黄雀。②止：停，落。棘：酸枣树。③从：殉葬。穆公：春秋时秦国国君，名任好。卒于周襄王三十一年，以177人殉葬。④子车奄息：人名。子车是氏，奄息是名。⑤夫：男子之称。特：匹敌。⑥穴：指墓圹。⑦惴惴：恐惧貌。慄："栗"的异体字，恐惧战栗。⑧歼（jiān）：灭尽。良人：善人。⑨人百其身：人，言每人。百其身，谓百倍其身。这二句的意思是说，如果允许别人赎三子的性命，每个人都愿意用死一百次来代替。⑩仲行：人名。⑪防：比。⑫铖（qián）虎：人名。⑬御：抵挡。

【译文】

黄雀喳喳鸣叫，落在酸枣树上。谁陪穆公殉葬？子车家的奄息。说起这位奄息，一人能敌百人。当他走近墓圹，浑身哆嗦心慌。苍天啊！你竟杀害了我们的好人啊！要是可以赎他命，愿死百次来抵偿。

黄雀喳喳鸣叫，落在桑树上。谁陪穆公殉葬？子车家的仲行。说起这位仲行，一人能比百人。当他走近坟墓，浑身哆嗦心慌。苍天啊！你竟杀害了我们的好人啊！要是可以赎他命，愿死百次来抵偿。

黄雀喳喳鸣叫，落在荆树上。谁陪穆公殉葬？子车家的针虎。说起这位针虎，一人能对百人。当他走近坟墓，浑身哆嗦心慌。苍天啊！你竟杀害了我们的好人啊！要是可以赎他命，愿死百次来抵偿。

◎晨 风◎

【原文】

鴥彼晨风^①，郁彼北林^②。未见君子，忧心钦钦^③。如何如何，忘我实多！
山有苞栎^④，隰有六驳^⑤。未见君子，忧心靡乐。如何如何，忘我实多！
山有苞棣^⑥，隰有树檖^⑦。未见君子，忧心如醉。如何如何，忘我实多！

【主旨讲解】

这是一首女子疑心丈夫离弃她的诗。

【注解】

①鴥（yù）：鸟疾飞貌。晨风：即鹯（zhān）鸟，属于鹞鹰一类的猛禽。②郁：茂密貌。③钦钦：朱熹《诗集传》："忧而不忘之貌。"④苞：丛生貌。栎（lì）：树名。⑤隰（xí）：低洼湿地。六："蓼"的假借字，长长的样子。驳（bó）：赤李。⑥棣：唐棣，也叫郁李，果实红色。⑦树：直立貌。檖（suí）：山梨。

【译文】

鹯鸟疾飞入，北边茂密林。不见我夫君，忧愁伤我心。怎么办啊怎么办？他怎么能够想到我！
山上有丛生栎树，泥地有长长赤李。不见我夫君，忧愁不开心。怎么办啊怎么办？他怎么能够想到我！
山上有丛生唐棣，泥地有挺直山梨。不见我夫君，忧愁心如迷。怎么办啊怎么办？他怎么能够想到我！

◎无　衣◎

【原文】

岂曰无衣？与子同袍①。王于兴师②，修我戈矛③，与子同仇④！
岂曰无衣？与子同泽⑤。王于兴师，修我矛戟⑥，与子偕作⑦。
岂曰无衣？与子同裳⑧。王于兴师，修我甲兵⑨，与子偕行。

【主旨讲解】

这是一支出征曲。为朝廷奔赴疆场之前，面对着寒碜的衣料和装备，士兵们毫不在乎，同仇敌忾，意气风发地唱起了这支战歌。诗篇气势豪迈，情感炽烈，节奏短快。

【注解】

①袍：长衣。行军时白天当衣，晚上当被，类似现在的斗篷、披风。②王：此指秦王。于：句中助词。兴师：起兵，发兵。③修：修理、装配。戈矛：长柄兵器。④同仇：共同对敌。⑤泽：贴身的内衣。⑥戟：古代长柄武器，形似戈，有横直两锋刃，兼钩啄和刺击作用。⑦偕：共同。作：行动起来，一同出征作战。⑧裳：下衣，战裙，有护腿足的作用。⑨甲：铠甲。兵：武器的通称。

王于兴师，修我戈矛，与子同仇！

【译文】

谁说没有衣裳？和你共穿一件战袍。君王要起兵兴师，修整我们的戈与矛。和你共同对付敌人。
谁说没有衣裳？和你共穿一件衣衫。君王要起兵兴师，修整我们的矛与戟，和你一起作战到底。
谁说没有衣裳？和你共穿一件战裙。君王要起兵兴师，修整我们的铠甲兵器，和你并肩上战场。

◎渭 阳◎

【原文】

我送舅氏①，曰至渭阳②。何以赠之？路车乘黄③。

我送舅氏，悠悠我思④。何以赠之？琼瑰玉佩⑤。

【主旨讲解】

这是描写外甥送舅舅的诗。

【注解】

①舅氏：舅舅。②渭阳：渭水北边，古人称山南水北为阳。③路车：古代诸侯乘的车。乘黄：四匹黄马。④悠悠：思念深长的样子。⑤琼瑰：次于玉的美石。

【译文】

我送舅舅回家，送到渭水北边。拿什么来送他？大车和四匹黄马。

我送舅舅回家，悠悠想起妈妈。拿什么来送他？美丽宝石和玉佩。

我送舅氏，曰至渭阳。

◎权 舆◎

【原文】

于①，我乎！夏屋渠渠②。今也每食无馀。于嗟乎！不承权舆③。

于，我乎！每食四簋④。今也每食不饱。于嗟乎！不承权舆。

【主旨讲解】

春秋时期，土地分配情况发生变化，封建领主没落，生活水平下降。这首诗就是一位没落贵族伤今怀昔的感慨。

【注解】

①于（wū）：叹词。②夏屋：大房子。渠渠：屋深广貌。③承：继承。权舆：本谓草木萌芽的状态，引申为初始。④簋（guǐ）：古代青铜或陶制圆形食器。《毛传》："四簋，黍稷稻粱。"朱熹《诗集传》："四簋，礼食之盛也。"

【译文】

唉，我呀！从前住着大房子，如今吃饭勉强够。哎呀呀！再也回不到过去了！

唉，我呀！从前每餐四大罐，如今每顿吃不饱。哎呀呀！再也回不到过去了！

国风·陈风

陈国位于今河南东部淮阳一带及安徽省亳县附近地区。《陈风》有10篇，主要是讽刺诗、情诗及涉及巫觋之事的诗。

◎宛　丘◎

【原文】

子之汤兮[1]，宛丘之上兮[2]。洵有情兮[3]，而无望兮[4]。
坎其击鼓[5]，宛丘之下。无冬无夏，值其鹭羽[6]。
坎其击缶[7]，宛丘之道。无冬无夏，值其鹭翿[8]。

【主旨讲解】

陈国巫风盛行，此诗即是写男子爱上了一个跳舞的女巫的事情。

【注解】

①子：这里指跳舞的女巫。汤（dàng）：同"荡"，舞姿摇摆的样子。②宛丘：陈国丘阜名，在今河南淮阳市东南。③洵：诚然，确实。④望：希望，指望，可能。⑤坎其：即坎坎，击鼓或击缶的声音。⑥值：通"植"，持，戴。鹭羽：用鹭鸟羽毛制作的舞具，舞者有时拿在手里，有时戴在头上。⑦缶：瓦制的打击乐器。⑧翿（dào）：即鹭羽。

【译文】

姑娘舞姿摇摆啊，在宛丘的平地上啊。我真爱慕她呵，却没指望啊。

打鼓咚咚响，在宛丘山脚下。不管寒冬和酷夏，鹭羽舞扇持在把。

敲缶当当响，在宛丘大道旁。不管酷夏和寒冬，鹭羽舞伞戴在头。

子之汤兮，宛丘之上兮。

◎东门之枌◎

【原文】

东门之枌[1]，宛丘之栩[2]。子仲之子[3]，婆娑其下[4]。
穀旦于差[5]，南方之原。不绩其麻，市也婆娑。
穀旦于逝[6]，越以鬷迈[7]。视尔如荍[8]，贻我握椒[9]。

【主旨讲解】

男女相爱，在一起聚会跳舞，反映出了陈国的巫风盛行的特殊民风。

【注解】

①东门：陈国的城门，在宛丘附近。枌（fén）：白榆树。②栩：柞木。③子仲：陈国的姓氏。子：女儿。④婆娑：舞蹈。⑤榖旦：吉日，好日子。差（chāi）：选择。⑥逝：去，往。⑦越以：相当于"于以"，发语词。鬷（zōng）：屡次。迈：去，往。⑧荍（qiáo）：锦葵，开淡紫色花。⑨贻：赠送。

【译文】

东门有白榆，宛丘有柞木。子仲家的女儿，跳舞在大树下。

选个好日子，到南边平原。不纺麻不做工，市集里面跳跳舞。

趁着好日子，多次去相会。你像一朵锦葵花，送我一把好花椒。

◎衡　门◎

【原文】

衡门之下①，可以栖迟②。泌之洋洋③，可以乐饥④。岂其食鱼⑤，必河之鲂⑥？岂其取妻⑦，必齐之姜⑧？岂其食鱼，必河之鲤？岂其取妻，必宋之子⑨？

岂其取妻，必齐之姜？

【主旨讲解】

这是一篇哲理情诗。作者认为，爱只需两情相悦、合适自己的就好，不必定得是富贵的或者漂亮的。诗篇议论形象，口语感强，后部连用反问修辞，增浓了感染力。

【注解】

①衡：通"横"，此处指横木。②可：可以。以：以此，用它来。栖迟：栖息、安息。③泌（bì）：泉水名。洋洋：水盛的样子。④乐：通"疗"，治疗。⑤岂：难道。其：句中语气词，表推测。⑥鲂（fáng）：鱼名，形状似鳊鱼，银灰色，味鲜美。⑦取：通"娶"。⑧姜：姜姓姑娘，姜姓在齐国为贵族。⑨子：宋国的子姓女子。子姓为宋国的贵族。

【译文】

横木门的下面，可以栖息。泌泉洋洋流淌，清水也能充饥肠。难道吃鱼，一定要吃黄河的鲂鱼？难道娶妻，一定要娶齐国的姜姓女子？难道吃鱼，一定要吃黄河的鲤鱼？难道娶妻，一定要娶宋国的齐姓女子？

◎东门之池◎

【原文】

东门之池①，可以沤麻②。彼美叔姬③，可以晤歌④。东门之池，可以沤纻⑤。彼美叔姬，可以晤语。东门之池，可以沤菅⑥。彼美叔姬，可以晤言⑦。

【主旨讲解】

这是描写男子追求东门外一位泡麻织布的姑娘的一首诗。

【注解】

①池：城池，如后来的护城河。②沤：浸泡。③叔姬：姬家排行老三的女子，这里代指美女。④晤歌：对歌。⑤纻（zhù）：苎麻。⑥菅（jiān）：一种茅草。⑦晤言：谈天。

【译文】

东门外的护城河，可以浸泡麻草。姬家美丽的姑娘，可以与她对唱。东门外的护城河，可以浸泡苎麻。姬家美丽的姑娘，可以与她对答。东门外的护城河，可以浸泡菅草。姬家美丽的姑娘，可以与她对谈。

◎东门之杨◎

【原文】

东门之杨，其叶牂牂①，昏以为期②，明星煌煌③。东门之杨，其叶肺肺④，昏以为期，明星哲哲⑤。

【主旨讲解】

男女在东门外约会，对方久等不至，歌者说"我们说好黄昏时见的，现在天都快亮了，你还没来"。

【注解】

①牂牂（zāng）：茂盛的样子。②昏：黄昏。期：约定。③明星：启明星，天快亮时在东方升起。煌煌：明亮的样子。④肺肺（pèi）：同"芾芾"，茂盛的样子。⑤哲哲（zhé）：明亮。

东门之杨，其叶牂牂，昏以为期，明星煌煌。

【译文】

东门外的白杨树，叶子多茂密。约定在黄昏时相会，等到启明星已升起。东门外的白杨树，叶子多茂盛。约定黄昏时相会，等到启明星都出现。

49

◎墓 门◎

【原文】

墓门有棘①，斧以斯之②。夫也不良③，国人知之。知而不已④，谁昔然矣⑤。墓门有梅⑥，有鸮萃止⑦。夫也不良，歌以讯止⑧。讯予不顾⑨，颠倒思予⑩！

【主旨讲解】

这是一首讽刺不良统治者的诗。

【注解】

①墓门：陈国的城门。棘：酸枣树。②斧以：以斧，用斧头。斯：劈。③夫：彼，那个人。不良：不是好人。④不已：不止，不改。⑤谁昔：犹言"畴昔"，以前，往昔。然：如此，这样。⑥梅："棘"字之误。⑦鸮（xiāo）：猫头鹰。萃：聚集，停息。止：语助词。⑧讯：警告，责骂。⑨讯予：予讯。⑩颠倒：错乱，混乱。

墓门有棘，斧以斯之。

【译文】

城门前有棵酸枣树，拿起斧头劈掉它。那人为人不良善，全国人民都知道。虽然知道却不改，很早之前就这样了。城门前有棵酸枣树，猫头鹰停息在上头。那人为人不良善，编首歌来讽刺他。刺他来他不改，局面乱了才想起我说的这些话。

◎防有鹊巢◎

【原文】

防有鹊巢①，邛有旨苕②。谁侜予美③？心焉忉忉④。
中唐有甓⑤，邛有旨鹝⑥。谁侜予美？心焉惕惕⑦。

【主旨讲解】

喜鹊在高树上搭巢，诗人却说喜鹊做窝水坝上；苕草长在湿地里，诗人却说苕草生在土丘上，这都是不可能的事。通过罗列这些与事实不符的现象，诗人表达了对有人欺诳离间自己和爱人之间关系的担忧。

【注解】

①防：水坝。②邛（qióng）：土丘。旨：味美。苕（tiáo）：紫云英。一说凌霄花，一说翘摇，一说苇花。③侜

（zhōu）：欺诳。予美：我爱，指诗人的情人。④切切（dāo）：忧愁貌。⑤唐：古时朝堂前或宗庙门内的大路，中唐，泛指庭院中的道路。甓（pì）：砖瓦。⑥鹝（yì）：绶草。⑦惕惕：担心害怕的样子。

【译文】

　　喜鹊筑巢水坝上，苕草长在土丘上。谁会欺诳我爱人？心里忧愁又烦恼。
　　瓦片铺在庭院里，绶草栽在土丘上。谁会欺诳我爱人？心里担忧又烦恼。

◎月　出◎

【原文】

　　月出皎兮①，佼人僚兮②。舒窈纠兮③，劳心悄兮④。月出皓兮，佼人㛹兮⑤。舒慢受兮，劳心慅兮⑥。月出照兮⑦，佼人燎兮⑧。舒夭绍兮，劳心惨兮⑨。

【主旨讲解】

　　这是一篇望月怀人诗。月光如玉，浩照大地，诗人独自踱步在外，怀想着恋人，心中感到了深深的失落和惆怅。诗篇重章叠唱，意境幽深，句尾均以"兮"字收束，音韵荡气回肠，表达了诗人缠绵悱恻的情思。

【注解】

①皎：明亮而洁白。②佼（jiǎo）：美好。僚（liǎo）：同"嫽"，娇美的样子。③舒：缓，徐。窈（yǎo）纠（jiǎo）：形容女子走路时身材的曲线美。下面的"慢（yǒu）受""夭绍"义同。④劳心：忧心。悄：忧愁的样子。⑤㛹（liú）：美好，妖冶。⑥慅（cǎo）：忧愁的样子。⑦照：此处用作形容词，明亮。⑧燎（liǎo）：明亮。⑨惨：当为"懆（cǎo）"，忧愁不安的样子。

月出皎兮，佼人僚兮。

【译文】

　　月亮出来那样皎洁，月下美人更俊俏。体态轻盈身段苗条，惹人思念我心忧煎。月亮出来那样皓白，月下美人更姣好。体态轻盈美丽妖娆，惹人思念我心焦。月亮出来那样明亮，月下美人更美好。体态轻盈婀娜多姿，惹人思念心烦躁。

国风·桧风

桧，亦作郐、会，是西周时的诸侯国，位于今天的河南省密县一带。《桧风》有诗4篇。

◎隰有苌楚◎

【原文】

隰有苌楚①，猗傩其枝②。夭之沃沃③，乐子之无知④！隰有苌楚，猗傩其华。夭之沃沃，乐子之无家⑤！隰有苌楚，猗傩其实。夭之沃沃，乐子之无室！

【主旨讲解】

这是一篇贵族厌世的诗，他的地位没落了，心情悲观起来，羡慕羊桃无知无觉，没有家累。

【注解】

①隰（xí）：低湿地。苌（cháng）楚：羊桃、猕猴桃。②猗（ē）傩（nuó）：同"婀娜"，柔美貌。③夭：少好，嫩美。沃沃：形容羊桃肥美有光泽。④乐：羡慕。子：指羊桃。无知：无知觉。⑤无家：都指无家庭拖累。

【译文】

洼地长羊桃，枝条真柔美。细嫩有光泽，羡慕你没知觉！洼地长羊桃，花朵真妖娆。细嫩有光泽，羡慕你没家累！洼地长羊桃，果实风中摇。细嫩有光泽，羡慕你没负担！

◎匪　风◎

【原文】

匪风发兮①，匪车偈兮②。顾瞻周道③，中心怛兮④。匪风飘兮⑤，匪车嘌兮⑥。顾瞻周道，中心吊兮⑦。谁能亨鱼⑧？溉之釜鬵⑨。谁将西归？怀之好音⑩。

【主旨讲解】

这是一支思乡曲。诗人于行旅之中，想到自己归乡无期，音书难寄，满腹哀伤。

【注解】

①匪：通"彼"，那。发：犹"发发"，象声词，风声。②偈（jié）：犹"偈偈"，车疾驰的样子。③顾：回头。瞻：看，望。周道：大路，大道。④怛（dá）：悲伤，忧伤。⑤飘：飘风，本指旋风，这里是形容风势疾猛。⑥嘌（piāo）：疾驰的样子。⑦吊：悲伤。⑧亨：古"烹"字。⑨溉：洗涤。釜（fǔ）：锅。鬵（xún）：大釜，大锅。⑩怀之：使之怀，让之带。好音：好信儿，平安的消息。

【译文】

风儿刮得发发响，车子跑得飞一样。回头望着大路，我心中充满忧愁。风儿刮得打旋转，车子轻快地飞跑。回头望着大路，我心中充满伤悲。谁能烹鱼做菜？我为他把锅洗干净。谁要回归西方？请帮我捎个平安信。

国风·曹风

曹国是位于齐晋之间的诸侯国，其地为今天的山东省定陶西南一带，《曹风》存诗 4 首。

◎蜉　蝣◎

【原文】

蜉蝣之羽①，衣裳楚楚②。心之忧矣，於我归处③。
蜉蝣之翼，采采衣服④。心之忧矣，於我归息⑤。
蜉蝣掘阅⑥，麻衣如雪。心之忧矣，於我归说⑦。

【主旨讲解】

这篇诗旨在叩问生死。傍晚来了，漂亮的蜉蝣成群聚在暮色中飞舞，转眼之间，翅膀脱落，掉在地上积了一层死尸，目睹着这些朝生暮死的小虫，诗人感到了生命的脆弱，发出了死后何归的永久疑问。诗篇情绪感伤，节奏低回，意象富有特写感。

心之忧矣，于我归息。

【注解】

①蜉（fú）蝣（yóu）：一种昆虫，幼虫生活在水中，成虫有两对翅膀，薄而透明，常在水面飞行，寿命很短，一般只有几个小时到一星期左右。②楚楚：整齐干净。③於：通"乌"，何，哪里。归宿：归宿。④采采：光洁鲜艳的样子。⑤息：止息，居住。⑥阅：通"穴"，孔穴。⑦说（shuì）：止息。

【译文】

像蜉蝣的翅膀，（你们这些老爷们）个个衣冠楚楚。心中忧伤啊，我们归宿都一样。
像蜉蝣的翅膀，（你们这些老爷们）衣服华丽漂亮。心中忧伤啊，与我归宿一个样。
像蜉蝣掘穴而出，（你们这些老爷们）麻衣如雪白晃晃。心中忧伤啊，大家结局都一样。

◎候　人◎

【原文】

彼候人兮①，何戈与祋②。彼其之子③，三百赤芾④。
维鹈在梁⑤，不濡其翼⑥。彼其之子，不称其服⑦。
维鹈在梁，不濡其咮⑧。彼其之子，不遂其媾⑨。
荟兮蔚兮⑩，南山朝隮⑪。婉兮娈兮，季女斯饥⑫。

53

【主旨讲解】

郭沫若认为这是曹国没落贵讽刺新兴阶级的诗。

【注解】

①候人：掌管迎送宾客和治理道路的小官。②何：同"荷"，扛。殳（duì）：古时的一种兵器，即殳。③彼其之子：这个人，指前面所说的小官。④赤芾（fú）：指大夫以上的官穿戴的红色皮制蔽膝。⑤鹈（tí）：鹈鹕，一种水鸟。梁：鱼梁。⑥濡：沾湿。⑦不称：不配。⑧味（zhòu）：鸟嘴。⑨遂：如愿。媾（gòu）：宠爱。⑩荟、蔚：云雾弥漫貌。⑪朝隮（jī）：早晨的虹。⑫季女：少女，指候人的幼女。

【译文】

那个迎送宾客的小官，扛着长戈和殳棍。就像那些暴发户，三百朝官不屑顾。
鹈鹕栖息鱼梁上，水未沾湿它翅膀。就像那些暴发户，不配穿着好衣裳。
鹈鹕栖息鱼梁上，水未沾湿它的嘴。就像那些暴发户，不会称心得宠禄。
云雾弥漫满天空，南山早晨出彩虹。容颜娇小真可爱，少女饥饿吃不饱。

◎ 下 泉 ◎

【原文】

洌彼下泉①，浸彼苞稂②。忾我寤叹③，念彼周京④。洌彼下泉，浸彼苞萧⑤。忾我寤叹，念彼京周。洌彼下泉，浸彼苞蓍⑥。忾我寤叹，念彼京师。芃芃黍苗⑦，阴雨膏之⑧。四国有王，郇伯劳之⑨。

【主旨讲解】

这首诗是晋人歌颂晋大夫荀跞迎取周敬王当国的事迹的。

【注解】

①洌（liè）：寒冷。下泉：地下涌出的泉水。②苞：丛生。稂（láng）：莠一类的野草。③忾（xì）：叹息。寤：睡醒。④周京：周天子居住的王城，下面的"京周""京师"同此。⑤萧：艾蒿。⑥蓍（shī）：古代用于占卜的草。⑦芃芃（péng）：茂盛的样子。⑧膏：滋润，润泽。⑨郇（xún）伯：郇通"荀"，指晋大夫荀跞。劳：勤劳。之：指纳敬王的事。

忾我寤叹，念彼京师。

【译文】

下泉寒冷，淹没莠草。醒来叹息，怀念京都。下泉寒冷，淹没蒿草。醒来叹息，怀念京城。下泉寒冷，淹没蓍草。醒来叹息，怀念京师。黍苗茂盛，好雨滋润。诸侯有主，郇伯之功。

国风·豳风

豳地相当于今天的陕西省旬邑县一带。《豳风》7首作于西周时期，内容主要写周朝开国后的农事活动。

◎七 月◎

【原文】

七月流火①，九月授衣②。一之日觱发③，二之日栗烈④。无衣无褐⑤，何以卒岁⑥？三之日于耜⑦，四之日举趾⑧。同我妇子，馌彼南亩⑨，田畯至喜⑩。

七月流火，九月授衣。春日载阳⑪，有鸣仓庚⑫。女执懿筐⑬，遵彼微行⑭，爰求柔桑⑮。春日迟迟⑯，采蘩祁祁⑰。女心伤悲，殆及公子同归⑱。

七月流火，八月萑苇⑲。蚕月条桑，取彼斧斨㉑。以伐远扬㉒，猗彼女桑㉓。七月鸣鵙㉔，八月载绩㉕。载玄载黄㉖，我朱孔阳㉗，为公子裳。

七月流火，九月授衣。

【主旨讲解】

诗从七月写起，全面、细致、生动地描写了先民们一年从事的生产活动，以按月歌唱的形式反映了当时农民和贵族不同的生活。这是一幅西周社会的农事图和风俗画卷。

【注解】

①七月：夏历七月。流：向下行。火：星名，又名"大火""心宿"，是天蝎星座中最亮的一颗星。每年夏历五月，火星出现在正南方，六月以后，渐偏西，七月里便向西行沉下去，天气渐渐寒冷。②授衣：将缝制冬衣的工作交给女工。③一之日：夏历十一月，也即周历正月。周历以夏历十一月为正月。以下"二之日""三之日""四之日"，以此类推。觱（bì）发（bō）：风寒冷。④栗烈：同"凛冽"，空气寒冷。⑤褐：麻织短衣，无袖。⑥卒：终了。⑦于：修理。耜（sì）：农具，犁的一种，用来耕地翻土。⑧举趾：抬脚，下田耕种。⑨馌（yè）：送饭。南亩：泛指田地。⑩田畯（jùn）：掌管农事的官。⑪载：开始。阳：温暖，暖和。⑫仓庚：黄莺。⑬懿（yì）筐：深筐。⑭遵：顺着，沿着。微行：小路。⑮爰：于是。⑯迟迟：缓缓，形容春季日长。⑰蘩（fán）：白蒿，养蚕用。祁祁：众多的样子。⑱殆：将，只怕。及：与，同归：指被公子强行带走。⑲萑（huán）苇：芦苇一类的草，可以制作蚕箔。此作动词，指收割萑苇。⑳蚕月：即夏历三月，这是养蚕的月份。条：动词，修剪。㉑斧斨（qiāng）：斧类工具（椭圆的叫斧，方的叫斨）。㉒远扬：指长得太长太高的桑枝。㉓猗：借作"掎"，拉。女桑：嫩桑叶。㉔鵙（jué）：鸟名，又名"伯劳""子规""杜鹃"。㉕载：则，始。绩：织麻。㉖玄：黑而带红色。㉗孔：非常。阳：鲜明。

【译文】

七月火星偏西方，九月女工制冬衣。十一月北风呼呼吹，十二月寒气凛冽刺骨。粗布衣服都没有，如何熬过寒冬期？正月里修理锄犁，二月份下田犁地。耕作和妻子儿女一起，饭菜送到田地，农官看到满心欢喜。

七月火星偏西方，九月女工制冬衣。春天太阳暖洋洋，黄莺对对婉转啼。姑娘手提深竹筐，沿着那小路在行走，采呀采那嫩桑叶。春天日子渐渐长，采蒿的姑娘闹嚷嚷。姑娘心中暗悲伤，怕公子强邀一同归。

七月火星偏西方，八月收割芦苇。三月修剪桑树，取来那把斧头，砍掉又高又长的枝条。七月伯劳树上唱，八月纺麻织布忙。染色有黑又有黄，我的红布最鲜艳，为那公子做衣裳。

田畯至喜。

【原文】

四月秀葽①，五月鸣蜩②。八月其获③，十月陨蘀④。一之日于貉⑤，取彼狐狸，为公子裘。二之日其同⑥，载缵武功⑦，言私其豵⑧，献豜⑨于公。

五月斯螽动股⑩，六月莎鸡振羽⑪。七月在野，八月在宇，九月在户，十月蟋蟀，入我床下⑫。穹窒熏鼠⑬，塞向墐户⑭。嗟我妇子，曰为改岁⑮，入此室处。

六月食郁及薁⑯，七月亨葵及菽⑰。八月剥枣⑱，十月获稻，为此春酒⑲，以介眉寿⑳。七月食瓜，八月断壶㉑，九月叔苴㉒。采荼薪樗㉓，食我农夫㉔。

【注解】

①秀：植物不开花而结实叫"秀"。葽（yāo）：药草名，今名"远志"。②蜩（tiáo）：蝉。③获：收获庄稼。④陨：落下。蘀（tuò）：草木的落叶。⑤于：猎取。貉（hè）：兽名。似狐狸，毛深厚温暖。⑥同：会合，指聚众打猎。⑦缵（zuǎn）：继续。武功：武事。此处指田猎，古时田猎也属于军事演习。⑧言：语助词。私：私人占有。豵（zōng）：一岁的小猪。此指小兽。⑨豜（jiān）：三岁的大猪，此指大兽。⑩斯螽：虫名，即蚱蜢。动股：相传斯螽以两股相切发声。⑪莎（suō）鸡：虫名，即纺织娘。振羽：两翼鼓动发声。⑫"七月在野"四句：此四句写蟋蟀由远而近，由室外躲进室内过冬。⑬穹（qióng）：空隙，孔洞。窒：堵塞。⑭向：朝北的窗子。墐（jìn）：用泥涂抹。户：门。⑮改岁：过年，更改一岁。⑯郁：一种李子。薁（yù）：野葡萄。⑰亨："烹"本字，煮。葵：蔬菜名，又名冬苋菜。菽（shū）：大豆黄豆一类。⑱剥：通"扑"，敲打。⑲春酒：冬日酿酒，春日始成，所以叫"春酒"。⑳介：祈求。眉寿：长寿。长寿的人生有长眉，故称。㉑断：摘取。壶：葫芦之类。㉒叔：拾取。苴（jū）：青麻子，可食。㉓荼（tú）：一种苦菜。薪：采薪，用作动词。樗（chū）：臭椿。㉔食（sì）：养活。

【译文】

四月远志结子囊，五月知了声声唱。八月庄稼要收割，十月落叶随风扬。十一月捕貉子，剥取狐狸皮，好给公子做皮衣。十二月大伙儿聚一起，继续打猎练武忙。猎到小兽归自己，大兽献到公堂里。

五月蚱蜢弹腿鸣，六月纺织娘振羽叫。七月蟋蟀野外鸣，八月屋檐底下唱，九月进到屋门里，十月钻到我床下。打扫垃圾熏老鼠，塞住北窗，泥抹门缝来御寒。可怜我的妻子儿女，眼看就要过年关，挤进这破屋居住。

六月里，吃那郁李和葡萄，七月里，烹煮冬葵和大豆。八月把那枣儿打，十月收割稻米香。将它酿成好春酒，祝贺老爷寿命长。七月吃瓜，八月摘葫芦，九月拾取青麻。采摘苦菜又砍柴，养活咱们农家人。

【原文】

九月筑场圃①，十月纳禾稼②。黍稷重穋③，禾麻菽麦④。嗟我农夫，我稼既同⑤，上入执宫功⑥。昼尔于茅⑦，宵尔索绹⑧。亟其乘屋⑨，其始播百谷。

二之日凿冰冲冲^⑩，三之日纳于凌阴^⑪。四之日其蚤^⑫，献羔祭韭^⑬。九月肃霜^⑭，十月涤场^⑮。朋酒斯飨^⑯，曰杀羔羊。跻彼公堂^⑰，称彼兕觥^⑱，万寿无疆！

【主旨讲解】

这是一篇风俗农事诗。一年四时，暑退将寒，初春的田野里耕播繁忙，姑娘们外出采桑，八月染制衣裳，夏日捕猎山中，到了秋天，气色转凉，蟋蟀入户，人们开始收获庄稼，翻修房屋，入冬之后，村落举行宴饮盛会，来作为一年辛勤劳作的总结。诗篇结构严谨，叙述详尽，形象绚烂，抒情含蓄，表现了当时人们生活的艰辛和快乐。

【注解】

①筑场圃：把菜园修筑为打谷场。古时场圃同地轮用，春夏为圃，秋冬平整筑实为场。②纳：收进谷仓。禾稼：五谷的通称。③黍稷重穋：都是谷物。黍：黍子，性粘。稷：高粱，性不粘。重：早种晚熟的谷。穋：晚种早熟的谷。④禾：此处专指小米。⑤同：收齐集中。⑥上：通"尚"，还要。执：执行，负担。宫功：修建宫室之事。⑦尔：语助词。于茅：去割茅草。⑧索绹：用手搓绳。绹（táo）：绳子。⑨亟：同"急"，赶快。乘屋：爬上屋顶修缮房屋。⑩冲冲：凿冰的声音。⑪凌阴：冰窖。⑫蚤："早"的古字。⑬献羔祭韭：古代一种祭祀仪式，仲春二月，在取冰之时，以羔羊和韭菜祭司寒之神。⑭霜：同"爽"，肃霜：天高气爽。⑮涤场：打扫场圃。⑯朋酒：两樽酒。斯：语中助词。飨（xiǎng）：同"享"，享用。⑰跻（jī）：登上。公堂：古代的公共场所。⑱称：举杯敬酒。兕（sì）觥（gōng）：兕牛角制成的酒器。

八月其获。

【译文】

九月里筑好打谷场，十月粮食进谷仓。黍子、高粱、早晚谷、米、麻、豆、麦都入仓。可叹我农家人，庄稼收完，又要服役修官房。白天出外割茅草，夜晚搓绳长又长。急急忙忙盖屋顶，开春又忙种庄稼。

腊月凿冰咚咚响，正月里送进冰窖藏。二月早取冰祭寒神，献上韭菜和羊羔。九月天高气又爽，十月清扫打谷场。两樽美酒共品尝，宰杀肥美小羔羊。登上公堂，举起那牛角杯，同声高祝"万寿无疆"！

◎鸱　鸮◎

【原文】

鸱鸮鸱鸮^①，既取我子^②，无毁我室。恩斯勤斯^③，鬻子之闵斯^④！
迨天之未阴雨^⑤，彻彼桑土^⑥，绸缪牖户^⑦。今女下民^⑧，或敢侮予^⑨！
予手拮据^⑩，予所捋荼^⑪，予所蓄租^⑫，予口卒瘏^⑬，曰予未有室家^⑭！
予羽谯谯^⑮，予尾翛翛^⑯。予室翘翘^⑰，风雨所漂摇^⑱，予维音哓哓^⑲！

【主旨讲解】

这是一篇寓言诗。一头孤弱的母鸟，爱子被猫头鹰攫走了，窝巢损坏了，它呕心沥血经营着，而风雨又来撼动，巢儿摇摇欲坠，令它惊恐地仰天哀号了起来。诗人通过母鸟的泣诉，形象揭露出了人间弱肉强食、人民生活悲惨的真实。

予室翘翘，风雨所漂摇，予维音哓哓！

【注解】

①鸱（chī）鸮（xiāo）：猫头鹰。②我：大鸟自称。这是一首寓言诗，以大鸟口吻写成。③恩：即"殷"。斯：语尾助词。殷勤：辛辛苦苦地。④鬻：同"育"。子：指雏鸟。闵：病。⑤迨（dài）：趁着。⑥彻：取。⑦绸（chóu）缪（móu）：缠缚，捆绑。牖（yǒu）户：本指门窗，这里指鸟巢的缝隙。⑧女：同"汝"，你，你们。⑨侮：欺侮，指打翻鸟巢。⑩拮（jié）据（jù）：手口并用地做。⑪捋（luō）：采取。荼（tú）：茅草的白花。⑫蓄：积聚。租：通"苴"，茅草。⑬卒：通"瘁"，劳累致病。瘏（tú）：病。⑭曰：语助词。⑮谯谯（qiáo）：羽毛脱落的样子。⑯翛翛（xiāo）：羽毛干枯不润泽的样子。⑰翘翘（qiáo）：危险的样子。⑱漂摇：同"飘摇"，在空中摇晃。⑲维：只有。哓哓（xiāo）：因恐惧而发出的哀鸣。

【译文】

猫头鹰啊猫头鹰，你已抓走我的娃娃，不要再毁坏我的巢。我辛辛苦苦养育儿女，为养孩子累又乏！

趁着天晴没下雨，取来桑枝泥土忙筑巢，修补窗子和门户。看你们这些树下的人，谁敢打落我的鸟巢？

我太过疲劳手发麻，我去采芦、茅白花来垫窝，我还积攒了许多干草，我的嘴累痛了。唉！我还是没有个好窝巢！

我的羽毛已焦枯，我的尾巴像干草。我的巢儿险而高，在风雨中飘摇，吓得我惊恐地哀号！

◎东 山◎

【原文】

我徂东山①，慆慆不归②。我来自东③，零雨其濛④。我东曰归⑤，我心西悲⑥。制彼裳衣⑦，勿士行枚⑧。蜎蜎者蠋⑨，烝在桑野⑩。敦彼独宿⑪，亦在车下。

我徂东山，慆慆不归。我来自东，零雨其濛。果臝之实⑫，亦施于宇⑬。伊威在室⑭，蠨蛸在户⑮。町畽鹿场⑯，熠耀宵行⑰。不可畏也，伊可怀也⑱！

我徂东山，慆慆不归。我来自东，零雨其濛。鹳鸣于垤⑲，妇叹于室。洒扫穹窒⑳，我征聿至㉑。有敦瓜苦㉒，烝在栗薪㉓。自我不见，于今三年。

我徂东山，慆慆不归。我来自东，零雨其濛。仓庚于飞㉔，熠耀其羽。之子于归，皇驳其马㉕。亲结其缡㉖，九十其仪㉗。其新孔嘉㉘，其旧如之何㉙？

【主旨讲解】

这是一支还乡断肠曲。微雨飘飞，烟水迷蒙，一位久征东山的士兵卸甲归来，走在大路上，想着家园荒凉了，景色破败了，容颜渐衰的妻子坐在室内叹气，当初结婚时的热闹场面又历历浮现，令他哽噎哀伤起来。诗篇结构紧凑，想象迭出，抒情写景水乳交融。

【注解】

①徂（cú）：往，到。东山：山名，在今山东曲阜附近，亦即蒙山。②慆慆（tāo）：悠久，时间长。③来：回来，归来。自：从。④零雨：小雨。濛：细雨绵绵的样子。⑤东：在东边。曰归：听说要回家。⑥西悲：为思念西方的故乡而伤悲。⑦制：缝制。裳衣：衣服。这里指与军服不同的便服。⑧勿：不要，不用。士：通"事"，从事。行：同"横"。枚：用木片或竹枝做的筷子大小一样的东西，两端有带，可系颈上。古代军队夜行作战，士兵和战马口中衔枚，以免发出声响而暴露目标。⑨蜎蜎（yuān）：软体虫子爬行蠕动的样子。蠋（zhú）：昆虫名，色青，多生桑树上，故又名桑蚕或野蚕。⑩烝（zhēng）：久，留。⑪敦（duī）：形容身体蜷缩一团的样子。⑫果蠃（luǒ）：植物名，蔓生，似黄瓜。⑬施（yì）：蔓延。宇：屋檐。⑭伊威：昆虫名。俗称土鳖，扁圆多足，生长在潮湿的地方。⑮蠨（xiāo）蛸（shāo）：一种长脚的小蜘蛛，又名喜蛛。传说这种蜘蛛爬在人身上，是亲人将至的喜兆。⑯町（tǐng）疃（tuǎn）：田舍旁边的空地。鹿场：成了野鹿践踏出没的场地。指田园荒芜。⑰熠（yì）耀（yào）：闪闪发亮。宵行（háng）：萤火虫。⑱伊：这是。怀：怀念。⑲鹳（guàn）：水鸟名，形似鹤，又似鹭，捕食鱼虾。垤（dié）：小土堆。⑳穹（qióng）窒（zhì）：即"窒穹"。窒：堵塞。穹：空洞，缝隙。这是作者想象妻子的心理活动。㉑征：征人。聿（yù）：语气助词，含有"将要"的意思。㉒有敦：即"敦敦"，团团，堆堆。瓜苦：即苦瓜，瓠瓜。古时婚礼，将切开的瓠瓜给新郎新娘各持一半，盛酒漱口，行合卺之礼。㉓烝：句首语气词。栗：聚合之意。薪：柴杆。栗薪：即束薪。古时婚礼，将一束柴薪放置洞房内，象征永结同心，共同生活。㉔仓庚：黄莺。于：在。㉕皇：黄白色相杂。驳：红白色相杂。指马的毛色。马：指陪嫁的马。㉖亲：指妻子的母亲。缡（lí）：佩巾。古代婚俗，母亲亲自替出嫁的女儿系结佩巾，称为"结缡"。㉗九十：虚数，非确指。㉘新：新婚。孔：很，非常。嘉：美满，美好。㉙旧：婚后分别三年，所以称"旧"。

【译文】

我出征到了东山，长年累月不能回家。今天我从东方回，正逢细雨濛濛倍凄凉。我在东边听说要回，西望家乡心里悲伤。缝制一套平时装，不再衔枚上战场。弯弯成团的桑虫，潜伏在桑林野外。那独睡的战士缩成团，钻在兵车下面权当床。

我出征到了东山，长年累月不能回家。今天我从东方回，正逢细雨濛濛倍凄凉。瓜蒌的果实，爬满了屋檐。土鳖伏在屋角，喜蛛在室内游转。野鹿出没在房前屋后，流萤闪闪飞来飞去。家园虽荒不可怕，它是那么令人深深怀念！

鹳鸣于垤，妇叹于室。

我出征到了东山，长年累月不能回家。今天我从东方回，正逢细雨濛濛倍凄凉。鹳鹤在山上哀鸣，妻子在屋里悲叹。洒扫庭院，修整房屋，盼我征人早还乡。苦瓜团团，放在柴堆上。久久不相见，眨眼就是三年。

我出征到了东山，长年累月不能回家。今天我从东方回，正逢细雨濛濛倍凄凉。还记得黄莺快乐地飞翔，它的羽毛闪闪耀眼。这个女子出嫁，黄白的花马去迎娶。母亲为她系佩巾，繁多的礼仪一项项。那新婚生活真美满，久别重逢会如何？

◎破　斧◎

【原文】

既破我斧，又缺我斨①。周公东征②，四国是皇③。哀我人斯，亦孔之将④。
既破我斧，又缺我锜⑤。周公东征，四国是吪⑥。哀我人斯，亦孔之嘉。
既破我斧，又缺我銶⑦。周公东征，四国是遒⑧。哀我人斯，亦孔之休。

【主旨讲解】

周公带领军队去平定叛乱，兵士们说自己的武器都砍坏了，可见战斗的惨烈。生还的士兵感到庆幸自己能从战场捡了条命回来。

【注解】

①缺：缺口，这里作动词用。斨（qiāng）：方孔斧。②周公：周公旦。③四国：指天下。④孔：很。将：大，与下文的"嘉""休"都是好的意思。⑤锜（qí）：一种武器。⑥吪（é）：感化。⑦銶銶（qiú）：一种像锹的武器。⑧遒：稳定。

【译文】

既砍坏了我的斧头，又砍坏了我的铜斨。周公东征去打仗，四国听了都心慌。可怜我们当兵的，活着回来算幸运。

◎伐　柯◎

【原文】

伐柯如何①？匪斧不克②。取妻如何？匪媒不得。
伐柯伐柯，其则不远③。我觏之子④，笾豆有践⑤。

【主旨讲解】

"执柯作伐"一词即是出于这首诗。

【注解】

①柯：斧柄。②克：能。③则：准则，榜样。④觏：遇见。⑤笾：竹篾编的装果类的独脚碗。豆：木制装肉类的器具，与笾形相似。有践：陈列整齐的样子。

【译文】

伐木做斧柄该怎么办呢？没有斧头办不到。要娶妻子该怎么办呢？没有媒人取不回。

砍斧柄呀砍斧柄，那个样子不远求。我所遇见的那个人呀，操作宴会有章法。

既砍坏了我的斧头，又砍坏了我的三齿锄。周公东征去打仗，四国很快被感化。可怜我们当兵的，活着回来算有福。

既砍坏了我的斧头，又砍坏了我的铁锹。周公东征去打仗，四国很快稳定了。可怜我们当兵的，活着回来算命好。

伐柯如何？匪斧不克。

小　雅

◎鹿　鸣◎

【原文】

呦呦鹿鸣①，食野之苹②。我有嘉宾③，鼓瑟吹笙④。吹笙鼓簧⑤，承筐是将⑥。人之好⑦我，示我周行⑧。

呦呦鹿鸣，食野之蒿⑨。我有嘉宾，德音孔昭⑩。视民不恌⑪，君子是则是傚⑫。我有旨酒⑬，嘉宾式燕以敖⑭。

呦呦鹿鸣，食野之芩⑮。我有嘉宾，鼓瑟鼓琴⑯。鼓瑟鼓琴，和乐且湛⑰。我有旨酒，以燕乐嘉宾之心。

【主旨讲解】

这是一篇宴饮求贤诗。一片悠扬的鼓瑟声响起来了，宾客们互相谈笑着，敬着酒，和乐融融，主人在此情况下命令乐队奏起了这支歌，表达自己求贤的渴望和欣喜之情。诗篇章法分明，格调欢快，场面富于动感。

我有嘉宾，鼓瑟吹笙。

【注解】

①呦呦（yōu）：鹿鸣叫的声音。②苹：草名，一说为蒿草，一说为马帚，即北方的扫帚菜。③嘉宾：贵宾、佳客。④瑟：古代弹拨乐器。笙（shēng）：古代的一种簧管乐器。⑤簧（huáng）：笙中之簧叶。鼓簧：指吹笙，鼓动簧叶而发声。⑥承：奉（"捧"之古体）。筐：指盛币帛之竹筐。承筐：指主人命奴仆捧出盛币帛的竹筐。将：送。⑦好（hào）：爱护。⑧示：指示。周行（háng）：大道，正道。⑨蒿（hāo）：青蒿。⑩德音：好品德，美名。孔：很。昭：明。孔昭：很显著。⑪视：古"示"字。恌（tiāo）：轻浮，不正派。不恌，指正派厚道。⑫君子：指有道德修养有学问的人。则：准则。傚（xiào）：效仿。⑬旨：美、甘。旨酒：美酒。⑭式：语助词。燕：同宴，宴会。敖：即"遨"字，游乐，逍遥。⑮芩（qín）：草名，蒿草之类。⑯琴：古代弹拨乐器名。古人往往以琴瑟喻夫妇或友人情谊和谐。⑰湛（chén）：同"沈"，深。

【译文】

群鹿呦呦鸣叫，来吃田野青苹。我有佳客贵宾来啊，弹瑟又吹笙。吹笙吹笙，鼓簧鼓簧，捧出盈筐币帛，来赠我那尊贵的客人啊！贵宾对我无限厚爱，教我道理最欢喜。

群鹿呦呦鸣叫，来吃田野青蒿。我有佳客贵宾来啊，品德高尚有美名。示范人们不可轻佻，君子学习好典型。我有琼浆美酒，贵宾就请畅饮逍遥吧！

群鹿呦呦鸣叫，来吃田野芩草。我有佳客贵宾来啊，弹瑟弹琴来助兴。弹瑟又弹琴，宾主和乐又尽兴。我有琼浆美酒，贵宾沉醉乐开怀。

◎常　棣◎

【原文】

常棣之华①，鄂不韡韡②。凡今之人，莫如兄弟。
死丧之威③，兄弟孔怀④。原隰裒矣⑤，兄弟求矣。
脊令在原⑥，兄弟急难⑦。每有良朋，况也永叹。
兄弟阋于墙⑧，外御其务⑨。每有良朋，烝也无戎⑩。
丧乱既平，既安且宁。虽有兄弟，不如友生⑪？
傧尔笾豆⑫，饮酒之饫⑬。兄弟既具⑭，和乐且孺⑮。
妻子好合，如鼓瑟琴。兄弟既翕⑯，和乐且湛。
宜尔室家⑰，乐尔妻帑⑱。是究是图，亶其然乎⑲？

【主旨讲解】

这是一支好兄弟歌。兄弟相会来了，在特地准备的筵席上，诗人欢快地唱了起来：丧了命、遇难、御外侮时，就有兄弟来收殓、相救或帮忙，度过了安逸时期的考验，兄弟们就又和好如初了。诗篇节奏先快后缓，意象生动，抒情说理高度融合。

兄弟既翕，和乐且湛。

【注解】

①常棣（dì）：又名唐棣，数朵花为一簇，实如樱桃状。诗中以此表达兄弟情谊。②鄂：花萼。韡韡（wěi）：光明、光辉。此处形容花色鲜明。③威：通"畏"，可怕。④孔怀：非常关心。⑤裒（póu）：缺少其人。⑥脊令：是一种水鸟。在原：水鸟在原，比喻有难。⑦急难：火速抢救之意。⑧阋（xì）：互相争斗，相互怨恨，相互争讼。⑨务：即"侮"。⑩烝（zhēng）：众多。戎（róng）：相助。⑪生：语助词，无义。⑫傧（bīn）：陈列。笾、豆：均系古代用于盛放食品的器皿。⑬饫（yù）：指家宴。又训餍，满足。⑭具：俱，集。⑮孺：属。有亲慕之义。⑯翕（xī）：聚合，收敛。⑰宜：安。室家：家人，此指夫妇。⑱帑（nǔ）：通"孥"，子孙。⑲亶（dǎn）：信，诚。

【译文】

常棣花开一簇簇，花萼鲜艳又夺目。遍观当今世人啊，哪有像兄弟那样亲又亲。
死亡的事多么可怕啊，只有兄弟相牵挂。原野洼地少个人啦，只有兄弟来寻找。
水鸟脊令落郊原，兄弟急忙救急难。虽有良朋益友，徒唤奈何且长叹。
兄弟家内也有纷争，对外则同心共御敌。虽有良朋益友，众友芸芸无所助啊。
死丧祸乱平定了，生活幸福又安宁。虽有手足亲兄弟，不如好友情谊深。
摆列餐具享美食，开怀畅饮酒意酣。兄弟相聚在一起，融洽笃爱且和乐。

◎伐　木◎

【原文】

伐木丁丁①，鸟鸣嘤嘤②。出自幽谷③，迁于乔木④。嘤其鸣矣，求其友声。相彼鸟矣⑤，犹求友声。矧伊人矣⑥，不求友生？神之听之⑦，终和且平。

伐木许许⑧，酾酒有藇⑨。既有肥羜⑩，以速诸父⑪。宁适不来⑫，微我弗顾⑬。於粲洒扫⑭，陈馈八簋⑮。既有肥牡⑯，以速诸舅。宁适不来，微我有咎⑰。

伐木于阪⑱，酾酒有衍⑲。笾豆有践⑳，兄弟无远㉑。民之失德㉒，干餱以愆㉓。有酒湑我㉔，无酒酤我㉕。坎坎鼓我㉖，蹲蹲舞我㉗。迨我暇矣㉘，饮此湑矣！

【主旨讲解】

这是一曲宴友歌。林中伐木声响起来了，鸟儿嘤嘤鸣叫着求伴，酒席摆好在了屋檐下，等候故人到来的当儿，诗人就用这支歌子表达了自己对友情的期许和观点。诗篇叙述虚实共生，意境清幽，理趣相合。

【注解】

①丁丁：伐木声。②嘤嘤：鸟鸣声。③幽谷：深谷。④乔木：高大的树。⑤相：视、看。⑥矧（shěn）：况且。⑦神之听之：马瑞辰《通释》："《释诂》：'神，慎也。''慎，诚也。''神之'即'慎之'也。《广雅》：'听，从也。''听之'，谓能听从其言也。"⑧许许：象声词。朱熹《集传》："众人共力之声。"⑨酾（shī），《毛传》："以筐曰酾。"古人酿酒用筐沥除酒糟曰酾，后人称为"筛酒"。藇（xù）：《毛传》："美貌。"王先谦《集疏》："'有藇'犹'藇藇'也。经文凡叠句双字者，或变文作'有'，如此'有'及'庶士有朅'之类甚多。"⑩羜（zhù）：《毛传》："未成羊也。"速：《郑笺》："召也。"即邀请。诸父：《毛传》："天子谓同姓诸侯、诸侯谓同姓大夫皆曰父，异性则称舅。"⑫宁适：于省吾《新证》："按适、敌古通，《尔雅·释诂》：'敌，当也。''宁适不来'，言宁当不来也。"⑬微：非。顾：惦念。⑭於：叹词。粲：鲜明貌。⑮簋（guǐ）：食器。⑯牡：公牛。⑰咎：过错。⑱阪（bǎn）：山坡。⑲衍：盈溢。⑳践：陈列貌。㉑无远：同在。㉒失德：即"失和"。㉓餱（hóu）：《说文》："乾食也。"干餱即今所谓干粮，在此泛指食物。以：因而。愆（qiān）：过错，此处可引申为怨恨。㉔湑（xù）：与"酾"同义。㉕酤：买。㉖坎坎：击鼓声。我：闻一多《歌与诗》认为，实即"哦"之类的语气词。㉗蹲蹲：《毛传》："舞貌。"㉘迨：《郑笺》："及也。"

伐木丁丁，鸟鸣嘤嘤。

【译文】

咚咚作响伐木声，嘤嘤群鸟相和鸣。鸟儿本从深谷出，飞往高高大树上。小鸟要嘤嘤啼不住？只是为了求知音。仔细端详那小鸟，尚且求友欲相亲。何况我们这些人，岂能不知重友情。天上神灵请聆听，赐我和乐与宁静。

伐木呼呼斧声急，滤出美酒喷喷香。既有肥美羊羔在，请来叔伯叙情谊。即使他们没能来，不能说我缺诚意。屋里扫得真清爽，嘉肴八盘桌上齐。既有肥美公羊肉，请我舅亲来尝尝。即使他们没能来，不能说我有过失。

伐木就在山坡边，滤酒清清快斟满。盘儿碗儿排整齐，兄弟叙谈莫疏远。人们为啥失友情，饭菜不周致埋怨。有酒滤清让我饮，没酒快买我兴酣。敲起鼓儿咚咚声，扬起长袖翩翩舞。趁着今朝有闲暇，一定再把酒喝完。

妻儿和谐恩情深，奏瑟弹琴心相印。兄弟们友爱又和睦，融洽欢乐无穷尽。

家庭美满又幸福，妻儿相依乐陶陶。深思熟虑理自明呀，情况就是这样！

◎采 薇◎

【原文】

采薇采薇①，薇亦作止②。曰归曰归，岁亦莫止③。靡室靡家④，猃狁之故⑤。不遑启居⑥，猃狁之故。采薇采薇，薇亦柔止⑦。曰归曰归，心亦忧止。忧心烈烈⑧，载饥载渴⑨。我戍未定⑩，靡使归聘⑪！采薇采薇，薇亦刚止⑫。曰归曰归，岁亦阳止⑬。王事靡盬⑭，不遑启处⑮。忧心孔疚⑯，我行不来⑰！彼尔维何⑱？维常之华⑲。彼路斯何⑳？君子之车。戎车既驾㉑，四牡业业㉒。岂敢定居，一月三捷㉓！驾彼四牡，四牡骙骙㉔。君子所依㉕，小人所腓㉖。四牡翼翼㉗，象弭鱼服㉘。岂不日戒，猃狁孔棘㉙！昔我往矣㉚，杨柳依依㉛。今我来思㉜，雨雪霏霏㉝。行道迟迟，载渴载饥。我心伤悲，莫知我哀！

【主旨讲解】

这是一支还乡悲歌。一名饥渴的士兵远征结束，独行归来，抚今追昔，当初出戍的无畏、战争的种种艰辛、思乡的痛彻，此刻如潮水般齐涌上了心头，令他百感交集，悲伤难抑。诗篇格调凄绝，情景合融，时空感强。

昔我往矣，杨柳依依。今我来思，雨雪霏霏。

【注解】

①薇：即野碗豆苗，可以食用。②作：初生。止：语助词。③莫：古"暮"字。④靡：无。⑤猃（xiǎn）狁（yǔn）：我国北方的少数民族。西周时称猃狁，春秋时称北狄，战国以后称匈奴。⑥遑（huáng）：暇。启：跪坐。居：安坐。古人席地而坐，两膝着席，跪坐时腰板伸直，臀部跟足跟离开；安坐时臀部贴在足跟上。⑦柔：幼嫩。⑧烈烈：火势猛烈的样子，这里指忧心如焚。⑨载：又。⑩戍：戍守，指驻守的地方。⑪使：使者。聘：问候。归聘：带回问候家人的音信。⑫刚：粗硬。指薇菜将老，茎叶变粗变硬。⑬阳：阴历十月。⑭靡盬：没有止境。盬（gǔ）：停止。⑮启处：与上文

"启居"同义。⑯孔：非常。疚：痛苦。⑰来：返回，归来。⑱尔：同"尔"，花盛开的样子。维何：是什么。⑲常：通"棠"，棠棣。华：古"花"字。⑳路：同"辂（lù）"，古代的一种大车。斯何：同"维何"。㉑戎车：兵车，战车。㉒牡：雄马。业业：高大健壮的样子。㉓捷：通"接"，即接战。㉔骙骙（kuí）：强壮的样子。㉕依：乘。㉖腓（féi）：蔽护，掩护。㉗翼翼：行列整齐的样子。㉘弭（mǐ）：弓的两头缚弦的地方。象弭：用象牙镶饰的弓。鱼服：用鱼皮做的箭袋。服：通"箙"，箭袋。㉙棘：同"急"。㉚昔：过去。㉛依依：柳条随风摇曳飘拂的样子。㉜思：语助词。㉝雨（yù）：降落，散落。霏霏：大雪纷飞的样子。

【译文】

采薇菜呀采薇菜，薇菜新芽已长大。回家乡呀回家乡，已盼到年终岁尾。抛弃亲人离家园，只因匈奴来侵犯；跪不宁来坐不安，只因匈奴来侵犯。采薇菜呀采薇菜，薇菜柔嫩刚发芽。回家乡呀回家乡，心里忧愁多牵挂。忧心如同被火焚，又饥又渴真苦煞。防地调动难定下，无法给家人捎音信！采薇菜呀采薇菜，薇茎渐渐长硬。回家乡啊回家乡，又到十月"小阳春"。王室差事无休无止，想要休息没闲暇。心中充满忧愁伤痛，远征在外难归还！那绚丽耀眼的是什么？那是棠棣的花朵。高大的马车属于谁？那是将军的战车。驾起兵车要出战，四匹雄马矫健齐奔腾。边地怎敢图安居？一月要争几回胜！驾着那四匹雄马，什么车儿高又大？将军乘坐在车中，小兵掩护也靠它。四匹马步调一致，象牙弓配着鱼皮箭袋。哪有一天不戒备？匈奴实在太猖狂！回想我当初出征时，杨柳依依随风吹。如今回来路途中，雪花纷纷飘落下。我行路艰难慢慢走，又饥又渴真劳累。满心伤感满腔悲，却没有谁人知道我的哀痛！

◎南山有台◎

【原文】

南山有台①，北山有莱②。乐只君子③，邦家之基。乐只君子，万寿无期。

南山有桑，北山有杨。乐只君子，邦家之光。乐只君子，万寿无疆。

南山有杞，北山有李。乐只君子，民之父母。乐只君子，德音不已。

南山有栲④，北山有杻⑤。乐只君子，遐不眉寿⑥。乐只君子，德音是茂。

南山有枸⑦，北山有楰⑧。乐只君子，遐不黄耇⑨。乐只君子，保艾尔后⑩。

【主旨讲解】

这首诗祝愿周王得贤才、获高寿。诗人采用民歌习语作为每章的发端，增加了诗的音乐性。

【注解】

①台：本作"苔"，草名，双名莎草，可制蓑

乐只君子，邦家之基。

65

衣。②莱：即"藜"，草名。③君子：指贤人。④栲：一种乔木。⑤杻（niǔ）：木名。⑥遐："曷""何"的通假字。眉寿：老人眉中有毫毛秀出，称秀眉、毫眉、寿眉，古人以之为寿相，故"寿眉"倒文曰"眉寿"。⑦枸（jǔ）：即"枳椇"，一种果树，实甜可食。⑧楰（yú）：亦名苦楸，木名，楸树的一种。⑨耇（gǒu）：老。黄耇，指年老。黄，黄发。老人发白转黄，意味年岁甚高。⑩艾（ài）：养育。后：后代。一说指今后有生之年。

【译文】

　　南山长有苦草。北山土有野藜。求得贤人多快乐啊，他是国家的根基。得到贤人多快乐啊，祝你万寿无期。

　　南山长有嫩桑，北山长有白杨。得到贤人多快乐啊，他是朝廷的荣光。得到贤人多快乐啊，祝你万寿无疆。

　　南山长有杞树，北山生有李树。得到贤人多快乐啊，他是民众之父母。得到君子多快乐啊，愿你美誉永不忘。

　　南山生有长栲，北山生长杻树。得到贤人多快乐啊，怎不愿你长寿？得到君子多快乐啊，愿你美誉长久。

　　南山生长枸树，北山生长楰树。得到君子多快乐啊，但愿您长寿。得到君子多快乐啊，愿您子孙昌盛。

◎鹤　鸣◎

【原文】

　　鹤鸣于九皋①，声闻于野。鱼潜在渊，或在于渚。乐彼之园，爰有树檀，其下维萚②。他山之石，可以为错③。

　　鹤鸣于九皋，声闻于天。鱼在于渚，或潜在渊。乐彼之园，爰有树檀，其下维穀④。他山之石，可以攻玉⑤。

【主旨讲解】

　　这是一篇招隐诗。野外传来清亮的鹤音，深潭下游着自在鱼儿，作者闲步花园，又见檀木旺盛地独长着，这些幽深景色令他联想到了贤人的隐居，悟出"他山之石，可以攻玉"的道理，表达了自己愿不拘一格招隐、尚贤图强的决心。

鹤鸣于九皋，声闻于野。

【注解】

①九：虚数。皋：沼泽地。②萚（tuò）：枯叶。③错：砺石，磨石。④穀（gǔ）：楮树。叶似桑，树皮可制纸。⑤攻玉：雕琢玉器。

【译文】

　　鹤儿长鸣在那屈折沼泽中，鸣声嘹亮传四野。鱼儿潜在深水里，有时游出近小岛。那令人赏心悦目的林园，有檀树大又高，树下落叶已焦枯。那个山上的石头，能把那玉石琢。

　　鹤儿长鸣在那屈折沼泽中，声音飘荡在云霄。鱼儿游在沙洲边，或者潜在深水里。那令人赏心悦目的林园，有那檀树大又高，又有楮树矮又小。那个山上的石头，同样可以把玉雕。

◎白　驹◎

【原文】

皎皎白驹①，食我场苗②。絷之维之③，以永今朝。所谓伊人，于焉逍遥。

皎皎白驹，食我场藿④。絷之维之，以永今夕。所谓伊人，于焉嘉客。

皎皎白驹，贲然来思⑤。尔公尔侯，逸豫无期⑥。慎尔优游，勉尔遁思⑦。

皎皎白驹，在彼空谷⑧。生刍一束⑨，其人如玉。毋金玉尔音，而有遐心⑩？

【主旨讲解】

这是一首主人挽留客人的诗。主人盛情挽留客人，希望他不要离去，别后要常通音信。

【注解】

①皎皎：洁白的样子。②场：圃，菜园。苗：豆苗。③絷（zhì）：用绳绊马足。维：拴住马缰绳。④藿（huò）：豆叶。⑤贲：通"奔"。贲（bēn）然：马快跑的样子。⑥逸豫：安逸享乐。⑦遁：迁，指改过迁善。⑧空谷：深谷。⑨生刍：新鲜青草。刍：喂牲口的草。⑩遐心：疏远之心。

【译文】

浑身洁白小骏马，吃我园中豆子苗。绊住马脚拴上它，延长欢乐度今宵。我所说的这个人，想到哪里去逍遥？

浑身洁白小骏马，吃我园中豆子叶。绊住马脚拴上它，延长欢乐度今宵。我所说的这个人，这里做客多自在。

浑身洁白小骏马，飞快奔跑回这里。你是公啊你是侯，安逸享乐无止期。请你游乐要谨慎，劝你别再贪安逸。

浑身洁白小骏马，在那山谷中间奔。新鲜青草备一捆，那人如玉真难分。别后不要吝音信，不要对我再疏远。

◎无　羊◎

【原文】

谁谓尔无羊？三百维群①。谁谓尔无牛？九十其犉②。尔羊来思，其角濈濈③。尔牛来思，其耳湿湿④。

或降于阿，或饮于池，或寝或讹⑤。尔牧来思，何蓑何笠，或负其餱⑥。三十维物，尔牲则具⑦。

尔牧来思，以薪以蒸，以雌以雄⑧。尔羊来思，矜矜兢兢，不骞不崩⑨。麾之以肱，毕来既升⑩。

牧人乃梦：众维鱼矣，旐维旟矣⑪。大人占之：众维鱼矣，实维丰年。旐维旟矣，室家溱溱⑫。

尔羊来思，其角濈濈。

67

【主旨讲解】

这是一支牧歌。一位诗人和牧人在草坡撞见，对对方牛羊的蕃盛、情态、放牧技巧等进行了热情的描摹和赞美，最后一章还记录了牧人的一桩好梦。诗篇体物工细，想象奇幻。

【注解】

①三百：极言数量之多，并非实数。②犉（chún）：马瑞辰《通释》："《传》：'黄牛黑唇曰犉。'瑞辰按：《尔雅》又云'牛七尺曰犉'，诗义当取此，极言肥大者之多尔。"③濈濈（jí）：《毛传》："聚其角而息，濈濈然。"④湿湿：《毛传》："呞而动其耳，湿湿然。"呞即反刍。⑤讹：《毛传》："动也。"⑥何：通'荷'，披、戴。⑦物：本义为牛的毛色。此处为以毛色分别牛群，三十维物即三十头牛为一色。三十极言其多，并非实数。牲：祭祀用的牲口。具：完备。古人不同的祭祀用不同毛色的牲口。牛群毛色众多，则祭祀的牲口齐备。⑧薪、蒸：柴草。《郑笺》："此言牧人有余力则取薪蒸、搏禽兽，以来归也。粗曰薪，细曰蒸。"禽兽，即猎物。⑨矜矜：于省吾《新证》谓本应作矜矜。矜矜又应读作邻邻。邻本义为比邻相连而居，引伸之则接连有众多之义。兢兢：于省吾《新证》谓本应作竞竞，竞相奔逐之意。骞：《毛传》："亏也。"崩：于省吾《新证》："《论语·阳货》'乐必崩'，皇疏谓'崩是坠失之称也'；又《季氏》'邦分崩离析'，孔注谓'欲去曰崩'。"在此，崩有逃失之意。⑩麾：挥动。肱：《毛传》："臂也。"升：《毛传》："入牢也。"⑪"众维"两句：《毛传》："阴阳和，则鱼众多矣。""旐、旟，所以聚众也。"于省吾《新证》认为旟应读作兆，兆众同义，众多的意思。⑫溱溱（zhēn）：《毛传》："众也。"

【译文】

是谁说你家没有羊？满山的一群羊就有三百只。是谁说你家没有牛？七尺高的大牛有九十头。你的羊群归来时，只见羊角齐簇集。你的牛群走来了，牛耳慢慢地摇动。

有的牛羊奔下高丘，有的池边作小饮，有的蹦跳有的卧。你的牧人到这里来放牧，身披蓑衣与斗笠，有时背着干粮袋。牛羊毛色三十种，牺牲足够祀神灵。

你的牧人放牧回来，一边砍着细柴与粗薪，一边狩猎雌雄鸟禽。你的羊群下来了，羊儿小心紧随着，不走失也不散群。牧人只要轻轻一挥手，牛羊全都乖乖入栏。

牧人悠悠做个梦，梦里蝗虫变为鱼，龟蛇旗变作了鹰旗。太卜占卜这个梦，蝗虫化鱼是吉兆，预示来年大丰收。龟蛇旗变鹰旗是佳征，预示家庭添丁兴旺。

◎小　旻◎

我视谋犹，亦孔之邛！

【原文】

旻天疾威，敷于下土①。谋犹回遹②，何日斯沮③？谋臧不从，不臧覆用。我视谋犹，亦孔之邛④！

潝潝讻讻⑤，亦孔之哀。谋之其臧，则具是违⑥。谋之不臧，则具是依。我视谋犹，伊于胡底⑦？

我龟既厌⑧，不我告犹。谋夫孔多，是用不集⑨。发言盈庭，谁敢执其咎⑩？如匪行迈谋，是用不得于道。

哀哉为犹，匪先民是程⑪，匪大犹是经⑫。维迩言是听⑬，维迩言是争⑭。如彼筑室于道谋，是用不溃于成⑮！

国虽靡止⑯，或圣或否。民虽靡膴⑰，或哲或谋，或肃或艾⑱。如彼泉流，无沦胥以败。

不敢暴虎⑲，不敢冯河⑳。人知其一，莫知其他。战战兢兢，如临深渊，如履薄冰㉑。

【主旨讲解】

这是一篇政治怨刺诗。昏聩的君王善恶不分、宠信奸臣；暗地里，小人们在党同伐异，朝堂上，谋士们夸夸空谈，这一切无不使得作者对国事充满了担忧，于是写下此文以图警醒君王。诗篇叙议结合，内容丰溢，手法多变。

【注解】

①敷：散布。下土：指人间。②谋犹：谋略、政策。回通（yù）：邪僻。③沮：终止。④邛（qióng）：病，坏。⑤瀌瀌：相和也。訿訿（zǐ）：相诋也。即攻击、毁谤。⑥具：通"俱"。违：违背，不从。⑦于：往。底：至。⑧龟：龟甲，古人用于占卜。⑨集：成就。⑩咎：罪过，罪责。⑪程：效法。⑫大犹：大道，基本规律。经：行，遵循。⑬迩言：浅近邪僻之言。⑭争：这里指谗臣为私利而争进迩言。⑮遄：顺利，达到。⑯止：至，大。⑰膴（wǔ）：厚，多。⑱艾：治理。⑲暴（bó）：通"搏"，徒手空拳。⑳冯（píng）：无舟渡水，徒涉。㉑履：踩踏。

谋夫孔多，是用不集。

【译文】

老天狂暴真残酷，降下灾祸遍及天下。政策邪僻全错误，什么时候灾荒才能结束？好的策略不听从，坏的反受重用。所用谋略依我看，弊病太多难执行。

随声附和和诽谤，小人当权实可悲。朝廷政策虽然定得好，但是实行起来全都违背。政策中的错误，全部都照办了。我看政策问题多，究竟何处是依据？

我占卜用的龟甲都厌恶了，占不出谋略的吉凶。出谋划策人很多，议论纷纷难作数。满院都是发言者，谁人敢承担责任？好像有事问路人，很难得到正确的方法。

制定政策很可悲，不是效法祖先。治国的远大谋略不实行，只爱听肤浅浅薄的话，还要争论是与非。好像盖房子问路人，人多嘴杂建不成。

尽管国家土范围不大，有人聪明有人平庸。人民虽然数量不多，有的明智计谋多，有的严肃能治国。朝政应该像泉水流，不要陷入污浊。

不敢空手打虎，不敢徒步过河。人们知道这一条，不知道其他更危险的事。一定要小心谨慎多提防，就像走近那深渊旁，就好像踩在薄冰上。

◎巧 言◎

【原文】

悠悠昊天①，曰父母且。无罪无辜，乱如此幠②！昊天已威，予慎无罪。昊天大幠③，予慎无辜。乱之初生，僭始既涵④。乱之又生，君子信谗。君子如怒，乱庶遄沮⑤。君子如祉⑥，乱庶遄已。君子屡盟，乱是用长。君子信盗⑦，乱是用暴。盗言孔甘⑧，乱是用饯⑨。匪其止共⑩，维王之邛⑪。奕奕寝庙⑫，君子作之。秩秩大猷⑬，圣人莫之⑭。他人有心，予忖度之⑮。跃跃毚兔⑯，遇犬获之。荏染柔木⑰，君子树之。往来行言⑱，心焉数之⑲。蛇蛇硕言⑳，出自口矣。巧言如簧㉑，颜之厚矣！彼何人斯㉒？居河之麋㉓。无拳无勇㉔，职为乱阶㉕。既微且尰㉖，尔勇伊何？为犹将多㉗，尔居徒几何㉘？

【主旨讲解】

这是一首讽刺时政的诗。诗中痛斥那些小人挑拨离间，搬弄是非，而周王也昏昧不明，听信谗言，致使国事日非。

【注解】

①悠悠：高远貌。昊天：皇天，老天。②怃（hū）：大。③怃：怠慢，疏忽。④僭：通"谮"，谗言。⑤遄：速。沮：终止。⑥祉：福，喜。⑦盗：指进谗言的人。⑧孔甘：很甜。⑨餤（tán）：本义为进食，引申为加多。⑩止：礼。共：借为"恭"。止共：礼敬。匪其止共：非难、责怪那些礼敬之人。⑪邛（qióng）：毛病。⑫奕奕：高大美盛的样子。寝庙：指周王室的宗庙。⑬秩秩：有条不紊的样子。猷：谋略。⑭莫：通"谟"，谋划。⑮忖度：揣度。⑯毚（chán）：狡猾。⑰荏染：柔弱貌。柔木：桐、梓一类的树木。

无罪无辜，乱如此怃。

⑱往来行言：指街谈巷议，流言蜚语。⑲数（shú）：计算，引申为分辨。⑳蛇蛇：安然之态。硕言：大话。㉑簧：吹奏乐器的一种发声器。巧言如簧：是说花言巧语像吹簧一样悦耳动听。㉒彼：指小人。㉓麋：通"湄"，水边。㉔拳：力。㉕职：只。㉖微：指小腿生湿疮。尰（zhǒng）：脚浮肿。㉗为：通"伪"。为犹：即阴谋。将：大。㉘居：其。居徒：党徒，党羽。几何：有多少的意思。

【译文】

悠悠老天听我说，说你是下界的父母。我们没有任何罪过，为何你降如此大祸！苍天实在太淫威，我无罪过受残虐。老天实在太糊涂，我本无罪却受辱。乱子初生时，所有谗言都听进。乱子接连又发生，君王照样听进去。君子如果斥谗人，乱子马上可制止。君王如果听忠言，乱子很快会停止。君王结盟太随便，乱子越来越增多。君王轻信盗贼话，祸乱就会止不住。骗人鬼话甜如蜜，祸乱增进无法防。错怪那些守礼人，君王更是错上错。宫殿宗庙多高大，都是先王来建造。治国策略多完善，都是圣人来筹备。他人有啥坏心计，我定可以揣度出。好比跳跃的狡兔，遇到猎狗也会被捕获。好的树木性柔弱，君子栽种树成荫。往来无定的流言，人心怎能分辨清。堂而皇之骗人话，都从谗人口中出。花言巧语舌如簧，脸皮太厚没办法！究竟他是什么人？住在大河水边岩。无才无勇无能耐，只会制造那祸乱。又烂腿来又肿脚，你的勇气在哪里？阴谋诡计毒又多，你的党徒有多少？

◎蓼 莪◎

【原文】

蓼蓼者莪①，匪莪伊蒿②。哀哀父母，生我劬劳③。
蓼蓼者莪，匪莪伊蔚④。哀哀父母，生我劳瘁⑤。

瓶之罄矣⑥，维罍之耻⑦。鲜民之生⑧，不如死之久矣！无父何怙⑨？无母何恃？出则衔恤⑩，入则靡至。

父兮生我，母兮鞠我⑪。拊我畜我⑫，长我育我，顾我复我⑬，出入腹我⑭。欲报之德，昊天罔极⑮！

南山烈烈⑯，飘风发发⑰。民莫不穀⑱，我独何害？

南山律律⑲，飘风弗弗⑳。民莫不穀，我独不卒㉑！

【主旨讲解】

这首诗写一位孝子发出的痛苦的呼声。诗中写父母养育自己之不易，做儿子的却无力报答父母的养育之恩，因而内心充满忧虑与痛苦。此诗为古代著名的行孝诗。

【注解】

①蓼蓼（lù）：长大的样子。莪（é）：植物名，即莪蒿，多年生草本植物，生在水田里，叶嫩时可食。②蒿：即蒿子，有青蒿、白蒿等数种，这里比喻贱草。③劬（qú）：辛苦、痛苦。④蔚（wèi）：蒿的一种，又名牡蒿。⑤瘁（cuì）：憔悴。⑥罄：尽，空。⑦罍：器具名，古代用之盛酒或盛水的大容器，比瓶大，有方、圆二种。⑧鲜（xiǎn）：孤苦，穷困。⑨怙（hù）：依仗。⑩恤：忧愁。⑪鞠（jū）：养育。⑫拊：同"抚"，抚摸。畜（xù）：爱。⑬顾：照管。复：指出门后父母对他的挂念。⑭腹：怀抱。⑮罔：无。极：准则。⑯烈烈：山高险阻的样子。⑰飘风：暴风。发发：迅疾貌。⑱穀：赡养。⑲律律：山势高耸突起的样子。⑳弗弗：大风扬尘的样子。㉑卒：送终，指终养父母。

【译文】

莪蒿长得长又高，不是美莪是青蒿。可怜我的父母亲，生我养我多辛劳。

莪蒿长得长又肥，不是美莪是牡蒿。可怜我的父母亲，生我养我身憔悴。

哀哀父母，生我劬劳。

小瓶子里空荡荡，酒瓶应当感羞耻。穷苦孤儿活在世，不如老早就去死。没有父亲依靠谁？没有母亲依仗谁？出门离家含悲伤，进门回家犹未归。

爹呀是你生下我，娘呀是你养育我。抚养我啊教育我，照顾我啊惦记我，出出进进抱着我。欲想报答爹娘恩，老天无端降灾祸。

南山险峻路难行，天旋地转风暴狂。别人都能养爹娘，为何独我遭此难？

南山高耸登攀难，天昏地暗尘飞扬。别人都能养爹娘，我独难为父母送终。

◎车 辖◎

【原文】

间关车之辖兮①，思娈季女逝兮②。匪饥匪渴，德音来括③。虽无好友，式燕且喜④。依彼平林⑤，有集维鷮⑥。辰彼硕女⑦，令德来教。式燕且誉⑧，好尔无射⑨。虽无旨酒，式饮庶几⑩。虽无嘉肴，式食庶几。虽无德与女⑪，式歌且舞。陟彼高冈，析其柞薪⑫。析其柞薪，其叶湑兮。鲜我觏尔⑬，我心写兮。高山仰止，景行行止。四牡骓骓，六辔如琴。觏尔新昏⑭，以慰我心。

【主旨讲解】

这是一支迎亲进行曲。新娘出阁来了，新郎四马大车以迎娶，载着穿过了丛林、高山、大路，一边还不忘赞美老婆德行良好。诗篇笔法跌宕，语言爽朗，随景抒情不露痕迹。

【注解】

①间关：象声词，形容车轮转动时车辖的响声。车轴两头的铁键，可以夹住轮子使其不脱落。②娈（luán）：美好的样子。季女：少女。逝：往，指前往迎娶。③德音：美誉。括：犹"佸"，会合。④式燕：宴饮。⑤依：茂盛的样子。⑥鷮（jiāo）：长尾的雉。⑦辰：美善。⑧誉：安乐。⑨无射（yì）：不厌。⑩庶几：幸，此表希望之词。⑪德：恩惠。⑫析：劈，分。柞：柞树。⑬鲜（xiǎn）：少。⑭昏：古"婚"字。

间关车之辖兮，思娈季女逝兮。

【译文】

车轮转动车辖格格响，妩媚少女要出嫁。不再饥渴我的心，想要迎娶贤淑女。虽然没有好朋友，大家都来赴宴庆祝欢乐。丛林茂密树木葱郁，长尾锦鸡栖林中。那位健美善良的女人，德行良好有教养。宴饮相庆喜洋洋，爱意不绝情绵长。虽然没有那美酒，但愿你能畅饮痛快。虽然没有那好菜，但愿你能饱食一餐。虽然对你没有恩惠，但愿你能一起欢歌欢舞来庆祝。登上高高那山冈，砍下柞枝作柴薪。砍下柞枝作柴薪，柞叶茂盛满树梢。此时我能接到你，心中烦恼全都消除了。高山仰望可以看见山顶，平坦大道可以前行。驾起四马跑不停，手中抓的六条缰绳像抚琴的琴弦。望着车中的新娘子，满怀欣慰非常幸福。

◎隰　桑◎

【原文】

隰桑有阿①，其叶有难②。既见君子，其乐如何！隰桑有阿，其叶有沃③。既见君子，云何不乐！隰桑有阿，其叶有幽④。既见君子，德音孔胶⑤。心乎爱矣⑥，遐不谓矣⑦？中心藏之⑧，何日忘之！

【主旨讲解】

这是一支爱情狂想曲。水泽边上，姑娘见了浓翠的桑林而生情，幻想着与男人见面的激动场景，最后则表达了这种能想不能爱的深深无奈。诗篇比兴精巧，抒情婉烈，一唱三叹。

【注解】

①阿：美盛柔美的样子。②难：通"傩"，茂盛。③沃：柔嫩、润泽。④幽：青黑色。⑤孔胶：甚盛。⑥爱：挚爱。⑦遐不：胡不。⑧臧（zāng）："臧"之假借字。善、爱之意。

【译文】

　　洼地青桑多柔美，叶儿好繁茂。看见我那心中人，心里如何不喜悦？洼地青桑多柔美，叶儿有光泽。见到我那心中人，如何不快乐？洼地青桑多柔美，叶儿青黝黝。见到我那心中人，知心的话儿说不完。我的深爱在心中，为何不去告诉他？把他深藏在心底，没有一天能忘他！

◎绵　蛮◎

【原文】

　　绵蛮黄鸟①，止于丘阿②。道之云远，我劳如何！饮之食之，教之诲之。命彼后车③，谓之载之④。绵蛮黄鸟，止于丘隅⑤。岂敢惮行⑥？畏不能趋⑦。饮之食之，教之诲之。命彼后车，谓之载之。绵蛮黄鸟，止于丘侧。岂敢惮行？畏不能极。饮之食之，教之诲之。命彼后车，谓之载之。

【主旨讲解】

　　这首诗是一位长途出差的公人发出的怨叹之声。他长途行役，又累又饿，苦不堪言，渴望得到上司的体谅与关照。

【注解】

①绵蛮：鸟鸣声。黄鸟：即金丝雀。②止：止息。丘：土山。阿（ē）：山曲处。③后车：后边随行的车，亦名副车。④谓：告诉。⑤隅（yú）：角。⑥惮（dàn）：畏惧。⑦趋：快走。

【译文】

　　黄鸟喳喳叫不停，落在道旁山坳里。道路漫漫太遥远，精疲力竭怎么办？给他喝来给他吃，教他劝他提精神。命令副车停一停，让他坐上好休息。黄鸟喳喳叫不停，落在道旁山角处。哪敢害怕走远道？只怕走慢来不及。给他水喝给饭吃，教他劝他鼓精神。命令副车停一停，让他坐上别着急。黄鸟喳喳叫不停，落在道旁山坡边。怎敢害怕走远道？只怕不能到终点。给他水喝给饭吃，教他劝他鼓精神。命令副车停一停，让他坐上好休息。

◎苕之华◎

【原文】

　　苕之华①，芸其黄矣。心之忧矣，维其伤矣！
　　苕之华，其叶青青②。知我如此，不如无生！
　　牂羊坟首③，三星在罶④。人可以食，鲜可以饱！

【主旨讲解】

　　这是一篇饥民诗。淡黄的凌霄花开了，叶儿满眼青葱，世上却正值荒年，到处民不聊生，饥饿导致了诗人沉重的叹息。诗篇言辞痛切，对比强烈。

【注解】

①苕（tiáo）：木本蔓生植物，又名凌霄，花赤黄色。②青青："菁菁"之省借。茂盛貌。③牂（zāng）：母绵羊。坟首：大头。④三星：星宿名，为二十八宿之一，又叫参星。罶（lǔ）：捕鱼器。

【译文】

　　凌霄花儿正开放，颜色深黄真漂亮。心里的忧愁呀，极度的悲伤啊！
　　凌霄花儿正开放，叶子青青好茂盛。早知生活这样难，不如不出生！
　　母羊饿得身瘦头显大，空空的鱼篓只有星光照。大灾年头人人都要吃饭，哪能饱饥肠！

◎何草不黄◎

【原文】

　　何草不黄①？何日不行②？何人不将③，经营四方④？
　　何草不玄⑤？何人不矜⑥？哀我征夫，独为匪民⑦？
　　匪兕匪虎⑧，率彼旷野⑨。哀我征夫，朝夕不暇⑩。
　　有芃者狐⑪，率彼幽草⑫。有栈之车⑬，行彼周道⑭。

【主旨讲解】

　　这是一支征夫之歌。时光日复一日，草儿枯了又黄，而士兵们终年在外，八方奔波，就像野兽一样昼夜出没，命运凄惨，令作者怨怒不已。诗篇比兴妥恰，形象鲜活，意境清冷。

【注解】

①黄：枯黄。②行：行役。③将：义同"行"，出征。④经营：往来，操劳。⑤玄：赤黑色，指草由枯而腐烂。⑥矜（guān）：通"鳏"，劳瘁病苦。⑦匪：通"非"。⑧匪：通"彼"，那，那些。兕（sì）：只生一只角的野牛。⑨率：循着，沿着。⑩暇：空暇，闲瑕。⑪有：助词，放在形容之前，无实义。有芃（péng）：同"芃芃"，草木茂盛的样子。此处形容蓬蓬松松的狐狸尾巴。⑫幽草：深茂的野草丛。⑬栈：高耸、高大的样子。⑭周道：大道。

哀我征夫，朝夕不暇。

【译文】

　　哪种草呀不枯黄？什么日子不出行？哪有人呀不去征役？往来经营走四方。
　　哪种草儿不枯萎？哪有人儿不经苦难？可怜我们出征人，偏偏不被当人看。
　　不是野牛，不是老虎，却要奔波在旷野上。哀痛我们出征人，从早到晚没空闲。
　　狐狸尾巴蓬松松，沿着路边钻草丛。高高的役车征夫坐，行在漫漫的大道上。

大　雅

◎文　王◎

【原文】

文王在上①，于昭于天②。周虽旧邦③，其命维新④。有周不显⑤，帝命不时。文王陟降，在帝左右。

亹亹文王⑥，令闻不已⑦。陈锡哉周，侯文王孙子⑧。文王孙子，本支百世⑨，凡周之士⑩，不显亦世⑪。

世之不显，厥犹翼翼⑫。思皇多士⑬，生此王国。王国克生，维周之桢⑭。济济多士⑮，文王以宁。

穆穆文王⑯，于缉熙敬止⑰。假哉天命⑱，有商孙子⑲。商之孙子，其丽不亿⑳。上帝既命，侯于周服㉑。

亹亹文王，令闻不已。

侯服于周，天命靡常㉒。殷士肤敏㉓，裸将于京㉔。厥作裸将，常服黼冔㉕。王之荩臣㉖，无念尔祖。

无念尔祖㉗，聿修厥德㉘。永言配命㉙，自求多福。殷之未丧师㉚，克配上帝㉛。宜鉴于殷㉜，骏命不易！㉝

命之不易，无遏尔躬㉞。宣昭义问㉟，有虞殷自天㊱。上天之载，无声无臭。仪刑文王，万邦作孚㊲！

【主旨讲解】

这是祭祀时对周文王的颂诗。歌颂周代受命于天，周文王能礼贤下士，施行德政。后王应以周文王为榜样，吸取殷朝灭亡的教训。

【注解】

①文王：即周文王姬昌。②于（wū）：感叹词。③旧邦：周自后稷开国，防纤夏王之业，故曰旧邦。④命：指天命。维新：指周朝新受命于天，故曰其命维新。⑤不：通"丕"，大。⑥亹亹（wěi）：勤勉貌。⑦令闻：好声誉。⑧"陈锡"两句：陈：犹敷也。一说陈，借为申，一再之意。锡：通"赐"。侯：维，只有。⑨本：冈王的嫡系。支：庶支。⑩士：指周之异姓群臣。⑪亦世：累世。⑫犹：煤。翼翼：小心的样子。⑬思：发语词。⑭桢：干，骨干。⑮济济

仪刑文王，万邦作孚！

众多的样子。⑯穆穆：仪表美好的样子。⑰于：叹词。缉熙：光明正大。敬：恭谨。止：语助词。⑱假：大。⑲有：占有。⑳丽：数目。㉑侯：只有。服：臣服。㉒靡：无。㉓肤：美。敏：聪敏。㉔裸（guàn）：即灌祭，祭礼的一种仪式。㉕服：穿戴。黼（fǔ）：殷商礼服。冔（xǔ）：殷商礼帽。㉖荩（jìn）：忠进之臣。㉗无：语助词。㉘聿：发语词。㉙永：长。㉚师：众也。㉛上帝：天之主宰。㉜鉴：镜，借鉴。㉝骏：大。㉞遏：遏止，断绝。㉟宣昭：宣明。义问：美好的声望。问：通"闻"。㊱有：同"又"。虞：度，鉴戒。㊲孚：信。

【译文】

文王天上有英灵，远比上天还明亮。周朝虽然是旧邦，却是新受命于天。周朝前途很光明，上帝意志光万丈。文王神灵升与降，常伴天帝在天庭。

勤恳忙碌周文王，美好声誉传四方。广施洪福兴周邦。文王子孙都兴旺。文王子孙代代传，本宗庶支洪福广。凡为周朝文武臣，世世代代显荣光。

世世代代都荣光，谋事谨慎多仔细。贤士众多有美德，纷纷涌现在周邦。周国能出众贤士，均为周朝好栋梁。济济一堂来扶持，文王用以安家邦。

文王庄穆品行好，心地光明又大善。上天之命真伟大，殷商子孙繁衍多。殷商子孙数不完，数目岂止有万万。上帝已经下命令，殷商称臣服周邦。

对周称臣服周邦，天命无常不可违。殷商群臣多聪敏，齐聚周京祭周王。他们纷纷行灌礼，照穿黼裳戴殷冠。成王所冈诸贤臣，祖先功德记心间。

祖先功德记心间，继承其德祖业传。常顺天命不可违，要求幸福靠自强。殷商未失民众时，能应天命民不反。殷之兴亡应借鉴，国运永远不易主。

国命永昌实在难，切勿不要自绝天。发扬光大好名声，毁之兴亡实由天。上天之事不可测，没有声息无法猜。老老实实学文王，万国诸侯都敬仰。

◎大　明◎

【原文】

明明在下①，赫赫在上②。天难忱斯③，不易维王。天位殷适④，使不挟四方。

挚仲氏任⑤，自彼殷商。来嫁于周，曰嫔于京。乃及王季⑥，维德之行。大任有身，生此文王。

维此文王，小心翼翼。昭事上帝，聿怀多福。厥德不回，以受方国⑦。

天监在下⑧，有命既集。文王初载⑨，天作之合。在洽之阳⑩，在渭之涘⑪。文王嘉止⑫，大邦有子。

大邦有子，伣天之妹⑬。文定厥祥⑭，亲迎于渭。造舟为梁，不显其光！

有命自天，命此文王，于周于京。缵女维莘⑮，长子维行⑯，笃生武王。保右命尔，燮伐大商⑰。

殷商之旅，其会如林。矢于牧野⑱，维予侯兴，上帝临女⑲，无贰尔心！

牧野洋洋，檀车煌煌^⑳，驷骤彭彭^㉑。维师尚父^㉒，时维鹰扬。凉彼武王^㉓，肆伐大商^㉔，会朝清明^㉕。

【主旨讲解】

这首诗是周代的开国史诗。叙述王季和太任、文王和太姒成亲以及武王伐纣成功的事。这首诗与《公刘》《绵》《皇矣》《太王》等诗一起，构成《诗经·大雅》中的周代史诗系列。

【注解】

①明明：光明的样子。②赫赫：显盛的样子。③忱：通"谌"，相信，信任。④适：通"嫡"，即嫡子。殷嫡：指殷纣正。⑤挚：殷朝的一个附属国，在今河南省汝南一带。⑥王季：即太王之子，文王的父亲。⑦方国：周代对周边地区诸侯国的称呼。⑧监：监视。⑨初载：指文王即位的初年。⑩洽：河水名，在今陕西省合阳县西北。洽阳：在洽水的北边，即古莘国的所在地。⑪渭：渭水。⑫止：礼。⑬倪（qiàn）：好比的意思。妹：指少女。⑭文定：指定婚。⑮缵：美好的意思。⑯长子：指长女，即太姒。⑰燮：通"袭"，袭击。⑱矢：通"誓"，发誓。牧野：殷商的郊外地名。在今河南省淇县西南。⑲临：监视。⑳檀车：檀木做的车。㉑骤（yuán）：赤毛白肚的马。㉒师：太师，官名。尚父：周武王军师吕尚的尊称。㉓凉：辅助。㉔肆伐：进击。㉕会朝：一朝，一个早上。

【译文】

文王的贤明之德布四海，神灵显赫于天上。啊，天命实难揣度，国王更是不好当。上苍有意立那殷帝，却使他丢掉了天下。

挚国姓任的姑娘，从那遥远的殷商，嫁到我们周邦，说是嫁到周京城。她随王季成夫妇，专做好事有美名。太任有了身孕后，生下这个周文王。

就是这个周文王，行事小心又周全，知道如何敬天事神，招来幸福多又多。他的德行很纯正，各国归顺百姓仰戴。

上天察视人间事，天命有意于文王。文王即位开始时，上天赐给他新娘。新娘来自洽水北，在渭水的那一边，文王德行真正好，莘国有女真贤良。

周国有后是文王，上天赐下少女来，纳下聘礼定吉祥。文王亲迎渭水边。用船搭起桥梁来，大显光辉人人都高兴！

上天有命令，命令那周文王，在周国的京城建立邦家，莘国有女真好看，她是长女嫁文王，头胎生下周武王。天命保佑周武王，让他征伐殷商朝。

殷商军队遍山野，旗帜招展密如林，武王誓师于牧野，唯我周朝定兴盛。上帝日夜看着你，千万不可有二心！

牧野战场很宽广，檀木兵车亮堂堂。四四红马身强壮，三军统帅是尚父，似那雄鹰在飞翔。一心辅助周文王，大举兴兵伐殷商，一朝天下都清明。

大任有身，生此文王。

綯 ◎ 绵 ◎ 綯

【原文】

绵绵瓜瓞①。民之初生，自土沮漆②。古公亶父③，陶复陶穴，未有家室④。古公亶父，来朝走马⑤。率西水浒⑥，至于岐下。爰及姜女⑦，聿来胥宇⑧。周原膴膴，堇荼如饴⑨。爰始爰谋，爰契我龟⑩，曰止曰时⑪，筑室于兹。乃慰乃止⑫，乃左乃右，乃疆乃理⑬，乃宣乃亩⑭。自西徂东，周爰执事⑮。乃召司空，乃召司徒⑯，俾立室家⑰。其绳则直⑱，缩版以载⑲，作庙翼翼⑳。捄之陾陾㉑，度之薨薨㉒，筑之登登㉓，削屡冯冯㉔，百堵皆兴㉕，鼛鼓弗胜㉖。乃立皋门㉗，皋门有伉㉘。乃立应门，应门将将㉙。乃立冢土㉚，戎丑攸行㉛。肆不殄厥愠㉜，亦不陨厥问㉝。柞棫拔矣㉞，行道兑矣㉟。混夷駾矣㊱，维其喙矣！虞芮质厥成㊲，文王蹶厥生㊳。予曰有疏附，予曰有先后。予曰有奔奏㊴，予曰有御侮。

【主旨讲解】

这首诗也是周代的史诗。它写古公父率领周族迁至岐山周原，在那里封邦建国，为周族的进一步发展奠定了基础。

乃立应门，应门将将。

【注解】

①绵绵：连绵不绝的意思。瓞（dié）：小瓜。②土：亦作"杜"，水名。沮："徂"的借字，到达的意思。漆：也是水名，它与杜都是位于豳地（今陕西旬邑县西）的两条河流。③古公亶父：文王的祖父，初居豳地，后避戎狄之侵，迁居在岐山之下，定国号曰周。到武王伐纣定天下，迫尊他为太王。④家室：指房屋。⑤来朝：即第二天的早上。走马：驰马。⑥率：遵循。西：豳地之西。浒：水边，借指渭水的岸边。⑦姜女：古公父的妻子，姓姜，也称太姜。⑧胥：观察，视察。⑨堇（jǐn）：植物名，野生，味苦。饴：饴糖。⑩契：钻刻。龟：指占卜所用的龟甲。龟甲先要钻孔，然后用火来烤，依据龟甲的裂纹来判断占凶，并在其上面刻上卜辞。⑪止：居住。时：也是居住的意思。⑫慰：安居的意思。⑬疆：指划定田地的边界。⑭宣：指用农具开垦土地并松土。⑮执事：开展工作。⑯司空：掌管工程的官员。司徒：掌管土地与调配劳力的官员。⑰俾：使。⑱绳：即用绳墨来正地基，平水准，从事工程建设。⑲缩版：直版。载：本指筑墙用的长版，借指为树立的意思。⑳翼翼：严正的意思。㉑捄（jiū）：将土铲进筐中。陾（réng）陾：铲土的声音。㉒度：指将土投在直版之内。薨薨：填土的声音。㉓筑：捣土使墙坚实。登登：捣土声。㉔屡：指土墙隆起的地方。削屡：将土墙隆起的地方削平。冯冯：刮土墙的声音。㉕百堵：指许多墙面。㉖鼛（gāo）鼓：大鼓名。长一丈二尺。弗胜：指大鼓的声音反而压不过劳动的号子声。㉗皋：指王城的城门。皋门：即城门。㉘有伉：即伉伉，形容城门高大的样子。㉙将将：庄严堂皇的样子。㉚冢：大。冢土：大社。㉛戎：大。丑：众。戎丑：指大众。㉜殄（tiǎn）：杜绝，消灭。厥：其，指狄人。㉝陨：坠落。厥：指周文王。问：声誉。㉞柞：柞树，灌木类，丛生有刺。棫（yù）：丛生小木，也有刺。㉟兑：畅通。㊱混夷：亦作"昆夷"，古代西部边地的少数民族。駾（tuì）：受惊奔逃。㊲虞、芮：当时的两个国名。虞在山西省平陆县东北，芮在山西省芮埔县西面。㊳蹶：这里指感动的意思。㊴奔奏：指奔走效力的臣下。

【译文】

　　木瓜小瓜藤蔓相连，周人最初兴起时，从那杜水来到漆水。文王的祖父古公父，挖洞筑窖来居住？没有房屋与宫殿。文王祖父古公父，清早走马向外行。沿着齵西渭水岸。来到岐山山脚下。他带着妻子太姜，细细观察那建宫殿的地基。周原肥沃地宽广，早芹苦菜甜如糖。认真规划细商量，于是钻刻占龟卜。神说此处可居住，就在这里建住所。于是安心住这块，众人安排在左右。又划疆界又理田，又耕土地又治垄。从西到东一大片，人人干活都卖力。于是司空管工程，司徒掌管那土地，如何建家造住房。施工绳墨长又直，束好夹版筑墙壁，建成宗庙多严正。用筐噌噌来装土，填土夹版轰轰响，筑土登登声音响。百堵高墙都筑起，声势胜过大鼓响。王朝郭门已建起，王都城门多高大。建起宫殿大正门，正门庄严多辉煌。筑起土堆立社坛，大众前往去祭祀。对敌仇恨犹未消，邻国聘问也不停。柞树白桵都剪除，往来道路已通行。昆夷受惊狼狈逃，气喘吁吁多疲困。虞芮争田事已平，文王感化其本性。我有贤臣团结人，我有奔走效力的良臣，更有那杀敌御侮的武将。

◎生　民◎

【原文】

　　厥初生民[1]，时维姜嫄[2]。生民如何？克禋克祀[3]。以弗无子[4]，履帝武敏歆[5]，攸介攸止[6]。载震载夙[7]，载生载育，时维后稷。

　　诞弥厥月[8]，先生如达[9]。不坼不副[10]，无菑无害[11]，以赫厥灵[12]，上帝不宁[13]。不康禋祀，居然生子。

　　诞寘之隘巷[14]，牛羊腓字之[15]。诞寘之平林，会伐平林[16]。诞寘之寒冰，鸟覆翼之[17]。鸟乃去矣，后稷呱矣[18]。实覃实訏[19]，厥声载路[20]。

　　诞实匍匐[21]，克岐克嶷[22]，以就口食[23]。艺之荏菽[24]，荏菽旆旆[25]。禾役穟穟[26]。麻麦幪幪[27]，瓜瓞唪唪[28]。

　　诞后稷之穑，有相之道[29]。茀厥丰草[30]，种之黄茂[31]。实方实苞[32]，实种实褎[33]，实发实秀[34]，实坚实好[35]，实颖实栗[36]，即有邰家室[37]。

　　诞降嘉种[38]，维秬维秠[39]，维穈维芑[40]，恒之秬秠[41]。是获是亩[42]，恒之穈芑。是任是负，以归肇祀。

　　诞我祀如何？或舂或揄[43]，或簸或蹂[44]。释之叟叟[45]，烝之浮浮[46]。载谋载惟[47]，取萧祭脂[48]。取羝以軷[49]，载燔载烈[50]，以兴嗣岁[51]。

　　卬盛于豆[52]，于豆于登[53]。其香始升，上帝居歆[54]，胡臭亶时[55]，后稷肇祀。庶无罪悔[56]，以迄于今。

【主旨讲解】

　　这是一首歌颂周人始祖后稷的史诗。诗中叙述

实覃实訏，厥声载路。

了后稷的诞生和成长的过程，赞美他带领族人从事农艺，对农业作出了伟大的贡献。这首诗对了解中国最早的农业起源具有重要的意义。

【注解】

①厥：其。民：人，此指周人。②时：是。姜嫄：传说中后稷之母。③禋（yīn）：据高亨《诗经今注》："一种野祭，用火烧牲，使烟气上冲于天。"祀：指一般祭祀。④弗：假借为"祓"，以祭祀除去灾难。⑤履：践踏。武：足迹。敏：通"拇"，脚的大拇指。传说姜嫄脚踩巨人足迹之大拇指而怀孕。歆：欣喜。⑥攸：乃。介：独。止：休息。⑦震：通"娠"，怀孕。夙：慎重。⑧诞：发语词。弥：满。⑨先：头胎。⑩坼：裂。副（pì）：破裂。⑪菑：同"灾"。⑫赫：显示。⑬宁：康。⑭隘：狭。⑮腓：假借为"庇"，护。字：养育，指给……奶吃。⑯会：值，碰上。⑰覆：盖。覆翼：以翅膀盖之。⑱呱（gū）：小儿哭声。⑲实：语助词。覃：长。讦（xū）：大。⑳载：充满。㉑匍匐：爬行。㉒岐："跂"之假借字，踮起脚跟。嶷："仡"的假借字，站得稳定。㉓以就口食：自己寻找食物吃。㉔艺：种植。荏（rèn）菽（shū）：大豆。㉕旆旆：勃勃，茂盛貌。㉖穟穟（suì）：禾苗美好貌。㉗幪幪：茂盛。㉘瓞：小瓜。唪唪（běng）：果实累累。㉙相：助。道：方法。㉚茀：治，此指除草。㉛黄茂：泛指五谷。一说指嘉谷。㉜苞：花未开时包着花骨朵的变态叶。㉝种：指苗初出时矮小稀疏。褎（yòu）：禾苗高大而繁盛。㉞发：禾苗舒展开来，此指拔节。秀：秀穗。㉟坚、好：均指谷物籽粒成熟坚硬。㊱颖：指穗芒。㊲即：来到。㊳降：指上天降下良种。㊴秬（jù）：黑黍。秠（pī）：一壳二米黍。㊵穈（mén）：赤茎粟。芑（qǐ）：白茎粟。㊶恒（gěn）：通"亘"，满。㊷获：收割。亩：堆在田中。㊸舂：舂米。揄：从石臼中把米舀出来。㊹蹂：即"揉"，簸米时揉搓掉麸脱的米壳。㊺释：淘米。叟叟：淘米之声。㊻烝：同"蒸"。浮浮：热汽蒸腾的样子。㊼谋：商量。惟：考虑。㊽萧：香蒿。脂：牛油。祭祀时香篙上加牛油，香气远闻。㊾羝（dī）：公羊。軷（bó）：祭路神。㊿燔（fán）：烧。烈：烤。(51)嗣岁：来年。(52)卬：我，周人自指。豆：木豆，一种食器。(53)登：瓦登，瓦制食器。(54)居：语助词。歆：享受。(55)臭：香。亶：诚实。时：好。(56)庶：幸。

诞后稷之穑，有相之道。

【译文】

诞育周人的祖先，原是那个姜姆。如何生下周族人？祭祀敬奉那苍天。乞求生子后代昌，履帝足迹很欣然，神灵保佑赐吉祥。有了身孕行端庄，生下儿子细心养，周人始祖叫后稷。

怀孕足月数已满，头胎生下是肉蛋。胞衣不开又不裂，降牛无灾也无难。显出灵异不寻常，上帝原来心不定。姜嫄心慌祭祀忙，结果居然生儿男。

将它丢在小巷中，牛羊爱护来喂养。将它丢在大树林，正巧遇上砍柴人。将它丢在寒冰上，鸟翼盖在它身上。鸟儿飞去离开它，后稷啼哭声哇哇。哭声不止嗓门大，充满道路人惊诧。

后稷起初学爬行，既很聪明又乖巧，自觅食物以活命。种植大豆在最先，长势喜人密如林，谷穗饱满沉甸甸。麻麦茂密一片片，大瓜小瓜堆如山。

后稷种地种得好，他有生产

好门道。根除茂密的杂草，种上嘉谷播得早。开始出芽渐含苞，初生稀疏渐拔高，苗儿拔节已秀穗，籽粒坚实成色好，谷穗饱满笑弯腰，定居有邰乐陶陶。

后稷播下好谷物，是那秬秠和糜黍，还有赤粟和白粟，遍地种秬又种秠。收割完毕置田亩，漫地都是红白粟。用肩扛来用背负，运回家中祭先祖。

说起祭祀怎么样？有春有舀分外忙，或簸或揉除秕糠。淘米之声叟叟响，蒸出米饭喷喷香。祭祀大事共商量，取来香蒿烧油脂，祭路宰杀肥公羊，又烧又烤香气飘，祈求明年更兴旺。

我用木豆盛祭品，装满木豆登瓦登。祭品香气向上升，上帝来闻很高兴。芬芳之气到处漂，后稷始行祭天礼。没有过错无悔恨，直至流传到如今。

◎公　刘◎

【原文】

笃公刘①！匪居匪康。迺场迺疆②，迺积迺仓。迺裹餱粮③，于橐于囊④，思辑用光。弓矢斯张，干戈戚扬⑤，爰方启行。

笃公刘！于胥斯原。既庶既繁，既顺迺宣⑥，而无永叹。陟则在巘⑦，复降在原。何以舟之？维玉及瑶，鞞琫容刀⑧。

笃公刘！逝彼百泉，瞻彼溥原。乃陟南冈，乃觏于京。京师之野，于时处处，于时庐旅⑨，于时言言，于时语语⑩。

笃公刘！于京斯依。跄跄济济，俾筵俾几⑪。既登乃依，乃造其曹⑫，执豕于牢，酌之用匏⑬。食之饮之，君之宗之。

笃公刘！既溥既长。既景乃冈⑭，相其阴阳，观其流泉。其军三单⑮，度其隰原，彻田为粮⑯。度其夕阳，豳居允荒。

笃公刘！于豳斯馆。涉渭为乱，取厉取锻⑰。止基乃理⑱，爰众爰有。夹其皇涧，溯其过涧⑲。止旅乃密，芮鞫之即⑳。

迺裹糇粮，于橐于囊，思辑用光。

【主旨讲解】

这是一支拓荒者的赞歌。记叙了古代部族一个名叫公刘的首领带领人民迁往异地、初步定居，并开展了农业生产的故事。诗篇内容繁富，形象栩然，每章均以"笃公刘"抒情开始，接着转入叙事，结合巧妙。

【注解】

①笃：忠实厚道。公刘：后稷的三世孙。②场（yì）：田地的小界。疆：田地的大界。③餱（hóu）：本作"糇"，干粮。④橐（tuó）：无底的口袋。囊：有底的口袋。⑤干：盾牌。戚：长柄的斧。扬：长柄大斧。⑥宣：畅，心情舒畅。⑦巘（yǎn）：与大山相离的小山。⑧鞞（bǐ）：刀鞘。琫（běng）：刀鞘上口之饰。⑨庐旅：寄居或暂居。⑩语语：形容人们笑语不休之貌。⑪筵：就席，就座。几：凭靠几案。⑫造：排座次。曹：群、辈，指群臣宾客。⑬匏（páo）：本指葫芦。此指酒器。⑭景："影"的古体。此处作动词，指根据日影以测定方位。⑮三单：分成三批轮流服

役。⑯彻田：垦田、种田。⑰厉：同"砺"，较粗较硬的磨石。锻：质地坚硬的一种砧石。⑱止基：居住的基址。⑲过涧：水名。⑳芮（ruì）：水流边岸弯曲处。鞫（jū）：水边向外凸出处。

【译文】

　　诚实厚道的公刘啊，日夜辛劳不得安居享乐。划分田界，整理土地，粮食成堆装满仓。包裹好了干粮，装满口袋和大囊，百姓和睦国增光。张弓带箭齐武装，盾戈斧钺拿在手，开始动身向前方。

　　诚实厚道的公刘啊，前往原野忙视察。人口兴旺，物产丰富，人人心舒畅，谁也不会叹气把心伤。他登山冈，走平原。佩带的饰物也辉煌，美玉和宝石，玉饰的鞘刀真漂亮。

止基乃理，爰众爰有。

　　诚实厚道的公刘啊，来到众多泉水旁，眺望平原宽又广。登上南边的山冈，看见京师沃野好地方。京师辽阔天地宽，可在这里把家安，或是到此来寄居。你一语，我一言，谈笑风生尽开颜。

　　诚实厚道的公刘啊，定居京师好生活。众宾济济有威仪，又铺筵，又设几，宾主依次坐宴席，尊卑有序合礼仪。捉猪在圈做佳肴，拿出大瓢斟满酒。和他饮来供他尝，共拜公刘做宗主。

　　诚实厚道的公刘啊，开拓疆土广又长，测月影登高冈，察看山南和山北，研究水源和流向。军队三分来驻防，测量湿地和平原，开垦田亩来种粮。又去测量西山冈，豳地真是宽又广。

　　诚实厚道的公刘啊，建筑宫室在豳地。渡过渭水采石头，取完砺石取锻石。定居下来整土地，民众多，财物足。皇涧两岸建房屋，面向过涧边。移民来定居，安居又乐业，河岸两边好去处。

◎ 荡 ◎

【原文】

　　荡荡上帝，下民之辟①。疾威上帝，其命多辟。天生烝民，其命匪谌②。靡不有初，鲜克有终。

　　文王曰咨，咨女殷商！曾是强御③，曾是掊克④。曾是在位，曾是在服。天降慆德，女兴是力。

　　文王曰咨，咨女殷商！而秉义类⑤，强御多怼⑥。流言以对，寇攘式内⑦。侯作侯祝⑧，靡届靡究⑨。

　　文王曰咨，咨女殷商！女炰烋于中国⑩，敛怨以为德。不明尔德，时无背无侧⑪。尔德不明，以无陪无卿。

　　文王曰咨，咨女殷商！天不湎尔以酒，不义从式。既愆尔止⑫，靡明靡晦。式号式呼，俾昼作夜。

　　文王曰咨，咨女殷商！如蜩如螗⑬，如沸如羹。小大近丧⑭，人尚乎由行。内奰于中国⑮，覃及鬼方⑯。

　　文王曰咨，咨女殷商！匪上帝不时，殷不用旧。虽无老成人，尚有典型⑰。曾是莫听，大命以倾。

文王曰咨，咨女殷商！人亦有言，颠沛之揭^⑱，枝叶未有害，本实先拨^⑲。殷鉴不远，在夏后之世^⑳。

【主旨讲解】

这是一篇借古讽今诗。诗人通过假托古代明君周文王慨叹殷纣王无道，来讽刺当政者荒淫昏庸、刚愎自用，导致民怨沸腾，社会动荡，希望君王能以史为鉴，亡羊补牢。诗篇气韵沉稳，抒情激昂，笔力遒劲。

【注解】

①辟（bì）：君王。②匪谌（chén）：不可信。③强御：强暴。④掊克：暴敛贪狠。⑤义类：邪曲之事。⑥怼（duì）：怨恨。⑦寇攘：寇盗攘窃。⑧作：古"诅"字。祝：通"咒"。⑨届：至，引申为"极"。⑩炰（páo）然（xiāo）：即咆哮。⑪时：是。背：后。侧：旁边。背侧：君主左右两旁的近侍。⑫愆（qiān）：罪咎，过失。止：威仪容止。⑬蜩（tiáo）：蝉。螗（táng）：蝉。⑭丧：丧亡，亡失。⑮奰（bì）：怒。⑯覃（tán）：延，扩大。鬼方：远方之国的通称。⑰典刑：先王传留的旧法常规。⑱颠沛：倒伏。揭：举起，树根翘出地面。⑲拨：败坏，断绝。⑳夏后：夏桀。

【译文】

骄纵放荡的上帝啊，却是下民的君王。暴虐贪婪的上帝啊，政令邪僻不正常。天生芸芸众百姓，天命荒唐不可信。开始都能有善行，很少有能保持始终。

文王叹息道：你这殷商的末代君王！怎能这样逞强，怎能这样的暴敛、贪赃。你竟是这样在高位，竟是这样掌大权。上天降下这些邪恶臣，助长国王来作恶。

文王叹息道：你这殷商的末代君王！你若任用正义人，强梁之辈心怏怏。流言蜚语满国内，盗寇窃贼祸朝纲。诅咒朝廷害贤良，好人全都遭祸殃。

文王叹息道：你这殷商的末代君王！你跋扈横行于国中，却将坏人当好人。不能辨明好和坏，奸臣叛臣结成邦。你真糊涂啊，不知公卿谁能当。

文王叹息道：你这殷商的末代君王！老天没叫你贪酒杯，也没叫你干坏事。你威仪容止全失态，没日没夜饮酒浆。狂呼乱叫不像样，日夜颠倒国事荒。

文王叹息道：你这殷商的末代君王！朝政昏乱如蝉儿在乱叫，怨声载道似沸汤。大小政事全搞乱，你却一意孤行还那样。国内民众怒气升，愤怒之火燃向远方。

文王叹息道：你这殷商的末代君王！不是上帝心不好，是你不遵循旧法

靡不有初，鲜克有终。

章。虽无德高望重老臣，还有法度可遵循。先王话你也听不进，国运怎能不衰亡。

文王叹息道：你这殷商的末代君王！人们也曾这样讲：大树倾倒根子出，枝叶暂时未受伤，树根已坏命难长。殷商的借鉴并不远，看那夏桀怎样遭灭亡。

◎ 抑 ◎

斯言之玷，不可为也。

【原文】

抑抑威仪①，维德之隅。人亦有言，靡哲不愚②。庶人之愚，亦职维疾③。哲人之愚，亦维斯戾④。

无竞维人，四方其训之⑤。有觉德行，四国顺之。訏谟定命⑥，远犹辰告。敬慎威仪，维民之则。

其在于今，兴迷乱于政。颠覆厥德，荒湛于酒⑦。女虽湛乐从，弗念厥绍⑧。罔敷求先王⑨，克共明刑⑩。

肆皇天弗尚⑪，如彼泉流，无沦胥以亡⑫。夙兴夜寐，洒扫庭内，维民之章。修尔车马，弓矢戎兵。用戒戎作，用逷蛮方⑬。

质尔人民，谨尔侯度，用戒不虞⑭。慎尔出话，敬尔威仪，无不柔嘉⑮。白圭之玷⑯，尚可磨也。斯言之玷，不可为也。

【主旨讲解】

这是一篇讽谏诗。新君王即位后，沉迷于酒乐之中，德行沦丧，不思进取。一位德高望重的老臣因此作了此诗，对他进行讽谏教导。诗篇纯用赋法，词汇丰富，说理透彻。

【注解】

①抑抑：严密，严正。②哲：智，才智出众、识见过人的大智者。③职：主，专。疾：毛病，缺点。④戾：罪。⑤训：犹"顺"，服从。⑥訏（xū）：大，广大。谟：谋略，规划。⑦荒湛（dān）：沉湎。⑧念：思。绍：继承。⑨罔：无，不。敷：广。先王：先王治国之道。⑩共：执行。明刑：明法。⑪尚：保佑。⑫沦胥：相率。⑬逷（tì）：治，除。⑭不虞：不测，出乎意料。⑮柔嘉：安善。⑯玷（diàn）：白玉上的斑点。

【译文】

端庄美好威仪，内在品德相配。人们这样说：大智若愚。凡人的愚昧，因他本身有缺陷。哲人看似愚昧，是在愚中含有善意。

求得贤才来治理，四方诸侯都服从。品德端正光明，四方之国都顺从。大政方针，长远国策，告谕群臣。一举一动要谨慎，人民以你为榜样。

如今之世，国政昏乱。你的德行崩溃，沉湎在酒中。只知逸乐放纵，不把先王遗训继承。不广求先王之道，怎能明法执行？

所以皇天也不保佑你，犹如泉水空自流，君臣相率隋落到尽头。勤政应早起晚睡，洒扫里外厅堂，做民众的表率。修整你的车马，修理你的弓箭武器。戒备战争，用来讨伐远方。

取信于民，谨守法度，以防不测发生。说话要慎重，威仪要恭敬，这就处处和善安宁。白玉上面的污点，还可将它磨去。言语若有过失，再也不能挽回它。

【原文】

无易由言，无曰苟矣①。莫扪朕舌②，言不可逝矣！无言不雠③，无德不报。惠于朋友，庶民小子。子孙绳绳④，万民靡不承。

视尔友君子，辑柔尔颜，不遐有愆⑤。相在尔室，尚不愧于屋漏。无曰不显，莫予云觏。神之格思⑥，不可度思，矧可射思⑦。

辟尔为德，俾臧俾嘉。淑慎尔止，不愆于仪。不僭不贼⑧，鲜不为则。投我以桃，报之以李。彼童而角⑨，实虹小子⑩。

荏染柔木，言缗之丝⑪。温温恭人，维德之基。其维哲人，告之话言，顺德之行。其维愚人，覆谓我僭⑫，民各有心。

于乎小子。未知臧否。匪手携之，言示之事。匪面命之，言提其耳⑬。借曰未知，亦既抱子。民之靡盈，谁夙知而莫成？

昊天孔昭，我生靡乐。视尔梦梦，我心惨惨。诲尔谆谆⑭，听我藐藐⑮。匪用为教，覆用为虐⑯。借曰未知，亦聿既耄。

于乎小子。告尔旧止。听用我谋，庶无大悔。天方艰难，曰丧厥国。取譬不远，昊天不忒。回遹其德⑰，俾民大棘⑱。

【注解】

①苟：苟且，随便。②扪（mén）：执持，抚持。③雠：答对，应答。④绳绳：连接不断。⑤遐：何。⑥格：至。思：语助词。⑦矧（shěn）：况且。射（yì）：厌倦。⑧僭（jiàn）：差错。贼：残害。⑨童：无角的羊。⑩虹：通"讧"，溃乱。⑪缗（mín）：被，施。丝：琴瑟的丝弦。⑫覆：反。⑬提耳：提着耳朵恳切教诲。⑭谆谆（zhūn）：诲人不倦貌。⑮藐藐：忽略，不以为然。⑯虐：戏谑。⑰回：邪。遹（yù）：邪僻。⑱棘：通"急"，紧急，引申为灾难。

【译文】

不要信口说话，不要苟且应付。没有人将自己舌头按住，一言已出难以追回。出言总会有回应，施德总能有回报。对朋友要有好处，把关爱施及到百姓。子子孙孙慎守祖训，人民没有不顺从。

看你的朋友君子，和颜悦色，彬彬有礼，就不会有什么过失。看你独处室中，做事无愧神明。休道暗室不明显，没人能够看得见。神明无处不在啊，不能够揣度，怎能倦怠不恭敬呢。

修明你的德行，使它尽善

诲尔谆谆，听我藐藐。

又尽美。慎重你的举止，不要有失威仪。不犯过错不伤人，人们就会仿效你。人家赠我鲜桃呀，我用李子来回敬。胡说秃羊头上生了角，是小人自己在作乱。

木料柔韧真是好，可以用来安弓弦。温和谨慎谦恭人，正是美德好根基。他若是个明智人，告诉他古人的善言，遵循道德去实行。他若是个愚蠢人，反而说我错了，真是人心不同啊。

可叹啊年轻人，不知善与恶。不但用手提携你，还把事理讲明白。不仅当面教育你，还拎他耳朵来提醒。假若说你不懂事，可是你已抱儿子。谁能没有缺点，谁会早慧而晚成？

明察的老天呀，我活着也没有快乐。看你昏昏如梦，我心苦恼不已。耐心教导你，你却听不进。不知教你为你好，反而拿它开玩笑。如果说你不懂事，七八十年已老。

可叹啊年轻人，告诉你先王旧章。你若听我的道理，不致有太大悔恨。时势正艰难，你的国家将灭亡。我取比方近眼前，老天做事不会误。如果邪僻不正，人民会遭大难！

颂·周颂

《周颂》是周王朝在宗庙里进行祭祀时所奏的乐歌，内容大都是歌颂周代先王的功德与业绩的，共有31章。朱熹认为其多为周公所定，也有康王以后所用的诗。

◎清　庙◎

【原文】

于穆清庙①，肃雍显相②。济济多士③，秉文之德④。对越在天⑤，骏奔走在庙⑥。不显不承⑦，无射于人斯⑧！

【主旨讲解】

这首诗是歌颂周文王功德的诗。内容颂扬了文王的高尚品德与辉煌业绩，号召后人遵循文王的德教。

【注解】

①于（wū）：叹词。穆：深远。清：肃穆清静。②肃：肃静。雍：和。显：显赫。相：助祭之人。③济济：威仪整齐。④秉：持。⑤对越：对扬。对，报答。扬，颂扬。在天：指先王在天之灵。⑥骏：迅速。⑦显：通"丕"，大也。承：继承。⑧射（yì）：厌足。

【译文】

多么庄严肃穆的清庙，助祭端庄又和平。威仪整齐的众多祭者，文王德行要谨遵。报答先王在天之灵，迅急奔走在清庙之中。先祖之德继承光大，世世代代敬养供奉。

◎维天之命◎

【原文】

维天之命①，于穆不已②。于乎不显③，文王之德之纯④！假以溢我⑤，我其收之⑥。骏惠我文王⑦，曾孙笃之⑧。

【主旨讲解】

这也是一首歌颂周文王的诗。诗中赞颂文王的品德优良，可与上天比美，并号召后代努力遵守。

【注解】

①维：思。或为发语词，无义。②穆：美。不已：不止。③于乎：即"呜呼"，赞叹词。不：通"丕"，大。显：显耀，显明。④纯：大。⑤假：高亨《诗经今注》："假，借为胡，何也。溢，借为恤。"此句是问文王之神。⑥收：受。⑦骏：大。惠：顺。⑧曾孙：指后世子孙。笃：厚。

【译文】

天道在默默运行，庄严肃然不停息。多么显耀多光明，文王之德光明纯正。仁政使我得安宁，承受文王之德行。遵顺文王的意旨，后世子孙要力行。

颂·鲁颂

《鲁颂》共有4篇,作于春秋时期,是歌颂鲁僖公的。鲁僖公是一位鲁国较有作为的国君,"能遵伯禽之法",曾随齐国伐楚,征淮夷,故此4篇为颂僖公而作。

◎ 駉 ◎

【原文】

　　駉駉牡马①,在坰之野。薄言駉者②,有骓有皇③,有骊有黄④,以车彭彭⑤。思无疆⑥,思马斯臧⑦!駉駉牡马,在坰之野。薄言駉者,有骓有駓⑧,有骍有骐⑨,以车伾伾⑩。思无期⑪,思马斯才⑫!駉駉牡马,在坰之野。薄言駉者,有驒有骆⑬,有骝有雒⑭,以车绎绎⑮。思无斁⑯,思马斯作!駉駉牡马,在坰之野。薄言駉者,有骃有騢⑰,有驔有鱼⑱,以车祛祛⑲。思无邪,思马斯徂!

【主旨讲解】

　　这是一篇借马咏人诗。诗人通过如数家珍地列举和赞美了国君养育的马种类众多、毛色斑斓、膘肥体壮以及风驰电掣,来表达对国君功绩的颂扬。诗篇脉络分明,状物精工,名词琳琅。

【注解】

①駉駉(jiōng):马肥壮的样子。②薄言:语助词。③皇(yù):即白胯的黑马。皇:《毛传》:"黄白曰皇。"马瑞辰《通释》谓皇是黄马兼有其他颜色之称。④骊:纯黑的马。⑤以车:用以驾车。彭彭:车马奔腾声。⑥思:语词。无疆:无边无际。⑦臧:好。⑧駓(zhuī):《毛传》:"苍白杂毛曰骓。"苍为老青色,骓即后世所谓菊花青。駓(pī):《毛传》:"黄白杂毛曰駓。"即后世所谓黄膘马。⑨骍(xīn):《毛传》:"赤黄曰骍。"骐(qí):黑白相间的马。⑩伾伾(pī):《毛传》:"有力也。"⑪无期:即无算、无数。⑫才:有能力。⑬驒(tuó):青黑色而有白鳞花纹的马。⑭骝(liú):赤身黑鬣的马。雒:黑身白鬣的马。⑮绎绎:《毛传》:"善走也。"⑯斁:厌倦。⑰骃(yīn):《毛传》:"阴白杂毛曰骃。"阴白即暗白、灰白。騢(xiá):《毛传》:"彤白杂毛曰騢。"彤白略似粉白。⑱驔(diàn):黑色黄脊的马。鱼:《毛传》:"二目白曰鱼。"据马瑞辰《通释》,二目白即二目上有白毛。⑲祛祛(qū):《毛传》:"强健也。"

【译文】

　　高大肥壮的雄马,放牧在辽阔的远郊。且说这些良马,又有骓啊又有皇。骊马黑色相间黄色,驾起车子身大力强。愿鲁公的马多得无限量,个个马儿好健壮。高大肥壮的雄马,放牧在辽阔的远郊。且说这些良马,有菊花青的骓,又有黄白色的駓。有赤黄色的骍,又有黑白相间的骐。驾起车来都有力啊!鲁公不倦深思考。马儿撒欢腾身跃。高大肥壮的雄马,放牧在辽阔的远郊,且说这些良马,有黑纹的驒、有白色的骆,有赤色的骝、有黑身的雒。驾起车来奔驰如飞啊!愿鲁公的马数不胜数,每匹都驯良好御。高大肥壮的雄马,放牧在辽阔的远郊。且说这些良马,有灰白的骃、有粉白的騢,有长毛的驔、有白眉的鱼。身高体壮把车套,鲁公思虑是正道,马儿骏美能远跑。

颂·商颂

宋国是商朝的后代，因其祖先曾为天子，所以祭祀时也存有《颂》体的庙乐。《诗经》在编纂时，宋国的庙乐已有很多亡佚，存留的部分录于《诗经》，是为《商颂》，共5首。

◎ 那 ◎

【原文】

猗与那与①！置我鞉鼓②。奏鼓简简③，衎我烈祖④。汤孙奏假⑤，绥我思成⑥。鞉鼓渊渊⑦，嘒嘒管声⑧。既和且平，依我磬声⑨。于赫汤孙⑩，穆穆厥声⑪。庸鼓有斁⑫，万舞有奕⑬。我有嘉客⑭，亦不夷怿⑮。自古在昔，先民有作。温恭朝夕⑯，执事有恪⑰。顾予烝尝⑱，汤孙之将⑲。

【主旨讲解】

这是一首宋君祭祀殷代祖先的乐歌，它描写了祭祀时演奏音乐时的盛况。

【注解】

①猗（ē）、那（nuó）：形容乐队美盛的样子。与：通"欤"，赞叹词。②置：架。鞉（táo）鼓：一种摇鼓，似今之拨浪鼓。用它表示奏乐开始或终了。③鼓：指大鼓。简简：鼓声。④衎（kàn）：欢乐。烈祖：即列祖，指成汤。⑤汤孙：成汤的子孙。奏：进。假：致祭者致神的意思。⑥绥：安享之意。⑦渊渊：鼓声。⑧嘒嘒：吹管的声音。

我有嘉客，亦不夷怿。

管：用大竹制成的一种吹奏乐器。⑨磬：玉制打击乐器。古乐队以磬声止众乐。⑩于（wū）：感叹词。赫：显赫盛大的样子。⑪穆穆：美好的样子。厥：其。声：指音乐。⑫庸：通"镛"。大钟。有斁（yì）：形容乐器声音大。⑬万舞：舞名。有奕：即奕奕，形容舞蹈场面盛大的样子。⑭嘉客：指宋的同姓附庸小国都来助祭。⑮夷：通"怡"。夷怿：喜悦。⑯温恭：温文恭敬的样子。⑰执事：指管理祀食物资器具的人员。有恪（kè）：恭敬的样子。⑱顾：光顾。予：宋襄公自称。烝尝：冬祭曰烝，秋祭曰尝。⑲将：奉献。

【译文】

多美盛啊那乐队，架起我的拨浪鼓。击鼓咚咚响，娱悦我先祖。汤孙奏乐告神明，保佑我安享那太平。拨浪鼓声响，竹管传新声。曲调调谐又和平，击磬声更悠扬。赫赫有名成汤孙，奏起乐曲真动听。铿锵钟鼓鸣，乐舞场面欢。我有嘉宾来助祭，无不欢乐喜盈盈。我祖遥远古代时，早把祭礼来制定。早晚温和又恭敬，小心处处来做事。秋冬两祭神来享，汤孙至诚献衷情。

◎玄　鸟◎

【原文】

天命玄鸟①，降而生商，宅殷土芒芒②。古帝命武汤③，正域彼四方④。方命厥后⑤，奄有九有⑥。商之先后，受命不殆⑦，在武丁孙子。武丁孙子，武王靡不胜。龙旗十乘⑧，大糦是承⑨。邦畿千里⑩，维民所止⑪，肇域彼四海⑫。四海来假⑬，来假祁祁⑭。景员维河⑮，殷受命咸宜，百禄是何⑯！

【主旨讲解】

这是一支祭祖歌。在盛大的拜祀典礼上，古代商朝子孙们怀着敬畏之心，追述了始祖契诞生的传说，以及成汤立国、武丁中兴的伟大业绩，表达自豪和感念深情。诗篇叙述简练，主次分明，历史记录和神话因素互相融合，想象灵动。

【注解】

①玄鸟：燕子。②宅：居。芒芒：广大。③古帝：犹上帝。④正：治理。域：封疆。⑤方：古通"旁"，广，普遍。⑥奄有：尽有。九有：即九州。⑦殆："怠"之假，懈怠。⑧十乘：此指兵车十辆。⑨糦：同"饎"，指酒食，祭祀用的供品。⑩邦畿：犹封畿。⑪止：居住。⑫肇：开始。⑬假（gé）：通"格"，至，来朝。⑭祁祁：众多貌。⑮景：大。员：周围。维：围绕。⑯何：通"荷"，承受。

龙旗十乘，大糦是承。

【译文】

上天命令神燕，降生下了契来做商王，住在殷这块广大的土地之上。古时候上帝命成汤，治理天下，征服四方。遍告天下诸侯，商朝全部拥有九州之广。商的先王接受了天命勤政不息，武丁子孙继承大业保兴旺。成汤更是好君主，十辆马车龙旗扬，酒食丰盛祭先祖。上千里的辽阔的国土啊！是人民安居乐业的好地方。封疆达四海，四海诸侯络绎不绝朝见忙。高高的山原萦绕着黄河，殷商受之于天命万事吉祥，繁荣富强永无疆。

◎殷　武◎

【原文】

挞彼殷武①，奋伐荆楚②。深入其阻③，裒荆之旅④。有截其所⑤，汤孙之绪⑥。维女荆楚⑦，居国南乡⑧。昔有成汤：自彼氐羌⑨，莫敢不来享⑩，莫敢不来王⑪，曰商是常⑫！天命多辟⑬，设都于禹之绩⑭。岁事来辟⑮，勿予祸适⑯，稼穑匪解⑰。天命降监⑱，下民有严⑲。不僭不滥⑳，不敢怠遑㉑。命于下国㉒，封建厥福㉓，商邑翼翼㉔，四方之极㉕，赫赫厥声㉖，濯濯厥灵㉗。寿考且宁㉘，以保我后生㉙。陟彼景山㉚，松伯丸丸㉛。是断是迁㉜，方斫是虔㉝。松桷有梴㉞，旅楹有闲㉟，寝成孔安㊱。

【主旨讲解】

这首诗是宋人祭祀殷高宗武丁的乐歌。诗中歌颂了武丁中兴商朝、征伐荆楚的功业，赞扬了成汤的丰功伟绩。

【注解】

①挞：勇猛的样子。殷武：指殷王武丁。②荆楚：指楚国，楚国在鲁僖公前称荆。③阻：险要之地。④哀（póu）：聚，此指俘获。⑤截：整治不乱。⑥汤：指成汤。汤孙：指殷高宗武丁。绪：功业。⑦女：通"汝"。⑧南乡：如南方。乡：地乡。⑨氐（dī）羌：古代我国西部的两个民族，约在今陕西、甘肃、青海等省。⑩享：奉献。⑪王：指朝见殷王。⑫曰：用如"惟"，只。常：借为"尚"，尊崇。⑬多辟：众国君。辟：国君。⑭绩：借为"迹"。禹之绩：指禹治水所历之地，即九州之地。⑮岁事：每年的事。辟：指朝见君王。⑯予：给予。适：责罚。⑰稼穑：泛指农事。解：通"懈"。⑱降监：下察。监：视察。⑲严：肃敬。⑳僭：越礼。㉑怠：懒惰。遑：闲暇，指安闲。㉒下国：天下各国。㉓封：大。㉔邑：都邑。翼翼：整齐兴盛的样子。㉕极：准则，标准。㉖赫赫：显耀的样子。㉗灵：威灵。㉘寿考：长寿。㉙后生：后人。㉚景：大。㉛丸丸：高大挺直的样子。㉜迁：运。㉝方：方正。斫（zhuó）：用斧砍。虔：削。㉞桷（jué）：方形椽子。有梴（chān）：木材长。㉟旅：众多。楹：柱子。闲：大。㊱寝：寝庙，祭祖先的庙。

【译文】

殷王武丁真威武，振奋挥师去伐楚。深入敌人险阻地，俘获楚国的降虏。王师到处平治好，汤孙武丁功卓著。你们楚国蛮夷地，一直住在我南方。昔日我先祖成汤，即令氐羌蛮荒地，没人不敢来贡献，没人不敢来朝见，都将大商来尊尚。上天命令各国君，设都邑在禹所过处。每年大事来朝见，不把灾祸去惩罚，农事不可去松懈。上天在上察下方，下方人民多肃敬。不越礼来不妄为，不敢怠惰不敢闲。

挞彼殷武，奋伐荆楚。

天子命令我商国，扩大建立幸福基。大商都邑多兴盛，它是四方好榜样。商王武丁声名扬，他的威灵真显赫。既长寿来又康健，佑我大商后代人。登上那座大山岗，松柏高大又直挺。锯倒大树运下来，砍得方正削得平。松木椽子长又长，根根柱子多粗壮，寝庙建成神安宁。

第二卷

尚书

尚 书

《尚书》是中国最古的记言的历史。这里的"尚"是上古的意思，也有崇尚之意，这里的"书"是公文的意思，它的性质相当于后世的档案，不是泛指图书。

《尚书》又称《书》《书经》，是中国现存最早的史书。分为《虞书》《夏书》《商书》《周书》。战国时期总称《书》，汉代改称《尚书》，即"上古之书"。现存版本中真伪参半。一般认为《今文尚书》中《周书》的《牧誓》到《吕刑》十六篇是西周真实史料，《文侯之命》《费誓》和《秦誓》为春秋史料。所述内容较早的《尧典》《皋陶谟》《禹贡》是战国编写的古史资料。

《尚书》

时代 商至春秋时期

《尚书》保存了商、周特别是西周初期的一些重要史料，主要是虞、夏、商、周各代典、谟、训、诰、誓、命等文献，但虞、夏及商代部分的文献是根据传闻写成的，不太可靠。

内容 中国第一部上古历史文件

除了那些记录的文献之外，《尚书》还保留了当时的记言散文，其中有以人名为标题的，如《高宗肜日》《西伯戡黎》；还有以内容为标题的，如《洪范》《无逸》，也有叙事较多的，如《顾命》《尧典》，其中的《禹贡》，假托为夏禹治水的记录，但实为古地理志，与全书体例不一，应该是后人写的。

《尚书》的内容和体例

《尚书》的内容包含虞、夏、商、周四代。

《尚书》的体例可以分为六种，称为六体，即典、谟、训、诰、誓、命。

《尚书》的体例

典	谟	训	诰	誓	命
典：就是常法、常典。是指先王的政绩可以做为常法尊奉，大致相当于现代的成文宪法。如《尧典》《舜典》就是记载尧、舜的嘉言善政。	谟：就是谋略、计划。君有典，臣有谟，就是施政的方针计划。如《皋陶谟》就是大禹、皋陶、伯益向舜所进的嘉言善策。	训：说教、训戒的言辞，一般是贤良之臣训诫君主的。大致相当于现代的意见、建议书。如《伊训》《太甲》等篇。	诰：就是告知，使人晓喻，有告诫、慰勉之意。诰可以对民众、神祇、君王，也可以同官相诰。如《汤诰》《大诰》。	誓：条约、誓文，用以告诫民众、将士或约束敌人。如《甘誓》《汤誓》。	命：命令指君王对属下口发命令。如《微子之命》《王侯之命》《顾命》。《顾命》是成王将崩时，留下的遗命。

《尚书》的主要观点和价值

1.《尚书》记载了唐尧、虞舜、夏禹及皋陶、益稷四代圣贤君臣的嘉言懿行，成为中华民族品德文明的重要来源，为后世力求上进的人们修身、行事提供了理论基础和言行典范。

2.《尚书》记载了上古的历史资料，涉及周公摄政、成王即位、穆王改制等重要的历史事件、古代典制，还有上溯大禹治水、分述九州的古代地理，所以《尚书》成为治古代史的必读经典。

3.《尚书》中记载了古代的政教合一、神权政权合一及民间风俗的情况。《洪范》有箕子告诫武王"天锡禹洪范、九畴之事"，《酒诰》记载殷商酗酒，周代严刑的情况。

4.《尚书·大禹谟》中有"人心惟危，道心惟微，惟精惟一，允执厥中"的十六字富有哲理的箴言，成为宋代理学的重要思想基础。

《古文尚书》与《今文尚书》

今世所传的《尚书》，有很多残缺，这是因为它在流传中"多生变故"。《尚书》成书始于孔子，孔子把它当作了教授学生的"经典"。到了秦始皇的时候，烧天下诗书，还禁止民间私藏，许多书籍轻则残缺，重则散佚，《尚书》也难逃厄运。到西汉初年，朝廷解除书禁，号召人们向朝廷"献书"。这时，汉文帝听说山东有个九十多岁的老头，名叫伏生，私授《尚书》于齐鲁之间，于是派晁错向他请教。这位伏生本是秦博士，他在焚书令下达后，把《尚书》藏在家里墙壁中。伏生所藏的《尚书》是用"古文"，还是秦篆写的，现在已经不得而知。只知道他的弟子用隶书将他所授"尚书"整理并流传下来，共29篇，也就是后来的《今文尚书》。

到了汉景帝时候，鲁恭王在孔子旧宅的墙壁中得到"古文"经传数十篇，其中就包括《尚书》。鲁恭王本来是来拆孔子宅院、扩充自己宫殿的，这下发现了古文尚书，就停止拆房，还叫来孔门子弟孔安国，让他加以整理。安国整理完毕，得《尚书》45篇。到了武帝时，汉武帝刘彻将伏生所藏的《尚书》列为博士。孔安国于是把《古文尚书》也献出来，但由于这本《尚书》用古文写成，艰涩难懂，成了无人能懂的"逸书"，所以被朝廷束之高阁。直到成帝时，刘向、刘歆父子以《古文尚书》校勘《今文尚书》，这才有了用处。后刘歆还想将《古文尚书》立为博士，引起"五经博士"反对，双方展开争辩，这便是后来所说的"今古文之争"。

由于关系"孔子之道"，所以今古文之争成了西汉经学的一大史迹。今古文两派有何不同呢？今文派主张通经致用，"思以其道易天下"，有很浓的先秦诸子风气。他们解经的时候只讲微言大义，也就是只说自己的历史和政治哲学。而古文派看重的是章句、训诂、典礼、名物。古文派也有不同分类，他们各得孔子一端，各有偏倚之处。

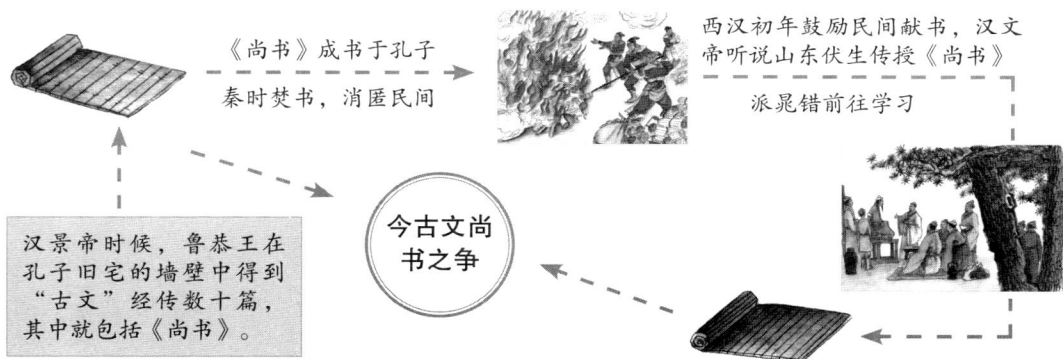

《尚书》成书于孔子
秦时焚书，消匿民间

西汉初年鼓励民间献书，汉文帝听说山东伏生传授《尚书》

派晁错前往学习

今古文尚书之争

汉景帝时候，鲁恭王在孔子旧宅的墙壁中得到"古文"经传数十篇，其中就包括《尚书》。

虞 书

◎尧 典◎

【原文】

昔在帝尧，聪明文思[①]，光宅天下[②]。将逊于位，让于虞舜[③]，作《尧典》。

曰若稽古[④]，帝尧曰放勋，钦明文思安安[⑤]，允恭克让[⑥]，光被四表[⑦]，格于上下[⑧]。克明俊德[⑨]，以亲九族[⑩]。九族既睦，平章百姓[⑪]。百姓昭明，协和万邦。黎民于变时雍[⑫]。

乃命羲和[⑬]，钦若昊天[⑭]，历象日月星辰[⑮]，敬授人时。分命羲仲，宅嵎夷[⑯]，曰旸谷[⑰]。寅宾出日[⑱]，平秩东作[⑲]。日中[⑳]，星鸟[㉑]，以殷仲春。厥民析[㉓]，鸟兽孳尾[㉔]。申命羲

尧帝命令羲氏与和氏，恭谨制定历法。

叔，宅南交[㉕]。平秩南讹[㉖]，敬致[㉗]。日永[㉘]，星火[㉙]，以正仲夏。厥民因[㉚]，鸟兽希革[㉛]。分命和仲，宅西，曰昧谷，寅饯纳日[㉜]，平秩西成[㉝]。宵中[㉞]，星虚[㉟]，以殷仲秋。厥民夷[㊱]，鸟兽毛毨[㊲]。申命和叔，宅朔方[㊳]，曰幽都，平在朔易[㊴]。日短[㊵]，星昴[㊶]，以正仲冬。厥民隩[㊷]，鸟兽氄毛[㊸]。帝曰："咨[㊹]！汝羲暨和[㊺]，期三百有六旬有六日[㊻]，以闰月定四时，成岁。允厘百工[㊼]，庶绩咸熙[㊽]。

帝曰："畴咨若时登庸[㊾]？"

放齐曰："胤子朱启明[㊿]。"

帝曰："吁！嚚讼可乎[51]？"

帝曰："畴咨若予采[52]？"

欢兜曰："都！共工方鸠僝功[53]。"

帝曰："吁！静言庸违，象恭滔天[54]。"

帝曰："咨！四岳，汤汤洪水方割，荡荡怀山襄陵，浩浩滔天。下民其咨，有能俾乂[55]？"

金曰："於！鲧哉[56]。"

帝曰："吁！咈哉，方命圮族[57]。"

岳曰："异哉！试可乃已[58]。"

帝曰，"往，钦哉[59]！"九载，绩用弗成。

帝曰："咨！四岳。朕在位七十载，汝能庸命，巽朕位[60]？"

岳曰："否德忝帝位[61]。"

曰："明明扬侧陋⁶²。"

师锡帝曰："有鳏在下⁶³，曰虞舜。"

帝曰："俞⁶⁴！予闻，如何？"

岳曰："瞽子，父顽，母嚚，象傲，克谐。以孝烝烝，乂不格奸⁶⁵。"

帝曰："我其试哉！"女于时⁶⁶，观厥刑于二女⁶⁷。"厘降二女于妫汭，嫔于虞⁶⁸。

帝曰："钦哉！"

【主旨讲解】

《尧典》记载了唐尧的功德、言行，是研究上古帝王唐尧的重要资料。

【注解】

①文：治理天下。思：考虑事情很果断，有计谋。②宅：充满。③逊：退避。让：禅让。④曰若：发语辞，常用于追述往事的开端。稽：考察。⑤钦：恭敬。明：明察四方。安安：温和，宽容。钦、明、文、思、安安，概指尧的五德。⑥允：诚实。恭：恭谨。克：能够。让：推贤尚善。⑦被：覆盖。四表：四海之外。⑧格：到达。上下：指天地。⑨俊：才智超人。⑩九族：君主的至亲，指高祖、曾祖、祖、父、自己、子、孙、曾孙、玄孙九代。⑪平：分辨。章：彰明。百姓：百官族姓。⑫黎：众。于变：相递变化。时：善。雍：和睦。⑬羲和：羲氏与和氏，相传都是重黎的后代，世世掌管天地和四时。⑭若：顺从。昊：广大。⑮历：推算。象：取法。⑯宅：居住。隅夷：地名，相传在东海之滨。⑰旸（yáng）谷：传说中日出的地方。⑱寅：恭敬。宾：迎。⑲平秩：辨别测定。作：始。⑳日中：指春分，这一天昼夜长短相等。㉑星鸟：星名，南方朱雀七宿。㉒殷：确定。仲：每季中间的那一个月。㉓厥：其。析：分散。㉔孳尾：生育繁衍。㉕申：重，又。交：地名，指交趾。㉖讹：运行。㉗致：归来。㉘日永：指夏至，这一天白昼最长。永：长。㉙星火：火星名，东方青龙七宿之一。㉚因：就高地而居。㉛希革：羽毛稀疏。㉜饯：送行，纳日：落日。㉝西成：太阳西落的时刻。成：终。㉞宵中：指秋分，这一天昼夜长短相等。㉟星虚：星名，北方玄武七宿之一。㊱夷：平，指回到平地居住。㊲毨（xiǎn）：羽毛更生。㊳朔方：北方。㊴平：辨别。在：观察。易：改易，这里指运行。㊵日短：指冬至，这一天白昼最短。㊶星昴（mǎo）：星名，西方白虎七宿之一。㊷隩（yù）：室，这里指入室避寒。㊸氄（rǒng）毛：柔软的细毛。㊹咨：叹词。㊺暨：与。㊻期：指一周年。有：通"又"。旬：十日。㊼允：用。厘：治。百工：百官。㊽庶：众。咸：都。熙：兴。㊾畴：谁。若：顺应。登庸：升用。㊿放齐：人名，尧帝之臣。胤（yìn）：后代。朱：指尧的儿子丹朱。启明：开明，指明白政事。51吁：惊异之词。嚚（yín）：不说忠信的话。讼：争辩。52采：政事。53"欢兜"两句：欢兜：人名，尧帝之臣，四凶之一。都：语气词，表赞美。共工：人名，尧帝之臣，四凶之一。方：通"防"，防止。鸠：通"救"，救护。僝（zhuàn）：具有。54"静言"两句：静言：巧言。庸：常。违：邪僻。象恭：貌似恭敬。滔：轻慢。55四岳：四方诸侯之长。汤汤（shāng）：水大的样子。方：普遍。割：危害。荡荡：广大的样子。怀：包围。襄：漫过。滔天：指巨浪冲天的样子。俾：使。乂（yì）：治理。56"佥曰"句：佥：都。於：叹词，表赞美。鲧：尧帝之臣，夏禹的父亲。57"咈哉"两句：咈（fú）：违背。方命：放弃教命。圮（pǐ）：毁坏。族：族类。58"异哉"两句：异：举，起用。已：用。59钦：敬。60"汝能"两句：庸：用。巽（xùn）：践，履行，升任。61否（pǐ）：鄙陋。忝（tiǎn）：辱，不配。62明明：明察贤明的人。扬：推举。侧陋：疏远隐匿，指地位卑微的人。63"师锡"句：师：众人。锡：提议。鳏：疾苦的人。64俞：对，表示肯定意义的应对副词。65瞽（gǔ）：瞎子，这里指舜的父亲乐官瞽瞍。顽：不依德义。象：指舜的异母弟弟。克：能够。烝烝：厚美。格：至。奸：邪恶。66女：嫁女。时：通"是"，指舜。67刑：法则。二女：指尧的两个女儿娥皇、女英。68厘：命令。妫（guī）：水名。汭（ruì）：河流弯曲之处，这里指舜居住的地方。嫔：嫁人为妇。

【译文】

帝尧在位时，睿智而果断，光辉普照天下。后来，帝尧想把帝位禅让给虞舜。史官据此写成《尧典》。

查考古代的旧事，可知尧帝的名字叫作放勋，他恭敬节俭，明察四方，智虑通达，待人宽厚，性格温和。他推贤让善，光辉普照四方，泽及天地。尧帝发挥大德，使亲族关系和睦。亲族之间和睦相处，他又辨明百官族姓的善恶。百官族姓的善恶辨明以后，又协调诸侯之间的关系。这样，天下百姓在相递变化之中和睦相处。

于是，尧帝命令羲氏、和氏恭谨地奉行天道，让他们推算日月星辰的运行规律，制定历法，以教导人民按照时令节气从事农业生产。尧帝又命令羲仲居住在东方的旸谷，让他恭敬地迎接日出，测定日出的时刻。昼夜长短相等，黄鸟在黄昏时出现于正南方，依照这种情况可以确定仲春时节。在这个时节，百姓开始分散到田间进行耕作，鸟兽开始生育繁殖。又命令羲叔住在南方的交趾，辨明测定太阳向南的运行规律，恭敬地迎接太阳南归。白天时间最长，火星在黄昏时出现于正南方，依照这种情况可以确定仲夏时节。在这个时节，百姓都迁居到高处，鸟兽的羽毛都稀疏了。尧帝又命令和仲住在西方一个名叫昧谷的地方，让他辨明测定日落的时刻。昼夜长短相等，虚星在黄昏时出现于正南方，依据这种情况可以确定仲秋时节。在这个时节，百姓又迁居到平地上，鸟兽长出新的羽毛。又命令和叔居住在北方一个名叫幽都的地方，让他谨慎观察太阳北行的规律。白天时间最短，昴星在黄昏时出现于天的正南，依据这种情况可以确定仲冬时节。在这个时节，百姓都躲在室内生火取暖（以躲避寒冷），鸟兽都长出了柔软细密的毛。尧帝说："啊！羲氏与和氏啊，你们以三百六十六天为一周年，要用加闰月的办法来确定四季而构成一年。在这个基础上，明确地划分百官的职责，这样各种事情就都兴起了。"

尧帝问："谁能顺应天命，可以提升任用呢？"

放齐说："您的儿子丹朱明白政事，可以担当重任。"

尧帝说："唉！丹朱为人浮夸，又喜好辩论，怎么能担此重任呢？"

尧帝问："谁能遵循我的法度处理政务呢？"

欢兜说："哦！共工防治水灾取得了很大的成绩，可以担当重任。"

尧帝说："唉！共工虚情假意，为人邪僻，看似恭敬谨慎，实则连上天都敢轻慢。"

尧帝说："啊！四方诸侯的君长啊，滔滔洪水为害人间，水势汹涌包围了大山，漫过了丘陵，浩浩荡荡，波浪滔天，百姓都在忧愁叹息，谁能治理洪水呢？"

诸侯们都说："啊！鲧可以担此重任。"

尧帝说："唉！不行啊，这个人违逆乖戾，常常不服从命令，危害同族。"

诸侯们说："起用他吧，让他试一试，如果不行，就罢免他的职务。"

尧帝说："那么你就去吧！鲧啊，你一定要谨慎行事啊！"鲧治水九年，未见成效。

尧帝说："啊！四方诸侯的君长啊，我在位已经七十年了，你们谁能承受天命，替代我而成为天子呢？"

诸侯们说："我们的德行鄙陋，恐难担当重任。"

尧帝说："可以考察贵族中的贤明之人，也可以举用身份卑微的贤良之士。"

诸侯们说："民间有一个贫苦的人，名字叫作虞舜。"

尧帝说："啊！这人我也听说过，他的为人到底怎么样呢？"

众人回答说："他是乐官瞽瞍的儿子，其父瞽瞍心术不正，继母爱说谎话，他的异母弟傲慢骄狂，但舜能够与他们和睦相处。因为他的品德厚美，既能很好处理与家人的关系，又不使自己沦于邪恶。"

尧帝说："我考验考验他吧。我要把两个女儿嫁给舜，以便从女儿那里考察舜的行事准则和道德修养。于是，尧帝命令自己的两个女儿到妫水的拐弯处，嫁给虞舜为妻。

尧帝勉励道："要恭敬地处理政事啊！"

尧帝命令和叔确定仲冬时节。

96

◎舜　典◎

【原文】

虞舜侧微①，尧闻之聪明，将使嗣位②，历试诸难，作《舜典》。

曰若稽古，帝舜曰重华，协于帝。浚哲文明③，温恭允塞④。玄德升闻⑤，乃命以位。慎徽五典⑥，五典克从⑦。纳于百揆，百揆时叙⑧。宾于四门，四门穆穆⑨。纳于大麓，烈风雷雨弗迷⑩。

帝曰："格⑪！汝舜。询事考言⑫，乃言底可绩⑬，三载。汝陟帝位⑭。"舜让于德，弗嗣。

正月上日，受终于文祖⑮。在璇玑玉衡，以齐七政⑯。肆类于上帝⑰，禋于六宗⑱，望于山川，遍于群神⑲。辑五瑞⑳，既月乃日㉑，觐四岳群牧，班瑞于群后㉒。

岁二月，东巡守，至于岱宗，柴㉓。望秩于山川㉔，肆觐东后，协时月正日㉕，同律度量衡㉖。修五礼、五玉、三帛、二生、一死贽㉗，如五器，卒乃复㉘。五月，南巡守，至于南岳，如岱礼。八月，西巡守，至于西岳，如初。十有一月，朔巡守，至于北岳，如西礼。归，格于艺祖，用特㉙。

五载一巡守，群后四朝。敷奏以言㉚，明试以功，车服以庸㉛。

肇十有二州㉜，封十有二山㉝，浚川。

象以典刑㉞，流宥五刑㉟，鞭作官刑，扑作教刑㊱，金作赎刑。眚灾肆赦㊲，怙终贼刑㊳。钦哉！钦哉！惟刑之恤哉㊴！

流共工于幽州，放欢兜于崇山，窜三苗于三危㊵，殛鲧于羽山㊶，四罪而天下咸服。

二十有八载，帝乃殂落㊷，百姓如丧考妣㊸。三载，四海遏密八音㊹。月正元日，舜格于文祖，询于四岳，辟四门，明四目，达四聪。

"咨，十有二牧㊺！"曰："食哉惟时！柔远能迩㊻，惇德允元㊼，而难任人㊽，蛮夷率服。"

舜曰："咨，四岳！有能奋庸熙帝之载㊾，使宅百揆亮采㊿，惠畴？"

佥曰："伯禹作司空[51]。"

帝曰："俞！咨[52]！禹，汝平水土，惟时懋哉[53]！"禹拜稽首[54]，让于稷契暨皋陶。

帝曰："俞！汝往哉！"

帝曰："弃，黎民阻饥[55]，汝后稷[56]，播时百谷[57]。"

帝曰："契，百姓不亲，五品不逊[58]，汝作司徒，敬敷五教[59]，在宽。"

帝曰："皋陶，蛮夷猾夏[60]，寇贼奸宄[61]。汝作士，五刑有服[62]，五服三就[63]，五流有宅[64]，五宅三居[65]。惟明克允[66]！"

帝曰："畴若予工[67]？"

佥曰："垂哉[68]！"

舜帝巡视天下，考察诸侯政绩。

帝曰："俞，咨！垂，汝共工^⑥。"垂拜稽首，让于殳斨暨伯与^⑦。

帝曰："俞！往哉！汝谐^⑦。"

帝曰："畴若予上下草木鸟兽^⑦？"

佥曰："益哉^⑦！"

帝曰："俞，咨！益，汝作朕虞^⑦。"益拜稽首，让于朱虎、熊罴^⑦。

帝曰："俞，往哉！汝谐。"

帝曰："咨！四岳，有能典朕三礼^⑦？"

佥曰："伯夷。"

帝曰："俞，咨！伯，汝作秩宗^⑦。夙夜惟寅^⑦，直哉惟清。"

伯拜稽首，让于夔龙^⑦。

帝曰："俞，往，钦哉！"

帝曰："夔！命汝典乐，教胄子^⑩，直而温，宽而栗^⑩，刚而无虐，简而无傲。诗言志，歌永言，声依永，律和声。八音克谐，无相夺伦^⑩，神人以和。"

夔曰："於^⑩！予击石拊石^⑩，百兽率舞。"

帝曰："龙，朕堲谗说殄行^⑩，震惊朕师^⑩。命汝作纳言^⑩，夙夜出纳朕命，惟允！"

帝曰："咨！汝二十有二人，钦哉！惟时亮天功^⑩。"

三载考绩，三考，黜陟幽明^⑩，庶绩咸熙^⑩，分北三苗^⑩。

舜生三十征，庸二十^⑩，在位五十载，陟方乃死^⑩。

【主旨讲解】

《舜典》记载了虞舜的言行，表达对舜帝的赞颂，具有很高的历史研究价值。

【注解】

①侧：隐居民间。微：出身微贱。②嗣：继承。③浚（jùn）：深远。哲：智慧。④允：确实。塞：充满。⑤玄：潜行，潜修。升闻：上闻于朝廷。⑥徽：美，善。五典：五常，即父义、母慈、兄友、弟恭、子孝五种常教。⑦克：能够。从：顺从。⑧"纳于"两句：纳：入。百揆（kuí）：百事。时叙：承顺。⑨"宾于"两句：宾：迎接宾客。穆穆：容仪敬谨。⑩"纳于"两句：大麓：官名，主管山林。迷：迷误。⑪格：呼唤之词，来。⑫询：谋划。⑬厎（zhǐ）：一定。绩：成功。⑭陟（zhì）：升，登。⑮"正月"两句：上日：吉日。受终：接受尧帝终结的帝位。文祖：尧的太庙。⑯"在璇玑"两句：在：观察。璇玑玉衡：指北斗七星。齐：排列。七政：七项政事，即祭祀、班瑞、东巡、南巡、西巡、北巡、归格艺祖。⑰肆：于是。类：祭名，是向天帝报告继承帝位之事的祭礼。⑱禋（yīn）：祭名，指洁祀。六宗：指天地与四时。⑲"望于"两句：望：祭祀山川之礼。遍：按群神的尊卑次序祭祀。⑳辑：收集。五瑞：诸侯作为信符的五种玉器。㉑既月乃日：择定吉月吉日。日和月都用作动词。㉒"觐四岳"两句：觐：朝见天子。牧：官长。班：同"颁"，分发。后：君长。㉓"至于"两句：岱宗：东岳泰山。柴：祭名，祭祀时把牺牲放在积柴上面燔烧。㉔秩：次序。㉕协：合。时：春夏秋冬四时。正：确定。㉖同：统一。律：古乐音律。度：丈尺。量：斗斛。衡：斤两。㉗五礼：公侯伯子男五等朝聘之礼。五玉：即五瑞，拿着称瑞，陈列称玉。三帛：供垫玉用的赤、黑、白三种颜色的丝织品。二生：活羊羔和雁。一死：一只死去的野鸡。

蛮夷率服。

赀：初次拜见时所带的礼物。㉘"如玉器"两句：如：而。五器：即上文所说的五玉。卒乃复：礼毕就归还。㉙"格于"两句：格：到。艺祖：即文祖。特：一只公牛。㉚敷：普遍。㉛庸：功劳。㉜肇（zhào）：正，指划定州界。㉝封：封土为坛而祭祀。㉞象：刻画。典：常。㉟流：流放。宥（yòu）：宽恕。五刑：指墨、劓、荆、宫、大辟五种刑罚。㊱扑：古时学校用来打人的木棍。㊲眚（shěng）：过错。肆：就。㊳怙：依仗。贼：通"则"，就。㊴恤：谨慎。㊵三苗：古国名。三危：古地名，在西部边远地区。㊶殛（jí）：流放。羽山：古地名，在东部边远之处。㊷殂（cú）落：死亡。㊸考：死去的父亲。妣：死去的母亲。㊹遏（è）：停止。密：静止。八音：金、石、丝、竹、匏、土、革、木八种音乐，这里泛指一切音乐演奏。㊺牧：州的行政长官。㊻柔：安抚。能：善。迩：近。㊼惇：厚。允：信。元：善。㊽难：拒绝。任人：奸邪的人。㊾熙：光大。载：事业。㊿宅：居。百揆：官名。亮：辅导。采：事。51司空：三公之一，掌管土地。52俞：副词，表肯定意义。咨：叹词。53时：通"是"，指百揆之职。懋（mào）：勉励。54稽首：叩头。55阻饥：困厄于饥。56后：主持。稷：官名，主管农业。57时：通"莳"，耕种。58五品：指父、母、兄、弟、子。逊：和顺。59"汝作"两句：司徒：官名，主管教化，三公之一。敷：施行。五教：五品之教，即父义、母慈、兄友、弟恭、子孝。60猾：扰乱。夏：指华夏大地。61寇：抢劫。贼：杀人。奸宄（guǐ）：犯法作乱的事情。62"汝作士"两句：士：狱官之长。服：用。63三就：三个处所，即野、朝、市。64五流：五种流刑。宅：处所。65三居：远近不同的三个地方。66明：明察。克：能够。允：信服。67若：善。工：官名，掌管百工之官。68垂：人名。69共工：官名。70殳（shū）斨（qiāng）：人名。伯与：人名。71谐：同"偕"，一同。72上：指山陵。下：指草泽。73益：人名。74虞：掌管山林的官。75朱虎：人名。熊罴：人名。76典：主持。三礼：天神、人鬼、地示之礼。77秩宗：官名，掌管祭礼的仪礼。78夙：早晨。寅：敬。79夔：人名。龙：人名。80胄子：未成年的人。81栗：谨慎。82夺：失去。伦：理，次序。83於（wū）：叹词。84拊（fǔ）：轻轻叩击。石：石磬，乐器。85疾（jí）：厌恶。殄（tiǎn）：贪婪。86师：民众。87纳言：官名，帝王的代言人。88时：善。亮：领导。天功：天下大事。89黜（chù）：罢免。陟（zhì）：提升。幽：昏庸。明：贤明。90庶：众。熙：兴盛。91北：通"背"，分别。92"舜生"两句：征：被征召。庸：任用。93陟方：巡狩南方。

【译文】

　　虞舜隐居民间，出身微贱，尧帝听说他聪明睿智，就想让他继承帝位，多次拿棘手的事情考验他。史官根据这些情况，写成了《舜典》。

　　查考古代的旧事，可知舜帝的名字叫作重华，他的睿智圣明与尧帝相合。他深远的智慧，温顺谦恭的美德，溢满天地之间。他潜修品德的事迹上闻于朝廷，于是被授予官职。舜谨慎地赞美父义、母慈、兄友、弟恭、子孝五种美德，臣民都能顺从这五常之教。他又受命管理百官，百官也都能服从。他在明堂四门迎接前来朝见的四方宾客，四方宾客全都仪容整肃。舜担任守护山林的官职，即使在狂风暴雨之中也不迷失方向。

　　尧帝说："来吧，舜啊！我和你谋划政事，考察你的言论，按照你的意见办事，一定会取得成功。我已经考察你三年了，你现在可以登上帝位了。"舜要把帝位让给更有德行的人，不愿就位。舜以德行不够为由推辞，不愿就位。但是尧帝还是把帝位禅让给了虞舜。

　　在正月的一个吉日，舜在尧的太祖宗庙接受了禅让的帝位。他观察了北斗星的运行情况，列出了七项政务。接着向上天报告继承帝位的事情，祭祀天地四时以及山川和群神。舜又聚敛诸侯的圭玉，挑选良辰吉日，接受四方诸侯君长的朝见，把圭玉颁发给他们。

史官根据舜帝的言行事迹，写作了《舜典》。

这一年二月，舜到东方巡视，到了泰山，举行了柴祭，并依照地位尊卑依次祭祀了其他山川诸神，然后接受了东方诸侯国君的朝见。舜协合春夏秋冬的月份，确定了天数；统一了音律和度量衡；制定了公侯伯子男朝见的礼节，规定了各种献礼的制度。朝见结束后，舜帝便把五种瑞玉归还给诸侯。五月，舜帝到南方巡视，到达南岳，像祭祀泰山那样行礼仪。八月，舜帝到西方巡视，到了西岳，祭祀礼仪和在泰山、南岳时一样。十一月，舜帝到北方巡视，到达北岳，祭祀礼仪和在西岳时相同。舜帝回来后，到太庙祭祖，所用的祭品是一头公牛。

此后，舜每隔五年就巡视一次。各方诸侯都在四岳朝见，普遍地报告自己的政务。然后舜帝根据诸侯的政绩进行评定，论功行赏，赐给他们车马衣服。

舜受命管理百官，百官也都能服从。

舜帝开始划定十二个州的疆界，在十二州的名山上封土为坛，举行祭礼，并疏通了河道。

舜把五种常用刑罚的图样刻画在器物上，以警示民众，用流放的办法代替五刑以示宽大，以鞭打作为官府的刑罚，把用木条责打定为学校的刑罚，还规定可以用金来赎罪。因为过失犯罪，可以赦免；要是有所依仗而不知悔改，就要施加刑罚。慎重啊，慎重啊，使用刑罚时一定要慎重！

舜帝把共工流放到北方的幽州，把欢兜流放到南方的崇山，把三苗驱逐到西方的三危，把鲧流放到东方的羽山。这四个罪人受到了应有的惩罚，天下人都心悦诚服。

舜帝继位二十八年后，尧帝去世了，群臣和百姓像失去父母一样悲痛。三年内，全国上下停止演奏音乐，一片沉寂。三年后的正月初一，舜帝到太庙告祭，召集四方诸侯谋划政务，打开明堂的四方之门宣布政教，使四方民众看得明、听得清。

"啊，十二州的君长！"舜帝说，"农业生产不要违背农时！要安抚远方的民众，要善待近处的臣民。要厚待有德之人，信任善良之人，远离奸佞小人。这样，四方的外族都会臣服于你。"

舜帝说："啊，四方诸侯！谁能奋发图强，光大先帝的事业，管理百官，辅佐朝廷理顺政事呢？"

众人都说："让伯禹做司空吧。"

舜说："好啊！"告诫禹说："你来治理水土，希望你更要努力做好百揆的事情啊！"禹行叩拜之礼，想推让给稷、契和皋陶。

舜说："就这样了，还是你来担当吧！"

舜说："弃，现在民众都在忍饥挨饿，你去掌管农事，教导民众播种谷物吧。"

舜说："契，百官之间关系不和谐，父母兄弟子女之间关系不和顺，你去担任司徒，谨慎恭敬地施行五常之教，着重教导他们做人要宽厚仁慈。"

舜说："皋陶，外族侵扰中原，抢劫杀人，给我们制造祸端。你去处理刑狱，用五刑处置那些罪人。五刑各有使用的方法，执行五刑要在郊野、市、朝三个不同的地方。五种流放各有处所，分别流放到远近不同的三个地方。明察案情，公正处罚，就能使人信服。"

舜说："谁能担任百工之长呢？"

都说："垂可以。"

舜说："好啊！"告诫垂说："你去担任共工之职吧。"垂行了叩拜之礼，想推让给殳斨和伯与。

舜说："就这样了，去吧！你们一起去吧。"

舜说："谁能管理山林草泽中的草木鸟兽呢？"

都说："益可以。"

舜说："好吧。"告诫益说："你做我的虞官，管理山林吧。"益行叩拜礼，想推让给朱虎、熊罴。

舜说："好吧，去吧！你们一起去吧。"

舜说："四方诸侯啊，谁能替我主持祭祀天神、地祇、人鬼的三礼呢？"

都说："伯夷可以。"

舜说："好吧，伯夷，我任命你做掌管祭祀的礼官吧，从早到晚你都要恭敬行事，内心要正直清明。"伯夷行叩拜礼，想推让给夔、龙。

舜说："行了，你去吧，你要谨慎行事啊！"

舜说："夔，任命你担任乐官，负责教导那些年轻人，要让他们正直而温和，宽厚而谨慎，刚毅而不妄为，简朴而不高傲。诗是用来表达情志的，歌所咏唱的就是表达情志的言辞，声调要根据咏唱的感情而确定，音律要合于声调。金、石、丝、竹、匏、土、革、木这八音能够和谐一致，不互相干扰。这样，人听了以后才能欢快愉悦。"

夔说："啊！让我敲击石磬，奏起乐曲，让扮演百兽的舞队依着音乐跳舞吧！"

舜说："龙，我厌恶谗言和暴行，因为它使我的臣民惊恐害怕。我现在任命你为纳言官，早晚传达我的旨意，上报臣民的意见，一定要真实啊！"

舜说："好啦，你们这二十二个人，要恭谨地履行自己的职责，要好好地辅佐我完成大业啊！"

舜帝每过三年考察一次政绩，考察三次之后，就确定官员的升降。这样，远近各项事业都兴盛起来了。同时，又分别处理了流放在北部边境的三苗氏部族。

舜帝三十岁被举用，在官位二十年，在帝位五十年，巡狩南方时在途中去世。

舜帝举贤授能，任用百官。

◎大禹谟◎

【原文】

皋陶矢厥谟①，禹成厥功②，帝舜申之③。作《大禹》、《皋陶谟》、《益稷》。

曰若稽古，大禹曰文命④，敷于四海⑤，祗承于帝⑥。曰："后克艰厥后⑦，臣克艰厥臣，政乃乂⑧，黎民敏德⑨。"

帝曰："俞！允若兹⑩，嘉言罔攸伏⑪，野无遗贤，万邦咸宁。稽于众，舍己从人，不虐无告⑫，不废困穷，惟帝时克。"

益曰："都⑬，帝德广运⑭，乃圣乃神⑮，乃武乃文。皇天眷命⑯，奄有四海为天下君⑰。"

禹曰："惠迪吉⑱，从逆凶，惟影响⑲。"

益曰："吁！戒哉！儆戒无虞⑳，罔失法度，罔游于逸，罔淫于乐㉑。任贤勿贰，去邪勿疑。疑谋勿成，百志惟熙㉒。罔违道以干百姓之誉㉓，罔咈百姓以从己之欲㉔。无怠无荒，四夷来王。"

禹曰："於！帝念哉！德惟善政，政在养民。水、火、金、木、土、谷惟修㉕，正德、利用、厚生惟和㉖，九功惟叙㉗，九叙惟歌。戒之用休㉘，董之用威㉙，劝之以九歌，俾勿坏㉚。"

帝曰："俞！地平天成㉛，六府三事允治，万世永赖㉜，时乃功。"

帝曰："格㉝，汝禹！朕宅帝位三十有三载，耄期倦于勤㉞。汝惟不怠，总朕师㉟。"

禹曰："朕德罔克，民不依。皋陶迈种德㊱，德乃降，黎民怀之㊲。帝念哉！念兹在兹，释兹在兹，名言兹在兹，允出兹在兹㊳，惟帝念功。"

帝曰："皋陶，惟兹臣庶，罔或干予正㊴。汝作士，明于五刑，以弼五教㊵，期于予治㊶。刑期于无刑，民协于中㊷，时乃功，懋哉㊸。"

皋陶曰："帝德罔愆㊹，临下以简，御众以宽。罚弗及嗣，赏延于世。宥过无大㊺，刑故无小。罪疑惟轻，功疑惟重。与其杀不辜，宁失不经㊻。好生之德㊼，洽于民心，兹用不犯于有司㊽。"

帝曰："俾予从欲以治，四方风动㊾，惟乃之休㊿。"

舜帝与大禹、伯益讨论政事。

帝曰："来，禹！降水儆予[51]，成允成功，惟汝贤。克勤于邦，克俭于家，不自满假[52]，惟汝贤。汝惟不矜[53]，天下莫与汝争能。汝惟不伐[54]，天下莫与汝争功。予懋乃德，嘉乃丕绩[55]，天之历数在汝躬[56]，汝终陟元后[57]。人心惟危，道心惟微[58]，惟精惟一[59]，允执厥中。无稽之言勿听，弗询之谋勿庸。可爱非君？可畏非民？众非元后，何戴[60]？后非众，罔与守邦？钦哉！慎乃有位，敬修其可愿，四海困穷，天禄永终。惟口出好，兴戎[61]，朕言不再。"

禹曰："枚卜功臣[62]，惟吉之从。"

帝曰："禹！官占惟先蔽志[63]，昆命于元龟[64]。朕志先定，询谋佥同[65]，鬼神其依，龟筮协从[66]，卜不习吉[67]。"

禹拜稽首固辞[68]。

帝曰：“毋！惟汝谐^⑲。”

正月朔旦^⑳，受命于神宗^㉑，率百官若帝之初。

帝曰：“咨，禹！惟时有苗弗率^㉒，汝徂征^㉓。”

禹乃会群后，誓于师曰：“济济有众^㉔，咸听朕命。蠢兹有苗^㉕，昏迷不恭^㉖，侮慢自贤，反道败德，君子在野，小人在位。民弃不保，天降之咎^㉗，肆予以尔众士，奉辞罚罪。尔尚一乃心力，其克有勋。”

三旬，苗民逆命。益赞于禹曰^㉘：“惟德动天，无远弗届^㉙。满招损，谦受益，时乃天道。帝初于历山^㉚，往于田，日号泣于旻天^㉛，于父母，负罪引慝^㉜。祗载见瞽瞍^㉝，夔夔斋栗^㉞，瞽亦允若。至诚感神^㉟，矧兹有苗^㊱。”

禹拜昌言曰^㊲：“俞！”班师振旅。帝乃诞敷文德^㊳，舞干羽于两阶^㊴，七旬有苗格^㊵。

【主旨讲解】

大禹，姒（sì）姓，史称夏禹、戎禹，相传他是上古夏后氏族部落的首领。禹继承父亲鲧未竟的治水事业，历经十三年，胼手胝足，三过家门而不入，终于治平水患。谟，是“谋”的意思。本文是舜帝与大臣禹、益、皋陶谋划政务的记录，所以称《大禹谟》。

《大禹谟》的内容可分四部分：第一部分是序，介绍写作《大禹谟》《皋陶谟》《益稷》的原由。第二部分，舜帝与大禹、伯益讨论政事，赞美帝尧的美德，阐述了各自的治国见解。第三部分记叙舜禅位于禹的经过。第四部分叙述大禹征伐苗民，最终以德感化苗民。

虞书中，为了补充《尧典》《舜典》所缺少的君臣之间的嘉言善政，而成《大禹谟》《皋陶谟》《益稷》三篇。其中，因为禹治水的功劳最高，所以《大禹谟》列于三篇之首。

大禹治水，功劳泽被千秋。

《大禹谟》是伪古文。后世儒学整理编撰《大禹谟》，是为了上联《尧典》《舜典》，下接《商书》《周书》各篇，构建“二帝三王”的古史体系，宣扬古帝一脉相承的道统。宋代儒学又从舜对禹的训示中撷取“人心惟危，道心惟微，惟精惟一，允执厥中”，称为“虞廷十六字”，作为舜受自尧并传于禹的“三圣传授心法”。这十六字成为维系古帝道统的精神核心，而《大禹谟》正是研究中国古代思想史，特别是宋代理学的重要史料。

【注解】

①皋（gāo）陶（yáo）：偃姓，舜帝之臣，掌管刑狱。矢：陈述。厥（jué）：其。谟（mó）：计谋。②成：陈述。③申：重视。④文命：大禹的名字。⑤敷：治理。⑥祗（zhī）：恭敬。⑦后：君主。克：能够。艰：看得很艰难。⑧乂（yì）：治理。⑨敏：勤勉。⑩俞：副词，表肯定。允：的确。兹：这。⑪罔（wǎng）：无，不要。攸（yōu）：所。⑫无告：无处求告的人，指鳏寡孤独者。⑬都：叹词，表赞美。⑭广：大。运：远。⑮乃：语助词。⑯眷：顾

念。⑰奄：尽。⑱惠：顺。迪：道。⑲影响：影随形，响应声。⑳儆（jǐng）：戒备。虞：预料。㉑“罔游”两句：逸：放纵。淫：过分。㉒志：念虑。熙：广。㉓干：求。㉔咈（fú）：违反。㉕修：治理。㉖和：宣扬。㉗九功：水、火、金、木、土、谷，叫六府；正德、利用、厚生，叫三事。六府三事合称九功。叙：次序。㉘休：美德。㉙董：监督。㉚俾：使。㉛天：万物。㉜赖：利。㉝格：来，呼唤之语。㉞耄（mào）期：八九十岁称耄，百岁称期颐。这里指年迈。勤：辛苦。㉟总：总领。师：众人。㊱迈：勤勉。种：树立。㊲怀：归附。㊳“念兹”四句：兹：这。前一个“兹”指德，后一个“兹”指皋陶。释：通“怿”，喜悦。名言：称颂。出：推行。㊴干：冒犯。㊵“明于”两句：五刑：指墨、劓、剕、宫、大辟五种刑罚。五教：五常之教，即父义、母慈、兄友、弟恭、子孝。㊶期：当，合。㊷中：中正，公平。㊸懋（mào）：鼓励。㊹愆（qiān）：过失。㊺宥（yòu）：宽恕。无大：不论多大。㊻“与其”两句：不辜：无罪。不经：不守正道。㊼好（hào）：爱惜。㊽有司：官吏。古代每个官位都各司专职，因此称有司。㊾风动：风吹草动，比喻各方响应。㊿休：美德。(51)降水：洪水。(52)满：盈满。假：虚假，夸大。(53)矜（jīn）：夸耀，自以为贤。(54)伐：夸耀，自夸有功。(55)嘉：赞美。丕：大。(56)历数：历运之数，指帝王相承的次序。躬：自身。(57)陟（zhì）：升登。元：大。后：君王。(58)道心：合于道义的思想。微：不显露。(59)精：专诚。(60)戴：拥戴。(61)“惟口”两句：出好：说出善言。兴戎：引起战争。(62)枚卜：逐次占卜。古代用占卜的方法选官，对被选的人逐一占卜，吉者入选。(63)蔽：断定。(64)昆：后。元龟：大龟。(65)佥（qiān）：都。(66)龟筮（shì）：龟甲和蓍草，二者都是古代占卜的工具。(67)习：重复。(68)固辞：坚决推辞。(69)谐：适合。(70)朔：阴历的每月初一。(71)神宗：尧帝的宗庙。“神”在此表尊敬。(72)有苗：指三苗，古代的一个部族。“有”是名词词头，无意义。率：遵循。(73)徂（cú）：往。(74)济济：众多的样子。(75)蠢：骚动。(76)昏迷：昏暗迷惑。(77)咎（jiù）：灾祸。(78)赞：见。(79)届：到。(80)历山：指舜帝当初种田之处。(81)旻（mín）天：天空。(82)慝（tè）：邪恶。(83)祇（zhī）：恭敬。载：侍奉。瞽瞍：舜的父亲。(84)夔夔（kuí）：恐惧的样子。斋：庄敬。栗：战栗。(85)諴（xián）：诚信。(86)矧（shěn）：何况。(87)昌：美。(88)诞：大、广。敷：施行。(89)干：盾牌。羽：用羽毛做的舞具。(90)格：到，这里指归顺。

【译文】

皋陶陈述他的谋略，大禹陈述他的功绩，舜帝对他们的言论很重视。史官记录下他们之间的谈话，写作了《大禹谟》《皋陶谟》和《益稷》。

舜帝禅位于大禹。

查考往古旧事，可知大禹名叫文命，他治理四海，恭敬地秉承尧舜二帝的教导。大禹说：“君王把当好君王看成难事，臣子把当好臣子看得也不容易，政事就能得到很好的治理了，众人也会勤勉地执行德教了。”

舜帝说：“是啊！真像这样的话，那些好的言论就不会被埋没，贤德的人也不会被遗弃在民间，万国之民就都安宁了。参考众人的言论，舍弃私见而依从众人的好言论，不虐待孤苦无依的人，不嫌弃困窘贫穷的人，只有尧帝能够这样。”

益说：“啊！尧帝的德行广大而影响深远，他圣明、神妙、英武、俊美。皇天顾念授命，使他尽有四海而成为天下的君王。”

禹说：“顺从天道就吉利，依从恶道就会凶险，就像影子与形体、回声与音响的关系一样。”

伯益说："啊！要多加戒备啊！要警戒没有预料到的事情，不要违背法则制度，不能纵情游玩，不能过分享乐。任用贤人不能有二心，除去奸邪不能迟疑。拿不准的主意不要实行，考虑各种问题应思路开阔。不要违背正道去谋求百官的赞誉，不要违背百官的意愿而满足自己的私欲。对这些不要懈怠、不要荒废，四方的异族就会归附于你，尊你为王。"

大禹说："啊！舜帝，你好好想想伯益的这番话吧。所谓德就是能够妥善处理政务，而政务的根本在于教养民众。水、火、金、木、土、谷这六件事应该治理，使人们德行端正、物用便利、生活丰厚多彩这三件大事也应当宣扬，这九件事都应理顺次序，九件事做好后，人们就会歌颂君王的德政。要用美好的德政劝诫臣民，用严峻的刑罚督察臣民，以人们对君王的颂扬作为号召力，勉励人们，使德政不被损害。"

舜帝说："对！水土治平，万物生长，六府三事真能办好了，对千秋万代有利，这是你的功劳。"

舜帝说："来吧，禹！我居帝位三十三年了，年事已高，被这些辛苦的政务搞得疲惫不堪。你从不懈怠，来统领我的民众吧。"

大禹说："我的德行还不能胜任，民众也不会依从我。皋陶勤勉树立德政，德惠下施于民，民众归从他。舜帝你要考虑啊！整天顾念德政的是皋陶，喜欢德政的是皋陶，称颂宣传德政的也是皋陶，真正能够推行德政的更是皋陶，舜帝你要想想皋陶的功劳啊。"

舜帝说："皋陶，这些群臣众庶，没有人敢冒犯我的政事。你身为士官，精通五种刑罚，以它来辅助五常之教，合于我的治理之道。施行刑罚是希望达到没有刑罚的境地，使人民都能合于正道，这是你的功劳，你应受到鼓励啊。"

皋陶说："舜帝你德行完美，没有过失，对臣民简约不烦，统御民众宽厚不苛刻。刑罚不株连子孙，赏赐却延及后代。宽恕过失不论罪多大，处罚故意犯罪不论罪多小。判罪时遇到可轻可重的疑难，就从轻处罚，论功时遇到可轻可重的疑难，就从重赏赐。与其杀掉无罪之人，不如失去不守正道的人。这种爱惜生灵的美德，合于人们的意愿，因此人们不冒犯官吏。"

舜帝说："你使我如愿地治理国家，并得到四方的响应，这是你的美德。"

舜帝说："来吧，禹！洪水昭告

大禹最终以德感化苗民。

我们，你言行一致，完成了治水大业，这是你的贤德。你为国家能够不辞辛苦，居家生活又能节俭，不自我满足，不自我浮夸，这是你的贤德。你不自以为贤，天下没有谁与你争能。你不自夸有功，天下没有谁与你争功。我称道你的功德，赞美你的业绩，帝王承统的次序已经显应到你自己的身上，你终当升为大君王。现在人心动荡不安，合于道义的思想幽昧难明，只有精诚专一，实实在在地保持中正之道才是。没有根据的话不轻易听信，没有征询过众人的意见不轻易采纳。臣民所爱戴的不是君王吗？君王所畏惧的不是臣民吗？除了君王，民众还拥戴谁呢？除了民众，君王还与谁保卫国家？你们要谨慎啊！慎重地对待你们的职守，恭敬地从事民众愿意的事，如果四海的民众困苦贫穷，你们的禄位就要长久地终止了。人们的嘴能说出善言，也能引起战争，我不再多说了。"

大禹说："请逐次地占卜有功的大臣，听从占卜的吉兆，让吉者继承帝位吧。"

舜帝说："禹！用官占的方法占卜，须先断定意向，然后告诉大龟才能显示吉凶。我的志向已定，征询别人的意见也都相同。鬼神依顺，如果进行龟卜和筮占，结果也会和人意一致，况且卜筮的办法不能重复出现吉兆。"

禹跪拜叩头，坚决推辞。

舜帝说："不必推辞了，只有你最适合继承帝位。"

正月初一的早晨，禹在尧的宗庙受命继承帝位，率领百官举行禅让大典，就像当初舜继承尧帝的帝位那样。

舜帝说："啊，禹！三苗不遵循教命，你去征讨他们吧。"

禹就会集各路诸侯君主，告诫众人说："众位军士，都听我的命令。蠢蠢欲动的三苗，昏暗迷惑，侮慢常法，妄自尊大，违背正道，败坏德义，贤人被排斥，小人受重用。民众抛弃他们不予保护，上天也降祸于他，所以我率领你们众人，奉行舜帝的命令去惩罚苗民这些罪人。你们应该同心协力，这样就一定能够建立功勋。"

三十天以后，苗民仍然抗拒舜帝的命令。伯益见到了大禹，说："只有施德才可以感动上天，有了德行，无论多远的人都会来归服，自满会招致损害，谦虚会得到益处，这是天道自然规律。舜帝当初往历山耕田的时候，天天向上天号哭。对于不义的父亲和不慈的母亲，他毫无怨言，宁肯自己背负罪名，招来邪恶的名声。舜仍然恭敬地去见父亲，一副诚惶诚恐庄敬战栗的样子，父亲也的确和顺了些。至诚能感动神灵，何况这些苗民呢！"

大禹拜谢伯益的美言，说："对！"于是撤回军队，整顿队伍。舜帝就广泛地施行文明德治，让士兵放下武器，在两阶之间拿着盾和羽跳舞。七十天以后，三苗就来归服了。

◎皋陶谟◎

【原文】

曰若稽古。皋陶曰："允迪厥德^①，谟明弼谐^②。"

禹曰："俞，如何？"

皋陶曰："都！慎厥身，修思永^③。惇叙九族^④，庶明励翼^⑤，迩可远^⑥，在兹。"

禹拜昌言曰^⑦："俞！"

皋陶曰："都！在知人，在安民^⑧。"

禹曰："吁！咸若时，惟帝其难之。知人则哲，能官人^⑨。安民则惠，黎民怀之。能哲而惠，何忧乎欢兜？何迁乎有苗？何畏乎巧言令色孔壬^⑩？"

皋陶曰："都！亦行有九德^⑪。亦言，其人有德，乃言曰：'载采采^⑫。'"

禹曰："何？"

皋陶曰："宽而栗^⑬，柔而立^⑭，愿而恭^⑮，乱而敬^⑯，扰而毅^⑰，直而温，简而廉^⑱，刚而塞^⑲，强而义^⑳。彰厥有常吉哉^㉑！

"日宣三德^㉒，夙夜浚明有家^㉓；日严祗敬六德^㉔，亮采有邦^㉕。翕受敷施^㉖，九德咸事，俊乂在官^㉗。百僚师师^㉘，百工惟时^㉙，抚于五辰^㉚，庶绩其凝^㉛。

"无教逸欲，有邦兢兢业业^㉜，一日二日万几^㉝。无旷庶官，天工^㉞，人其代之？天叙有典，敕我五典五惇哉^㉟！天秩有礼，自我五礼有庸哉^㊱！同寅协恭和衷哉！天命有德，五服五章哉^㊲！天讨有罪，五刑五用哉！政事懋哉懋哉^㊳！

"天聪明，自我民聪明；天明畏^㊴，自我民明威。达于上下，敬哉有土^㊵！"

皋陶曰："朕言惠可底行^㊶？"

禹曰："俞！乃言底可绩^㊷。"

皋陶曰："予未有知，思曰赞赞襄哉⁴³。！"

【主旨讲解】

《皋陶谟》记载了皋陶与舜帝及禹讨论国家大计的情况。

【注解】

①迪：施行。②弼：辅助，这里指辅佐君王的大臣。谐：和谐。③永：永久，坚持不懈。④惇：敦厚。叙：顺从。⑤庶：众。励：勉励。翼：辅助。⑥迩：近。⑦昌：美。⑧"在知人"两句：人：指官吏。民：黎民。⑨"知人"两句：哲：明智。官：任用。⑩巧言：花言巧语。令色：讨好谄媚的神色。孔：大。壬：奸佞。⑪亦：同"迹"，检验。九德：九种美德，即下文的"宽而栗"等。⑫载：开始。采采：从事其事。⑬栗：谨慎。⑭立：特立独行。⑮愿：老实厚道。⑯乱：治，此指治理的才能。⑰扰：和顺。⑱简：简易。廉：不拘小节。⑲塞：实。⑳义：道义。㉑常吉：祥善，指九德。常，祥。㉒宣：显示。㉓浚：恭敬。明：努力。㉔严：通"俨"，矜持、庄重的样子。㉕亮：辅助。采：事务。邦：诸侯的封地。㉖翕（xī）：合。㉗俊乂：有才德的官员。才德过千人为俊，才德过百人为乂。㉘师师：互相效法。㉙百工：百官。惟：思。时：善。㉚抚：顺从。五辰：指北辰。北辰有五个星，所以称五辰。五辰位于天的中央，因此借喻国君。㉛凝：成功。㉜"无教"两句：无：通"毋"，不要。逸欲：安逸贪欲。兢兢：小心谨慎。业业：畏惧。㉝一日二日：指一天一天。万几：变化万端。㉞"无旷"两句：旷：虚设。天工：天命之事。㉟敕：告诫。㊱自：遵循。五礼：指天子、诸侯、卿大夫、士、庶民的五等礼仪。庸：经常。㊲五服：五等礼服。章：表彰。㊳"五刑"两句：五刑：墨（在脸上刻字）、劓（yì，割掉鼻子）、剕（fèi，砍断脚）、宫（阉割男性生殖器）、大辟（死刑）。懋：勤勉、努力。㊴明：表彰。畏：惩治。㊵有土：有国土的君王。㊶惠：语助词。厎（zhǐ）：得到。㊷绩：成功。㊸曰：语助词。赞赞：努力辅助的样子。襄：辅佐。

【译文】

考察往古的旧事，可知皋陶和大禹曾在舜帝面前就如何实施德政的问题有过讨论。皋陶说："切实遵循先帝的道德规范，提出英明的决策，群臣才会齐心协力地辅佐天子。"

大禹问道："对啊！那么又该怎么做呢？"

皋陶答道："啊！要谨慎地加强自身修养，多从长远考虑，用宽厚的道德使近亲九族顺从，推举众多贤人作辅弼之臣，（做这些事情时，）要由近及远，先从自身做起。"

皋陶和禹在舜帝面前讨论德政治国方略。

禹对这一见解表示赞同，说道："很对！"

皋陶又说："啊！治政的根本在于知人善任，安定民心。"

禹说："哦！如果都像这样，只怕就是先帝也勉为其难了啊！理解下属就显得明智，这样才能知人善任。安民要使人民得到实惠，这样才能受人拥戴，民众也会感谢并怀念他。能够知人善任，又能施惠于民，还怎么会担忧欢兜的造反叛乱呢？还怎么会迁徙流放三苗呢？还怎么会畏惧巧言令色、惑乱政纲的共工等人呢？"

上天规定了遵循天子、诸侯、卿大夫、士、庶民五等礼仪。

皋陶说："是啊！考察人的行为，人本该有九种德行。检验一个人的言论，如果他有美德，你就该对他说：'你应该开始做点工作了。'"

禹问道："那么什么是九德呢？"

皋陶告诉他："宽仁而谨慎，温顺而有个性，诚实自持而又严肃庄重，才能出众而又恭敬踏实，和顺可亲而又果断刚毅，正直无私而又温和近人，行事简易而又不拘小节，刚正不阿而又实事求是，坚强不屈而又一心向善。彰明光大这些德行，要表彰那些具有九德的人啊！

"一个人每天能遵从其中的三种德行，并且从早到晚都能恭敬努力地依照这些规范行事，那么就可以给他封地，让他做公卿了；一个人每天严格敬遵其中的六种德行，就能承担起辅助政事的责任而成为诸侯。如果能把三德六德合起来广泛地施行，符合九德的人都授予官职，那么在位的官员就都是才能出众、德行出众的人了。百官互相效法学习，都竭尽所能处理政事，而且顺从君王，那么各项事业就会遵循正道，走向成功了。

"不要使诸侯们安逸纵欲，而要让他们兢兢业业，因为每天的情况都有所不同，充满了变化。不要闲置官位，因为官位是依照天命设置的，人们怎么可以代替上帝滥设虚职呢？上天规定了人与人之间的常法，以仁、义、礼、智、信等五种道德来诚示我们。上天规定了尊卑等级的不同礼仪，以天子、诸侯、卿大夫、士、庶民等五种礼数来让我们遵守依循。君臣之间要互敬互恭、团结协作、和睦相处啊！上天任命有德之人，根据德行大小赐与五种绣有不同纹饰的服装，以区别五种等级；上天惩罚那些犯了罪的人们，根据罪行轻重施加五种不同的刑罚。政务繁重，大家一定要勤勉啊！

"上天所听取的意见、观察的问题，都是从民众那里得来的。上天的赏罚，是以民众的好恶为依据的。因此天意和民意是相通的，一定要恭敬小心啊，有国土的君王！"

皋陶问禹："我的话都是顺应天意和民心的，可以施行了吗？"

禹答道："当然！按照您的话行事，一定能够做出成绩。"

皋陶说："其实我又有什么智慧呢？不过每天想着要努力辅佐君王施行德政罢了！"

夏　书

◎禹　贡◎

【原文】

禹别九州①，随山浚川，任土作贡②。

禹敷土，随山刊木，奠高山大川③。

冀州④：既载壶口，治梁及岐⑤。既修太原，至于岳阳⑥。覃怀厎绩，至于衡漳⑦。厥土惟白壤⑧，厥赋惟上上⑨，错⑩，厥田惟中中。恒、卫既从⑪，大陆既作⑫。岛夷皮服⑬，夹右碣石入于河⑭。

济、河惟兖州⑮：九河既道⑯，雷夏既泽，灉、沮会同⑰。桑土既蚕，是降丘宅土⑱。厥土黑坟，厥草惟繇，厥木惟条⑲。厥田惟中下，厥赋贞⑳，作十有三载乃同。厥贡漆丝，厥篚织文㉑。浮于济、漯㉒，达于河。

海、岱惟青州㉓：嵎夷既略，潍、淄其道㉔。厥土白坟，海滨广斥㉕。厥田惟上下。厥赋中上。厥贡盐絺，海物惟错㉖。岱畎丝、枲、铅、松、怪石㉗。莱夷作牧㉘。厥篚檿丝㉙。浮于汶㉚，达于济。

海、岱及淮惟徐州㉛：淮、沂其乂㉜，蒙、羽其艺㉝；大野既猪，东原厎平㉞。厥土赤埴坟，草木渐包㉟。厥田惟上中，厥赋中中。厥贡惟土五色㊱，羽畎夏翟，峄阳孤桐㊲，泗滨浮磬，淮夷蠙珠暨鱼㊳。厥篚玄纤缟㊴。浮于淮、泗，达于河㊵。

淮、海惟扬州㊶：彭蠡既猪，阳鸟攸居㊷。三江既入，震泽厎定㊸。篠簜既敷，厥草惟夭，厥木惟乔㊹。厥土惟涂泥㊺。厥田惟下下，厥赋下上，上错。厥贡惟金三品㊻，瑶、琨、篠、簜、齿、革、羽、毛惟木㊼。岛夷卉服㊽，厥篚织贝，厥包桔柚，锡贡㊾。沿于江、海，达于淮、泗。

荆及衡阳惟荆州㊿：江、汉朝宗于海[51]，九江孔殷，沱、潜既道，云土梦作乂[53]。厥土惟涂泥，厥田惟下中，厥赋上下。厥贡羽、毛、齿、革惟金三品，杶、干、栝、柏[54]，砺、砥、砮、丹，惟箘、簬、楛[55]。三邦厎贡厥名[56]，包匦菁茅，厥篚玄纁玑组，九江纳锡大龟[57]。浮于江、沱、潜、汉，逾于洛，至于南河[58]。

荆、河惟豫州[59]：伊、洛、瀍、涧既入于河，荥波既猪[60]。导菏泽，被孟猪[61]。厥土惟壤，下土坟垆[62]。厥田惟中上，厥赋错上中。厥贡漆、枲、絺、纻，厥篚纤、纩，锡贡磬错[63]。浮于洛，达于河。

华阳、黑水惟梁州[64]：岷、嶓既艺[65]，沱、潜既道，蔡、蒙旅平，和夷厎绩[66]。厥土青黎，厥田惟下上，厥赋下中、

禹根据土地贫瘠情况制定出贡税等级。

三错^{⑤⑦}。厥贡璆、铁、银、镂、砮、磬、熊、罴、狐、狸。织皮、西倾因桓是来^{⑤⑧}。浮于潜，逾于沔，入于渭，乱于河^{⑥⑨}。

黑水、西河惟雍州：弱水既西，泾属渭汭，漆沮既从，沣水攸同^{⑦①}。荆、岐既旅，终南、惇物，至于鸟鼠^{⑦②}，原隰厎绩^{⑦③}，至于猪野。三危既宅，三苗丕叙^{⑦④}。厥土惟黄壤，厥田惟上上，厥赋中下。厥贡惟球、琳、琅、玕^{⑦⑤}。浮于积石，至于龙门、西河^{⑦⑥}，会于渭汭。织皮昆仑、析支、渠搜，西戎即叙^{⑦⑦}。

导岍及岐^{⑦⑧}，至于荆山，逾于河。壶口、雷首至于太岳^{⑦⑨}。厎柱、析城至于王屋^{⑧⑩}。太行、恒山至于碣石^{⑧①}，入于海。

【主旨讲解】

《禹贡》是当时诸侯称雄的局面统一之后所提出的治理国家的方案。

【注解】

①别：划分。②任土：根据土地的贫瘠。贡：贡赋。③敷：分。奠：定。④冀州：禹所划分的九州之一，在今山西省、河北省南部一带。⑤"既载"两句：载：施工。壶口：山名，在今山西省吉县南。梁：山名，在今陕西省韩城县西。岐：通"歧"，山的支脉。⑥"既修"两句：太原：今山西省太原一带，位于汾水上游。岳阳：即太岳山，在今山西省霍县东，汾水流经这里。阳：山的南面。⑦"覃怀"两句：覃（tán）怀：地名，在今河南省武陟、沁阳一带。厎（zhǐ）：获得。衡：通"横"。漳：漳水，在覃怀的北边。⑧厥：其，指冀州。壤：柔土。⑨赋：赋税，指地方的土特产。上上：第一等。《禹贡》将土质和赋税分为九等，即上上、上中、上下、中上、中中、中下、下上、下中、下下。⑩错：错杂，夹杂。⑪恒：水名。卫：水名，滹沱河。从：顺着河道流入大海。⑫大陆：泽名，在今河北省巨鹿县西北。作：开始。⑬岛夷：住在海岛上的东方民族。夷：古代东方远地区的民族。皮服：岛夷的贡品。⑭夹：接近。碣石：山名，在今河北省昌黎县。河：黄河。⑮济：水名，源出河南济源县。兖州：禹划分的九州之一，在今河北东南、山东省一带。⑯九河：黄河的九条支流，即徒骇、太史、马颊、覆釜、胡苏、简、洁、钩盘、鬲津。道：疏通。⑰"雷夏"两句：雷夏：泽名，在今山东菏泽东北。灉（yōng）：黄河的支流。沮（jù）：灉水的支流。二水今已不存在。⑱"桑土"两句：桑土：适于种植桑树的土地。降：下。宅：居住。⑲"厥土"三句：坟：肥沃。繇（yáo）：茂盛。条：长。⑳贞：下下等，第九等。㉑篚（fěi）：圆形竹器。织文：有花纹的丝织品。㉒漯（tà）：水名，黄河的支流。㉓海：今渤海。岱：泰山。青州：禹划分的九州之一，今山东半岛一带。㉔"嵎夷"两句：嵎（yú）夷：地名。略：治理。潍：水名，淄：水名。二水都在今山东境内。㉕斥：碱地。㉖"厥贡"两句：絺（chī）：细葛布。错：杂，多种多样。㉗畎：山谷。枲（xǐ）：大麻的一种，不结子。铅：锡。㉘莱夷：地名。㉙厣（yǎn）：山桑，即柞树。㉚汶：水名，源出今山东莱芜市。㉛海：指黄海。淮：淮河。徐州：禹划分的九州之一，在今江苏、安徽北部、山东南部一带。㉜沂：水名，在山东境内。乂：治理。㉝蒙：山名，在今山东蒙阴县西南。羽：山名，在今江苏省赣榆县西南。艺：种植。㉞"大野"两句：大野：指巨野泽，在今山东省巨野县。猪：同"潴"，水停聚的地方。东原：地名，在今山东省东平县一带。厎：得到。平：治理。㉟"厥土"两句：埴：粘土。包：同"苞"，丛生。㊱土五色：五色土，指青黄赤白黑五种颜色的土，五色土是古代君王分封诸侯的用品。㊲"羽畎"两句：夏：大。翟：山雉，其羽毛可做装饰品。峄（yì）：山名，在今江苏省邳县境内。孤桐：特生的桐树。㊳"泗滨"两句：泗：水名，源出今山东省泗水县。浮磬：一种可以做磬的石头。蠙珠：蚌所产的珍珠。㊴玄：黑色。纤：细绸。缟：白绢。㊵河：应为"菏"，指菏泽，菏泽水与济水相通。㊶海：指黄海。扬州：禹划分的九州之一，在今扬州一带。㊷阳鸟：南方的岛屿，古代"鸟""岛"通用。㊸"三江"两句：三江：指岷江、汉水、彭蠡。震泽：指江

禹顺着山势疏通河道。

苏太湖。㊹"篠簜"三句：篠（xiǎo）：小竹。簜（dàng）：大竹。夭：茂盛。乔：高大。㊺涂泥：潮湿的泥土。㊻金三品：指金、银、铜三个等级。品：等级。㊼瑶：美玉。琨：美石。齿：象牙。革：犀牛皮。羽：鸟羽。毛：旄牛尾。惟：和。㊽岛夷：东南沿海各岛的人。卉服：指蓑衣、草笠之类。卉：草。㊾"厥篚"三句：织贝：把很小的贝用线串连起来，织成巾。包：包裹。锡：与"贡"同义。㊿荆：山名，在今湖北省南漳县。衡：即湖南境内的衡山。荆州：禹划分的九州之一，在今湖南、湖北一带。51江：指长江。汉：指汉水。朝宗：诸侯春天朝见天子叫朝，夏天朝见天子叫宗。52九江：即今洞庭湖。孔：大。殷：定。53"沱、潜"两句：沱：水名，长江的支流，在今湖北枝江县。潜：水名，长江支流，在今湖北省潜江县。云土梦：即云梦，二泽名，江南为云，江北为梦。54杶（chūn）：椿树。干：柘木，可做弓。栝（guā）：桧树。55砺：粗磨刀石。砥：细磨刀石。砮（nǔ）：石制的箭镞。丹：朱砂。箘（jùn）、簬（lù）：两种竹子。楛（hù）：木名，可做箭杆。56三邦：湖泽附近的三个诸侯国。名：名产。57"包匦"三句：匦（guǐ）：杨梅。菁茅：一种带刺的茅草，可以滤酒。玄纁（xūn）：指彩色丝绸。纁：黄赤色。玑组：用丝带串起的珍珠串。玑：不圆的珍珠。组：丝带。纳锡：进贡。58"浮于"三句：浮：水运。逾：离船上岸陆行。南河：指洛阳巩县一段的黄河。59豫州：禹划分的九州之一，在黄河与湖北的荆山之间的地区。60"伊、洛"两句：伊：水名，源出今河南卢氏县。洛：水名，源出今陕西洛南县。瀍（chén）：水名，源出河南孟津县。涧：水名，源出河南渑池县。荥波：泽名，在今河南荥阳县。61"导菏泽"两句：导：疏通。菏泽：在今山东定陶县。被：同"陂"，修筑堤防。孟猪：泽名，在河南商丘东北。62垆：黑色硬土。63"厥贡"三句：纻（zhù）：苎麻。纩（kuàng）：细棉。磬错：可以制磬的石头。错，石头，可以琢玉。64华：即华山，在陕西华阴县南。黑水：怒江。梁州：禹划分的九州之一。65岷：山名，在四川北部。艺：治理。66"蔡、蒙"两句：蔡：山名，即峨嵋山。蒙：山名，在今四川雅安北。旅：治理。和：名，即大渡河。67"厥土"三句：青：黑。黎：疏散。三错：杂出第七、第八、第九三个等级。68"厥贡"两句：璆（qiú）：美玉。镂（lòu）：可以刻镂的坚硬金属。罴：一种熊，又叫马熊。狸：野猫、山猫。织皮：指西戎之国。西倾：山名，在今甘肃与青海交界处。桓：水名，即白龙江。69"逾于"三句：沔（miǎn）：汉水的上游。渭：水名，源出甘肃渭源县。乱：横渡。70西河：在冀州西边黄河南北走向的一段。雍州：禹划分的九州之一。71"弱水"四句：弱水：即张掖河。泾：水名。渭：水名。泾水注入渭水，渭水流入黄河。属：注入。汭（ruì）：河流会合的地方。漆沮：代指洛水。沣水：水名，源出陕

西省户县东南，注入渭水。同：会合。72"荆、岐"三句：荆：山名，在今陕西富平县西南。岐：山名，在陕西岐山县东北。终南：指秦岭。惇物：山名，太白山，在今陕西省郿县。鸟鼠：山名，在今甘肃省渭源县西南。73原隰（xí）：指豳（bīn）地，在今陕西省旬邑县和邠县一带。74"三危"两句：三危：山名，在鸟鼠西边。丕：大。叙：顺。75球：美玉。琳：美石。琅玕：像珠子一样的美玉。76"浮于"两句：积石：山名，在今青海西宁西南。龙门：山名，在今陕西韩城东北。77"织皮"两句：

禹开通太行山的道路。

析支：山名，在今青海省西宁市西南。渠搜：山名。西戎：古代我国西北少数民族的总称。即：就。78岍（qiān）：山名，在今陕西陇县南。79雷首：山名，在今山西永济县。太岳：即霍太山。80厎柱：即三门山，在今山西平陆县。析城：山名，在今山西阳城县西南。王屋：山名，在今山西垣曲县东。81太行：山名，在今山西、河北、河南的交界处。恒山：在今河北曲阳县西北，古称北岳。

【译文】

　　禹划分九州的疆界，顺着山势疏通河道，依照土地的贫瘠情况制定出贡税的等级。

　　禹划分九州的疆界，顺着山势砍削树木作为路标，依据高山大河奠定疆域。

禹顺着山势砍削树木作为路标。

冀州：壶口的工程施工以后，接着便治理梁山和它的支脉。太原附近的河道也治理好了，工程一直扩展到太岳山的南面。覃怀一带的水利工程也取得了很大的成绩，又治理了横流入河的漳水。冀州的土壤白细，土质松软，这里的臣民应献出一等赋税，也可夹杂二等赋税，这里的土地属第五等。恒水、卫水已经疏通好了，其水可以流入大海，大陆泽的治理工程也开始动工了。东方的岛夷人进贡皮服时，可以先接近右边的碣石山，然后再从黄河来贡。

济水与黄河一带的区域是兖州地区：黄河下游的九条河道疏通了，雷夏泽的治理工程也完成了，滩水、沮水会合流入雷夏泽。适合种植桑树的地方都可以养蚕了，于是人民便从小土山上搬下来，住在平地上。兖州的土地又黑又肥，这里的青草生长得茂盛，树木也长得修长。这里的土地属第六等，赋税是第九等，

耕种十三年后，才和其他八州的赋税相同。这里的贡品主要是漆和丝，还有盛放在竹篮子里的带有各种花纹的丝织品。进贡时，可由济水、漯水乘船顺流入黄河。

渤海与泰山之间的区域是青州：嵎夷已经得到治理，潍水与淄水的河道都已经疏通了。这里的土壤呈白色，土地肥沃，沿海的广大地区都是盐碱地。这片土地在九州中属第三等，赋税是第四等。这里的贡品是盐、细葛布和各种各样的海产品。泰山一带出产丝、大麻、锡、松和奇特美好的怪石。莱夷一带可以放牧，除了畜产品外，还要把桑丝放入筐内作为贡品运来。运送贡品的船只可以由汶水直接入济水。

黄海与泰山及淮河之间的区域是徐州：淮水和沂水都已经治理好了，蒙山和羽山一带的土地，也可以种植庄稼了。大野泽蓄水以后，东原一带的土地得以平治。这里的土壤呈红色，又粘又肥，草木也长得越来越茂盛。这里的土地属第二等，赋税是第五等。贡品有五色土、羽山山谷的大山鸡、峄山南面的桐木、泗水之滨的制磬石料、淮夷之地的蚌珠和鱼类，还有用筐盛着的纤细的黑色丝绸和白绢。进贡时船只由淮水入泗水，而后再入菏泽。

淮河与黄海之间的区域是扬州：彭蠡泽已经贮蓄了大量的水，南方岛屿上的人们也可以在上面安居了。三江之水已经顺畅地流入大海，震泽也得以治理。小竹和大竹普遍地生长起来，原野的青草生长得很茂盛，树木也都长得很高大。这里多潮湿的泥土，土地属第九等，赋税是第七等，也夹杂着第六等。其贡品是金、银、铜三种金属，还有美玉、美石、小竹、大竹、象牙、犀牛皮、鸟羽和旄牛尾、木材。沿海一带进贡草制的衣服，还要把贝锦放在筐内，把桔子和柚子打成包裹作为贡品进献给朝廷。进贡时船只沿着长江进入黄海，再转入淮河和泗水。

荆山和衡山南面之间的区域是荆州：长江和汉水像诸侯朝见天子一样向东奔流入海，洞庭湖水系形成了。沱水、潜水都已经疏通了，云梦泽一带也得到了治理。这里的土壤潮湿，土地属第八等，赋税是第三等。贡品有雉羽、旄牛尾、象牙、犀牛皮和金银铜三种金属，还有椿树、柘树、桧树、柏树、粗磨刀石、细磨刀石、制箭头的石头、丹砂以及美竹、楛树等。州内各国都贡上当地的名产；杨梅、青茅要包裹好，要把彩色的丝织品和串起的珍珠等物品放在竹筐内，一并贡来。洞庭湖还要进贡大龟。进贡时船只由长江顺流入其支流沱水、潜水、汉水，然后登岸由陆路到洛水，再由洛水进入黄河。

荆山与黄河之间的区域是豫州：伊水、洛水、瀍水、涧水都已经疏通而流入黄河了。荥波泽已经治理好了，可以储蓄大量的河水。又疏通菏泽，在孟猪泽筑建堤防。这里的土壤松软，土的底层肥沃，

而且又黑又硬。这里的田地属第四等，赋税是第二等，也夹杂着第一等。贡品有漆、大麻、细葛布、苎麻，细绢和细绵要用筐子包装起来，还要进贡制磬的石料。进贡时船只由洛水直入黄河。

华山南面至怒江之间的区域是梁州：岷山和蟠冢山都已经能够种庄稼了，沱江和潜水也都疏通了。峨眉山和蒙山的治理工程也已完工，大渡河一带的治理取得了成效。这里的土壤黑而疏松，土地属第七等，赋税属第八等，也夹杂着第七等和第九等。贡品有美玉、铁、银、镂、做箭头的石头、磬、熊、罴、狐、狸等。织皮和西倾山的贡品可以沿着恒水运来。运送贡品的船只经过潜水和沔水，然后舍舟登陆，陆行至沔水，再进入渭水，然后由渭水横渡进入黄河。

黑水到西河一带之间的区域是雍州：弱水在疏通之后，便向西流去；泾水在渭水的转弯处注入渭水；漆水和沮水在疏通之后，向北流入渭水；沣水也与渭水会合。荆山和岐山的治理工程已经完工，终南山、惇物山一直到鸟鼠山都得到了治理。原隰的治理取得成效，一直到猪野泽一带都取得了很大成绩。三危山这个地方已经能够居住了，三苗人民于是得到了很好的安置。这里的土壤黄而松软，土地属第一等，赋税是第六等。贡品有美玉、美石和宝珠等。进贡时船只由积石山附近进入黄河，顺流至龙门山、西河，然后在渭河弯曲处与其他船只会合。西戎的民众居住在昆仑、析支、渠搜等地，西戎各族的百姓就能安定和顺了。

疏通了岍山和岐山的道路，一直到达荆山，越过黄河。又开通了壶口山、雷首山的道路，一直到达太岳山。还开通了底柱山、析城山的道路，一直到达王屋山。开通了太行山、恒山的道路，一直到达碣石山，从这里就可以进入渤海了。

【原文】

西倾、朱圉、鸟鼠至于太华①。熊耳、外方、桐柏至于陪尾②。

导蟠冢至于荆山③。内方至于大别④。岷山之阳至于衡山，过九江至于敷浅原⑤。

导弱水至于合黎，馀波入于流沙⑥。

导黑水至于三危，入于南海。

导河、积石，至于龙门；南至于华阴⑦，东至于底柱；又东至于孟津⑧；东过洛汭，至于大伾⑨；北过降水⑩，至于大陆；又北，播为九河，同为逆河⑪，入于海。

蟠冢导漾⑫，东流为汉；又东，为沧浪之水⑬；过三澨⑭，至于大别，南入于江。东，汇泽为彭蠡；东，为北江，入于海。

岷山导江，东别为沱⑮，又东至于澧⑯；过九江，至于东陵⑰，东迤北，会于汇⑱；东为中江⑲，入于海。

导沇水⑳，东流为济，入于河，溢为荥㉑，东出于陶丘北㉒，又东至于菏；又东北，会于汶；又北东，入于海。

导淮自桐柏，东会于泗、沂，东入于海。

导渭自鸟鼠同穴㉓，东会于沣，又东会于泾；又东过漆沮，入于河。

导洛自熊耳，东北，会于涧、瀍；又东，会于伊；又东北，入于河。

九州攸同，四隩既宅㉔，九山刊旅㉕，九川涤源㉖，九泽既陂，四海会同㉗。六府孔修㉘，庶土交正㉙，厎慎财赋㉚，咸则三壤成赋㉛。中邦锡土、姓，祗台德先，不距朕行㉜。

五百里甸服㉝。百里赋纳总，二百里纳铚，三百里纳秸服㉞，四百里粟，五百里米。

五百里侯服㉟。百里采，二百里男邦，三百里诸侯㊱。

禹疏导黑水，让它流到三危山。

五百里绥服③。三百里揆文教，二百里奋武卫③。

五百里要服③。三百里夷，二百里蔡⑥。

五百里荒服④。三百里蛮，二百里流⑥。

东渐于海⑥，西被于流沙，朔南暨声教讫于四海⑥。禹锡玄圭⑥，告厥成功。

禹开通了西倾山的道路。

【注解】

①朱圉（yǔ）：在今甘肃甘谷县。太华：即西岳华山。②熊耳：山名，在今河南卢氏县东。外方：即中岳嵩山。桐柏：山名，在今河南桐柏县。陪尾：山名，在今湖北安陆县。③嶓冢：山名，在今陕西宁强县西北。荆山：指湖北省南漳县的南条荆山。④内方：山名，在今湖北省钟祥县西南。大别：指湖北与安徽交界处的大别山。⑤敷浅原：指江西的庐山。⑥馀波：指水的下游。流沙：指居延泽一带的沙漠。⑦华阴：华山的北面。⑧孟津：地名，今河南孟津县。⑨大伾：山名，在今河南浚县西南。⑩降水：指漳、泽合流的漳水。⑪"播为"两句：播：分布。九河：指兖州一带的黄河支流。逆河：黄河分出的支流在下游又合在一起。⑫漾：水名，指汉水的上游。⑬沧浪：即汉水。⑭三澨（shì）：水名，源出湖北省京山县，东流入汉水。⑮沱：水名，长江的支流。⑯澧：水名，在今湖南省北部，流入洞庭湖。⑰东陵：地名，在今湖北省黄梅县。⑱汇：指淮河。⑲中江：指岷江。

⑳沇（yǎn）：水名，济水的上游。㉑溢：水动荡奔突而出。荥：荥泽，汉代已成平地。㉒陶丘：地名，在今山东定陶县。㉓鸟鼠同穴：指鸟鼠山。㉔隩（ào）：可以定居的地方。㉕刊：削。旅：治理。㉖涤源：疏通水源。㉗四海：指九夷、八狄、七戎、六蛮。㉘六府：水火金木土谷。孔：很。修：治理。㉙交：都。正：征收。㉚底：定。㉛则：准则。三壤：上中下三等土壤。成：定。㉜"中邦"两句：中邦：中央之邦，指九州。锡：赐。祗：敬。台（yí）：我。距：违背。㉝甸服：古代天子在领地外围，每五百里划分为一种服役地带，按远近分为甸服、侯服、绥服、要服、荒服。甸服就是为天子治田种谷。㉞"百里"三句：纳：交纳。总：把成熟庄稼完整交出。铚：一种短镰，这里指禾穗。秸服：带秆的谷粒。㉟侯服：服侍天子。㊱"百里采"三句：采：替天子服差役。男邦：担任国家的差事。男：任。诸侯：指侦察放哨。㊲绥服：替天子做安抚之事。㊳奋武卫：奋扬武威，保卫天子。㊴要服：接受王者约束而服侍。㊵"三百里夷"两句：夷：和平相处。蔡：相约遵守法令。㊶荒服：替天子守边。荒：远。㊷"三百里蛮"两句：蛮：尊重他们的风俗，维持隶属关系。流：流动不定居，有时纳贡，有时不纳贡。㊸渐：入。㊹"西被"两句：被：及。讫：到。㊺玄圭：天青色的瑞玉。

【译文】

开通西倾山、朱圉山、鸟鼠山，一直到达太华山。接着又开通熊耳山、嵩山、桐柏山，直到陪尾山。

开通嶓冢山，一直到达南条荆山。接着又开通内方山，一直到达大别山。再开通岷山之南的道路，到达衡山。接着再过洞庭湖，直到庐山。

疏导弱水，让其向西流到合黎山下，它的下游流入沙漠。

疏导黑水，让其流到三危山下，最后流入南海。

疏导黄河，从积石山开始，直到龙门山；再向南到达华山之北；再向东到达底柱山；又向东到达孟津，继续向东经过洛水弯曲处，就到了大伾山；然后折而北流，经过降水，再向前流入大陆泽；继续向北，分布为九条河道，这九个支流再汇合后注入大海。

从嶓冢山开始疏导漾水，向东流则为汉水。再向东流，便成了沧浪之水，经过三澨水，到达大别山，再向南就流入了长江。又东流汇聚为大泽，叫作彭蠡泽；自彭蠡泽再东出称为北江，最后流入大海。

从岷山开始疏导长江，向东另外分出一条支

疏导洛水从熊耳山开始。

流，称为沱水；再向东到达醴水，然后流过洞庭湖，到达东陵；再自东陵东去，逶迤北流，与淮水会合，再东出称为中江，最后流入大海。

疏导沇水，向东流去称为济水，注入黄河，接着越过黄河向南溢出为荥泽；再自荥泽东出到陶丘北，再东流至于菏泽；又向东北流，与汶水会合；然后向北转向东，流入大海。

疏导淮水从桐柏山开始，向东与泗水、沂水会合，然后向东流入大海。

疏导渭水从鸟鼠山开始，向东与沣水会合，再向东与泾水会合，又向东流经漆水、沮水，然后流入黄河。

疏导洛水从熊耳山开始，向东北流，与涧水、瀍水会合；又向东会合伊水；再向东北，流入黄河。

这时九州的治理工程都已经完成了：四方的土地都可以安居了，九条山脉治理得可以通行了，九条大河都已疏通水源了，九个湖泽都已修筑起堤防了，四海之内的进贡之道都已经畅通无阻了。六府之事都已经治理得很好了，普天之下的土地都可以征收赋税了，但必须谨慎规定财物赋税的数量和品种，这是根据土地的上中下三个等级而确定的贡赋制度。九州之内的土地都分封给了各国诸侯，并赐予他们姓氏，还告诫他们说要把敬修我的德业放在第一位，不要违背我的德教原则。

国都以外五百里的地域称为甸服。离国都一百里远的要缴纳连秆的庄稼，二百里远的要缴纳禾穗，三百里远的要缴纳带稃的谷粒，四百里远的要缴纳粗米，五百里远的要缴纳精米。

甸服以外五百里的地域称为侯服。离甸服一百里远的应该替天子服差役，二百里远的应该替国家服差役，三百里远的应当承担侦察放哨的工作。

侯服以外五百里的地域称为绥服。离侯服三百里远的要推行天子的文教，二百里远的要奋勇威武地保卫天子。

绥服以外五百里的地域称为要服。离绥服三百里远的要遵约和平相处，二百里远的要遵守天子的法令制度。

要服以外五百里的地域称为荒服。离要服三百里远的可以有自己的风俗，二百里远的是否进贡没有定制。

我们的大地东边至于大海，西边至于沙漠，无论北方还是南方，都已推行了政教法令，华夏的声威达于四海。于是帝舜赏赐给禹天青色的瑞玉，用以表彰禹所建立的巨大功业。

商 书

◎汤 誓◎

【原文】

伊尹相汤伐桀，升自陑①，遂与桀战于鸣条之野②，作《汤誓》。

王曰："格尔众庶③，悉听朕言。非台小子，敢行称乱④！有夏多罪，天命殛之⑤。今尔有众，汝曰：'我后不恤我众⑥，舍我穑事，而割正夏⑦？'予惟闻汝众言⑧，夏氏有罪，予畏上帝，不敢不正。今汝其曰⑨：'夏罪其如台⑩？'夏王率遏众力，率割夏邑⑪。有众率怠弗协，曰：'时日曷丧⑫？予及汝皆亡！'夏德若兹，今朕必往。"

"尔尚辅予一人，致天之罚，予其大赉汝⑬！尔无不信⑭，朕不食言⑮。尔不从誓言，予则孥戮汝⑯，罔有攸赦⑰。"

【主旨讲解】

商汤伐夏桀之前，汤的军民不愿再打仗，汤就在都城亳誓师。史官记录下誓词，写作了《汤誓》。

汤王誓师告诫将士，讨伐夏桀。

【注解】

①"伊尹"两句：相（xiàng）：辅佐。桀：名履癸，禹的第十四代孙，夏的最后一个君主。陑（ér）：地名，在今陕西潼关附近。②鸣条：地名，在黄河的北面，安邑之西。③格：来。④"非台"两句：台（yí）：我。小子：对自己的谦称。称：举，发动。⑤殛（jí）：诛杀。⑥后：国君。恤：关心体贴。⑦割：通"曷"，为什么。正：征伐。⑧惟：虽然。⑨其：恐怕，表揣测的副词。⑩如台（yí）：如何。⑪"夏王"两句：率：语气助词。遏（jié）：同"竭"，尽。割：剥削。⑫时：这个。日：喻夏桀。曷：什么时候。⑬赉（lài）：赏赐。⑭无：不要。⑮食言：说话不算数。食：吞没。⑯孥：同"奴"，降为奴隶。⑰攸：所。

【译文】

伊尹辅佐商汤讨伐夏桀，从陑地北上，于是与夏桀在鸣条的郊野开战。开战之前，商汤誓师告诫将士们。史官把这段誓词记录下来，写成了《汤誓》。

王说："来吧，你们各位，都来听我说。不是我敢于犯上作乱！实在是因为夏王犯了许多罪行，上天命令我去讨伐他。现在你们大家或许会问：'我们的国君不关心体贴我们大家，让我们把农事抛在一边，而去征讨夏王，这是为什么呢？'我虽然明白你们的意思，但是夏桀有罪，我敬畏上帝，不敢不去征讨啊。现在你们恐怕要问：'夏桀的罪行到底怎么样呢？'夏桀耗尽了民力，剥削夏国百姓。

民众懈怠涣散，对他很不友好，都咒骂他说：'你这个太阳什么时候才能坠落啊？我们宁可和你一起灭亡！'夏桀的德行败坏到这种地步，现在我一定要去讨伐消灭他。

"你们要辅佐帮助我，执行上天对夏桀的惩罚，我将大大的赏赐你们！你们不要不相信我的话，我决不会自食诺言。如果你们不听从我的告诫，我就把你们降为奴隶，或者杀掉，决不赦免你们！"

◎伊 训◎

【原文】

成汤既没①，太甲元年，伊尹作《伊训》《肆命》《徂后》②。

惟元祀十有二月乙丑③，伊尹祠于先王④。奉嗣王祇见厥祖⑤，侯甸群后咸在⑥，百官总己以听冢宰⑦。伊尹乃明言烈祖之成德⑧，以训于王。

曰："呜呼！古有夏先后方懋厥德⑨，罔有天灾，山川鬼神，亦莫不宁，暨鸟兽鱼鳖咸若⑩。于其子孙弗率⑪，皇天降灾，假手于我有命，造攻自鸣条⑫，朕哉自亳。惟我商王，布昭圣武⑬，代虐以宽，兆民允怀。今王嗣厥德，罔不在初⑭，立爱惟亲，立敬惟长，始于家邦⑮，终于四海。

"呜呼！先王肇修人纪⑯，从谏弗咈，先民时若⑰。居上克明，为下克忠，与人不求备⑱，检身若不及，以至于有万邦，兹惟艰哉！

"敷求哲人，俾辅于尔后嗣，制官刑，儆于有位⑲。曰：'敢有恒舞于宫，酣歌于室，时谓巫风⑳。敢有殉于货色，恒于游畋，时谓淫风㉑。敢有侮圣言，逆忠直，远耆德，比顽童，时谓乱风㉒。惟兹三风十愆㉓，卿士有一于身，家必丧；邦君有一于身，国必亡。臣下不匡㉔，其刑墨，具训于蒙士㉕。'

"呜呼！嗣王祇厥身，念哉！圣谟洋洋㉖，嘉言孔彰。惟上帝不常，作善降之百祥，作不善降之百殃。尔惟德罔小，万邦惟庆；尔惟不德罔大，坠厥宗㉗。"

【主旨讲解】

伊，伊尹，商汤之妻的陪嫁奴隶，后来辅助商汤征伐夏桀。训，教导。《伊训》是史官记录的伊尹教导已继承帝位的太甲的训辞。太甲是成汤的嫡长孙。

《伊训》内容可分四部分：第一部分是序。第二部分说明伊尹作训的由来。第三部分说明桀失天下而汤得天下的原因。第四部分引述成汤的话，告诫太甲吸取教训，勉励他敬身行德。

伊尹的训导，虽是针对太甲而言，目的是为了维护殷商统治，但客观上，对缓和各种矛盾、促进社会发展有一定的积极意义，也为今人留下了修身的箴言。

《伊训》是伪古文。

【注解】

①没（mò）：死亡。②《肆命》《徂后》：都是

先王任用贤人，明察下情，终于拥有万帮，登上帝位。

《尚书》的篇名，已亡佚。③祀：年。夏代叫岁，商代叫祀，周代叫年，唐虞时叫载。④祠：祭祀。先王：指汤。⑤嗣王：王位的继承人。祗（zhī）：恭敬。⑥侯甸：指侯服和甸服。参见《禹贡》。⑦总己：统领自己的官员。冢宰：周代官名，为六卿之首，又叫大宰。冢，大。宰，治。⑧烈祖：建立了功业的祖先。烈，功绩。成德：盛德。⑨先后：先王，指夏禹。⑩暨（jì）：同。若：顺遂。⑪率：遵循。⑫造：开始。⑬昭：显示。圣武：威德。⑭在：察。初：开头。⑮家：卿大夫的封地。邦：诸侯的封地。⑯肇：努力。人纪：做人的纲纪。⑰若：顺从。⑱与：结交。备：完美。⑲儆（jǐng）：告诫。⑳巫：以祈祷鬼神为职业的人。㉑"敢有"三句：殉：贪求。货：财物。游：游乐。畋（tián）：打猎。淫：邪恶。㉒"敢有侮"五句：侮：轻慢。耆（qí）德：年长有德的人。比：亲近。乱：荒乱悖理。㉓十愆（qiān）：指上述的十种罪过，即恒舞于宫、酗歌于室、贪图财货、沉迷女色、终日游乐、成天打猎、轻侮圣言、违逆忠良、疏远年长有德者、亲昵愚顽稚童。㉔匡：匡正。㉕具：详尽。蒙士：下士。㉖洋洋：美善。㉗宗：宗庙，代指国家。

【译文】

成汤死后，太甲继承了帝位。太甲元年，伊尹写作了《伊训》《肆命》《徂后》（用来教导太甲）。

太甲元年十二月乙丑日，伊尹祭祀先王成汤。他侍奉刚刚继承王位的太甲恭敬地叩拜祖先的神位，侯服、甸服的众位君长都参加了祭祀仪式，百官率领自己的官员，听从大宰伊尹的命令。伊尹于是明确地阐述成汤建功立业的盛德，来教导太甲。

伊尹说："啊！从前夏的先王大禹努力施行德政的时候，没有发生天灾，山川的鬼神也没有不安宁的，就连鸟兽鱼鳖也都顺遂孳长。可是到了他的子孙登上帝位后，就不遵循他的德政了，上天降下灾祸，借助于我们汤王的手，从鸣条开始讨伐夏桀，从亳开始施行德政。我们的商王，显示出威武圣德，用宽仁代替暴虐，天下万民确实怀念他。当今的太甲继承其美德，不能不考虑开始的情况，树立友爱的风气要从亲近的开始，树立尊敬的风气要从尊敬长者开始。这样，从自己的封地开始施行，最终会推广到天下。

"啊！先王努力地讲求做人的纲纪，采纳众人的谏言，顺从前贤的主张。身处高位能够明察下情，使臣下能够尽忠效力，结交别人不求全责备，反省自己唯恐比不上别人，因此终于达到拥有万邦而登上帝位，这是多么难能可贵的啊！

太甲继承帝位后，伊尹勉励太甲敬身行德。

"汤王还广泛地寻求智者，让他们辅佐你们这样的继承人，制定惩罚官吏的刑罚来警诫做官的人。成汤说：'胆敢在宫廷内经常纵情舞蹈，在房中放声唱歌，这叫作巫风。胆敢贪求财物、沉迷女色，经常出游打猎，这叫作淫风。胆敢轻慢圣贤的教诲，不听忠直诚劝，疏远年长有德的人，亲近愚顽稚童，这叫作乱风。这三种风气和十种罪过，卿士身上如果有一种，他的封地一定会丧失；诸侯身上如果有一种，他的国家必然会灭亡。而臣下如果不能匡正君主的过失，就要受到墨刑的惩治，还要用这些详细地教导下士。'

"啊！太甲你要谨记这些教诲，要念念不忘啊！圣人汤王的谋略完美无缺，他的教导也很明白。虽然上天赐福降灾没有不变的常规，但对行善者赐予各种吉祥，对不行善的人降下各种灾祸。你行德不管多小，天下的人都会感到庆幸；你行不善，即使不大，也会丧失你的宗庙，导致亡国。"

◎太甲上◎

【原文】

太甲既立，不明，伊尹放诸桐①。三年复归于亳②，思庸③，伊尹作《太甲》三篇。

惟嗣王不惠于阿衡④，伊尹作书曰："先王顾諟天之明命⑤，以承上下神祇。社稷宗庙，罔不祇肃⑥。天监厥德，用集大命，抚绥万方⑦。惟尹躬克左右厥辟宅师⑧，肆嗣王丕承基绪⑨。惟尹躬先见于西邑夏⑩，自周有终。相亦惟终⑪；其后嗣王，罔克有终，相亦罔终，嗣王戒哉！祇尔厥辟，辟不辟，忝厥祖⑫。"

王惟庸罔念闻。伊尹乃言曰："先王昧爽丕显⑬，坐以待旦。旁求俊彦⑭，启迪后人，无越厥命以自覆⑮。慎乃俭德，惟怀永图。若虞机张⑯，往省括于度则释⑰。钦厥止，率乃祖攸行，惟朕以怿⑱，万世有辞⑲。"

王未克变。伊尹曰："兹乃不义，习与性成。予弗狎于弗顺⑳，营于桐宫㉑，密迩先王其训㉒，无俾世迷㉓。王徂桐宫居忧㉔，克终允德㉕。"

太甲继承帝位后凶恶残暴，伊尹把他放逐到桐宫守丧。

【主旨讲解】

《太甲》共分上中下三篇，都是伊尹教导太甲的训辞。

太甲继承帝位后三年，不遵守成汤制定的法典，胡作非为，凶恶残暴。伊尹劝导无效，便把他放逐到桐宫守丧，自己代替朝政。不久之后，太甲悔过自新，伊尹又将太甲迎回国都亳，交还政权。其间，伊尹曾多次教导太甲，史官记录下这些训辞，写成《太甲》三篇。

《太甲上》记录了伊尹放逐太甲至桐宫前的训辞，其内容可分三部分：第一部分是三篇之序。第二部分教导太甲以桀为戒，不要辱没祖先；要注重品德举止，像先王一样勤于政事。第三部分伊尹对群臣讲明放逐太甲的原因。

《太甲》三篇均为伪古文。

【注解】

①诸：兼词，之于。桐：桐宫，汤的葬地。②三年：继承帝位后三年。③庸：常道。④惠：顺从。阿衡：商代官名，这里指伊尹。⑤顾：注重。諟(shì)：指示代词，这。⑥祇(zhī)肃：恭敬严肃。⑦"天监"三句：监：看。用：因此。集：降下。绥：安。⑧躬：亲身。左右：帮助。辟：君主。宅师：安定众人。⑨肆：因此。丕：大。绪：功业。⑩西邑夏：夏的都城安邑在商的都城亳的西边，所以称西邑夏。⑪相(xiàng)：辅助。⑫忝(tiǎn)：辱没。⑬昧暗。爽：明亮。⑭旁：普遍。俊彦：才智出众的人。⑮越：失，忘记。覆：倾覆，灭亡。⑯虞：掌管山林田猎的官。机：弓弩上的发射机关。⑰省：察看。括：箭的末端扣弦的地方。度：适度。释：放。⑱"率乃"两句：率：遵循。攸：所。怿(yì)：喜悦。⑲辞：美好的言辞，指声誉。⑳狎(xiá)：亲近。㉑营：建造。桐：地名，在今河南省虞城东北。㉒密：亲密。迩：近。㉓世：终生。㉔徂(cú)：往。居忧：替父母尊长守丧。㉕终：成。允德：诚信的美德。

伊尹教导太甲注重品德举止。

太甲继承帝位之后，昏庸无道，伊尹把他放逐到汤的墓地桐宫。太甲三年，伊尹又让太甲回到商都亳，伊尹思考常理，写作了《太甲》三篇，来教导太甲。

太甲不顺从伊尹，伊尹便训辞教导他："先王成汤重视英明的天命，顺承天地神灵的意志。对于社稷宗庙，无不恭敬严肃。上天看到汤的大德，所以降下重大的使命，使他安抚天下。我伊尹能帮助君王安定民众，所以后继的帝王才能继承了先王的基业。我从前亲眼看到，夏的先王用忠信取得成就，辅佐他的人也很有功劳；而他们的后继之王夏桀，却不能取得成就，辅佐他的人也就没有功绩了。后继的君王要以此为戒啊！要谨守君王之道，如果做君王不守君王之道，就会辱没自己的祖先。"

太甲像往常一样，仍然不听不想。伊尹就又说："先王在天没亮的时候就思考大事，坐着想到天明。他还广泛地寻求才智出众的人来辅佐他，积极地开导后人，不要忘记先祖的教导而自取灭亡。你要慎行俭约的美德，考虑长久之计。就好像虞人射箭时拉开了弓，还要看看箭尾放的地方是否合适，然后再放箭。你要看好自己的目标，遵循祖先的所作所为，如果能够这样，我会感到很高兴，你的美誉也会流传万世。"

太甲没有能够改变旧习。伊尹对众人说："太甲这样做是不义的，长此以往就习惯成性了。我不能亲近不顺从我的教导的人，要在汤王的墓地建造宫室，让他亲近先王，思考先王的训导，不致使他终生执迷不悟。太甲前往桐宫守丧，能够养成他诚信的美德。"

<h1>◎太甲中◎</h1>

惟三祀十有二月朔①，伊尹以冕服奉嗣王归于亳②，作书曰："民非后，罔克胥匡以生③；后非民，罔以辟四方④。皇天眷佑有商⑤，俾嗣王克终厥德，实万世无疆之休⑥。"

王拜手稽首曰："予小子不明于德，自厎不类⑦。欲败度，纵败礼，以速戾于厥躬⑧。天作孽，犹可违⑨；自作孽，不可逭⑩。既往背师保之训⑪，弗克于厥初，尚赖匡救之德，图惟厥终。"

伊尹拜手稽首，曰："修厥身，允德协于下，惟明后。先王子惠困穷⑫，民服厥命，罔有不悦。并其有邦厥邻⑬，乃曰：'徯我后⑭，后来无罚。'王懋乃德，视乃烈祖，无时豫怠⑮。奉先思孝，接下思恭。视远惟明，听德惟聪。朕承王之休无斁⑯。"

《太甲中》记录的是伊尹把太甲从桐宫迎回亳以后，对太甲的教导。其内容可分三部分：第一部分，伊尹迎回太甲，庆幸太甲醒悟。第二部分是太甲悔过的言辞。第三部分伊尹勉励太甲效法汤王，注重德政。

【注解】

①三祀：指太甲继位的第三年。朔：每月的初一。②冕：礼帽。服：礼服。奉：迎。③胥：相互。匡：救助。④辟：君主，这里是统治的意思。⑤眷：顾念。佑：佑助。⑥休：美。⑦厎（zhǐ）：致。类：善。⑧速：招致。戾（lì）：罪过。⑨违：避免。⑩逭（huàn）：逃避。⑪师保：古代辅导和协助帝王的官，这里指伊尹。⑫子（cí）惠：慈爱。子，通"慈"。惠，爱。⑬并：连。⑭徯（xī）：等待。⑮豫：安乐。⑯致（yì）：厌弃。

【译文】

　　太甲继承帝位第三年的十二月初一，伊尹带着帝王的礼帽、礼服迎接太甲回到国都亳，作书说："人民如果没有君主，就不相互扶助而生存下去；君主没有民众，也不能统治四方。上天顾念保佑我们商族，使后继的帝王能够修成美德，这实在是千秋万代的美事。"

　　太甲跪拜叩头，说："我不明白德行的重要，自己招致不好。多欲就败坏法度，放纵就败坏礼制，因此给自己招来了罪过。上天造成的灾祸，还能够逃避；自己造成的灾祸，则无法逃脱。以前我违背了你的教导，没有能够从一开始继承帝位就修养品德，还望依靠你匡扶救助的恩德，谋求我的好结局。"

　　伊尹跪拜叩头说："修养自身，用诚信的美德协调和臣民的关系，这才是英明的君主。先王成汤对困苦贫穷的人很慈爱，民

太甲悔过自新，伊尹从桐宫迎回太甲。

众服从他的命令，没有谁不高兴。连他周围的诸侯国，也这样说：'等待我们的君主吧，君主来了我们就不受刑罚了。'大王你要努力加强修养品德，看看你的祖先，不要这样安乐和懒惰了。尊奉祖先，要想到孝顺；接近臣民，要想到谦恭。目光长远才算眼明，听从善言才算耳聪。如果真能这样，我将享受你的善德而不会厌弃你。"

◎太甲下◎

【原文】

　　伊尹申诰于王曰①："呜呼！惟天无亲，克敬惟亲。民罔常怀②，怀于有仁。鬼神无常享③，享于克诚。天位艰哉！

　　"德惟治④，否德乱。与治同道，罔不兴；与乱同事，罔不亡。终始慎厥与⑤，惟明明后。

　　"先王惟时懋敬厥德，克配上帝⑥。今王嗣有令绪⑦，尚监兹哉⑧。若升高，必自下；若陟遐⑨，必自迩。无轻民事，惟艰⑩；无安厥位，惟危。慎终于始。有言逆于汝心，必求诸道；有言逊于汝志⑪，必求诸非道。

　　"呜呼！弗虑胡获⑫？弗为胡成？一人元良⑬，万邦以贞⑭。君罔以辩言乱旧政⑮，臣罔以宠利居成功⑯，邦其永孚于休⑰。"

【主旨讲解】

《太甲下》记录太甲改悔之后，伊尹对太甲的再三告诫。其内容可分三部分：第一部分伊尹申述天位难保，要始终施行德政。第二部分告诫太甲要居安思危，行事要谨慎。第三部分阐明了施行德政的方法，要各尽其责。

太甲回亳以后，伊尹勉励太甲注重德政。

【注解】

①申：反复。诰：告诫。②怀：归附。③享：鬼神享食祭品，此指保佑。④治：太平。⑤与：选择。⑥配：符合。⑦令：善，美好。绪：功业。⑧尚：表祈请的副词。监：看。⑨陟（zhì）：行走。遐：远。⑩惟：思。⑪逊：恭顺。⑫胡：何，怎么。⑬一人：指天子。元：大。良：善。⑭贞：纯正。⑮辩言：巧辩之言。⑯宠利：恩宠和利禄。⑰孚：保持。

【译文】

伊尹再三告诫太甲说："啊！上天不会固定不变地亲近一个人，它亲近那些对它恭敬的人。民众不会固定地归附于一个君主，他们归附仁爱的君主。鬼神不会固定享用一个人的祭祀，它们保佑那些能诚信的人。可见，居天子之位很不容易啊！

"施行德政，天下就会太平；不行德政，天下就会大乱。采取太平之世的治理方法，没有不兴盛的，采用大乱时的治理方法，没有不灭亡的。自始至终要谨慎地选用治理措施，才是最英明的君主。

"先王成汤想到这些，才努力谦敬地修养自己的德行，使自己的所作所为能够符合上帝的意愿。现在你继承了美好的功业，希望你看到这一点啊。想要登到高处，一定要从低处开始；想要走到远处，一定要从近处起步。不要轻视民众的事情，要想到它的难处；不要安于君位，要想到它的危险。谨慎要有始有终。有些话不合你的心意，你一定要从道义上考虑衡量；有些话很顺你的心意，你一定要衡量它是否违背道义。

"啊！不思考怎么会有收获？不做事怎么会有成就？天子的德行完美无缺，天下风气就会纯正。君王不要用巧辩扰乱昔日的德政，臣民不要凭仗恩宠和利禄而居功，这样，国家将长久地保持美好的面貌。"

◎咸有一德◎

【原文】

伊尹作《咸有一德》①。

伊尹既复政厥辟②，将告归③，乃陈戒于德④。

曰："呜呼！天难谌⑤，命靡常。常厥德，保厥位。厥德匪常，九有以亡⑥。夏王弗克庸德⑦，慢神虐民。皇天弗保，监于万方，启迪有命，眷求一德⑧，俾作神主。惟尹躬暨汤，咸有一德，克享天心⑨，受天明命，以有九有之师，爰革夏正⑩。

"非天私我有商⑪，惟天佑于一德；非商求于下民，惟民归于一德。德惟一，动罔不吉；德二三⑫，动罔不凶。惟吉凶不僭在人⑬，惟天降灾祥在德。

"今嗣王新服厥命⑭，惟新厥德⑮。终始惟一，时乃日新。任官惟贤材，左右惟其人⑯。臣为上为德，为下为民⑰。其难其慎⑱，惟和惟一。德无常师⑲，主善为师⑳。善无常主，协于克一。俾万姓咸曰：'大哉！王言。'又曰：'一哉！王心'。克绥先王之禄㉑，永底烝民之生㉒。

"呜呼！七世之庙，可以观德；万夫之长，可以观政。后非民罔使；民非后罔事㉓。无自广以狭人，匹夫匹妇，不获自尽㉔，民主罔与成厥功㉕。"

伊尹打算退隐终老，再次劝诫太甲勤于修德。

【主旨讲解】

太甲从桐宫回到亳以后，伊尹交还政权，打算回到自己的私邑退隐终老，但又担心太甲德不纯一，就再次训诫太甲。史官记录这件事，用文中的"咸有一德"作为本篇的题目。

《咸有一德》的内容可分四部分：第一部分是序。第二部分说明伊尹作训的原由。第三部分用历史事实说明道德纯一就吉，不纯一就凶。第四部分告诫太甲要勤于修德，善于用人，不可妄自尊大。

《咸有一德》是伪古文。

【注解】

①咸：都。一：纯一。②复：还给。③告：请求。归：回到自己的封地。④乃：于是。陈：陈述。于：以。⑤谌（chén）：信。⑥九有：九州。⑦庸：常。⑧眷：视。⑨享：当，适应。天心：天意。⑩爰：于是。革：更改，革除。正（zhēng）：一年的第一天。古代改朝换代，必须重新规定正朔。⑪私：偏爱。⑫二三：反复不定，不专一。⑬僭（jiàn）：差错。⑭服：担当。⑮新：更新。⑯左右：指辅佐帝王的大臣。⑰"臣为上"两句：为上：帮助君王。为德：施行政务。为下：帮助下属。为民：治理民众。⑱难：难于任用。慎：慎于听察。⑲师：师法，范例。⑳主：正，准则。㉑绥：定。禄：福禄。㉒底：达到。烝（zhēng）：美好。㉓事：尽力，效忠。㉔自尽：尽自己的努力。㉕民主：指天子。

伊尹用历史事实告诫太甲，道德纯一就吉利。

【译文】

伊尹作《咸有一德》。

伊尹把政权交还给太甲以后，打算请求返回自己的私邑退隐，于是陈述修德的事，用以告诫太甲。

伊尹说："唉！上天的旨意是难以理解的，因为天命无常。君王如果能经常地修善养德，就能够使自己的地位安定。如果不能经常修德，国家就会因此灭亡。夏桀不能经常修德，慢怠神明，虐待民众。上天对此感到不安，明察天下，开导有天命的人，眷念寻求纯一之德，使他成为百神之主。只有我和成汤，都具有纯一的德

行，能够适应天意，承受天命，因此拥有九州的民众。于是，更改夏的正朔，灭夏而建立了商。

"不是上天偏爱我们商族，而是上天要扶助有纯一之德的人；并不是商族向民众求助，而是民众归附具有纯德的人。德行纯一，行动起来无不吉利；德行反复无常，行动起来无不凶险。吉凶不会出现偏差是因为上天观察了人的所作所为，上天降灾赐福也是根据人的德行而定的。

"现在大王你重新担当起天子的使命，要更新自己的品德。要始终如一，坚持不懈，这样你的德行就会日日更新。任用官员要选择有德有能的人，辅佐你的大臣更应该是这样的人。大臣应该辅助君王施行德政，辅助下属治理民众。这样的人很难选到，所以要慎重考虑，必须是能与你通力合作、同心同德的人。道德没有固定不变的法则，以善为标准就可作为范例。善也没有固定不变的标准，只要能够纯一就算符合。这样就会使得人人都说：'多么伟大啊！君王的话。'又说：'多么纯一啊！君王的心。'这样，就能够安享先王的福禄，长久地达到使民众的生活美好。

"啊！从七代祖先的宗庙，能够看到功德；从亿万民众的首领身上，能够看到政绩。君王没有民众就无人役使；民众没有君主就无处效忠。不要以为自己宏大而别人狭小，平民百姓如果不能尽力效忠，那么，君王就不会得到别人的辅佐而成就功业。"

◎盘庚上◎

【原文】

盘庚五迁①，将治亳殷②，民咨胥怨③。作《盘庚》三篇。

盘庚迁于殷。民不适有居④，率吁众戚出⑤，矢言⑥。曰："我王来，既爰宅于兹⑦，重我民，无尽刘⑧。不能胥匡以生，卜稽⑨，曰其如台⑩？先王有服⑪，恪谨天命⑫。兹犹不常宁⑬？不常厥邑，于今五邦⑭！今不承于古⑮，罔知天之断命，矧曰其克从先王之烈⑯？若颠木之有由蘖⑰，天其永我命于兹新邑？绍复先王之大业，底绥四方⑱。"

盘庚敩于民⑲，由乃在位以常旧服⑳，正法度。曰："无或敢伏小人之攸箴㉑！"王命众，悉至于廷。

王若曰㉒："格汝众，予告汝训汝，猷黜乃心㉓，无傲从康㉔。古我先王，亦惟图任旧人共政㉕。王播告之修㉖，不匿厥指，王用丕钦㉗；罔有逸言㉘，民用丕变。今汝聒聒㉙，起信险肤㉚，予弗知乃所讼㉛。

"非予自荒兹德，惟汝含德，不惕予一人㉜。予若观火，予亦拙谋作㉝，乃逸。若网在纲，有条而不紊㉞；若农服田，力穑乃亦有秋㉟。

盘庚告谕群臣，为避免水患，决定把国都迁往殷。

汝克黜乃心，施实德于民，至于婚友㊱，丕乃敢大言汝有积德㊲！乃不畏戎毒于远迩㊳，惰农自安，不昏作劳㊴，不服田亩，越其罔有黍稷㊵。

"汝不和吉言于百姓㊶，惟汝自生毒，乃败祸奸宄㊷，以自灾于厥身。乃既先恶于民㊸，乃奉其恫㊹，汝悔身何及？相时憸民㊺，犹胥顾于箴言，其发有逸口㊻，矧予制乃短长之命㊼？汝曷弗告朕，而胥动以浮言，恐沈于众㊽？若火之燎于原，不可向迩，其犹可扑灭？则惟汝众自作弗靖㊾，非予有咎。

"迟任有言曰㊿：'人惟求旧，器非求旧，惟新。'古我先王暨乃祖乃父胥及逸勤[51]，予敢动用非罚(52)？世选尔劳(53)，予不掩尔善。兹予大享于先王(54)，尔祖其从与享之(55)。作福作灾，予亦不敢动用非德(56)。

“予告汝于难，若射之有志(57)。汝无侮老成人(58)，无弱孤有幼。各长于厥居，勉出乃力，听予一人之作猷。无有远迩，用罪伐厥死(59)，用德彰厥善。邦之臧(60)，惟汝众；邦之不臧，惟予一人有佚罚(61)。

“凡尔众，其惟致告(62)：自今至于后日，各恭尔事，齐乃位(63)，度乃口(64)。罚及尔身，弗可悔。”

【主旨讲解】

《盘庚》三篇是商代奴隶制王朝第十九任国王盘庚在迁都时对臣民的三次讲话，并附大臣转述他的一次简短的讲话。在西汉时，大、小夏侯氏两家的《今文尚书》中全为一篇。

【注解】

①五迁：第五次迁都。②治亳殷：应为“始宅殷”。③咨：嗟叹。胥：相。④适：往。⑤率：因此。吁：呼。戚：亲近的大臣。⑥矢：陈述。⑦爰：易，改变。兹：这里，指奄。⑧刘：杀，这里是伤害的意思。⑨稽：察考。⑩曰：语助词。其：将。如台（yí）：如何。⑪服：事。⑫恪：恭敬。谨：谨慎。⑬犹：还。常：久。⑭邦：这里指都城。⑮古：指先王恪谨天命。⑯矧（shěn）：况且。烈：功业。⑰颠：倒。由：倒下的树长出新的枝条。蘖（niè）：树木被砍伐后的残余部分长出新芽。⑱绥：安。⑲敩（xiào）：教，开导。⑳由：正。乃：其。常：遵守。旧服：旧制。㉑或：有人。伏：凭借。箴：规劝。㉒若：这样。㉓猷（yóu）：打算。黜：除去。㉔从：追求。康：安乐。㉕旧人：长期居官位的人。㉖播：布。修：施行。㉗“不匿”两句：指：通“旨”，旨意。钦：敬重。㉘逸：过错。㉙聒聒：喧嚷，指拒绝好意而自以为是。㉚起：兴起。信（shēn）：通“伸”，申说。肤：肤浅。㉛讼：争辩。㉜惕：通“施”，给予。㉝谋作：谋略和劳作。㉞“若网”两句：纲：网的总绳。紊：乱。㉟穑：收获，泛指耕作。秋：收成。㊱婚：姻亲。㊲丕乃：于是。㊳乃：如果。戎：大。毒：害。㊴昏（mǐn）：勤勉，努力去做。㊵越其：于是就。㊶和：宣布。㊷败：危败。奸：在外作恶。宄：在内作恶。㊸先：倡导。㊹奉：承受。恫：痛苦。㊺相：看。憸（xiān）民：小民。㊻逸口：错误言论。㊼制：掌握。㊽恐：恐吓。沈：通“扰”，煽动迷惑。㊾靖：善。㊿迟任：古代的贤明史官。(51)胥：相互。逸：安乐。(52)非罚：不恰当的惩罚。(53)选：数说。劳：功劳。(54)享：祭祀宗庙。祭祀天神叫祀，祭祀地祇叫祭，祭祀人鬼叫享。(55)从：跟。古代天子祭祀祖先时，也让功臣的祖先同时享受祭祀。(56)非德：不恰当的恩惠。(57)志：射箭的标识，指箭靶。(58)侮老：见人老而加以轻视。(59)罪：刑罚。死：恶。(60)臧（zāng）：善。(61)佚：过失。罚：罪过。(62)惟：思考。致：传达。告：告诫。(63)齐：正。(64)度：通“杜”，闭。

【译文】

盘庚第五次迁都，将要开始到殷地居住，百姓（不高兴，）都在叹息、埋怨。后代史官据此写了《盘庚》三篇。

盘庚决定将都城迁到殷。民众不愿去那个地方，于是呼吁一些贵戚大臣出来，请他们向盘庚陈述意见。大臣们说：“我们的君王南庚迁到这里，改换居住之所而住在奄这个地方，这是重视我们臣民，不使我们受到伤害。然而现在我们不能互相救助，以求生存，用占卜来察考

盘庚责备群臣贪图安逸，并申明对群臣赏罚。

盘庚开导民众不要贪求安逸，迁都可以把实际的好处施于民众。

一下，将怎么样呢？先王凡是处理政事，都会恭敬谨慎地遵从天命。这样，还不能保持长久的安宁吗？不能长久住在一个地方，到现在已经是第五次迁都了！现在不继承先王敬顺天命的传统，就不知道上帝将断绝我们的国运，更何况说能继承先王的事业呢？迁都之举就好像倒伏的树又长出了新枝，残留的树桩又生出嫩芽一样，（经受不住挪动，）难道上天会使我们的国运在这个新都永久延续下去吗？我们要在这里继续复兴先王的大业，使天下安定太平。"

盘庚开导臣民，又教导在位的大臣谨守旧制，整饬法度。他说："不许有人借着小民的规劝而反对迁都！"于是，盘庚命令众人都到朝廷上来接受训诫。

盘庚这样说："来吧！诸位，我要告诉你们一些训词，用来开导你们。我打算除去你们的私心，使你们不再放纵傲慢。从前我们的先王，也只是谋求任用旧臣共同处理政事。先王施行教令，他们从不隐瞒教令的旨意，先王因此敬重他们。他们从未说过不当的言论，因此民情发生了很大变化。今天你们在这里吵吵嚷嚷，自以为是，站出来阐述危险浮夸的言和论，我不知道你们想争辩什么。

"并不是我自己放弃了先王重用旧臣的美德，而是你们把好意包藏起来，不肯献给我。我对现在的形势像看火一样那么清楚，只是我不善于谋划和行动，这是我的失误。就像把网结在纲上，才能有条理而不紊乱；就像农民在田间劳作，只有努力耕种才有大收获。你们若是能够摒除私心，把实际的好处施给百姓，以至于亲戚朋友，那样才敢扬言自己积下大德。如果你们不担心远近出现大灾害，而像怠惰的农民一样安逸享乐，不致力于农事，不在田间劳作，那样就不会收获黍稷了。

"你们不向民众宣布好的言论，这是你们自己种下的祸根；你们做危害天下之事，最终将会自己害自己。假如你们已经引诱人们做了坏事，你们就要勇于承受它所带来的灾祸，你们自己后悔又有什么用呢？看看这些小民吧，他们尚且在意规劝的话语，担心从自己的口中说出错误言论，何况我掌握着你们寿命的长短呢？你们为何不把反对迁都的想法直接告诉我，却用这些浮夸言论互相鼓动，恐吓煽动民众呢？这就好比大火在原野上燃烧一样，不能迎面接近它，难道还能扑灭它吗？这都是你们自己做了不好的事情，而不是我犯了过错。

"迟任说过：'用人要用长期担任官职的旧人，用器物却不能用旧的，要用新的才好。'过去我的先王与你们的祖辈、父辈同甘共苦，我怎么敢对你们滥施刑罚呢？后世将会数说诸位的功劳，而我也不会掩盖你们的善举。现在我要祭祀先王，你们的祖先也将跟着享受祭祀。虽然我可以向你们赐福或是降灾，但是我不敢动用不恰当的赏赐或是惩罚。

"我在危难之中告诉你们，你们要像射箭的箭靶一样（不能偏离我的旨意）。你们不要轻视年老的人，也不要轻视年幼的人。你们各自领导着自己封地上的臣民，要勉励他们贡献自己的力量，依照我的计谋行事。不管是疏远的人还是亲近的人，我都要用刑罚惩治那些作恶的，用赏赐表彰那些行善的。国家治理好了，那是大家的功劳；国家治理得不好，那就是我的过错。

"你们众人，要认真考虑我的告诫之词：从今以后，各人都要恭敬谨慎地履行你们的职责，摆正你们的位置，闭上你们的嘴（不许乱说）。否则，惩罚到你们身上的时候，可千万不要后悔！"

❀◎盘庚中◎❀

【原文】

盘庚作①，惟涉河以民迁②。乃话民之弗率③，诞告用亶④。其有众咸造⑤，勿亵在王庭⑥。盘庚乃登进厥民⑦。

曰："明听朕言，无荒失朕命⑧！呜呼！古我前后⑨，罔不惟民之承保。后胥戚鲜⑩，以不浮于天时⑪。殷降大虐⑫，先王不怀厥攸作⑬，视民利用迁⑭。汝曷弗念我古后之闻？承汝俾汝惟喜康共⑮，非汝有咎比于罚⑯。予若吁怀兹新邑，亦惟汝故，以丕从厥志。

盘庚在即将迁都前，用诚恳的态度尽力劝告不服从迁移的民众。

"今予将试以汝迁，安定厥邦。汝不忧朕心之攸困⑰，乃咸大不宣乃心⑱，钦念以忧动予一人⑲。尔惟自鞠自苦⑳！若乘舟，汝弗济，臭厥载㉑。尔忱不属㉒，惟胥以沈㉓。不其或稽，自怒曷瘳㉔？汝不谋长以思乃灾，汝诞劝忧㉕。今其有今罔后㉖，汝何生在上？

"今予命汝一，无起秽以自臭㉗，恐人倚乃身，迁乃心㉘。予迓续乃命于天㉙，予岂汝威，用奉畜汝众㉚。

"予念我先神后之劳尔先㉛，予丕克羞尔㉜，用怀尔然。失于政，陈于兹㉝，高后丕乃崇降罪疾㉞，曰'曷虐朕民？'汝万民乃不生生㉟，暨予一人猷同心，先后丕降与汝罪疾，曰：'曷不暨朕幼孙有比㊱？'故有爽德㊲，自上其罚汝，汝罔能迪㊳。

"古我先后既劳乃祖乃父，汝共作我畜民㊴。汝有戕则在乃心㊵！我先后绥乃祖乃父㊶，乃祖乃父乃断弃汝，不救乃死。兹予有乱政同位㊷，具乃贝玉㊸。乃祖乃父丕乃告我高后曰：'作丕刑于朕孙！'迪高后丕乃崇降弗祥㊹！

"呜呼！今予告汝：不易㊺！永敬大恤㊻，无胥绝远㊼！汝分猷念以相从㊽，各设中于乃心㊾。乃有不吉不迪㊿，颠越不恭(51)，暂遇奸宄(52)，我乃劓殄灭之(53)，无遗育(54)，无俾易种于兹新邑(55)。

"往哉生生！今予将试以汝迁，永建乃家。"

【主旨讲解】

本篇记录的是即将迁都时盘庚对庶民的告诫。说明迁都是继承先王遗愿，安定国家、为民着想。并且警告民众不要离心失德，明确发布了迁都前的禁令。

【注解】

①作：立为君。②惟：谋，考虑。涉：渡。河：特指黄河。③话：会合。率：遵循。④诞：大。亶：诚。⑤造：到。⑥勿亵：联绵词，不安的样子。⑦登：升，进，向前。⑧荒：废。失：通"佚"，轻忽的意思。⑨前后：先王。⑩胥：清楚。鲜：明白。⑪浮：罚。⑫殷：盛，大。虐：灾，这里指洪水泛滥。⑬怀：安。⑭用：以。⑮承：顺。俾：从。康：安康。共：通"拱"，稳定。⑯咎：过错。比：入。⑰困：苦。⑱宣：和顺。⑲钦：很。⑳鞠：穷困。㉑臭：朽，败。载：事。㉒属：合作。㉓胥以：相与。㉔"不其"两句：其：助词。或：克，能够。瘳（chōu）：病愈。㉕劝

乐，安于。㉖其：将。㉗起秽：扬起污秽，比喻传播谣言。㉘迁：邪。㉙迓（yà）：劝请。㉚奉：助。畜：养。㉛神后：神明的君主。劳：烦劳。㉜羞：进献。㉝陈：居处。㉞丕乃：于是就。崇：重。㉟乃：如果。生生：营生。㊱幼孙：盘庚自指。有比：亲近。㊲爽：差错。㊳迪：逃。㊴作：为。㊵有：又。戕：残害。则：通"贼"，害。㊶绥：告诉。㊷乱政：指乱政的大臣。同位：同事，共同管理朝政。㊸乃：其。贝玉：泛指财物。㊹迪：助词。㊺易：轻率。㊻敬：同"儆"，戒。恤：忧患。㊼胥：相。绝远：隔绝疏远。㊽分：当。㊾中：和衷共济的意思。㊿乃：如果。吉：善。迪：道，正路。(51)越：违背。(52)暂：通"渐"，欺诈。遇：通"隅"，奸邪。(53)劓（yì）：割断。殄：灭绝。(54)育：通"胄"，后代。(55)易：延续。种：后代。

【译文】

盘庚做了天子之后，打算渡过黄河率领臣民迁移。于是，召集那些不愿迁移的百姓，恭敬诚恳地告诫他们。那些百姓都来了，惴惴不安地站立在王庭上。盘庚于是登上高处，招呼他们到前面来。

盘庚说："你们要听清楚我所说的话，不要忽视我的命令！啊！当初我们的先王，没有不想顺承民意、安定百姓的。做君主的和做臣子的都清楚这些事，所以没有受到天帝的惩罚。当天帝降下灾祸的时候，君主居住在自己的都邑中，感到惴惴难安，于是考察民众的利益而迁移。你们怎么不想想我们先王的所做的这些事情呢？（现在我这么做，是为了）顺从你们喜欢安乐和稳定的心愿，而不是为了你们惹下灾祸而惩罚你们。我这样呼吁你们迁徙到新都，也是为了使你们躲避灾祸，并且尽力遵从先王的意愿。

"现在我打算率领你们迁移，使天下太平安定。你们不顾虑我心中的困苦，你们的心气居然如此不和顺，很想用些错误的言论来动摇我。你们自食恶果，被逼得走投无路了，就像坐在船上，却不能渡河过去，这将会坏掉大事。你们故意不和我合作，那就只有一起沉下去了。你们不和我协同一致，却在那里自怨自艾，这又有什么用处呢？你们不作长久打算，不敢面对即将发生的灾祸，你们实在是太安于忧患了。这样发展下去，将会有今天而没有明天了，那么你们还怎么在这片土地上生存下去呢？

"现在我命令你们同心同德，不要扬起污秽来败坏自己，恐怕有人指使你们的身子偏邪，使你们的心地邪恶。我向上天请求延续你们的生命，我怎么会威胁你们呢？我只是想奉养你们众位啊！

"我知道我们圣明的先王以前烦劳过你们的祖先，所以才向你们进献我的意见，以此来表达我对众位的关怀。倘若我耽误了政事，使众位长久居住在这里，先王就会重重地降下罪责，训斥我道：'为什么虐待我的臣民？'你们四方之民如果不去谋生，不和我同心同德，先王也会对你们降下罪责，斥问你们道：'为什么不亲近我的子孙呢？'因此，犯下过错，上天就要惩罚你们，你们是无法避免灾祸的。

"当初我的先王已经烦劳过你们的祖先和父辈，你们作为我养育的臣民，内心却充满恶念。我的先王将会把你们的所作所为告诉你们的祖先和父辈，你们的祖先和父辈一定会坚决抛弃你们，不去挽救你们死亡的命运。如今有一些乱政的大臣和我一起处理朝政，他们只知道聚敛财物。你们的祖先和父辈就告诉我的先王：'对我们的子孙施以重刑吧！'于是先王就会重重地降下灾祸。

"啊！现在我要告诫你们：不要草率行事！要时刻警惕大的祸

民众接受告诫后，盘庚率领民众迁往殷。

患，不要互相疏远！你们应当考虑顺从我，每个人的心里都要想着与我和衷共济。如果有人不做善事，不走正道，违法不恭，欺诈奸邪，任意妄为，我就要杀掉他，而且还断绝他的后嗣，不让他的后人在新都城繁衍生息。

"去吧，谋生去吧！现在我将率领你们迁徙到新都城，在那里建立你们永久的家园。"

◎盘庚下◎

【原文】

盘庚既迁，奠厥攸居①，乃正厥位，绥爰有众②。

曰："无戏怠，懋建大命③！今予其敷心腹肾肠④，历告尔百姓于朕志⑤。罔罪尔众，尔无共怒，协比谗言予一人⑥。

"古我先王，将多于前功⑦，适于山⑧。用降我凶⑨，德嘉绩于朕邦⑩。今我民用荡析离居⑪，罔有定极⑫，尔谓朕曷震动万民以迁⑬？肆上帝将复我高祖之德⑭，乱越我家⑮。朕及笃敬⑯，恭承民命，用永地于新邑。肆予冲人⑰，非废厥谋，吊由灵各⑱；非敢违卜，用宏兹贲⑲。

"呜呼！邦伯师长百执事之人⑳，尚皆隐哉㉑！予其懋简相尔念敬我众㉒。朕不肩好货㉓，敢恭生生㉔，鞠人谋人之保居，叙钦㉕。今我既羞告尔于朕志若否㉖，罔有弗钦㉗。无总于货宝㉘，生生自庸㉙。式敷民德㉚，永肩一心㉛。"

【主旨讲解】

本篇是迁都之后盘庚告诫大臣的训辞，其内容可分两部分：第一部分是盘庚重申迁都的原因和目的；第二部分是盘庚向诸侯及大臣表白心迹。

迁都之后，盘庚两次向诸侯重申迁都的意义。

【注解】

①奠：定。攸：听。②绥：告诉。爰：于。众：群臣。③建：指重建家园。④敷：布。心腹肾肠：指肺腑之言。⑤历：数说。百姓：百官。志：意。⑥协比：协同一致。⑦多：光大。⑧适：往。⑨用：因此。降：减少。凶：灾祸。⑩德：升。⑪荡析：指洪水泛滥。⑫极：止。⑬震动：惊动。⑭肆：今。⑮乱：治。越：扬。⑯及：汲汲，急切的样子。笃：厚。⑰肆：所以。冲人：年幼的人，这里是盘庚自指。⑱吊：善。灵：神，指上帝。各：同"格"，指谋度。⑲宏：宏扬。贲（bì）：美。⑳邦伯：邦国之长，指诸侯。师长：众位官长。百执事：执行具体事务的众位官员。㉑尚：表祈请的副词。隐：考虑。㉒简：阅。简相：视察。相：视。念：顾念。㉓肩：任用。好：喜好。㉔恭：举用。㉕"鞠人"两句：鞠：养育。保：安。叙：次序。钦：敬。㉖若：顺同。㉗钦：顺从。㉘总：聚敛。㉙庸：功劳。㉚式：应当。㉛肩：能够。

【译文】

盘庚已经把都城迁到了殷地，安排好了所有臣民的邑里居处，这才巩固了他的帝位，然后召集群臣，在朝廷上向他们发布告诫之词。

盘庚说："不要嬉戏，也不要懒惰，要努力把重建家园的使命完成好。现在我要向众位臣子说出肺腑之言。我不是要惩罚你们，你们不要对我发怒，也不要联合起来一起诽谤我。

"当初，我们的先王要发扬光大前人的功业，于是迁到高地。因此很少遇上洪灾，他们实在是为国家立下了大功。如今我们的人民因饱受洪灾之苦而流离失所，没有安定的居所，你们却来问我：为什么惊动民众来迁都呀？这是因为上帝要复兴我们祖先的美德，发扬光大我们国家的美好传统。所以我谨慎地效法先王，恭敬地拯救民命，所以迁徙到殷地，并永久地居住在这座都邑里。现在我不是想废弃众人的意见，而是要顺从上帝的旨意。我不是想违背龟卜的预兆，而是想发扬光大上帝的美德。

"啊！诸位诸侯、官长及各级官员，你们都要好好想想自己的职责，我将认真观察你们，考察你们照顾敬重民众的情况。我绝不会任用那些贪财之人，而只任用那些帮助民众谋生的人。对于那些能够养育人民并且能够使民众安居的人，我都会依次敬重他们。现在我已把我内心的好恶告诉你们了，不要不顺从我的好恶。你们不要聚敛财富，要孜孜不倦地帮助民众谋生而各建功勋。应当施恩惠于民众，永久地做到齐心协力，共建家园。"

◎微 子◎

【原文】

殷既错天命①，微子作诰父师、少师②。

微子若曰③："父师、少师，殷其弗或乱正四方④！我祖厎遂陈于上⑤，我用沈酗于酒⑥，用乱败厥德于下⑦。殷罔不小大好草窃奸宄⑧，卿士师师非度⑨。凡有罪辜，乃罔恒获⑩。小民方兴⑪，相为敌仇。今殷其沦丧，若涉大水，其无津涯⑫。殷遂丧，越至于今⑬！"

曰："父师、少师，我其发出狂⑭？吾家耄逊于荒⑮？今尔无指告⑯，予颠隮⑰，若之何其⑱？"

父师若曰："王子！天毒降灾荒殷邦⑲，方兴沈酗于酒，乃罔畏畏⑳，咈其耇长旧有位人㉑。今殷民乃攘窃神祇之牺牷牲用以容㉒，将食无灾㉓。降监殷民，用乂仇敛㉔，召敌仇不怠㉕。罪合于一，多瘠罔诏㉖。

"商今其有灾，我兴受其败㉗；商其沦丧，我罔为臣仆。诏王子出迪㉘。我旧云刻子、王子弗出㉙，我乃颠隮。自靖㉚！人自献于先王，我不顾行遁㉛。"

【主旨讲解】

《微子》是商朝败亡之前，纣王弟弟微子向王朝太师、少师请问个人如何应付的对话记录。

【注解】

①错：错乱，废弃。②父师、少师：都是官名。③若：这样。④其：恐怕，大概。或：通"克"，能够。乱：治。⑤我祖：指成汤。遂：法。陈：陈列。⑥我：我们的君王，指纣王。用：由于。沈：通"沉"，沉湎。酗：发酒疯。⑦用：因此。乱：淫乱。厥德：指成汤的美德。下：指后世。⑧小：指小民。大：指群臣。草：同"抄"，掠夺。奸宄：犯法作乱。⑨师师：众官长。非：违背。度：法度。⑩乃：却。恒：常。⑪方：并。兴：兴起。⑫津：渡口。涯：水岸。⑬越：语首助词。今：这。⑭狂：同"往"。⑮家：住在家里。耄（mào）：年老。逊：逃避。⑯指告：指点告诉。⑰隮：坠落。⑱其：语气助词。⑲毒：深重。⑳乃：却。畏畏：害怕天威。㉑咈（fú）：违背。耇：年老。㉒攘：顺手拿取。窃：专程去偷盗。神：天神。祇：地神。牷：用于祭祀的毛色纯一的牲畜。牷：用于祭祀的纯色的整体牲畜。牲：猪、牛、羊三牲。用：祭器。容：隐藏。㉓将：拿。㉔乂：杀。仇：同"稠"，多。敛：收集赋税。㉕召：招致。怠：宽缓。㉖瘠：疾苦。诏：告。㉗兴：起。败：灾祸。㉘诏：劝告。迪：逃。㉙旧：久。刻子：指箕子，纣的叔父，因劝谏纣王而被囚禁。㉚靖：谋划，打算。㉛遁：逃亡。

【译文】

殷商背弃天命，微子作诰词，与父师、少师商量对策。

微子这样说道："父师、少师，大概我们殷商是不能治理好天下了。我们的高祖成汤制定的法度在先，而现在纣王却因为纵酒酗酒，败坏了高祖的美德。殷商的大小臣民无不劫夺偷盗，作奸犯科，官员们都不遵行法度。凡是有罪的人，往往都得不到惩治。小民们起来反抗，与我们相互敌视。现在殷商恐怕将要灭亡了，这就好像渡河时找不到渡口一样。殷商背弃天命，竟然到了现在这种地步了！"

微子接着说："父师、少师，我是出走逃亡呢，还是在家里终老而退避荒野呢？现在你们不指点告诉我，真要是到了殷商灭亡的时候，我该怎么办啊！"

父师这样说道："王子啊！上天向我们殷商降下大祸，要荒废我们的国家，而国君和大臣们却沉溺于酒中，丝毫不畏惧上天的威严，违背德高望重的旧臣的教诲。现在殷商的臣民居然盗窃祭祀天地神灵的各种贡品、祭器，把它们藏匿起来，或是拿出来使用，或是拿出来吃，都没有受到惩罚。上天监护着殷商的百姓，而君王却大肆杀戮、横征暴敛，招致民怨也不肯放松。这些罪行都集中在国君一人身上，众多的受害者痛苦不堪却无处申诉。

"殷商如果现在发生灾祸，我们都要蒙受灾难；殷商如果灭亡了，我们不能去做别人的奴隶。我奉劝王子你还是逃出去吧。我早就说过，箕子、王子如果不出逃，我们国家就要彻底灭亡了。你还是自己做决断吧！人人都要对先王的事业作出贡献，我不再考虑了，我马上就要出走了。"

纣继承帝位后荒淫无度，微子规劝无用，向父师请教去留。

周 书

◎洪 范◎

【原文】

武王胜殷，杀受，立武庚^①，以箕子归。作《洪范》。

惟十有三祀^②，王访于箕子。王乃言曰："呜呼！箕子，惟天阴骘下民^③，相协厥居^④，我不知其彝伦攸叙^⑤。"

箕子乃言曰："我闻在昔，鲧堙洪水^⑥，汩陈其五行^⑦。帝乃震怒，不畀洪范九畴^⑧，彝伦攸斁^⑨。鲧则殛死^⑩，禹乃嗣兴^⑪，天乃锡禹洪范九畴^⑫，彝伦攸叙。

"初一曰五行^⑬，次二曰敬用五事^⑭，次三曰农用八政^⑮，次四曰协用五纪^⑯，次五曰建用皇极^⑰，次六曰乂用三德^⑱，次七曰明用稽疑^⑲，次八曰念用庶征^⑳，次九曰向用五福^㉑，威用六极^㉒。

"一、五行：一曰水，二曰火，三曰木，四曰金，五曰土。水曰润下，火曰炎上，木曰曲直，金曰从革，土爰稼穑^㉓。润下作咸^㉔，炎上作苦，曲直作酸，从革作辛^㉕，稼穑作甘。

"二、五事：一曰貌，二曰言，三曰视，四曰听，五曰思。貌曰恭，言曰从，视曰明，听曰聪，思曰睿^㉖。恭作肃，从作乂，明作晰，聪作谋，睿作圣^㉗。

"三、八政：一曰食，二曰货，三曰祀，四曰司空，五曰司徒，六曰司寇，七曰宾，八曰师^㉘。

"四、五纪：一曰岁，二曰月，三曰日，四曰星辰，五曰历数^㉙。

"五、皇极：皇建其有极。敛时五福^㉚，用敷锡厥庶民^㉛，惟时厥庶民于汝极^㉜。锡汝保极^㉝：凡厥庶民，无有淫朋^㉞，人无有比德^㉟，惟皇作极。凡厥庶民，有猷有为有守^㊱，汝则念之。不协于极，不罹于咎^㊲，皇则受之^㊳。而康而色^㊴，曰：'予攸好德^㊵。'汝则锡之福。时人斯其惟皇之极^㊶。无虐茕独而畏高明^㊷。人之有能有为，使羞其行^㊸，而邦其昌。凡厥正人，既富方谷^㊹，汝弗能使有好于而家，时人斯其辜^㊺。于其无好德，汝虽锡之福，其作汝用咎^㊻。无偏无陂^㊼，遵王之义^㊽；无有作好，遵王之道；无有作恶，遵王之路。无偏无党^㊾，王道荡荡^㊿；无党无偏，王道平平⁽⁵¹⁾；无反无侧⁽⁵²⁾，王道正直。会其有极，归其有极。曰⁽⁵³⁾：皇，极之敷言⁽⁵⁴⁾，是彝是训⁽⁵⁵⁾，于帝其训⁽⁵⁶⁾。凡厥庶民，极之敷言，是训是行，以近天子之光。曰：天子作民父母，以为天下王。

"六、三德：一曰正直，二曰刚克⁽⁵⁷⁾，三曰柔克。平康正直⁽⁵⁸⁾，强弗友刚克，燮友柔克⁽⁵⁹⁾。沈潜刚克⁽⁶⁰⁾，高明柔克。惟辟作福，惟辟作威，惟辟玉食⁽⁶¹⁾。臣无有作福作威玉食。臣之有作福作威玉食，其害于而家，凶于而国。人用侧颇僻，民用僭忒⁽⁶²⁾。

"七、稽疑：择建立卜筮人⁽⁶³⁾，乃命卜筮。曰雨，曰霁，曰蒙，曰驿，曰克，曰贞，曰悔，凡七⁽⁶⁴⁾。卜五，占用二，衍忒⁽⁶⁵⁾。立时人作卜筮。三人占，则从二人之言。汝则有大疑，谋及乃心⁽⁶⁶⁾，谋及卿士，谋及庶人，谋及卜筮。汝则从，龟从，筮从，卿士从，庶民从，是之谓大同。身其康强，子孙其逢⁽⁶⁷⁾，吉。汝则从，龟从，筮从，卿士逆，庶民逆，吉。卿士从，龟从，筮从，汝则逆，庶民逆，吉。庶民从，龟从，筮从，汝则逆，卿士逆，吉。汝则从，龟从，筮逆，卿士逆，庶民逆，作内吉⁽⁶⁸⁾，作外凶。龟筮共违于人，用静吉，用作凶。

"八、庶征：曰雨，曰旸[69]，曰燠[70]，曰寒，曰风。曰时五者来备[71]，各以其叙[72]，庶草蕃庑[73]。一极备[74]，凶；一极无，凶。曰休征[75]：曰肃，时雨若[76]；曰乂，时旸若；曰晰，时燠若；曰谋，时寒若；曰圣，时风若。曰咎征：曰狂[77]，恒雨若；曰僭[78]，恒旸若；曰豫[79]，恒燠若；曰急，恒寒若；曰蒙[80]，恒风若。曰王省惟岁[81]，卿士惟月，师尹惟日。岁月日时无易[82]，百谷用成，乂用明，俊民用章[83]，家用平康。日月岁时既易，百谷用不成，乂用昏不明，俊民用微[84]，家用不宁。庶民惟星，星有好风[85]，星有好雨。日月之行，则有冬有夏。月之从星，则以风雨[86]。

"九、五福：一曰寿，二曰富，三曰康宁，四曰攸好德[87]，五曰考终命[88]。六极：一曰凶、短、折[89]，二曰疾，三曰忧，四曰贫，五曰恶，六曰弱[90]。"

【主旨讲解】

洪，大。范，法。洪范，即大法。相传大禹治水时，有神龟自洛水出，背负天书，献给大禹，此书为《洛书》，书中记有治国的基本方略。到殷商时，《洛书》传到商纣王的叔父箕子手中。周武王灭商以后，向箕子询问治国的方略，箕子依据《洛书》，详细阐述了洪范九畴，即治国的九种大法。史官记录了箕子的讲话，写成《洪范》。

《洪范》的内容可分三部分：第一部分是序。第二部分概述洪范九畴的由来及其纲目。第三部分详

箕子返回周地，武王向他请教治国的道理。

细说明洪范九畴的具体内容。

《洪范》是《尚书》中的重要篇章，一直受到历代统治者的重视。它对于我们今天研究上古的政治、思想和文化，也具有重要意义。

【注解】

①武庚：又名禄父，纣王的儿子，商朝灭亡后，被周武王封为殷君。②十有三祀：指周文王建国后的第十三年，武王灭商后的第二年。祀：年。③阴：同"荫"，覆盖。阴骘（zhì）：保护。骘：安定。④相：使。⑤彝伦：常理。叙：次序，引申为规定。⑥鲧：人名，大禹的父亲。堙（yīn）：堵塞。⑦汩：乱。陈：列。五行：指金木水火土五种常用物质。行：用。⑧畀（bì）：给予。畴：种类。⑨攸：因此。致（dù）：败坏。⑩殛：杀。⑪嗣：继承。⑫锡：同"赐"，给予。⑬初一：第一。⑭次：第。五事：详见下文，指貌、言、视、听、思五件事。⑮农：努力。⑯五纪：五种记时方法。⑰建：建立。皇：君王。极：法则。⑱乂（yì）：治理民众。⑲稽：考察。⑳念：经常思考。庶：众。征：征兆。㉑向（xiǎng）：同"飨"，劝勉。㉒威：警戒。㉓"水曰"五句：曰：句中语气助词。润：润湿。炎：烧烤。曲直：可曲可直。从：顺从。革：变革，改变。爰：句中语气助词。稼穑（sè）：播种和收获。㉔作：产生。㉕辛：辣。㉖"貌曰恭"五句：貌：容貌，仪态。从：正当合理。睿（ruì）：通达。㉗"恭作肃"五句：作：就。肃：敬。晰：明智。谋：善于谋划。圣：圣明。㉘"八政"句：八政：八种政务。食：掌管民食。货：掌管财金。祀：掌管祭祀。司空：管理居民。司徒：掌管教化。司寇：掌管审问盗贼。宾：掌管朝觐。师：掌管军事。㉙"五经"句：岁：年。星：指二十八宿。辰：指十二时辰。历数：日月运行经历周天的度数。㉚敛：采取。时：这。五福：指下文第九条的五福。㉛敷：普遍。锡：施予。㉜于：重视。㉝锡：贡献。保：保持。㉞淫朋：邪党。㉟人：这里指百官。比德：私相比附的行为。㊱献：计谋。为：作为。守：操守。㊲罹：陷入。咎：罪恶。㊳受：容纳，宽容。㊴康：和悦。色：温和。㊵攸：遵行。㊶斯：乃。惟：思。㊷茕（qióng）：孤单。高明：显贵的人。㊸羞：贡献。㊹方：常。谷：指俸禄。㊺辜：罪，这里指责怪。㊻作：使。用：施行。㊼陂（pō）：同"颇"，不正。㊽义：法度。㊾偏：营私。党：结

党。⑩荡荡：宽广。㉛平平：平易。㉜反：反道。侧：倾侧。㉝曰：转换语势之词。㉞敷：陈述。㉟彝：宣扬。训：教导。㊱训：顺从。㊲克：克制。㊳平康：中正平和。㊴燮（xiè）：和顺。㊵沈：同"沉"，阴险。潜：伏，阴谋。沈潜：指乱臣贼子。㊶"惟辟"三句：辟：君王。作：施行。福：赏赐。威：惩罚。玉食：美食。㊷"人用"两句：人：百官。用：因此。侧：斜。颇僻：不正。僭（jiàn）：越轨。忒（tè）：作恶。㊸卜筮：古代两种占卜术，用龟甲或蓍草占凶吉。㊹"曰雨"句：霁：雨后的云气在上。蒙：雾气蒙蒙。驿：光色润泽。克：阴阳之气相犯。贞：六十四卦中的内卦。悔：《易经》里六十四卦中的外卦。凡七：共七种征兆。㊺衍：推演。忒：变化。㊻谋：考虑。㊼逢：兴旺，昌盛。㊽作：行事。内：国内。㊾旸（yáng）：晴天。㊿燠（yù）：暖和。㉛备：齐备。㉜叙：次序。㉝蕃：滋长增多。庑：同"芜"，茂盛。㉞一：五者之一。极备：过多。㉟休征：美好的征兆。㊱若：像。㊲狂：傲慢。㊳僭：差错。㊴豫：逸乐。㊵蒙：昏昧。㊶省：省察政务。㊷易：变化。㊸俊民：有才能的人。用：因此。章：显扬。㊹微：不明显。㊺好：喜欢。㊻以：用。㊼攸好德：喜好美德。攸，助词。㊽考：老。终命：善终。㊾凶、短、折：均指早死。没到换牙年龄而死叫凶。没到三十岁成年而死叫短。没到结婚年龄而死叫折。㊿弱：懦弱。

武王向箕子询问治国之道，箕子详细阐述了治国的九种方法。

周武王战胜殷商，杀死商纣王，封武庚为殷君，然后等到箕子返回周地，向他请教治国的道理。史官据此写成《洪范》。

周文王十三年，武王向箕子请教治国之道。武王说："唉！箕子，上天默默地保护世间的民众，使他们和睦相处，而我却不知道上天有哪些恒常不变的用来保护百姓的道理。"

箕子回答说："我听说当初鲧用堵塞河道的方法治理洪水，结果把五行的顺序都给打乱了。上天动了怒气，不给他治国安民的九种方法，治国的常理因此被破坏了。鲧因此被诛杀，大禹继承他的事业而兴起。上天赐给他治国安民的九种方法，治国的常理这才确定下来。

"（这九种方法，）第一种是五行，第二种是五事，第三种是八政，第四种是五纪，第五种是皇极，第六种是三德，第七种是稽疑（即决断疑难问题的方法），第八种是庶征（即各种征验），第九种是劝导用的五福（即五种幸福的事情）。在惩罚方面，还有六极（即六种不幸的事情）。

"所谓五行指的是：第一种是水，第二种是火，第三种是木，第四种是金，第五种是土。水的常性是向下润泽万物，火的常性是向上燃烧，木的常性是能曲能直，金的常性是可以销熔改变形状，土的常性是可以种植五谷。向下浸润万物的水，味道是咸的；向上燃烧的东西的火，味道是苦的；能曲能直的木，味道是酸的；形状可以改变的金，味道是辣的；能够种植五谷的土，味道是甜的。

"所谓五事指的是：一是仪态，二是言语，三是眼光，四是听觉，五是思想。仪态应当谦恭，言语应当正确并可以遵从，眼光一定要明亮，听觉一定要灵敏，思想一定要睿智。仪态恭敬，内心就能肃敬；言语准确，国家就能得到治理；眼睛观察仔细，就能明辨善恶；善于听取别人建议，就能有计谋；思想通达，就能睿智圣明。

"所谓八政指的是：一是掌管粮食，二是掌管财政，三是掌管祭祀，四是掌管土木建造，五是掌管教育，六是掌管社会治安，七是掌管接待外宾，八是掌管军事。

"所谓五种天象指的是：一是年岁，二是月份，三是日数，四是星辰，五是历数。

"所谓帝王统治的准则指的是：君王施行政教，应当树立法则，聚集五种幸福，普遍地赐予民众，那些民众就会听从你的法则，还会与你一起维持这一法则。这样，所有的民众，都不会结成邪恶的朋党，人与人之间不会曲从勾结，他们的言行都会合乎君王制定的法则。合乎君王的法则，但是不至于陷入罪恶的泥潭，君王也应当宽容地接受他。君王要和颜悦色，若是有人说'我爱好美德'，君王就应当赐予他福泽。这样的人是能够遵守君王的法则的。不要欺侮鳏夫寡妇而畏惧身居高位者。倘若一个人有能力、有作为，那就让他贡献一份力量，那么国家就会昌盛。凡是正直的人，既然已经给他爵禄使他富贵，就要用善道对待他。倘若不能使他们对国家有所帮助，那这就是他们的罪过了。对于那些没有对国家有所帮助的人，即便你给他爵禄，他的行为也会使你受到牵连而有罪过。不要偏邪不正，应当遵守君王的法则。不要偏爱，应当遵循君王的大道。不要偏私，应该遵循君王所规定的正路。不偏不私，君王的道路就会平坦。不偏邪，不背逆，君王的道路就是宽广的。君王聚合遵守法则之人，群臣归附君王，也有其法则。君王应当依照法则做事，通过臣下的传达来教育万民，这是顺应天意的。所有的百姓，都应该顺从法则，以增加君王的光辉。这是因为天子是百姓的父母，是天下人拥戴的圣王。

"所谓三德指的是：一是中正不邪曲，二是刚强而能立事，三是柔和而能治理。要想使天下平安，必须先端正人的曲直，对那些强硬不友善的人，要用刚硬的态度战胜他们，对那些友善的人，要用柔和的态度对待他们。对乱臣贼子，务必保持强硬；对高明君子，务必保持柔和。只有国君才能赐人爵位赏人俸禄，只有国君才能主持刑罚，只有国君才能享用美食。做臣子的没有权力赐人爵位赏人俸禄，没有权力主持刑罚，也没有权力享用美食。臣子如果也能赐人爵位赏人俸禄，也能主持刑罚，也能享用美食，那就会给你的王室带来灾难，给你的国家带来祸患。人们就会因为这种行为不合王道，百姓也会因此犯上作乱。

"处理疑难的办法是选择善于卜筮的人，委派他们分别用龟甲或蓍草占卜。下令让他们进行卜筮，卜筮的征兆：有的象下雨，有的象雨后初晴，有的象云气连绵，有的象雾气蒙蒙，还有兆相交错，有的明正，有的隐晦。卦象共七种，前五种以龟甲占卜，后两种以蓍草占卜，对复杂多变的卦象进行推演研究。委派这些卜筮之人，如果三个人占卜就听取两个人的话。你如果遇到重大的疑难问题，就首先自己单独深思熟虑，然后与卿士合计，与百姓合计，最后用卜筮结果来作决定。如果你赞成，龟卜赞成，草占赞成，卿士赞成，百姓赞成，这就叫大同，那么你身体就健康强壮，子孙也将大吉大利。如果你自己赞成，龟卜赞成，草占赞成，卿士不赞成，百姓不赞成，这就是吉。如果卿士赞成，龟卜赞成，草占赞成，你不赞成，百姓不赞成，这也是吉。如果百姓赞成，龟卜赞成，草占赞成，你不赞成，卿士不赞成，这还是吉。如果你赞成，龟卜赞成，草占不赞成，卿士不赞成，百姓不赞成，在境内办事就会吉，在境外办事就会遇上危险。如果龟卜、草占与人们的意见都不一致，静守就会吉利，行动就会遇有危险。

"各种征兆：或是雨，或是晴，或是暖，或是寒，或是风，这五种自然现象都应按时发生。如果五种自然现象都具备，而且能按一定规律出现，庄稼就会丰收。如果一种现象发生过多，就会歉收。如果一种现象缺乏，一样也会歉收。关于美好的征兆：天子谦恭，上天就会按时下雨；政治清明，阳光就会充足；天子英明，温暖就会按时来临；天子深谋远虑，寒冷就会应时而生；天子通达，风就会按时吹来。各种凶恶的征兆：天子狂妄，雨水就会过多；天子僭越差错，土地就会干旱；天子贪图享乐，天气就会很炎热；天子暴虐急躁，天气就会十分寒冷；天子昏庸，大风就会不停地刮；天子政策有误，坏天气就会影响一

武王向箕子请教保护百姓的道理。

整年；卿士管理有误，坏天气就影响一个月；官吏办事有误，坏天气就会影响一整天。年、月、日都没有异常，各种庄稼就会丰收，政治就会清明，贤能的人也会得到举荐，国家就会平安稳定。相反，年、月、日出现了异常，庄稼就会歉收，政治就会昏暗，贤能的人受到压制，国家就会动乱。百姓像星辰，有的星辰喜欢风，有的星辰喜欢雨。日月依照规律运行，就产生了冬季和夏季。月亮如果顺从星辰，就会有时多风，有时多雨。

"五种幸福：一是长寿，二是富有，三是平安，四是美德，五是善终。六种灾祸：一是早死（八岁以前死亡，二十岁以前死亡，三十岁以前死亡），二是多病，三是多愁，四是贫穷，五是丑陋，六是懦弱。"

◎金 縢◎

【原文】

武王有疾，周公作《金縢》。

既克商二年，王有疾，弗豫①。二公曰②："我其为王穆卜③。"周公曰："未可以戚我先王④？"公乃自以为功⑤，为三坛同墠⑥。为坛于南方，北面，周公立焉。植璧秉珪⑦，乃告太王、王季、文王。

史乃册⑧，祝曰："惟尔元孙某，遘厉虐疾⑨。若尔三王是有丕子之责于天⑩，以旦代某之身！予仁若考能⑪，多材多艺，能事鬼神。乃元孙不若旦多材多艺，不能事鬼神。乃命于帝庭⑫，敷佑四方⑬，用能定尔子孙于下地⑭。四方之民罔不祗畏⑮。呜呼！无坠天之降宝命⑯，我先王亦永有依归。今我即命于元龟⑰，尔之许我，我其以璧与珪归俟尔命⑱；尔不许我，我乃屏璧与珪⑲。"

乃卜三龟，一习吉⑳。启籥见书㉑，乃并是吉。公曰："体㉒！王其罔害㉓。予小子新命于三王㉔，惟永终是图；兹攸俟，能念予一人。"公归，乃纳册于金縢之匮中。王翼日乃瘳㉕。

武王既丧，管叔及其群弟乃流言于国㉖，曰："公将不利于孺子㉗。"周公乃告二公曰："我之弗辟㉘，我无以告我先王。"周公居东二年，则罪人斯得㉙。于后，公乃为诗以贻王，名之曰《鸱鸮》㉚。王亦未敢诮公㉛。

秋，大熟，未获，天大雷电以风㉜，禾尽偃㉝，大木斯拔。邦人大恐。王与大夫尽弁以启金縢之书㉞，乃得周公所自以为功代武王之说㉟。二公及王乃问诸史与百执事㊱。对曰："信㊲。噫！公命我勿敢言。"

武王身患重病，武王的弟弟周公姬旦请求代替武王去死。

王执书以泣曰："其勿穆卜！昔公勤劳王家，惟予冲人弗及知㊳。今天动威以彰周公之德，惟朕小子其新逆㊴，我国家礼亦宜之。"王出郊，天乃雨，反风㊵，禾则尽起。二公命邦人，凡大木所偃，尽起而筑之㊶。岁则大熟。

【主旨讲解】

金縢（téng），用金属装饰的匣子。武王灭商后两年，身患重病，而当时天下尚未安定，武王身系天下的安危。于是武王的弟弟周公姬旦向太王、王季和文王祭告，请求以自身代替武王去死。事后，祝告的册书被收藏在金属装饰的匣子里。武王死后，成王即位，但由于成王年幼，所以以周公旦代理朝政。武王的弟弟管叔、蔡叔、霍叔散布流言，说周公将不利于成王，致使成王也怀疑周公旦。这时管叔等人勾结殷商遗民叛乱，周公东征，平定了叛乱，又写了《鸱鸮》诗，想感动成王，但成王仍未醒悟。后来因偶然的天灾，成王打开《金縢》，见到了册书，深受感动。史官记录这段史实，来表彰周公的忠诚，写作了《金縢》。

　　《金縢》的内容可分四部分：第一部分是序。第二部分记述周公祭告先王，请求替武王去死。第三部分记录武王死后，周王朝危险的政治形势，而周公拯危扶困却受怀疑。第四部分记述成王见《金縢》册书而悔悟。

　　《金縢》写于西周初年，对研究周初复杂的政治局面和社会生活，具有重要的价值。

【注解】

①豫：安，指身体不适。②二公：指太公和召公。③穆：恭敬。④戚：同"祷"，告事求福。⑤功：质，抵押。⑥为：设。三坛：三座祭坛，太王、王季、文王各为一坛。墠（shàn）：祭祀的场地。⑦植：同"置"，放置。璧：圆形的玉。秉：持。珪：上圆下方的玉。⑧史：史官。册：写册书。⑨"惟尔"两句：元孙：长孙。元，大。某：指武王姬发，史官避讳，不直书武王名。遘（gòu）：遇到。厉：危。虐：恶。⑩丕子：同"布兹"，布席助祭。是：这时。⑪仁若：柔顺。考：巧。⑫乃：初始。命：受命。⑬敷：普遍。佑：通"有"。⑭下地：人间。⑮祗（zhī）：敬。⑯坠：丧失。宝命：指上文"命于帝庭，敷佑四方"的使命。⑰即命：就而听命。即：就，靠近。⑱俟：等待。⑲屏（bǐng）：收藏。⑳一：全都一样。习：重复。㉑启：开。龠（yuè）：同"钥"，锁钥。㉒体：兆体，兆形。㉓害：危险。㉔命：告。㉕翼日：第二天。瘳（chōu）：病愈。㉖管叔：文王第三子，武王的弟弟，周公的哥哥，名鲜，管是封地。群弟：指蔡叔、霍叔。流言：散布谣言。㉗孺子：指成王。㉘辟（bì）：摄政为君。㉙"周公"两句：居东：居住在东方，指东征。罪人：指三叔和武庚。得：捕获。㉚"公乃"两句：贻（yí）：给。鸱（chī）鸮（xiāo）：诗名，存于《诗经·豳风》中。㉛诮：责备。㉜以：与。㉝偃：倒伏。㉞弁（biàn）：礼帽，这里是戴上礼帽的意思。㉟说：指周公祷告的祝词。㊱百执事：众位办事官员。㊲对：回答。信：确实。㊳冲人：年幼的人。㊴新：当为"亲"，亲自。逆：迎接。㊵反风：风向相反。㊶筑：用土培根。

【译文】

　　周武王得了重病，周公为武王向神灵祈祷，史官据此写成《金縢》。

　　周国战胜殷商后的第二年，武王生了重病，身体状况很差。太公、召公说："我们为王恭敬地卜问吉凶吧。"周公说："不能向我们的先王祷告吗？"周公就把自身作为抵押，清扫出一块空地，在上面筑起三座祭坛。又在三坛的南边筑造一座台子，周公面向北方站在台上。坛上置有璧玉，周公手里拿着珪，就向太王、王季、文王祷告。

　　史官把祷告的祝词记录在册书上，祝词说道："你们的长孙姬发，患上了极度危险的病。假若你们三位先王这时在天上有助祭的职责，就让我姬旦代替姬发的身子而生病吧！我生性柔顺巧能，多才多艺，能够很好地奉事鬼神。你们的长孙姬发没有我那么多才多艺，不能侍奉鬼神。但是他受命于上天，坐拥天

成王打开《金縢》见到了册书，明白了周公的忠诚。

下，能让你们的子孙都能平平安安地生活于世上，天下的百姓没有不敬畏他的。不要夺去上天赐予他的宝贵生命，我们的先王也将永远地依托于他。现在我就要通过元龟听从你们的命令。如果你们答应我，我就把璧和圭拿给你们，来听候你们的命令；如果你们不答应我，我就把璧和圭藏起来。"

于是卜问三龟，都重复出现吉兆。打开锁钥查看卦书，竟然也显示吉兆。周公说："根据兆形来看，大王没有危险了。我刚刚向三位先王祷告，只图国运长久；我现在所期待的，是先王能够顾念我谋国长远的诚心。"周公回去，让史官把册书放进金属束着的匣子中。第二天，武王的病就好了。

武王去世以后，管叔和他的几个弟弟就在国内散播谣言，说："周公将对年幼的成王不利。"周公就告诉大公、召公说："我不摄政，就无法告慰我们的先王啊。"周公留在东方两年，逮捕了发动叛乱的罪人。后来，周公写了一首诗送给成王，诗名为《鸱鸮》。成王（不赞成周公的所作所为，）却也没有因此而责备他。

秋天，各种谷物成熟，还没有收获，天空就出现了雷电和大风。庄稼都伏倒了，大树也被连根拔起。国人非常恐慌。成王和大夫们都穿上礼服、戴上礼帽，打开金属束着的匣子，打开里面的册书，于是得到周公以自身为质请求代替武王生病的祝词。太公、召公和成王就询问史官和众位办事官员。他们回答说："确实是这样的。唉！周公告诫我们不能说出来。"

成王拿着册书哭泣，说："不必再恭敬地等待占卜了！过去，周公为王室操劳，我这年轻人来不及了解。现在，上天发威来表彰周公的功绩，我这年轻人要亲自去迎接他，我们国家的礼制也应该是这样的。"成王走到郊外，天下着雨，风向也反转了，倒伏的庄稼全都立了起来。太公、召公于是命令国人，凡被大树压倒的庄稼，要全部扶起来，用土培好根。这一年，周朝五谷丰登。

◎大 诰◎

【原文】

武王崩[①]，三监及淮夷叛[②]，周公相成王，将黜殷，作《大诰》。

王若曰[③]："猷[④]！大诰尔多邦越尔御事[⑤]。弗吊[⑥]！天降割于我家，不少延[⑦]。洪惟我幼冲人[⑧]，嗣无疆大历服[⑨]。弗造哲，迪民康[⑩]，矧曰其有能格知天命[⑪]？已[⑫]！予惟小子，若涉渊水，予惟往求朕攸济[⑬]。敷贲敷前人受命[⑭]，兹不忘大功。予不敢闭于天降威[⑮]，用宁王遗我大宝龟，绍天明[⑯]。即命曰[⑰]：'有大艰于西土，西土人亦不静，越兹蠢[⑱]。殷小腆诞敢纪其叙[⑲]。天降威，知我国有疵[⑳]，民不康，曰：予复！反鄙我周邦[㉑]，今蠢今翼[㉒]。日[㉓]，民献有十夫予翼[㉔]，以于敉宁、武图功[㉕]。我有大事，休？'朕卜并吉。

三监和淮夷发动叛乱，周公劝导各诸侯国君和大臣东征。

"肆予告我友邦君越尹氏、庶士、御事[㉖]，曰：'予得吉卜，予惟以尔庶邦于伐殷逋播臣[㉗]。'尔庶邦君越庶士、御事罔不反曰：'艰大，民不静，亦惟在王宫、邦君室[㉘]。越予小子考[㉙]，翼不可征[㉚]，王害不违卜[㉛]？'

"肆予冲人永思艰[㉜]，曰：呜呼！允蠢鳏寡，哀哉！予造天役，遗大投艰于朕身[㉝]，越予冲人，不卬自恤[㉞]。义尔邦君越尔多士、尹氏、御事绥予曰[㉟]：'无毖于恤[㊱]，不可不成乃宁考图功[㊲]！'

"已！予惟小子，不敢替上帝命[38]。天休于宁王[39]，兴我小邦周，宁王惟卜用，克绥受兹命[40]。今天其相民，矧亦惟卜用？呜呼！天明畏，弼我丕丕基[41]！"

王曰："尔惟旧人[42]，尔丕克远省[43]，尔知宁王若勤哉[44]！天閟毖我成功所[45]，予不敢不极卒宁王图事[46]。肆予大化诱我友邦君[47]，天棐忱辞[48]，其考我民[49]，予曷其不于前宁人图功攸终[50]？天亦惟用勤毖我民，若有疾，予曷敢不于前宁人攸受休毕[51]？"

王曰："若昔朕其逝[52]，朕言艰日思。若考作室，既厎法[53]，厥子乃弗肯堂，矧肯构[54]？厥父菑[55]，厥子乃弗肯播，矧肯获？厥考翼其肯曰：予有后，弗弃基？肆予曷敢不越卬敉宁王大命[56]？若兄考[57]，乃有友伐厥子[58]，民养其劝弗救[59]？"

王曰："呜呼！肆哉[60]，尔庶邦君越尔御事。爽邦由哲[61]，亦惟十人迪知上帝命越天棐忱[62]，尔时罔敢易法[63]，矧今天降戾于周邦[64]？惟大艰人诞邻胥伐于厥室[65]。尔亦不知天命不易？予永念曰：天惟丧殷，若穑夫[66]，予曷敢不终朕亩[67]？天亦惟休于前宁人，予曷其极卜[68]？敢弗于从率宁人有指疆土[69]？矧今卜并吉？肆朕诞以尔东征[70]。天命不僭，卜陈惟若兹[71]！"

【主旨讲解】

周公摄政时，管叔等人联合淮夷反叛周王朝，周公决计东征平叛。但一些诸侯国君和大臣有畏难情绪，于是周公普遍地告谕诸侯国君和众位大臣，申述东征的必要性，劝导他们顺从天意，一起平息叛乱。史官记录下周公的诰辞，写成《大诰》。

《大诰》的内容可分四部分：第一部分是序。第二部分宣布吉兆，劝导各诸侯国君和大臣顺从天意，参加东征。第三部分劝导人们不畏艰难，共同完成文王未竟的大业，驳斥东征"艰大"的说法。第四部分勉励人们遵从天命，合力东征，驳斥"违卜"的要求。

本篇文辞古奥，是西周初年的作品，具有很高的史料价值。

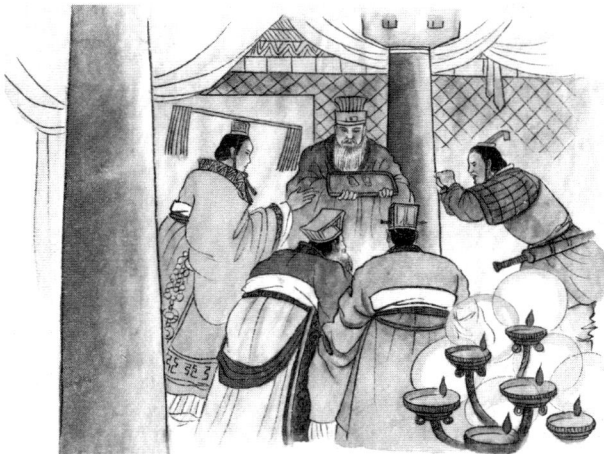

周公劝导众诸侯平定叛乱。

【注解】

①崩：古代称帝王的死为崩。②三监：指管叔、蔡叔、霍叔。武王封纣王之子武庚为殷君，命三叔监理殷民，称三监。③王：指摄政王周公。④猷（yóu）：啊，叹词。⑤多邦：众诸侯国。越：和。御事：治事大臣。⑥弗吊：不幸。吊：善。⑦延：间断。⑧洪惟：句首语气词。幼冲人：年轻人。冲，同"童"。幼冲人是周公自谦之词，意思是说自己幼稚。⑨无疆：无边，指永恒。大历服：伟大久远的事业。历，久。服，事。⑩"弗造哲"两句：造：遇到，遭遇。哲：明智的人。迪：引导。康：安康。⑪矧（shěn）：况且。格：度量。⑫已：叹词，唉。⑬攸：所。济：渡过。攸济：渡过的方法。⑭敷贲：大龟。敷，大。敷前人：辅助前人。敷，同"辅"，辅助。⑮閟：闭藏。威：可畏的事，指灾难。⑯绍：卜问。天明：天命。⑰即：就，靠近。命：告。即命：走近大龟祷告。⑱越：在。蠢：动。⑲小腆：小主，指武庚。诞：大。纪：组织。叙：残余。⑳疵（cī）：病，困难。㉑鄙：图谋。㉒翼：同"翌"，飞动的样子。㉓日：近日。㉔献：贤，贤人。翼：助。㉕敉（mǐ）：完成。宁：指文王。图：大。功：业。图功：大业。㉖肆：所以。越：与。尹氏：史官。庶：众多。㉗惟：谋。以：与。于：往。逋（bū）：逃亡。播：散。㉘惟：有。王宫：王室的人，指管叔等人。邦君室：指殷君武庚。㉙越：语助词。予小子：众邦君和士、御事大臣等人自称。考：考虑。㉚翼：或。㉛害：同"何"，为什么。㉜肆：今，现在。㉝遗：给。投：给予。艰：难事。㉞卬：我。恤：忧虑。㉟义：宜，应当。绥：安慰。㊱无：不要。毖：恐惧。㊲宁考：文考，指文王。㊳替：废弃。㊴休：善。㊵绥：安。㊶丕：大。

基：事业。㊷惟：是。旧人：老臣。㊸省：省识。㊹若：如何。㊺闷（mì）：慎重。毖：告诉。所：办法。㊻极：同"亟"，快速。㊼化诱：教导。㊽棐（fěi）：辅助。忱辞：诚信的话，指宝龟所显示的吉兆。㊾考：成就。㊿宁人：指文王。终：完成。勘毕：消除疾病。勘若：像从前一样。其：将要。逝：往。勘底：定。勘"厥子"两句：堂：打地基。构：盖屋。勘菑：新开垦的土地。勘越：在。勘死：死。勘友：群，成群。勘养：长官。勘肆：尽力。勘爽：清明。勘迪：引导。越：与。棐忱：辅助诚信的人。勘易：轻慢。法：同"废"，废弃。勘庶（hù）：定命。勘大艰人：大罪人。诞：同"延"，勾结。胥：相。勘穑夫：农夫。勘终：完成。亩：田亩之事。勘极：放弃。勘于：往。从：重新。率：行视。指：同"旨"，美好。勘以：率领。勘陈：陈列，兆示。若：顺从。

【译文】

周武王死后，三监和淮夷发动叛乱，周公辅佐成王处理政事，决定消灭叛乱的殷人。平叛之前，周公召集四方诸侯及大臣，向他们宣读诰词。史官把诰词记录下来，写成《大诰》。

摄政王周公说："啊！我要郑重地告诉你们，各诸侯国国君及官员们！不幸啊！上天把灾祸降给我们国家了，没有停止。我这个幼稚的人，现在继承了先王远大而悠久的事业，但我却没有遇到明智的人，能够引导我们的人民过上安定的生活，更何况说能够理解天命的人呢？唉！我代理政事就像要渡过深渊一样危险，只好到上帝那里寻找渡过难关的办法了。摆下占卜用的大龟吧，让它来告诉大家我们的先祖是如何在上天那里接受任命的。这样的大功，是不应忘记的。在上天降下灾祸的时候，我不敢把它隐藏起来，用文王留给我们的大宝龟卜问天命，我们就可以明白上天的意旨了。我走到大龟前祷告说：'西方将会降下大灾难，西方的人心不安宁，现在已经蠢蠢欲动了。殷商的小主竟然组织他们的残余势力起来造反。上天给我们国家降下灾祸，殷商的余孽知道我们国家有难，人心纷乱，就宣称：我们要恢复殷商的统治了！他们就这样算计我们周国，现在他们发动叛乱了。近日，有十位贤臣辅佐我，和我一起去完成文王、武王的大业。现在我就要发动平定叛乱的战争，这样做究竟是凶是吉？我占卜的结果都是吉兆。

殷商小主宣称复国，十位贤臣愿意辅佐周公平定叛乱。

"因此，我要告诉我们的友邦国君和众位大臣，说：'我得到了吉兆，我要率领你们去讨伐殷商的亡命之徒。'但是，你们这些国君和官员，无不反对我的意见，说：'困难太大了，因为民心不安定，又有王室的人和邦君参与叛乱，不能征伐他们。大王，你为什么不违背这个卜兆呢？'

"现在我应当为我们年幼的君主慎重考虑出征的困难。唉，确实如此啊！一旦发动战事，就会惊扰苦难的百姓，这多么令人痛心啊！但是，我接受上天的支配，上天把这艰难而重大的事业交给我，我不能只考虑自身的安危。我猜想你们各位君王和官员这样安慰我说：'不要过分地顾虑自己的安危，不能不完成你的先父文王的大业呀！'

"唉！我不敢废弃上天的命令。当年上天向文王施惠，使我们小小的周国兴盛起来，当时文王只使用龟卜，就承受了上天所授予的大命。现在上天帮助民众，何况我们也要通过卜兆了解上天的这番用意呢？唉！上天的命令，人们应该表示敬畏，你们还是辅助我光大这伟大的事业吧！"

摄政王周公又说："你们都是曾经辅佐过文王的老臣，大概都能记得遥远的往事，你们知道文王是如何勤恳做事的吗？上天慎重地告诉我们建立功业的办法，我不敢不竭尽全力来完成文王所力图成就的事业。所以，我就用这个道理来劝导我们友邦的君主，上天诚心诚意地来帮助我们，要成全我们的民众，我为什么不继承先父文王的遗愿，完成他的大业呢？上天也想用勤苦来告诉我们的民众，迫切得就像是要去掉自己身上的疾病，我怎敢不好好地去解除先父文王所承受的疾苦呢？"

周公说："我要像从前讨伐商纣王那样，前去平定叛乱，我说一下我在这艰难日子里的想法。比如父亲要盖房，已经确定好了具体的方法，可是他的儿子却不肯奠定房子的地基，更何况是盖房子本身呢？父亲把土地耕好，儿子却不肯播种，更何况是收获庄稼呢？这样，他的父亲或许会说：纵然我有后人，我的家业不也荒废了吗？所以我怎敢不在我自己身上来完成文王在上天那里接受的大命呢？又好比一个人的兄长死了，却有人群起攻击兄长的儿子，难道作为民众的长官，能够劝阻他们不去救助自己的孩子吗？"

周公说："啊！努力吧，各位诸侯国君和大臣们！要想治理好国家，就要依靠圣明的人，现在有十位贤人引导我们了解上天的旨意和上天辅助我们的诚心，你们不要侮慢上天的决定，何况上帝已经把辅佐的意旨下达给我们了呢？那些发动叛乱的大罪人，勾结殷商遗民征伐自己的同宗。你们不知道天命不可改变吗？我一直这样想：上帝既然要使殷商灭亡，我就应该去消灭它，就像种庄稼的农夫一样，我怎敢不去务农耕地呢？上帝施惠于文王，我怎敢对占卜置之不理，违背上帝的旨意、不巡视、保卫文王美好的疆土呢？更何况今天占卜的结果都是吉兆，所以我一定要率领你们东征。天命是不会错的，卜辞的兆示应该遵从啊！"

◎康　诰◎

【原文】

成王既伐管叔、蔡叔，以殷余民封康叔①，作《康诰》《酒诰》《梓材》。

惟三月哉生魄②，周公初基作新大邑于东国洛③，四方民大和会④。侯甸男邦、采卫百工、播民和见⑤，士于周⑥。周公咸勤，乃洪大诰治⑦。

王若曰："孟侯⑧，朕其弟⑨，小子封。惟乃丕显考文王，克明德慎罚⑩；不敢侮鳏寡，庸庸，祗祗，威威，显民⑪，用肇造我区夏⑫，越我一、二邦以修我西土⑬。惟时怙冒⑭，闻于上帝，帝休⑮，天乃大命文王。殪戎殷⑯，诞受厥命越厥邦厥民，惟时叙⑰，乃寡兄勖⑱。肆汝小子封在兹东土⑲。"

王曰："呜呼！封，汝念哉！今民将在祗遹乃文考⑳，绍闻衣德言㉑。往敷求于殷先哲王用保乂民㉒，汝丕远惟商耇成人宅心知训㉓。别求闻由古先哲王用康保民㉔。弘于天，若德裕乃身㉕，不废在王命㉖！"

周成王讨伐管叔、蔡叔后，把殷商遗民封给康叔。

周公告诫康叔要尚德保民。

王曰："呜呼！小子封，恫瘝乃身㉗，敬哉！天畏棐忱㉘；民情大可见，小人难保。往尽乃心，无康好逸豫㉙，乃其乂民。我闻曰：'怨不在大，亦不在小；惠不惠㉚，懋不懋㉛。'已！汝惟小子，乃服惟弘王应保殷民㉜，亦惟助王宅天命，作新民㉝。"

王曰："呜呼！封，敬明乃罚。人有小罪，非眚㉞，乃惟终自作不典㉟；式尔㊱，有厥罪小㊲，乃不可不杀。乃有大罪，非终，乃惟眚灾㊳；适尔，既道极厥辜㊴，时乃不可杀。"

王曰："呜呼！封，有叙时㊵，乃大明服㊶，惟民其敕懋和㊷。若有疾，惟民其毕弃咎㊸。若保赤子㊹，惟民其康乂。

"非汝封刑人杀人，无或刑人杀人。非汝封又曰劓刵人㊺，无或劓刵人。"

王曰："外事㊻，汝陈时臬司师㊼，兹殷罚有伦㊽。"又曰："要囚㊾，服念五、六日至于旬时，丕蔽要囚㊿。"

王曰："汝陈时臬事罚(51)。蔽殷彝，用其义刑义杀(52)，勿庸以次汝封(53)。乃汝尽逊曰时叙(54)，惟曰未有逊事(55)。已！汝惟小子，未其有若汝封之心(56)。朕心朕德，惟乃知。

"凡民自得罪(57)：寇攘奸宄，杀越人于货(58)，暋不畏死，罔弗憝(59)。"

王曰："封，元恶大憝，矧惟不孝不友(60)。子弗祗服厥父事(61)，大伤厥考心；于父不能字厥子，乃疾厥子(62)；于弟弗念天显(63)，乃弗克恭厥兄；兄亦不念鞠子哀(64)，大不友于弟。惟吊兹(65)，不于我政人得罪，天惟与我民彝大泯乱(66)。曰：乃其速由文王作罚(67)，刑兹无赦。

"不率大戛(68)，矧惟外庶子、训人惟厥正人越小臣、诸节(69)。乃别播敷造民(70)，大誉弗念弗庸，瘝厥君；时乃引恶(71)，惟朕憝。已！汝乃其速由兹义率杀(72)。

"亦惟君惟长(73)，不能厥家人越厥小臣、外正(74)；惟威惟虐，大放王命(75)；乃非德用乂。

"汝亦罔不克敬典，乃由裕民(76)，惟文王之敬忌；乃裕民曰：'我惟有及(77)。'则予一人以怿。"

王曰："封，爽惟民迪吉康(78)，我时其惟殷先哲王德(79)，用康乂民作求(80)。矧今民罔迪，不适(81)；不迪，则罔政在厥邦。"

王曰："封，予惟不可不监，告汝德之说于罚之行(82)。今惟民不静，未戾厥心，迪屡未同(83)，爽惟天其罚殛我(84)，我其不怨。惟厥罪无在大，亦无在多，矧曰其尚显闻于天(85)。"

王曰："呜呼！封，敬哉！无作怨，勿用非谋非彝蔽时忱。丕则敏德(86)，用康乃心(87)，顾乃德，远乃猷，裕乃以(88)；民宁，不汝瑕殄(89)。"

王曰："呜呼！肆(90)！汝小子封。惟命不于常(91)，汝念哉！无我殄享(92)，明乃服命，高乃听(93)，用康乂民。"

王若曰："往哉！封，勿替敬，典听朕告(94)，汝乃以殷民世享(95)。"

周公告诫康叔，不可赦免罪大恶极之人。

【主旨讲解】

康叔，名封，周武王的同母弟。周公东征，杀死了叛乱的武庚、管叔，放逐了蔡叔，把先前由武庚统治的殷民封给康叔，立康叔为卫君，居住在黄河与淇水之间的殷商旧地。周公担心康叔年轻，难以治理殷商遗民，于是周公对康叔发表了这篇诰词。史官记录下这篇诰词，写成《康诰》。

《康诰》的内容可分六部分：第一部分是序。第二部分周公总结历史经验，指明尚德慎刑是治殷的根本原则。第三部分告诫康叔要尚德保民。第四部分告诫康叔要慎用刑罚，具体阐述了施用刑罚的五项准则和四条刑律。第五部分告诫康叔要以仁德教化殷民。第六部分告诫康叔必须遵从教命，巩固周王朝的统治。《康诰》反映了周初的政治思想和司法制度，对于研究我国古代政治史和思想史，具有重要的参考价值。

【注解】

①殷余民：殷商遗民。②三月：指周公摄政第四年的三月。哉：始。魄：同“霸”，月光。哉生魄：指每月的初二、初三前后。③基：经营，建造。新大邑：指王城。洛：洛水。④和：会。会：聚集。⑤邦：指邦君。百工：百官。播民：移民，指殷民。和见：会见。⑥士：同“事”，服务。⑦洪：代替。治：治理殷民的法则。⑧孟侯：诸侯之长，指康叔。孟：长。⑨其：的。⑩明德：崇尚德教。慎罚：慎用刑罚。⑪“不敢”五句：庸庸：任用可用的人。祇祇：尊敬可敬的人。威威：威慑应该威慑的人。显民：显示给民众。⑫用：因此。肇（zhào）：开始。造：造就。区：小。夏：周国自称。⑬越：与。修：治理。⑭时：这。怙：大。冒（xù）：通“勖”，勉励。⑮休：高兴。⑯殪（yì）：死，这里指灭亡。戎殷：大殷。⑰时：承。叙：基业。⑱寡兄：大兄，指周武王。⑲东土：卫国在东方的黄河与淇水之间，所以称东土。⑳在：观察。遹（yù）：遵循。㉑绍：尽力。闻：听取。衣：通“殷”。㉒乂：治理。㉓惟：考虑。耇成人：指德高望重的长者。耇（gǒu）：老。宅心：安定民心。知训：明智的教训。㉔别：另外。由：对于。康：安康。㉕若：顺从。裕：指导。㉖废：止。在：终，完成。㉗恫（tōng）：痛。瘝（guān）：病。㉘畏：通“威”。忱：诚信。㉙豫：乐。㉚惠不惠：使不顺从的人顺从。惠：顺从。㉛懋：努力。㉜服：职责。弘：大，宽宏。应：受。㉝作：振作。新：革新。㉞眚（shěng）：过失。㉟终：始终，经常。典：法。㊱式尔：因而，这样。㊲有：即使。㊳眚灾：因过失而造成的灾害。㊴“适尔”两句：适尔：偶然这样。道：说。极：尽。㊵叙：顺从。㊶服：诚服。㊷敕：告诫。和：顺。㊸咎：罪恶。㊹赤子：指小孩。㊺劓：割鼻的刑罚。刵（èr）：断耳的刑罚。㊻外事：断案的事。㊼陈：陈列，公布。臬：法律。司：治理。师：狱官。㊽有伦：有条理。㊾要：通“幽”，幽禁。囚：犯人。㊿服念：思考。丕：乃。蔽：判断。(51)事罚：施行刑罚。(52)“蔽殷彝”两句：蔽殷彝：用殷法判断案件。彝：法。义：合理。(53)勿庸：不用。次：通“恣”，顺从。(54)乃：如果。逊：顺从。时叙：承顺。(55)惟：宜，应当。(56)其：语气助词。有：或。若：顺从。(57)自得罪：由此而犯罪。自：由。(58)越：抢劫。(59)憝（duì）：怨恨。(60)矧：也。孝：善事父母。友：善事兄弟。(61)服：治理。(62)“于父”两句：于：为。字：爱。疾：厌恶。(63)天显：天伦。(64)鞠子：幼子，指小弟弟。哀：痛苦。(65)吊：到。兹：这，指上述情况。(66)“不于”两句：政人：执法的人。罪：惩罚。泯：混乱。(67)由：用。(68)率：遵循。戛：法。(69)庶子、训人、小臣、诸节：均为官职名称。(70)播敷：播布，传播。造：应为“告”。(71)引：增长。(72)率：捕捉。(73)君、长：指诸侯。(74)小臣：内侍官员。外正：外官。(75)放：违背，放弃。(76)由裕：教导。(77)及：继承。(78)爽惟：语气助词。迪：教导。吉：善。(79)时：时时。其：将要。惟：思念。(80)求：通“逑”，匹配。(81)适：善。(82)于：与。行：道。(83)屡：屡次。同：和协。(84)殛：诛责。(85)曰：通“聿”，语气助词。(86)丕则：于是。敏：勤勉，努力。(87)乃：其，指殷民。(88)“远乃猷”两句：猷：通“徭”，徭役。以：用，指日常用品。(89)瑕：病，挑毛病，责备。殄：绝。(90)肆：努力。(91)命：天命。(92)享：对祖先的祭祀。(93)“明乃”两句：明：明白。服命：职责和使命。高：敬。(94)典：常。(95)以：与。世享：世世代代享有殷国。

【译文】

周成王平定管叔、蔡叔之乱以后，把殷商的遗民封给康叔，周公奉成王之命告诫康叔。史官把周公的诰词记录下来，写成《康诰》《酒诰》《梓材》三篇。

三月初，周公开始在东方的洛水岸边修筑一座大城邑，四方的臣民都

周公告诫康叔遵从教命，巩固周王朝的统治。

聚集到这里来。侯服、甸服、男服的邦君，采服、卫服的百官，以及殷商的遗民都来会见，为周王室效命。周公普遍慰劳他们，于是代成王告谕治理殷民的方法。

王（周公）这样说："康叔，我的弟弟，年轻的封啊！你的圣明伟大的先父文王，能够崇尚德教，慎用刑罚；从不欺侮孤苦无依的人，他重用应当任用的人，尊重值得尊敬的人，威慑应该威慑的人，并把这些都显示给民众，因此开创了我们周国的基业，与周边的几个邦国共同治理西方。文王这种十分勤勉的德行，被上帝知道了，上帝很高兴，就给文王降下大命。灭掉殷国，接受上天的大命，治理殷商的遗民，继承文王的事业，则是长兄武王努力所致。所以你这年轻人才被分封在东方的卫国啊！"

王（周公）说："是啊，封！你要好好考虑！现在臣民都在注视着你，看你是否恭敬地继承你父亲文王的传统，依照他的遗训来治理国家。你到殷后，要努力了解殷商遗民的心态，懂得怎样使他们顺服。另外，你还要访求古时圣明帝王的治国之道，以安定民心。要比天还宽宏，使臣民体验到你的恩德，不停地完成王命！"

王（周公）说："啊，年轻的封！治理国家要经受痛苦的磨难，可要小心谨慎啊！威严的上天辅助心诚的人，这可以通过民心表现出来，小人却难以治理。你去那里要尽心尽力，不要贪图安逸享乐，这样才能治理好国家和百姓。我听说：'民怨不在于大，也不在于小；要使不顺从的人顺从，使不努力的人努力。'啊！你这年轻人，你的职责重大，我们君王受上天之命来保护殷民，你要协助君王完成上天降下来的大命，努力改造殷民，使他们振作起来。"

王（周公）说："啊！封，对刑罚要谨慎严明。如果一个人犯了小罪，而不是过失，还经常做一些违法的事；这样，虽然他的罪过很小，却不能不杀。如果一个人犯了大罪，但不是一贯如此，而只是由过失造成的灾祸；这是偶然犯罪，可以按法律给予适当处罚，不应把他杀掉。"

王（周公）说："啊，封，如果你能按照上面的去做，就会使臣民顺服，臣民就会互相劝勉，和顺相处。要像医治病人一样，尽力让臣民抛弃自己的过错。要像护理孩子一样保护臣民，使他们健康安宁。

周公告诫康叔，审察要慎重，施罚要严明。

周公告诫康叔，要惩罚不能用德来治理的民众。

"除了你封可以惩罚并杀人之外，任何人都无权惩罚人、杀人。除了你封可以下令割罪人的鼻子和耳朵外，任何人都不能施行割鼻断耳的刑罚。"

王（周公）说："审讯断案，你宣布这些法律来管理狱官，这样在殷地施行刑罚才会有条理。"王又说："囚禁犯人，必须考虑五六天，甚至十多天，这样才可以判决他们。"

王（周公）说："你宣布了这些法律后，要依据它们来惩治罪犯。根据殷商的刑罚来判罪时，该用刑的就用刑，该杀的就杀掉，不要照你的意思来行事。如果完全按照你的意思行事才叫顺从，那么就没有顺从的事。唉！你还是个年轻人，不可顺从你的意思。我的心愿和德行，只有你才能了解。"百姓大凡都是因为这些行为而犯罪：盗窃、抢掠、内外作乱、杀人越货、强横不怕死，这些罪行没有不痛恨的。"

王（周公）说："封，罪大恶极的人，也有些是不孝顺、不友爱的。儿子不恭身侍奉父亲，大伤父亲的心；父亲不怜爱儿子，反而厌恶儿子；弟弟不顾天伦，不尊敬他的兄长；兄长不顾念弟弟的痛苦，对弟弟很不友爱。父子兄弟之间的关系到了这种地步，如果执政者不去惩罚他们，那么上帝赐予民众的常法就会出现大混乱。所以说，你要尽快运用文王制定的惩罚措施，惩罚这些人，不要宽恕他们。

"不遵循国家大法的人，也有些是诸侯国的庶子、训人、正人、小臣、诸节等官员。他们另外发布政令，告谕百姓，大肆称誉那些违反国家法令的人，危害国君；这就助长了恶人的嚣张气焰，我非常痛恨那些人。唉！你要尽快根据这些罪行捕杀他们啊。

"还有一些诸侯，他们不能管束并教育好自己的家人和内外官员，致使他们作威作福，完全违背王命；对于这些人，不能用德教来治理，只能用惩罚的方式来治理。

"你也不能不遵守法令，教导臣民的时候，要考虑文王的敬德忌恶；你要教导臣民说：'我只为了继承文王的传统。'那么，我会感到很高兴。"

王说："封，教化民众才能使他们善良安定，我们要时时思念殷商贤王的德政，好好治理殷商遗民，以媲美商代贤明的君王。何况现在的殷民，如果不好好引导，他们就不知向善；不加以教导，殷国就没有德政了。"

王说："封，我们不能不了解民情，我已经把施行德政和刑罚的意见告诉你了。现在殷民的情绪不安定，他们的心还没有安定下来，屡次教导他们，仍没有合顺，这是上天要惩罚我们，我们不应该心怀怨愤。殷民的罪过，无论大小和多少，我们都应勇于承担，何况上天已察觉到殷民不安宁的状况了呢！"

王说："啊！封，要谨慎啊！不要制造怨恨，不要采用不周全的计谋，不要执行不恰当的措施，否则就会闭塞你的诚信之心。要努力施行德政，以稳定殷民之心；顾念他们的善德，减轻他们的徭役，为他们提供日用所需；这样，人民安定了，上天就不会责罚你了。"

王说："啊！努力吧！年轻的姬封。天命无常，你要记住啊！不要断绝对我们祖先的祭祀，要明白你的职责和使命，敬慎地对待你所听到的一切，用来治理安定这里的百姓。"

王这样说："去吧！姬封，不要抛弃美善的德行，要经常听取我的教导，这样，你和殷民就能世世代代享用殷国的土地了。"

◎酒　诰◎

【原文】

王若曰："明大命于妹邦①。乃穆考文王②，肇国在西土③。厥诰毖庶邦庶士越少正御事朝夕曰④：'祀兹酒⑤。'惟天降命，肇我民⑥，惟元祀⑦。天降威⑧，我民用大乱丧德，亦罔非酒惟行⑨；越小大邦用丧，亦罔非酒惟辜。

"文王诰教小子有正有事⑩：无彝酒⑪。越庶国⑫：饮惟祀，德将无醉⑬。惟曰我民迪小子惟土物爱，厥心臧⑭。聪听祖考之遗训，越小大德⑮。

"小子惟一妹土⑯，嗣尔股肱⑰，纯其艺黍稷⑱，奔走事厥考厥长。肇牵车牛，远服贾用⑲，孝养厥父母；厥父母庆⑳，自洗腆，致用酒㉑。

"庶士有正越庶伯君子，其尔典听朕教！尔大克羞耇惟君㉒，尔乃饮食醉饱。丕惟曰尔克永观省㉓，作稽中德㉔，尔尚克羞馈祀。尔乃自介用逸㉕，兹乃允惟王正事之臣㉖。兹亦惟天若元德，永不忘在王家㉗。"

周公告诫卫国臣民饮酒要有节制。

王曰：“封，我西土棐徂㉘，邦君御事小子尚克用文王教，不腆于酒㉙，故我至于今，克受殷之命。”

王曰：“封，我闻惟曰：‘在昔殷先哲王迪畏天显小民，经德秉哲㉚。自成汤咸至于帝乙㉛，成王畏相㉜。惟御事，厥棐有恭，不敢自暇自逸，矧曰其敢崇饮㉝？越在外服㉞，侯甸男卫邦伯；越在内服，百僚庶尹惟亚惟服宗工越百姓里居㉟，罔敢湎于酒。不惟不敢，亦不暇，惟助成王德显越，尹人祗辟㊱。’

“我闻亦惟曰：‘在今后嗣王㊲，酣㊳，身厥命，罔显于民祗㊴，保越怨不易㊵。诞惟厥纵㊶，淫泆于非彝㊷，用燕丧威仪㊸，民罔不衋伤心㊹。惟荒腆于酒，不惟自息乃逸㊺。厥心疾很，不克畏死㊻。辜在商邑，越殷国灭，无罹㊼。弗惟德馨香祀，登闻于天㊽；诞惟民怨，庶群自酒㊾，腥闻在上。故天降丧于殷，罔爱于殷，惟逸。天非虐，惟民自速辜㊿。’”

王曰：“封，予不惟若兹多诰(51)。古人有言曰：‘人无于水监(52)，当于民监。’今惟殷坠厥命，我其可不大监抚于时(53)！予惟曰汝劼毖殷献臣(54)，侯甸男卫，矧太史友、内史友、越献臣百宗工(55)，矧惟尔事、服休服采(56)，矧惟若畴(57)，圻父薄违、农父若保、宏父定辟(58)：‘矧汝刚制于酒(59)。’

“厥或诰曰：‘群饮。’汝勿佚(60)，尽执拘以归于周，予其杀(61)。又惟殷之迪诸臣惟工(62)，乃湎于酒，勿庸杀之，姑惟教之(63)。有斯明享(64)，乃不用我教辞，惟我一人弗恤弗蠲(65)，乃事时同于杀(66)。”

王曰：“封，汝典听朕毖(67)，勿辩乃司民湎于酒(68)。”

【主旨讲解】

殷代末年，风气奢华，酗酒乱德，纣王曾建造酒池肉林，放纵淫乐。卫国原是殷商旧地，周公担心这种殷商恶习会酿成大乱，所以代替成王向新任卫国国君康叔发表诰词。史官记录这篇诰词，写成《酒诰》。

《酒诰》与《康诰》同为一序，其内容可分为三部分：第一部分阐述戒酒的重要性，告诫卫国臣民饮酒要有节制。第二部分以正反两方面总结殷商戒酒兴国和纵酒亡国的历史教训。第三部分宣布禁酒的法令条例。

《酒诰》反映了周公改易恶俗的思想，对于巩固政权极其重要，具有很强的史料价值。

【注解】

①王：指摄政王周公。明：昭告，宣布。妹邦：指康叔的封地卫国。妹：通“沬”，卫国的都邑。②乃：当初。穆考：指文王。按古代昭穆制，文王世次当穆。③肇：创建。④诰毖：告诫。庶：众。⑤兹：则，才。⑥“惟天”两句：惟：语气助词。命：福命。肇：劝勉。⑦惟：只是。元：大。⑧威：罚。⑨“我民”两句：用：因此。惟：为。⑩有正：大臣。有事：小臣。⑪无：不要。彝：经常。⑫越：于。庶国：指在诸侯国任职。⑬将：扶助。德将：以德自助。⑭“惟曰”两句：迪：指导。土物：指粮食。臧：善。⑮越：发扬。⑯一：专一。⑰嗣：用。股肱：脚手。⑱纯：专心。艺：种植。⑲服：从事。贾（gǔ）用：指贸易。⑳庆：高兴。㉑“自洗腆”两句：洗腆：洁治丰盛的饮食。致：得到。㉒羞：进献。耇：年长者。惟：与。㉓丕惟：语助词。省：

周公告诫姬封，殷商君臣要强行戒酒。

省察。㉔作：举止。稽：符合。中德：中正之德。㉕乃：如果。介：通"界"，限制。用逸：行逸，指饮酒。㉖允：长期。㉗忘：失。㉘棐徂：辅助。徂：通"助"。㉙腯：丰厚。㉚"在昔"两句：惟：有。迪：语助词。天显：指天命。经：行。秉：持。哲：敬。㉛咸：通"覃"，延续。㉜成王：有成就的君王。畏相：敬畏辅臣。㉝崇：纵，尽情。㉞外服：外官，指诸侯。㉟百僚：百官。庶尹：众长。亚：副官。服：任事的官。宗工：宗室的官员。百姓里居：百官中退休而住在家里的人。㊱尹：正。㊲后嗣王：指商纣王。㊳酣：嗜酒。㊴民祇：百姓的疾苦。祇：通"疧"，病。㊵保越：安于；易：改。㊶诞：大。惟：为。纵：淫乱。㊷洗：通"佚"，乐。㊸燕：通"宴"，宴饮。㊹蠚（xì）：伤痛。㊺逸：过失。㊻克：肯。㊼罹：忧虑。㊽登：升。㊾庶群：指纣王的群臣。自酒：私自饮酒。㊿速：招致。(51)惟：想。若兹：如此。(52)监：察看。(53)其：难道。监抚：省察。抚：览。(54)劼：谨慎。毖：告。献臣：遗臣。(55)矧：又。友：同僚。(56)事：治事官员。服休：掌管游宴的官员。服采：管理朝祭的官员。(57)若：你。畴：指下文的三卿。(58)圻（qí）父：指司马，掌管军事。薄：讨伐。农父：司徒，掌管农业。若：顺。保：养。宏父：司空，掌管土地。辟：法度。(59)刚：强。制：断绝。(60)佚：放纵。(61)执拘：逮捕。其：将要。(62)迪：辅佐。惟：与。(63)姑：暂且。(64)享：劝导。(65)恤：怜惜。蠲（juān）：免除。(66)事：治理。时：这种人。同：一样。(67)典：听。毖：告。(68)辩：使。司民：治理民众的官员。

【译文】

王这样说："你要到卫国去宣布一项重大命令。你那尊敬的先父文王，在西方的土地上创建了周国。他从早到晚告诫各国诸侯、各位卿士和各级官员说：'只有祭祀时才可以饮酒。'上天降下旨意，劝勉我们的臣民，只能在大祭时才可以饮酒。后来，上天降下惩罚，我们的臣民犯上作乱，丧失了道德，这是因为酗酒造成的；那些大大小小的诸侯国之所以灭亡，也无非就是因为君臣过度纵酒的缘故。

"文王还告诫在朝中担任大小官职的人们：不要经常饮酒。告诫在诸侯国任职的人们：只有祭祀时才可以饮酒，饮酒时要用道德约束自己，不要喝醉了。文王还告诫我们的臣民，要他们爱惜粮食，使他们心地善良。我们要好好听取先祖留下的遗训，发扬各种美德。

商纣王纵酒淫乐导致亡国。

"殷民们，你们要一心留在故土，用你们自己的手脚，专心致志地种好庄稼，勤勉地侍奉自己的父兄。努力牵牛赶车，到外地去做生意，以孝敬和赡养你们的父母；父母高兴，自己动手置备丰盛的饮食，这时你们可以饮酒。

"各级官员们，希望你们经常听取我的意见！只要你们能向老人和国君进献酒食，你们就可以吃饱饭、喝足酒了。只要你们能经常省察自己，使自己的行为举止符合中正的美德，你们就可以参与王室的祭祀活动了。如果你们能够约束自己不纵酒，就可以长期担任王室的治事官员了。这也是上天所赞赏的大德，王室将永远不会忘记你们这些臣属。"

王说："封啊，我们西方的诸侯和官员，常常能够遵从文王的教导，从不多喝酒，所以我们到今天能够承受治殷的天命。"

王说："封，我听到有人说：'过去，殷商的先人明王畏惧天命和百姓，施行德政，保持恭敬。从成汤延续到帝乙，明君贤相都时常考虑着如何治理好国家。那些治事之臣，颁布政令都很认真，不敢偷闲享乐，何况敢聚众饮酒呢？在外地的侯、甸、男、卫等诸侯，在朝中的各级官员、宗室贵族以及退居在家的官员，都不敢沉溺于纵酒。不但不敢这样做，就是敢做也没有闲暇的工夫，他们只想着显扬君王的美德，让百官恭敬地事奉君王。'

"我又听到有人说：'近世的商纣王，沉溺于纵酒，自以为有命在天，不体察民间的疾苦，面对百姓的怨恨而不知悔改。他大肆纵酒淫乐，过分贪图安逸而违反常法，因宴乐而丧失了威仪，臣民没有不痛心的。商纣王只想着纵酒，不想停止作乐。他心肠狠毒，不能用死亡来威吓他。他在商都作恶，对于殷国的灭亡，从来没有忧虑过。没有明德芳香的祭祀升闻于天；只有百姓的怨气和群臣私自饮酒的酒气升闻于天。上帝知道了，于是对殷商降下灾祸，不再眷顾殷商，这就是淫乐纵酒的缘故。上帝并不暴虐，是殷民自己招致了灾祸。"

王说："封啊，我不想如此反复告诫你。古人说：'人不应该把水面当做镜子来察看自己，而应当把民情当做镜子来察看自己。'现在殷商已经丧失了国运，难道我们不应该好好地省察自己吗？我想告诉你，你要谨慎地告诫殷商的遗臣、诸侯国君和各级官员，对他们说：'你们要强行戒酒啊！'

"假如有人报告说：'有人群聚饮酒。'你不要放纵他们，要把他们全部抓起来，并把他们押送到京城，我将杀掉他们。假如殷商的辅臣和官员沉溺于纵酒，就先不要杀掉他们，暂且先教育他们。有了这样明显的政令，如果还有人违反我的政令，我就不再怜惜他们，不再赦免他们，同治理聚众纵酒的人一样将他们杀掉（绝不姑息）。"

王说："姬封，你要经常遵从我的告诫，不要让你的官员纵酒啊！"

◎梓　材◎

【原文】

王曰："封，以厥庶民暨厥臣达大家①，以厥臣达王惟邦君②，汝若恒③。

"越曰我有师师、司徒、司马、司空、尹旅④，曰：'予罔厉杀人⑤。'亦厥君先敬劳，肆徂厥敬劳⑥。

"肆往⑦，奸宄、杀人、历人，宥⑧；肆亦见厥君事、戕败人⑨，宥。

"王启监，厥乱为民⑩，

周公认为，教化百姓好比彩饰用贵重木材制作的家具。

曰：'无胥戕⑪，无胥虐，至于敬寡，至于属妇⑫，合由以容⑬。'王其效邦君越御事，厥命曷以⑭？'引养引恬⑮'。自古王若兹，监罔攸辟⑯！

"惟曰：若稽田⑰，既勤敷菑⑱，惟其陈修⑲，为厥疆畎⑳。若作室家，既勤垣墉㉑，惟其涂塈茨㉒。若作梓材，既勤朴斫㉓，惟其涂丹雘。

"今王惟曰㉔：先王既勤用明德㉕，怀为夹，庶邦享作㉖，兄弟方来㉗。亦既用明德，后式典集㉘，庶邦丕享㉙。

"皇天既付中国民越厥疆土于先王，肆王惟德用㉚，和怿先后迷民㉛，用怿先王受命㉜。已！若兹监，惟曰欲至于万年㉝，惟王子子孙孙永保民㉞。"

【主旨讲解】

梓材，本义是指上等的木材，这里用来比喻治国要加倍努力的道理。康叔被封为卫国国君后，周公告诫康叔如何治理殷民。因诰词中周公用了"若作梓材"这个比喻，所以史官在记录这篇诰词时以《梓材》为题。

《梓材》与《康诰》《酒诰》同为一序，《梓材》的内容可分两部分：第一部分阐述了治理殷商故地的具体政策：即顺从常典、慰劳邦君、宽恕罪人、安抚百姓。第二部分申述制定上述政策的理由，勉励康叔施行明德、和睦殷民，努力完成先王未竟的大业。

本篇中周公的宽民政策，对安定殷民起了重要作用，是研究周初统治策略的重要文献。

【注解】

①以：由。暨：和。达：至。大家：指卿大夫。家：大夫的封地。②王：指诸侯。惟：与。邦君：国君。③若：顺从。恒：常，指常典。④越：句首语气词。师师：众位官长。尹：正，指大夫。旅：众士。⑤厉：杀戮无罪的人。⑥肆力：努力。徂：去。劳：慰劳。⑦肆往：往日。⑧历：俘虏。宥：宽恕。⑨见：泄露。戕（qiāng）：残害。⑩"王启监"两句：启：建立，设立。监：指诸侯，由于公、侯、伯、子、男各监一国，所以称诸侯为监。乱：通"率"，大都。为：教化。⑪胥：相互。⑫"至于"两句：敬：通"鳏"，老而无妻的人。寡：丧夫的妇人。属妇：指孕妇。⑬合：同。由：教导。以：和。容：宽容。⑭曷：何。以：用。⑮引：长。恬：安。⑯攸：所。辟：通"僻"，偏。⑰稽：治。⑱敷：布，播种。菑：新开垦的土地。⑲陈修：治理。陈：治。⑳疆：地界。畎（quǎn）：田间水沟。㉑垣（yuán）：矮墙。墉：高墙。㉒涂：完成。墍（xì）：涂上泥巴。茨：用茅草盖顶。㉓朴：剥去树皮。斲（zhuó）：砍削。㉔王：指王家。惟：思考。㉕用：施行。㉖怀：来。夹：通"郏"，洛邑。享：进献。作：劳作。㉗方：国。㉘后：指诸侯。式：因此。典：常。集：会合，指朝会。㉙丕：乃，于是。㉚肆：今。㉛和怿：和悦。先后：指导。迷民：指殷商遗民中的顽固分子。㉜怿：通"致"，完成。㉝惟：思考。欲：将。㉞惟：使。

周公告诫康叔，营造了洛邑还要施行明德。

【译文】

王说："封啊，从殷的老百姓和它的大臣到卿大夫，从它的官员到诸侯和国君，你都要让他们遵守常典。

"你要告诉我们的众位官长、司徒、司马、司空、大夫和众士说：'我不会滥杀无辜。'要先恭谨地慰劳邦君，然后再努力让他们去恭谨地慰劳臣民。

"过去内外作乱、杀人、虏人的罪犯，现在都要赦免；过去泄露国家大事、残害他人身体的罪犯，也要宽恕。

"王者设立诸侯，大都是为了教化百姓。他说：'不要相互残害，不要相互虐待，对于鳏夫寡妇和孕妇，要同样教导和宽慰他们。'君王教导诸侯国君和诸侯国的官员，他的诰命是什么呢？那就是'不断地教化万民，不断地安抚万民'。自古以来，做君主的都是如此，你去监督时不要有所偏差。

"我想，这就好比种田，既然已经勤劳地开垦、播种，就要想到整治土地，修筑田界，开挖水沟。又好比建造房屋，既然已经辛苦地筑起了墙壁，就要继续涂泥和盖顶。又好比用贵重木材制作器具，既然已经辛苦地剥去树皮并做成了家具，就要完成彩饰工作。

"现在我们王家考虑：先王已经努力施行明德，营造了洛邑，建立了国家，四方的异邦都来进贡，兄弟之国也都来归附。如今我们也要像先王那样施行明德，那么诸侯也会依据常例来朝见，众多的邦国也会前来进贡。

"上天既已把天下的臣民和疆土赐予先王，当今的国君就只能施行德政，来和悦、教导殷商那些迷惑的人民，用以完成先王所承受的天命。唉！像这样来监督治理殷民，我想你的国运将延续万年而不衰，使王家的子子孙孙长久地拥有殷民。"

◎洛 诰◎

【原文】

召公既相宅，周公往营成周^①，使来告卜^②，作《洛诰》。

周公拜手稽首曰："朕复子明辟^③。王如弗敢及天基命定命^④，予乃胤保大相东土^⑤，其基作民明辟^⑥。

"予惟乙卯，朝至于洛师^⑦。我卜河朔黎水^⑧，我乃卜涧水东、瀍水西，惟洛食^⑨；我又卜瀍水东，亦惟洛食。伻来以图及献卜^⑩。"

王拜手稽首曰："公不敢不敬天之休^⑪，来相宅，其作周匹^⑫，休！公既定宅，伻来，来，视予卜，休恒吉^⑬。我二人共贞^⑭。公其以予万亿年敬天之休^⑮，拜手稽首诲言。"

洛邑建成后，周公与成王讨论定都大事。

周公曰："王，肇称殷礼^⑯，祀于新邑，咸秩无文^⑰。予齐百工^⑱，伻从王于周^⑲，予惟曰：'庶有事^⑳。'今王即命曰：'记功，宗^㉑，以功作元祀^㉒。'惟命曰：'汝受命笃弼^㉓，丕视功载^㉔，乃汝其悉自教工^㉕。'

"孺子其朋^㉖，孺子其朋，其往！无若火始焰焰^㉗；厥攸灼叙，弗其绝^㉘。厥若彝及抚事如予^㉙，惟以在周工往新邑^㉚。伻向即有僚^㉛，明作有功，惇大成裕^㉜，汝永有辞^㉝。"

公曰："已！汝惟冲子，惟终^㉞。汝其敬识百辟享^㉟，亦识其有不享。享多仪^㊱，仪不及物，惟曰不享^㊲。惟不役志于享^㊳，凡民惟曰不享，惟事其爽侮^㊴。乃惟孺子颁，朕不暇听^㊵。

"朕教汝于棐民彝^㊶，汝乃是不蘉^㊷，乃时惟不永哉^㊸！笃叙乃正父罔不若予^㊹，不敢废乃命。汝往敬哉！兹予其明农哉^㊺！彼裕我民，无远用戾^㊻。"

王若曰："公！明保予冲子。公称丕显德^㊼，以予小子扬文武烈^㊽，奉答天命，和恒四方民^㊾，居师^㊿；惇宗将礼，称秩元祀⁵¹，咸秩无文。惟公德明光于上下，勤施于四方，旁作穆穆⁵²，迓衡不迷⁵³。文武勤教，予冲子夙夜毖祀⁵⁴。"

王曰："公功棐迪，笃罔不若时⁵⁵。"

成王恳求周公居洛执政，周公接受王命。

王曰，"公！予小子其退，即辟于周⁵⁶，命公后⁵⁷。四方迪乱未定⁵⁸，于宗礼亦未克敉⁵⁹，公功迪将⁶⁰，其后监我士师工，诞保文武受民，乱为四辅⁶¹。"

王曰："公定⁶²，予往已。公功肃将祗欢⁶³，公无困哉！我惟无斁其康事⁶⁴，公勿替刑⁶⁵，四方其世享。"

周公拜手稽首曰："王命予来，承保乃文祖受命民，越乃光烈考武王弘⁶⁶，朕恭孺子来相宅，其大惇典殷献民⁶⁷，乱为四方新辟，作周恭先⁶⁸。曰⁶⁹：'其自时中乂⁷⁰，万邦咸休，惟王有成绩。予旦以多子越御事笃前人成烈⁷¹，答其师，作周孚先⁷²。'考朕昭子刑，乃单文祖德⁷³。

"伻来毖殷⁷⁴，乃命宁予以秬鬯二卣⁷⁵。曰⁷⁶：'明禋，拜手稽首休享⁷⁷，'予不敢宿⁷⁸，则禋于文王、武王。'惠笃叙⁷⁹，无有遘自疾⁸⁰，万年厌于乃德⁸¹，殷乃引考⁸²。'王伻殷乃承叙万年，其永观朕子怀德⁸³。"

戊辰，王在新邑烝⁸⁴，祭岁，文王骍牛一⁸⁵，武王骍牛一。王命作册逸祝册⁸⁶，惟告周公其后⁸⁷。王宾杀禋咸格⁸⁸，王入太室，裸⁸⁹。王命周公后，作册逸诰⁹⁰，在十有二月。

惟周公诞保文武受命⁹¹，惟七年⁹²。

【主旨讲解】

洛邑建成以后，由谁来居洛治理此地是周王朝面临的重大问题。周公和召公都希望成王居洛主持政事，成王则根据当时殷民不稳的形势，仍要倚重周公治洛，威服天下，安定殷民。君臣反复商讨，最后决定周公继续居洛，治理东方。在成王七年洛邑的冬祭大会上，成王宣布了这一重大决策。史官把君臣的对话和冬祭时的情况记录成篇，写成《洛诰》。

《洛诰》的内容繁杂，大致可分五部分：第一部分是序。第二部分记述周公与成王在洛邑讨论定都大事。第三部分记述在镐京周公劝勉成王赴洛听政，成王接受意见去洛邑。第四部分成王在洛邑分析形势，恳求周公居洛执政，周公接受王命。第五部分记述成王在洛邑举行冬祭，大会诸侯，册告天下周公继续居洛治事。

《洛诰》是巩固周王朝统治的重要诰命，奠定了成康之治的基础，它对于我们研究周代的政治史具有很高的史料价值。

【注解】

①营：营建。成周：指洛邑。②使来：使成王来洛邑。告卜：报告卜得的吉兆。③复：告诉。子：你。明辟：明法，这里指治理洛邑的办法。④如：似乎。及：参与。基：开始。命：告诉。⑤胤：继。保：太保，指召公。东土：指洛邑。⑥其：乃，就。基：谋，商量。作：振作。⑦洛师：指洛邑。⑧河朔：黄河的北边。黎水：卫河和淇水合流到黎阳故城叫黎水。黎阳故城在今河南省浚县东北。⑨涧水：发源于河南渑池县，到洛阳西南流入洛水。瀍（chán）水：发源于洛阳西北，到洛阳东流入洛水。惟：仅。食：吉兆。⑩伻（bēng）：使。图：谋。⑪休：善。⑫周：指镐京。匹：匹配。⑬恒：全都。⑭贞：承当。⑮其：希望。以：率领。⑯肇：始。称：举行。殷礼：会见诸侯的大礼。殷：众。⑰秩：次序，这里指安排。文：通"紊"，乱。⑱齐：率领。百工：百官。⑲周：指镐京。⑳庶：或许。事：指祭祀。㉑宗：宗人，官名，管礼乐的官。㉒以：按。作：助。元祀：大祀。㉓受命：受武王顾命。笃：厚。弼：辅助。㉔视：阅读。功载：记功的书。㉕乃：于是。悉：尽心。㉖孺子：小孩，这里指成王。朋：振奋。㉗焰焰：火微微燃烧的样子。㉘灼：烧。叙：残余。绝：灭。㉙若：顺从。抚事：主持政事。㉚在周工：在镐京的官员。㉛向即：趋就。像：官职。㉜悼：重视。裕：大事。㉝辞：赞誉。㉞惟终：考虑完成先王未竟的大业。㉟识：察识。百辟：众诸侯国君。享：享礼，朝见的礼节。㊱多：重视。仪：仪礼。㊲惟：应该。役志：用心。㊳事：政事。爽：差错。侮：轻慢。㊴暇：通"假"，摄理政务。听：听政。㊵于：以。棐：辅助。㊶乃：如果。㊷时：善，指善政。永：远，推广。㊸笃：通"督"，督察。叙：升降。正：官长。父：同姓官长。㊺明农：努力的意思。㊻用：因此。戾：至。㊼称：发扬。㊽以：使。扬：继续。烈：功业。㊾和恒：和悦。㊿师：指洛邑。51惇：厚。宗：尊。将：大。称：举行。秩：安排。52旁：普遍。穆穆：美好。53迓：御，掌握。衡：权力。54恣：恭谨。55笃：笃信。若：顺从。56即辟：就君位。57后：继续。58迪：教导。乱：治理。59救：完成。60将：扶持。61乱：通"率"，语助词。四辅：辅助天子处理政务的四种辅臣，即前疑、后丞、左辅、右弼。62定：止，留止。63肃：通"速"，快速。将：行。祗欢：恭敬和悦。64致：厌倦，懈怠。康：安定。65替：废止。刑：通"型"，示范。66越：弘扬。烈：功业。考：先父。弘：宏大。67惇：纯厚。典：礼。献民：贤臣。68周恭：周家的大法。先：先导。69曰：追述之辞。70时：这。中：中央之地。乂：治理。71多子：众卿大夫。笃：理。72周孚：周王城的外城，这里指洛邑。73单：光大。74毖：慰劳。75宁：问候。秬鬯：用黑黍酿成的香酒，多用于祭祀。卣（yǒu）：酒器。76曰：使者转述成王的话。

⑦休：善。享：献。⑦宿：经宿，隔夜。⑦叙：顺。⑧遘：遇。⑧厌：同"餍"，饱。⑧引：长久。考：成功。⑧朕子：我的臣民。怀：思。⑧烝：祭祀名，指冬祭。⑧骍（xīn）：赤色。⑧作册：官名。逸：人名。祝：读。⑧其：将。后：续。⑧王宾：助祭的诸侯。杀：杀牲。格：至。⑧祼（guàn）：祭祀仪式，用酒献尸，然后灌入土地之中。⑨诰：告谕天下。⑨保：担任。⑨七年：指成王七年。

成王在洛邑册告天下，周公继续居洛治事。

【译文】

召公勘察了宗庙、宫室和朝市的地址以后，周公前往洛地营建洛邑，并派使者请成王来洛邑，把卜得的吉兆禀告给成王。史官把诰词记录下来，写成《洛诰》。

周公跪拜叩头说："我告诉你治理洛邑的方法。你似乎不敢接受上天从前告诉我们的成命，我继太保召公之后，全面视察了洛邑，就与召公制定了使百姓振作起来的重大决策。

"我在乙卯日的清晨到达了洛邑。我先占卜了黄河以北的黎水地区，又占卜了涧水以东、瀍水以西的地区，结果仅有洛地是吉利的；我还占卜了瀍水以东的地区，也只有洛地是吉利的。于是我才请您来商量，并献上卜兆。"

成王跪拜叩头说："周公你不敢不敬重上帝赐予的福泽，亲自前来勘察新都的地址，将营建与镐京相匹配的新邑，这很好啊！你既然已经选定地址，让我来，我就来了，又让我看了吉兆，我看到卜兆全都是吉利的，感到很高兴。让我们一起承受这一吉祥吧。愿你辅佐我永远敬重上帝赐给的大命！我跪拜叩头接受你的教诲。"

周公说："王啊，你先举行大礼接见诸侯，在新邑举行祭祀，一切都准备就绪了。我率领百官，让他们在镐京跟随你来到新邑，我对他们说：'或许就要举行祭祀了。'现在你就下命令，说：'记下功绩，宗人率领功臣举行大祭祀。'又命令说：'你接受先王遗命，督导辅助君王，你全面查阅记功的册书，然后你要亲自悉心指导这件事。'

"君王你要振奋，要振奋，要到洛邑去！不要像刚点燃的火那样微弱；那燃烧的余火，决不能让它熄灭。你要像我那样恭谨地顺从常法，认真地处理政事，率领在镐京的百官到洛邑去。使他们各就其职，勉励他们建立功勋，完成先王的大业，这样你就能永享美誉。"

周公说："唉！你虽然是个年轻人，却也该考虑完成先王未完成的大业。你应该认真考察诸侯君长的朝见之礼，也要识察那些不注重礼节的。进献朝见注重礼节，假如礼节赶不上礼物，应该叫作不享。因为诸侯对享礼不尽心，没有诚意，老百姓就会认为可以不享。这样，政事就会荒废。我急想你来分担政务，我没有闲暇管理这么多事情了。

"我教给你导引百姓的法则，假如你不努力做这些事，你的善政就不会得到推广啊！你要像我那样监督、升降你的官员和同姓邦君，这样他们就不敢废弃你的政教法令了。你到新邑去，要认真啊！现在我们要奋发努力啊！去教导我们的臣子和百姓，不论远近，四方的民众都会前来归附我们的。"

王这样说："公啊！请你努力保护我这个年轻人吧！你发扬伟大光显的美德，使我继承文王、武王的大业，承受天命，使天下的百姓和悦地居住在洛邑；你光大礼仪，举行盛大的祭祀仪式，一切都进行得有条不紊。你的美德照耀天地，你辛勤地治理天下，普遍推行美好的德政，掌握大权却没有犯下过失。你以文王、武王的德业引导我，我这年轻人就从早到晚恭谨地进行祭祀好了。"

王说："你善于辅导，我真的无不顺从。"

王说："周公啊！我就要回镐京了，在镐京就位了，请你继续留下来治理洛邑。四方经过治理，还没有完全安定下来，宗礼也没有完成，你擅长教导和扶持百姓，要继续监督我们的各级官员，安定文王、武王所接受的殷民，做我的辅政之臣。"

王说："你留下来吧，我要前往镐京了。你要安定好殷民，使他们生活和悦，你不要以为困苦啊！我回到镐京之后，一定会努力熟悉政事，你要不停地为我做出示范，四方诸侯将会世世代代来到周国朝贡。"

周公跪拜叩头说："君王你命令我到洛邑来，继续保护你的先祖文王所接受的殷民，宣扬光大你的先父武王的伟大德业，我遵从你的命令。王来视察洛邑，考虑到要使殷商贤良的臣民都敬德守法，于是制定了治理四方的新法，做创立周法的先导。我曾说过：'要是从这九州的中心地带开始治理，各国都会高兴，君王也会取得功绩。我姬旦率领众位卿大夫和治事官员，经营先王的成业，集合众人，做修建洛邑的先导。'如果你能实现以上所说的法则，你就能发扬光大先祖文王的美德。

"你派使者来洛邑慰问殷民，又送来两卣黍香酒问候我。使者传达王命说：'举行隆重的祭天活动时，须在跪拜叩头之后好好地进献。'我不敢停留过夜，于是立即用香酒祭祀文王、武王。我祷告说：'愿我们一切顺利，不要遇上什么罪疾，使我们能够长久地享受你的恩德，殷事就能长久，最终取得成功。'但愿君王你能让殷民永远顺从我，那么你将会永远看到臣民思念你的盛德。"

戊辰这天，成王在洛邑举行冬祭，向先王报告岁事，用一头红色的牛祭祀文王，还用一头红色的牛祭祀武王。成王命令史官逸宣读册文，报告文王、武王周公将继续留下来治洛。助祭诸侯在杀牲祭祀先王的时候都来到了，成王走进太室，举行灌祭仪式。成王命令周公继续治理洛邑，史官逸诰谕天下，时间在十二月。

周公继续留在洛邑承担文王、武王所赐予的大命，时间是成王七年。

◎多　士◎

【原文】

成周既成^①，迁殷顽民，周公以王命诰^②，作《多士》。

惟三月^③，周公初于新邑洛，用告商王士。

王若曰："尔殷遗多士！弗吊旻天^④，大降丧于殷^⑤。我有周佑命，将天明威^⑥，致王罚，敕殷命终于帝^⑦。肆尔多士^⑧！非我小国敢弋殷命^⑨，惟天不畀允罔固乱^⑩，弼我，我其敢求位^⑪？惟帝不畀，惟我下民秉为，惟天明畏^⑫。

周公初到新都洛邑，按成王的命令告诫殷商旧臣。

"我闻曰：'上帝引逸^⑬。'有夏不适逸则^⑭，惟帝降格，向于时夏^⑮。弗克庸帝，大淫泆有辞^⑯。惟时天罔念闻^⑰，厥惟废元命，降致罚^⑱；乃命尔先祖成汤革夏，俊民甸四方^⑲。

"自成汤至于帝乙，罔不明德恤祀^⑳。亦惟天丕建保乂有殷^㉑，殷王亦罔敢失帝^㉒，罔不配天其泽^㉓。在今后嗣王^㉔，诞罔显于天，矧曰其有听念于先王勤家^㉕？诞淫厥泆，罔顾于天显民祗^㉖，惟时上帝不保，降若兹大丧^㉗。

"惟天不畀不明厥德^㉘，凡四方小大邦丧，罔非有辞于罚。"

王若曰："尔殷多士，今惟我周王丕灵承帝事^㉙，有命曰'割殷^㉚'，告敕于帝。'惟我事不贰适^㉛，惟尔王家我适。予其曰惟尔洪无度^㉜，我不尔动，自乃邑。予亦念天，即于殷大戾^㉝，肆不正^㉞。"

王曰："猷[35]！告尔多士，予惟时其迁居西尔，非我一人奉德不康宁[36]，时惟天命。无违，朕不敢有后[37]，无我怨。

"惟尔知，惟殷先人有册有典[38]，殷革夏命。今尔又曰：'夏迪简在王庭，有服在百僚[39]。'予一人惟听用德[40]。肆予敢求于天邑商[41]，予惟率肆矜尔[42]。非予罪，时惟天命！"

王曰："多士，昔朕来自奄[43]，予大降尔四国民命[44]。我乃明致天罚，移尔遐逖[45]，比事臣我宗多逊[46]。"

王曰："告尔殷多士，今予惟不尔杀，予惟时命有申[47]。今朕作大邑于兹洛，予惟四方罔攸宾[48]，亦惟尔多士攸服奔走臣我多逊[49]。

"尔乃尚有尔土，尔乃尚宁干止[50]。尔克敬，天惟畀矜尔[51]；尔不克敬，尔不啻不有尔土[52]，予亦致天之罚于尔躬[53]！

"今尔惟时宅尔邑，继尔居[54]；尔厥有干有年于兹洛[55]。尔小子乃兴[56]，从尔迁。"

王曰："又曰时予[57]，乃或言尔攸居[58]。"

【主旨讲解】

《多士》是周公告诫殷商遗民中的贵族人士的训导之词。

【注解】

①成周：地名，故址在今河南洛阳东南，距当时的王城有十八里远。②以：用，按。③三月：成王七年三月。④吊：善。旻（mín）天：秋天，这里指上天。⑤降丧：降下灾祸。⑥将：奉行。⑦敕：告。终于帝：被上帝终绝。⑧肆：现在。⑨弋：取代。⑩畀（bì）：给予。允：信。罔：诬。固：通"怙"，仗恃。⑪其：岂，怎么。⑫天明：天命。⑬引：制止。逸：淫逸。⑭适：合。则：法。⑮向：劝导。时：这。⑯淫：游乐。泆：乐。有：又。辞：怠慢。⑰惟时：于是。念：顾念。闻：通"问"，恤问，怜悯。⑱致：报，大。⑲俊民：杰出的人才。甸：治。⑳恤：谨慎。㉑保乂：安治。㉒失：违反。㉓泽：恩泽。㉔后嗣王：指纣王。㉕矧：何况。听：从。㉖天显：天意。民祗：人民的疾苦。㉗若兹：如此。大丧：指亡国之祸。㉘明：努力。㉙灵：善。㉚割：夺取。㉛适：敌。㉜予其曰：我怎么会想到。洪：大。度：法度。㉝即：则。戾：定。㉞肆：所以。正：治罪。㉟猷：感叹词。㊱奉德：秉性。康宁：安定。㊲后：迟缓。㊳册、典：记载史实的典籍。㊴服：职务。百僚：百官。㊵听用：任用。德：有德的人。㊶肆：今。求：招来。天邑商：指商都。㊷肆：宽大。矜：怜惜。㊸奄：国名，在今山东省曲阜市东。㊹四国：指管、蔡、商、奄四国。㊺遐、逖：遥远。㊻比：近。宗：指周室。逊：恭顺。㊼申：申述。㊽惟：考虑。宾：朝贡。㊾服：服务。臣：臣服。㊿尚：还。干：安宁。止：语末助词。51畀矜尔：赐予你们怜爱。52不啻：不但。53躬：身。54居：指事业。55有干：有安乐。有年：有丰年。56小子：指子孙。兴：兴旺。57又曰：重申。时：顺从。58乃：才。居：安居。

周公向殷商旧臣说明迁移殷民是顺从天命。

【译文】

成周建立以后，周王朝就把不服从统治的殷商旧臣迁移到成周，周公依照成王的命令对殷商遗民进行告诫，史官把告诫之辞记录下来，写成《多士》。

成王七年三月，周公第一次来到新都洛邑，按照成王的命令告诫殷商旧臣。

周王这样说："殷商遗民们听着！商纣不敬重上天，上天把亡国之祸降给了殷商。我们周国帮助执行了上天的命令，奉行上天的威严，施行王者的诛罚，宣告殷朝的天命在上帝那里终绝了。如今，你们这般旧臣听着！这不是我们周国敢于取代殷朝的国运，只是上天不愿意再把大命给与枯恶不悛之徒，决心要你们灭亡，因此上天才帮助周国；我们哪里敢妄求王位呢！上帝不愿意再把大命交给你们，这是因为我们万民的所作所为符合天意并顺应天命。

"我听说：'上帝不让人们淫乐。'然而夏桀的行为不合于游乐之道，所以上帝就布下了教命，对夏桀进行劝导。夏桀没有接受上帝的教命，反而更加狂荡起来，处处表现了他的罪状。于是上天就不再顾念怜悯他，毅然废掉了夏朝的国运，降下亡国的惩罚。于是就命令你们的先祖成汤取代夏桀，并选用贤能之士治理四方。

"从成汤到帝乙，没有不努力施行德政和谨慎祭祀的。也因为上天扶持商朝，安定殷商的民众，所以殷商的君王都不敢违反天意，无不配合上帝施行恩泽。可是到了最后的一位嗣王纣，他完全不明天道，何况说他听从顾念先王为国勤劳的教导呢？他放纵淫乐，绝对不顾念上天的旨意及人民的疾苦，所以上帝就不再保佑他，降下了这样大的灾祸。

"上天不把天命赐予那些不致力于施行德政的人。所有四方大小国家的灭亡，没有一个不是因为怠慢上天而招来惩罚的。"

王说："殷商的旧臣们！现在，因为我们周国的先王能好好地顺承天命，所以上帝降下命令说：'你们去惩罚殷商，并告诉上天。'我们讨伐殷商但不把你们当作敌人，只是和商朝的王室敌对起来。我怎么能料到你们这么不守法度，我并没有对你们采取行动，可是你们却先从你们的封地发动了叛乱。我也考虑了天意，所以在平定叛乱之后，不再治你们这些人的罪。"

王说："啊！我告诫你们！我在这时把你们迁移到西方来居住，不是我的秉性好动，因为这是上天的命令，违背不得！我不敢延误上天的命令，你们不要怨恨我！

"如你们所知：殷的先人传下来的典册，上面记载着殷革夏命的事迹。现在你们中间有人根据这段历史，说道：'当年有许多夏人被任用选拔到商朝，百官之中少不了他们的职位。'我只任用有德之人。现在我把你们从商都招来，只是想怜悯你们。这不是我的罪过，实在是要顺从上天的命令啊！"

王说："殷朝的众位臣子们！前些时候我从奄国回来，曾对你们管、蔡、商、奄四地的臣民下了一道命令，然后我才努力施行上

周公鼓励殷商众臣顺从周王朝的统治。

天的惩罚，把你们移到遥远的地方，让你们亲近我们的管事官吏，臣服于我们周室，恭顺地为周室效劳。"

王又说："告诉你们这些殷商的遗民！现在我不杀你们，但我还是把以前的命令重申一下。现在我在洛水旁造起这座大城，为的是四方的民众都聚集到这里而没有一个被拒绝，也为了你们众臣能恭顺地臣服于我们周室。

"你们还可以有自己的封地，你们还可以享受安宁的生活。如果你们对周室恭敬，上天就会赐予你们怜爱。如果不能，那么你们不但不能保住你们的封地，我还要把上天的责罚施加到你们的身上。

"如今你们应该好好地住在城邑之中，然后继续你们的事业；在洛邑也有安乐和丰年。从你们迁来之后，你们的后代也会兴旺发达起来的。"

最后，王说："我再次重申，你们要顺从我，这样才可以说你们安居下来了。"

◎无　逸◎

【原文】

周公作《无逸》。

周公曰："呜呼！君子所，其无逸①！先知稼穑之艰难，乃逸②，则知小人之依③。相小人④，厥父母勤劳稼穑，厥子乃不知稼穑之艰难⑤，乃逸乃谚⑥。既诞⑦，否则侮厥父母曰⑧：'昔之人无闻知⑨。'"

周公曰："呜呼！我闻曰：昔在殷王中宗⑩，严恭寅畏⑪，天命自度⑫，治民祗惧⑬，不敢荒宁⑭。肆中宗之享国七十有五年⑮。

"其在高宗⑯，时旧劳于外，爰暨小人⑰。作其即位，乃或亮阴⑱，三年不言。其惟不言，言乃雍⑲。不敢荒宁，嘉靖殷邦⑳。至于小大，无时或怨㉑。肆高宗之享国五十有九年。

"其在祖甲㉒，不义惟王，旧为小人㉓。作其即位。爰知小人之依，能保惠于庶民㉔，不敢侮鳏寡。肆祖甲之享国三十有三年。

周公还政于成王之后，告诫成王不要贪图享乐。

"自时厥后，立王生则逸㉕。生则逸。不知稼穑之艰难，不闻小人之劳，惟耽乐之从㉖。自时厥后，亦罔或克寿㉗，或十年，或七八年，或五六年，或四三年。"

周公曰："呜呼！厥亦惟我周太王、王季，克自抑畏㉘。文王卑服，即康功田功㉙。徽柔懿恭㉚，怀保小民，惠鲜鳏寡㉛。自朝至于日中昃㉜，不遑暇食，用咸和万民㉝。文王不敢盘于游田㉞，以庶邦惟正之供㉟。文王受命惟中身㊱，厥享国五十年。"

周公曰："呜呼！继自今嗣王㊲，则其无淫于观、于逸、于游、于田㊳，以万民惟正之供。无皇曰㊴：'今日耽乐。'乃非民攸训，非天攸若㊵，时人丕则有愆㊶。无若殷王受之迷乱㊷，酗于酒德哉！"

周公曰："呜呼！我闻曰：'古之人犹胥训告㊸，胥保惠，胥教诲，民无或胥诪张为幻㊹。'此厥不听，人乃训之，乃变乱先王之正刑㊺，至于小大。民否则厥心违怨㊻，否则厥口诅祝㊼。"

周公曰："呜呼！自殷王中宗及高宗，及祖甲，及我周文王，兹四人迪哲㊽。厥或告之曰㊾：'小人怨汝詈汝㊿。'则皇自敬德(51)，厥愆，曰：'朕之愆，允若时(52)。'不啻不敢含怒，此厥不听，人乃或诪张为幻。曰：'小人怨汝詈汝。'则信之，则若时：不永念厥辟(53)，不宽绰厥心，乱罚无罪，杀无辜。怨有同，是丛于厥身(54)。"

周公曰："呜呼！嗣王其监于兹(55)。"

【主旨讲解】

周公在以《召诰》《洛诰》两篇吸取夏商教训谆谆告诫成王之后，又以《无逸》一篇，沿用前两文同样的精神，进一步教诲成王不要贪图逸乐而要知稼穑艰难和小民之疾苦，发表了这篇语挚情殷的告诫之词。

【注解】

①其：表祈使。②乃：才，然后。③小人：指民众。依：通"隐"，疾苦。④相：看。⑤乃：却。⑥乃：就。诞：通"嗲"，粗野不恭敬。⑦诞：长久。⑧否则：于是。侮：轻慢。⑨昔之人：指老年人。⑩中宗：太戊，殷代第五世贤君。⑪严恭：外貌庄重恭谨。寅畏：内心谦敬谨慎。⑫度：制约。⑬祗惧：敬畏。⑭荒宁：荒废政事而求安逸。⑮肆：所以。享国：指在帝位。⑯高宗：武丁，殷代第十一世贤君。⑰爰：于是。暨：惠顾，爱护。⑱或：又。亮：信任。阴：沉默。⑲雍：和顺。⑳嘉：善。靖：治理，安定。㉑时：此人，指高宗。或：有。㉒祖甲：武丁的儿子帝甲，殷代第十二世贤君。㉓旧：久。㉔保：爱护。㉕立王：在位的君王。生：产生，确立。㉖耽：沉溺。从：追求。㉗罔或：无有。克：能够。寿：长寿。㉘抑：谨慎。畏：敬畏。㉙即：就，从事。康功：指开垦荒地。㉚徽：和。懿：美。㉛鲜：善。㉜日中：指正午。昃（zè）：太阳偏西。㉝用：以。咸：和。㉞盘：乐，沉溺。游：游乐。田：打猎。㉟正：赋税。供：进献。㊱受命：接受天命，即君位。中身：中年。㊲继自今：从今以后。㊳淫：过分。观：观赏。㊴皇：通"偟"，宽慰。㊵若：善。㊶否则：于是。愆：过错。㊷受：指纣王受。㊸胥：互相。训告：劝导。㊹诪（zhōu）张：欺诈。幻：诈骗。㊺正刑：政策法令。㊻否则：于是。违：恨。㊼诅祝：诅咒。㊽迪哲：通达明智。㊾或：有人。㊿詈（lì）：骂。(51)皇：更加。(52)允：确实。时：这样。(53)辟：法。(54)丛：聚集。(55)监：通"鉴"，鉴戒。

【译文】

周公发表诰词，史官把周公的这段诰词记录下来，写成《无逸》。

周公说："啊！君主居于上位，就不该贪图安逸啊！先了解耕种和收获的艰难，之后再去享受安逸的生活，就能明白民众的疾苦了。看那些小民，他们的爹娘在田地上用尽了劳力，可是他们的儿子却不知道耕种与收获的艰难，只知道贪图享乐，对父母不恭不敬。时间久了，就轻慢无礼地对爹娘说道：'老一辈的人懂得些什么！'"

周公说："啊！我听说：从前殷王中宗，外表庄重恭谨，内心谦恭谨慎，以天命约束自己的言行，怀着敬畏之心治理国家，安抚百姓，不敢荒废政事而贪图安逸。所以中宗享国七十五年。

"到了高宗，他早年做太子时，长期在外劳作，（懂得民众的艰辛，）所以他爱护民众。后来他做了天子，就又信任冢宰而沉默不语，三年之内他不轻易谈论政事。由于他不轻易说话，所以话语一出就会成为四方的法则；他不敢懈怠安逸，能够很好地治理殷商。殷商上至群臣，下至百姓，没有一个对他有怨言的。所以高宗享国五十九年。

"祖甲认为代兄称王不合情理，于是就逃到民间，做了很长时间的平民。后来祖甲即位，他了解民众的疾苦，能够安抚和爱护民众，连那些孤苦无依的人都不敢轻慢。所以祖甲享国三十三年。

"从此以后，嗣立王位的人选一旦确立了，就只知道安逸享乐，不知道种田的艰辛，不了解民众的疾苦，只是寻欢作乐。从这以后，殷商的王也没有一个能够长期主政的，在位的时间或十年，或七八年，或五六年，或只有三四年。"

周公说："啊！也只有我们周室的太王和王季能够谨慎敬畏地处理政事。文王秉承这两位先王的德行，也曾做过卑下

周公认为君子要了解耕种和收获的艰难，不可贪图安逸。

的工作，不但开过荒，也种过地。他的性格又仁爱恭敬，始终关怀爱护百姓，并亲善那些孤苦无依的人。从早晨到日中，再到日斜，常常腾不出空闲工夫吃饭，这是为了使民众关系和睦。文王不敢沉溺于游玩和打猎，不敢享用各国进献来的赋税。因此，他即位的时候虽已到了中年，但还能在位五十年之久。"

周公说："啊！从今以后继位的君王，千万不要沉溺于玩赏、安逸、游乐、田猎，不要只让民众进献赋税供自己享乐。不要自我安慰说：'只在今天玩乐一下。'须知道这不是人民所允许的，也不是上天所赞成的，（如果这样，）这个人就犯下过失了。（再叮咛一句话，）千万不要像殷王纣那样迷惑昏乱，把酗酒作为酒德啊！"

周公说："啊！我听说：'古时的君主和臣民常互相劝导，互相爱护，互相教诲，所以人们也就没有互相诈骗欺瞒的。'如果不听从这些话，（不接受别人的劝导，）人们就会只顺着自己的私愿，就会变更先王的正法，延及大大小小的一切法令。人们于是就会在心里怨恨你，就会从嘴里咒骂你。"

周公说："啊！从殷王中宗到高宗、到祖甲，再到我们周族的文王，这四个人都是圣明的君主。如果有人告诉他们说：'有些民众在怨你骂你呀！'他们就更加谨慎地省察自己的德行了。如果发现在某些事情上犯了过错，就连忙自我承认，说：'我的过错确实是这样啊！'他们不但不生气，还认为如果不能听到这些话，人们就会互相欺瞒诈骗。有人说：'民众在怨你骂你呢！'如果相信这些话，就不能长久考虑国家的法度，不能使自己胸怀宽阔，一定把那些无罪的人轻则乱罚、重则乱杀，那么沸腾的怨气必有所归，自然集中到你一个人身上了！"

最后，周公说："啊！继位的王要以此为借鉴啊！"

◎君　奭◎

【原文】

召公为保，周公为师①，相成王为左右②。召公不说③，周公作《君奭》。

周公若曰："君奭！弗吊天降丧于殷④，殷既坠厥命⑤，我有周既受。我不敢知曰：厥基永孚于休⑥。若天棐忱⑦，我亦不敢知曰：其终出于不祥。

"呜呼！君已曰：'时我⑧，我亦不敢宁于上帝命⑨，弗永远念天威越我民；罔尤违⑩，惟人。在我后嗣子孙⑪，大弗克恭上下，遏佚前人光在家⑫，不知天命不易，天难谌⑬，乃其坠命，弗克经历⑭。嗣前人，恭明德，在今。

"予小子旦非克有正⑮，迪惟前人光施于我冲子⑯。又曰：'天不可信。'我道惟宁王德延⑰，天不庸释于文王受命⑱。"

天降丧于殷。

公曰："君奭！我闻在昔成汤既受命，时则有若伊尹⑲，格于皇天⑳。在太甲㉑，时则有若保衡㉒。在太戊㉓，时则有若伊陟、臣扈㉔，格于上帝；巫咸乂王家㉕。在祖乙，时则有若巫贤㉖。在武丁，时则有若甘盘㉗。

"率惟兹有陈㉘，保乂有殷，故殷礼陟配天㉙，多历年所㉚。天惟纯佑命㉛，则商实百姓王人㉜，罔不秉德明恤㉝。小臣屏侯甸，矧咸奔走㉞。惟兹惟德称，用乂厥辟[35]，故一人有事于四方，若卜筮罔不是孚[36]。"

公曰："君奭！天寿平格[37]，保乂有殷，有殷嗣，天灭威[38]。今汝永念，则有固命，厥乱明我新造邦[39]。"

公曰："君奭！在昔上帝割申劝宁王之德[40]，其集大命于厥躬[41]？惟文王尚克修和我有夏[42]；亦惟有若虢叔，有若闳夭，有若散宜生，有若泰颠，有若南宫括[43]。"

召公处理朝政感到不悦，周公谈了自己的意见。

又曰："无能往来，兹迪彝教[44]，文王蔑德降于国人[45]。亦惟纯佑秉德，迪知天威，乃惟时昭文王迪见冒[46]，闻于上帝，惟时受有殷命哉。

"武王惟兹四人尚迪有禄[47]。后暨武王，诞将天威，咸刘厥敌[48]。惟兹四人昭武王惟冒，丕单称德[49]。

"今在予小子旦，若游大川，予往暨汝奭其济[50]，小子同未在位[51]，诞无我责收，罔勖不及[52]，耇造德不降[53]，我则鸣鸟不闻，矧曰其有能格[54]？"

公曰："呜呼！君肆其监于兹[55]！我受命无疆惟休，亦大惟艰。告君，乃猷裕我[56]，不以后人迷[57]。"

公曰："前人敷乃心[58]，乃悉命汝，作汝民极[59]。曰：汝明勖偶王[60]，在亶乘兹大命[61]，惟文王德丕承，无疆之恤[62]！"

公曰："君！告汝，朕允保奭[63]。其汝克敬以予监于殷丧大否[64]，肆念我天威[65]。予不允惟若兹诰[66]，予惟曰：'襄我二人，汝有合哉[67]？'言曰：'在时二人，天休滋至[68]；惟时二人弗戡[69]。'其汝克敬德，明我俊民[70]，在让后人于丕时[71]。

"呜呼！笃棐时二人[72]，我式克至于今日休[73]。我咸成文王功于[74]！不怠丕冒，海隅出日[75]，罔不率俾[76]。"

公曰："君！予不惠若兹多诰[77]，予惟用闵于天越民[78]。"

公曰："呜呼！君！惟乃知民德亦罔不能厥初[79]，惟其终[80]。祗若兹[81]，往敬用治[82]。"

周公旁征博引，证明辅臣的重要作用。

【主旨讲解】

周成王年幼，周公旦长期摄政，为了搞好和同时当政辅国的大臣召公奭的团结，特意阐述了大臣对治国的重要性，而大臣之间和衷共济尤为重要，因而总结了历史教训，对召公奭做了这样一篇讲话。由于周公直呼"君奭"，故以此为篇名。

【注解】

①师：太师，官名，三公之一。②相：辅佐。左右：这里指君王身边的辅弼大臣。③说：通"悦"，高兴。④吊：

善。⑤坠：丧失。⑥基：始。孚：通"付"，给予。休：美。⑦若：顺从。棐（fěi）：辅助。忱：诚信。⑧时：通"恃"，依靠。⑨宁：安。⑩尤：过失。违：违误。⑪在：考察。⑫遏：止。佚：失。⑬谌（chén）：信。⑭经历：长久。⑮旦：周公旦。正：改正。⑯施：延及，传给。冲子：童子，指后辈。⑰道：同"迪"，语助词。宁王：文王。⑱庸释：舍弃。⑲时：当时。若：这。伊尹：成汤的大臣。⑳格：嘉许。㉑太甲：成汤的孙子。㉒保衡：指伊尹。伊尹名衡，任太保之职。㉓太戊：太甲的孙子。㉔伊陟、臣扈：都是太戊的贤臣。㉕巫咸：太戊的大臣。乂：治理。㉖巫贤：祖乙的大臣。㉗甘盘：武丁的贤臣。㉘率：语助词。有陈：有道的贤臣。陈，道。㉙陟：升，指帝王之死。㉚所：时。㉛纯：专心。佑：帮助。百姓：指王室的异姓官员。王人：王室的同姓官员。㉝恤：谨慎。㉞矧：也。奔走：指效劳。㉟乂：同"艾"，辅助。辟：君王。㊱孚：信。㊲平格：中正和平。㊳灭：断绝。威：罚。㊴乱：治理。明：光大。造：建。㊵割（hé）：通"曷"，为什么。申：重复。劝：劝勉。㊶集：降下。㊷修：治理。和：和谐。有夏：指中国，中央之国。㊸若：此。南宫括：文王时的贤臣。㊹兹：通"孜"，努力。迪：开导。彝：常。㊺蔑：无。㊻惟时：于是。昭：通"诏"，帮助。迪：治道。见：显著。冒：进。㊼四人：武王时，虢叔已死，还剩闳夭、散宜生、泰颠、南宫括四人。迪：犹，还。有禄：指活着。㊽刘：杀。㊾单：尽。称：称赞。㊿其：谋求。(51)小子：周公谦称。同未：通"恫瞀"，无知。(52)勖：勉励。(53)耇造德：老成有德之臣。(54)矧：何况。格：嘉许。(55)肆：今。监：看。(56)猷裕：教导。(57)以：使。(58)前人：指武王。敷：表明。乃：其。(59)悉：详尽。极：表率。(60)明勖：努力。偶：通"耦"，辅助。(61)亶：诚心。乘：承受。(62)恤：忧虑。(63)允：信任。保：太保。(64)其：表祈请。以：与。大否：大祸。(65)肆：长。(66)允：语助词。惟：只。(67)合：合意，志同道合。(68)滋：更加。(69)戡：胜任。(70)明：显用，提拔。(71)在：终。让：通"襄"，帮助。丕时：继承。(72)笃：确实。棐：通"匪"，不是。(73)式：还。休：美。(74)咸：共同。于：乎。(75)隅：边远之地。(76)率俾：顺从。(77)惠：通"惟"，想。(78)闵：忧虑。越：与。(79)德：行为。能：善。初：开头。(80)终：结尾。(81)若：善。(82)往：勤劳。用：以。

周公表示要倚重召公，同心协力辅佐成王。

【译文】

周成王时，召公任太保，周公任太师，他们一起辅佐成王，成为成王身边的辅弼大臣。召公在处理朝政时感到不悦，周公对他谈了自己的意见。史官把周公的谈话记录下来，写成《君奭》。

周公这样说："君奭啊！由于殷人不能很好地奉行天命，所以上天把丧亡之祸降给了殷人。现在殷人已经丧失了他们的福命，而我们周室承受了天命。但是我不敢说我们周室已开始的基业就能永久地延续下去。顺从上天，诚信地顺从天意，我也不敢断言王业的结局将是不美好的。

"啊！你曾经说过：'依靠我们自己，就能治理好国家，但是我们也不敢安于天命，也不敢不长久地顾念上天的威严和安抚我们的人民。要想没有过错，全在于人。考察我们的后嗣子孙，大多不能奉承恭顺上天，不能继承发扬先王的光辉事业，不知道天命难得，天意也难以信赖，他们将失去天命，不能长久。继承文王、武王的

德业，恭敬地施行德政，就在今天了！'

"我姬旦无法纠正你的错误看法，只想把文王的光辉德业传给我们的后辈。你还说过：'上天是不可信赖的。'我们只有继承和发扬文王的美德，才会使上天不厌弃文王所承受的福命！"

周公说："君奭啊！我听说昔日商王成汤受了天命后，当时就有伊尹这样的贤臣辅助他，受到了上天的嘉许。殷王太甲即位后，则有贤臣太保衡（的辅佐）。太戊时有贤臣伊陟、臣扈，也得到了上

帝的嘉许；还有贤臣巫咸辅助他治理周朝。祖乙即位后，当时就有贤臣巫贤。武丁时期，则有贤臣甘盘（的辅佐）。

"因为有了这些贤臣处理殷商的朝政，所以殷礼规定，君王死后，其神灵能够配享上天的祭祀，这种礼制延续了很多年，未曾改变。上天专心帮助教导下民，于是商朝所有异姓之臣和同姓之臣莫不秉承其德业，明恤其政事了。君王身边的亲近重臣及诸侯官员，也都奔走效命。诸臣因为有美德而被推举，来辅佐我们的君王，所以君王施政于四方，天下的臣民就像信奉卜筮的灵验一样，没有不信奉君王的教令的。"

周公说："君奭啊！上天使中正平和的官员长寿，让他们安心治理殷商，于是商王世代相继，上天也不给殷商降下灾祸。现在你可以深入思考这些问题，并探知天命，以治理我们这个新建的国家。"

周公说："君奭啊！上帝以前为什么再三勉励文王修德，把大命集中在他的身上呢？因为只有我们文王能够使华夏的部落团结起来，也因为当时有虢叔、闳夭、散宜生、泰颠、南宫括等贤臣辅佐他。"

周公又说："如果没有这些贤臣辅佐文王，努力施行常教，文王也就无法施恩惠给民众了。也因为上天全力帮助文王保持美德，了解上天的威严，于是诸位贤臣辅佐文王治道显著，上帝知道了，因此才使文王承受了殷的天命！

"武王的时候，这五位贤臣中还有四人健在，他们四位后来跟随武王敬奉天威，诛杀敌人商纣。因为他们四人辅佐武王很努力，所以天下人都称赞他们的美德。

"现在我姬旦像是在大江大河中游行，我需要和你一起渡河才能取得成功。现在我无知却登上大位，如果你不能提出匡正我的意见，也就没有人纠正我的不足了。你这老成有德的人不指导我，我就听不到凤凰的叫声，更何况说受到上天的嘉许呢？"

周公说："啊！阁下，您现在要看到这些！我们承受天命，虽然有着无穷的好处，却也面临着极大的困难。请你谋划出可以使周室兴盛的种种措施，不要让后人迷惑啊！"

周公说："我们的前人武王表明了他的心愿，他悉心教导你，命你做民众的表率。并且说：'你要勤勉地辅佐君主，尽心尽力地承担起这个重要的使命啊！要继承文王的圣德，要知道还有无穷的祸患啊！'"

周公说："君啊！请求你，我所深信的太保奭啊！

周公勉励召公共同完成文王的功业。

希望你能恭谨地和我一道吸取殷人亡国的教训，长久地顾念上天的惩罚。我不但这样向你告请，我还想说：'除了我们两个人，还有与我们同心同德的人吗？'你会说：'正是有我们二人共辅王室，上天才降下更多的喜庆。不过我二人不能独自承担如此重大的天命。'希望你能敬重贤良之士，提拔贤能之人，帮助我王继承先王的德业。

"啊！如果真的没有我们二人，我们周朝能有今日这样的美好吗？我和你都应该成就文王的功业而不懈怠，要使那海边日出之地，也没有人不顺从我们。"

周公说："君啊！我不愿再三劝说了，我只想关心天命和安抚我们的人民啊！"

周公说："啊！君！你知道民众行事，开始时没有不好好干的，但是却很少有人能够始终如一，坚持到底。我们要恭谨地善待他们，勤劳恭敬地治理国家！"

◎多　方◎

【原文】

成王归自奄①，在宗周，诰庶邦②，作《多方》。

惟五月丁亥③，王来自奄，至于宗周。

周公曰："王若曰：猷④！告尔四国多方惟尔殷侯尹民⑤，我惟大降尔命⑥，尔罔不知。洪惟图天之命⑦，弗永寅念于祀⑧，惟帝降格于夏⑨。有夏诞厥逸⑩，不肯慼言于民⑪，乃大淫昏，不克终日劝于帝之迪⑫，乃尔攸闻⑬。厥图帝之命，不克开于民之丽⑭，乃大降罚，崇乱有夏⑮。因甲于内乱⑯，不克灵承于旅⑰。罔丕惟进之恭⑱，洪舒于民⑲。亦惟有夏之民叨懫日钦⑳，劓割夏邑㉑。天惟时求民主㉒，乃大降显休命于成汤㉓，刑殄在夏㉔。

"惟天不畀纯㉕，乃惟以尔多方之义民㉖，不克永于多享㉗；惟夏之恭多士㉘，大不克明保享于民㉙，乃胥惟虐于民㉚，至于百为㉛，大不克开㉜。

周成王灭奄国，返回镐京。

"乃惟成汤克以尔多方简㉝。代夏作民主。慎厥丽，乃劝㉞；厥民刑，用劝；以至于帝乙，罔不明德慎罚，亦克用劝；要囚殄戮多罪㉟，亦克用劝；开注无辜，亦克用劝。

"今至于尔辟㊱，弗克以尔多方享天之命㊲，呜呼！"

王若曰："诰告尔多方㊳，非天庸注有夏，非天庸释有殷㊴，乃惟尔辟以尔多方大淫，图天之命屑有辞㊵。乃惟有夏图厥政，不集于享㊶，天降时丧，有邦间之㊷。乃惟尔商后王逸厥逸㊸，图厥政不蠲烝㊹，天惟降时丧。

"惟圣罔念作狂㊺，惟狂克念作圣。天惟五年须暇之子孙㊻，诞作民主㊼，罔可念听。天惟求尔多方，大动以威，开厥顾天㊽。惟尔多方罔堪顾之㊾。惟我周王灵承于旅㊿，克堪用德，惟典神天(51)。天惟式教我用休(52)，简畀殷命(53)，尹尔多方(54)。

"今我曷敢多诰(55)？我惟大降尔四国民命。尔曷不忱裕之于尔多方(56)？尔曷不夹介乂我周王(57)，享天之命？今尔尚宅尔宅(58)，畋尔田(59)，尔曷不惠王熙天之命(60)？

"尔乃迪屡不静(61)，尔心未爱(62)，尔乃不大宅天命(63)，尔乃屑播天命(64)，尔乃自作不典(65)，图忱于正(66)。我惟时其教告之(67)，我惟时其战要囚之(68)，至于再，至于三(69)。乃有不用我降尔命，我乃其大罚殛之(70)。非我有周秉德不康宁，乃惟尔自速辜(71)！"

王曰："呜呼！猷告尔有方多士暨殷多士(72)。今尔奔走臣我监五祀(73)，越惟有胥伯小大多正(74)，尔罔不克臬(75)。

"自作不和，尔惟和哉！尔室不睦(76)，尔惟和哉！尔邑克明(77)，尔惟克勤乃事。尔尚不忌于凶德(78)。亦则以穆穆在乃位(79)，克阅于乃邑谋介(80)。

"尔乃自时洛邑(81)，尚永力畋尔田(82)。天惟畀矜尔(83)，我有周惟其大介赉尔(84)，迪简在王庭(85)，尚尔事(86)，有服在大僚(87)。"

王曰："呜呼！多士，尔不克劝忱我命(88)，尔亦则惟不克享(89)，凡民惟曰不享。尔乃惟逸惟颇(90)，大远王命(91)，则惟尔多方探天之威(92)，我则致天之罚，离逖尔土(93)。"

王曰："我不惟多诰，我惟祇告尔命^⑭。"

又曰："时惟尔初^⑮，不克敬于和^⑯，则无我怨。"

【主旨讲解】

《多方》篇是成王在位第三年，即周公摄政的第三年（武王即位后没有改元，一直沿月文王的纪年），周公平定奄之乱后回到宗周，对有计划迁来的参加管蔡之乱和奄之乱的各族人员，以及原来殷商遗老发表的讲话，叫他们认清天命，老老实实服从周的统治。从时间上看，此篇应在《康诰》《酒诰》《梓材》（四年作）;《多士》《召诰》（五年作）、《洛诰》（七年作）之前。此处沿用西汉本的顺序（此序有误），故仍排于此。

周成王分析殷亡周兴的原因，谴责不安命的诸侯。

【注解】

①归：返回。自：从。②庶：众。③五月：指周成王亲政的第二年五月。④猷：感叹词。⑤四国：指管、蔡、商、奄四国。多方：众国。惟：和。殷：众。殷侯：众位诸侯。尹民：治理民的官员。⑥降：下达。命：教命。⑦洪惟：语首助词。图：大。⑧寅：敬。⑨格(è)：通"诣"，教令。⑩诞：大。逸：淫乐。⑪感：忧。言：问。感言：慰问，恤问。⑫劝：劝勉，努力。迪：教导。⑬闻：闻知，听说。⑭开：明白。丽：附，归附。⑮崇：充，大。⑯甲：通"狎"，习惯。内乱：指桀妃妹喜恃宠乱政。⑰灵：善。承：顺从。旅：众人。⑱丕：不。进：财货。恭：通"供"，进献。⑲洪：大。舒：通"荼"，毒害。⑳叨(tāo)：贪婪。懫(zhì)：凶横无理。钦：兴。㉑剿绝：残害。㉒民主：指君主。㉓显休：光明美好。㉔殄：灭绝。㉕畀：给予。纯：美，善。㉖以：因为。义民：贤人，这里指邦君。㉗享：劝导。㉘恭：通"供"，供职。㉙明：努力。保：安。㉚乃：却。胥：都。㉛百为：各种作为。㉜开：开展。㉝简：选拔，推举。㉞劝：劝勉。㉟要：通"幽"，监禁。㊱辟：君，指纣王。㊲以：与，和。㊳诰告：告诉。㊴庸释：舍弃。㊵图：大。屑：通"逸"，逸乐。有：又。辞：通"怠"，懈怠。㊶集：在。享：劝导。㊷间：代替。㊸逸厥逸：安于他的安乐生活。㊹图：谋划。蠲(juān)：显示。烝：美好。㊺圣：明哲的人。念：思考。作狂：成为狂妄无知的人。㊻五年：从文王七年到武王十一年讨伐纣王。武王即位后，没有改元，仍沿用文王年号。须：等待。暇：宽暇。子孙：指成汤的子孙商纣王。㊼诞：延续，延长。㊽开：启示。㊾堪：能。㊿灵：善。承：顺从。(51)典：主持祭祀。(52)式：用。(53)简：明。畀：给予。殷命：大命。(54)尹：治理。(55)曷：怎么。多：重复。(56)忱：诚。裕：劝导。(57)夹介：亲善。乂：通"艾"，辅助。(58)尚：还。宅尔宅：居住在你们的住处。(59)畋：平治土地。(60)惠：顺从。熙：光大。(61)乃：竟然。迪：教导。屡：多次。静：安定。(62)爱：顺。(63)宅：度，考虑。(64)屑：尽。播：弃。(65)典：法。(66)图：图谋。忱：攻击。正：长。(67)惟时：因此。(68)戡：讨伐。(69)"至于再"两句：再：指三监与淮夷叛乱。三：指成王亲政后，淮夷与奄叛乱。(70)殄：诛杀。(71)速：招致。辜：罪。(72)献告：告诉。(73)臣：臣服。监：侯国。五祀：五年。(74)胥：徭役。伯：赋税。正：政事。(75)皇：法度，守法。(76)室：家庭。(77)明：政治清明。(78)尚：大体。忌：畏忌。凶德：指曾参与叛乱的行为。(79)穆穆：恭敬的样子。(80)阅：容。介：善。(81)乃：如果。自：用。(82)力：尽力。(83)惟：则。畀：给予。矜：怜悯。(84)其：将。赍：赏赐。(85)迪：引进。简：选拔。(86)尚：通"上"，提高。事：职位。(87)服：职务。僚：官。(88)劝：努力。忱：相信。(89)享：享有禄位。(90)逸：放荡。颇：邪恶。(91)远：弃。(92)探：取。(93)逖(tì)：远。(94)祇：敬。(95)时：这。初：新的起点。(96)于：与，和。

【译文】

周成王从奄地返回，周公在镐京代替成王告诫各国君臣，史官把诰词记录下来，写成《多方》。

在五月丁亥这一天，摄政王周公从奄地归来，到了镐京。

周公说："成王这样说：'啊！告诉你们四国、各邦国的诸侯以及各国治理民众的官员们，我要郑重地下达教令，你们不可不听从。夏桀夸大天命，又不恭敬地处理祭祀之事，于是上帝就降下严令给

周成王勉励各国诸侯服从周王室统治。

周公向各国诸侯分析夏亡汤兴的原因。

夏朝。夏桀不知道畏惧，还大肆享乐，不肯忧念人民，竟然肆意淫乱，不能整日力行上帝之道，这是你们所知道的。夏桀既然夸大天命，又不懂得使民众归附的道理，反而大施刑罚，使夏国发生大的祸乱。夏桀习惯于让妇人处理朝政，不能妥善地顺从民意。他无时不想让民众进献财物，深深地毒害自己的百姓（，致使生灵涂炭，民不聊生）。夏民的贪婪和凶横无礼盛行起来了，使夏国遭受了严重的损害。于是上天为民众寻求一个较好的君主，就大降光显嘉命于成汤，让他灭掉夏国。

"上帝之所以不赐予你们美好的使命，就是因为夏桀不能常常劝勉民众，而你们多方诸侯也不能长久享国；夏朝的官员，不能努力去保护和劝导民众，却大都对民众施行暴政，以至于很多工作都不能顺利进行。

"（正是因为这个，）成汤才会得到你们各国邦君的支持，取代夏桀成为百姓的君主。他谨慎地对待归附的人，劝勉他们从善；他惩罚犯罪之人，也是努力劝勉他们从善。从成汤到祖乙，没有一个君王不明德慎罚，也都能劝勉人们从善。他们幽禁、杀戮罪犯时，也能劝勉人们从善；释放无罪者的时

候，亦能劝勉人们从善。

"现在到了纣王，竟不能与你们共享天命了，唉！这实在可悲啊！"

成王这样说："告诉你们各位邦君，并不是上天厌弃夏朝，也不是上天厌弃殷朝，实在是由于你们君主和你们各国邦君大肆淫乐，夸大天命，贪图享乐而又懈怠。夏王谋划政事时，不注意劝勉民众，上天就降下灾祸，致使夏朝亡国，并让商朝取代了夏朝。但是后来商纣王荒淫逸乐，败坏朝政，上天就对殷商降下了亡国之祸。

"聪明的人不考虑天意就会成为狂昧之人，而狂昧之人肯考虑天意也会成为圣人。上天用了五年的时间等待商朝的子孙悔过自新，继续让他做四方之民的君主。可是他根本不顾念、不顺从天意。上天唯有寻求你们各方诸侯（的帮助），大降灾异以启示你们顺应天意。但你们各国没有人能仰承天意，唯有我周王能够承受上天的美意，能够施行德政，主持对上天神灵的祭祀。上天就以吉祥的征兆教导我，明显地授予天命，我们就依天命治理各国诸侯。

"现在我怎敢再反复告诫你们呢？我只是普遍地发布命令给你们各国臣民而已。你们各国诸侯为什么不诚心诚意地去教导各自的臣民？你们为什么不靠拢亲近我周王以共享天命呢？现在你们仍安居在自己的住处，平治自己的田地，你们为什么不依顺我周王以光显上天的美命呢？

"你们多次接受教导，却仍不安定，你们打心底就没有顺爱之意，你们竟敢不和我们一道好好地

顺应天命，还完全抛弃天命，你们竟然做乱法之事，试图攻击你们的君长。我在这里只好严肃地告诫你们，我因此征伐、囚禁你们竟至于一次不行就来两次，两次不行就来三次。如果仍有人不遵从我的命令，那么我就要诛杀这些人。并不是我周国秉德不安宁，实在是由于你们自己招致灾祸啊！"

王说："啊！告诫你们多方首领和殷商的大小官员。现在你们奔走效劳、臣服于我已经五年了，对于各种徭役赋税以及大大小小的政事，

周成王说明，违抗命令的诸侯将得到惩罚。

你没有不按准额应征和缴纳的。

"你们之间有自己造成不和的，就应该和睦起来！你们家庭有不亲睦的也应该和睦起来！如果你们的居邑能够治理得很好，那就是你们能勤于职事的结果。你们不必因为曾参加叛乱而心存畏忌。你们就以恭谨的态度处理职事，这样就能够住在各自的居邑里谋求美好的生活了。

"你们在洛邑这个地方住下来，长期致力于耕田劳作，上天就会给予你们怜悯，我们周室也会重重地赏赐你们，把你们中的先进之士提拔到周朝中来，提高你们的职位，甚至可以到重要部门来担任职务。"

王说："啊！众位官员，倘若你们不致力于顺从我的命令，你们就不能享有俸禄，所有的民众也会觉得你们不配享有爵禄。你们如果偏邪放荡，严重地违抗王命，那么你们就是自食恶果，我就会施行上天降给你们的惩罚，让你们远离自己的故土。"

王说："我不想多说了，我只是恭敬地告诉你们所当承受的天命。"

王又说："这是你们重获新生的良好开端，如果你们不能恭敬地遵守天命并和睦相处，那我就只好执行上天的惩罚，那时候别再怨我了！"

◎立 政◎

【原文】

周公作《立政》。

周公若曰："拜手稽首，告嗣天子王矣[①]。"用咸戒于王曰[②]："王左右常伯、常任、准人、缀衣、虎贲[③]。"

周公曰："呜呼！休兹知恤[④]，鲜哉[⑤]！古之人迪惟有夏[⑥]，乃有室大竞[⑦]，吁俊尊上帝迪[⑧]，知忱恂于九德之行[⑨]。乃敢告教厥后曰[⑩]：'拜手稽首后矣！'曰：'宅乃事[⑪]，宅乃牧[⑫]，宅乃准[⑬]，兹惟后矣[⑭]。谋面[⑮]，用丕训德[⑯]，则乃宅人[⑰]，兹乃三宅无义民[⑱]。'

"桀德[⑲]，惟乃弗作往任[⑳]，是惟暴德[㉑]，罔后[㉒]。

"亦越成汤陟[㉓]，丕釐上帝之耿命[㉔]，乃用三有宅[㉕]，克即宅[㉖]，曰三有俊[㉗]，克即俊。严惟丕式[㉘]，克用三宅三俊。其在商邑[㉙]，用协于厥邑[㉚]，其在四方，用丕式见德[㉛]。

"呜呼！其在受德[㉜]，暋为羞刑暴德之人[㉝]，同于厥邦；乃惟庶习逸德之人[㉞]，同于厥政。帝钦罚之[㉟]，乃伻我有夏[㊱]，式商受命[㊲]，奄甸万姓[㊳]。

"亦越文王、武王，克知三有宅心[㊴]，灼见三有俊心[㊵]，以敬事上帝，立民长伯[㊶]。立政：任人、准夫、牧作三事[㊷]；虎贲、缀衣、趣马、小尹、左右携仆、百司庶府[㊸]；大都小伯、艺人、

表臣百司⁴⁴；太史、尹伯⁴⁵、庶常吉士⁴⁶；司徒、司马、司空、亚旅⁴⁷；夷、微、卢烝⁴⁸，三亳阪尹⁴⁹。

"文王惟克厥宅心，乃克立兹常事司牧人⁵⁰，以克俊有德⁵¹。文王罔攸兼于庶言⁵²；庶狱庶慎⁵³，惟有司之牧夫是训用违⁵⁴；庶狱庶慎，文王罔敢知于兹⁵⁵。亦越武王，率惟敉功⁵⁶，不敢替厥义德⁵⁷，率惟谋从容德⁵⁸，以并受此丕丕基⁵⁹。

周公向周成王总结夏商两代任用官员的经验教训。

"呜呼！孺子王矣⁶⁰！继自今我其立政⁶¹。立事、准人、牧夫，我其克灼知厥若⁶²，丕乃俾乱⁶³；相我受民⁶⁴，和我庶狱庶慎⁶⁵。时则勿有间之⁶⁶，自一话一言。我则末惟成德之彦⁶⁷，以乂我受民。

"呜呼！予旦已受人之徽言咸告孺子王矣⁶⁸。继自今文子文孙，其勿误于庶狱庶慎⁶⁹，惟正是乂之⁷⁰。

"自古商人亦越我周文王立政，立事、牧夫、准人，则克宅之⁷¹，克由绎之⁷²，兹乃俾乂⁷³。国则罔有立政用憸人⁷⁴，不训于德⁷⁵，是罔显在厥世⁷⁶。继自今立政，其勿以憸人，其惟吉士。用劢相我国家⁷⁷。

"今文子文孙，孺子王矣！其勿误于庶狱，惟有司之牧夫⁷⁸。其克诘尔戎兵以陟禹之迹⁷⁹。方行天下⁸⁰，至于海表⁸¹，罔有不服。以觐文王之耿光⁸²，以扬武王之大烈⁸³。呜呼！继自今后王立政，其惟克用常人⁸⁴。"

周公若曰："太史！司寇苏公式敬尔由狱⁸⁵，以长我王国⁸⁶。兹式有慎⁸⁷，以列用中罚⁸⁸。"

【主旨讲解】

"立政"意为"立正"，建立官长之意。这是周公对成王讲建立官长、组织政权机构、如何用人行政等事。篇中总结了夏商任用官员的得失，自己摄政任用官员的经验，提出今后要怎样设置和任用高级官员，并提出周初官职建制系统，实际上是一张详细的官名清单。在周公告诫成王关于设官分职所有应注意事项中，特别强调了君主不要干预干涉刑狱司法，而是要由司法负责人员全权处理。是周初筹建国家机器的一篇重要文献。

【注解】

①嗣天子：继承天子之位的人。②用：于是。咸：都，全面。③左右：教导。常伯：官名，治民的官，就是下文的牧和牧人。常任：官名，治事的官，就是下文的事和任人。准人：官名，执法之官，就是下文的准。缀衣：掌管君王衣物的官。虎贲：守卫王宫的武官。④休：美善。兹：则，连词。恤：忧虑。⑤鲜：少。⑥迪：语气助词。⑦乃：其，他的。有室：指卿大夫。竞：强。⑧吁：呼吁。俊：贤能的人。迪：教导。⑨忱恂：诚信。九德：九种德行。⑩后：君主。⑪宅：度量，考察。事：就是常任。⑫牧：就是常伯。⑬准：就是准人。⑭兹：这样。⑮谋面：以貌取人。⑯丕：通"不"。训：顺。⑰则：象。乃：如此，这样。宅人：考察人，任用人。⑱乂：贤。⑲德：升，指即帝位。⑳作：行，采用。往：往昔。任：任人之道。㉑暴德：暴行。㉒罔后：意思是亡国绝后。㉓越：及，到。陟：升，指即帝位。㉔釐（xī）：受福，引申为受。耿：明。㉕三有宅：指上文的事、牧、准。㉖即：就，这里指胜任。㉗曰：通"越"，和。三有俊：指三宅的属官都用贤能的人。㉘严惟：敬念。丕式：大法。㉙其：他，代指成汤。商邑：指商都。㉚协：和协。㉛见：显扬。㉜受：纣王名。㉝劓：强行。羞刑：为刑所辱，这里代指刑徒、罪犯。㉞庶：众多。习：近习，指左右亲幸的人。逸德：失德。㉟钦：重，严厉。㊱伻：使。有夏：周人自称为夏。㊲式：代替。㊳奄：安抚。甸：治理。

万姓：万民。㊴心：心思，思想。克知三有宅心：就是能够知道事、牧、准三宅的心。㊵灼：明白，清楚。㊶长伯：官长。㊷作：为，负责。三事：指治事、执法、治民三事。㊸趣马：负责养马的官。小尹：趣马的属官。左右携仆：君王的近侍官员。百司庶府：负责王室杂务的官员。㊹大都小伯：大都小都的官长。大都为公的封地，小都为卿的封地，大都称都，小都称伯。艺人：征收赋税的官。表臣百司：指外臣百官。㊺太史：史官之长。尹伯：泛指各官之长。㊻庶常：常务、常事。吉：善。士：指普通官员。庶常吉士：指众多主管常务的官员。㊼司徒、司马、司空：合为三卿，又称三公。亚旅：大夫。㊽夷：东方的国家。微：南方的国家。卢：西方的国家。㊾三亳：殷商故都。一在今河南商丘东南，又名南亳，相传为成汤居住地。一在今河南商丘北，又名北亳，相传为诸侯拥戴成汤为盟主的地方。一在河南偃师西，相传为成汤攻夏时的居住地。这里的三亳是指殷商遗民居住的地方。阪：夏的故都。尹：官长。㊿常事司牧人：指上述各官员。51以：且，并。俊：用为动词，选拔。有德：有德之人。52攸：所。兼：兼包，兼管。言：教言，号令。53庶狱：各种狱讼案件。庶慎：各种敕戒的事。54惟：只。之：和。训：顺从。用违：用与不用。55知：过问。兹：这。56率惟：语气词。敉（mǐ）：终，完成。功：事业，指文王的事业。57替：废弃。厥：其，指文王。义德：善德。58谋：谋求。从：顺。容德：宽容的美德。59丕：共同。受：承受，接受。丕丕：大而又大。基：基业。60孺子：指成王。61继自今：从今以后。62若：善。63丕：语气助词。俾：使。乱：治。64相：治理。受民：接受上天和祖先赐予的民众。65和：理顺，平治。66时：是，这。指代上文的"相我受民，和我庶狱庶慎"。有：可以，能够。间：代替。67末：终。彦：美士。68旦：姬旦，周公自称名。徽言：美言。69其：祈使副词，表示期望。误：自误。70惟：只。正：治狱之官。71宅：量能授职。72由：从，从而。绎（yì）：引，引发。73兹：这样。乃：才。74憸（xiān）人：奸佞之人。75训：顺。76是：这样。77显：先显。世：时代，指其在位的历史时期。77劢（mài）：努力。相：治理，辅助。78之：和，与。79诘：治，整治。戎兵：军队。陟：循。80方：遍，普遍。81海表：海外。82觐：见，显现，显扬。耿：明，明亮。光：光辉。83扬：弘扬。烈：功业，业绩。84常人：指吉士。常，通"祥"。85司寇：官名。苏公：即苏忿生，周武王时作司寇。式：规定，法定。由：修，治。86长：延长。国：国运。87有：又，更。88以：按。列：例。

【译文】

周公曾向成王阐述设官理政的法则，史官把告诫之辞记录下来，写成《立政》。

周公这样说："我拜首叩头，敬告即位为天子的君王。"于是以立政之事全面告诫成王说："君王要教导常伯、常任、准人、缀衣、虎贲等大臣。"

周公说："唉！在顺境中懂得忧患的人很少啊！古代的有道之君，只有夏国的君王他的卿大夫很贤明，夏王还呼吁贤能的人尊重上帝的教导，使他们诚实地遵循九德的准则。于是大臣们才敢敬告他们的君主说：'我们谨拜首叩头来敬告陛下！'又接着说：'选择任命好您的执事大臣常任、常伯、准人，这正是君王应该做的啊！以貌取人，不依循德行，像这样任用人，那样您的常任、常伯、准人就没有贤人了！'

"夏桀德性悖戾，即位后不用以往任用官员的法则，他所任用的都是暴虐之人，最终导致绝后亡国。

"接下来到了成汤，他能承受上帝的明命，善于选拔事、牧、准三

周公告诫周成王要选贤任能。

宅官员，使他们各尽其职。而三宅的属官，务必选用俊德之士。他敬畏并遵循上帝选用官员的大法，能够谨慎地从贤俊中选择任用各级官员，他在商都用这些官员和协都城的臣民，在天下四方，用这种大法显扬了自己的圣德。

"唉！等到商纣即位，强行把罪人和暴虐之人聚集在国家里，只知道任用亲信和失德之人，共同治理国家。上帝对纣的恶行给予了严厉的惩罚，这才让我们周朝取代商朝承受了天命，抚治万民。

"到了文王、武王，他们能够知道三宅的想法，也能了解三宅部属的想法，以敬奉上帝的诚心，承上帝之德，为民众设立官长。设立的官职有：任人、准夫、牧，分别掌管治政、执法、治民三事；虎贲、缀衣、趣马、小尹、左右携仆、百司、庶府（这些官员为君王的近臣）；大都小伯、艺人、表臣百司；太史、尹伯、庶常吉士（这些官员是府中之官，为王执行政务）；司徒、司马、司空、亚旅（这些是诸侯的三卿及次于卿的大夫，负责处理侯国事务）；夷、微、卢烝（这些是封疆之臣，负责处理边疆事务）；三亳阪尹（这些是管理夏商遗民的官员）。

"文王深知三宅的想法，所以设置常任、常伯等官职，并选用胜任官职的有为才俊。文王不兼管各种教令，也不兼管各种狱讼案件及敕戒之事，全部只由主管官员和理民之官决定用与不用。对于各种狱讼案件和敕戒之事，文王不敢过问这些，一任主管官员去处理。接下来到了武王，只一心依循文王的治国之道，不敢丢弃文王的大义和明德，谋求顺从文王的大德。因此，文王和武王一起承受了这伟大的王业。

"啊！年轻的君王啊！从现在起，我们要设官理政，设置司政事的立事、司刑狱的准人、司民政的牧夫等官职。我们要了解他们的长处，使他们好好处理政事，管理我们所接受的上帝和先人赐予的民众，平治各种狱讼案件和敕戒之事。这些事情不可代替，即便是一句话的小事都要谨慎注意。我们必须自始至终都要重用有德之士，让他们来治理周朝的民众。

"啊，我本人已把听到的关于禹、汤等先王任用贤人的美言都告诉君王了，从今天开始，我们周室的贤子贤孙，千万不要在狱讼案件和敕戒之事上犯错误，只让司政事的立事、司民政的牧夫、司刑狱的准人去治理。

"从古时的商代先王到我们的周文王设立官员，设立事、牧、准人，都能量能授职，充分发挥他们的才能，这样使政事得以治理。要想立国就不能任用奸佞之人，不遵循首先原则，否则，在位期间就不会有显耀的政绩。从今以后设立官员，千万不可任用贪利奸佞的小人，应当只用善良贤能的人，来努力治理我们的国家。

"现在，先王的子孙，您已经做君王了！可不要在各种狱讼案件上犯错误，只让主管官员和牧夫去治理。您要整治好武备，循着大禹的足迹，遍行天下，直到海滨，所到之处没有不臣服于我们的。以此显示文王的盛德光辉，弘扬武王的丰功伟绩。啊！从今以后，嗣位之王选拔官员时，务必要任用有德有才的贤人良士。"

周公（召来苏忿生）这样说："太史！司寇苏公规定要认真地处理狱讼案件，以使我们周朝长治久安。现在规定更要慎重，如果需要施刑，就要依据常例，使用中罚。"

周公告诫周成王设官用官的准则。

第三卷

易经

周 易

《易》有三种：《周官·春官·太卜》云："《太卜》掌三《易》之法。一曰《连山》，二曰《归藏》，三曰《周易》。"

《连山》，夏之《易》，以艮卦为首。　　《归藏》，商之《易》，以坤卦为首。　　《周易》，周之《易》，以乾卦为首。

《周易》

时代 商至春秋时期

《周易》的"周"指的是周朝，"易"指的是变化。《周易》就是一本产生于周朝的变化之书。本来《易》的内容成书更早，但文王为其定下更为具体的规范，后孔子为其做解释，我们只把成书定为这个时期。值得庆幸的是，由于李斯将《周易》列在医术占卜书一类，让《周易》躲过了焚书的劫难，完整地保留下来。

内容 变化之书

从表面上看，《周易》好像是专论阴阳八卦的著作，但实际上它论述的核心问题，是在讲一个对立与统一的宇宙观，以及如何利用它来得到未来的信息。《周易》上论天文，下讲地理，中谈人事，包罗万象，无所不有。

易经

主要讲六十四卦，并分别加以解释和演说。

易传

"传"有七种十篇，古人把这十篇"传"叫作"十翼"，就如同是附属于"经"的羽翼，即用来解说"经"的内容。但实际上，是"传"的作者借解说经文来发挥自己的思想观点。

彖 —— 专门对《易经》卦名和卦辞的注释。

象 —— 对《易经》卦名和爻辞的注释。

文言 —— 对《乾》《坤》两卦作进一步的解释。

《易》有三义

郑玄《易赞》云："《易》之为名也，一名而含三义：易简一也，变易二也，不易三也。"

"易"的"三义"：就是，（一）简易；（二）不易；（三）变易。这"三义"可以说包含了中国文化的全部智慧，也是人类文明中的大智慧。

我们先说"简易"。

我们研究宇宙万物的真理，就是要在纷繁错杂的万事万象中发现其中的基本规律。对于任何一件事物的研究都是要从复杂的现象中找出其最基本的规律，这就是智慧。《周易》用阴阳和六十四卦来象征宇宙的万事万物，以简驭繁，这种"简易"，是大智慧。

再说"不易"。

"不易"，就是永恒不变的道理。可以说，从人类有思想以来，就一直在寻求永恒不变的道理，人们《周易》就讲了很多永恒不变的道理，如天地乾坤的结构，宇宙的变化。

最后说"变易"。

宇宙万物，永远变动不居，世界一切都在变化之中，这也是《周易》告诉我们的一个大道理。

《周易》是解读中国文化的万能钥匙

　　《周易》的哲学思想渗透到中华文化的方方面面，它是一个大筐，把什么往里装都能装得下。它可以解释和运用于中医、军事、政治、艺术、男女爱情……

　　中医的理论基础就是《周易》。中医追求的医疗效果是人体的阴阳平衡，达到中和的境界。中医的方法是阴阳五行、辨症施治，可以说深究医理就要深究《易》理。

　　中国的军事、政治、经济无一不同于《易》理。中国的儒、释、道也都与《周易》密切相关。《周易》是儒家的第一经典，自不必说，道教从一开始便胎息于《周易》的体系之中，佛教虽然来自印度，但在传入中国之后，历经魏、晋、隋、唐，也与《周易》的思想相融。总之《周易》的智慧为中华传统文化的儒、道、墨、法、兵名等诸子百家和武术、书画、医学、建筑等艺、术、百工提供了足够的思想支持。

诸子百家

音乐

建筑

中医

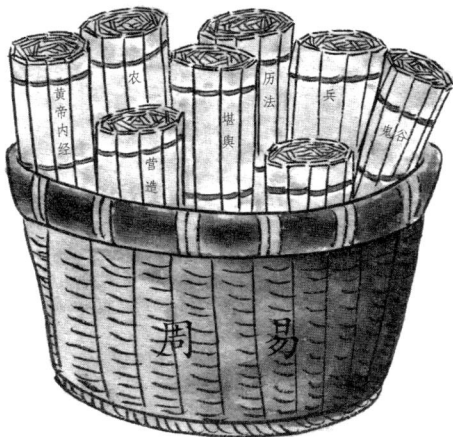

纵横学

武术

兵法

书画

《周易》的内容

《周易》以神秘莫测、复杂深奥著称，读者往往觉得繁杂万端。其实，《周易》的内容只不过是"经"和"传"两部分。

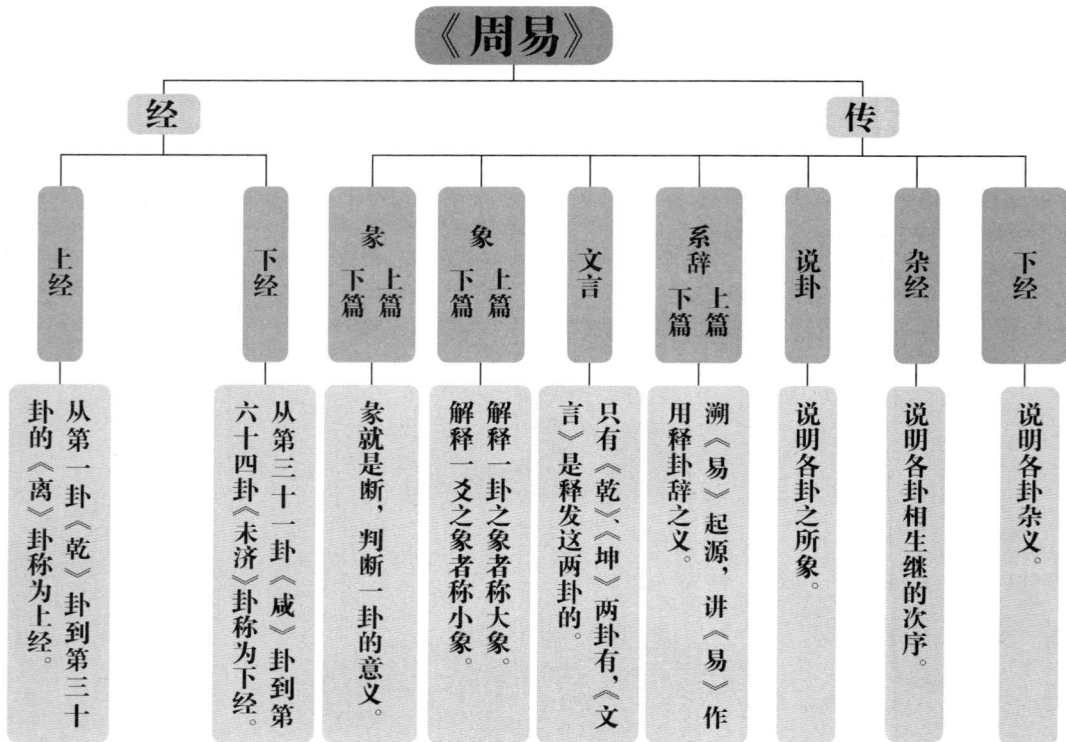

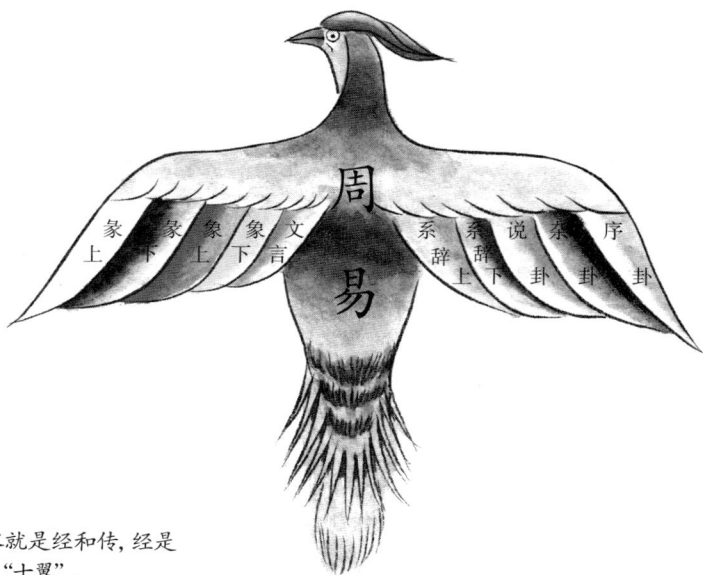

《周易》

经　　　　　　　　　　　　　　　　　传

上经	下经	彖 上篇 下篇	象 上篇 下篇	文言	系辞 上篇 下篇	说卦	杂经	下经
从第一卦《乾》卦到第三十卦的《离》卦称为上经。	从第三十一卦《咸》卦到第六十四卦《未济》卦称为下经。	彖就是断，判断一卦的意义。	解释一卦之象者称大象。解释一爻之象者称小象。	只有《乾》《坤》两卦有，《文言》是释发这两卦的。	溯《易》起源，讲《易》作用释卦辞之义。	说明各卦之所象。	说明各卦相生继的次序。	说明各卦杂义。

周
易

彖　彖　象　象　文　　系　系　说　杂　序
上　下　上　下　言　　辞　辞　卦　卦　卦
　　　　　　　　　　　上　下

认识《周易》的内容就是经和传，经是本经，传如羽翼，名"十翼"。

　　《周易》"经"的部分包含六十四卦的卦形符号和卦爻辞，"传"的部分包含阐释《周易》经文的十篇专著，又称《十翼》。经是本体，传是解经的十翼，就是经的十个羽翼。

　　《象传》　依上下经分为上下两篇，共有 64 节，分别阐释六十四卦的卦名、卦辞及一卦的主旨。"象"，就是"断"的意思，谓"断定一卦之义"。《象传》在阐释卦名、卦辞、卦义的体例时，一般取上下卦象、主要爻象为说，以简要明了的文字论断该卦的主旨。

　　《象传》　是以卦的"象"——模样，也就是形态符号为根据解释卦和爻的。对一个卦象作总体解说的叫"大象"。对一卦之中的每一爻作解说的叫"小象"。"大象"分两部分，前一部分以卦的形态解释卦义，后一部分根据卦象之义揭示人文意义。如《谦》卦"象辞"，先讲象征天的坤在上，象征地的艮在下，高山低处在地下，说明谦道。后面即讲君子如卦谦谦之意。

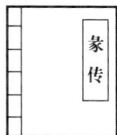

《周易》中以"象曰"开始的部分称为《象传》。

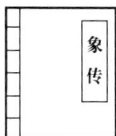

"大象"偏重揭示人事，"小象"则解各爻之义。

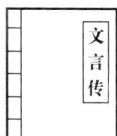

《文言》富于文采。

　　《文言传》　只有在乾卦和坤卦中有。这里的"文言"是修饰、发明的意思，"言"就是"辞"，"文言"就是很生动、美妙地阐明乾、坤两卦的卦辞。读一读看，果真是非常博大，深厚而有文采！

　　《系辞传》　是联结"卦"和"爻"的"辞"。系辞是从六十四卦和 384 爻（《乾》《坤》两卦分别多出"用九""用六"文辞，所以总计有 386 文辞）的总体上、根本上系统讲《易》的思想的。系辞传讲了爻辞的变化原理、自然哲理、人生哲学；理、象、数及占筮等都作了系统的说明。所以汉代以后《系辞传》又被称为"易大全"。"太极""道"等中国哲学的主要概念正是从《系辞传》中发明出来的。

　　《说卦传》　主要说明三爻卦中八个卦的"象"和象征意义。全文先讲述《易》的演卦历史，再讲八卦的两种排列方位（宋代人分别称为"先天"和"后天"方位），最后系统说明了八卦的取象特征，这已经成为《周易》六十四卦象征义理中必用的象喻条例。

　　《序卦传》　说明了六十四卦的排列根据，按卦序表明思想体系，揭示各卦相承相受的意义。六十四卦排列的顺序本身象征着自然和人间社会变化的过程。《乾》卦和《坤》卦以其象征的天地起始，至 30 卦《离》卦结束上篇，主要记述自然的发展过程。以说明夫妻关系的《咸》卦开始，以《未济》卦完结的下篇，主要是象征地记述了人世间的事。终了一卦，不是以象征完成的《既济》卦，是象征未完成的《未济》卦，形象地表现了周易无穷发展的哲学思想。

　　《杂卦传》　与周易六十四卦的排列方式不一样，是使意思相反的一对成为一卦。以《乾》《坤》开始，以夬卦结束。"杂"卦就是"杂糅众卦，错综其义"的意思，文中对举的两卦卦形或"错"或"综"，揭示事物发展过程中正反相对的变化规律。

《系辞传》形成了《周易》的系统理论。

《说卦传》说明三爻卦。

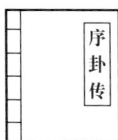

《序卦传》讲六十四卦排序寓意。

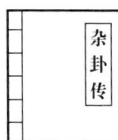

把《杂卦传》最后的《夬》卦的上六阴爻换成阳爻，上九即是《乾》卦，归位如初。

《周易》六十四卦的基本内容结构

以《泰》卦为例，如下图所示：

卦名 ← | 泰 卦 第 十 一 → 卦序
卦画 ← | 地天泰（乾下坤上）→ 卦位

【经文】

> 泰　小往大来，吉，亨。　　　　　　　　　→ 卦辞

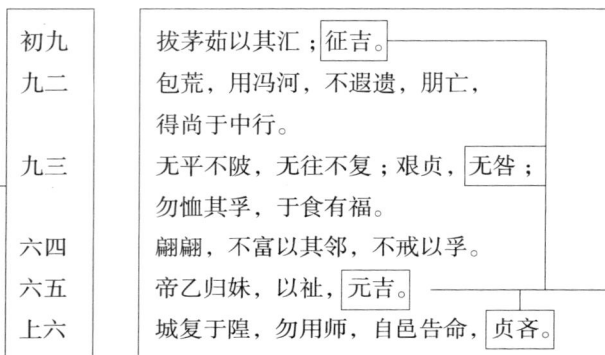

爻题 与 爻位 ←	初九	拔茅茹以其汇；征吉。
	九二	包荒，用冯河，不遐遗，朋亡，得尚于中行。
	九三	无平不陂，无往不复；艰贞，无咎；勿恤其孚，于食有福。
	六四	翩翩，不富以其邻，不戒以孚。
	六五	帝乙归妹，以祉，元吉。
	上六	城复于隍，勿用师，自邑告命，贞吝。

→ 爻辞

→ 占断 之辞

【彖传】

《彖》曰："《泰》：小往大来，吉，亨。"
则是天地交而万物通也，上下交而其志同也。内阳而外阴，
内健而外顺，内君子而外小人。君子道长，小人道消也。

【象传】

《象》曰：天地交，《泰》。后以财成天地之道，辅相天地之宜，以左右民。	→ 大象传
[初九]"拔茅征吉"，志在外也。	
[九二]"包荒，得尚于中行"，以光大也。	→ 小象传
[九三]"无往不复"，天地际也。	
[六四]"翩翩不富"，皆失实也；"不戒以孚"，中心愿也。	
[六五]"以祉元吉"，中以行愿也。	
[上六]"城复于隍"，其命乱也。	

《周易》中的占断之辞

"吉"字，其义为"好"，为"善"，为"得"，总之是吉祥如意。但是在《周易》中一种行为的结果是否"吉"，通常是因时、因人、因事而异。表现形式有"吉""中吉""贞吉""大吉"等。

"利"字，其义为有利、宜于、利于等。"利"主要是提示人们怎样做好，怎样做没有好处。表现形式有"利""无不利""利见大人""利涉大川"等。

吉

利

"吝"字，其义为艰难、痛惜、遗憾等，在《周易》中的爻辞有"吝"字一般都是警示之义，如果不能因警示而自省自新，就会"自吉而向凶"。表现形式有"吝""往吝""终吝"等。

"悔"字，其义为悔恨。而悔恨往往是因为过失或困厄引起，《周易》中警示人们"悔"而能"改"，如果能改就能"悔自凶而趋吉"。

"咎"字，其义为"灾害"，比悔为重，经凶为轻，悔乃较小之困厄，凶乃巨大之祸殃。在《周易》中出现"咎"字很多，但多数以"无咎"而终，这是因为"无咎者，善补过也"。

"厉"字，其义为"危险"，在《周易》卦爻辞中，"厉"提示人们要避开危险，或是用正确的方法面对危险。

"凶"字，其义为凶险、祸殃。在《周易》中"凶"字是有特定情况的。如果因时、因地、因人能够谨慎自警，多数是可以避免的。

在整个《周易》的 64 卦中，始终有一个基本原则就是万事万物都在变化。所谓"吉"和"凶"也是在互相转化的，多自强，多警惕自己，朝乾夕惕，就能逢凶化吉；如果放纵自己，不求上进，随波逐流，那么即使是吉利的处境，也会转化为凶险。

由吝至悔，所处境遇愈来愈凶险。

《易》中多凶少吉，体现了深刻的忧患意识。

吝

悔

厉

咎

凶

上 经

◎乾 卦◎

【经文】

【原文】

《乾》 元亨利贞①。

初九② 潜龙勿用。

九二 见龙在田③，利见大人。

九三 君子终日乾乾④，夕惕若⑤，厉无咎⑥。

九四 或跃在渊：无咎⑦。

九五 飞龙在天，利见大人。

上九 亢龙有悔⑧。

用九⑨ 见群龙无首：吉。

下乾上乾。

【注解】

①乾：卦名。元：大。亨：亨通。利：有利。贞：正。②初九：指倒数第一枚阳爻（"九"表示阳爻）。③见：读音同"现"，出现。④乾乾：勤勉。⑤惕：警惕。若：语气助词。⑥厉：危险。⑦咎：祸害。⑧亢：过度。⑨用九：通九，指六爻都是"九"（阳爻）。用九是乾卦特有的爻题。

【译文】

《乾》 元始，亨通，和合有利，贞正坚固。

初九 龙藏水中，暂时不宜妄动。

九二 龙出现田间，见大人有利。

九三 君子整天勤勉不懈，晚上谨小慎微，纵使遇险也能化险为夷。

九四 （龙或飞腾上天），或遁守深渊：无害。

九五 龙飞在天上，见大人有利。

上九 飞得过高的龙会有麻烦、陷于困境。

用九 群龙出现，都不以首领自居：吉祥。

【彖传】

【原文】

《彖》曰①：大哉乾元②，万物资始③，乃统天④。云行雨施⑤，品物流形⑥。大明终始⑦，六位时成⑧。时乘六龙以御天⑨。乾道变化，各正性命⑩，保合大和⑪，乃利贞。首出庶物⑫，万国咸宁⑬。

飞龙在天。

【注解】

①《象》：指《象传》，又叫《象辞传》。《象传》是解读六十四卦卦名、卦义以及卦辞的文字。②元：创始。《易传》释卦辞"元亨利贞"四字，断为元、亨、利、贞，元释为"创始、大"，亨释为"亨通"，利释为"有利"，贞释为"正"。③资：依赖。④统：属于。⑤施：降下。⑥品：种类。"品物"指万物。流形：指形态千变万化。⑦大明：太阳。⑧六位：指上下和东西南北六个方位。时：于是。⑨御：行。⑩性命：指事物的特性和命运。⑪保：保持。下文的"合"指成就。⑫首：始。下文的"庶"指众多，"庶物"指万物。⑬咸：都。

【译文】

《象传》说：真是伟大啊，乾的创始！万物都依赖它诞生，万物都是属于天的。云朵飘浮，雨水降下，万物的形态千变万化。太阳东升西落，于是上下和东西南北这六个方位就定下了。太阳按时驾着六条龙在天上往返。乾道不断变化，使万物各归其位，使宇宙保持着大和谐的状态，于是万物受益、正道运行。乾道始生天下万物，使万国都得到了安定。

【象传】

【原文】

《象①》曰：天行健②，君子以自强不息。

初九　"潜龙勿用"③，阳在下也④。

九二　"见龙在田"⑤，德施普也。

九三　"终日乾乾"，反复道也。

九四　"或跃在渊"，进无咎也。

九五　"飞龙在天"，大人造也⑥。

上九　"亢龙有悔"，盈不可久也⑦。

用九　"用九"，天德不可为首也。

见龙在田。

【注解】

①象：指《象传》。《象传》是解读六十四卦卦名、卦义（没有解释卦辞）以及三百八十六爻爻辞的文字。②天行健：《乾》卦下乾上乾，乾是天，又是健，所以说"天行健"。刚健是天道的秉质，自强是君子的标志，所以以下文说"君子以自强不息"。（天行：天道；以：取法。）③潜龙勿用：潜，藏。勿用，无所举动，不宜作为。④阳在下：本爻初九是阳爻，居下卦下位，所以说"阳在下"。"阳在下"象征君子尚居下位。⑤见龙在田：见，即"现"；田，田野。⑥造：作。⑦盈：满，指过度。

【译文】

《象传》说：天道刚健，君子取法天道，自强不息。

初九　"潜龙勿用"，这是因为君子还居于下位。

九二　"见龙在田"，表明君子要广施德泽于天下了。

九三　"终日乾乾"，这是说君子反复行道。

九四　"或跃在渊"，这是说明审时度势向前进取而无害。

九五　"飞龙在天"，这是说大人可以大有作为。

上九　"亢龙有悔"，说明凡事过度就久不了。

用九　"用九"，天道之德即天道的特点，六爻（六龙）都在运行变化中，不见端际。

亢龙有悔。

【文言】

【原文】

《文言①》曰：元者，善之长也②；亨者，嘉之会也③；利者，义之和也；贞者，事之干也④。君子体仁足以长人⑤，嘉会足以合礼，利物足以和义⑥，贞固足以干事⑦。君子行此四德者⑧，故曰："乾：元亨利贞。"

【注解】

①文言：《文言》即《文言传》，是专门解释乾坤两卦的文字，其他卦无。②长：始。③嘉：美。会：荟萃。④干：主干，指根据。⑤体：践行。长人：为人君长。⑥和：响应。⑦贞：即正，指正道。固：固定，指坚守。⑧四德：指仁、礼、义、正。

【译文】

《文言》说：元，是善的开始；亨，是美的荟萃；利，是义的和谐；贞，是行事的根据。君子践行仁德，足以为人君长；荟萃美好，足以合乎礼仪；利人利物，足以响应道义；坚守正道，足以干出事业。君子能践行仁、礼、义、正这四德，所以说："乾：表现着创始、亨通、和谐有利、贞正坚固。"

【原文】

初九曰："潜龙勿用"，何谓也？子曰①："龙，德而隐者也②。不易乎世③，不成乎名，遁世无闷，不见是而无闷④，乐则行之，忧则违之⑤，确乎其不可拔⑥，潜龙也。"

九二曰："见龙在田，利见大人"，何谓也？子曰："龙，德而正中者也⑦。庸言之信⑧，庸行之谨，闲邪存其诚⑨，善世而不伐⑩，德博而化。《易》曰：'见龙在田，利见大人'，君德也。"

九三曰："君子终日乾乾，夕惕若，厉，无咎"，何谓也？子曰："君子进德修业，忠信，所以进德也，修辞立其诚⑪，所以居业也⑫。知至至之⑬，可与言几也⑭；知终终之⑮，可与存义也。是故，居上位而不骄，在下位而不忧，故乾乾因其时而惕⑯，虽危无咎矣。"

九四曰："或跃在渊，无咎"，何谓也？子曰："上下无常，非为邪也；进退无恒，非离群也。君子进德修业，欲及时也，故无咎。"

九五曰："飞龙在天，利见大人。"何谓也？子曰，"同声相应，同气相求；水流湿，火就燥；云从龙，风从虎。圣人作而万物睹⑰。本乎天者亲上，本乎地者亲下，则各从其类也。"

上九曰："亢龙有悔"，何谓也？子曰："贵而无位⑱，高而无民，贤人在下位而无辅，是以动而有悔也。"

君子终日乾乾，勤奋学习。

【注解】

①子：指孔子。②龙德：具有龙一样的德行。这是以君子之人解释潜龙之义。③易：转移。④是：赞同。⑤违：避开。⑥确：坚定。⑦正中：即中正。⑧庸：常。⑨闲：防范。⑩善：益。伐：夸耀。⑪修辞：指说话。⑫居：积累。⑬至：事物发展的方向。⑭几：精微。⑮终：目标。⑯因：随着。⑰作：兴起。物：指人。睹：仰望。⑱位：与尊位相宜的美德，指君德。

【译文】

初九说："潜龙勿用"，这是什么意思呢？孔子说："潜龙，是指有德的隐者，他不为世俗所转移，不求虚名，避世却不觉苦闷，不被世人赞同也不苦闷，心以为乐的事就去做，心以为忧恼的事就避开，意志坚定不拔，这就是潜龙。"

九二说："见龙在田，利见大人"，这是什么意思呢？孔子说："龙，是指有德又中正的人，他平时总是言有信，日常行为谨慎有节，防范邪僻，秉持真诚，有益于世却不自夸，德泽广大感化了天下。《周易》说：'见龙在田，利见大人'，这就是君主的品德。"

九三说："君子终日乾乾，夕惕若，厉，无咎"，这是什么意思呢？孔子说："这说的是君子增进道德，治理事业。忠信可以增进道德，说话都要出于真诚，可以积累功业。知道方向并努力实现目标，就可以跟他谈事业的精微的道理了；知道方向并达成了目标，就可以和他一道秉守事业的大义了。所以君子居高位时却不骄傲，处低位时却不忧愁，随时勤勉警惕，纵使遇险也能化险为夷了。"

有德隐者，不求虚名，遁世无闷，乐则为之。

九四说："或龙或跃出渊，或潜入渊"，这是什么意思呢？孔子说："（君子像龙一样）或上或下不定，不是出于邪念；或进或退不定，不是脱离群众。君子增进道德，治理事业，只是想把握时机罢了，所以是无害的。"

九五说："龙高飞在天，有到于出现大人物"，这是什么意思呢？孔子说："同类的声音互相应和，同种的气息互相觅求；水流向湿处，火烧向干处；云伴从龙，风伴从虎。圣人兴起就会万人仰望。本属天的亲近上面，本属地的亲近下面，那么万物就都能各得其所了。"

上九说："龙飞至穷极之处，终将有所悔恨"，这是什么意思呢？孔子说："尊贵却没有君德，居高却脱离群众，贤人屈居下位而丧失辅助，所以君主一轻举妄动就有悔恨。"

【原文】

"潜龙勿用"，下也①；"见龙在田"，时舍也②；"终日乾乾"，行事也；"或跃在渊"，自试也。"飞龙在天"，上治也；"亢龙有悔"，穷之灾也③；乾元"用九"，天下治也。

【注解】

①下：本爻初九居下卦下位，是君子尚居下位的象征。②舍：舒展。"时舍"指时机到了。③穷：本爻上九居上卦上位，在一卦的尽头，是穷尽、极端的象征。

【译文】

　　"潜龙勿用"，是因为君子尚居下位；"见龙在田"，说明时势舒展开了；"终日乾乾"，是说君子勤勉行事；"或跃在渊"，是说君子用实践自检验才能；"飞龙在天"，是说君子居高治国，出现最好的局面；"亢龙有悔"，因为穷极而将有灾了；乾元"用九"，是说天下大治。

或跃在渊。

【原文】

　　"潜龙勿用"，阳气潜藏；"见龙在田"，天下文明[①]；"终日乾乾"，与时偕行[②]；"或跃在渊"，乾道乃革[③]；"飞龙在天"，乃位乎天德[④]；"亢龙有悔"，与时偕极[⑤]；乾元"用九"，乃见天则[⑥]。

【注解】

①文明：文采光明，指万物焕然有光彩。②偕：俱。③乾道：天道。革：改变。④位：具有。⑤极：穷。⑥则：规律。

【译文】

　　"潜龙勿用"，因为阳气还在潜伏中；"见龙在田"，因为万物正当焕然光明；"终日乾乾"，是说君子与时俱进；"或跃在渊"，是说天道开始变化了；"飞龙在天"，是说君子具有天一样的品德；"亢龙有悔"，说明人和事情已发展到极端了；乾元"用九"，"用九"体现了天的规律。

【原文】

　　《乾》"元[①]"者，始而亨者也；"利贞"者，性情也。乾始能以美利利天下，不言所利。大矣哉！大哉乾乎！刚健中正，纯粹精也。六爻发挥[②]，旁通情也[③]。时乘六龙，以御天也；云行雨施，天下平也。

【注解】

①元：当作"元亨"。②发挥：推演变化。③旁：广。

【译文】

　　《乾》卦中的"元亨"，是说天创始和亨通万物；"利贞"，是说天具有利益和规正万物的性情。天创始时用美利来利益天下，却不夸耀它对天下的利益，真是伟大啊！真是伟大啊，天！它刚健中正，达到了纯精的地步。《乾》卦的六爻推演变化，就能广通万物的情状。太阳按时驾着六条龙，为的是在天上运行；云朵飘行，雨水降下，于是天下太平。

《乾》，元亨利贞。

【原文】

　　君子以成德为行[①]，日可见之行也。"潜"之为言也，隐而未见，行而未成，是以君子"弗用"也。

君子学以聚之，问以辩之②，宽以居之，仁以行之。《易》曰："见龙在田，利见大人"，君德也。

九三重刚而不中③，上不在天④，下不在田⑤。故乾乾因其时而惕，虽危无咎矣。

九四重刚而不中，上不在天，下不在田，中不在人⑥，故"或"之。"或"之者，疑之也，故"无咎"。

夫"大人"者，与天地合其德⑦，与日月合其明，与四时合其序，与鬼神合其吉凶，先天而天弗违，后天而奉天时。天且弗违，而况于人乎？况于鬼神乎？

"亢"之为言也，知进而不知退，知存而不知亡，知得而不知丧。其唯圣人乎⑧，知进退存亡而不失其正者，其唯圣人乎！

【注解】

①行：目标。②辩：同"辨"，辨别。③重刚：本爻九三是阳爻，居九二阳爻上，阳爻是刚，两刚重叠，所以说"重刚"。下文"九四重刚"中的"重刚"与此同理。不中：六十四卦中，一卦又分为分为上卦（上卦又是外卦）和下卦（下卦又是内卦），上下卦各占三个爻位，下卦的三爻位是初二三，上卦的三爻位是四五上，下卦以中间的一个爻位为中位，即第二爻位，叫下卦中位；上卦以中间的一个爻位为中位，即第五爻位，叫上卦中位。本爻九三既不居上卦中位，又不居下卦中位，所以说"不中"。④天：指天位。六十四卦中，一卦中的第二爻位象征地位，第三

亢龙有悔。

爻位象征人位，第五爻位象征天位。本爻九三未居第五爻位，所以说"不在天"。⑤田：指地位。⑥人：指人位。本爻九四未居第三爻位，所以说"不在人"。⑦合：等同，指比得上。⑧其：大概。

【译文】

初九　君子以成就德业为目标，每天都可看见他在行动。说是"潜"，是因为君子隐伏不露，行动未有成绩，所以君子不妄动。

九二　君子通过学习积累知识，通过问询辨别是非，宽容处世，仁慈办事。《周易》说："见龙在田，利见大人"，这就是君主的品德。

九三　九三爻处于两个阳爻之上，故曰重刚，又未居上卦或下卦中位，上不在天位，下不在地位，所以只要随时勤勉警惕，纵使有危险，也能转危为安。

九四　处于两个重叠的阳爻之上称为重刚，又未居上卦或下卦中位，上不在天位，下不在地位，中不在人位，所以说"或"。所谓"或"，是说君子的位置疑而未定，所以说"无咎"。

九五　所谓"大人"，他的品德可比天地覆载万物，贤明可比日月照亮大地，行为有序可比四季，察知吉凶可比鬼神。先于天的变化而行动，天的变化正好和他的行动一致，他若后于天的变化而行动，也能遵循天的变化规律。天道尚且不违背他，何况人呢，何况鬼神呢？

上九　说是"亢"，是因为君子知进而不知退，知存而不知亡，知得而不知失。大概只有圣人吧——既知道进退存亡，又不失正道的，大概只有圣人吧。

◎坤　卦◎

【经文】

【原文】

《坤①》 元亨，利牝马之贞②。君子有攸往③，先迷后得主；利。西南得朋，东北丧朋；安贞吉④。

初六⑤　履霜，坚冰至。

六二　直方大⑥，不习⑦，无不利。

六三　含章可贞⑧；或从王事，无成有终。

六四　括囊⑨：无咎无誉。

六五　黄裳⑩：元吉。

上六　龙战于野，其血玄黄。

用六⑪利永贞。

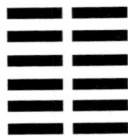

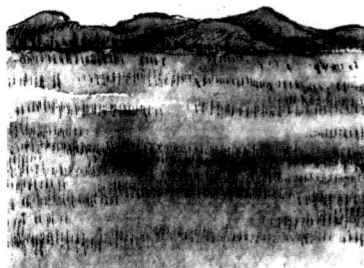

下坤上坤。

【注解】

①坤：卦名。②牝马：母马。③攸：所。④安：平安。⑤初六：指倒数第一阴爻（"六"表示阴爻）。以下六二、六三、六四、六五分别指倒数第二、三、四、五阴爻，上六指最上阴爻。⑥直方大：按经意，直读为《诗·宛丘》"值其鹭羽"之值，手持。方，方舟。习，熟练。方舟是并船，不熟练也不易颠覆。直，正直。方，端方。大，博大，指宽容。⑦习：学习，熟习。⑧章：文采。⑨括：捆。⑩黄裳：黄下衣。古人认为黄色是尊贵吉祥之色，故黄裳象征尊贵吉祥。⑪用六：通六，指六爻都是"六"（阴爻）。用六是乾卦特有的爻题。

【译文】

《坤》 元始，亨通，像雌马一样柔顺而守正道必然吉祥；安祥守正就会吉祥。

初六　当脚踩到秋霜时，寒冬的坚冰也将来临。

六二　操持方舟，不熟练也没有什么不利。

六三　内蕴文采，占问之事可行，或从事君王的事业，不能成功也有好结果。

六四　捆紧囊袋（比喻遇事缄口，不理是非）：无害也无赞誉。

六五　黄下衣（象征富贵）：大吉。

上六　二龙在野外搏斗，淌出黑黄色的血。

用六　永远坚守正道就会有利。

【象传】

【原文】

《象》曰：至哉坤元①！万物资生，乃顺承天。坤厚载物，德合无疆②。含弘光大③，品物咸亨。牝马地类④，行地无疆，柔顺利贞。君子攸行，先迷失道，后顺得常⑤。"西南得朋"，乃与类行⑥；"东北丧朋"，乃终有庆⑦。安贞之吉，应地无疆⑧。

坤元亨，利牝马之贞。

【注解】

①至：极致。②合：配合。③弘：大。光：光借为"广"。"光大"指地面广大。④地类：与地同类。"牝马"属阴性，地也属阴性，所以说"牝马地类"。⑤常：正路。⑥类：朋友，即"西南得朋"中的"朋"。⑦庆：福庆。⑧应：适应。

【译文】

《彖传》说：真是达到了极致啊！坤的创始！万物都依赖它诞生长成，它是顺承着天道的。坤道的大地深厚，承载万物，坤德配合乾德，没有止境。大地涵容一切，广阔无垠，万物都亨通畅达。母马和地同类，在地上奔驰无疆，它性情柔顺，利于秉守正道。君子出行，起初因抢行而先迷失道路，后来随于人后顺利得回正路。往西南去得到朋友，于是伴友同行；往东北去失去朋友，却能终获福庆。安守正道是吉祥的，能适应大地的广大无边。

【象传】

【原文】

《象》曰：地势坤①。君子以厚德载物②。

初六　"履霜"，"坚冰"③，阴始凝也；驯致其道④，至"坚冰"也。

六二　六二之动⑤，"直"以"方"也⑥；"不习无不利"，地道光也⑦。

六三　"含章可贞"，以时发也⑧；"或从王事"，知光大也⑨。

六四　"括囊无咎"，慎不害也。

六五　"黄裳元吉"，文在中也⑩。

上六　"龙战于野"，其道穷也⑪。

用六　"用六永贞"，以大终也。

【注解】

①地势坤：《坤》卦下坤上坤，坤是地，其形虽曲，其义为顺，所以说"地势坤"。载物是厚重的大地的秉质。②厚：增厚。③坚冰："坚冰"两字当是衍文。④驯：顺着。致：发展。道：指自然规律。⑤动：指人的行动。⑥以：且。⑦地道光：本爻六二

履霜，坚冰至。

是阴爻，居第二爻位，是地位，所以说"地道光"。地道博大柔顺，人若博大柔顺，即使不熟悉环境也无不利，所以说""'不习无不利'，地道光也"。⑧时：适时。发：使用。⑨知：同"智"，智慧。⑩文：指美德。中：心中。⑪道穷：本爻上六居上卦上位，在一卦的尽头，是坤阴之道已发展至穷尽的象征。

【译文】

《象传》说：地势柔顺，君子取法大地厚德载物。

初六　"履霜"，这是说阴气开始凝结了；顺着自然规律发展下去，就会形成"坚冰"。

六二　六二中的"直方"，是说人办事正直端方；"不习无不利"，这是因为地道广大。

六三　有德正直，这要适时使用；"或从王事"，这是因为他智慧大。

六四　"括囊无咎"这是说君子行事谨慎就会无害。

六五　"黄裳元吉"，这是因为君子心怀美德。

上六　"龙战于野"，这是说君子途穷了。

用六　用六说，永远正直，这样就会大有结果。

【文言】

【原文】

《文言》曰：坤至柔而动也刚[1]，至静而德方[2]。后得主而有常[3]。含万物而化光。坤道其顺乎，承天而时行。

积善之家，必有余庆[4]，积不善之家，必有余殃。臣弑其君[5]，子弑其父，非一朝一夕之故，其所由来者渐矣，由辩之不早辩也[6]。《易》曰："履霜，坚冰至"，盖言顺也[7]。

"直"，其正也，"方"，其义也。君子敬以直内，义以方外，敬义立而德不孤[8]。"直方大，不习无不利"，则不疑其所行也。

阴虽有美，含之以从王事[9]，弗敢成也[10]。地道也，妻道也，臣道也。地道"无成"，而代"有终"也[11]。

天地变化，草木蕃[12]；天地闭，贤人隐。《易》曰："括囊，无咎无誉"，盖言谨也。

君子"黄[13]"中通理[14]，正位居体[15]，美在其中，而畅于四支[16]，发于事业，美之至也。

阴疑于阳必战[17]，为其嫌于无阳也[18]，故称"龙[19]"焉，犹未离其类也[20]，故称"血"焉。夫"玄黄"者，天地之杂也，天玄而地黄。

"括囊无咎"是说君子行事谨慎就会无害。

【注解】

①动：指地生养万物的运动。②德方：地道方正。古人见大地上的山川湖海等，都不移位，不能旋转，认为是由具有方正秉质的地道所致，所以说"德方"。德：道。③后得主：地道是取法天道的，后天道而运动，以天道为主人，所以说"后得主"。常：规律。④余：多。⑤弑：以下杀上叫作"弑"。⑥辩：同"辨"，指察觉。⑦盖：大概。顺：指趋势。⑧孤：孤立。⑨含：内敛。⑩成：以成功自居。⑪代：代替。⑫蕃：茂盛。⑬黄：指本爻六五中的"黄裳"。"黄裳"象征美德。⑭中：内心。通理：通达事理。⑮体：体借为"礼"，仪礼。⑯畅：达，指外现。支：同"肢"。⑰疑：疑读音同"拟"，拟等。本爻上六是阴爻，居上卦上位，在一卦是尽头，达到了阴的极盛，可与阳势力均敌，所以说"阴疑于阳"。⑱嫌：与上文的"疑"同义。无："无"当为衍字。⑲龙：本爻上六是阴属，龙是阳属，因上六可与阳势力均敌，所以上六也可称"龙"。⑳类：指阴类。上六虽可与阳势力均敌，毕竟仍是阴属，"血"也是阴属，所以说"犹未离其类也，故称'血'焉"。

【译文】

《文言》说：大地极其柔顺，但运动却是刚健的；大地极其宁静，但地道却是方正的。地道随后，以天道为主人，有稳固的规律。地包容万物而化育广大。地道是柔顺的呵，顺承天道且按时运行。

牝马地类，行地无疆，柔顺利贞。

积善的人家，必然多福庆，积不善的人家，必然多灾殃。臣弑君，儿弑父，不是一朝一夕的缘故，它所以变成这样是渐成的，是由可以察觉却没有早点察觉造成的。《周易》说："踩上霜，坚冰也将来临"，大概说的就是这种事物发展的必然趋势吧。

"直"，是指正直，"方"，是指行事合乎道义。君子通过诚敬成就内在的正直，通过道义成就外在的方正。

诚敬、道义确立了，德行就不会孤立了。"直方大，不习无不利"，那么人们就不会怀疑他所做的了。

臣子虽有美德，却能收敛着从事王事，不敢以成功自居。地道就是妻道、臣道。地道无所谓成功，它只是替天道成功罢了。

天地变化，草木就旺盛，天地闭塞，贤人就退隐。《周易》说："括囊，无咎无誉"，大概说的就是谨慎处世的道理吧。

君子内怀美德，通达事理，端正位置，秉守仪礼，美德在心中，外现在四肢上，发扬在事业上，美德真是达到了极致啊。

阴和阳势钧力敌时，一定起争斗，本是阴与阳战而说成"龙战"，是因为怕人们误以为无阳，但上六还没脱离它的阴类属性，不能离开阳，所以称"血"表示阴阳交合。所谓"玄黄"，这是天地杂合的颜色，天是玄色，地是黄色。

◎屯　卦◎

【经文】

【原文】

《屯①》 元亨，利贞；勿用有攸往②，利建侯③。

初九　磐桓④；利居贞⑤，利建侯。

六二　屯如邅如⑥，乘马班如⑦，匪寇，婚媾；女子贞不字⑧，十年乃字。

六三　即鹿无虞⑨，惟入于林中⑩，君子几不如舍⑪，往吝⑫。

六四　乘马班如，求婚媾，往吉，无不利。

九五　屯其膏⑬，小贞吉，大贞凶。

上六　乘马班如；泣血涟如⑭。

下震上坎。

【注解】

①屯：音zhūn，卦名，象征初生。②勿用：不可用，不利于。③建侯：封侯。④磐桓：即"盘桓"，徘徊迟疑。⑤居：家居。⑥屯：屯聚。邅：盘桓的样子。⑦如：语气助词。班：同"般"，回旋的样子。⑧字：许嫁。⑨即：就，追逐。虞：虞官，掌管山林鸟兽的官。⑩惟：只身。⑪几：谋求。⑫吝：艰难。⑬膏：肥肉。⑭涟：泪流不断的样子。

即鹿无虞。

【译文】

《屯》象征事物的初生：元始、享通，利于坚守正固；不宜有所前往，利于建立诸侯。

初九　徘徊迟疑；静居守持，正固有利，利于建立诸侯。

六二　（他们）聚集前来，乘马回旋，不是抢劫的，是求婚的；女子守持正固，不急出嫁，十年后才能嫁。

六三　逐鹿而没有虞官的帮助，鹿躲入林中，这时与其继续追捕，不如舍弃，继续追捕则将有不利。

六四　乘马徘徊去抢婚，前去吉祥，没有不利。

九五　处草创之艰难，需要普施恩泽。柔小而守正可得吉祥，若刚大则守正也凶险。

上六　（他们）乘马之人徘徊不前，泪流不止，当是凶象。

【象传】

【原文】

《彖》曰：《屯》，刚柔始交而难生①，动乎险中②，大亨贞③。雷雨之动满盈，天造草昧④。宜建侯而不宁⑤。

【注解】

①刚柔：指阴阳二气。②动乎险中：《屯》卦下震上坎，坎是险，震是动，所以说"动乎险中"。③亨：亨通。贞：正直。④草昧：指草木。⑤不：音同"丕"，指大。

【译文】

《象传》说：《屯》卦的象征是，阴阳二气开始相交艰难也随着萌生，下震上坎，事物在艰险下运动发展，如同雷雨，动生万物而润泽之，有元大、亨通的美德。雷雨动行天下，大自然虽然蒙昧，却一片生机。适宜封侯得大安宁。

女子贞不字，十年乃字。

【象传】

【原文】

《象》曰：云雷①，屯。君子以经纶。

初九　虽"磐桓"，志行正也。以贵下贱②，大得民也。

六二　六二之难，乘刚也③。"十年乃字"，反常也。

六三　"即鹿无虞"，以从禽也④。君子舍之，"往吝"，穷也。

六四　求而往，明也。

九五　"屯其膏"，施未光也⑤。

上六　"泣血涟如"，何可长也？

地位虽高但能以谦和态度对待人民，就能大获民心。

【注解】

①云雷：《屯》卦下震上坎，坎是云，震是雷，所以说"云雷"。云在雷上，是将要下雨的预兆，君子由此领悟未雨绸缪的道理，所以下文说"君子以经纶"。（经纶：治理。）②下：谦待。③乘刚：乘刚前省略了"柔"字。本爻六二是阴爻，是柔，居初九上，初九是阳爻，是刚，所以说"（柔）乘刚"。"（柔）乘刚"是女凌驾男的象征。④从：追捕。⑤光：大。

【译文】

《象传》说：云行于上，雷动于下，这就是《屯》卦。君子取法《屯》卦，在事业草创之际即规划治国方略。

初九 虽然徘徊难以前进，志向和行为却是端正的。地位虽高但能以谦和态度对待人民，就能大获民心。

六二 六二中的"女子贞不字，十年乃字"是艰难的，这是因为女凌驾男。"十年才孕"，这是反常的事。

六三 "即鹿无虞"，这是说追捕禽兽。君子弃追，是因为"往吝"，前去也难有得而且会受困。

六四 前去求婚，且可知晓女家的情况——这是明智的。

九五 "积聚肥肉"，这是说君子尚未广施德泽。

上六 "血泪直流"，这种状况怎能长久呢？

◎蒙　卦◎

【经文】

【原文】

《蒙》 亨；匪我求童蒙[①]，童蒙求我，初筮告，再三渎[②]，渎则不告；利贞。

初六 发蒙[③]；利用刑人[④]，用说桎梏[⑤]；以往吝。

九二 包蒙[⑥]：吉；纳妇：吉，子克家[⑦]。

六三 勿用取女[⑧]，见金夫[⑨]，不有躬，无攸利。

六四 困蒙[⑩]：吝。

六五 童蒙：吉。

上九 击蒙[⑪]；不利为寇，利御寇。

下坎上艮。

【注解】

①童蒙：问筮者。问筮者之问筮，乃因有所不明，有如蒙昧童子，故曰"童蒙"。②渎：亵渎。③发：除去。④刑人：刑，法也。⑤说：同"脱"，解除。⑥包：包容。⑦克：成。⑧取：同"娶"。⑨金夫：有钱男人。⑩困：受困。⑪击：攻击。

【译文】

《蒙》 亨通；不是我去求幼童占筮，是幼童求我占筮，初次求教就施以教诲，再三乱问，这就渎犯了神圣的筮法，乱问就不再为之筮。此卦是有利的占问。

初六 启发蒙昧；利于刑人脱桎梏。但有所前往则会发生悔恨之事。

九二 包容蒙昧之人：吉祥；为子娶妻：吉祥；儿子能够继承父志兴家立业。

六三 不能娶那样的女人，她看见有钱人，就会失身，娶她没有什么好处。

六四 困于蒙昧之中：有艰难。

六五 童子蒙昧受启发（能够听从教导）：吉祥。

上九 以猛击开启蒙昧；过于暴烈则不利，用抵御盗寇之法有利。

【象传】

【原文】

《象》曰：《蒙》，山下有险[①]，险而止，《蒙》。"蒙亨"，以亨行时中也[②]。"匪我求童蒙，童蒙求我"，志应也；"初筮告"，以刚中也；"再三渎，渎则不告"，渎蒙也。蒙以养正，圣功也。

【注解】

①山下有险：《蒙》卦下坎上艮，艮是山，坎是险，所以说"山下有险"。艮又是止，所以下文说"险而止"。②时：及时。中：中正。

【译文】

《象传》说：《蒙》卦的象征是，山下有危险，君子遇险止步，这就是《蒙》卦。《蒙》卦是亨通的，是因为遇险止步是及时的和中正的。"匪我求童蒙，童蒙求我"，这是说双方的想法一致；"初筮告"，是因为蒙童求问的是刚健中正的事；"再三渎，渎则不告"，是因为这种行为是渎犯神灵的和蒙昧的。通过培养中正的道德去除蒙昧，这是圣人的功业。

不可娶唯利是图的女子，恐有失贞之辱。

【象传】

【原文】

《象》曰：山下出泉①，《蒙》。君子以果行育德②。

初六　"利用刑人"，以正法也。

九二　"子克家"，刚柔接也③。

六三　"勿用取女"，行不顺也④。

六四　"困蒙"之"吝"，独远实也。

六五　"童蒙"之"吉"，顺以巽也⑤。

上九　"利"用"御寇"，上下顺也。

【注解】

①山下出泉：《蒙》卦下坎上艮，艮是山，坎是水，所以说"山下出泉"。泉水流时一泻而下，象征果断，又象征仁德，仁德果断是成功的前提，所以下文说"君子以果行育德"。②果：果断。③刚柔接：本爻九二是阳爻，是刚，居六三下，六三是阴爻，是柔，所以说"刚柔接"。"刚柔接"象征男女相配。④行不顺：本爻六三是阴爻，是柔，居九二上，九二是阳爻，是刚，柔在刚上，是女凌驾男的象征，所以说"行不顺"。⑤顺以巽：本爻六五是阴爻，居上九阳爻下，是柔顺从刚、儿童服从大人的象征，所以说"顺以巽"。巽：顺从。

"童蒙"之吉，因为蒙童柔顺服从大人。

【译文】

《象传》说：山下涌出泉水，这就是《蒙》卦的象征。君子取法《蒙》卦果断行动，培养道德。

初六　"利用刑人"，这是说君子按照法令办事。

九二　"……子克家"，这是说男女相配。

六三　"勿用取女"，这是说事情不顺。

六四　"困蒙"是艰难的，是因为远离实际。

六五　"童蒙"是吉祥的，是因为蒙童柔顺又能服从大人。

上九　"御寇"是有利的，是因为御寇是自卫，臣民都会顺从支持。

◎需　卦◎

【经文】

【原文】

《需》　有孚①，光亨，贞吉，利涉大川。
初九　需于郊②，利用恒，无咎。
九二　需于沙，小有言③，终吉。
九三　需于泥，致寇至④。
六四　需于血⑤，出自穴。
九五　需于酒食：贞吉。
上六　入于穴⑥，有不速之客三人来，敬之终吉。

下乾上坎。

【注解】

①孚：即"俘"，俘获。②需：稽留。③言：谴责。④致：招致。⑤血：血泊。⑥穴：古人穴居，穴代表居所。

【译文】

《需》　真诚守信，光明亨通，守正吉祥，渡大河有利。
初九　停留郊野外，恒心等待有利，无害。
九二　停留在难行的沙地上，会受到小的谴责，但终获吉祥。
九三　停留淤泥里，会招致盗寇到来。
六四　停留血泊中，（形势凶险）但终能逃出洞穴（度过灾难）。
九五　停留酒食之地：占问说吉祥。
上六　故人居于洞穴，有三个不速之客来访，恭敬接待就会终获吉祥。

【象传】

【原文】

《象》曰：需，须也①。险在前也②，刚健而不陷，其义不困穷矣③。《需》，"有孚，光亨，贞吉"，位乎天位④，以正中也。"利涉大川"，往有功也。

【注解】

①须：等待。②险在前：《需》卦的后卦（下卦）是乾，前卦（上卦）是坎，坎是险，所以说"险在前"。③义：音、意同"宜"。④位乎天位：九五是阳爻，居第五爻位，所以说"位乎天位"。"位乎天位"象征人居尊位。九五又居上卦中位，所以下文说"以正中"。"以正中"象征人道德中正。位：处于；天位：指第五爻位。

在郊野停留等待，只要持之以恒便会趋吉避凶。

【译文】

《象传》说：需，指等待。前有危险，人却能凭着刚健，避免使自己陷险，宜其不会困穷。《需》卦说：

"有孚，光亨，占吉"，这是因为人居尊位，道德中正。"利涉大川"，这是说前往有收获。

【象传】

【原文】

《象》曰：云上乎天①，《需》。君子以饮食宴乐。

初九　"需于郊"，不犯难行也②；"利用恒无咎"，未失常也③。

九二　"需于沙"，衍在中也④，虽小有言，以吉终也。

九三　"需于泥"，灾在外也。自我"致寇"，敬慎不败也。

六四　"需于血"，顺以听也⑤。

九五　"酒食贞吉"，以中正也⑥。

上六　"不速之客来，敬之终吉"，虽不当位⑦，未大失也。

【注解】

①云乎上天：《需》卦下乾上坎，坎是云，乾是天，所以说"云上乎天"。云在天上，是雨降润物的先兆，君子也要饮食宴乐滋养身心，所以下文说"君子以饮食宴乐"。②犯难：冒险。③常：常道。④衍：一说宽舒；一说过错。⑤顺以听：本爻六四是阴爻，居九五阳爻下，是顺从的象征，所以说"顺以听"。⑥中正：本爻九五是阳爻，居上卦中位，象征道德中正，所以说"以中正"。⑦位："位"当为衍字。

【译文】

《象传》说：云在天上，这就是《需》卦的象征。君子取法《需》卦安于饮食宴乐。

初九　"需于郊"，这是说不要冒险前进；"利用恒，无咎"，是因为没有违反常道。

九二　"需于沙"，这是说君子停于不当停之处而有过失，受到小的谴责，结果却还是吉祥的。

九三　"需于泥"，这是说灾祸就在外面。虽是自己招来的寇盗，但谨慎防御，还是能避免失败的。

六四　"需于血"，这是说要顺乎时势应乎天命。

九五　"酒食贞吉"，这是因为君子能行中正之道。

上六　"不速之客来，敬之终吉"。上六处的位置虽有不当，也不会酿成大过失。

◎讼　卦◎

【经文】

【原文】

《讼》　有孚，窒①，惕，中吉，终凶；利见大人，不利涉大川。

初六　不永所事②，小有言，终吉。

九二　不克讼③，归而逋④，其邑人三百户无眚⑤。

六三　食旧德⑥：贞厉，终吉；或从王事，无成。

九四　不克讼，复即命渝⑦；安贞吉。

九五　讼元吉。

上九　或锡之鞶带⑧，终朝三褫之⑨。

【注解】

①窒：假借为"怪"，指恐惧。一说指窒塞。②永：长久。③讼：官司。

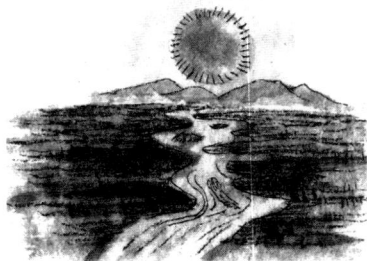

下坎上乾。

④逋：逃跑。⑤邑：封邑。眚：灾祸。⑥旧德：祖业。⑦复：返回。即：顺从。渝：同“谕”，谕令。⑧锡：锡借为“赐”，赐给。鞶带：古代官员所系的一种皮革腰带。⑨终朝：一日。褫：剥夺。

【译文】

《讼》　有俘获；心中恐惧警惕，事情中途吉祥，结果凶险；见大人有利，渡大河不利。

初六　事情做不久，会受到小的谴责，但终获吉祥。

九二　争讼输了，回家后逃跑，逃至他封邑内的三百户人家那里就能免于灾祸了。

六三　靠祖业过活：守持正固以避免危险，但终获吉祥；或者从事君王事业，成功不自居。

九四　官司输了，回来后服从命令；占问平安：吉祥。

九五　明断讼事，大吉。

上九　偶或（讼胜）得到显贵的大腰带，但一天里多次得到又多次被剥夺。

【彖传】

【原文】

《彖》曰：《讼》，上刚下险①，险而健，《讼》。《讼》“有孚，窒惕，中吉”，刚来而得中也②；“终凶”，讼不可成也；“利见大人”，尚中正也；“不利涉大川”，入于渊也。

【注解】

①上刚下险：《讼》卦下坎上乾，乾是刚，坎是险，所以说“上刚下险”。乾又是健，所以下文说“险而健”。②刚来而得中：九二、九五都是阳爻，是刚，所以说“刚来”；九二居下卦中位，九五居上卦中位，所以说“得中”。“刚来而得中”象征君子刚健中正。

君子遇险，刚健中正。

【译文】

《彖传》说：《讼》卦的象征是，君子刚健时遇险，遇险时依然刚健，这就是《讼》卦。《讼》卦说：“有孚，窒惕，中吉”，这是因为君子刚健中正；“终凶”，这是说君子争讼不会赢；“利见大人”，是因为君子崇尚中正；“不利涉大川”，是因为强渡会落水。

【象传】

【原文】

《象》曰：天与水违行①，《讼》。君子以作事谋始。

初六　“不永所事”，讼不可长也。虽小有言，其辩明也。

九二　“不克讼”，归逋窜也。自下讼上，患至掇也②。

六三　“食旧德”，从上吉也③。

九四　“复即命渝”、“安贞”，不失也。

九五　“讼元吉”，以中正也④。

上九　以讼受服⑤，亦不足敬也。

【注解】

①天与水违行：《讼》卦下坎上乾，乾是天，坎是水，古人认为天是朝西运行的，水是东流的，水天相背，所以说“天与水违行”。水天相背，象征人和人意见相背，会起争讼，做事宜谋好开局，所以下文说“君子以作事谋始”。②掇：

争讼不赢，利见大人。

③从上：本爻六三是阴爻，居九四阳爻下，是柔顺从刚、小民顺从君主的象征。④中正：本爻九五是阳爻，居上卦中位。⑤服：即"鞶带"，象征官位。

【译文】

《象传》说：天和水反向运动，这就是《讼》卦的象征。君子取法《讼》卦，做事考虑好开始（以绝争讼之源）。

初六　"不永所事"，这是说争讼不可长久不了。虽然受到（官吏）小的谴责，是非却已辨明白了。

九二　争讼赢不了，回来后就逃跑。居于下位而和上位发生争讼，招来祸患十分容易。

六三　"食旧德"，这是说顺从上位就能吉祥。

九四　回来后服从命令，安守正道，这就不会有过失。

九五　争讼大吉，这是因为君子居中守正。

上九　通过争讼捞得官位，这是不值得人敬重的。

◎泰　卦◎

【经文】

【原文】

《泰》　小往大来，吉，亨。

初九　拔茅茹以其汇①；征吉。

九二　包荒②，用冯河③，不遐遗④，朋亡⑤，得尚于中行⑥。

九三　无平不陂⑦，无往不复；艰贞，无咎；勿恤其孚，于食有福⑧。

六四　翩翩⑨，不富以其邻，不戒以孚。

六五　帝乙归妹⑩，以祉⑪，元吉。

上六　城复于隍⑫，勿用师，自邑告命，贞吝。

下乾上坤。

【注解】

①茅茹：茅草的根。以：连及。汇：种类。②包：通"匏"，葫芦。荒：空。③冯：假借为"淜"。冯河就是徒步过河，浮水渡河。④不遐：不至于。遗：坠。⑤朋：朋友。⑥中行：半路上。⑦陂：倾斜。⑧福：通"富"，富足。⑨翩翩：鸟疾飞的样子。这里比喻人像鸟一样。⑩帝乙：商纣王的父亲。归：嫁。妹：少女的通称。⑪祉：福。⑫复：通"覆"，倒塌。隍：城墙外的壕沟。

【译文】

《泰》象征和畅通泰：小的去了大的来，吉祥，亨通。

初九　拔茅草的根，连同茅草的同类也一同拔起来；如此同根同志地团结出征，吉祥。

九二　有包容大川的胸怀，涉越长河的能力，不遗弃远方的贤人，也不溺于私情，要中道行事。

九三　没有哪种平坦，永远不会倾斜，没有哪种失去，永远不会得回；事情艰难也要坚守正道，自然是无害的；不用忧虑无法取信于人，生活是会变富足的。

六四　像鸟飞那样轻飘自得，难保财富。但与邻居相互信任不必加以戒备。

六五　帝乙出嫁少女，因而得福，大吉。

上六　城墙倒塌在濠沟里。命令说是不要用兵，只能自我检讨，坚守正道来防止危害。

同根同志地团结出征，吉祥。

【彖传】

【原文】

《彖》曰："《泰》：小往大来，吉，亨。"则是天地交而万物通也，上下交而其志同也。内阳而外阴，内健而外顺，内君子而外小人。君子道长，小人道消也。

【译文】

《彖传》说："《泰》：小往大来。吉，亨。"这是说天地阴阳二气相交就会万物亨通，君臣相互沟通就能心意一致。《泰》卦内卦是阳，外卦是阴，内卦是健，外卦是顺，内卦是君子，外卦是小人。君子的道将要发展，小人的道将要衰落。

【象传】

【原文】

《象》曰：天地交①，《泰》。后以财成天地之道，辅相天地之宜，以左右民。

初九　"拔茅征吉"，志在外也。

九二　"包荒，得尚于中行"，以光大也。

帝乙出嫁少女。

九三　"无往不复"，天地际也②。

六四　"翩翩不富"，皆失实也③；"不戒以孚"，中心愿也。

六五　"以祉元吉"，中以行愿也④。

上六　"城复于隍"，其命乱也。

【注解】

①天地交：《泰》卦下乾上坤，坤是地，乾是天，所以说"天地交"。天地相交是自然规律，君主治国宜顺应规律，所以下文说"后以财成天地之道，辅相天地之宜，以左右民"。（后：君主；财：同"裁"，制

定；天地之道：指符合天地之道的制度；天地之宜：适宜在天地生长的作物，这里指生产。）②天地际：本爻九三居下卦乾（天）和上卦坤（地）的交接处，所以说"天地际"。"天地际"象征事物发展的临界点。③实：财物。④中：本爻九五是阳爻居上卦中位。行愿：指行事。

【译文】

《象传》说：天地阴阳二气相交，这就是《泰》卦的象征。君主取法《泰》卦，制定符合天地之道的制度，辅助百姓从事生产，以便统治百姓。

初九 "拔茅征吉"，这是说君子志在向外发展。

九二 "包荒，得尚于中行"，这是因为君子光明正大。

九三 "无往不复"，这是说事情发展到了临界点（就要转变了）。

六四 "翩翩不富"，这是说君子丧失财物；有诚信不戒备，这是君子的心愿。

六五 "以祉元吉"，这是因为君子行事中正。

上六 "城复于隍"，这是说统帅的命令错乱失当。

◎否 卦◎

【经文】

【原文】

《否》 否之，匪人①；不利君子贞；大往小来。

初六 拔茅茹以其汇：贞吉，亨。

六二 包承②：小人吉，大人否，亨。

六三 包羞③。

九四 有命：无咎，畴离祉④。

九五 休否，大人吉，其亡其亡⑤，系于苞桑。

上九 倾否⑥，先否后喜。

【注解】

下坤上乾。

① "否之"两句：否：闭塞，指排斥。匪：即"非"，否定。②包承：包容承受。③羞：羞辱，一说通"馐"。④畴：畴通"俦"，同类。离：离借为"丽"，附丽。祉：福祉。⑤其：将。⑥倾：倾覆。

【译文】

《否》卦象征天下闭塞不通：否闭之世排斥贤人，君子此时应坚守贞正；大的阳刚去了，小的阴柔来了。事业由盛转衰。

初六 拔茅草的根，连同茅草的同类也一起拔起：君子应当坚守正道，吉祥亨通。

六二 被包容并顺承尊者：小人吉祥，大人闭塞，以后才亨通。

六三 位置不当，包藏羞辱。

君子去位，小人受到重用。

九四　保有天命：无害，同志都来会一起享有福祉。

九五　终止闭塞的局面，大人才能吉祥，但还要时刻警惕（将要灭亡，将要灭亡），才会像桑树一样安然无恙。

上九　倾覆闭塞的局面，起初闭塞，后来通泰喜悦。

【象传】

【原文】

《彖》曰："否之匪人。不利君子贞。大往小来。"则是天地不交而万物不通也①，上下不交而天下无邦也。内阴而外阳，内柔而外刚，内小人而外君子。小人道长，君子道消也。

君子取法《否》卦，崇尚俭德，躲避祸难，不以利禄为荣。

【注解】

①天地不交：《否》卦下坤上乾，坤是地，乾是天，天地都只居其位不动，没有相交的迹象，所以说"天地不交"。《否》卦的内卦是坤卦，外卦是乾卦，乾卦又是阳卦，象征君主、刚健、君子，坤卦又是阴卦，象征臣子、柔顺、小人，所以下文说"上（君）下（臣）不交""内阴而外阳""内柔而外刚""内小人而外君子"。

【译文】

《彖传》说："《泰》：小往大来。吉，亨。"这是说天地阴阳二气不相交，就会万物不亨通，君臣不相沟通，就会国家衰亡。《否》卦内卦是阴，外卦是阳，内卦是柔，外卦是刚，内卦是小人，外卦是君子。小人的道将要发展，君子的道将要衰落。

【象传】

【原文】

《象》曰：天地不交①，《否》。君子以俭德辟难，不可荣以禄。

初六　"拔茅贞吉"，志在君也。

六二　"大人否，亨"，不乱群也②。

六三　"包羞"，位不当也③。

九四　"有命无咎"，志行也。

九五　"大人"之"吉"，位正当也④。

上九　否终则倾，何可长也。

【注解】

①天地不交：《否》卦下坤上乾，坤是地，乾是天，天地都只各居其位不动，没有相交的迹象，所以说"天地不交"。"天地不交"象征君臣隔阂，统治腐化，进仕危险，所以下文说"君子以俭德辟难，不可荣以禄"。（辟，通"避"，躲避）②群：指小人。③位不当：本爻六三是阴爻居阳位，是"位不当"。④位正当：本爻九五是阳爻居阳位，是"位正当"。

君子应试，志在报效国家，辅助君王。

【译文】

《象传》说：天地阴阳二气不相交，这就是《否》卦的象征。君子取法《否》卦，崇尚俭德，躲避祸难，不以利禄为荣。

初六　"拔茅贞吉"，初六不忘上应阳刚，坚持正道则吉祥，这是说君子志在辅助君王。

六二　"大人否，亨"，这是因为大人不和小人厮混。

六三　"包羞"，这是因为地位失当。

九四　"有命无咎"，这是说君子得志了。

九五　大人是吉祥的，这是因为他地位得当。

上九　事情闭塞到了极点就要变了，怎么可能长久不变呢？

◎同人卦◎

【经文】

【原文】

《同人》　同人于野①：亨；利涉大川，利君子贞。

初九　同人于门：无咎。

六二　同人于宗②：吝。

九三　伏戎于莽，升其高陵，三岁不兴③。

九四　乘其墉④，弗克攻，吉。

九五　同人，先号咷而后笑，大师克⑤，相遇。

上九　同人于郊：无悔。

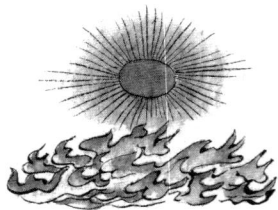

下离上乾。

【注解】

①同：聚集。②宗：宗庙。③"伏戎"三句：伏：埋伏。戎：军队。莽：草丛。升：登上。兴：胜利。④乘：登上。墉：城墙。⑤大师：大部队。

【译文】

同人　在郊野外聚集众人：亨通；渡大河有利，君子坚守贞正有利。

初九　出了门和同众人：无害。

六二　在宗庙聚集众人：危险。

九三　在草丛埋伏军队，又登上高地瞭望，三年了都不能取胜。

九四　登临敌城了，但又放弃了进攻，是吉祥的。

九五　和同于众人，先是嚎哭，然后大笑，（原来是因为）大部队攻克了敌人，会师成功了。

上九　在野外聚集众位同仁：无悔。

【象传】

【原文】

《象》曰：《同人》，柔得位得中①，而应乎乾②，曰"同人"。《同人》曰："同人于野，亨，利涉大川"，乾行也。文明以健③，中正而应④，君子正也。唯君子为能通天下之志。

【注解】

①柔得位得中：六二是阴爻居阴位，又是居下卦中位，所以说"柔得位得中"。②应乎乾：《同人》卦的上卦是乾卦，

是刚，六二阴爻是柔，居乾卦下，所以说"应乎乾"。"应乎乾"象征小民响应君子。③文明以健：《同人》卦下离上乾，乾是健，离是文明，所以说"文明以健"。④中正而应：九五是阳爻居上卦中位，与居下卦中位的六二阴爻相应，所以说"中正而应"。

【译文】

　　《象传》说：《同人》卦的象征是，柔顺者地位得当，秉守中正，响应刚健者，所以卦名叫"同人"。《同人》卦说："同人于野，亨，利涉大川"，这是因为君子行事刚健。文明刚健，中正又得人响应，这就因为君子秉守正道。唯有君子能通晓天下人的心思。

君子文明刚健，得众人响应。

【象传】

【原文】

　　《象》曰：天与火①，《同人》。君子以类族辨物。
　　初九　前往同人，又谁咎也。
　　六二　"同人于宗"，吝道也。
　　九三　"伏戎于莽"，敌刚也；"三岁不兴"，安行也②。
　　九四　"乘其墉"，义弗克也。其"吉"，则困而反则也③。
　　九五　"同人"之"先"，以中直也④；大师相遇，言相克也。
　　上九　"同人于郊"，志未得也。

【注解】

①天与火：《同人》卦下离上乾，乾是天，离是火，所以说"天与火"。天象征君子，火象征明察，辨明物事是君子明察的表现，所以下文说"君子以类族辨物"。（类：区分；族：族类）②安：怎能。"安行"指不能出兵。③反：通"返"，回归。则：指正确的作战计划。④中直：本爻九五是阳爻居上卦中位。直：正。

【译文】

　　《象传》说：天和火，这就是《同人》卦的象征。君主取法《同人》卦的卦象以区分物类，辨明物事。
　　初九　出门在外与人接触能够和同于人，与人同心同德，又有谁来怪罪呢？
　　六二　"同人于宗"，这是危险的举动。
　　九三　"伏戎于莽"，这是因为敌兵强大；"三岁不兴"，这是说不能出兵，此事行不通。
　　九四　虽然登临敌城了，不过按照道义是不宜赶尽杀绝的；军队是吉祥的，这是因为军队受困时能回归正确的作战计划。
　　九五　赞同他人，先是哀哭，后是破涕为笑，这是因为君子能守中正；军队和大部队会师，这是说战争打赢了。
　　上九　"同人于郊"，这是说君子尚未得志。

◎大有卦◎

【经文】

【原文】

《大有》 元亨。

初九　无交害①，匪咎②，艰则无咎。

九二　大车以载，有攸往：无咎。

九三　公用亨于天子③，小人弗克④。

九四　匪其彭⑤：无咎。

六五　厥孚交如威如⑥：吉。

上九　自天祐之⑦：吉，无不利。

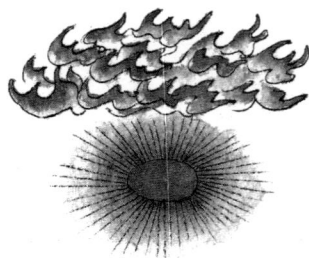

下乾上离。

【注解】

①交害：互相损毁。②匪：即"非"，没有。③亨：即"享"，指宴席。④克：能。⑤彭：盛，指富有。⑥厥孚交如：他的。孚，诚信。交，通"皎"，明亮。⑦祐：同"佑"，保佑。

【译文】

《大有》象征大获富有：事业大亨通。

初九　没有因不当的交往受祸害，就无灾殃，身处艰难时也无害。

九二　用大车运载货物出行：无害（因为有良好之工具、设备）。

九三　公侯向天子献礼，小人不能担当重任。

九四　富盛而不炫耀：无害。

六五　他与人交往诚信明亮威严：吉祥。

上九　上天降下保佑：吉祥，没有不利。

以坚固的大车载货出行，没有咎害。

【象传】

【原文】

《象》曰：《大有》，柔得尊位大中①，而上下应之②，曰"大有"。其德刚健而文明③，应乎天而时行，是以"元亨"。

【注解】

①柔得尊位大中：六五是阴爻，居第五爻位（第五爻位是尊位），又是居上卦中位，所以说"柔得尊位大中"。"柔得尊位大中"象征阴爻赢得了尊位并能秉守中道。②上下应之：六五是阴爻，六五的上下各爻都是阳爻，是刚，刚应柔，所以说"上下应之"。"上下应之"象征小民得到众人响应。③刚健而文明：《大有》卦下乾上离，离是文明，乾是刚健，所以说"刚健而文明"。

【译文】

《象传》说：《大有》卦的象征是，阴爻赢得了尊位，秉守中道，得到众阳刚的响应，所以卦名叫"大有"。君子的道德刚健而又文明，能顺应天道适时行事，所以说前途必是至为亨通。

【象传】

【原文】

《象》曰：火在天上^①，《大有》。君子以遏恶扬善，顺天休命。

初九　《大有》初九，"无交害"也。

九二　"大车以载"，积中不败也。

九三　"公用亨于天子"，"小人"害也。

九四　"匪其彭，无咎"，明辨晢也^②。

六五　"厥孚交如"，信以发志也。"威如"之"吉"，易而无备也。

上九　《大有》上"吉"，"自天祐"也。

大有，公侯用飨于天子宫中。

【注解】

①火在天上：《大有》卦下乾上离，离是火，乾是天，所以说"火在天上"。火象征明察，天象征君子，遏恶扬善是君子明察的表现，所以下文说"君子以遏恶扬善，顺天休命"。（休：指磨炼。）②晢：明察。

【译文】

《象传》说：火在天上，这就是《大有》卦的象征。君子取法《大有》卦遏恶扬善，顺应天道，磨炼命运。

初九　《大有》初九说："无交害。"（传对此爻没有释读）

九二　"大车以载"，这是说货物堆在车上塌不了。

九三　"公用亨于天子"，这是说小人参加祭祀会有害。

九四　"匪其彭无咎"，这是因为君子明辨事理。

六五　"厥孚交如"，这是说君子能老实地表达愿望。办事威严是吉祥的，这是因为他平易近人，毫无心机。

上九　《大有》上九是吉祥的，这是因为有上天的保佑。

◎谦　卦◎

【经文】

【原文】

《谦》亨，君子有终。

初六　谦谦^①：君子用涉大川，吉。

六二　鸣谦^②：贞吉。

九三　劳谦^③，君子有终：吉。

六四　无不利，撝谦^④。

六五　不富以其邻，利用侵伐，无不利。

上六　鸣谦：利用行师，征邑国。

下艮上坤。

【注解】

①谦谦：非常谦虚。②鸣：有名。③劳：功劳。④扬：通"挥"，发扬。

【译文】

《谦》卦象征谦虚：亨通，君子能保持谦虚最终有好结果。

初六　谦虚而又谦虚的君子：这种态度可以渡过大河，吉祥。

六二　名声在外，但仍能保持谦虚：吉祥。

九三　功劳很大，但仍能保持谦虚：吉祥。

六四　在事业上发扬谦虚，没有不利。

六五　不能和邻国共富的国家，可以对它进行征伐，没有不利。

上六　名声在外，但仍能保持谦虚：用这种态度出兵征讨邑国有利。

劳谦君子，自身有功绩，却保持谦虚受到民众的敬服。

【彖传】

【原文】

《彖》曰：《谦》，"亨"。天道下济而光明①，地道卑而上行②。天道亏盈而益谦③，地道变盈而流谦④，鬼神害盈而福谦，人道恶盈而好谦。谦，尊而光，卑而不可逾⑤，君子之终也。

【注解】

①天道下济而光明：即"天道光明而下济"，与下文"地道卑而上行"相对。"光明"是为了使"明""行"谐韵而调后。光明：指尊贵；济：成就。②上行：指地气上升。③亏：减损。④变：毁坏。流：增益。⑤逾：越，指羞辱。

【译文】

《彖传》说：《谦》卦是亨通的。天道屈尊向下，照耀成就地上的万物，地道谦逊卑下，从而使得地气得以上升。天道减损盈满的，补充谦虚的；地道毁坏盈满的，增益谦虚的；鬼神道伤害盈满的，造福谦虚的；人道厌恶盈满的，喜爱谦虚的。秉守谦虚，居尊位时是光荣，居卑位时也不会遭人羞辱，这就是君子的好结果。

【象传】

【原文】

《象》曰：地中有山①，《谦》。君子以衰多益寡，称物平施。

初六　"谦谦君子"，卑以自牧也②。

六二　"鸣谦贞吉"，中心得也③。

九三　"劳谦君子"，万民服也。

六四　"无不利，扬谦"，不违则也。

六五　"利用侵伐"，征不服也。

上六　"鸣谦"，志未得也。可"用行师"，"征邑国"也。

谦谦君子，时刻自我约束保持谦逊。

【注解】

①地中有山：《谦》卦下艮上坤，坤是地，艮是山，所以说"地中有山"。山上突，是有余，地下凹，是不足，"地中有山"象征不公平的社会现象，所以下文说"君子以裒多益寡，称物平施"。（裒：取；称：称量；平：平均。）②牧：培养。③中心得：即"心得中"，心中获得中正。"得"字是为了和前文"吉"字谐韵而调后。

【译文】

《象传》说：地中有山，这就是《谦》卦的象征。君子取法《谦》卦取多补少，称物平分。

初六　"谦谦君子"，是君子就要培养谦逊。

六二　"鸣谦贞吉"，这是因为君子心怀中正。

九三　"劳谦君子"，使万民都敬服了。

六四　"无不利，㧑谦"，这是因为没有违反法则。

六五　"利用侵伐"，君子前去讨伐的是不臣服的国家。

上六　"鸣谦"，这是因为尚未得志。出兵征伐不臣服的邑国是可以的。

◎豫　卦◎

【经文】

【原文】

《豫》　利建侯行师。

初六　鸣豫①：凶。

六二　介于石，不终日：贞吉。

六三　盱豫②，悔；迟有悔。

九四　由豫③，大有得，勿疑④，朋盍簪⑤。

六五　贞疾，恒不死。

上六　冥豫成⑥，有渝无咎⑦。

下坤上震。

【注解】

①鸣豫：自鸣得意沉迷快乐。②盱：眼睛向上看，贪慕之意。③由豫："由之以豫"的意思。④疑：猜忌。⑤盍：通"阖"，都。⑥冥：沉迷。⑦渝：改变。

【译文】

《豫》象征欢乐：利于建立诸侯出征打仗。

初六　人有名声而耽于享乐：凶险。

六二　耿介如石，不用一天就明白坚守中道，吉祥。

六三　贪慕他人放肆享乐，会有悔恨；迟疑不改，又有悔恨。

九四　人们由于他而得到欢乐，必将大有所得，但不能猜忌，这样朋友就都聚集来了。

六五　坚守正道防止疾病：人能永久健康。

上六　沉迷享乐成性，但能及时改好就无害。

【象传】

【原文】

《象》曰：《豫》，刚应而志行①，顺以动②，《豫》。《豫》顺以动，故天地如之③，而况"建侯行师"乎？天地以顺动，故日月不过，而四时不忒④。圣人以顺动，则刑罚清而民服。《豫》之时义大矣哉！

【注解】

①刚应：九五是阳爻，是刚，九五的上下各爻都是阴爻，是柔，柔应刚，所以说"刚应"。"刚应"象征君子得到小民响应。②顺以动：《豫》卦下坤上震，震是动，坤是顺，所以说"顺以动"。③如：顺从。④忒：差错。

【译文】

《彖传》说：《豫》卦的象征是，君子得到小民的响应，心意得以推行，顺应规律办事，这就是《豫》卦。《豫》卦象征君子顺应规律办事，所以天地会顺从

君子得志，受人仰慕。

君子，何况是"建侯行师"这种愿望呢！天地顺应规律运转，所以日月的更替没有过失，四季的循环不会出错。圣人顺应规律办事，于是刑罚清明，百姓服从。《豫》卦这种顺应规律办事的道理真是大啊！

【象传】

【原文】

《象》曰：雷出地奋①，《豫》。先王以作乐崇德，殷荐之上帝，以配祖考。

初六 "初六鸣豫"，志穷"凶"也。

六二 "不终日，贞吉"，以中正也②。

六三 "盱豫有悔"，位不当也③。

九四 "由豫大有得"，志大行也。

六五 "六五贞疾"，乘刚也④；"恒不死"，中未亡也⑤。

上六 "冥豫"在上⑥，何可长也？

【注解】

①雷出地奋：《豫》卦下坤上震，震是雷，坤是地，所以说"雷出地奋"。雷声可以震动万物，音乐可以感动天人鬼神，所以下文说"先王以作乐崇德，殷荐之上帝，以配祖考"。（奋：动；殷：丰盛；荐：祭献；配：献；祖考：祖先。）②中正：本爻六二是阴爻居下卦中位，是中道的象征。③位不当：本爻六三是阴爻居阳位，是"位不当"。④乘刚：本爻六五是阴爻，居九四阳爻上，是"乘刚"。⑤中：本爻六五是阳爻居上卦中位，是中道的象征。⑥在上：本爻上六居上卦上位，是上级的象征。

【译文】

《象传》说：雷出地动，这就是《豫》卦的象征。先王取法《豫》卦制作音乐，推崇道德，用丰盛的祭品祭献上帝和祖先。

初六 "初六鸣豫"，这是玩物丧志的表现，会有凶险。

六二 "不终日，贞吉"，这是因为君子能守中正。

六三 "盱豫有悔"，这是因为地位失当。

九四 "由豫大有得"，这是说君子大大得志了。

六五 六五说"贞疾"，这是因为小民凌驾君子；"恒不死"，这是因为中道尚未丧失。

上六 上级死到临头还在享乐，这种享乐怎能长久呢？

◎随 卦◎

【经文】

【原文】

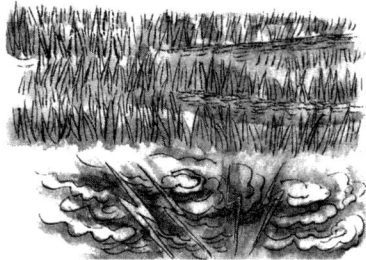

《随》 元亨，利贞，无咎。

初九 官有渝①：贞吉；前往交有功②。

六二 系小子，失丈夫。

六三 系丈夫，失小子；随有，求得，利居贞。

九四 随有获：贞凶。有孚在道③，以明④，何咎。

九五 孚于嘉⑤：吉。

上六 拘系之⑥，乃从维之⑦；王用亨于西山⑧。

下震上兑。

【注解】

①渝：改变，变化。②交：交游。③孚：诚信。④明：明察。⑤嘉：美善。⑥拘：拘囚。⑦从：同"纵"，释放。维：借为"趱"，奔走。⑧亨：同"享"，祭祀。

【译文】

《随》象征追随：人有元创、亨通、利物、坚守正道之美德，人都愿意随从之，无危害。

初九 做官要懂得变化之理，又要坚守正道吉祥；前往与人交游必能成功。

六二 追随了小子，却失去了丈夫。

六三 追随了丈夫，却失去了小子；追随就会有，追求就能得，坚守正道乃为有利。

九四 追逐能有所收获（但不免相争）：坚守正道以防凶险；行路有诚信，又能明察，这样能有什么害处呢。

九五 真诚信任美善：吉祥。

上六 绑了他，又放走了他；获释后的周文王在西山举行祭祀大礼。

【象传】

【原文】

《象》曰：《随》，刚来而下柔①，动而说，《随》。大"亨贞无咎"，而天下随之。《随》之时义大矣哉！

【注解】

①刚来而下柔：《随》卦下震上兑，兑是柔，震是刚，所以说"刚来而下柔"。"刚来而下柔"象征君主礼遇臣子。震又是动，兑又是悦（说），所以以下文说"动而说"。"动而说"象征臣子对君主的行动感到欣喜。

【译文】

《象传》说：《随》卦的象征是，君主礼遇臣子，臣子对君主的行动感到欣喜，这就是《随》卦。君主正直，大亨通无害，天下人都追随他。《随》卦这种因时随人的道理真是大啊！

追随坚守正道之人，必能成功。

【象传】

【原文】

《象》曰：泽中有雷①，《随》。君子以向晦入宴息。

初九 "官有渝"，从正"吉"也；"前往交有功"，不失也。

六二 "系小子"，弗兼与也②。

六三 "系丈夫"，志舍下也。

九四 "随有获"，其义凶也；"有孚在道"，明功也。

九五 "孚于嘉吉"，位正中也③。

上六 "拘系之"，上穷也④。

【注解】

①泽中有雷：《随》卦下震上兑，兑是泽，震是雷，所以说"泽中有雷"。古人认为天寒时，雷会进入地泽中休息；人是在夜间休息的，所以下文说"君子以向晦入宴息"。（晦：夜；宴息：休息。）②与：有。③位正中：本爻九五是阳爻居上卦中位。④上：本爻上六居上卦上位，是上级的象征。

君臣相得就是《随》卦。

【译文】

《象传》说：泽中有雷，这就是《随》卦的象征。君子取法《随》卦，夜来时休息。

初九 "官有渝"，这是说官吏改邪归正是吉祥的；"前往交有功"，这是因为没有迷失正道。

六二 "系小子"，这是说丈夫和小子不可兼得（这句是说鱼和熊掌不可得兼，必须二者选一）。

六三 "系丈夫"，这是说君子的意见是放弃小子。

九四 "随有获"，这是凶险的；"有孚在道"，这是君子明察的功劳。

九五 "孚于嘉吉"，这是因为君子能守中正。

上六 "拘系之"，这是说上六处于上位而陷于困境。

◎无妄卦◎

【经文】

【原文】

《无妄》 元亨，利贞，其匪正，有眚①；不利有攸往。

初九 无妄②，往吉。

六二 不耕获，不菑畬③，则利有攸往。

六三 无妄之灾，或系之牛，行人之得，邑人之灾。

九四 可贞，无咎。

九五 无妄之疾，勿药有喜④。

上九 无妄行，有眚，无攸利。

下震上乾。

【注解】

①眚：灾祸。②妄：胡来。③菑：开荒。畬：开垦过的熟田。④喜：指病愈。

【译文】

《无妄》象征不妄为：大为亨通，占问有利，如果不守正道，就会遭灾；前往不利。

初九　不胡来妄为，前往会吉祥。

六二　不耕种，不在乎收获，不开荒，无意于良田，人心平和如此，外出去做事有利。

六三　没有胡来妄为却遭灾了：（邑人）拴牛在外，路人顺手把牛牵走了，这就是邑人的灾祸。

九四　固守正道，无害。

九五　没有胡来妄为而得的小病，不吃药也能好。

上九　不要胡来妄为，不然将有灾，无利可得。

【彖传】

【原文】

《彖》曰：《无妄》，刚自外来而为主于内①，动而健②，刚中而应③。大"亨"以正，天之命也。"其匪正有眚，不利有攸往"，无妄之往何之矣？天命不祐，行矣哉！

【注解】

①刚自外来而为主于内：《无妄》卦的外卦是乾，内卦是震。外卦有三枚阳爻，量多势大，是大刚；内卦只有一枚阳爻，量少势小，是小刚，内卦的小刚是从外卦的大刚而来，所以说"刚自外来"。内卦震卦是阳卦，初九阳爻是该卦主爻，是刚，所以说"（刚）主于内"。"刚自外来而为主于内"象征君子从外部进来，成为百姓的主人。②动而健：《无妄》卦下震上乾，乾是健，震是动，所以说"动而健"。③刚中而应：九五是阳爻居上卦中位，和居下卦中位的六二阴爻相应。

路人顺手把牛牵走了，（邑人）没有胡来妄为却遭灾了。

【译文】

《彖传》说：《无妄》卦的象征是，初九阳爻从外部进来，成为一卦之主，其动势健进，刚健中正，得居下卦之中位的阴爻响应。中正才能亨通，这就是天理。"其匪正有眚，不利有攸往"，这是说君子就算不是妄意前往，又能往哪里去呢？上天不保佑，能往哪里去呵！

【象传】

【原文】

《象》曰：天下雷行①，物与，《无妄》。先王以茂对时育万物。

初九　"无妄"之"往"，得志也。

六二　"不耕获"，未富也。

六三　"行人"得牛，"邑人灾"也。

九四　"可贞无咎"，固有之也。

九五　"无妄"之"药"，不可试也。

上九　"无妄"之"行"，穷之灾也。

没有妄行燥动，却生疾病，不必服药，便可自愈。

【注解】

①天下雷行：《无妄》卦下震上乾，乾是天，震是雷，所以说"天下雷行"。春雷惊起，万物生长，都遵循一定的时令，所以以下文说"先王以茂对时育万物"。（与：生长；茂：茂读为"懋"，勉力；对：应。）

【译文】

《象传》说：天的下面有雷震动，万物生长，这就是《无妄》卦的象征。先王取法《无妄》卦勉力应时，养育万物。

初九　不妄为而前往——这是说君子得志了（这句话是说君子一起步的时候就无妄，前途就会吉祥）。

六二　"不耕获"，——这样是换不来富裕的。

六三　路人顺手牵走了牛——这就是邑人的灾难。

九四　"可贞无咎"，这是因为君子本来具有美德。

九五　没有妄行的疾病却试图服药——这是不必试的。

上九　妄意前行，就会导致途穷的灾难。

◎大过卦◎

【经文】

【原文】

《大过》　栋桡①，利有攸往，亨。

初六　藉用白茅②：无咎。

九二　枯杨生稊③，老夫得其女妻④：无不利。

九三　栋桡：凶。

九四　栋隆⑤：吉；有它⑥：吝。

九五　枯杨生华，老妇得其士夫⑦：无咎无誉。

上六　过涉灭顶：凶，无咎。

下巽上兑。

【注解】

①桡：曲木。这里用做动词，指弯曲。②藉：衬垫。③稊：同"荑"，嫩芽。④女：少女。⑤隆：隆起。⑥它：变故。⑦士：少男。

【译文】

《大过》象征过度、过分：栋梁弯曲，利于前往，亨通。

初六　用白茅衬垫（祭品），无咎害。

九二　枯杨树抽嫩芽，老年人娶得年少娇妻：没有不利。

九三　栋梁弯曲：有凶险。

九四　栋梁隆起：吉祥；假如有意外变故：还是有危险。

九五　枯杨树开花，老妇人嫁给少夫：无害也无赞誉。

上六　过河时水没过头顶：有凶险，终究无害。

栋梁弯曲，有凶险。

【象传】

【原文】

《象》曰：《大过》，大者过也。"栋桡"，本末弱也①。刚过而中②，巽而说行③，"利有攸往"，乃"亨"。《大过》之时大矣哉④！

【注解】

①本末弱：栋梁的头尾力弱。②刚过而中：《大过》卦由两枚阴爻和四枚阳爻组成，阳刚过剩，所以说"刚过"。九五和九二分居上下卦中位，所以说"中"。"刚过而中"象征君子刚盛过头而回归中正。③巽而说：《大过》卦下巽上兑，兑是悦（说），（巽是谦逊）所以说"巽而说"。④时：察时。

【译文】

《象传》说：大过，是说在刚大者超过了限度。"栋梁弯曲"，是说阳刚过分时以中道来调节，刚盛过头，就要回归中正，谦逊和悦地办事，这样才能前往有利，如意亨通。《大过》卦这种察时观势的道理真是大啊！

【象传】

【原文】

《象》曰：泽灭木①，《大过》。君子以独立不惧，遁世无闷。
初六　"藉用白茅"，柔在下也②。
九二　"老夫少妻"，过以相与也③。
九三　"栋桡"之"凶"，不可以有辅也。
九四　"栋隆"之"吉"，不桡乎下也。
九五　"枯杨生华"，何可久也。"老妇士夫"，亦可丑也。
上六　"过涉"之"凶"，不可咎也。

老夫少妻，无不利处。

【注解】

①泽灭木：《大过》卦下巽上兑，兑是泽，巽是木，所以说"泽灭木"。泽象征百姓，木象征朝廷，"泽灭木"象征百姓暴动，朝廷覆灭，所以以下文说"君子以独立不惧，遁世无闷"。②柔在下：本爻初六是阴爻居下卦下位，是"柔在下"。"柔在下"象征下级具有柔顺的品质。③过：过失。相与：相配。

【译文】

《象传》说：泽水淹没木头，这就是《大过》卦的象征。君子取法《大过》卦独立不惧，纵然遁世也不感到苦闷难熬。
初六　"藉用白茅"，这是说下级具有柔顺的品质。
九二　"老夫少妻"，说明阳刚过度，但能和阴柔相配。
九三　栋梁弯曲是凶险的，没有什么办法补救。
九四　栋梁隆起是吉祥的，这是因为栋梁没有朝下弯曲。
九五　"枯杨生华"，这种花怎能开得长久呢？"老妇士夫"，这是令人羞愧的事。
上六　过河是凶险的，但事已至此，不必多加责备他了。

◎坎 卦◎

【经文】

【原文】

《习坎①》 有孚维心，亨，行有尚②。

初六 习坎，入于坎窞③：凶。

九二 坎有险，求小得。

六三 来之坎坎，险且枕④，入于坎窞，勿用。

六四 樽酒簋贰用缶⑤，纳约⑥自牖⑦：终无咎。

九五 坎不盈，祗既平⑧：无咎。

上六 系用徽纆⑨，置于丛棘⑩，三岁不得：凶。

下坎上坎。

【注解】

习坎，入于坎窞。

①习坎：两坑重叠。习：重叠；坎：坑。②尚：读音同"赏"，嘉赏。③窞：深坑。④枕：同"沉"，深。⑤簋贰：两碗饭。（簋：盛饭的器具。）缶：瓦器。⑥约：取出。⑦牖：窗户。⑧祗：祗借为"坻"，水中小丘。⑨徽纆：绳子。⑩丛棘：这里指监狱。

【译文】

《习坎》象征坎险重重：用诚信维系人心，亨通，努力前行必得成功。

初六 坑中有坑，进入坑中，掉进深处：凶险。

九二 在坑穴中遇有危险，可以先从小处努力，能有所得。

六三 来去都在坎险之中，进退都难，进入坑中，掉进深处，这意味着不可盲目行动。

六四 一樽酒，两碗饭，用陶器装着，从窗口里送进取出，终获无害。

九五 坑还没填满，小丘的土已被铲平：无咎害。

上六 被绳子捆住了，投进监狱，三年不得放：凶险。

【象传】

【原文】

《象》曰：习坎，重险也。水流而不盈。行险而不失其信，维心亨，乃以刚中也①。"行有

"尚"，往有功也。天险，不可升也；地险，山川丘陵也。王公设险以守其国。险之时用大矣哉！

【注解】

①刚中：九五、九二是阳爻，分居上下卦中位。

【译文】

《彖传》说：习坎，指双重坑险，水流进坑中都不能满坑。君子遇险却不失诚信，顺利地维系众人的心，这是因为他刚健中正。"行有尚"，这是说前往有收获。天险，是指天高不可攀；地险，是指地面山川丘陵密布。但王公却能设置险障来守卫他的国家。这种"险"能因时而用的道理真是大啊！

【象传】

【原文】

《象》曰：水洊至①，习坎。君子以常德行，习教事。

初六 "习坎入坎"，失道"凶"也。

九二 "求小得"，未出中也②。

六三 "来之坎坎"，终无功也。

六四 "樽酒簋贰"，刚柔际也③。

九五 "坎不盈"，中未大也④。

上六 "上六"失道，"凶""三岁"也。

【注解】

①水洊至：《坎》卦下坎上坎，坎是水，两坎相重，水流不断，所以说"水洊至"。水象征道德，道德宜不断进步，所以下文说"君子以常德行，习教事"。（洊：再；常：通"尚"，崇尚。）②中：本爻九二是阳爻居下卦中位。③刚柔际：本爻六四是阴爻，居九五阳爻下，所以说"刚柔际"。"刚柔际"象征统治者压迫百姓。④中：本爻九五是阳爻居上卦中位。

如果以阴柔之质，处极险之境，就会出现"系用徽纆，置于丛棘"的后果。

【译文】

《象传》说：水不断涌至，两坎相重，这就是《坎》卦的象征，君子取法《坎》卦崇尚德行，熟习政教。

初六 "习坎入坎"，这是说君子迷失了正道，会有凶险。

九二 "求小得"，这是因为君子没有偏离中道。

六三 "来之坎坎"——任何行动结果是毫无收获。

六四 "樽酒簋贰"，这是说用于刚柔交际的礼品。

九五 "坎不盈"，这是说中正之道尚未光大。

上六 上六说犯人受囚——这是因为他迷失了正道，所以有受囚三年的凶险。

◎离 卦◎

【经文】

【原文】

《离》 利贞，亨，畜牝牛，吉。

初九　履错然①，敬之：无咎。

六二　黄离：元吉。

九三　日昃之离②，不鼓缶而歌，则大耋之嗟③：凶。

九四　突如其来如，焚如，死如，弃如。

六五　出涕沱若④，戚嗟若⑤：吉。

上九　王用出征，有嘉折首⑥，获匪其丑⑦：无咎。

下离上离。

【注解】

①履：鞋子。错：用金涂饰。②昃：太阳西斜。③耋：老年人。④沱：泪水滂沱的样子。⑤戚：哀愁。⑥嘉：一说喜事；一说指有嘉国（周初国名）。⑦匪：彼，指敌人。丑：胁从的众人。

【译文】

《离》 象征附丽：守贞正之道有利，亨通，蓄养母牛可获吉祥。

初九　见到鞋子有金饰（象征贵人）恭敬待他：无害。

六二　（见到）附丽着黄金色彩的物品，（指富贵之物）：大吉。

九三　（见到）太阳西斜，附着天边的云彩，如果不及时敲起瓦盆纵歌，那么就会因为老朽而叹气：凶险。

九四　突然而来，像是火在燃烧，会有生命危险，会被抛弃。

六五　践大位，为新君，为悼念先君泪水滂沱，哀愁叹息：吉祥。

上九　君主带兵征战，建功业，斩获了敌首，捉住了他们许多人：无害。

【象传】

黄离。

【原文】

《象》曰：离，丽也。日月丽乎天，百谷草木丽乎土。重明以丽乎正①，乃化成天下；柔丽乎中正②，故"亨"，是以"畜牝牛吉"也。

【注解】

①重明：《离》卦下离上离，离是明，两离相重，所以说"重明"。"重明"象征君子不息的明察力。②柔丽乎中正：六五、六二都是阴爻，是柔，分居上下卦中位。

【译文】

《象传》说：离，指附丽。日月附丽在天上，百谷草木附丽在地上。君子不息的明察力附丽在正道上，于是促成天下；柔顺附丽在中正上，所以亨通，所以能够"畜牝牛吉"。

做人做事最忌暴息暴兴，"突如其来如，焚如，死如，弃如"。

【象传】

【原文】

《象》曰：明两作①，《离》。大人以继明照于四方。

初九　"履错"之"敬"，以辟咎也②。

六二　"黄离元吉"，得中道也③。

九三　"日昃之离"，何可久也？

九四　"突如其来如"，无所容也。

六五　"六五"之"吉"，离王公也。

上九　"王用出征"，以正邦也；"获匪其丑"，大有功也。

【注解】

①明两作：《离》卦下离上离，离是明，两离相重，所以说"明两作"。"明"又是日，"明两作"指太阳重复升起。太阳以光芒照彻万物，大人用明察洞悉四方，所以下文说"大人以继明照于四方"。②辟：通"避"，避免。③得中道：本爻六二是阴爻居下卦中位。

【译文】

《象传》说：太阳重复升起，这就是《离》卦的象征。大人取法《离》卦，用不息的明察力洞悉四方。

初九　步履错落有致，保持恭敬，这是为了避免过错。

六二　"黄离元吉"，这是因为合乎中道。

九三　"日昃之离"，这种状况怎能长久呢？

九四　"突如其来如"，这是说六四无处容身了。

六五　六五说"吉"，这是因为攀附上了王公贵族。

上九　"王用出征"，这是为了安定国家。

下 经

◎咸 卦◎

【经文】

【原文】

下艮上兑。

《咸》亨，利贞，取女吉[1]。

初六 咸其拇[2]。

六二 咸其腓[3]，凶；居吉。

九三 咸其股[4]，执其随[5]，往吝。

九四 贞吉，悔亡；憧憧往来[6]，朋从尔思。

九五 咸其脢[7]：无咎。

上六 咸其辅颊舌[8]。

【注解】

①取：通"娶"，迎娶。②咸：即"感"，感应，指触动。③腓：小腿。④股：大腿。⑤随：尾随，指尾随别人的主张。⑥憧憧：往来不绝的样子。⑦脢：背脊肉。⑧辅颊：脸颊。

【译文】

《咸》象征交感：亨通，有利于坚守贞正，娶妻吉祥。

初六 感应在大脚趾上。

咸其股。

六二 感应到了小腿肚，有凶险；安静一下，别躁进，吉祥。

九三 感应到了大腿，如果他执意盲目随从别人，如此前往则会有令人悔恨之事。

九四 人道之事是正理，吉祥，悔恨会消失；心神不安地频繁往来，友朋最终会随了你的心思。

九五 交相感应到了背部，这样不会导致什么悔恨。

上六 交相感应到了脸颊和口舌上。

【彖传】

【原文】

《彖》曰：咸，感也。柔上而刚下[1]，二气感应以相与[2]，止而说[3]，男下女，是以"亨利贞，取女吉"也。天地感而万物化生，圣人感人心而天下和平。观其所感，而天地万物之情可见矣。

【注解】

①柔上而刚下：《咸》卦下艮上兑，兑是阴卦，是柔，艮是阳卦，是刚，所以说"柔上而刚下"。"柔上刚下"象征男方亲自下到女家迎娶，也就是下文的"男下女"。②二气感应以相与：指阴阳二气互相感应结合。象征男女情投意合。③止而说：艮又是止，兑又是悦（说），所以说"止而说"。

【译文】

《彖传》说：咸，指感应。阴柔的女在上，阳刚的男在下，阴阳二气交感，男女情投意合，清静和悦。男亲自下到女家迎娶，所以说"亨利贞，取女吉"。天地阴阳二气交感，由此万物化生，圣人感化人心，由此天下和平。观察这些感应的现象，就可以知道天地万物的情状了。

【象传】

【原文】

《象》曰：山上有泽①，《咸》。君子以虚受人。

初六　"咸其拇"，志在外也。

六二　虽"凶居吉"，顺不害也。

九三　"咸其股"，亦不处也②，志在"随"人，所"执"下也。

九四　"贞吉悔亡"，未感害也；"憧憧往来"，未光大也。

九五　"咸其脢"，志末也③。

上六　"咸其辅颊舌"，滕口说也④。

【注解】

①山上有泽：《咸》卦下艮上兑，兑是泽，艮是山，所以说"山上有泽"。山是高的，泽是低的，泽包容山，君子包容人，所以下文说"君子以虚受人"。②处：静止。③末：小。④滕：同"腾"，翻动。

【译文】

《象传》说：山上有泽，这就是《咸》卦的象征。君子取法《咸》卦虚怀纳人。

初六　感应在脚拇指上，这是说初六已经有心在向外追求了。

六二　六二说，虽说凶险，但安居不动就会吉祥，这是说六二顺应时势、从于九五没有害处。

九三　"咸其股"，这是说静不下来、无法独处了，志在追随别人，这种志向是浅薄的。

九四　"贞吉悔亡"，这是说守正则吉祥，没有遗憾；"憧憧往来"，这是说感应之道还未发挥出来。

九五　"咸其脢"，这是说九五感应迟钝志气小。

上六　"咸其辅颊舌"，这是说君子说话天花乱坠。

咸其脢。

◎恒 卦◎

【经文】

【原文】

《恒》 亨，无咎，利贞，利有攸往。
初六 浚恒①：贞凶，无攸利。
九二 悔亡。
九三 不恒其德，或承之羞②：贞吝。
九四 田无禽③。
六五 恒其德；贞妇人吉，夫子凶。
上六 振恒④：凶。

下巽上震。

【注解】

①浚：深。②承：蒙受。羞：羞辱。③田：打猎。④振：动荡。

【译文】

《恒》征恒久，阴阳和谐：亨通，无害，持贞守正有利，前往有利。
初六 好似挖河，开始就一味求深急切，不是恒久之道，凶险，无利可得。
九二 悔恨消失。
九三 不能长久保持德行，有时会蒙受羞辱：要守正以防留下憾事。
九四 打猎无收获。
六五 能长存柔顺的德行；对女子来说吉祥，对男子来说则凶险。
上六 长久动荡，无恒久之道，凶险。

【象传】

【原文】

《象》曰：恒，久也。刚上而柔下①，雷风相与。巽而动，刚柔皆应②，《恒》。《恒》"亨，无咎，利贞"，久于其道也。天地之道恒久而不已也。"利有攸往"，终则有始也。日月得天而能久照，四时变化而能久成，圣人久于其道而天下化成。观其所恒，而天地万物之情可见矣。

【注解】

①刚上而柔下：《恒》卦下巽上震，震是阳卦，是刚，巽是阴卦，是柔，所以说"刚上而柔下"。"刚上而柔下"象征君上臣下。震又是雷，是动，巽又是风，（是谦逊），所以下文说"雷风相与"、"巽而动"。②刚柔皆应：《恒》卦的初六、六五、上六都是阴爻，是柔，九二、九四、上九都是阳爻，是刚，前后三爻分别是同位爻对应，所以说"刚柔皆应"。

【译文】

《象传》说：恒，指长久。阳刚在上阴柔在下；雷风相生。谦逊行事，阳刚阴柔都相应，这就是《恒》卦的象征。《恒》卦说："亨无咎利贞"，这是因为君主长存正道。天地的道恒行不止。"利有攸往"，这是说事情到头后又是新的开始。日月顺应天道，便能长久照耀；四季更替有序，便能长久养物；圣人长存正道，所以促成天下。探察天地万物长久的道理，这样就可以知道它们的情状了。

【象传】

【原文】

《象》曰：雷风①，《恒》。君子以立不易方。

初六　"浚恒"之"凶"，始求深也。

九二　"九二悔亡"，能久中也②。

九三　"不恒其德"，无所容也。

九四　久非其位③，安得"禽"也。

六五　"妇人贞"吉，从一而终也；"夫子"制义④，从妇凶也。

上六　"振恒"在上⑤，大无功也。

【注解】

①雷风：《恒》卦下巽上震，震是雷，巽是风，所以说"雷风"。雷象征刑罚，风象征德教，触犯刑罚和违反德教，是君子的耻辱，所以下文说"君子以立不易方"。（易：改变；方：正道。）②中：本爻九二是阳爻居下卦中位。③非其位：本爻九四是阳爻居阴位，是"非其位"（不当位）。④义：同"宜"。⑤在上：本爻上六居上卦上位，是上级的象征。

【译文】

《象传》说：雷和风，这就是《恒》卦的象征。君子取法《恒》卦立身正道，绝不改变。

初六　深求恒久之道是凶险的，这是因为开始时就冒险求深。

九二　"九二悔亡"，这是因为君子能长久守中道而不偏。

九三　不恒久保存德行，就将无处容身。

九四　长久定位失当，怎么能成事呢？

六五　妇人守节是吉祥的，这是因为妇人从一而终；男人是能因事制宜的，顺从妇人就会凶险。

上六　身居高位者长久折腾，这样是做不出大的成绩来的。

恒其德，贞妇人吉，夫子凶。

❈◎遁　卦◎❈

【经文】

【原文】

《遁》亨，小利贞。

初六　遁尾①：厉；勿用有攸往。

六二　执之用黄牛之革，莫之胜说②。

九三　系遁，有疾：厉；畜臣妾：吉。

九四　好遁③：君子吉，小人否。

九五　嘉遁④：贞吉。

上九　肥遁⑤：无不利。

下艮上乾。

【注解】

①遁：隐遁，退避。尾：后面。②胜：能。说：通"脱"，逃脱。③好：喜爱。④嘉：赞美。⑤肥：通"飞"，远走高飞。

【译文】

《遁》象征退避：亨通，是阴长阳消之时，有小利，但不失正道。

初六　退避时落在后面，危险；不宜前往。

六二　用黄牛皮绳捆住，谁也脱不掉。

九三　心怀系恋，未能退避，身患疾病，有危险；蓄养男臣女妾，吉祥。

九四　好端端的毅然退避：君子吉祥，小人办不到。

九五　嘉美而及时的隐遁：坚守贞正获吉祥。

上九　远走高飞去隐遁：没有不利。

【彖传】

【原文】

《彖》曰：《遁》"亨"，遁而亨也。刚当位而应①，与时行也。"小利贞"，浸而长也②。《遁》之时义大矣哉！

【注解】

①刚当位而应：九五是阳爻居上卦中位，和居下卦中位

好遁。

嘉遁。

的六二阴爻相应。②浸：
逐渐。

【译文】

　　《彖传》说：《遁》
卦是亨通的，说明必先
退避而后亨通。阳刚
者中正地位得当，而能
与下位阴柔者相应和，
这是因为他识时务。"小
利贞"，这是因为阴气浸
润在逐渐渐长。《遁》卦
这种识时务知适时退避
的意义真是重大啊！

【象传】

【原文】

　　《象》曰：天下
有山①，《遁》。君子以
远小人，不恶而严。

初六　"遁尾"之"厉"，不往何灾也？
六二　"执用黄牛"，固志也。
九三　"系遁"之"厉"，有疾惫也。"畜臣妾吉"，不可大事也。
九四　"君子好遁，小人否"也。
九五　"嘉遁贞吉"，以正志也。
上九　"肥遁无不利"，无所疑也。

【注解】

①天下有山：《遁》卦下艮上乾，乾是天，艮是山，所以说"天下有山"。天象征朝廷，山象征贤人，"天下有山"象
征贤人退隐朝外，朝中小人猖獗，所以下文说"君子以远小人，不恶而严"。

【译文】

　　《象传》说：天下有山，这就是《遁》卦的象征。君子取法《遁》卦远离小人，不动声色却严守自我。
初六　隐遁时落在后面是危险的，不隐遁又会有什么灾祸呢？
六二　"执用黄牛"，这是说君子志向坚决。
九三　不隐遁是危险的，君子将病得疲乏。"畜臣妾吉"，这是说这时不宜干大事。
九四　君子爱退隐，小人不退隐会不妙。
九五　"嘉遁贞吉"，这是因为君子志向正当。
上九　"高飞远退无不利"，这是因为君子退隐时毫不迟疑。

◎家人卦◎

【经文】

【原文】

《家人》 利女贞。

初九　闲①有家：悔亡。

六二　无攸遂，在中馈②：贞吉。

九三　家人嗃嗃③：悔，厉，吉；妇子嘻嘻：终吝。

九四　富家：大吉。

九五　王假有家④，勿恤，吉。

九六　有孚⑤，威如：终吉。

下离上巽。

【注解】

①闲：防范。②中馈：指家中饮食的事。中：家中；馈：供给。③嗃嗃：即"嗷嗷"，哀苦的叫声。④假：通"格"。⑤孚：诚信。

【译文】

《家人》象征一家人：女子守持贞固有利。

初九　在家之初即防范邪恶，保有其家：悔恨消失。

六二　女子不用外出，不自作主张，在家打理家务：守持贞固，吉祥。

九三　家人因治家严格而嗷嗷叫苦：有悔恨，有危险，终获吉祥；家人嘻哈作乐：起初亨通，终变艰难。

九四　能使家里富裕起来：大吉。

九五　君王用大道美德感格众人，不用忧虑，吉祥。

上九　有诚信，威严治家：终获吉祥。

【象传】

【原文】

《象》曰：《家人》，女正位乎内①，男正位乎外②，男女正，天地之大义也。家人有严君焉，父母之谓也。父父，子子，兄兄，弟弟，夫夫，妇妇，而家道正。正家而天下定矣。

【注解】

①女正位乎内：六二是阴爻居阴位，又是居内卦中位，是阴当位、得中、居内，所以说"女正位乎内"。"女正位乎内"象征女子在

男女共同努力致富其家，大为吉祥。

家守道。②男正位乎外：九五是阳爻居阳位，又是居外卦中位，是阳当位、得中、居外，所以说"男正位乎外"。"男正位乎外"象征男子在外守道。

【译文】

《象传》说：《家人》卦的象征是，女子在家居正位守正道，男子在外居正位守正道，男女各守其位，这就是天地阴阳的大义。家中有严明的君长，这就是父和母。如果父有父样，子有子样，兄有兄样，弟有弟样，夫有夫样，妇有妇样，家道就端正了。家道端正了，天下也就定了。

【象传】

【原文】

《象》曰：风自火出①，《家人》。君子以言有物而行有恒。

初九　"闲有家"，志未变也。

六二　"六二"之"吉"，顺以巽也②。

九三　"家人嗃嗃"，未失也；"妇子嘻嘻"，失家节也③。

六四　"富家大吉"，顺在位也④。

九五　"王假有家"，交相爱也。

上九　"威如"之"吉"，反身之谓也。

【注解】

①风自火出：《家人》卦下离上巽，巽是风，离是火，所以说"风自火出"。风象征德教，火象征明察，德教的普及、明察的成长，都对君子的言行提出了要求，所以下文说"君子以言有物而行有恒"。②顺以巽：本爻六二是阴爻，居九三阳爻下，是顺服谦逊的象征。③家节：家规。④顺在位：本爻六四是阴爻，居九五阳爻下，是顺从的象征；六四又是阴爻居阴位，是"在位"（当位）。

女子主内持家，居正当之位，便是天地大义，幸福吉祥。

【译文】

《象传》说：风从火中出来，这就是《家人》卦的象征。君子取法《家人》卦言之有物，恒心办事。

初九　在家多加防范，这是说在家人思想尚未产生变化的时候预先防范。

六二　六二说"吉"，这是因为君子柔顺谦逊。

九三　"家人嗃嗃"，这是说家人没有过失；"妇子嘻嘻"，这是说家中失去了家规。

六四　"富家大吉"，这是因为君子能行柔顺之道，又地位得当。

九五　"王假有家"，这是说一家人交相爱睦。

上九　办事威严是吉祥的，这是因为君子能反省自己。

◎升　卦◎

【经文】

【原文】

《升》 元亨，用见大人[①]，勿恤；南征吉。
初六　允升[②]：大吉。
九二　孚乃利用禴，无咎。
九三　升虚邑[③]。
六四　王用亨于岐山[④]：吉，无咎。
六五　贞吉，升阶。
上六　冥升[⑤]：利于不息之贞。

下巽上坤。

【注解】

①用：当作"利"。②允：信允，诚信。又一说，犹言"宜"。③虚：大丘。④亨：即"享"，祭祀。⑤冥：夜晚。

【译文】

《升》象征上升：非常亨通、顺利。见大人有利，不用忧虑；南进征战吉祥。
初六　诚信地得到上升：大为吉祥。
九二　心存诚信，用祭品简单的禴祭有利，无害。
九三　上升顺畅如入无人之邑。
六四　（获释后的）周文王在岐山举行祭祀大礼：吉祥，无害。
六五　柔中守正，必能如登上台阶，步步高升。
上六　夜里登上台阶，利于不停地坚守正固、奋斗不息。

【象传】

【原文】

《彖》曰：柔以时升[①]，巽而顺[②]，刚中而应[③]，是以大"亨"。"用见大人勿恤"，有庆也；"南征吉"，志行也。

【注解】

①柔以时升：《升》卦初六、六四、六五、上六都是阴爻，爻位上升，所以说"柔以时升"。②巽而顺：《升》卦下巽上坤，坤是顺，（巽是谦逊）所以说"巽而顺"。③刚中而应：九二是阳爻居下卦中位，和居上卦中位的六五阴爻相应。

【译文】

《彖传》说：以柔顺之道与时俱升，谦逊而和顺，刚健中正，而又与上者相应，所以大亨通。"利见大人勿恤"，这是说如此上升将有福庆；"南征吉"，这是说上升的心志可以畅行了。

【象传】

【原文】

《象》曰：地中生木[①]，升。君子以顺德，积小以高大。

初六　"允升大吉"，上合志也^②。
九二　"九二"之"孚"，有喜也。
九三　"升虚邑"，无所疑也。
六四　王用亨于岐山，顺事也。
六五　"贞吉升阶"，大得志也。
上六　"冥升"在上^③，消不富也。

【注解】

①地中生木：《升》卦下巽上坤，坤是地，巽是木，所以说"地中生木"。道德的成长就像树木，由小到大，所以下文说"君子以顺德，积小以高大"。②上合志：本爻初六是阴爻，居九二阳爻下，是顺从的象征，所以说"上合志"。③在上：本爻上六居上卦上位。

【译文】

《象传》说：地中生木，这就是《升》卦的象征。君子取法《升》卦顺应道德，积累微小以逐渐成就伟大的事业。

初六　"允升大吉"，这是因为初六上承二阳的意志能及时上升。
九二　九二心怀诚信，是说喜庆必然到来。
九三　九三说，上升顺畅如入无人之邑，说明九三果敢而没有疑惑。
六四　"王用亨于岐山"，这是顺应事物之情势做事。
六五　"贞吉升阶"，这是说君子大遂上升的心志了。
上六　上级夜里登上台阶，这是说要改变不富盛的命运。

◎困　卦◎

【经文】

【原文】

《困》亨，贞大人：吉，无咎；有言不信。
初六　臀困于株木^①，入于幽谷，三岁不觌^②。
九二　困于酒食，朱绂方来^③，利用亨祀；征凶，无咎。
六三　困于石，据于蒺藜^④，入于其宫，不见其妻：凶。
九四　来徐徐，困于金车^⑤：吝，有终。
九五　劓刖^⑥，困于赤绂^⑦，乃徐有说^⑧，利用祭祀。
上六　困于葛藟^⑨，于臲卼，曰动悔有悔^⑩；征吉。

下坎上兑。

【注解】

①困：受困。②觌：见。③朱绂：古代贵族穿的一种红色服饰，指官位。方：正在。④据：按。蒺藜：一种带刺的蔓草。⑤金车：贵人所坐的装饰有金属的车子，指贵人。⑥劓刖：当作"臲卼"，不安的样子。⑦赤绂：即"朱绂"，指贵人。⑧说：同"脱"，逃脱。⑨葛藟：蔓生带刺的植物。⑩曰：发语词。悔：后悔；后一个"悔"用作名词，指悔恨的事。

【译文】

《困》象征困穷：努力脱困可获亨通，坚守正道的大人可获吉祥，无祸害；此时节说什么话也不会有人信从。

困于石。

初六　臂部被困在枯的树干之上不能安稳坐处，隐入幽深的山谷，几年不露面。

九二　为酒食所困（指酒食匮乏），但荣禄正在到来（酒食将变丰富），这对祭祀有利；急于出征有凶险，但终获无害。

六三　为乱石所困，手按在蒺藜上（受伤），走进自己的屋里，也见不到妻子：有凶险。

九四　缓缓而来，却为金车所困（比喻受到贵人的为难）：有憾惜，但会有好结果。

九五　心神不安，受到贵人的为难，后来逐渐逃脱了，宜祭祀谢神。

上六　为葛藟所困，心神不安，此时若能汲取动辄生悔的教训而有所悔恨，悔恨前往必可脱离困境以获吉祥。

【彖传】

【原文】

《彖》曰：《困》，刚掩也①。险以说②，困而不失其所，"亨"，其唯君子乎。"贞大人吉"，以刚中也③。"有言不信"，尚口乃穷也。

【注解】

①刚掩：《困》卦下坎上兑，兑是阴卦，坎是阳卦，兑在坎上，是柔掩盖刚的象征，所以说"刚掩"。②险以说：《困》卦下坎上兑，兑是悦（说），坎是险，所以说"险以说"。③刚中：九五、九二都是阳爻，分居上下卦中位。

【译文】

《彖传》说：《困》卦的象征是，阳刚被掩盖而难以伸展。遇险却能和悦应对，困顿却能不失其本色，这种亨通，大概只有君子能得到吧。"贞大人吉"，这是因为君子刚健中正；"有言不信"，这是说信奉空谈是行不通的。

【象传】

【原文】

《象》曰：泽无水①《困》。君子以致命遂志。

初六　"入于幽谷"，幽不明也。

九二　"困于酒食"，中有庆也②。

六三　"据于蒺藜"，乘刚也③；"入于其宫，不见其妻"，不祥也。

九四　"来徐徐"，志在下也；虽不当位④，有与也⑤。

九五　"劓刖"，志未得也；"乃徐有说"，以中直也⑥；"利用祭祀"，受福也。

上六　"困于葛藟"，未当也；"动悔有悔"，吉行也。

困而能享，必须是贤人。如果是小人或无德之人入困则有国破家亡的凶险。如殷纣王入困自焚。

【注解】

①泽无水：《困》卦下坎上兑，兑是泽，坎是水，泽在水上，是泽面干旱的迹象，所以说"泽无水"。"泽无水"象征理想受困，只有不惜生命硬干，所以以下文说"君子以致命遂志"。②中：本爻九二是阳爻居下卦中位。③乘刚：本爻六三是阴爻，居九二阳爻上，是柔凌驾刚、小人凌驾君子的象征。④不当位：本爻九四是阳爻居阴位，是"不当位"。⑤与：帮助。⑥中直：本爻九五是阳爻居上卦中位。直：正。

【译文】

《象传》说：泽中无水，这就是《困》卦的象征。君子取法《困》卦，不惜舍命达成理想。

初六　"入于幽谷"，这是说君子处境黑暗。

九二　"困于酒食"，这是说秉守中道就会赢得福庆。

六三　"据于蒺藜"，这是说小人凌驾君子；"入于其宫，不见其妻"，这是不祥的兆头。

九四　"来徐徐"，这是说君子甘居下位，虽然地位失当，仍能得人帮助。

九五　"劓刖"，这是说君子尚未得志；"乃徐有说"，这是因为君子中正；"利用祭祀"，这是说祭祀使人蒙福。

上六　"困于葛藟"，这是因为君子行为不当；"动悔有悔"，这样吉祥就来了。

◎井　卦◎

【经文】

【原文】

《井》　改邑不改井，无丧无得；往来井①井，汔至②，亦未繘井③，羸其瓶④：凶。

初六　井泥⑤，不食；旧井无禽。

九二　井谷射鲋⑥；瓮敝漏⑦。

九三　井渫⑧，不食，为我心恻⑨；可用汲，王明，并受其福。

六四　井甃⑩：无咎。

九五　井冽⑪，寒泉食⑫。

上六　井收⑬，勿幕⑭，有孚：元吉。

下巽上坎。

【注解】

①井：从井中汲水。后一个"井"是名词，指水井。②汔：干涸。③繘井：挖井。繘：借为"矞"，穿。④羸：借为"儡"，毁坏。瓶：汲水瓦罐。⑤井泥：井积淤泥。⑥井谷：井底。鲋：小鱼。⑦敝：破。⑧渫：污秽。⑨恻：伤悲。⑩甃：修砌。⑪冽：水清。⑫寒泉：深壤冒出的井水。⑬收：汲水完成。⑭幕：盖上井口。

【译文】

井卦象征水井，城邑变了而水井不变，这意味着无失无得；来来往往的人从井中汲水，汲水时，水瓶即将升到井口但还没出井口，汲水瓶磕破了：凶险。

初六　井积淤泥，无法饮用；破旧的井边没有鸟禽飞来。

九二　向井底射小鱼，难射中；水瓮破了，难储水。

九三　井水污秽，不能喝，为此令人心伤悲；此时宜于尽快疏井，疏通后的井。可以汲水，如果是王道圣明，臣民都会受到他的恩泽。

六四　井砌好了：无有咎害。

九五　井水清澈，深壤冒出的井水为人们所喜欢饮用。

上六　从井里汲完了水，不要盖上井口，供人继续饮用：心怀诚信，当得大吉祥。

【象传】

【原文】

《象》曰：巽乎水而上水[①]，《井》。井养而不穷也。"改邑不改井"，乃以刚中也[②]；"汔至，亦未缲井"，未有功也；"羸其瓶"，是以凶也。

【注解】

①巽乎水：《井》卦下巽上坎（巽是木），坎是水，所以说"巽乎水"。②刚中：九五、九二都是阳爻，分居上下卦中位。

【译文】

《象传》说：顺着水的特性蓄水并打上水，这就是《井》卦的象征。井水养人，水源不断。"改邑不改井"，这是因为君子能刚毅持中的美德；"汔至，亦未缲井"，这是说明尚未完成进水养人的功用；"羸其瓶"，这是说事情有凶险。

【象传】

【原文】

《象》曰：木上有水[①]，《井》。君子以劳民劝相。

初六　"井泥不食"，下也[②]；"旧井无禽"，时舍也。

九二　"井谷射鲋"，无与也。

九三　"井渫不食"，行"恻"也；求"王明"，"受福"也。

六四　"井甃无咎"，修井也。

九五　"寒泉"之"食"，中正也[③]。

上六　"元吉"在上[④]，大成也。

【注解】

①木上有水：《井》卦下巽上坎，巽是木，坎是水，所以说"木上有水"。挖井要靠百姓，所以下文说"君子以劳民劝相"。（劝：教导；相：助。）②下：本爻初六居下卦下位。③中正：本爻九五是阳爻居上卦中位。④在上：本爻上六居上卦上位。

井甃。

【译文】

《象传》说：木上有水，这就是《井》卦的象征。君子取法《井》卦，教导百姓劳作互助。

初六　"井泥不食"，这是说井口太低；"旧井无禽"，这是说那时井就废弃了。

九二　"井谷射鲋"，说明得不到帮助的。

九三　"井渫不食"，这是可叹的；祈求君主圣明，这是企盼受福泽。

六四　"井甃无咎"，这是说应当及时修井。

九五　"寒泉"是可以饮用的，这是因为九五有中正之德。

上六　上级大吉祥，这是说水井养人获得了大成功。

◎革　卦◎

【经文】

【原文】

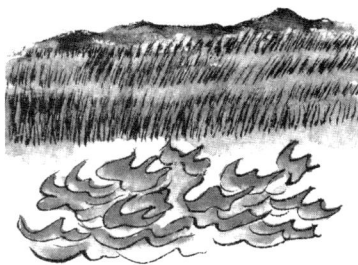

《革》巳①日乃孚：元亨，利贞，悔亡。

初九　巩用黄牛之革②。

六二　巳日乃革之③；征吉，无咎。

九三　征凶，贞厉；革言三就④，有孚。

九四　悔亡，有孚改命⑤，吉。

九五　大人虎变⑥，未占，有孚。

上六　君子豹变⑦，小人革面⑧；征凶，居贞吉。

下离上兑。

【注解】

①巳：即"祀"，祭祀。②巩：捆缚。革：皮革。③革：变革。④革言：变革的主张。三就：多次俯就，指多次听取臣下的意见。就：俯就。⑤命：命令。⑥虎变：像老虎一样勇猛无惧地推行变革。⑦豹变：像豹子一样勇猛灵活地推行变革。⑧革面：变脸色。

【译文】

《革》卦象征变革，选择最佳时日进行变革：能取信于民，它具有元始、通达、和谐、贞正的德行。悔恨消失。

初九　要用坚固的黄牛皮束缚以固根本。

六二　选最佳时日可以推行变革；勇于前往、必获吉祥，必无咎害。

九三　过急行动有凶险，须守持贞正以防危险；变革的主张要多次研究、广泛听取意见，变革将有曲折，要长久保有诚心。

九四　悔恨消失，心怀诚信；革除旧命，定会吉祥。

九五　大人像老虎一样勇猛无惧地推行变革，其道如虎纹昭然可见，还没占问前，已令人感其诚信。

上六　君子像豹子一样勇猛灵活地推行变革，小人纷纷改变脸色只是表面上拥护变革，急进将有凶险，守持正固则可吉祥。

【象传】

【原文】

《象》曰：《革》，水火相息①，二女同居②，其志不相得，曰革。"巳日乃孚"，革而信之。文明以说③，大亨以正。革而当，其"悔"乃"亡"。天地革而四时成，汤武革命④，顺乎天而应乎人。《革》之时大矣哉！

【注解】

①水火相息：《革》卦下离上兑，兑是泽（水），离是火，所以说"水火相息"。息：灭，指相克。②二女同居：离是中女，兑是少女，所以说"二女同居"。③文明以说：离是文明，兑是悦（说），所以说"文明以说"。④汤武：商汤和周武王。

二女同居，其志不相得，曰革。

【译文】

《象传》说:《革》卦的象征是,像水与火相互冲突;又像二女同居一室,心思常常各异,这就是《革》卦。"巳日乃孚",这是说选择好时机变革将获得天下信从。具有文明美德而又使天下和悦,正直大顺,变革恰当,所以悔恨消失。天地变革而四季形成,汤武革命,顺乎天道又合乎人心。《革》卦这种因时变革的意义真是大啊!

【象传】

【原文】

《象》曰:泽中有火①,《革》。君子以治历明时。

初九 "巩用黄牛",不可以有为也。

六二 "巳日乃革之",行有嘉也。

九三 "革言三就",又何之矣。

九四 "改命"之"吉",信志也。

九五 "大人虎变",其文炳也②。

上六 "君子豹变",其文蔚也③;"小人革面",顺以

从君也。

选择最佳时日进行变革能取信于民。

【注解】

①泽中有火:《革》卦下离上兑,兑是泽,离是火,所以说"泽中有火"。泽中有火,就会水干木焚,这是泽的大变革;把握变革,就要把握变革的时令,所以下文说"君子以治历明时"。②炳:显著。③蔚:大。

【译文】

《象传》说:泽中有火,这就是《革》卦的象征。君子取法《革》卦修治历法,明确时令。

初九 "巩用黄牛皮",这是说这时君子不宜行动。

六二 "巳日乃革之",这是说这时君子办事有利。

九三 "革言三就",这是说不走变革之路,又能往哪里去呢?

九四 变革政令是吉祥的,要相信九四的变革之志。

九五 "大人虎变",大人的美德与这种变革的成绩和美,将是文彩光耀炳焕照人。

上六 "君子豹变",这种变革的成绩将是极大的;最后小人洗心革面也会顺从君主的改革的。

◎鼎　卦◎

【经文】

【原文】

《鼎》 元吉,亨。

初六 鼎颠趾①,利出否②;得妾以其子:无咎。

九二 鼎有实③,我仇有疾,不我能即④:吉。

九三 鼎耳革⑤,其行塞⑥,雉膏不食⑦,方雨⑧,

亏⑨,悔,终吉。

九四 鼎折足,覆公𫗧⑩,其形渥⑪:凶。

六五 鼎黄耳⑫、金铉⑬:利贞。

上九 鼎玉铉⑭:大吉,无不利。

下巽上离。

【注解】

①鼎：古代煮东西的器具。颠：倒。②否：指废弃物。③实：食物。④即：接近。⑤革：指脱落。⑥塞：阻碍。⑦雉：野鸡。膏：肥肉。⑧方：正在。⑨亏：损坏。⑩铉：美食。⑪渥：沾湿。⑫黄耳：黄色的鼎耳。⑬金铉：铜制的抬鼎的器具。铉：抬鼎的器具。⑭玉铉：镶玉的铉。

【译文】

《鼎》象征制鼎器而明新制大吉祥而亨通。

初六　鼎足颠倒，对倒空鼎里的废物有利；就像娶妾而生下的儿子，无害。

九二　鼎里装满食物；我的仇人有病，不能接近我：吉祥。

九三　鼎耳有所变，它的移动受阻，鼎里精美的野鸡肉还没来得及吃，等到天降阴阳和合之雨，悔憾可清除，终获吉祥。

九四　由于不堪重负，鼎足折了，翻倒了公侯的美味，鼎浑身沾湿：凶险。

六五　鼎配有黄色的鼎耳、铜铉（象征富贵）：利于守持正固。

上九　鼎配有镶玉的铉（象征富贵）：大吉祥，没有不利。

鼎卦的"初"为足，二、三、四为"腹"，鼎之"上"为耳，外有铉。

【彖传】

【原文】

《彖》曰：《鼎》，象也，以木巽火①，亨饪也②。圣人亨以享上帝③，而大亨以养圣贤。巽而耳目聪明，柔进而上行④，得中而应乎刚⑤，是以"元亨"。

【注解】

①以木巽火：《鼎》卦下巽上离，离是火，巽是木，所以说"以木巽（指入）火"。巽又象征谦逊，离又象征聪明，所以下文说"巽而耳目聪明"。②亨：同"烹"。③享：祭祀。④柔进而上行：初六、六五都是阴爻，爻位上升，所以说"柔进而上行"。⑤得中而应乎刚：六五是阴爻居上卦中位，和居下卦中位的九二阳爻相应。

【译文】

《彖传》说：《鼎》卦是养人的烹饪器具的形象，架起木头升起火烹饪食物。圣人煮食物祭祀上帝，用最丰盛的食物奉养贤人。君主谦逊而耳聪目明，以性情柔顺美德，前进上升，高居中正而又与阳刚贤者相应合，所以大亨通。

【象传】

【原文】

《象》曰：木上有火①，《鼎》。君子以正位凝命。

初六　"鼎颠趾"，未悖也。"利出否"，以从贵也。

九二　"鼎有实"，慎所之也。"我仇有疾"，终无尤也。

九三　"鼎耳革"，失其义也。

九四　"覆公铉"，信如何也。

六五 "鼎黄耳"，中以为实也②。
上九 "玉铉"在上③，刚柔节也④。

【注解】

①木上有火：《鼎》卦下巽上离，离是火，巽是木，所以说"木上有火"。木上是火，火上是鼎，木火鼎都各在其位，就能煮熟食物；君臣都各在其位，就能国家安定，所以下文说"君子以正位凝命"。（凝：成。）②中：本爻六五是阴爻居上卦中位。③在上：本爻上九居上卦上位。④节：节度。

【译文】

《象传》说：木上有火，这就是《鼎》卦的象征。君子取法《鼎》卦端正职位，完成使命。

初六 "鼎颠趾"，这是说君子行事不悖于常理；"利出否"，这么做是为了能跟从贵人。

九二 鼎里食物满了，这是说外出要谨慎；我的仇人生病了，结果我无忧于咎害了。

九三 "鼎耳革"，这是说君子行事有失道义。

九四 这人打翻了王公的美食，怎么能信任呢？

六五 "鼎黄耳"，这是说君子能守中道，从而得阳刚充实之利了。

上九 玉铉出现在上九，这说明上九与阴柔相互调节。

鼎中有食，充实才是至理。

◎震　卦◎

【经文】

【原文】

《震》亨，震来虩虩①，笑言哑哑②；震惊百里，不丧匕鬯③。
初九 震来虩虩，后笑言哑哑：吉。
六二 震来，厉，亿丧贝④，跻于九陵⑤，勿逐⑥，七日得。
六三 震苏苏⑦，震行：无眚⑧。
九四 震，遂泥⑨。
六五 震往来，厉，亿无丧有事。
上六 震，索索⑩，视矍矍⑪；征凶；震不于其躬，于其邻：无咎；婚媾有言。

下震上震。

【注解】

①震：雷声震动。虩虩：害怕的样子。②哑哑：拟声词，笑时发出的声音。③丧：洒落。匕：羹匙。鬯：古代的一种香酒。④亿：发语词。贝：古代的钱币。⑤跻：登。九陵：高陵。⑥逐：寻找。⑦苏苏：轻缓的样子。⑧眚：灾祸。⑨遂：同"坠"，掉落。⑩索索：哆嗦的样子。⑪视：目光。矍矍：惊恐的样子。

【译文】

《震》象征震动亨通，雷声震动，人们起先惶恐畏惧，后来笑语阵阵；雷声震惊百里，祭师却没有抖落羹匙里的一滴酒。

初九　雷声震动，人们起先惶恐畏惧，后来慎行保福笑语阵阵：可获吉祥。

六二　雷声震动，有危险，丢了很多货币，此时登上高陵之上，不用寻找，过七天会失而复得。

六三　雷声轻缓，在这样的雷声中行路，不会遭殃。

九四　雷声震动，慌不择路，掉进泥泞中。

六五　雷声阵阵，上下往来都有危险，但能知危惧而慎守中道，可以万无一失。

上六　雷声震动，极端恐惧，畏缩难以行走，目光惊恐不安；此时前行必有凶险；雷电没有打中他的身体，打中了他的邻居：无害；此时谋求婚姻会导致议论。

【象传】

【原文】

《象》曰：《震》，"亨，震来虩虩"，恐致福也；"笑言哑哑"，后有则也①；"震惊百里"，惊远与迩也②。出，可以守宗庙社稷，以为祭主也。

【注解】

①则：秩序。②迩：近。

【译文】

《象传》说：《震》卦说："亨，震来虩虩"，这是说祭师克服惊吓，就能带来福运；"笑言哑哑"，这是说惊吓过后，祭祀就恢复秩序了。"震惊百里"，这是说远近的人都吓坏了。那种能够做到"不丧匕鬯"的人，出去可以守护宗庙国家，担任祭主。

【象传】

【原文】

《象》曰：洊雷①，《震》。君子以恐惧修省。

初九　"震来虩虩"，恐致福也；"笑言哑哑"，"后"有则也。

六二　"震来厉"，乘刚也②。

六三　"震苏苏"，位不当也③。

九四　"震遂泥"，未光也。

六五　"震往来厉"，危行也，其事在中④，大"无丧"也。

上六　"震索索"，中未得也⑤；虽"凶""无咎"，畏邻戒也。

震，遂泥。

【注解】

①洊雷：《震》卦下震上震，震是雷，二雷重叠，所以说"洊雷"。雷象征刑罚，二雷重叠，刑罚繁重，所以下文说"君子以恐惧修省"。洊：重。②乘刚：本爻六二是阴爻，居初九阳爻上，是柔凌驾刚的象征。③位不当：本爻六三是阴爻居阳位，是"位不当"。④在中：本爻六五是阳爻居上卦中位。⑤中未得：本爻上六居上卦上位，非中位，所以说"中未得"。

【译文】

《象传》说：持续地打雷，这就是《震》卦的象征。君子取法《震》卦心怀戒惧，修身自省。

初九　"震来虩虩"，这是说初九知惧而戒慎，就能带来福运；"笑言哑哑"，这是说惊吓过后，行为遵循法则不失常态。

六二　"震雷打来有危险"，这是因为六二乘凌于阳刚之上。

六三　"震苏苏"，这是因为君子地位失当。

九四　"震遂泥"，这是说其阳刚之德还没有光大。

六五　"震动之时上下往来均有危险"，这是说君子的行动遇上危险了，但因为能守中道，不会有损失。

上六　"震动之时极其恐惧以致畏缩难行"，这是因为君子未能秉守中道；君子有凶险，后来无害，这是因为畏惧邻居的那种灾祸，从而有了戒备。

◎艮　卦◎

【经文】

【原文】

《艮》艮其背[①]，不获其身[②]，行其庭，不见其人：无咎。

初六　艮其趾：无咎。利永贞。

六二　艮其腓[③]，不拯其随[④]，其心不快。

九三　艮其限[⑤]，列其夤[⑥]：厉，熏心[⑦]。

六四　艮其身：无咎。

六五　艮其辅[⑧]，言有序：悔亡。

上九　敦艮[⑨]：吉。

下艮上艮。

【注解】

①艮：止。②获：借为"护"，保护。③腓：小腿。④拯：拯借为"增"，增加。随：借为"隋"，垂肉。⑤限：腰。⑥列：通"裂"，裂开。夤：指脊背肉。⑦熏心：焦心。熏：烧灼。⑧辅：面颊。⑨敦艮：多方注意。敦：多。

【译文】

《艮》象征当止则止：止于背后，不让私欲占据身体而妄行，好似在庭院里自如地行走。必无咎害。

初六　抑止在脚趾迈出之前：无害。利于永守正固。

六二　抑止在小腿迈出之前，没有承上而随行，心里不快。

九三　抑止他的腰，致使连续人体上下的部分脊肉裂开：十分危险，像火一样烧灼心。

六四　抑止身体不妄动：无害。

六五　抑止他的面颊，说话注意有条不紊，悔恨就可以消失。

上九　以诚恳厚道的品德抑止冗进的私欲：吉祥。

【象传】

【原文】

《象》曰：艮，止也。时止则止，时行则行，动静不失其时，其道光明。艮其止[①]，止其所也[②]。上下敌应[③]，不相与也。是以"不获其身，行其庭，不见其人，无咎"也。

【注解】

①止：当作"背"，指担任职务。②所：指职位。③上下敌应：《艮》卦初六和六四、六二和六五、九三和上九之间，都是阴爻相对或阳爻相对，象征无论是同为小民或是同为君子，都互相敌对。所以说"上下敌应"。

【译文】

《象传》说：艮，抑止之意。当止则止，当行则行，行止动静都能适时，就会前途光明。艮卦的抑止，是要止于当止之处。卦中各爻都上下同性相敌对而不应合，所以卦辞说："不随身体本能之欲妄行，在庭院中自如地行走，如同没有人，没有咎害"啊！

【象传】

【原文】

《象》曰：兼山①，《艮》。君子以思不出其位。

初六 "艮其趾"，未失正也。

六二 "不拯其随"，未退听也。

九三 "艮其限"，危"熏心"也。

六四 "艮其身"，止诸躬也②。

六五 "艮其辅"，以中正也③。

上九 "敦艮"之"吉"，以厚终也。

敦艮。

【注解】

①兼山：《艮》卦下艮上艮，艮是山，两山重叠，所以说"兼山"。两山并立，位置是固定不变的，象征人安守本分，所以下文说"君子以思不出其位"。②诸：之于。③中正：本爻六五居上卦中位。

【译文】

《象传》说：两山重叠，这就是《艮》卦的卦象。君子取法《艮》卦，谋事不超出本分。

初六 "艮其趾"，这是说君子没有迷失正道。

六二 不再追随他了，这是因为他不能退而听从不同的意见。

九三 "艮其限"，这是说危险使君子焦心。

六四 "艮其身"，这是说君子安守本分了。

六五 "艮其辅"，这是说君子能守中正。

上九 "很诚恳地止而不动"而"获吉祥"，是因为上九能始终保持敦厚。

◎巽 卦◎

【经文】

【原文】

《巽》 小亨，利有攸往，利见大人。

初六 进退，利武人之贞①。

九二 巽在床下②，用史巫纷若③：吉，无咎。

九三 频巽④：吝。

六四 悔亡，田获三品⑤。

九五 贞吉，悔亡，无不利，无初有终；先庚三日⑥，后庚三日：吉。

上九 巽在床下，丧其资斧⑦：贞凶。

上巽下巽。

【注解】

①武人：军人。②巽：伏。③史巫：巫师。若：语气助词。④频：通"颦"，皱眉。⑤田：打猎。品：种类。⑥庚：庚日。古人把每月分为三旬，每旬十天，依次以甲、乙、丙、丁、戊、己、庚、辛、壬、癸为标记。庚日是每旬的第七天，"先庚三日"即丁日，"后庚三日"即癸日。⑦斧：斧形的铜币。

【译文】

《巽》象征谦顺：小事亨通，前往有利，见大人有利。

初六　谦顺过度而犹豫，以为进退都可，勇武之人守持贞正则有利。

九二　谦顺地伏于床下，如祝史、巫、觋一样殷勤侍奉于上：吉祥，无咎害。

九三　皱眉不乐地勉强谦顺：必有悔憾。

六四　悔恨消失，打猎获得多种猎物。

九五　坚守正固吉祥，悔恨消失，没有不利，事情开局不妙，但会有好结果；在象征变更的庚日前三天发布新令，在庚日后三天实行，必获吉祥。

上九　（惊恐地）躲伏床下，丢了资财：坚守正固以防凶险。

【象传】

【原文】

《象》曰：重巽以申命①。刚巽乎中正而志行②，柔皆顺乎刚③，是以"小亨，利有攸往，利见大人"。

【注解】

①重巽：《巽》卦下巽上巽，二巽重叠，所以说"重巽"。巽是风，风象征政令，"重巽"象征重申政令。②刚巽乎中正：九五是阳爻，居上卦中位，所以说"刚巽乎中正"。巽：顺应。③柔皆顺乎刚：《巽》卦下卦中，初六是阴爻，居九二、九三阳爻下；上卦中，六四是阴爻，居九五、上九阳爻下，所以说"柔皆顺乎刚"。

【译文】

《象传》说：上下都谦顺宜于君主重申政令。君主刚健，具有谦顺而中正之美德，意志得以推行，阴柔者都能顺从于阳刚者，所以说"小亨，利有攸往，利见大人"。

【象传】

【原文】

《象》曰：随风①，《巽》。君子以申命行事。

初六　"进退"，志疑也；"利武人之贞"，志治也②。

九二　"纷若"之"吉"，得中也③。

九三　"频巽"之"吝"，志穷也。

六四　"田获三品"，有功也。

九五　"九五"之"吉"，位正中也④。

上九　"巽在床下"，上穷也⑤；"丧其资斧"，正乎凶也⑥。

频巽。

【注解】

①随风：《巽》卦下巽上巽，巽是风，风随着风吹，所以说"随风"。风象征政令，申明政令利于办事，所以下文说"君子以申命行事"。②治：坚定。③得中：本爻九二是阴爻居下卦中位。④位正中：本爻九五是阳爻居上卦中位。⑤上：本爻上九居上卦上位。⑥正：正直。

【译文】

《象传》说：风随着风吹，这就是《巽》卦的象征。君子取法《巽》卦，办事时申明政令。

初六 "进退"，这是说君子心存疑惑；"利武人之贞"，这是说勇武君子心志坚定。

巽在床下，用史巫纷若。

九二 史巫纷纷（前来为他祷告），这是吉祥的，这是因为他能秉守中道。

九三 皱眉躲伏是危险的，这是说其心志困穷。

六四 "田获三品"，这是说君子有收获了。

九五 九五说，事情吉祥，这是因为君子能守中正。

上九 "巽在床下"，这是说上级途穷了；"丧其资斧"，这是说钱丢了，此时应守持贞正以防凶险。

◎兑 卦◎

【经文】

【原文】

《兑》亨，利贞。

初九 和兑①：吉。

九二 孚兑②：吉，悔亡。

六三 来兑③：凶。

九四 商兑未宁④；介疾有喜⑤。

九五 孚于剥⑥：有厉。

上六 引兑⑦。

 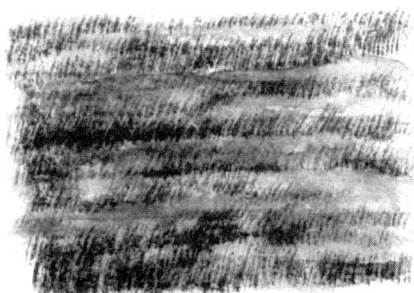

上兑下兑。

【注解】

①和：和气。兑：兑借为"说"，说话。②孚：诚信。③来：指主动。④商：商谈。宁：定。⑤介：借为"疥"，疥疮。有喜：指病愈。⑥孚：相信。剥：剥夺者。⑦引：引诱。

【译文】

《兑》象征和悦：亨通，利于守持正固。

初九 和气待人：吉祥。

九二 诚实欣悦待人：吉祥，悔恨消失。

六三 前来曲意逢迎取悦于人当至凶险。

九四　商谈尚未定下来的事，心中很不安宁；要是隔断疾患一样的邪恶之人，则有喜事。

九五　相信消剥阳气的小人：有危险。

上六　（有人）引诱我相悦：有危险。

【象传】

【原文】

《彖》曰：兑，说也①。刚中而柔外②，说以"利贞"，是以顺乎天而应乎人。说以先民③，民忘其劳；说以犯难④，民忘其死。说之大，民劝矣哉⑤！

【注解】

①说：通"悦"，和悦。②刚中而柔外：九五、九二都是阳爻，分居上下卦中位，是"刚中"；上六、六三都是阴爻，分居上下卦外位（上位），是"柔外"。③先：引导。④犯难：赴难。⑤劝：奋勉。

【译文】

《彖传》说：兑，指的是和悦。君子刚健中正于内，柔顺接物于外，把利益百姓、秉守正道当成乐事，所以君子能顺应天道，应合人情。用和悦的政策引导百姓，百姓就会忘掉劳苦；用和悦的政策宣扬赴难，百姓就会舍生忘死。和悦的政策光大了，百姓就都能奋勉不息了。

【象传】

【原文】

《象》曰：丽泽①，《兑》。君子以朋友讲习。

初九　"和兑"之"吉"，行未疑也。

九二　"孚兑"之"吉"，信志也。

六三　"来兑"之"凶"，位不当也②。

九四　"九四"之"喜"，有庆也。

九五　"孚于剥"，位正当也③。

上六　"上六引兑"，未光也。

商兑未宁。

【注解】

①丽泽：《兑》卦下兑上兑，兑是泽，两泽相连，所以说"丽泽"。两泽相连，泽水交流融汇，水势就大；人和人交流切磋，人就进步，所以下文说"君子以朋友讲习"。②位不当：本爻六三是阴爻居阳位，是"位不当"。③位正当：本爻九五是阳爻居阳位，是"位正当"。

【译文】

《象传》说：泽连着泽，互相附丽润泽这就是《兑》卦的象征。君子取法《兑》卦，和朋友们互相讲习切磋。

初九　和悦是吉祥的，这是因为君子行事平和正直不为所疑。

九二　诚信和悦是吉祥的，这是因为大家信赖他的心志诚信。

六三　主动跟人说话是凶险的，这是因为他居地位失当。

九四　九四中的"喜"，是说福庆临头。

九五　没落时还能诚信，这是因为九五所处的地位得当。

上六　上六说，有人引诱我说话，这是因为君子的欣悦之道尚未光大。

◎节　卦◎

【经文】

【原文】

　　《节》亨；苦节①，不可贞。

　　初九　不出户庭，无咎。

　　九二　不出门庭，凶。

　　六三　不节若②，则嗟若：无咎。

　　六四　安节：亨。

　　九五　甘节③：吉，往有尚④。

　　上六　苦节：贞凶，悔亡。

下兑上坎。

【注解】

①节：节制。②若：语气助词。③甘：甘心。④尚：通"赏"，奖赏。

【译文】

　　《节》卦象征节制：亨通，以节制为苦：不可占问（会有凶险）。

　　初九　节制自守居家不出户庭：无害。

　　九二　（自拘于节制）不出门庭：凶险。

　　六三　不守节制（事情败坏），人将叹息：（但转机将来）无害。

　　六四　安于节制：亨通。

　　九五　甘于节制：吉祥，前往得奖赏。

　　上六　以节制为苦：利于守持正固以防凶险（但转机将来），悔恨消失。

【象传】

【原文】

　　《象》曰：节"亨"。刚柔分而刚得中①。"苦节不可贞"，其道穷也。说以行险②，当位以节③，中正以通④。天地节而四时成。节以制度，不伤财，不害民。

【注解】

①刚柔分：《节》卦由三枚阳爻和三枚阴爻组成，数量相等，所以说"刚柔分"。刚得中：九五、九二都是阳爻，分居上下卦中位。②说以行险：《节》卦下兑上坎，坎是险，兑是悦（说），所以说"说以行险"。③当位：六四、上六是阴爻居阴位，九五是阳爻居阳位，都是"当位"。④中正：九五是阳爻居上卦中位。

【译文】

　　《象传》说：节制可致亨通。阳刚与阴柔均衡相分，而又刚健中正。以节制为苦而不守正道，君子

虽然节制自己的言行很苦，但守持正固利于险凶。

就将途穷。君子遇险却能和悦应对，地位得当，奉行节制，道德中正，所以亨通。天地节制就形成了四季。订立制度来推行节制，就可以不损民伤财。

【象传】

【原文】

《象》曰：泽上有水①，《节》。君子以制数度，议德行。

初九　"不出户庭"，知通塞也。

九二　"不前往庭凶"，失时极也。

六三　"不节"之"嗟"，又谁咎也。

六四　"安节"之"亨"，承上道也②。

九五　"甘节"之"吉"，居位中也③。

上六　"苦节贞凶"，其道穷也。

【注解】

①泽上有水：《节》卦下兑上坎，坎是水，兑是泽，所以说"泽上有水"。泽上有水，不加节制就会泛滥成灾，社会的道理和这是一样的，所以下文说"君子以制数度，议德行"。（数度：制度；行：准则。）②承上：本爻六四是阴爻，上接九五阳爻，是柔顺从刚、下级遵从上级的象征。③居位中：本爻九五居上卦中位。

【译文】

《象传》说：泽上有水，这就是《节》卦的象征。君子取法《节》卦订立制度，议定道德的准则。

不出户庭，无咎。

初九　"不出户庭"，这是因为君子晓得外出行或不行的道理。

九二　"不前往庭凶"，这是因为君子大大地错过时机了。

六三　由于不知节制导致叹息，这又能怪谁呢？

六四　安于节制是亨通的，因为这是遵从上位的刚中之道。

九五　甘于节制是吉祥的，这是秉守中正的表现。

上六　"苦节贞凶"，这是说君子途穷了。

◎未济卦◎

【经文】

【原文】

《未济》　亨；小狐汔济①，濡其尾：无攸利。

初六　濡其尾：吝。

九二　曳其轮：贞吉。

六三　未济，征凶；利涉大川。

九四　贞吉，悔亡；震用伐鬼方^②，三年有赏于大国。

六五　贞吉，无悔；君子之光有孚^③：吉。

上九　有孚于饮酒：无咎；濡其首，有孚，失是^④。

下坎上离。

【注解】

①汔：借为"几"，几乎。济：渡水。②震：人名。③光：光荣。孚：俘获。④是：正道。

【译文】

《未济》象征事未成之时：努力可致亨通；（如果不慎）就像小狐几乎渡水成功时，沾湿了尾巴：无利可得。

初六　小狐沾湿了尾巴：必有遗憾。

九二　（事未成之时），拖曳住车轮不使急行：守持贞正可获吉祥。

六三　渡水失败，争于前进则凶险；渡大河有利。

九四　守持贞正可获吉祥，悔恨消失；以雷霆之势讨伐鬼方，三年后得以封赏为大国。

六五　守持贞正可获吉祥，没有悔恨；君子的光荣是做人有诚信：吉祥。

上九　怀着诚信之心饮酒：无灾害；饮酒得意忘形，浇湿了脑袋，失去诚信，即有失正道。

【象传】

【原文】

《象》曰：《未济》"亨"，柔得中也^①。"小狐汔济"，未出中也；"濡其尾，无攸利"，不续终也。虽不当位^②，刚柔应也^③。

【注解】

①柔得中：六五是阴爻居上卦上位。②不当位：初六、六三、六五是阴爻居阳位，九二、九四、上九是阳爻居阴位，都是"不当位"。③刚柔应：初六和九四、九二和六五、六三和上九，是同位爻刚柔相应，所以说"刚柔应"。

【译文】

《象传》说：《未济》卦是亨通的，因为臣子中正。"小狐汔济"，这是说臣子办事不是出于中道；"濡其尾，无攸利"，这是说臣子办事

小狐汔济，濡其尾。

237

曳其轮，贞吉。

"饮酒濡首"，不知节也。

不能善终。虽然臣子地位失当，君臣之间却还能互相响应。

【象传】

【原文】

《象》曰：火在水上①，《未济》。君子以慎辨物居方。

初六　"濡其尾"，亦不知极也②。

九二　"九二""贞吉"，中以行正也③。

六三　"来济征凶"，位不当也④。

九四　"贞吉悔亡"，志行也。

六五　"君子之光"，其辉吉也。

上九　"饮酒濡首"，亦不知节也。

【注解】

①火在水上：《未济》卦下坎上离，离是火，坎是水，所以说"火在水上"。水放在火下，是放错了位置，不能灭火，灾害无穷。可见认清并摆正事物的位置是极其重要的，所以下文说"君子以慎辨物居方"。（方：位置。）②极：指方法。③中以行正：本爻九二是阳爻居下卦中位。④位不当：本爻六三是阴爻居阳位，是"位不当"。

【译文】

《象传》说：火在水上，这就是《未济》卦的象征。君子取法《未济》卦，谨慎地辨别事物，摆正事物的位置。

初六　渡水沾湿了尾巴，这是因为不懂审慎前进的准则。

九二　九二说秉守正道是吉祥的，这是说君子守中，行事正直。

六三　"未济，征凶"，这是因为君子地位失当。

九四　"贞吉悔亡"，这是说君子心志实现了。

六五　君子的光荣是在讨伐中有所俘获，这种诚信的光荣是吉祥的。

上九　饮酒时浇湿了脑袋，这人也太不知节制了。

第四卷

春秋

春 秋

《春秋》是世界上最早的编年体史书，记载了上自公元前722年，下至公元前481年，合计242年鲁国的历史。

　　《春秋》是鲁国史记的名字，也是我国现存最早的一部编年史书。为什么叫《春秋》呢？因为，说到春，就兼及了夏，说到秋，就可以想见冬，所以用"春秋"二个字，就包括了春夏秋冬四时，万物繁育，尽在其中。四时之事，无物不包，无事不记，所以当时把一国的历史称为《春秋》。在西周，"春秋"是各国国史的通称，当时有"周之春秋""齐之春秋"……有所谓"百国春秋"。

　　现在我们所读的《春秋》是鲁国的编年体国史，经过孔子的修订，成为了儒家的经典，《春秋》成了这部经典的专用名称。

《春秋》

作者 孔子

时代 春秋

"春秋"因鲁国编年史《春秋》得名，始于平王东迁，为东周的第一个历史阶段。据史家推算，鲁国史书《春秋》自鲁隐公元年（公元前722年）到鲁哀公十四年（公元前481年），共242年。《左传》记载史事较《春秋》明备，下续至哀公二十七年（公元前468）终，共255年。此时期是中国历史上社会经济急剧变化，政治局面错综复杂，军事斗争层出不穷，学术文化异彩纷呈的一个变革时期，是中华文明最富生命力、创造力，思想最为自由的青春时期。

内容 最早的编年体史书

《春秋》是鲁国史，但也是把当时天下演变的情况做了广泛的记载。《春秋》全书大约17000字，不仅涉及诸侯国之间的征伐、会盟、朝聘等事件，也记载了如日蚀、月蚀、地震、山崩、星变、水灾、虫灾等自然现象，和祭祀、婚丧、城筑、宫室、狩猎、土田等经济文化生活。

《春秋》的内容

　　《春秋》是记述鲁国自隐公元年（公元前722年），至哀公十四年（公元前481年）（共242年）间的鲁国及所关系于各诸侯国的大事。

丧祭。

灾害。

战争。

婚娶。

会盟。

朝聘。

《春秋》所记的时间上起鲁隐公，下到鲁哀公，前后 242 年。尽管它以鲁君年号纪元，却不只写鲁国事，各诸侯国都有兼顾，其中着墨最多的是有关晋文公和齐桓公的事迹，俨然是当时的"世界史"。书中记事按年月编排，开编年记史之先河。上面记载的除了政事，还有天文、鬼神、灾变。记灾是表示天罚，记鬼表示恩仇，尽管有点迷信，但体现了它的"劝惩"之意。至于政事上，劝惩的意思更是明显，如齐国南史氏听闻史官记录"崔杼弑其君"，还滥杀无辜，就跑到都城续载这件事，崔杼见了有所顾忌，就停止了杀戮。

微言大义的《春秋》

《春秋》记事细微简略，细细咀嚼，却能读之有味，这就是它的"微言大义"。孟子说"孔子成《春秋》而乱臣贼子惧"，乱臣贼子因何惧怕？这是因为《春秋》一书寓含褒贬，一字之褒，比叫作王侯还荣耀；一字之贬，比让做罪人还耻辱。所以那些弑君夺位的臣子，就不得不有所顾虑。就如三国曹丕篡夺汉室天下，还要堂而皇之地叫皇帝下诏个"让贤书"，生怕落个骂名，这正是春秋大义的影响。

孔子作《春秋》，微言大义。

《春秋》的价值

1. 保存了史料

司马迁《史记·太史公自序》云："万物之散聚皆在《春秋》。《春秋》中，弑君三十六，亡国五十二，诸侯奔走不得保其社稷者不可胜数。"

2. "寓王法"——提出建立稳定的社会秩序

我们知道在古代，史官是一个重要的职位，其作用非常重要，凡君王的言行，都要由史官记下来，作为国家臣民的法典和榜样，这样君王就必须言行谨慎。

孔子作《春秋》保存了史料。

孔子在修订鲁《春秋》时，用"微言"寄托了"大义"，"上明三王之道，下辨人事之纪，别嫌疑，明是非，定犹豫，善善恶恶，贤贤贱不肖，存亡国，继绝世，补敝起废，王道之大者也……拨乱世，反之正"；"故《春秋》者，礼义之大宗也"。

孔子在修订《春秋》时候所用的"微言"，就是微妙精深而又含蓄的言辞，发挥的是治国的大道，社会的秩序，是非的标准，目的是扬善去恶，拨乱反正。孔子的这种《春秋》"笔法"，对后世产生了深远的影响，让人们明是非，知善恶，守正不移，把对于理想的坚持，对于人格的保持，对于荣誉的珍视，对于正义的维护，看得比生命都重要。

《春秋》中蕴含了建立稳定社会秩序的理想。

《春秋》笔法对后世产生了深远的影响。

春秋 "三传"

孔子作的《春秋》被称为 "经"，后来为这些 "经" 做传注的叫 "传"，现在我们能读到的给《春秋》做传的有三种：《左传》《公羊传》《谷梁传》。

孔子开门授徒，把经典解释给学生听，其中《春秋》是一个重要科目。孔子没后，有的徒弟把先师讲《春秋》时的经义叙述给学生，一代代传下去，不断咬嚼其义，到西汉时出现两部解释《春秋》经义的传：《公羊传》《谷梁传》；也有人怕孔门子弟所传的经义失真，故而不释其义，只传其事，这便是《左传》。以后就把这三部解释《春秋》的传称为 "春秋三传"。

《左传》

《左传》，是《春秋》三传之一，又名《左氏春秋》，是编年记事的史书，记事自鲁隐公元年（公元前 722 年）至鲁哀公二十七年也就是周贞定王元年（公元前 429 年）。共 293 年。

《左传》的作者，一般认为是左丘明，孔子根据鲁春秋而著成《春秋》，左丘明根据《春秋》而著成《左传》。唐宋以后有人质疑《左传》的作者，但是也承认是出自战国中期的散文大家之手。

《左传》是为《春秋》作传，它以精妙的文字阐发《春秋》的微言大义。《左传》的记事是直书其事，简明扼要。《左传》与《春秋》互为表里，详略互见，《春秋》简要的地方，《左传》为它详尽，《春秋》明细的地方，《左传》往往就简约。

左丘明像。

《左传》融经学于史学，寓褒贬于记事，是一部不朽的史书，也是重要的经书。

　　《左传》又名《春秋左氏传》，据传是春秋末左丘明作的。这位左丘明何许人也？有的说他是 "鲁君子"，也有说是孔子的朋友，或是鲁国史官，总之，这位左先生不是听了别人的口述传《春秋》之义的，而是对史事详细描述，是一部彻头彻尾的史书。正因如此，汉儒认为左氏不传《春秋》，不能升格为博士，左传一度成了民间私学。直到唐贞观时，左丘明得以配享周公、孔子，《左传》才被重视。后来宋人叶梦得算说了句公道话："左氏传事不传义，公谷传义不传事。"
　　《左传》大体是依《春秋》纲目而作的，它还参考许多相关书籍，详写史事，征引孔子及其门人的见解，自成一家之言。其内容涉及诸侯国之间的会盟、征伐、婚丧等等，对各类礼仪、风俗、历法、时令甚至鬼神都有评论，晋代范宁说 "《左氏》艳而富，其失也巫"，鬼神迷信有失史家 "征实" 之风，算是留有一点遗憾。
　　杜预论《左传》时说："其文缓，其旨远。" 叙事委婉，主旨含蓄，这是夸赞它的文学成就。《左传》最擅长写战争和辞令。写战争它又不直接写场面之激烈，而是以君与臣、君与使的对话，渲染战事的紧张，突出了人物个性。

《左传》的价值

1.《左传》贯通经学，可供我们考证先秦很多经典著作的源流，明白这些经典在当时社会的作用和影响。《左传》中记载了《易》占 17 次，引赋《诗》28 次，引《诗》156 处。

2.《左传》继承《春秋》，把历史家的境界提升到一个新的高度，让历史变成对后人有益的借鉴。

3.《左传》在文学上有极高的价值，"其言简而要，其事详而博"（刘知几）。

《公羊传》

《公羊传》也是为《春秋》作传。它的特点是解经每句一解，这点不同于《左传》。

《公羊传》相传是子夏的弟子公羊高所作。孔子的门人子夏传授此学于公羊高，当时是口传心授，五传到了公羊寿、胡母生始著之竹帛成书。此书有三个特点：

1.《公羊传》的记事，多用问答式，并且记载事件的始末。

2.《公羊传》重在传《春秋》中的大义，就是阐发扬善去恶的思想，强调国家的"大一统"。

3.《公羊传》提出了著名的"三世说"，对后世影响很大。

子夏像。

《公羊传》，亦叫《春秋公羊》，据说是由西汉景帝时人公羊寿与胡母生，根据前辈对《春秋》经义的口传写成的。这本传《春秋》经义的书深为汉武帝推崇，所以把它立为博士。《谷梁传》的始传承者是战国人谷梁赤，如何成书尚不得知，只知道西汉宣帝经常就这本书进行学术讨论，也把它立了博士。《公羊》《谷梁》解释《春秋》经义，注重一字一句的咬嚼，咬嚼出来的就是"书法"、"褒贬"，这就是春秋大义。汉代推崇《公羊》《谷梁》，把它们列入五经，看重的便是咬嚼出的"大义"。例如《公羊传》里有"九世复仇"之说，这恰好给汉武帝征伐匈奴找到借口。于是，《公羊》《谷梁》成为王官之学。

公羊高像。

《谷梁传》

《谷梁传》同样阐发《春秋》大义，侧重礼仪教化。

《谷梁传》也是出自孔子的门人子夏，据传周末鲁人谷梁赤与公羊高同师于子夏，学习《春秋》并传授弟子，终作成《春秋谷梁传》。

《谷梁传》和《公羊传》相似也是用每句问答的方式来阐发《春秋》的含义。在三传当中，《谷梁传》的文字最为质朴、清简。

谷梁赤像。

"三传"的价值

《春秋》是历史大纲，内寓微言大义。《左传》用简练而又极为生动的文笔，详实的记述史实。《公羊传》《谷梁传》则阐发《春秋》中的历史意义。从此《春秋》和"三传"成为重要的中华文化经典。

胡母生像。

隐 公

◎元 年◎

【原文】

惠公元妃孟子①。孟子卒，继室以声子，生隐公。

宋武公生仲子。仲子生而有文在其手，曰："为鲁夫人。"故仲子归于我②。生桓公而惠公薨③，是以隐公立而奉之。

【注解】

①惠公：名弗湦，隐公、桓公之父。元妃：元配夫人。②归：女子出嫁。我：指鲁国。③薨：周代诸侯死称薨。

【译文】

鲁惠公的元配夫人是孟子。孟子死后，娶声子为继室，生下了隐公。

宋武公生了仲子。仲子出生时手上有字样说："为鲁夫人。"所以仲子便让她出嫁鲁国。生下桓公后惠公就死了。因此隐公摄政拥立桓公为君。

鲁惠公继室声子生隐公。

【原文】

元年春，王正月①。三月，公及邾仪父盟于蔑②。

夏五月，郑伯克段于鄢③。

秋七月，天王使宰咺来归惠公、仲子之赗④。九月，及宋人盟于宿⑤。

冬十有二月，祭伯来⑥。公子益师卒⑦。

【注解】

①王正月：周历的正月。②邾：诸侯国名，在今山东邹城南。仪父：邾君的字。蔑：地名，在今山东泗水东南。③郑伯：郑庄公。段：共叔段，郑伯的同母弟。鄢：在今河南鄢陵县北。④天王：指周平王。赗：助丧之物。⑤宿：国名，在今山东东平县东南。⑥祭伯：诸侯之中在周朝担任卿士的称为祭伯。⑦公子益师：鲁孝公的儿子。

【译文】

鲁隐公元年春，周历正月。三月，隐公和邾仪父在蔑地结盟。

夏季五月，郑伯在鄢地击败共叔段。

秋季七月，周平王派宰咺来赠送惠公、仲子的助丧之物。九月，鲁国与宋国在宿地结盟。

冬季十二月，祭伯来到鲁国。公子益师去世。

◎四　年◎

【原文】

四年春，王二月，莒人伐杞①，取牟娄。戊申，卫州吁弑其君完。

夏，公及宋公遇于清②。宋公、陈侯、蔡人、卫人伐郑。

秋，翚帅师会宋公、陈侯、蔡人、卫人伐郑。九月，卫人杀州吁于濮③。

冬十有二月，卫人立晋。

【注解】

①杞：国名，在今山东安丘东北。②清：卫邑，在今山东东阿县南。③濮：陈地名。

【译文】

四年春，周历二月，莒人讨伐杞国，攻取了牟娄。戊申日，卫国州吁杀了其国君卫桓公。

夏季，隐公与宋殇公在清地相遇。宋、陈、蔡、卫四国联合起来讨伐郑国。

秋季，大夫公子翚率军与宋、陈、蔡、卫四国一起讨伐郑国。九月，卫人在濮地杀死了州吁。

冬季十二月，卫人迎立公子晋为君。

◎五　年◎

【原文】

五年春，公矢鱼于棠①。

夏四月，葬卫桓公。

秋，卫师入郕②。九月，考仲子之宫③。初献六羽④。邾人、郑人伐宋。螟。

冬十有二月辛巳，公子彄卒。宋人伐郑，围长葛。

【注解】

①矢：陈列。棠：地名，在今山东鱼台。②郕：地名。③考：落成。④六羽：即六佾，古代乐舞八人为一列，称为一佾。爵位不同，舞队列数也不相同。

【译文】

五年春，隐公在棠地观看捕鱼。

夏季四月，安葬卫桓公。

秋季，卫国军队攻入郕国。九月，仲子之宫落成。举行落成典礼时进献六羽之乐舞。邾国和郑国联合讨伐宋国。发生虫灾。

冬季十二月辛巳日，公子彄卒。宋人攻伐郑国，包围长葛。

隐公在棠地观看捕鱼。

◎六 年◎

【原文】

六年春，郑人来渝平①。

夏五月辛酉，公会齐侯盟于艾②。

秋七月。

冬，宋人取长葛。

【注解】

①渝：改变。平：和平。②艾：地名，在今山东省新泰县西北。

【译文】

六年春，郑国派人到鲁国来请求修好。

夏季五月辛酉日，隐公和齐侯在艾地结盟。

秋季七月，无事。

冬季，宋人夺取了长葛。

◎七 年◎

【原文】

七年春，王三月，叔姬归于纪。滕侯卒①。

夏，城中丘②。齐侯使其弟年来聘③。

秋，公伐邾。

冬，天王使凡伯来聘。戎伐凡伯于楚丘以归④。

【注解】

①滕：国名，在今山东省滕州市西南。②中丘：地名，在今山东境内。③聘：访问。④楚丘：卫地。

【译文】

七年春，周历三月，叔姬嫁到纪国。滕侯去世。

夏季，修筑中丘城墙。齐侯派其弟来鲁国访问。

秋季，隐公讨伐邾国。

冬季，周王命令凡伯来鲁国访问。凡伯返回周朝时在楚丘被戎人捉住。

齐侯派其弟来鲁国访问。

◎八　年◎

【原文】

八年春，宋公、卫侯遇于垂①。三月，郑伯使宛来归祊②。庚寅，我入祊。

夏六月己亥，蔡侯考父卒。辛亥，宿男卒③。

秋七月庚午，宋公、齐侯、卫侯盟于瓦屋④。八月，葬蔡宣公。九月辛卯，公及莒人盟于浮来⑤。螟。

冬十有二月，无骇卒。

宋公、卫侯在垂地相遇。

【注解】

①垂：卫国地名，在今山东曹州北。②祊（bēng）：鲁邑名，在今山东省费县东南。③宿男：宿国国君。④瓦屋：地名，在今河南温县西北。⑤浮来：地名，在今山东莒县西北。

【译文】

八年春，宋公、卫侯在垂地相遇。三月，郑伯派宛来归还鲁国的祊邑。庚寅日，鲁国出动军队进入祊邑。

夏六月己亥日，蔡侯考父卒。辛亥日，宿国国君卒。

秋七月庚午日，宋公、齐侯、卫侯在瓦屋结盟。八月，安葬蔡宣公。九月辛卯日，隐公与莒人在浮来结盟。发生虫灾。

冬季十二月，鲁国大夫无骇卒。

◎九　年◎

【原文】

九年春，天子使南季来聘。三月癸酉，大雨，震电。庚辰，大雨雪。挟卒①。

夏，城郎。

秋七月。

冬，公会齐侯于防②。

【注解】

①挟：鲁大夫。②防：地名，在今山东费县东南。

【译文】

九年春，周天子派使臣南季访问鲁国。三月癸酉日，天降大雨，伴有雷电。庚辰日，有大雨雪。鲁国大夫挟去世。

夏季，修筑郎城的城墙。

秋七月，无事。

冬季，隐公与齐侯在防地结盟。

◎十　年◎

【原文】

十年春，王二月，公会齐侯、郑伯于中丘①。

夏，翚帅师会齐人、郑人伐宋。六月壬戌，公败宋师于菅②。辛未，取郜③。辛巳，取防。

秋，宋人、卫人入郑。宋人、蔡人、卫人伐戴④。郑伯伐取之。

冬十月壬午，齐人、郑人入郕。

【注解】

①中丘：地名，在今山东临沂东北。
②菅：地名，大约在今山东单县北。
③郜：地名，在今山东武城东南。
④戴：地名，在今河南民权县东。

【译文】

十年春，周历二月，隐公在中丘会见齐侯、郑伯。

夏季，鲁大夫公子翚率军联合齐军、郑军一起讨伐宋国。六月壬戌日，鲁隐公在菅地打败宋国。辛未日，攻取了郜地。辛巳日，攻取了防地。

秋季，宋、卫两国的军队进入郑国。宋国、蔡国、卫国一起讨伐戴国。郑伯俘虏了三国的军队。

冬季十月壬午日，齐人、郑人攻入郕国。

隐公在中丘会见齐侯、郑伯。

◎十一年◎

【原文】

十有一年春，滕侯、薛侯来朝①。

夏，公会郑伯于时来②。

秋七月壬午，公及齐侯、郑伯入许③。

冬十有一月壬辰，公薨。

【注解】

①薛：国名，在今山东滕州南。②时来：地名，在今河南郑州北。③许：国名，故城在今河南许昌东。

【译文】

十一年春，滕侯、薛侯前来朝见。

夏季，隐公在时来会见郑伯。

秋季七月壬午日，隐公和齐侯、郑伯进入许国。

冬季十一月壬辰日，鲁隐公薨。

桓　公

◎元　年◎

【原文】

元年春，王正月，公即位。三月，公会郑伯于垂，郑伯以璧假许田①。

夏季四月丁未，公及郑伯盟于越②。

秋，大水。

冬十月。

【注解】

①假：借。②越：地名，在今山东境内。

【译文】

元年春，周历正月，桓公即位。三月，桓公在垂地会见郑伯，郑伯以圭璧来换取鲁国的许田之地。

夏季四月丁未，桓公与郑伯在越地结盟。

秋季，发生水灾。

冬季十月，无事。

桓公在垂地会见郑伯，郑伯以圭璧换许田之地。

◎二　年◎

【原文】

二年春，王正月戊申，宋督弑其君与夷及其大夫孔父。滕子来朝。三月，公会齐侯、陈侯、郑伯于稷①，以成宋乱②。

夏四月，取郜大鼎于宋。戊申，纳于大庙。

秋七月，杞侯来朝。蔡侯、郑伯会于邓③。九月，入杞。公及戎盟于唐。

冬，公至自唐。

【注解】

①稷：地名，在今河南商丘。②成：平。③邓：地名，在今河南境内。

【译文】

二年春，周历正月戊申日，宋国的华父督杀死宋国国君以及大夫孔父嘉。滕君前来朝见。三月，桓公在稷地会见齐侯、陈侯及郑伯，计划平定宋国的叛乱。

249

夏季四月，鲁国取走宋国的郜大鼎。戊申日，将鼎放入太庙之中。

秋季七月，杞侯前来朝见。蔡侯、郑伯在邓地相见。九月，鲁国派军队进入杞国。桓公与戎人在唐地结盟。

冬季，桓公由唐地回国。

◎三 年◎

【原文】

三年春，正月，公会齐侯于嬴①。

夏，齐侯、卫侯胥命于蒲②。六月，公会杞侯于郕。

秋七月壬辰朔，日有食之，既③。公子翚如齐逆女。九月，齐侯送姜氏于讙④。公会齐侯于讙。夫人姜氏至自齐。

冬，齐侯使其弟年来聘。有年。

【注解】

①嬴：地名，在今山东莱芜西北。②胥命：不举行仪式的结盟。蒲：地名，在今河南境内。③既：尽。④讙：地名，在今山东宁阳县北。

【译文】

三年春，正月，桓公在嬴地会见齐侯。

夏季，齐侯、卫侯在蒲地相见，双方表示彼此会信守约言。六月，桓公在郕地会见杞侯。

秋季七月壬辰日，发生日全食。桓公在讙地会见齐侯。夫人姜氏从齐国来到鲁国。

冬季，齐侯派自己的弟弟年来鲁国访问。这一年五谷皆熟。

夫人姜氏从齐国来到鲁国。

◎四　年◎

【原文】

四年春，正月，公狩于郎①。

夏，天王使宰渠伯纠来聘。

秋，秦师侵芮，败焉，小之也。

冬，王师、秦师围魏，执芮伯以归。

【注解】

①狩：冬猎。

【译文】

四年春，正月，桓公在郎地狩猎。

夏季，周王派宰臣渠伯纠来鲁国访问。

秋天，秦国的军队入侵芮国，不料遭到失败，这是由于秦军太轻视芮国的缘故。

冬天，周王的军队和秦国的军队包围魏城，俘虏了芮伯回来。

秦国的军队入侵芮国。

◎五　年◎

【原文】

五年春，正月，甲戌、己丑，陈侯鲍卒。

夏，齐侯、郑伯如纪①。天王使仍叔之子来聘。葬陈桓公。城祝丘。

秋，蔡人、卫人、陈人从王伐郑。大雩②。螽③。

冬，州公如曹。

【注解】

①如纪：前往纪国。②大雩：祈雨仪式。③螽（zhōng）：飞蝗之类的昆虫。

【译文】

五年春，正月，收到陈侯甲戌、己丑两次讣告。

夏季，齐侯、郑伯前往纪国。周王派仍叔之子来鲁国访问。安葬陈桓公。修筑祝丘城墙。

秋季，蔡人、卫人、陈人跟随周王讨伐郑国。举行祈雨仪式。发生蝗灾。

冬季，州国君主前往曹国。

蔡人、卫人、陈人跟随周王讨伐郑国。

◎六　年◎

【原文】

六年春，正月，实来①。

夏四月，公会纪侯于成②。

秋八月壬午，大阅③。蔡人杀陈
佗。九月丁卯，子同生。

冬，纪侯来朝。

【注解】

①实来：指淳于公来鲁国朝见而不再回到本
国。②成：地名，在今山东宁阳县北。③大
阅：检查兵车。

【译文】

六年春，正月，淳于公来到鲁国，
却不返回故国。

夏季四月，桓公在成地会见纪侯。

秋季八月壬午，检查兵车。蔡人杀死陈佗。九月丁卯日，桓公的嫡长子同出生了。

冬季，纪侯来鲁国朝见。

齐桓公在成地会见纪侯。

◎七　年◎

【原文】

七年春，二月己亥，焚咸丘①。

夏，谷伯绥来朝。邓侯吾离来朝。

【注解】

①咸丘：地名，在今山东巨野东南。

【译文】

七年春，二月己亥日，在咸丘焚烧山林，进行田猎。

夏季，谷国君主伯绥来鲁国朝见。邓侯吾离也来鲁国朝见。

◎八　年◎

【原文】

八年春，正月己卯，烝①。天王使家父来聘。

夏五月丁丑，烝。

秋，伐邾。

冬十月，雨雪。祭公来，遂逆王后于纪。

【注解】

①烝：冬祭之名。

【译文】

八年春，正月己卯日，举行冬祭。周王派大夫家父来鲁国访问。

夏季五月丁丑日，举行烝祭。

秋季，讨伐邾国。

冬季十月，天降雨雪。祭公来到鲁国，并去纪国迎接王后。

◎十　年◎

【原文】

十年春，王正月，庚申，曹伯终生卒。

夏五月，葬曹桓公。

秋，公会卫侯于桃丘①，弗遇。

冬十有二月丙午，齐侯、卫侯、郑伯来战于郎。

【注解】

①桃丘：地名，在今山东东阿县安平镇东。

【译文】

十年春，周历正月，庚申日，曹伯终生卒。

夏季五月，安葬曹桓公。

秋季，桓公在陶丘约见卫侯，未能如愿。

冬季十二月丙午日，齐侯、卫侯、郑伯在郎地与鲁国交战。

齐侯、卫侯、郑伯在郎地与鲁国交战。

◎十一年◎

【原文】

十有一年春，正月，齐人、卫人、郑人盟于恶曹。

夏五月癸未，郑伯寤生卒①。

秋七月，葬郑庄公。九月，宋人执郑祭仲。突归于郑。郑忽出奔卫。柔会宋公、陈侯、蔡叔盟于折。公会宋公于夫钟。

冬十有二月，公会宋公于阚。

【注解】

①寤生：即郑庄公。

【译文】

十一年春，周历正月，齐、卫、郑三国在恶曹结盟。

夏五月癸未日，郑伯寤生卒。

秋季七月，安葬郑庄公。九月，宋人逮捕了郑祭仲。郑公子突回到郑国。郑国太子忽出奔到卫国。鲁大夫柔在折地与宋公、陈侯、蔡叔结盟。桓公在夫钟会见宋公。

冬季十二月，桓公在阚地与宋公相见。

◎十二年◎

【原文】

十有二年春，正月。

夏六月壬寅，公会杞侯、莒子，盟于曲池①。

秋七月丁亥，公会宋公、燕人，盟于谷丘②。八月壬辰，陈侯跃卒。公会宋公于虚。

冬十有一月，公会宋公于龟。丙戌，公会郑伯，盟于武父。丙戌，卫侯晋卒。十有二月，及郑师伐宋。丁未，战于宋。

【注解】

①曲池：地名，在今山东省宁阳县东北。②谷丘：地名，在今河南商丘东南。

【译文】

十二年春正月，无事。

夏季六月壬寅日，桓公会见杞侯、莒子，并在曲池结盟。

秋季七月丁亥日，桓公会见宋公、燕人，并在谷丘结盟。八月壬辰日，陈侯跃卒。桓公在虚地会见宋公。

冬季十一月，桓公在龟地会见宋公。丙戌日，桓公会见郑伯，双方在武父结盟。丙戌日，卫侯晋卒。十二月，鲁国联合郑国讨伐宋国。丁未日，与宋国开战。

桓公在曲池与杞侯、莒子结盟。

◎十三年◎

【原文】

十有三年春，二月，公会纪侯、郑伯。己巳，及齐侯、宋公、卫侯、燕人战。齐师、宋师、卫师、燕师败绩①。三月，葬卫宣公。

夏大水。

秋七月。

冬十月。

【注解】

①败绩：军队溃败逃散。

【译文】

十三年春，二月，桓公会见纪侯、郑伯。己巳日，鲁、郑、纪联军与齐、宋、卫、燕联军开战。齐、宋、卫、燕四国联军溃败逃散。三月，安葬卫宣公。

夏季，有大水灾。

秋七月，无事。

冬十月，无事。

◎十四年◎

【原文】

十有四年春，正月，公会郑伯于曹。无冰。

夏五，郑伯使其弟语来盟。

秋八月壬申，御廪灾①。乙亥，尝。

冬十有二月丁巳，齐侯禄父卒。宋人以齐人、蔡人、卫人、陈人伐郑。

【注解】

①御廪：诸侯存放珍宝的库房，或指诸侯储放祭祀谷物的粮仓。

【译文】

十四年春，正月，桓公在曹国会见郑伯。没有结冰。

夏五月，郑伯派自己的弟弟语到鲁国来结盟。

秋八月壬申日，储藏祭祀谷物的粮仓失火。乙亥日，举行尝祭。

冬十二月丁巳日，齐侯禄父卒。宋国率领齐、蔡、卫、陈联军讨伐郑国。

桓公在曹国会见郑伯。

◎十五年◎

【原文】

十有五年春，二月，天王使家父来求车。三月乙未，天王崩①。

夏四月己巳，葬齐僖公。五月，郑伯突出奔蔡。郑世子忽复归于郑。许叔入于许。公会齐侯于艾。邾人、牟人、葛人来朝。

秋九月，郑伯突入于栎②。

冬十有一月，公会宋公、卫侯、陈侯于袤③，伐郑。

【注解】

①天王：指周桓王。②栎：地名，在今河南禹县。③袤：地名，在今安徽宿县西。

【译文】

十五年春，二月，周王派使臣家父到鲁国来求取车辆。三月乙未日，周王驾崩。

夏四月己巳日，安葬齐僖公。五月，郑伯突出奔到蔡国。郑世子忽又回到郑国。许叔进入许都，成为国君。桓公在艾地会见齐侯。邾人、牟人、葛人来鲁国朝见。

秋九月，郑伯突进入栎城。

冬十一月，桓公在袤地会见宋公、卫侯、陈侯，然后一起讨伐郑国。

◎十六年◎

【原文】

十有六年春，正月，公会宋公、蔡侯、卫侯于曹。

夏四月，公会宋公、卫侯、陈侯、蔡侯伐郑。

秋七月，公至自伐郑。

冬，城向①。十有一月，卫侯朔出奔齐。

【注解】

①城：修筑城墙。

【译文】

十六年春，正月，桓公在曹国会见宋公、蔡侯、卫侯。

夏四月，桓公联合宋公、卫侯、陈侯、蔡侯一起讨伐郑国。

秋七月，桓公从伐郑的战场上返回鲁国。

冬季，修筑向邑的城墙。十一月，卫侯朔出奔到齐国。

◎十八年◎

【原文】

十有八年春，王正月，公会齐侯于泺①。公与夫人姜氏如齐。

夏四月丙子，公薨于齐。丁酉，公之丧至自齐②。

秋七月。

冬十有二月己丑，葬我君桓公。

【注解】

①泺：地名，在今山东省济宁市西北。②丧：灵柩。

【译文】

十八年春，周历正月，桓公在泺地会见齐侯。桓公与夫人姜氏一起去了齐国。

夏四月丙子，桓公死在齐国。丁酉日，桓公的灵柩由齐国运回鲁国。

秋七月，无事。

冬十二月己丑日，为桓公举行葬礼。

庄 公

◎元 年◎

【原文】

元年春，王正月。三月，夫人孙于齐①。

夏，单伯送王姬。

秋，筑王姬之馆于外②。

冬十月乙亥，陈侯林卒。王使荣叔来锡桓公命③。王姬归于齐。齐师迁纪郱、鄑、郚④。

【注解】

①孙：同"逊"，出奔的意思。②馆：行馆。③锡命：赐命。④郱（píng）、鄑（zī）、郚（wú）：皆是纪国的邑名。

【译文】

元年春，周历正月。三月，夫人出奔到齐国。

夏季，单伯送周王女来鲁国待嫁。

秋季，在都城的外面修筑供王姬居住的行馆。

冬十月乙亥日，陈侯林卒。周王派荣叔来鲁国追命桓公。王姬嫁到齐国。齐军强迫纪国郱、鄑、郚三个城邑的居民迁走。

◎二 年◎

【原文】

二年春，王二月，葬陈庄公。

夏，公子庆父帅师伐于余丘①。

秋七月，齐王姬卒。

冬十有二月，夫人姜氏会齐侯于禚。乙酉，宋公冯卒。

【注解】

①于余丘：春秋时靠近鲁国的小诸侯国。

【译文】

二年春，周历二月，安葬陈庄公。

夏季，公子庆父率领军队讨伐于余丘。

秋七月，齐王姬卒。

冬十二月，夫人姜氏在于禚会见齐侯。乙酉日，宋公冯卒。

公子庆父率领军队讨伐于余丘。

◎三 年◎

【原文】

三年春，王正月，溺会齐师伐卫。

夏四月，葬宋庄公。五月，葬桓王。

秋，纪季以酅入于齐^①。

冬，公次于滑。

【注解】

①酅（xī）：地名，纪国的城邑。

【译文】

三年春，周历正月，鲁公子溺联合齐师讨伐卫国。

夏四月，安葬宋庄公。五月，安葬周桓王。

秋季，纪季将酅邑交给齐国。

冬季，鲁庄公的军队驻扎在滑地。

鲁公子溺联合齐师讨伐卫国。

◎四 年◎

【原文】

四年春，王二月，夫人姜氏享齐侯于祝丘^①。三月，纪伯姬卒。

夏，齐侯、陈侯、郑伯遇于垂。纪侯大去其国^②。六月乙丑，齐侯葬纪伯姬。

秋七月。

冬，公及齐人狩于禚。

夫人姜氏在祝丘宴请齐侯。

【注解】

①享：宴请。②大去：不再回来。

【译文】

四年春，周历二月，夫人姜氏在祝丘宴请齐侯。三月，纪国夫人伯姬卒。

这年夏天，齐侯、陈侯、郑伯在垂地相遇。纪侯离开纪国，不再回来。六月乙丑日，齐侯安葬纪国夫人伯姬。

秋七月，无事。

冬季，庄公与齐人在禚地打猎。

◎五　年◎

【原文】

五年春，王正月。

夏，夫人姜氏如齐师。

秋，郳犁来来朝[1]。

冬，公会齐人、宋人、陈人、蔡人伐卫。

【注解】

[1] 郳（ní）：小国名，在今山东滕州东。

【译文】

五年春，周历正月。

夏天，夫人姜氏去齐国军营拜见齐侯。

秋天，郳国君主犁来到齐国朝见。

冬季，庄公联合齐、宋、陈、蔡四国讨伐卫国。

庄公联合齐、宋、陈、蔡四国讨伐卫国。

◎六　年◎

【原文】

六年春，王正月，王人子突救卫[1]。

夏六月，卫侯朔入于卫。

秋，公至自伐卫。螟。

冬，齐人来归卫俘。

【注解】

[1] 王人：周朝的官员。

【译文】

六年春，周历正月，王室之官子突解救卫国。

夏六月，卫侯朔进入卫国。

秋季，庄公由伐卫战场回国。发生虫灾。

冬季，齐国送来卫国的俘虏。

王室之官子突解救卫国。

◎七　年◎

【原文】

七年春，夫人姜氏会齐侯于防。

夏四月辛卯，夜，恒星不见①。夜中，星陨如雨②。

秋，大水。无麦、苗。

冬，夫人姜氏会齐侯于谷。

【注解】

①恒星：常见的星体。②星陨：陨石。

【译文】

七年春，夫人姜氏在防地会见齐侯。

夏四月辛卯日，夜里看不见常见的星体。半夜，陨石如雨一般从天而降。

秋季，发生大水灾。大水淹没了麦子和秧苗。

冬季，夫人姜氏在谷地与齐侯相见。

夫人姜氏在防地会见齐侯。

◎八　年◎

【原文】

八年春，王正月，师次于郎以俟陈人、蔡人。甲午，治兵①。

夏，师及齐师围郕，郕降于齐师。

秋，师还。

冬十有一月癸未，齐无知弑其君诸儿。

【注解】

①治兵：战前训练士兵。

【译文】

八年春，周历正月，鲁军驻扎在郎地，在那里等待陈国、蔡国的军队。甲午日，战前训练士兵。

夏季，鲁军和齐军围困郕国，郕国向齐军投降。

秋季，鲁军回国。

冬季十一月癸未日，齐公子无知杀死其君主诸儿。

◎九　年◎

【原文】

九年春，齐人杀无知。公及齐大夫盟于蔇①。

夏，公伐齐，纳子纠。齐小白入于齐。

秋七月丁酉，葬齐襄公。八月庚申，及齐师战于乾时②，我师败绩。九月，齐人取子纠，杀之。

冬，浚洙。

【注解】

①蔇：地名，在今山东。②乾时：地名，在今山东博兴南。

【译文】

九年春，齐人杀死无知，庄公与齐大夫在蔇地结盟。

夏季，庄公讨伐齐国，因此送公子纠回国。齐公子小白回到齐国。

秋七月丁酉日，安葬齐襄公。八月庚申日，与齐军在乾时开战，鲁军大败。九月，齐人求取公子纠，于是鲁人把他杀死。

这年冬天，疏浚洙水。

◎十　年◎

【原文】

十年春，王正月，公败齐师于长勺①。二月，公侵宋。三月，宋人迁宿。

夏六月，齐师、宋师次于郎。公败宋师于乘丘。

秋九月，荆败蔡师于莘，以蔡侯献舞归。

冬十月，齐师灭谭，谭子奔莒。

【注解】

①长勺：地名，在今山东曲阜北。

【译文】

十年春，周历正月，庄公在长勺大败齐军。二月，庄公侵犯宋国。三月，宋国把宿地的百姓迁走。

夏六月，齐军、宋军驻扎在郎地。庄公在乘丘打败宋军。

秋九月，楚军在莘地打败蔡军，俘获蔡侯献舞回国。

冬十月，齐军灭掉谭国，谭国国君出奔到莒国。

◎十一年◎

【原文】

十有一年春，王正月。

夏五月戊寅，公败宋师于鄑[1]。

秋，宋大水。

冬，王姬归于齐。

【注解】

①鄑：念zī。

【译文】

十一年春，周历正月。

夏五月戊寅日，庄公在鄑地打败宋军。

秋季，宋国发生大水灾。

冬季，王姬嫁到齐国。

秋季，宋国发生大水灾。

◎十二年◎

【原文】

十有二年春，王三月，纪叔姬归于酅。

夏四月。

秋八月甲午，宋万弑其君捷，及其大夫仇牧。

冬十月，宋万出奔陈。

宋南宫长万杀死宋国君主捷及大夫仇牧。

【译文】

十二年春，周历三月，纪叔姬投奔酅地。

夏四月，无事。

秋八月甲午日，宋南宫长万杀死宋国君主捷及大夫仇牧。

冬十月，南宫长万出奔到陈国。

◎十三年◎

【原文】

十有三年春，齐侯、宋人、陈人、蔡人、邾人会于北杏[1]。

夏六月，齐人灭遂[2]。

秋七月。

冬，公会齐侯，盟于柯③。

【注解】

①北杏：地名，在今山东省东阿县。②遂：国名，在今山东省宁阳县西北。③柯：地名，在今山东阳谷西北。

【译文】

十三年春，齐、宋、陈、蔡、邾五国君主在北杏相会。

夏六月，齐人灭掉遂国。

秋七月，无事。

冬季，庄公会见齐侯，并在柯地结盟。

◎十四年◎

【原文】

十有四年春，齐人、陈人、曹人伐宋。

夏，单伯会伐宋。

秋七月，荆入蔡。

冬，单伯会齐侯、宋公、卫侯、郑伯于鄄①。

【注解】

①鄄（juàn）：地名，在今山东鄄城西北。

【译文】

十四年春，齐、陈、曹三国讨伐宋国。

这年夏天，单伯带兵与三国一起伐宋。

秋七月，楚军进入蔡国。

冬季，单伯在鄄地会见齐侯、宋公、卫侯、郑伯。

秋七月，楚军进入蔡国。

◎十五年◎

【原文】

十有五年春，齐侯、宋公、陈侯、卫侯、郑伯会于鄄。

夏，夫人姜氏如齐。

秋，宋人、齐人、邾人伐郳①。郑人侵宋。

冬十月。

【注解】

①郳：念ní。

【译文】

十五年春，齐侯、宋公、陈侯、卫侯、郑伯在鄄地相会。

夏季，夫人姜氏去了齐国。

秋季，宋、齐、邾三国联合讨伐郳国。

冬季十月，无事。

◎十六年◎

【原文】

十有六年春，王正月。

夏，宋人、齐人、卫人伐郑。

秋，荆伐郑。

冬十有二月，会齐侯、宋公、陈侯、卫侯、郑伯、许男、滑伯、滕子同盟于幽①。邾子克卒。

【注解】

①幽：宋国地名。

【译文】

十六年春，周历正月。

这年夏天，宋、齐、卫三国讨伐郑国。

秋季，楚国讨伐郑国。

冬季十二月，庄公与齐侯、宋公、陈侯、卫侯、郑伯、许男、滑伯、滕子在幽地结盟。邾子克卒。

宋、齐、卫三国讨伐郑国。

◎二十二年◎

【原文】

二十有二年春，王正月，肆大眚①。癸丑，葬我小君文姜。陈人杀其公子御寇。

夏五月。

秋七月丙申，及齐高傒盟于防。

冬，公如齐纳币②。

【注解】

①肆大眚（shěng）：指大赦。眚，灾难。②纳币：指订婚时向女家纳聘礼。

【译文】

二十二年春，周历正月，宣布大赦。癸丑日，为小君文姜举行葬礼。陈人杀其太子御寇。

夏季五月，无事。

秋季七月丙申日，庄公与齐国的高傒在防地订立盟约。

冬季，庄公到齐国纳聘礼。

◎二十三年◎

【原文】

二十有三年春，公至自齐。祭叔来聘。

夏，公如齐观社^①。公至自齐。荆人来聘。公及齐侯遇于谷。萧叔朝公。

秋，丹桓宫楹^②。

冬十有一月，曹伯射姑卒。十有二月甲寅，公会齐侯盟于扈。

【注解】

①社：祭祀社神。②楹：柱子。

【译文】

二十三年春，庄公从齐国返回。祭叔来鲁国访问。

夏季，庄公到齐国去观看祭祀

萧叔来鲁国朝见庄公。

社神的礼仪。庄公从齐国返回。楚人来鲁国访问。庄公与齐侯在谷地相遇。萧叔来朝见庄公。

秋季，以红漆涂饰鲁桓公的庙柱。

冬季十一月，曹伯射姑卒。十二月甲寅日，庄公在扈地与齐侯结盟。

◎二十四年◎

【原文】

二十有四年春，王三月，刻桓宫桷^①。葬曹庄公。

夏，公如齐逆女。

秋，公至自齐。八月丁丑，夫人姜氏入。戊寅，大夫宗妇觌^②，用币。大水。

冬，戎侵曹。曹羁出奔陈。赤归于曹。郭公。

【注解】

①桷（jué）：方形的椽子。②觌（dí）：见，相见。

【译文】

二十四年春，周历三月，雕刻桓公庙里的方形椽子。安葬曹庄公。

夏季，庄公去齐国迎娶女子。

秋季，庄公从齐国返回。八月丁丑日，夫人姜氏进入鲁国。戊寅日，同姓大夫之妇与夫人相见，用玉帛之类作为贽见的礼物。发生大水灾。

冬季，戎人侵犯曹国。曹国世子羁出奔到陈国。赤回到曹国成为君主。郭公。

◎二十五年◎

【原文】

二十有五年春，陈侯使女叔来聘。

夏五月癸丑，卫侯朔卒。六月辛未，朔，日有食之，鼓①，用牲于社②。伯姬归于杞。

秋，大水。鼓，用牲于社、于门③。

冬，公子友如陈。

【注解】

①鼓：击鼓。②社：社稷坛。③门：城门。

【译文】

二十五年春，陈国派女叔来鲁国访问。

夏季五月癸丑日，卫侯朔卒。六月辛未日，初一，有日食，击鼓，在社稷坛用牺牲举行祭祀。伯姬嫁到杞国。

秋季，发生大水灾。击鼓，在社稷坛和城门用牺牲举行祭祀。

冬季，公子友前往陈国。

秋季，发生大水灾。

◎二十六年◎

【原文】

二十有六年春，公伐戎。

夏，公至自伐戎。曹杀其大夫。

秋，公会宋人、齐人伐徐。

冬十有二月癸亥，朔，日有食之。

【译文】

二十六年春，庄公讨伐戎人。

夏季，庄公从讨伐戎人的战场上返回鲁国。曹人杀死自己的大夫。

秋季，庄公与宋国、齐国一起讨伐徐国。

冬季十二月癸亥日，初一，有日食。

庄公从讨伐戎人的战场上返回鲁国。

◎二十七年◎

【原文】

二十有七年春，公会杞伯姬于洮[①]。

夏六月，公会齐侯、宋公、陈侯、郑伯同盟于幽。

秋，公子友如陈，葬原仲。

冬，杞伯姬来[②]。莒庆来逆叔姬。杞伯来朝。公会齐侯于城濮。

【注解】

①洮：鲁地名。②来：指女子出嫁后返回娘家，探问父母安好。

【译文】

二十七年春，庄公与杞伯姬在洮地相会。

夏季六月，庄公会见齐侯、宋公、陈侯、郑伯，并在幽地结盟。

秋季，公子友前往陈国，参加陈国大夫原仲的葬礼。

冬季，杞伯姬来鲁国探亲。莒庆来鲁国迎娶叔姬。杞伯来鲁国朝见。庄公在城濮会见齐侯。

◎二十八年◎

【原文】

二十有八年春，王三月甲寅，齐人伐卫。卫人及齐人战，卫人败绩。

夏四月丁未，邾子琐卒。

秋，荆伐郑。公会齐人、宋人救郑。

冬，筑郿。大无麦、禾。臧孙辰告籴于齐[①]。

【注解】

①告籴：请求购买谷物。

【译文】

二十八年春，周历三月甲寅日，齐国讨伐卫国。卫人与齐人开战，卫人大败。

卫人与齐人开战，卫人大败。

夏季四月丁未日，邾子琐卒。

秋季，楚国讨伐郑国。庄公与齐、宋两国一起援救郑国。

冬季，在郿地筑城。麦子和黍稷歉收。臧孙辰向齐国求购谷物。

◎二十九年◎

【原文】

二十有九年春，新延厩[①]。

夏，郑人侵许。

秋，有蜚。

冬十有二月，纪叔姬卒。城诸及防。

【注解】

①厩：马棚。

【译文】

二十九年春，新造延厩。

夏季，郑人侵入许国。

秋季，有蜚虫的灾害。

冬季十二月，纪叔姬卒。在诸地及防地筑城。

春天，新造了延厩。

◎三十年◎

【原文】

三十年春，王正月。

夏，次于成。

秋七月，齐人降鄣①。八月癸亥，葬纪叔姬。九月庚午，朔，日有食之，鼓，用牲于社。

冬，公及齐侯遇于鲁济②。齐人伐山戎。

【注解】

①鄣（zhāng）：古国名，在今山东省东平县东。②鲁济：流经鲁国的济水。

【译文】

三十年春，周历正月。

夏季，鲁军驻扎在成地。

秋季七月，齐人使鄣地之民归降齐国。八月癸亥日，安葬纪叔姬。九月庚午日，初一，有日食，击鼓，在社稷坛用牲牲祭祀。

冬季。庄公在鲁济与齐侯相遇。齐人讨伐山戎。

鲁军驻扎在成地。

闵　公

◎元　年◎

【原文】

元年春，王正月。齐人救邢。

夏六月辛酉，葬我君庄公。

秋八月，公及齐侯盟于落姑。季子来归。

冬，齐仲孙来。

【译文】

元年春，周历正月。齐人援救邢国。

夏季六月辛酉日，安葬鲁君庄公。

秋季八月，闵公与齐侯在落姑结盟。公子季友从陈国回到鲁国。

冬季，齐国仲孙来到鲁国。

◎二　年◎

【原文】

二年春，王正月，齐人迁阳①。

夏五月乙酉，吉禘于庄公②。

秋八月辛丑，公薨。九月，夫人姜氏孙于邾③。公子庆父出奔莒。

冬，齐高子来盟。十有二月，狄入卫，郑弃其师。

【注解】

①迁阳：把阳国的百姓强行迁走。②禘（dì）：古代祭祀的名称。③孙：同"逊"，出奔。

公子庆父出奔到莒国。

【译文】

二年春，周历正月，齐国把阳国的百姓强行迁走。

夏五月乙酉日，为庄公举行祭祀大典。

秋八月辛丑日，闵公薨。九月，夫人姜氏出奔到邾国。公子庆父出奔到莒国。

冬季，齐国高傒来鲁国订立盟约。十二月，狄人入侵卫国。郑国弃置其军队。

僖　公

◎元　年◎

【原文】

元年春，王正月。齐师、宋师、曹师次于聂北，救邢。

夏六月，邢迁于夷仪。齐师、宋师、曹师城邢。

秋七月戊辰，夫人姜氏薨于夷，齐人以归。楚人伐郑。八月，公会齐侯、宋公、郑伯、曹伯、邾人于柽①。九月，公败邾师于偃。

冬十月壬午，公子友帅师败莒于郦，获莒挐②。十有二月丁巳，夫人氏之丧至自齐③。

【注解】

①柽：念chēng。②挐：念ná。③夫人氏：即夫人姜氏。

【译文】

元年春，周历正月。齐、宋、曹三国军队驻扎在聂北，（准备）救援邢国。

夏季六月，邢国的都城迁到夷仪。齐、宋、曹三国军队帮助邢国修筑城墙。

秋季七月戊辰日，夫人姜氏在夷地被齐人杀死，齐国将其尸体送回。楚军讨伐郑国。八月，僖公在柽地与齐侯、宋公、郑伯、曹伯、邾人相会。九月，僖公在偃地打败了邾国军队。

冬季十月壬午日，公子友率军在郦地击败莒军，并俘获莒君的弟弟挐。十二月丁巳日，夫人姜氏的灵柩由齐国运回鲁国。

◎二　年◎

【原文】

二年春，王正月，城楚丘。

夏五月辛巳，葬我小君哀姜。虞师、晋师灭下阳。

秋九月，齐侯、宋公、江人、黄人盟于贯。

冬十月，不雨。楚人侵郑。

【译文】

二年春，周历正月，帮助卫国修筑楚丘城墙。

夏五月辛巳日，举行庄公夫人哀姜的葬礼。虞、晋两国的军队占领虢国的下阳。

齐侯、宋公、江人、黄人在贯地结盟。

秋季九月，齐侯、宋公、江人、黄人在贯地结盟。

冬季十月，没有下雨。楚军侵略郑国。

◎三 年◎

【原文】

三年春，王正月，不雨。

夏四月，不雨。徐人取舒。六月雨。

秋，齐侯、宋公、江人、黄人会于阳谷。

冬，公子友如齐莅盟①。楚人伐郑。

【注解】

①莅盟：参加盟会。

楚军讨伐郑国。

【译文】

三年春，周历正月，天未降雨。

夏季四月，天未降雨。徐国取得舒地。六月降雨。

秋季，齐侯、宋公、江人、黄人在阳谷相会。

冬季，公子友去齐国参加盟会。楚军讨伐郑国。

◎四 年◎

【原文】

四年春，王正月，公会齐侯、宋公、陈侯、卫侯、郑伯、许男、曹伯侵蔡。蔡溃。遂伐楚，次于陉。

夏，许男新臣卒，楚屈完来盟于师，盟于召陵。齐人执陈辕涛涂。

秋，及江人、黄人伐陈。八月，公至自伐楚。葬许穆公。

冬十有二月，公孙兹帅师会齐人、宋人、卫人、郑人、许人、曹人侵陈。

鲁军与江、黄两国的军队一起讨伐陈国。

【译文】

四年春，周历正月，僖公联合齐侯、宋公、陈侯、卫侯、郑伯、许男、曹伯一起入侵蔡国。蔡军溃败。又去讨伐楚国，军队驻扎在陉地。

夏季，许男新臣卒。楚国派大夫屈完到诸侯军中莅盟，在召陵结盟。齐人逮捕了陈国大夫辕涛涂。秋季，鲁军与江、黄两国的军队一起讨伐陈国。八月，僖公从讨伐楚国的战场上返回。安葬许穆公。冬季十二月，公孙兹率军与齐人、宋人、卫人、郑人、许人、曹人一起入侵陈国。

◎五 年◎

【原文】

五年春，晋侯杀其世子申生。杞伯姬来朝其子。

夏，公孙兹如牟。公及齐侯、宋公、陈侯、卫侯、郑伯、许男、曹伯会王世子于首止。

秋八月，诸侯盟于首止。郑伯逃归不盟。楚人灭弦，弦子奔黄。九月戊申，朔，日有食之。

冬，晋人执虞公。

僖公与齐侯、宋公、陈侯、卫侯、郑伯、许男、曹伯在首止会见王世子。

【译文】

五年春，晋侯杀死其太子申生。杞伯姬命令其子来鲁国朝见。

夏季，公孙兹前往牟国。僖公与齐侯、宋公、陈侯、卫侯、郑伯、许男、曹伯在首止会见王世子。

秋季八月，诸侯在首止订立盟约。郑伯逃走，不参加盟会。楚国灭掉弦国，弦君逃到黄地。九月戊申日，初一，有日食。

冬季，晋人逮捕虞公。

◎六 年◎

【原文】

六年春，王正月。

夏，公会齐侯、宋公、陈侯、卫侯、曹伯伐郑，围新城。

秋，楚人围许。诸侯遂救许。

冬，公至自伐郑。

【译文】

六年春，周历正月。

夏季，僖公与齐侯、宋公、陈侯、卫侯、曹伯一起讨伐郑国，围困郑国的新城。

僖公从讨伐郑国的战场上返回。

秋季，楚军围困许国。诸侯援救许国。

冬季，僖公从讨伐郑国的战场上返回。

◎十五年◎

【原文】

十有五年春，王正月，公如齐。楚人伐徐。三月，公会齐侯、宋公、陈侯、卫侯、郑伯、许男、曹伯盟于牡丘，遂次于匡。公孙敖帅师及诸侯之大夫救徐。

夏五月，日有食之。

秋七月，齐师、曹师伐厉。八月，螽。九月，公至自会。季姬归于鄫。己卯晦①，震夷伯之庙②。

冬，宋人伐曹。楚人败徐于娄林。十有一月壬戌，晋侯及秦伯战于韩，获晋侯。

【注解】

①晦：每月最后一天。②震：雷击。

【译文】

十五年春，周历正月，僖公前往齐国。楚军讨伐徐国。三月，僖公与齐侯、宋公、陈侯、卫侯、郑伯、许男、曹伯相会，并在牡丘结盟，继而在匡地驻扎军队。公孙敖率领鲁军与诸侯大夫救援徐国。

夏季五月，有日食。

秋季七月，齐军、曹军讨伐厉国。八月，发生虫灾。九月，僖公从牡丘之会返回鲁国。季姬回到鄫国。己卯，三十日，雷击夷伯之庙。

冬季，宋人讨伐曹国。楚军在娄林打败徐国军队。十一月壬戌日，晋侯与秦伯在韩地开战，秦国俘获晋侯。

◎十六年◎

【原文】

十有六年春，王正月戊申，朔，陨石于宋五①。是月，六鹢退飞，过宋都。三月壬申，公子季友卒。

夏四月丙申，鄫季姬卒。

秋七月甲子，公孙兹卒。

冬十有二月，公会齐侯、宋公、陈侯、卫侯、郑伯、许男、邢侯、曹伯于淮。

【注解】

①陨：坠落。

【译文】

十六年春，周历正月戊申日，初一，有五块陨石坠落在宋国境内。同一个月，有六只鹢鸟退着飞过宋国的都城。三月壬申日，公子季友卒。

夏季四月丙申日，鄫季姬卒。

秋季七月甲子日，公孙兹卒。

冬季十二月，僖公与齐侯、宋公、陈侯、卫侯、郑伯、许男、邢侯、曹伯在淮地相会。

◎十七年◎

【原文】

十有七年春，齐人、徐人伐英氏。

夏，灭项。

秋，夫人姜氏会齐侯于卞。九月，会至自会。

冬十有二月乙亥，齐侯小白卒。

【译文】

十七年春，齐军、徐军讨伐英氏。

夏季，鲁国灭掉项国。

秋季，夫人姜氏与齐侯在卞地相会。九月，僖公自盟会返回鲁国。

冬季十二月乙亥日，齐侯小白卒。

齐侯小白在冬季十二月乙亥日去世。

◎十八年◎

【原文】

十有八年春，王正月，宋公、曹伯、卫人、邾人伐齐。

夏，师救齐。五月戊寅，宋师及齐师战于甗①。齐师败绩。狄救齐。

秋八月丁亥，葬齐桓公。

冬，邢人、狄人伐卫。

【注解】

①甗（yǎn）：地名。

【译文】

十八年春，周历正月，宋公、曹伯、卫人、邾人联合讨伐齐国。

夏季，鲁国出兵援救齐国。五月戊寅日，宋军与齐军在甗地开战，齐军大败。狄人救援齐国。

秋季八月丁亥日，安葬齐桓公。

冬季，邢人、狄人讨伐卫国。

◎十九年◎

【原文】

十有九年春，王三月，宋人执滕子婴齐。

夏六月，宋公、曹人、邾人盟于曹南。鄫子会盟于邾。己酉，邾人执鄫子，用之①。

秋，宋人围曹。卫人伐邢。

冬，会陈人、蔡人、楚人、郑人盟于齐。梁亡。

【注解】

①用之：杀之用作祭祀的牺牲。

【译文】

十九年春，周历三月，宋人捉住滕国君主婴齐。

夏季六月，宋公、曹人、邾人在曹南结盟。鄫子在邾地参加盟会。己酉日，邾人捉住鄫子，把他杀了用作祭祀的牺牲。

秋季，宋军围困曹国都城。卫军讨伐邢国。

冬季，陈、蔡、楚、郑四国在齐地结盟。梁国灭亡。

◎二十年◎

【原文】

二十年春，新作南门。

夏，郜子来朝。五月乙巳，西宫灾①。郑人入滑。

秋，齐人、狄人盟于邢。

冬，楚人伐随。

【注解】

①西宫灾：西宫发生火灾。

【译文】

二十年春，重新修建都城的南门。

夏季，郜子来鲁国朝见。五月乙巳日，西宫发生了火灾。郑人入侵滑国。

秋季，齐人、狄人在邢地结盟。

冬季，楚军进攻随国。

◎二十一年◎

【原文】

二十有一年春，狄侵卫。宋人、齐人、楚人盟于鹿上①。

夏，大旱。

秋，宋公、楚子、陈侯、蔡侯、郑伯、许男、曹伯会于盂。执宋公以伐宋。

冬，公伐邾。楚人使宜申来献捷②。十有二月癸丑，公会诸侯盟于薄，释宋公。

【注解】

①鹿上：地名，在今山东曹州东北。②献捷：楚国捉到宋襄公，便派人到鲁国去传捷报。

【译文】

二十一年春，狄人入侵卫国。宋人、齐人、楚人在鹿上结盟。

夏季，发生大旱灾。

秋季，宋公、楚子、陈侯、蔡侯、郑伯、许男、曹伯在盂地相会。楚国捉了宋襄公并攻伐宋国。

冬季,僖公攻伐邾国。楚国派宜来鲁国报告宋公被捉的消息。十二月癸丑日,僖公在薄地会见诸侯,并订立盟约,楚国释放宋襄公。

◎二十二年◎

【原文】

二十有二年春,公伐邾,取须句。

夏,宋公、卫侯、许男、滕子伐郑。

秋八月丁未,及邾人战于升陉。

冬十有一月己巳,朔,宋公及楚人战于泓,宋师败绩。

【译文】

二十二年春,僖公进攻邾国,夺取须句地区。

夏季,宋公、卫侯、许男、滕子联合攻伐郑国。

秋季八月丁未日,僖公与邾人在升陉开战。

冬十一月己巳日,初一,宋公与楚军战于泓水一带,宋军溃败而逃。

◎二十八年◎

【原文】

二十有八年春,晋侯侵曹。晋侯伐卫。公子买戍卫,不卒戍①,刺之。楚人救卫。三月丙午,晋侯入曹,执曹伯。畀宋人②。

夏四月己巳,晋侯、齐师、宋师、秦师及楚人战于城濮,楚师败绩。楚杀其大夫得臣。卫侯出奔楚。五月癸丑,公会晋侯、齐侯、宋公、蔡侯、郑伯、卫子、莒子,盟于践土。陈侯如会。公朝于王所。六月,卫侯郑自楚复归于卫③,卫元咺出奔晋。陈侯款卒。

秋,杞伯姬来。公子遂如齐。

冬,公会晋侯、齐侯、宋公、蔡侯、郑伯、陈子、莒子、邾人、秦人于温。天王狩于河阳④。壬申,公朝于王所。晋人执卫侯,归之于京师。卫元咺自晋复归于卫。诸侯遂围许。曹伯襄复归于曹,遂会诸侯围许。

晋、齐、宋、秦四国军队与楚军战于城濮,楚军溃败而逃。

【注解】

①不卒戍:没有完成驻守的责任。②畀(bì):给。③复归:复位。④狩:冬日田猎为狩。

【译文】

二十八年春,晋侯入侵曹国。晋侯进攻卫国。公子买戍守卫国,没能守住,鲁君杀了他。楚军援救卫国。三月丙午日,晋侯入侵曹国,捉住曹伯。晋国把曹国、卫国的土地分给宋人。

夏季四月己巳日，晋、齐、宋、秦四国军队与楚军战于城濮，楚军溃败而逃。楚国杀死其大夫得臣。卫侯出奔到楚国。五月癸丑日，僖公与晋侯、齐侯、宋公、蔡侯、郑伯、卫子、莒子在践土相会，并订立盟约。陈侯也到会结盟。僖公去朝见周王。六月，卫侯郑自楚国回国复位，卫元咺出奔到晋国。陈侯款卒。

秋季，杞伯姬来到鲁国。公子遂去了往齐国。

冬季，僖公与晋侯、齐侯、宋公、蔡侯、郑伯、陈子、莒子、邾人、秦人在温地相会。周王在河阳冬猎。壬申日，僖公去周王住所朝见。晋人捉住卫侯，将其押往京师。卫元咺从晋国回到卫国。诸侯于是包围许国。曹伯襄回到曹国，与诸侯一起围困许国。

◎三十二年◎

【原文】

三十有二年春，王正月。

夏四月己丑，郑伯捷卒。卫人侵狄。

秋，卫人及狄盟。

冬十有二月己卯，晋侯重耳卒。

【译文】

三十二年春，周历正月。

夏季四月己丑日，郑伯捷卒。卫人入侵狄国。

秋季，卫人与狄人结盟。

冬季十二月己卯日，晋侯重耳卒。

◎三十三年◎

【原文】

三十有三年春，王二月，秦人入滑。齐侯使国归父来聘。

夏四月辛巳，晋人及姜戎败秦师于殽。癸巳，葬晋文公。狄侵齐。公伐邾，取訾娄。

秋，公子遂帅师伐邾。晋人败狄于箕。

冬十月，公如齐。十有二月，公至自齐。乙巳，公薨于小寝[1]。陨霜不杀草，李、梅实。晋人、陈人、郑人伐许。

【注解】

[1]小寝：即燕寝，为君主休息、睡眠的宫室。

【译文】

三十三年春，周历二月，秦国入侵滑国。齐侯派国归父来鲁国访问。

夏季四月辛巳日，晋人及姜戎在殽地大败秦军。癸巳日，为晋文公举行葬礼。狄人入侵齐国。僖公攻伐邾国，夺取訾娄。

秋季，公子遂率军讨伐邾国。晋人在箕地打败狄人。

冬季十月，僖公前往齐国。十二月，僖公自齐国回国。乙巳日，僖公薨于寝室。降霜而不能杀草，李树、梅树结出果实。晋人、陈人、郑人攻伐许国。

文 公

◎元 年◎

【原文】

元年春，王正月，公即位。二月癸亥，日有食之。天王使叔服来会葬。

夏四月丁巳，葬我君僖公。天王使毛伯来锡公命^①。晋侯伐卫。叔孙得臣如京师。卫人伐晋。

秋，公孙敖会晋侯于戚。

冬十月丁未，楚世子商臣弑其君頵。公孙敖如齐。

【注解】

①锡：同"赐"。诸侯即位时，天子赐予爵位称为"赐命"。

【译文】

元年春，周历正月，文公即位。二月癸亥日，有日食。周王派叔服参加僖公的葬礼。

夏季四月丁巳日，为僖公举行葬礼。周王派毛伯前来赐予文公爵位。晋侯进攻卫国。鲁叔孙得臣前往京师。卫人攻伐晋国。

秋季，公孙敖在戚地与晋侯相会。

冬季十月丁未，楚国世子商臣杀死其君主頵。公孙敖去了齐国。

◎二 年◎

【原文】

二年春，王二月甲子，晋侯及秦师战于彭衙^①，秦师败绩。丁丑，作僖公主。三月乙巳，及晋处父盟。

夏六月，公孙敖会宋公、陈侯、郑伯、晋士縠，盟于垂陇。

自十有二月不雨，至于秋七月。八月丁卯，大事于大庙^②，跻僖公。

冬，晋人、宋人、陈人、郑人伐秦。公子遂如齐纳币。

【注解】

①彭衙：秦国邑名。②大事：这里指大祭。

晋侯与秦军在彭衙作战。

【译文】

二年春，周历二月甲子，晋侯与秦军战于彭衙，秦师溃败。丁丑日，制作僖公的神主牌位。三月乙巳日，文公与晋国大夫处父结盟。

夏季六月，公孙敖与宋公、陈侯、郑伯、晋士縠在垂陇相会，并订立盟约。

自去年十二月至今年七月，一直没有下雨。八月丁卯日，在太庙举行大祭，把僖公的神主提升到闵公之上。

冬季，晋人、宋人、陈人、郑人联合讨伐秦国。公子遂前往齐国馈送礼物以修婚姻之礼。

◎三　年◎

【原文】

三年春，王正月，叔孙得臣会晋人、宋人、陈人、卫人、郑人伐沈。沈溃。

夏五月，王子虎卒。秦人伐晋。

秋，楚人围江。雨螽于宋。

冬，公如晋。十有二月己巳，公及晋侯盟。晋阳处父帅师伐楚以救江。

【译文】

三年春，周历正月，鲁叔孙得臣与晋人、宋人、陈人、卫人、郑人联合讨伐沈国。沈国大败。

夏季五月，王子虎卒。秦人讨伐晋国。

秋季，楚人围困江国。宋国发生虫害。

冬季，鲁公前往晋国。十二月己巳日，文公与晋侯结盟。晋阳处父率军讨伐楚国以援救江国。

◎四　年◎

【原文】

四年春，文公从晋国。

夏，逆妇姜于齐。狄侵齐。

秋，楚人灭江。晋侯伐秦。卫侯使宁俞来聘。

冬十有一月壬寅，夫人风氏薨。

【译文】

四年春，文公自晋回国。

夏季，去齐国迎娶姜氏。狄人入侵齐国。

秋季，楚国灭掉江国。晋侯讨伐秦国。卫侯派宁俞来鲁国访问。

冬季十一月壬寅日，夫人风氏薨。

夏季，去齐国迎娶姜氏。

◎五 年◎

【原文】

五年春，王正月，王使荣叔归含且赗①。三月辛亥，葬我小君成风。王使召伯来会葬。

夏，公孙敖如晋。秦人入鄀。

秋，楚人灭六。

冬十月甲申，许男业卒。

【注解】

①归：馈赠。含：放入死者口中的珠玉。赗：助丧的车马、束帛等物。

周王派召伯来鲁国参加小君成风的葬礼。

【译文】

五年春，周历正月，周王派荣叔来鲁国馈赠含玉和助丧的车马、束帛等物。三月辛亥日，安葬小君成风。周王派召伯来鲁国参加葬礼。

夏季，公孙敖前往晋国。秦人入侵鄀国。

秋季，楚人灭六。

冬季，十月甲申日，许男业卒。

◎六 年◎

【原文】

六年春，葬许僖公。

夏，季孙行父如陈。

秋，季孙行父如晋。八月乙亥，晋侯驩卒。

冬十月，公子遂如晋。葬晋襄公。晋杀其大夫阳处父。晋狐射姑出奔狄。闰月不告月①，犹朝于庙。

【注解】

①告月：即告朔。

【译文】

六年春，安葬许僖公。

夏季，季孙行父前往陈国。

秋季，季孙行父去了晋国。八月乙亥日，晋侯驩卒。

冬季十月，公子遂前往晋国。参加晋襄公的葬礼。晋人杀死其大夫阳处父。晋国大臣狐射姑出奔到狄国。闰月不行告朔之礼，仍旧保留对诸庙的祭祀。

◎七　年◎

【原文】

七年春，公伐邾。三月甲戌，取须句。遂城郚。

夏四月，宋公王臣卒。宋人杀其大夫。戊子，晋人及秦人战于令狐。晋先蔑奔秦。狄侵我西鄙。

秋八月，公会诸侯、晋大夫盟于扈。

冬，徐伐莒。公孙敖如莒莅盟。

【译文】

七年春，文公攻伐邾国。三月甲戌日，夺取须句。于是在郚地筑城。

夏季四月，宋国君主王臣卒。宋人杀其大夫。戊子日，晋人与秦人战于令狐之地。晋国大将先蔑逃到秦国。狄人入侵鲁国西部边境。

秋季八月，文公在扈地会见诸侯、晋大夫，并订立盟约。

冬季，徐国讨伐莒国。公孙敖到莒国参加盟会。

◎八　年◎

【原文】

八年春，王正月。

夏四月。

秋八月戊申，天王崩。

冬十月壬午，公子遂会晋赵盾，盟于衡雍。乙酉，公子遂会雒戎，盟于暴。公孙敖如京师，不至而复[1]。丙戌，奔莒。螽。宋人杀其大夫司马。宋司城来奔。

【注解】

①不至：还没到达京师。

【译文】

八年春，周历正月。

夏季四月，无事。

秋季八月戊申日，周王驾崩。

冬季十月壬午日，公子遂会见晋国大夫赵盾，并在衡雍结盟。乙酉日，公子遂与雒戎相会，并在暴地结盟。公孙敖去了京师，没到达京师就返回了。丙戌日，奔往莒国。发生蝗虫之灾。宋人杀死其大夫司马。宋国的司城逃到鲁国。

◎九　年◎

【原文】

九年春，毛伯来求金[1]。夫人姜氏如齐。二月，叔孙得臣如京师。辛丑，葬襄王。晋人杀其大夫先都。三月，夫人姜氏至自齐。晋人杀其大夫士縠及箕郑父。楚人伐郑。公子遂会晋人、宋人、卫人、许人救郑。

楚君派子越椒来鲁国访问。

夏季，狄国入侵齐国。

秋季八月，曹伯襄卒。九月癸西日，发生地震。

冬季，楚君派子越椒来鲁国访问。秦人来鲁国馈送僖公、成风丧事所用的衣衾。为曹共公举行葬礼。

夏，狄侵齐。

秋八月，曹伯襄卒。九月癸西，地震。

冬，楚子使椒来聘。秦人来归僖公、成风之禭。葬曹共公。

【注解】

①求金：求取贡物。

【译文】

九年春，毛伯到鲁国求取贡物。夫人姜氏前往齐国。二月，鲁叔孙得臣前往京师。辛丑日，安葬襄王。晋人杀死其大夫先都。三月，夫人姜氏自齐国返回。晋人杀死其大夫士縠及箕郑父。楚人讨伐郑国。公子遂与晋人、宋人、卫人、许人一起援救郑国。

◎十　年◎

【原文】

十年春，王三月辛卯，臧孙辰卒。

夏，秦伐晋。楚杀其大夫宜申。

自正月不雨，至于秋七月。及苏子盟于女栗。

冬，狄侵宋。楚子、蔡侯次于厥貉①。

【注解】

①次：驻扎。

【译文】

十年春，周历三月辛卯日，臧孙辰卒。

夏季，秦国攻伐晋国。楚国杀死其大夫宜申。

从正月就无雨，至七月才开始降雨。文公在女栗与苏子结盟。

冬季，狄人入侵宋国。楚子、蔡侯在厥貉驻扎军队。

◎十一年◎

【原文】

十有一年春，楚子伐麇。

夏，叔仲彭生会晋郤缺于承筐。

秋，曹伯来朝。公子遂如宋。狄侵齐。

冬十月甲午，叔孙得臣败狄于咸。

【译文】

十一年春，楚子讨伐麇国。

夏季，叔仲彭生与晋国上卿郤缺在承筐相会。

秋季，曹伯来鲁国朝见。公子遂前往宋国。狄人入侵齐国。

冬季十月甲午日，鲁叔孙得臣在咸地打败狄人。

◎十二年◎

【原文】

十有二年春，王正月，郕伯来奔。杞伯来朝。二月庚子，子叔姬卒。

夏，楚人围巢。

秋，滕子来朝。秦伯使术来聘。

冬十有二月戊午，晋人、秦人战于河曲。季孙行父帅师城诸及郓。

【译文】

十二年春，周历正月，郕伯投奔鲁国。杞伯来鲁国朝见。二月庚子日，叔姬卒。

夏季，楚人围困巢国。

秋季，滕国君主来鲁国朝见。秦伯派西乞术访问鲁国。

冬季十二月戊午日，晋人与秦人战于河曲。季孙行父率军去诸地和郓地筑城。

◎十四年◎

【原文】

十有四年春，王正月，公至自晋。邾人伐我南鄙，叔彭生帅师伐邾。

夏五月乙亥，齐侯潘卒。六月，公会宋公、陈侯、卫侯、郑伯、许男、曹伯、晋赵盾。癸酉，同盟于新城。

秋七月，有星孛入于北斗。公至自会。晋人纳捷菑于邾。弗克纳。九月甲申，公孙敖卒于齐。齐公子商人弑其君舍。宋子哀来奔。

冬，单伯如齐。齐人执单伯。齐人执子叔姬。

文公从晋国回国。

【译文】

十四年春，周历正月，文公自晋国回国。邾人进攻鲁国的南部边境，叔彭生率军讨伐邾国。

夏季五月乙亥日，齐侯潘卒。六月，文公与宋公、陈侯、卫侯、郑伯、许男、曹伯、晋卿赵盾相会。癸酉日，在新城结盟。

秋季七月，有彗星穿过北斗星所在的区域。文公自盟会返回鲁国。晋人护送邾国公子捷菑回国即位，未能为邾人接纳。九月甲申日，公孙敖卒于齐国。齐公子商人杀死其君舍。宋国君主哀投奔鲁国。

冬季，周朝卿士单伯前往齐国。齐人扣留单伯。齐人逮捕子叔姬。

◎十五年◎

【原文】

十有五年春，季孙行父如晋。三月，宋司马华孙来盟。

夏，曹伯来朝。齐人归公孙敖之丧。六月辛丑朔，日有食之。鼓，用牲于社①。单伯至自齐。晋郤缺帅师伐蔡。戊申，入蔡。

秋，齐人侵我西鄙。季孙行父如晋。

冬十有一月，诸侯盟于扈。十有二月，齐人来归子叔姬。齐侯侵我西鄙，遂伐曹，入其郛。

【注解】

①用牲于社：用牺牲在社稷坛祭祀。

【译文】

十五年春，季孙行父前往晋国。三月，宋国司马华孙来鲁国结盟。

夏季，曹伯来鲁国朝见。齐人送回公孙敖的灵柩。六月辛丑日，初一，有日食。鲁国在社稷坛击鼓，用牺牲进行祭祀。单伯从齐国来到鲁国。晋国上卿郤缺率军讨伐蔡国。戊申日，进入蔡国。

秋季，齐人侵犯鲁国西部边境。季孙行父前往晋国。

冬季十一月，诸侯在扈地结盟。十二月，齐人送回子叔姬。齐侯侵犯鲁国西部边境，接着进攻曹国，进入其外城。

◎十六年◎

【原文】

十有六年春，季孙行父会齐侯于阳谷，齐侯弗及盟。

夏五月，公四不视朔。六月戊辰，公子遂及齐侯盟于郪丘。

秋八月辛未，夫人姜氏薨。毁泉台。楚人、秦人、巴人灭庸。

冬十有一月，宋人弑其君杵臼。

【译文】

十六年春，季孙行父与齐侯在阳谷相会，齐侯没有与他结盟。

夏季五月，文公四次没有在朔日告庙听政。六月戊辰日，公子遂与齐侯在郪丘结盟。

秋季八月辛未日，夫人姜氏薨。毁坏泉台。楚、秦、巴三国联合灭掉庸国。

冬季十一月，宋人杀死其君杵臼。

宣　公

◎元　年◎

【原文】

元年春，王正月，公即位。公子遂如齐逆女。三月，遂以夫人妇姜至自齐。

夏，季孙行父如齐。晋放其大夫胥甲父于卫[①]。公会齐侯于平州。公子遂如齐。六月，齐人取济西田。

秋，邾子来朝。楚子、郑人侵陈，遂侵宋。晋赵盾帅师救陈。宋公、陈侯、卫侯、曹伯会晋师棐林，伐郑。

冬，晋赵穿帅师侵崇。晋人、宋人伐郑。

【注解】

①放：放逐。

【译文】

元年春，周历正月，宣公即位。公子遂前往齐国为宣公迎娶夫人。三月，公子遂从齐国迎回夫人妇姜。

夏季，季孙行父前往齐国。晋国将其大夫胥甲父放逐到卫国。宣公在平州会见齐侯。公子遂前往齐国。六月，齐人夺取济西的田地。

秋季，邾子来鲁国朝见。楚子、郑人侵犯陈国，继而侵犯宋国。晋卿赵盾率军援救陈国。宋公、陈侯、卫侯、曹伯在棐林与晋军会合，一起讨伐郑国。

冬季，晋国大夫赵穿率军侵犯崇国。晋人、宋人讨伐郑国。

◎二　年◎

【原文】

二年春，王二月壬子，宋华元帅师及郑公子归生帅师，战于大棘。宋师败绩，获宋华元。秦师伐晋。

夏，晋人、宋人、卫人、陈人侵郑。

秋九月乙丑，晋赵盾弑其君夷皋。

冬十月乙亥，天王崩。

【译文】

二年春，周历二月壬子，宋国华元率军与郑国公子归生的军队大战于大棘。宋军溃败，郑国俘获宋国的华元。秦军进攻晋国。

夏季，晋人、宋人、卫人、陈人侵犯郑国。

秋季九月乙丑日，晋卿赵盾杀死其君夷皋。

冬季十月乙亥日，周王驾崩。

◎十 年◎

【原文】

十年春，公如齐。公至自齐。齐人归我济西田。

夏四月丙辰，日有食之。己巳，齐侯元卒。齐崔氏出奔卫。公如齐。五月，公至自齐。癸巳，陈夏征舒弑其君平国。六月，宋师伐滕。公孙归父如齐，葬齐惠公。晋人、宋人、卫人、曹人伐郑。

秋，天王使王季子来聘。公孙归父帅师伐邾，取绎。大水。季孙行父如齐。

冬，公孙归父如齐。齐侯使国佐来聘。饥。楚子伐郑。

【译文】

十年春，宣公去了齐国。宣公自齐国回国。齐人归还鲁国济西的田地。

夏季四月丙辰日，有日食。己巳日，齐侯元卒。齐国大夫崔氏出奔卫国。宣公前往齐国。五月，宣公自齐国回国。癸巳日，陈国夏征舒杀死其君平国。六月，宋军讨伐滕国。公孙归父前往齐国，参加齐惠公的葬礼。晋人、宋人、卫人、曹人讨伐郑国。

秋季，周王派使臣来鲁国访问。公孙归父率军进攻邾国，取得绎地。发生大水灾。季孙行父去了齐国。

冬季，公孙归父去了齐国。齐侯派国佐来鲁国访问。发生饥荒。楚子讨伐郑国。

◎十一年◎

【原文】

十一年春，王正月。

夏，楚子、陈侯、郑伯盟于辰陵。公孙归父会齐人伐莒。

秋，晋侯会狄于欑函[①]。

冬十月，楚人杀陈夏征舒。丁亥，楚子入陈。纳公孙宁、仪行父于陈。

【注解】

①欑：读cuán。

【译文】

十一年春，周历正月。

夏季，楚子、陈侯、郑伯在辰陵结盟。公孙归父会合齐人讨伐莒国。

秋季，晋侯在欑函会见狄人。

冬季十月，楚人杀死陈国的夏征舒。丁亥日，楚子进入陈国。把公孙宁、仪行父送到陈国。

楚子、陈侯、郑伯在辰陵结盟。

◎十二年◎

【原文】

十有二年春，葬陈灵公。楚子围郑。

夏六月乙卯，晋荀林父帅师及楚子战于邲，晋师败绩。

秋七月。

冬十有二月戊寅，楚子灭萧。晋人、宋人、卫人、曹人同盟于清丘。宋师伐陈。卫人救陈。

【译文】

十二年春，安葬陈灵公。楚子包围郑国。

夏季六月乙卯日，晋国荀林父率军与楚子战于邲地，晋军溃败。

秋季七月，无事。

冬季十二月戊寅日，楚子灭掉萧国。晋人、宋人、卫人、曹人在清丘结盟。宋军攻伐陈国。卫人援救陈国。

◎十五年◎

【原文】

十有五年春，公孙归父会楚子于宋。

夏五月，宋人及楚人平。六月癸卯，晋师灭赤狄潞氏，以潞子婴儿归。秦人伐晋。王札子杀召伯、毛伯。

秋，螽。仲孙蔑会齐高固于无娄。初税亩。

冬，蝝象生①。饥。

【注解】

①蝝（yuán）：飞蝗的幼虫。

【译文】

十五年春，公孙归父与楚子在宋地相会。

夏季五月，宋人与楚人讲和。六月癸卯日，晋军灭掉赤狄潞国，把潞国君主婴儿带回晋国。秦人讨伐晋国。王札子杀死召伯、毛伯。

秋季，有蝗灾。仲孙蔑在无娄与齐国高固相会。鲁国实行初税亩的赋税制度。

冬季，蝗虫卵化产生幼虫。发生饥荒。

公孙归父与楚子在宋地相会。

成　公

◎元　年◎

【原文】

元年春，王正月，公即位。二月辛酉，葬我君宣公。无冰。三月，作丘甲。

夏，臧孙许及晋侯盟于赤棘。

秋，王师败绩于茅戎。

冬十月。

【译文】

元年春，周历正月，成公即位。二月辛酉日，为鲁宣公举行葬礼。没有结冰。三月，制定丘甲制度。

夏季，臧孙许与晋侯在赤棘结盟。

秋季，周王的军队战败于茅戎。

冬季十月，无事。

◎二　年◎

【原文】

二年春，齐侯伐我北鄙。

夏四月丙戌，卫孙良夫帅师及齐师战于新筑，卫师败绩。六月癸酉，季孙行父、臧孙许、叔孙侨如、公孙婴齐帅师会晋郤克、卫孙良夫、曹公子首及齐侯战于鞌，齐师败绩。

秋七月，齐侯使国佐如师。己酉，及国佐盟于袁娄。八月壬午，宋公鲍卒。庚寅，卫侯速卒。取汶阳田。

冬，楚师、郑师侵卫。十有一月，公会楚公子婴齐于蜀。丙申，公及楚人、秦人、宋人、陈人、卫人、郑人、齐人、曹人、邾人、薛人、鄫人盟于蜀。

二年春，齐侯侵犯鲁国北部边境。

【译文】

二年春，齐侯侵犯鲁国北部边境。

夏季四月丙戌日，卫国上卿孙良夫率军与齐军在新筑开战，卫军溃败。六月癸酉日，季孙行父、臧孙许、叔孙侨如、公孙婴齐率军会合晋国郤克、卫国孙良夫、曹国公子首与齐侯战于鞌地，齐师大败。

秋季七月，齐侯派国佐前往军营。己酉日，诸侯与国佐在袁娄结盟。八月壬午日，宋公鲍卒。庚寅日，卫侯速卒。鲁军夺取汶阳之田。

冬季，楚军和郑军侵犯卫国。十一月，成公与楚公子婴齐在蜀地相会。丙申日，成公在蜀地与楚人、秦人、宋人、陈人、卫人、郑人、齐人、曹人、邾人、薛人、鄫人结盟。

◎三　年◎

【原文】

三年春，王正月，公会晋侯、宋公、卫侯、曹伯伐郑。辛亥，葬卫穆公。二月，公至自伐郑。甲子，新宫灾①。三日哭。乙亥，葬宋文公。

夏，公如晋。郑公子去疾帅师伐许。公至自晋。

秋，叔孙侨如帅师围棘。大雩。晋郤克、卫孙良夫伐廧咎如。

冬十有一月，晋侯使荀庚来聘。卫侯使孙良夫来聘。丙午，及荀庚盟。丁未，及孙良夫盟。郑伐许。

【注解】

①灾：火灾。

【译文】

三年春，周历正月，成公会合晋侯、宋公、卫侯、曹伯讨伐郑国。辛亥日，安葬卫穆公。二月，成公从伐郑战场返回。甲子日，宣公庙失火。成公和大臣们大哭三日。乙亥日，安葬宋文公。

夏季，成公前往晋国。郑公子去疾率军攻伐许国。成公由晋国返回。

秋季，叔孙侨如率军围困棘邑。举行盛大的祈雨仪式。晋国郤克、卫国孙良夫讨伐廧咎如。

冬季十一月，晋侯派荀庚来鲁国访问。卫侯派孙良夫来鲁国访问。丙午日，与荀庚结盟。丁未日，与孙良夫结盟。郑国讨伐许国。

◎四　年◎

【原文】

四年春，宋公使华元来聘。三月壬申，郑伯坚卒。杞伯来朝。

夏四月甲寅，臧孙许卒。公如晋，葬郑襄公。

秋，公至自晋。

冬，城郓。郑伯伐许。

【译文】

四年春，宋公派华元来鲁国访问。三月壬申日，郑伯坚卒。杞伯来鲁国朝见。

夏四月甲寅日，臧孙许卒。成公前往晋国，安葬郑襄公。

秋季，成公自晋国回国。

冬季，修筑郓地的城墙。郑伯讨伐许国。

◎五　年◎

【原文】

五年春，王正月，杞叔姬来归。仲孙蔑如宋。

夏，叔孙侨如会晋荀首于谷。梁山崩。

秋，大水。

冬十有一月己酉，天王崩。十有二月己丑，公会晋侯、齐侯、宋公、卫侯、郑伯、曹伯、邾子、杞伯同盟于虫牢。

【译文】

五年春，周历正月，杞叔姬被休弃，回到鲁国。仲孙蔑前往宋国。

夏季，叔孙侨如在谷地会见晋国荀首。梁山发生山崩。

秋季，发生大水灾。

冬季十一月己酉日，周王驾崩。十二月己丑日，成公会见晋侯、齐侯、宋公、卫侯、郑伯、曹伯、邾子、杞伯，在虫牢之地结盟。

◎六　年◎

【原文】

六年春，王正月，公至自会。二月辛巳，立武宫①。取鄟。卫孙良夫帅师侵宋。

夏六月，邾子来朝。公孙婴齐如晋。壬申，郑伯费卒。

秋，仲孙蔑、叔孙侨如帅师侵宋。楚公子婴齐帅师伐郑。

冬，季孙行父如晋。晋栾书帅师救郑。

楚国公子婴齐率军伐郑。

【注解】

①立武宫：为鞌之战所建的建筑，用来炫耀武功。

【译文】

六年春，周历正月，成公自虫牢之会回国。二月辛巳日，建造武宫。夺取鄟地。卫国孙良夫率军侵犯宋国。

夏季六月，邾国君主来鲁国朝见。公孙婴齐前往晋国。壬申日，郑伯费卒。

秋季，仲孙蔑、叔孙侨如率军侵入宋国。楚国公子婴齐率军伐郑。

冬季，季孙行父前往晋国。晋国正卿栾书率军援救郑国。

◎九　年◎

【原文】

九年春，王正月，杞伯来逆叔姬之丧以归。公会晋侯、齐侯、宋公、卫侯、郑伯、曹伯、莒子、杞伯，同盟于蒲。公至自会。二月，伯姬归于宋。

夏，季孙行父如宋致女①。晋人来媵。

秋七月丙子，齐侯无野卒。晋人执郑伯。晋栾书帅师伐郑。

冬十有一月，葬齐顷公。楚公子婴齐帅师伐莒。庚申，莒溃。楚人入郓。秦人、白狄伐晋。郑人围许。城中城。

【注解】

①致女：女子出嫁三个月后，母国又派大夫前往聘问，称为致女。

【译文】

九年春，周历正月，杞伯来鲁国迎回叔姬的灵柩。成公会见晋侯、齐侯、宋公、卫侯、郑伯、曹伯、莒子、杞伯，在蒲地结盟。成公自蒲地回国。二月，伯姬嫁到宋国。

夏季，季孙行父前去宋国致女。晋国送来女子为伯姬陪嫁。

秋季七月丙子日，齐侯无野卒。晋人捉住郑伯。晋国栾书率军伐郑。

冬季十一月，安葬齐顷公。楚国公子婴齐率军攻伐莒国。庚申日，莒人溃散。楚人进入郓邑。秦人、白狄讨伐晋国。郑人围困许国。修缮都城内城。

◎十　年◎

【原文】

十年春，卫侯之弟黑背帅师侵郑。

夏四月，五卜郊①，不从，乃不郊。五月，公会晋侯、齐侯、宋公、卫侯、曹伯伐郑。齐人来媵。丙午，晋侯獳卒。

秋七月，公如晋。

冬十月。

【注解】

①郊：郊祭。

【译文】

十年春，卫侯的弟弟黑背率军侵犯郑国。

夏季四月，五次卜郊祭，都不吉利，因此没有举行郊祭之礼。五月，成公会合晋侯、齐侯、宋公、卫侯、曹伯一起讨伐郑国。齐人送女来陪嫁。丙午日，晋侯獳卒。

秋季七月，成公前往晋国。

冬季十月，无事。

秋季七月，成公前往晋国。

◎十四年◎

【原文】

十有四年春，王正月，莒子朱卒。

夏，卫孙林父自晋归于卫。

秋，叔孙侨如如齐逆女。郑公子喜帅师伐许。九月，侨如以夫人妇姜氏至自齐。

冬十月庚寅，卫侯臧卒。秦伯卒。

【译文】

十四年春，周历正月，莒国君主朱卒。

夏季，卫国孙林父自晋复归于卫国。

秋季，叔孙侨如前往齐国为鲁君迎娶女子。郑国公子喜率军进攻许国。九月，侨如从齐国迎娶回夫人姜氏。

冬季十月庚寅日，卫侯臧卒。秦伯卒。

◎十五年◎

【原文】

十有五年春，王二月，葬卫定公。三月乙巳，仲婴齐卒。癸丑，公会晋侯、卫侯、郑伯、曹伯、宋世子成、齐国佐，邾人同盟于戚。晋侯执曹伯归于京师。公至自会。

夏六月，宁公固卒。楚子伐郑。

秋八月庚辰，葬宋共公。宋华元出奔晋。宋华元自晋归于宋。宋杀其大夫山。宋鱼石出奔楚。

冬十有一月，叔孙侨如会晋士燮、齐高无咎、宋华元、卫孙林父、郑公子鳍、邾人会吴于钟离。许迁于叶。

【译文】

十五年春，周历二月，安葬卫定公。三月乙巳日，仲婴齐卒。癸丑日，成公会见晋侯、卫侯、郑伯、曹伯、宋世子成、齐国佐、邾人，在戚地结盟。晋侯逮捕曹伯回到京师。成公自戚地回国。

夏季六月，宁公固卒。楚子讨伐郑国。

秋季八月庚辰日，安葬宋共公。宋国华元逃往晋国。宋国华元自晋国回到宋国。宋国杀死其大夫山。宋国鱼石逃到楚国。

冬季十一月，叔孙侨如会合晋士燮、齐高无咎、宋华元、卫孙林父、郑公子鳍、邾人，与吴在钟离相会。许国迁都到叶地。

◎十六年◎

【原文】

十有六年春，王正月，雨，木冰。

夏四月辛未，滕子卒。郑公子喜帅师侵宋。六月丙寅，朔，日有食之。晋侯使栾黡来乞师。甲午晦，晋侯及楚子、郑伯战于鄢陵。楚子、郑师败绩。楚杀其大夫公子侧。

秋，公会晋侯、齐侯、卫侯、宋华元、邾人于沙随，不见公。公至自会。公会尹子、晋侯、齐国佐、邾人伐郑。曹伯归自京师。九月，晋人执季孙行父，舍之于苕丘。

冬十月乙亥，叔孙侨如出奔齐。十有二月乙丑，季孙行父及晋郤犨，盟于扈。公至自会。乙酉，刺公子偃[1]。

【注解】

①刺：杀。

【译文】

十六年春，周历正月，下雨，出现木冰。

夏季四月辛未日，滕国君主卒。郑国公子喜率军侵犯宋国。六月丙寅日，初一，有日食。晋侯派栾黡来鲁国请求出兵。甲午日，晋侯与楚子、郑伯战于鄢陵。楚、郑两国军队溃败。楚国杀死其大夫公子侧。

夏季四月辛未日，滕国君主去世。

秋季，成公与晋侯、齐侯、卫侯、宋华元、邾人在沙随相会，晋侯不肯会见成公。成公自沙随之会回国。成公会合尹子、晋侯、齐国佐、邾人伐郑。曹伯自京师回国。九月，晋人逮捕季孙行父，将其囚禁在苕丘。

冬季十月乙亥日，叔孙侨如出奔到齐国。十二月乙丑日，季孙行父在扈地与晋国大夫郤犨结盟。成公自扈地之会回国。乙酉日，杀死公子偃。

◎十七年◎

【原文】

十有七年春，卫北宫括帅师侵郑。

夏，公会尹子、单子、晋侯、齐侯、宋公、卫侯、曹伯、邾人伐郑。六月乙酉，同盟于柯陵。

秋，公至自会。齐高无咎出奔莒。九月辛丑，用郊[1]。晋侯使荀罃来乞师。

冬，公会单子、晋侯、宋公、卫侯、曹伯、齐人、邾人伐郑。十有一月，公至自伐郑。壬申，公孙婴卒于狸脤。十有二月，丁巳，朔，日有食之。邾子貜且卒。晋杀其大夫郤锜、郤犨、郤至。楚人灭舒庸。

【注解】

①用郊：行郊祭之礼。

【译文】

十七年春，卫国卿大夫北宫括率军侵犯郑国。

晋侯派荀罃来鲁国请求援兵。

夏季，成公会合尹子、单子、晋侯、齐侯、宋公、卫侯、曹伯、邾人一起伐郑。六月乙酉日，在柯陵结盟。

秋季，成公自柯陵之会回国。齐国高无咎出奔到莒国。九月辛丑日，行郊祭之礼。晋侯派荀罃来鲁国请求援兵。

冬季，成公会合单子、晋侯、宋公、卫侯、曹伯、齐人、邾人一起伐郑。十一月，成公自伐郑战场回国。壬申日，公孙婴卒于貍脤。十二月丁巳日，初一，有日食。邾国君主貜且卒。晋国杀死其大夫郤锜、郤犫、郤至。楚国灭掉舒庸。

◎十八年◎

【原文】

十有八年春，王正月，晋杀其大夫胥童。庚申，晋弑其君州蒲。齐杀其大夫国佐。公如晋。

夏，楚子、郑伯伐宋。宋鱼石复入于彭城。公至自晋。晋侯使士匄来聘。

秋，杞伯来朝。八月，邾子来朝。筑鹿囿。己丑，公薨于路寝。

冬，楚人、郑人侵宋。晋侯使士鲂来乞师。十有二月，仲孙蔑会晋侯、宋公、卫侯、邾子、齐崔杼同盟于虚朾。丁未，葬我君成公。

【译文】

十有八年春，周历正月，晋国杀死其大夫胥童。庚申日，晋国杀死其君主州蒲。齐国杀死其大夫国佐。成公去了晋国。

夏季，楚子、郑伯讨伐宋国。宋国鱼石侵入彭城。成公自晋回国。晋侯派士匄来鲁国访问。

秋季，杞伯来鲁国朝见。八月，邾国君主来鲁国朝见。修筑鹿囿。己丑日，成公在路寝薨。

秋季，杞伯来鲁国朝见。

冬季，楚人、郑人侵犯宋国。晋侯派士鲂来鲁国请求援兵。十二月，仲孙蔑会见晋侯、宋公、卫侯、邾子、齐崔杼，在虚朾结盟。丁未日，为成公举行葬礼。

襄　公

◎元　年◎

【原文】

元年春，王正月，公即位。仲孙蔑会晋栾黡、宋华元、卫宁殖、曹人、莒人、邾人、滕人、薛人围宋彭城。

夏，晋韩厥帅师伐郑，仲孙蔑会齐崔杼、曹人、邾人、杞人次于鄫。

秋，楚公子壬夫帅师侵宋。九月辛酉，天王崩。邾子来朝。

冬，卫侯使公孙剽来聘。晋侯使荀罃来聘。

【译文】

元年春，周历正月，襄公即位。仲孙蔑会合晋栾黡、宋华元、卫宁殖、曹人、莒人、邾人、滕人、薛人一起围困宋国的彭城。

夏季，晋国大夫韩厥率军伐郑，仲孙蔑会合齐崔杼、曹人、邾人、杞人在鄫地驻扎军队。

秋季，楚国公子壬夫率军侵犯宋国。九月辛酉日，周王驾崩。邾国君主来鲁国朝见。

冬季，卫侯派公孙剽来鲁国访问。晋侯派荀罃来鲁国访问。

◎二　年◎

【原文】

二年春，王正月，葬简王。郑师伐宋。

夏五月庚寅，夫人姜氏薨。六月庚辰，郑伯睔卒。晋师、宋师、卫宁殖侵郑。

秋七月，仲孙蔑会晋荀罃、宋华元、卫孙林父、曹人、邾人于戚。己丑，葬我小君齐姜。叔孙豹如宋。

冬，仲孙蔑会晋荀罃、齐崔杼、宋华元、卫孙林父、曹人、邾人、滕人、薛人、小邾人于戚，遂城虎牢。楚杀其大夫公子申。

【译文】

二年春，周历正月，安葬简王。郑军进攻宋国。

夏季五月庚寅日，夫人姜氏薨。六月庚辰日，郑伯睔卒。晋师、宋师、卫宁殖侵犯郑国。

周历正月，安葬简王。

秋季七月，仲孙蔑与晋荀䓨、宋华元、卫孙林父、曹人、邾人在戚地相会。己丑日，为夫人齐姜举行葬礼。叔孙豹前往宋国。

冬季，仲孙蔑与晋荀䓨、齐崔杼、宋华元、卫孙林父、曹人、邾人、滕人、薛人、小邾人在戚地相会，接着在虎牢之地筑城。楚国杀死其大夫公子申。

◎三 年◎

【原文】

三年春，楚公子婴齐帅师伐吴。公如晋。

夏四月壬戌，公及晋侯盟于长樗。公至自晋。六月，公会单子、晋侯、宋公、卫侯、郑伯、莒子、邾子、齐世子光。己未，同盟于鸡泽。陈侯使袁侨如会。戊寅，叔孙豹及诸侯之大夫及陈袁侨盟。

秋，公至自会。

冬，晋荀䓨帅师伐许。

襄公前往晋国。

【译文】

三年春，楚国公子婴齐率军进攻吴国。襄公前往晋国。

夏季四月壬戌日，襄公在长樗与晋侯结盟。襄公自晋回国。六月，襄公会见单子、晋侯、宋公、卫侯、郑伯、莒子、邾子、齐世子光。己未日，一起在鸡泽结盟。陈侯派袁侨前去参加盟会。戊寅日，叔孙豹及诸侯大夫与袁侨结盟。

秋季，襄公自鸡泽之会回国。

冬季，晋国大夫荀䓨率军攻伐许国。

◎四 年◎

【原文】

四年春，王三月，己酉，陈侯午卒。

夏，叔孙豹如晋。

秋七月戊子，夫人姒氏薨。葬陈成公。八月辛亥，葬我小君定姒。

冬，公如晋。陈人围顿。

【译文】

四年春，周历三月，己酉日，陈侯午卒。

夏季，叔孙豹前往晋国。

秋季七月戊子日，夫人姒氏薨。安葬陈成公。八月辛亥日，为夫人定姒举行葬礼。

冬季，襄公前往晋国。陈人包围顿国。

◎十 年◎

【原文】

十年春，公会晋侯、宋公、卫侯、曹伯、莒子、邾子、滕子、薛伯、杞伯、小邾子、齐世子光会吴于柤。

夏五月甲午，遂灭偪阳。公至自会。楚公子贞、郑公孙辄帅师伐宋。晋师伐秦。

秋，莒人伐我东鄙。公会晋侯、宋公、卫侯、曹伯、莒子、邾子、齐世子光、滕子、薛伯、杞伯、小邾子伐郑。

冬，盗杀郑公子騑、公子发、公孙辄。戍郑虎牢。楚公子贞帅师救郑。公至自伐郑。

晋军讨伐秦国。

【译文】

十年春，襄公会合晋侯、宋公、卫侯、曹伯、莒子、邾子、滕子、薛伯、杞伯、小邾子、齐世子光在柤地与吴人相会。

夏季，五月甲午日，灭掉偪阳。襄公自柤地之会回国。楚公子贞、郑公孙辄率军讨伐宋国。晋军讨伐秦国。

秋季，莒人侵犯鲁国东部边境。襄公会合晋侯、宋公、卫侯、曹伯、莒子、邾子、齐世子光、滕子、薛伯、杞伯、小邾子讨伐郑国。

冬季，盗杀死郑公子騑、公子发、公孙辄。诸侯的军队戍守郑国的虎牢之地。楚公子贞率军援救郑国。襄自伐郑战场回国。

◎十一年◎

【原文】

十有一年春，王正月，作三军①。

夏四月，四卜郊，不从，乃不郊。郑公孙舍之帅师侵宋。公会晋侯、宋公、卫侯、曹伯、齐世子光、莒子、邾子、滕子、薛伯、杞伯、小邾子伐郑。

秋七月己未，同盟于亳城北。公至自伐郑。楚子、郑伯伐宋。公会晋侯、宋公、卫侯、曹伯、齐世子光、莒子、邾子、滕子、薛伯、杞伯、小邾子伐郑，会于萧鱼。公至自会。楚人执郑行人良霄。

冬，秦人伐晋。

【注解】

①作三军：恢复三军军制。

【译文】

十一年春，周历正月，鲁国恢复三军军制。

夏季四月，四次占卜郊祭的日期，都不吉利，于是没有举行郊祭。郑公孙舍之率军侵犯宋国。襄公会合晋侯、宋公、卫侯、曹伯、齐世子光、莒子、邾子、滕子、薛伯、杞伯、小邾子讨伐郑国。

　　秋季七月己未日，诸侯在亳城北结盟。襄公自伐郑战场回国。楚子、郑伯讨伐宋国。襄公会合晋侯、宋公、卫侯、曹伯、齐世子光、莒子、邾子、滕子、薛伯、杞伯、小邾子讨伐郑国，并在萧鱼相会。襄公自盟返回鲁国。楚国逮捕郑国的使臣良霄。

　　冬季，秦人讨伐晋国。

◎十四年◎

【原文】

　　十有四年春，王正月，季孙宿、叔老会晋士匄、齐人、宋人、卫人、郑公孙虿、曹人、莒人、邾人、滕人、薛人、杞人、小邾人会吴于向。二月乙未朔，日有食之。

　　夏四月，叔孙豹会晋荀偃、齐人、宋人、卫北宫括、郑公孙虿、曹人、莒人、邾人、滕人、薛人、杞人、小邾人伐秦。己未，卫侯出奔齐。莒人侵我东鄙。

　　秋，楚公子贞帅师伐吴。

　　冬，季孙宿会晋士匄、宋华阅、卫孙林父、郑公孙虿、莒人、邾人于戚。

【译文】

　　十四年春，周历正月，季孙宿、叔老会合晋士匄、齐人、宋人、卫人、郑公孙虿、曹人、莒人、邾人、滕人、薛人、杞人、小邾人在于向与吴人相会。二月乙未日，初一，有日食。

　　夏季四月，叔孙豹会合晋荀偃、齐人、宋人、卫北宫括、郑公孙虿、曹人、莒人、邾人、滕人、薛人、杞人、小邾人攻伐秦国。己未日，卫侯出奔到齐国。莒人侵犯鲁国的东部边境。

　　秋季，楚公子贞率军攻伐吴国。

　　冬季，季孙宿在戚地会见晋士匄、宋华阅、卫孙林父、郑公孙虿、莒人、邾人。

◎十五年◎

【原文】

　　十有五年春，宋公使向戌来聘。二月己亥，及向戌盟于刘。刘夏逆王后于齐。

　　夏，齐侯伐我北鄙，围成。公救成，至遇。季孙宿、叔孙豹帅师城成郛。

　　秋八月丁巳，日有食之。邾人伐我南鄙。

　　冬十有一月癸亥，晋侯周卒。

【译文】

　　十五年春，宋公派向戌来鲁国访问。二月己亥日，与向戌在刘地结盟。刘夏到齐国迎娶王后。

　　夏季，齐侯侵犯鲁国北部边境，包围成邑。襄公率军援救成邑，到达遇地，齐军撤走。季孙宿、叔孙豹率军修筑成郛的城墙。

　　秋季八月丁巳日，有日食。邾人进攻鲁国的南部边境。

　　冬季十一月癸亥日，晋侯周卒。

宋公派向戌来鲁国访问。

◎十六年◎

【原文】

十有六年春，王正月，葬晋悼公。三月，公会晋侯、宋公、卫侯、郑伯、曹伯、莒子、邾子、薛伯、杞伯、小邾子于溴梁①。戊寅，大夫盟。晋人执莒子、邾子以归。齐侯伐我北鄙。

夏，公至自会。五月甲子，地震。叔老会郑伯、晋荀偃、卫宁殖、宋人伐许。

秋，齐侯伐我北鄙，围成。大雩。

冬，叔孙豹如晋。

【注解】

①溴（jú）：河名，在今河南省境内。梁：水堤。

【译文】

十六年春，周历正月，安葬晋悼公。三月，襄公在溴梁与晋侯、宋公、卫侯、郑伯、曹伯、莒子、邾子、薛伯、杞伯、小邾子相会。戊寅日，各国诸侯的大夫结盟。晋人逮捕莒子、邾子回到晋国。齐侯进攻鲁国的北部边境。

夏季，襄公自盟会回国。五月甲子日，发生地震。叔老联合郑伯、晋荀偃、卫宁殖、宋人讨伐许国。

秋季，齐侯进攻鲁国北部边境，包围成邑。举行盛大的祈雨祭祀。

冬季，叔孙豹前往晋国。

◎十七年◎

【原文】

十有七年春，王二月庚午，邾子轻卒。宋人伐陈。

夏，卫石买帅师伐曹。

秋，齐侯伐我北鄙，围桃。齐高厚帅师伐我北鄙，围防。九月，大雩。宋华臣出奔陈。

冬，邾人伐我南鄙。

【译文】

十七年春，周历二月庚午日，邾国君主轻卒。宋人讨伐陈国。

夏季，卫国石买率军讨伐曹国。

秋季，齐侯进攻鲁国的北部边境，围困桃邑。齐国高厚率军进攻鲁国的北部边境，围困防地。九月，举行盛大的祈雨祭祀。宋国华臣出奔到陈国。

冬季，邾人进攻鲁国的南境。

宋国华臣出奔到陈国。

◎十八年◎

【原文】

十有八年春，白狄来。

夏，晋人执卫行人石买。

秋，齐师伐我北鄙。

冬十月，公会晋侯、宋公、卫侯、郑伯、曹伯、莒子、邾子、滕子、薛伯、杞伯、小邾子同围齐。曹伯负刍卒于师。楚公子午帅师伐郑。

【译文】

十八年春，白狄的君主来鲁国访问。

夏季，晋人逮捕卫国的使臣石买。

秋季，齐军攻伐鲁国的北部边境。

冬季十月，襄公会合晋侯、宋公、卫侯、郑伯、曹伯、莒子、邾子、滕子、薛伯、杞伯、小邾子围困齐国。曹伯负刍卒于军中。楚公子午率军讨伐郑国。

◎十九年◎

【原文】

十有九年春，王正月，诸侯盟于祝柯①。晋人执邾子，公至自伐齐。取邾田，自漷水②。季孙宿如晋。葬曹成公。

夏，卫孙林父帅师伐齐。

秋七月辛卯，齐侯环卒③。晋士匄帅师侵齐④，至谷，闻齐侯卒，乃还。八月丙辰，仲孙蔑卒。齐杀其大夫高厚。郑杀其大夫公子嘉。

冬，葬齐灵公。城西郛。叔孙豹会晋士匄于柯。城武城。

【注解】

春季，诸侯在祝柯结盟。

①祝柯：地名，在今山东长清东北。②"取邾田"二句：夺取邾国之田而以漷水为界。漷水，即今南沙河，在山东省境内。③齐侯环：即齐灵公。④士匄：即范宣子，晋国大臣。

【译文】

十九年春，周历正月，诸侯在祝柯结盟。晋人逮捕邾国君主，襄公亲自率师攻打齐国。夺取邾田，以漷水为界。季孙宿前往晋国。安葬曹成公。

夏季，卫国孙林父率军伐齐。

秋季七月辛卯日，齐侯环

辛。晋国士匄率军侵犯齐国，到达谷地，听说齐侯死了，便撤兵而回。八月丙辰日，仲孙蔑卒。齐国杀死其大夫高厚。郑国杀死其大夫公子嘉。

　　冬季，安葬齐灵公。修筑西郚的城墙。叔孙豹在柯地会见晋士匄。修筑武城。

◎二十年◎

【原文】

　　二十年春，王正月辛亥，仲孙速会莒人①，盟于向②。

　　夏六月庚申，公会晋侯、齐侯、宋公、卫侯、郑伯、曹伯、莒子、邾子、滕子、薛伯、杞伯、小邾子，盟于澶渊③。

　　秋，公至自会。仲孙速帅师伐邾。蔡杀其大夫公子燮④。蔡公子履出奔楚⑤。陈侯之弟黄出奔楚。叔老如齐⑥。

　　冬十月丙辰，朔，日有食之。季孙宿如宋。

【注解】

①仲孙速：即孟庄子，鲁宗族臣。②向：地名，在今山东莒县南。③澶渊：地名，在今河南濮阳西。④公子燮：蔡国公子，又称司马燮。⑤履：公子燮的同母弟。⑥叔老：即子叔齐子，鲁臣。

【译文】

　　二十年春，周历正月辛亥日，仲孙速与莒人相会，在向地结盟。

　　夏季六月庚申日，襄公会见晋侯、齐侯、宋公、卫侯、郑伯、曹伯、莒子、邾子、滕子、薛伯、杞伯、小邾子，并在澶渊结盟。

　　秋季，襄公自盟会返回。仲孙速率军讨伐邾国。蔡国杀死其大夫公子燮。蔡国公子履出奔到楚国。陈侯的弟弟黄出奔到楚国。叔老前往齐国。

　　冬季十月丙辰日，初一，有日食。季孙宿前往宋国。

◎二十一年◎

【原文】

　　二十有一年春，王正月，公如晋。邾庶其以漆、闾丘来奔①。

　　夏，公至自晋。

　　秋，晋栾盈出奔楚。九月庚戌，朔，日有食之。

　　冬十月庚辰，朔，日有食之。曹伯来朝。公会晋侯、齐侯、宋公、卫侯、郑伯、曹伯、莒子、邾子于商任②。

【注解】

①庶其：邾大夫。漆、闾丘：邾邑名，在今山东境内。
②商任：地名，在今河南安阳境内。

襄公自晋国回国。

【译文】

二十一年春，周历正月，襄公前往晋国。邾大夫庶其带着漆、闾丘两个城邑投奔鲁国。

夏季，襄公自晋国回国。

秋季，晋国下卿栾盈出奔到楚国。九月庚戌日，初一，有日食。

冬季十月庚辰日，初一，有日食。曹伯来鲁国朝见。襄公在商任会见晋侯、齐侯、宋公、卫侯、郑伯、曹伯、莒子、邾子。

◎二十二年◎

【原文】

二十有二年春，王正月，公至自会①。

夏四月。

秋七月辛酉，叔老卒。

冬，公会晋侯、齐侯、宋公、卫侯、郑伯、曹伯、莒子、邾子、薛伯、杞伯、小邾子于沙随②。公至自会。楚杀其大夫公子追舒③。

【注解】

①会：指商任之会。②沙随：地名，在今河南宁陵北。③公子追舒：即子南，楚公子。

【译文】

二十二年春，周历正月，襄公自商任之会回国。

夏季四月，无事。

秋季七月辛酉日，叔老卒。

冬季，襄公在沙随会见晋侯、齐侯、宋公、卫侯、郑伯、曹伯、莒子、邾子、薛伯、杞伯、小邾子。襄公自沙随之会回国。楚国杀死其大夫公子追舒。

◎二十三年◎

陈侯的弟弟黄从楚国回到陈国。

【原文】

二十有三年春，王二月癸酉，朔，日有食之。三月己巳，杞伯匄卒。

夏，邾畀我来奔。葬杞孝公。陈杀其大夫庆虎及庆寅。陈侯之弟黄自楚归于陈。晋栾盈复入于晋，入于曲沃。

秋，齐侯伐卫，遂伐晋。八月，叔孙豹帅师救晋，次于雍榆①。己卯，仲孙速卒。

冬十月乙亥，臧孙纥出奔邾。晋人杀栾盈。齐侯袭莒。

【注解】

①雍榆：地名，在今河南浚县西南。

【译文】

二十三年春，周历二月癸酉日，初一，有日食。三月已巳日，杞伯匄卒。

夏季，邾畀我前来投奔。安葬杞孝公。陈国杀死其大夫庆虎和庆寅。陈侯的弟弟黄从楚国回到陈国。晋下卿栾盈又返回晋国，回到原先的封邑曲沃。

秋季，齐侯讨伐卫国，随即进攻晋国。八月，叔孙豹率军援救晋国，驻军于雍榆。已卯日，仲孙速卒。

冬季十月乙亥日，臧孙纥出奔到邾国。晋人杀死栾盈。齐侯偷袭莒国。

◎二十四年◎

【原文】

二十有四年春，叔孙豹如晋。仲孙羯帅师侵齐。

夏，楚子伐吴。

秋七月甲子，朔，日有食之，既①。齐崔杼帅师伐莒。大水。八月癸巳朔，日有食之。公会晋侯、宋公、卫侯、郑伯、曹伯、莒子、邾子、滕子、薛伯、杞伯、小邾子于夷仪②。

冬，楚子、蔡侯、陈侯、许男伐郑。公至自会。陈铖宜咎出奔楚③。叔孙豹如京师。大饥④。

【注解】

①既：尽，指日全食。
②夷仪：地名，在今河北邢台西。③铖宜咎：陈国大臣。④大饥：五谷皆不收。

【译文】

二十四年春，叔孙豹前往晋国。仲孙羯率军侵犯齐国。

楚子讨伐吴国。

夏季，楚子讨伐吴国。

秋季七月甲子日，初一，有日食，为日全食。齐国崔杼率军攻伐莒国。有大水灾。八月癸巳日，初一，有日食。襄公与晋侯、宋公、卫侯、郑伯、曹伯、莒子、邾子、滕子、薛伯、杞伯、小邾子在夷仪相会。

冬季，楚子、蔡侯、陈侯、许男讨伐郑国。襄公自会盟地回国。陈国大臣铖宜咎出奔到楚国。叔孙豹前往京师。发生大饥荒。

◎二十五年◎

【原文】

二十有五年春，齐崔杼帅师伐我北鄙。

夏五月乙亥，齐崔杼弑其君光[1]。公会晋侯、宋公、卫侯、郑伯、曹伯、莒子、邾子、滕子、薛伯、杞伯、小邾子于夷仪。六月壬子，郑公孙舍之帅师入陈[2]。

秋八月己巳，诸侯同盟于重丘[3]。公至自会。卫侯入于夷仪。楚屈建帅师灭舒鸠。

冬，郑公孙夏帅师伐陈。十有二月，吴子遏伐楚[4]，门于巢[5]，卒。

【注解】

①光：齐庄公。②公孙舍之：即子展。③重丘：地名，在今山东聊城东南。④吴子遏：吴王诸樊。⑤巢：楚国的边邑。

【译文】

二十五年春，齐国崔杼率军侵犯鲁国北境。

夏季五月乙亥日，崔杼杀死其君主光。襄公与晋侯、宋公、卫侯、郑伯、曹伯、莒子、邾子、滕子、薛伯、杞伯、小邾子在夷仪相会。六月壬子日，郑国公孙舍之率军进入陈国。

秋季八月己巳日，诸侯在重丘结盟。襄公自会盟地回国。卫侯进入夷仪。楚国屈建率军灭掉舒鸠国。

冬季，郑国公孙夏率军攻伐陈国。十二月，吴子遏攻伐楚国，在进攻巢邑城门的时候，卒。

◎二十六年◎

【原文】

二十有六年春，王二月辛卯，卫宁喜弑其君剽。卫孙林父入于戚以叛[1]。甲午，卫侯衎复归于卫。

夏，晋侯使荀吴来聘。公会晋人、郑良霄、宋人、曹人于澶渊[2]。

秋，宋公杀其世子痤。晋人执卫宁喜。八月壬午，许男宁卒于楚。

冬，楚子、蔡侯、陈侯伐郑。葬许灵公。

【注解】

①戚：地名，在今河南濮阳北。
②良霄：即伯有，郑国大臣。

【译文】

二十六年春，周历二月辛卯日，卫臣宁喜杀死其君剽。卫臣孙林父回到戚地发动叛乱。甲午日，卫侯衎回到卫国复位。

夏季，晋侯派荀吴来鲁国聘问。襄公与晋人、郑良霄、宋人、曹人在澶渊相会。

卫臣宁喜杀死其君剽。

秋季，宋公杀死其世子痤。晋人逮捕卫国的宁喜。八月壬午日，许国君主宁卒于楚国。

冬季，楚子、蔡侯、陈侯攻伐郑国。安葬许灵公。

◎二十七年◎

【原文】

二十有七年春，齐侯使庆封来聘。

夏，叔孙豹会晋赵武、楚屈建、蔡公孙归生、卫石恶、陈孔奂、郑良霄、许人、曹人于宋。卫杀其大夫宁喜。卫侯之弟鱄出奔晋①。

秋七月辛巳，豹及诸大夫盟于宋。

冬十有二月乙亥，朔，日有食之。

【注解】

①鱄：念zhuān。

【译文】

二十七年春，齐侯派庆封来鲁国访问。

夏季，叔孙豹与晋赵武、楚屈建、蔡公孙归生、卫石恶、陈孔奂、郑良霄、许人、曹人在宋地相会。卫国杀死其大夫宁喜。卫侯之弟鱄出奔到晋国。

秋季七月辛巳日，叔孙豹与诸侯大夫在宋地结盟。

冬季十二月乙亥日，初一，有日食。

◎二十九年◎

【原文】

二十有九年春，王正月，公在楚。

夏五月，公至自楚。庚午，卫侯衎卒，阍弑吴子馀祭①。仲孙羯会晋荀盈、齐高止、宋华定、卫世叔仪、郑公孙段、曹人、莒人、滕子、薛人、小邾人城杞。晋侯使士鞅来聘。杞子来盟。吴子使札来聘。

秋九月，葬卫献公。齐高止出奔北燕。

冬，仲孙羯如晋。

【注解】

①阍（hūn）：守门人。

【译文】

二十九年春，周历正月，襄公身在楚国。

夏季五月，襄公自楚国回国。庚午日，卫侯衎卒，守门人杀死吴子馀祭。仲孙羯与晋荀盈、齐高止、宋华定、卫世叔仪、郑公孙段、曹人、莒人、滕子、薛人、小邾人修筑杞国的城墙。晋侯派士鞅来鲁国访问。杞子来鲁国结盟。吴子派季札访问鲁国。

秋季九月，安葬卫献公。齐国高止出奔到燕国。

冬季，仲孙羯前往晋国。

◎三十年◎

【原文】

三十年春，王正月，楚子使薳罢来聘。

夏四月，蔡世子般弑其君固。五月甲午，宋灾。宋伯姬卒。天王杀其弟佞夫。王子瑕奔晋。

秋七月，叔弓如宋，葬宋共姬①。郑良霄出奔许，自许入于郑，郑人杀良霄。

冬十月，葬蔡景公。晋人、齐人、宋人、卫人、郑人、曹人、莒人、邾人、滕人、薛人、杞人、小邾人会于澶渊，宋灾故。

蔡国世子般杀死蔡侯固。

【注解】

①共姬：即伯姬，鲁女，嫁给了宋共公，在一场火灾中遇难。

【译文】

三十年春，周历正月，楚子派薳罢前来访问。

夏季四月，蔡国世子般杀死蔡侯固。五月甲午日，宋国发生火灾。宋伯姬卒。周王杀死其弟佞夫。王子瑕逃到晋国。

秋季七月，叔弓去了宋国，参加宋共姬的葬礼。郑国良霄出奔到许国，从许国进入郑国，郑人杀死良霄。

冬季十月，安葬蔡景公。晋人、齐人、宋人、卫人、郑人、曹人、莒人、邾人、滕人、薛人、杞人、小邾人在澶渊相会，这是因为宋国发生火灾的缘故。

◎三十一年◎

【原文】

三十有一年春，王正月。

夏六月辛巳，公薨于楚宫①。

秋九月癸巳，子野卒。己亥，仲孙羯卒。

冬十月，滕子来会葬。癸酉，葬我君襄公。十有一月，莒人弑其君密州。

【注解】

①楚宫：襄公访问楚国，因为喜欢楚宫的构造而回国仿建，命名为楚宫。

【译文】

三十一年春，周历正月。

夏季六月辛巳日，襄公薨于楚宫。

秋季九月癸巳日，子野卒。己亥日，仲孙羯卒。

冬季十月，滕国君主来鲁国参加葬礼。癸酉日，安葬鲁襄公。十一月，莒人杀死其君密州。

昭 公

◎元　年◎

【原文】

　　元年春，王正月，公即位。叔孙豹会晋赵武、楚公子围、齐国弱、宋向戌、卫齐恶、陈公子招、蔡公孙归生、郑罕虎、许人、曹人于虢①。三月，取郓②。

　　夏，秦伯之弟铖出奔晋。六月丁巳，邾子华卒。晋荀吴帅师败狄于大卤③。

　　秋，莒去疾自齐入于莒。莒展舆出奔吴。叔弓帅师疆郓田。葬邾悼公。

　　冬十有一月己酉，楚子麋卒。楚公子比出奔晋。

【注解】

①虢：指东虢，郑地，在今河南郑州。②郓：地名，在今山东沂水东北。③大卤：地名，在今山西太原西南。

【译文】

　　元年春，周历正月，昭公即位。叔孙豹与晋赵武、楚公子围、齐国弱、宋向戌、卫齐恶、陈公子招、蔡公孙归生、郑罕虎、许人、曹人在东虢相会。三月，夺取郓地。

　　夏季，秦伯之弟铖出奔到晋国。六月丁巳日，邾子华卒。晋国荀吴率军在大卤大败狄人。

　　秋季，莒国的去疾自齐国回到莒国。莒国的展舆出奔到吴国。叔弓率军划定郓国的疆界。安葬邾悼公。

　　冬季十一月己酉日，楚子麋卒。楚公子比出奔到晋国。

◎二　年◎

【原文】

　　二年春，晋侯使韩起来聘。

　　夏，叔弓如晋。

　　秋，郑杀其大夫公孙黑。

　　冬，公如晋，至河乃复。季孙宿如晋。

【译文】

　　二年春，晋侯派韩起来鲁国访问。

　　夏季，叔弓前往晋国。

　　秋季，郑国杀死其大夫公孙黑。

　　冬季，昭公访问晋国，到了黄河边才返回。季孙宿前往晋国。

晋侯派韩起来鲁国访问。

◎三　年◎

【原文】

三年春，王正月丁未，滕子原卒。

夏，叔弓如滕。五月，葬滕成公。

秋，小邾子来朝。八月，大雩。

冬，大雨雹。北燕伯款出奔齐。

冬季，燕国的伯款出奔到齐国。

【译文】

三年春，周历正月丁未日，滕国君主原卒。

夏季，叔弓前往滕国。五月，安葬滕成公。

秋季，小邾子来鲁国朝见。八月，举行盛大的祈雨祭祀。

冬季，有大冰雹。燕国的伯款出奔到齐国。

◎四　年◎

【原文】

四年春，王正月，大雨雹。

夏，楚子、蔡侯、陈侯、郑伯、许男、徐子、滕子、顿子、胡子、沈子、小邾子、宋世子佐、淮夷会于申。楚子执徐子。

秋七月，楚子、蔡侯、陈侯、许男、顿子、胡子、沈子、淮夷伐吴。执齐庆封，杀之。遂灭赖。九月，取鄫。

冬十有二月乙卯，叔孙豹卒。

正月，鲁国有大雨雹。

【译文】

四年春，周历正月，有大雨雹。

夏季，楚子、蔡侯、陈侯、郑伯、许男、徐子、滕子、顿子、胡子、沈子、小邾子、宋世子佐、淮夷在申地相会。楚子逮捕徐子。

秋季七月，楚子、蔡侯、陈侯、许男、顿子、胡子、沈子、淮夷讨伐吴国，逮捕齐国大夫庆封，把他杀了。于是灭掉赖国。九月，占领鄫国。

冬季十二月乙卯日，叔孙豹卒。

◎十　年◎

【原文】

十年春，王正月。

夏，齐栾施来奔。

秋七月，季孙意如、叔弓、仲孙貜帅师伐莒。戊子，晋侯彪卒。九月，叔孙婼如晋，葬晋平公。

十有二月甲子，宋成公卒。

【译文】

十年春，周历正月。

夏季，齐国栾施投奔鲁国。

秋季七月，季孙意如、叔弓、仲孙貜率军攻伐莒国。戊子日，晋侯彪卒。九月，叔孙婼前往晋国，参加晋平公的葬礼。

十二月甲子日，宋成公卒。

齐国栾施投奔鲁国。

◎十一年◎

【原文】

十有一年春，王二月，叔弓如宋。葬宋平公。

夏四月丁巳，楚子虔诱蔡侯般，杀之于申①。楚公子弃疾帅师围蔡。五月甲申，夫人归氏薨。大蒐于比蒲②。仲孙貜会邾子盟于祲祥③。

秋，季孙意如会晋韩起、齐国弱、宋华亥、卫北宫佗、郑罕虎、曹人、杞人于厥慭④。九月己亥，葬我小君齐归⑤。

冬，十有一月丁酉，楚师灭蔡，执蔡世子有以归，用之。

【注解】

①申：楚邑，在今河南南阳。②比蒲：鲁国地名，所在不详。③祲祥：地名，在今山东曲阜。④厥慭：卫国地名，在今河南新乡。⑤小君：指侯嫡妻或诸侯母丧葬礼如制者。

【译文】

十一年春，周历二月，叔弓前往宋国。参加宋平公的葬礼。

夏季四月丁巳日，楚子虔诱骗蔡侯般并在申地杀了他。楚公子弃疾率军围困蔡国。五月甲申日，夫人归氏薨。在比蒲举行大观模的阅兵仪式。仲孙貜会见邾子，并在祲祥结盟。

楚子虔诱骗蔡侯般。

秋季，季孙意如与晋韩起、齐国弱、宋华亥、卫北宫佗、郑罕虎、曹人、杞人在厥愁相会。九月己亥日，安葬夫人齐归。

冬季，十一月丁酉日，楚国灭掉蔡国，逮捕蔡国的世子有并把他带回楚国，用来祭祀。

◎十二年◎

【原文】

十有二年春，齐高偃帅师纳北燕伯于阳①。三月壬申，郑伯嘉卒。

夏，宋公使华定来聘。公如晋，至河乃复。五月，葬郑简公。楚杀其大夫成熊。

秋七月。

冬十月，公子慭出奔齐。楚子伐徐。晋伐鲜虞②。

【注解】

①阳：地名，在今河北文安与大城之间。②鲜虞：白狄别种，其都城在今河北正定北。

【译文】

十二年春，齐国高偃率军护送北燕伯回到阳邑。三月壬申日，郑伯嘉卒。

夏季，宋公派华定访问鲁国。昭公前往晋国，到达黄河边才返回。五月，安葬郑简公。楚国杀死其大夫成熊。

秋季七月，无事。

冬季十月，公子慭出奔到齐国。楚子讨伐许国。晋国攻伐鲜虞。

◎十三年◎

【原文】

十有三年春，叔弓帅师围费。

夏四月，楚公子比自晋归于楚，弑其君虔于乾谿。楚公子弃疾杀公子比。

秋，公会刘子、晋侯、宋公、卫侯、郑伯、曹伯、莒子、邾子、滕子、薛伯、杞伯、小邾子于平丘①。八月甲戌，同盟于平丘。公不与盟。晋人执季孙意如以归。公至自会。蔡侯庐归于蔡。陈侯吴归于陈。

冬十月，葬蔡灵公。公如晋，至河乃复。吴灭州来。

【注解】

①平丘：地名，在今河南封丘东。

【译文】

十三年春，叔弓率军围困费邑。

夏季四月，楚公子比自晋国回到楚国，在乾谿杀死自己的君主虔。楚公子弃疾杀死公子比。

秋季，昭公与刘子、晋侯、宋公、卫侯、郑伯、曹伯、莒子、邾子、滕子、薛伯、杞伯、小邾子在平丘相会。八月甲戌日，一起在平丘结盟。昭公没有参与结盟。晋人逮捕季孙意如回到晋国。昭公自平丘之会回国。蔡侯庐回到蔡国。陈侯吴回到陈国。

冬季十月，安葬蔡灵公。昭公前往晋国，到达黄河边又返回。吴国灭掉州来。

◎十四年◎

【原文】

十有四年春，意如至自晋。三月，曹伯滕卒。

夏四月。

秋，葬曹武公。八月，莒子去疾卒。

冬，莒杀其公子意恢。

季孙意如自晋国返回。

【译文】

十四年春，季孙意如自晋国返回。三月，曹伯滕卒。

夏季四月，无事。

秋季，安葬曹武公。八月，莒国君主去疾卒。

冬季，莒国杀死自己的公子意恢。

◎十五年◎

【原文】

十有五年春，王正月，吴子夷末卒。二月，癸酉，有事于武宫①。籥入，叔弓卒。去乐卒事。

夏，蔡朝吴出奔郑。六月丁巳，朔，日有食之。

秋，晋荀吴帅师伐鲜虞。

冬，公如晋。

【注解】

①武宫：鲁武公庙。

【译文】

十五年春，周历正月，吴国君主夷末卒。二月癸酉日，在武宫举行祭祀。在表演羽籥之舞时，叔弓卒。停止奏乐，完成祭祀。

夏季，蔡朝吴出奔到郑国。六月丁巳日，初一，出现日食。

秋季，晋国荀吴率军攻伐鲜虞。

冬季，昭公前往晋国。

晋国荀吴率军攻伐鲜虞。

◎十六年◎

【原文】

十有六年春，齐侯伐徐。楚子诱戎蛮子杀之。

夏，公至自晋。

秋八月己亥，晋侯夷卒。九月，大雩。季孙意如如晋。

冬十月，葬晋昭公。

【译文】

十六年春，齐侯讨伐徐国。楚子诱骗戎蛮子并杀了他。

夏季，昭公自晋国回国。

秋季八月己亥日，晋侯夷卒。九月，举行盛大的祈雨祭祀。季孙意如前往晋国。

冬季十月，安葬晋昭公。

◎二十二年◎

【原文】

二十有二年春，齐侯伐莒。宋华亥、向宁、华定自宋南里出奔楚。大蒐于昌间^①。

夏四月乙丑，天王崩^②。六月，叔鞅如京师，葬景王。王室乱。刘子、单子以王猛居于皇^③。

秋，刘子、单子以王猛入于王城。

冬十月，王子猛卒。十有二月癸酉，朔，日有食之。

【注解】

①昌间：地名，在今山东泗水。②天王：指周景王。③皇：地名，在今河南洛阳东。

【译文】

二十二年春，齐侯讨伐莒国。宋国的华亥、向宁、华定从宋国的南里逃亡到楚国。在昌间举行大的阅兵礼。

夏季四月乙丑日，周景王驾崩。六月，叔鞅前往京师，参加周景王的葬礼。周王室发生内乱。刘子、单子带着王子猛进入皇地。

秋季，刘子、单子带着王子猛进入王城。

冬季十月，王子猛卒。十二月癸酉日，初一，出现日食。

◎二十三年◎

【原文】

二十有三年春，王正月，叔孙婼如晋^①。癸丑，叔鞅卒。晋人执我行人叔孙婼。晋人围郊。

夏六月，蔡侯东国卒于楚。

秋七月，莒子庚舆来奔。戊辰，吴败顿、胡、沈、蔡、陈、许之师于鸡父^②。胡子髡、沈子逞灭，获陈夏齧。天王居于狄泉^③。尹氏立王子朝。八月乙未，地震。

冬，公如晋，至河，有疾，乃复。

【注解】

①叔孙婼（chuò）：鲁国叔孙氏第六代宗主。
②鸡父：地名，在今安徽寿县西。③狄泉：地名，在今河南洛阳城外。

【译文】

二十三年春，周历正月，叔孙婼前往晋国。癸丑日，叔鞅卒。晋人扣押了鲁国的外交官叔孙婼。晋人围困郊地。

夏季六月，蔡侯东国卒于楚国。

秋季七月，莒子庚舆逃亡至鲁国。戊辰日，吴国在鸡父打败顿国、胡国、沈国、蔡国、陈国、许国的军队，胡国君主髡、沈国君主逞战死，吴国俘获陈国的夏啮。周王居住在狄泉。尹氏立王子朝为君。八月乙未日，发生地震。

冬季，昭公访问晋国，到了黄河边，生了病，于是返回。

昭公访问晋国，到了黄河边，生了病，于是返回。

◎二十四年◎

【原文】

二十有四年春，王二月丙戌，仲孙貜卒①。婼至自晋。

夏五月乙未，朔，日有食之。

秋八月，大雩。丁酉，杞伯郁釐卒。

冬，吴灭巢。葬杞平公。

【注解】

①貜：念jué。

【译文】

二十四年春，周历二月丙戌，仲孙貜卒。叔孙婼从晋国返回鲁国。

夏季五月乙未日，初一，出现日食。

秋季八月，举行盛大的祈雨祭祀。丁酉日，杞伯郁釐卒。

冬季，吴国灭掉巢国。安葬杞平公。

◎二十五年◎

【原文】

二十有五年春，叔孙婼如宋。

夏，叔诣会晋赵鞅、宋乐大心、卫北宫喜、郑游吉、曹人、邾人、滕人、薛人、小邾人于黄父①。有鸜鹆来巢②。

齐侯在野井慰劳昭公。

秋七月上辛③，大雩。季辛，又雩。九月己亥，公孙于齐，次于阳州④。齐侯唁公于野井⑤。

冬十月戊辰，叔孙婼卒。十有一月己亥，宋公佐卒于曲棘⑥。十有二月，齐侯取郓。

【注解】

①黄父：地名，在今山西沁水西北。②鸲鹆：即八哥。③上辛：本月上旬之辛日。④阳州：地名，在今山东东平北。⑤野井：地名，在今山东齐河东南。⑥曲棘：地名，在今河南兰考东南。

【译文】

二十五年春，叔孙婼去了宋国。

夏季，叔诣在黄父会见晋国的赵鞅、宋国的乐大心、卫国的北宫喜、郑国的游吉、曹人、邾人、滕人、薛人、小邾人。有鸲鹆来鲁国筑巢。

秋季七月上旬的辛日，举行盛大的祈雨祭祀。下旬的辛日，又举行祈雨祭祀。九月己亥日，昭公逃亡到齐国，住在阳州。齐侯在野井慰劳昭公。

冬季十月戊辰日，叔孙婼卒。十一月己亥日，宋公佐卒于曲棘。十二月，齐侯夺取郓地。

◎三十一年◎

【原文】

三十有一年春，王正月，公在乾侯。季孙意如会晋荀跞于适历①。

夏四月丁巳，薛伯穀卒。晋侯使荀跞唁公于乾侯。

秋，葬薛献公。

冬，黑肱以滥来奔②。十有二月辛亥，朔，日有食之。

【注解】

①适历：晋国邑名。②滥：地名，在今山东滕州。

【译文】

三十一年春，周历正月，昭公居住在乾侯。季孙意如在适历与晋国的荀跞相会。

夏季四月丁巳日，薛伯穀卒。晋侯派荀跞去乾侯慰问昭公。

秋季，安葬薛献公。

冬季，黑肱带着滥地来投奔鲁国。十二月辛亥日。初一，出现日食。

季孙意如在适历与晋国的荀跞相会。

❀◎三十二年◎❀

【原文】

三十有二年春，王正月，公在乾侯。取阚①。

夏，吴伐越。

秋七月。

冬，仲孙何忌会晋韩不信、齐高张、宋仲儿、卫世叔申、郑国参、曹人、莒人、薛人、杞人、小邾人城成周。十有二月乙未，公薨于乾侯。

【注解】

①阚：鲁国地名，如今已经为南旺湖所淹。

【译文】

三十二年春，周历正月，昭公居住在乾侯。夺取阚地。

夏季，吴国讨伐越国。

秋季七月，无事。

冬季，仲孙何忌会合晋国的韩不信、齐国的高张、宋国的仲儿、卫国的世叔申、郑国的国参、曹人、莒人、薛人、杞人、小邾人在成周筑城。十二月乙未日，昭公薨于乾侯。

吴国讨伐越国。

定 公

◎四 年◎

【原文】

四年春，王二月癸巳，陈侯吴卒。三月，公会刘子、晋侯、宋公、蔡侯、卫侯、陈子、郑伯、许男、曹伯、莒子、邾子、顿子、胡子、滕子、薛伯、杞伯、小邾子、齐国夏于召陵①，侵楚。

夏四月庚辰，蔡公孙姓帅师灭沈，以沈子嘉归，杀之。五月，公及诸侯盟于皋鼬②。杞伯成卒于会。六月，葬陈惠公。许迁于容城③。

秋七月，公至自会。刘卷卒。葬杞悼公。楚人围蔡。晋士鞅、卫孔圉帅师伐鲜虞。葬刘文公。

冬十有一月庚午，蔡侯以吴子及楚人战于柏举④，楚师败绩。楚囊瓦出奔郑。庚辰，吴入郢。

【注解】

①召陵：地名，在今河南郾城南。②皋鼬：地名，在今河南临颍南。③容城：地名，在今河南鲁山南。④柏举：地名，在今湖北麻城。

【译文】

四年春，周历二月癸巳日，陈侯吴卒。三月，定公在召陵与刘子、晋侯、宋公、蔡侯、卫侯、陈子、郑伯、许男、曹伯、莒子、邾子、顿子、胡子、滕子、薛伯、杞伯、小邾子、齐国夏相会，并侵犯楚国。

夏季四月庚辰日，蔡国的公孙姓率军灭了沈国，把沈国君主嘉带回蔡国，杀了他。五月，定公与诸侯在皋鼬结盟。杞伯成在盟会期间卒。六月，安葬陈惠公。许国迁都到容城。

秋季七月，定公自会盟地回国。刘卷卒。安葬杞悼公。楚人围困蔡国。晋国的士鞅、卫国的孔圉率军讨伐鲜虞。安葬刘文公。

冬季十一月庚午日，蔡侯联合吴子在柏举与楚军开战，楚军溃败。楚国的囊瓦逃至郑国。庚辰日，吴军进入楚国郢都。

◎五 年◎

【原文】

五年春，王三月辛亥，朔，日有食之。

夏，归粟于蔡①。於越入吴②。六月丙申，季孙意如卒。

秋七月壬子，叔孙不敢卒。

冬，晋士鞅帅师围鲜虞。

【注解】

①归：通"馈"。②於（wū）：发声词，无实义。

【译文】

　　五年春，周历三月辛亥日，初一，出现日食。

　　夏季，把粟馈赠给蔡国。越人侵犯吴国。六月丙申日，季孙意如卒。

　　秋季七月壬子日，叔孙不敢卒。

　　冬季，晋国士鞅率军围困鲜虞。

◎六　年◎

【原文】

　　六年春，王正月癸亥，郑游速帅师灭许，以许男斯归。二月，公侵郑。公至自侵郑。

　　夏，季孙斯、仲孙何忌如晋。

　　秋，晋人执宋行人乐祁犁。

　　冬，城中城①。季孙斯、仲孙忌帅师围郓。

【注解】

①中城：内城。

【译文】

　　六年春，周历正月癸亥日，郑国的游速率军灭了许国，俘虏许国君主斯回到郑国。二月，定公入侵郑国。定公从侵郑前线返回鲁国。

　　夏季，季孙斯、仲孙何忌去了晋国。

　　秋季，晋人逮捕宋国的外交官乐祁犁。

　　冬季，修缮内城。季孙斯、仲孙何忌率军围困郓地。

◎七　年◎

【原文】

　　七年春，王正月。

　　夏四月。

　　秋，齐侯、郑伯盟于咸①。齐人执卫行人北宫结以侵卫。齐侯、卫侯盟于沙②。大雩。齐国夏帅师伐我西鄙。九月，大雩。

　　冬十月。

【注解】

①咸：地名，在今河南濮阳东南。②沙：地名，在今河北大名东。

齐侯与郑伯在咸地结盟。

【译文】

七年春，周历正月。

夏季四月，无事。

秋季，齐侯与郑伯在咸地结盟。齐人扣押卫国的外交官北宫结并侵犯卫国。齐侯、卫侯在沙地结盟。举行盛大的祈雨祭祀。齐国的国夏率军侵犯鲁国的西部边境。九月，举行盛大的祈雨祭祀。

冬季十月，无事。

◎八　年◎

【原文】

八年春，王正月，公侵齐。公至自侵齐。二月，公侵齐。三月，公至自侵齐。曹伯露卒。

夏，齐国夏师师伐我西鄙。公会晋师于瓦[1]。公至自瓦。

秋，七月戊辰，陈侯柳卒。晋士鞅帅师侵郑，遂侵卫。葬曹靖公。九月，葬陈怀公。季孙斯、仲孙何忌帅师侵卫。

冬，卫侯、郑伯盟于曲濮[2]。从祀先公。盗窃宝玉、大弓。

【注解】

①瓦：地名，在今河南滑县南。②曲濮：卫国地名，具体位置不详。

【译文】

八年春，周历正月，定公侵犯齐国。定公自侵齐的前线回国。二月，定公侵犯齐国。三月，定公从侵齐的前线返回鲁国。曹国君主露卒。

夏季，齐国的国夏率军进攻鲁国的西部边境。定公在瓦地与晋师相会。定公从瓦地回国。

秋季七月戊辰日，陈侯柳卒。晋国的士鞅率军侵犯郑国，接着侵犯卫国。安葬曹靖公。九月，安葬陈怀公。季孙斯、仲孙何忌率军入侵卫国。

冬季，卫侯、郑伯在曲濮结盟。使先公祭祀的次序得以顺畅。阳虎偷走了宝玉和大弓。

◎九　年◎

【原文】

九年春，王正月。

夏，四月戊申，郑伯虿卒。得宝玉、大弓。六月，葬郑献公。

秋，齐侯、卫侯次于五氏[1]。秦伯卒。

冬，葬秦哀公。

【注解】

①五氏：地名，在今河北邯郸西。

【译文】

九年春，周历正月。

夏季四月戊申日，郑伯虿卒。宝玉、大弓失而复得。六月，安葬郑献公。

秋季，齐侯、卫侯在五氏驻扎下来。秦伯卒。

冬季，安葬秦哀公。

◎十　年◎

【原文】

十年春，王三月，乃齐平。

夏，公会齐侯于夹谷①。公至自夹谷。晋赵鞅帅师围卫。齐人来归郓、谨、龟阴田②。叔孙州仇、仲孙何忌帅师围郈③。

秋，叔孙州仇、仲孙何忌帅师围郈。宋乐大心出奔曹。宋公子地出奔陈。

冬，齐侯、卫侯、郑游速会于安甫④。叔孙州仇如齐。宋公之弟辰暨仲佗、石弨出奔陈⑤。

【注解】

①夹谷：地名，在今山东莱芜。②龟阴：地名，在今山东新泰西。③郈（hòu）：地名，在今山东东平东南。④安甫：地名，具体位置不详。⑤石弨（kōu）：宋共公的孙子。

【译文】

十年春，周历三月，与齐国议和。

夏季，定公在夹谷会见齐侯。定公自夹谷回国。晋国赵鞅率军围困卫国。齐人还给鲁国郓、谨、龟阴三地。叔孙州仇、仲孙何忌率军围困郈邑。

秋季，叔孙州仇、仲孙何忌率军围困郈邑。宋国的乐大心逃往曹国。宋国的公子地逃往陈国。

冬季，齐侯、卫侯、郑游速在安甫相会。叔孙州仇前往齐国。宋公的弟弟辰暨仲佗、石弨逃往陈国。

◎十一年◎

【原文】

十有一年春，宋公之弟辰及仲佗、石弨、公子地自陈入于萧以叛①。

夏四月。

秋，宋乐大心自曹入于萧。

冬，及郑平。叔还如郑莅盟。

【注解】

①萧：地名，在今安徽萧县西北。

【译文】

十一年春，宋公的弟弟辰及仲佗、石弨、公子地从陈国进入萧邑以叛宋。

夏季四月，无事。

秋季，宋国的乐大心从曹国进入萧邑。

冬季，与郑国议和。叔还前往郑国参加盟会。

宋国的乐大心从曹国进入萧邑。

◎十二年◎

【原文】

十有二年春，薛伯定卒。

夏，葬薛襄公。叔孙州仇帅师堕郈。卫公孟彄帅师伐曹。季孙斯、仲孙何忌帅师堕费[1]。

秋，大雩。

冬，十月癸亥，公会齐侯盟于黄[2]。十有一月丙寅，朔，日有食之。公至自黄。十有二月，公围成。公至自围成。

【注解】

①堕：毁坏。②黄：地名，在今山东淄川北。

【译文】

十二年春，薛伯定卒。

夏季，安葬薛襄公。叔孙州仇率军毁坏郈邑的城墙。卫国的公孟彄率军讨伐曹国。季孙斯、仲孙何忌率军毁坏费邑的城墙。

秋季，举行盛大的祈雨祭祀。

冬季，十月癸亥日，定公会见齐侯并在黄地结盟。十一月丙寅日，初一，有日食。定公从黄地返回鲁国。十二月，定公包围成地。定公自成地回国。

◎十四年◎

【原文】

十有四年春，卫公叔戌来奔。卫赵阳出奔宋。二月辛巳，楚公子结、陈公孙佗人帅师灭顿[1]，以顿子牂归。

夏，卫北宫结来奔。五月，于越败吴于檇李[2]。吴子光卒。公会齐侯、卫侯于牵[3]。公至自会。

秋，齐侯、宋公会于洮[4]。天王使石尚来归脤[5]。卫世子蒯聩出奔宋。卫公孟彄出奔郑。宋公之弟辰自萧来奔。大蒐于比蒲。邾子来会公。城莒父及霄[6]。

【注解】

①顿：国名，在今河南项城南。

②檇李：地名，在今浙江嘉兴南。③牵：地名，在今河南浚县北。④洮：地名，在今山东鄄城

卫国的赵阳逃到宋国。

西南。⑤归：通"馈"。脤：祭祀之肉，用脤器盛起来，以赏赐同姓诸侯。⑥莒父：地名，在今山东莒县境内。霄：地名，亦在今山东莒县境内。

【译文】

十四年春，卫国的公叔戍逃至鲁国。卫国的赵阳逃到宋国。二月辛巳日，楚国的公子结、陈国的公孙佗人率军灭了顿国，俘获顿国君主牂而归。

夏季，卫国的北宫结逃到鲁国。五月，越国在檇李大败吴军。吴子光卒。定公在牵地会见齐侯、卫侯。定公从会盟地返回鲁国。

秋季，齐侯、宋公在洮地相会。周天子派石尚来鲁国馈赠祭祀之肉。卫国的世子蒯聩逃到宋国。卫国的公孟彄逃到郑国。宋公的弟弟辰自萧逃往鲁国。在比蒲举行盛大的阅兵仪式。邾子来会见定公。在莒父和霄地筑城。

◎十五年◎

【原文】

十有五年春，王正月，邾子来朝。鼷鼠食郊牛①，牛死，改卜牛。二月辛丑，楚子灭胡，以胡子豹归。

夏五月辛亥，郊。壬申，公薨于高寝。郑罕达帅师伐宋。齐侯、卫侯次于渠蒢②。邾子来奔丧。

秋七月壬申，姒氏卒。八月庚辰，朔，日有食之。九月，滕子来会葬。丁巳，葬我君定公，雨，不克葬。戊午，日下昃③，乃克葬。辛巳，葬定姒。

冬，城漆④。

【注解】

①鼷鼠：鼠类的一种。②渠蒢（chú）：地名，具体位置不详。③昃：日西斜。④漆：地名，在今山东邹城北。

【译文】

十五年春，周历正月，邾子来鲁国朝见。鼷鼠咬伤郊祭之牛，这头牛死了，改卜郊祭之牛。二月辛丑日，楚子灭了胡国，俘获胡国君主豹带回楚国。

夏季五月辛亥日，举行郊祭。壬申日，定公薨于高寝。郑国的罕达率军攻伐宋国。齐侯、卫侯驻扎在渠蒢。邾子来奔丧。

秋季七月壬申日，姒氏卒。八月庚辰日，初一，出现日食。九月，滕子来参加葬礼。丁巳日，安葬鲁定公，赶上下雨，不能下葬。戊午日，午后才能下葬。辛巳日，安葬定姒。

冬季，修筑漆城。

郑国的罕达率军攻伐宋国。

哀 公

◎五 年◎

【原文】

五年春，城毗①。

夏，齐侯伐宋。晋赵鞅帅师伐卫。

秋九月癸酉，齐侯杵臼卒。

冬，叔还如齐。闰月，葬齐景公。

晋国的赵鞅率军讨伐卫国。

【注解】

①毗：地名，具体位置不详。

【译文】

五年春，在毗地筑城。

夏季，齐侯讨伐宋国。晋国的赵鞅率军讨伐卫国。

秋季九月癸酉日，齐侯杵臼卒。

冬季，叔还前往齐国。闰月，安葬齐景公。

◎六 年◎

【原文】

六年春，城邾瑕①。晋赵鞅帅师伐鲜虞。吴伐陈。

夏，齐国夏及高张来奔。叔还会吴于柤②。

秋七月庚寅，楚子轸卒。齐阳生入于齐。齐陈乞弑其君荼。

冬，仲孙何忌帅师伐邾。宋向巢帅师伐曹。

【注解】

①邾瑕：地名，在今山东济宁南。②柤：地名，在今江苏邳县北。

【译文】

六年春，在邾瑕筑城。晋国的赵鞅率军讨伐鲜虞。吴国攻伐陈国。

夏季，齐国的国夏及高张逃到鲁国。叔还在柤地会见吴人。

秋季七月庚寅日，楚君轸卒。齐国的阳生回到齐国。齐国的陈乞杀死自己的君主荼。

冬季，仲孙何忌率军攻伐邾国。宋国的向巢率军讨伐曹国。

◎七　年◎

【原文】

七年春，宋皇瑗帅师侵郑。晋魏曼多帅师侵卫。

夏，公会吴于鄫①。

秋，公伐邾。八月己酉，入邾，以邾子益来。宋人围曹。

冬，郑驷弘帅师救曹。

【注解】

①鄫：地名，在今山东枣庄东。

【译文】

七年春，宋国的皇瑗率军侵犯郑国。晋国的魏曼多率军入侵卫国。

夏季，哀公在鄫地会见吴人。

秋季，哀公讨伐邾国。八月己酉日，进入邾国，俘获邾国君主益，将其带回鲁国。宋人包围曹国。

冬季，郑国的驷弘率军援救曹国。

◎八　年◎

【原文】

八年春，王正月，宋公入曹，以曹伯阳归。吴伐我。

夏，齐人取谨及阐①。归邾子益于邾。

秋七月。

冬十有二月癸亥，杞伯过卒。齐人归谨及阐。

【注解】

①谨：地名，在今山东宁阳北。阐：地名，亦在今山东宁阳北。

【译文】

八年春，周历正月，宋公进入曹国，俘获曹伯阳返回宋国。吴国讨伐鲁国。

夏季，齐人取得谨地和阐地。把邾君益送回邾国。

秋季七月，无事。

冬季十二月癸亥日，杞伯过卒。齐人归还谨地和阐地。

吴国讨伐鲁国。

◎九　年◎

【原文】

九年春，王二月，葬杞僖公。宋皇瑗帅师取郑师于雍丘①。

夏，楚人伐陈。

秋，宋公伐郑。

冬十月。

【注解】

①雍丘：地名，在今河南杞县。

【译文】

九年春，周历二月，安葬杞僖公。宋国的皇瑗率军在雍丘包围并打败郑军。

夏季，楚人讨伐陈国。

秋季，宋公讨伐郑国。

冬季十月，无事。

宋国的皇瑗率军在雍丘包围并打败郑军。

◎十　年◎

【原文】

十年春，王二月，邾子益来奔。公会吴伐齐。三月戊戌，齐侯阳生卒。

夏，宋人伐郑。晋赵鞅帅师侵齐。五月，公至自伐齐。葬齐悼公。卫公孟彄自齐归于卫。薛伯夷卒。

秋，葬薛惠公。

冬，楚公子结帅师伐陈。吴救陈。

【译文】

十年春，周历二月，邾君益逃到鲁国。哀公会合吴国讨伐齐国。三月戊戌日，齐侯阳生卒。

夏季，宋人讨伐郑国。晋国赵鞅率军侵犯齐国。五月，哀公自伐齐前线回国。安葬齐悼公。卫国的公孟彄从齐国回到卫国。薛伯夷卒。

秋季，安葬薛惠公。

冬季，楚公子结率军攻伐陈国。吴国援救陈国。

邾君益逃到鲁国。

◎十一年◎

【原文】

十一年春，齐国书帅师伐我。

夏，陈辕颇出奔郑。五月，公会吴伐齐。甲戌，齐国书帅师及吴战于艾陵①，齐师败绩，获齐国书。

秋七月辛酉，滕子虞母卒。

冬十有一月，葬滕隐公。卫世叔齐出奔宋。

【注解】

①艾陵：地名，在今山东莱芜。

卫国的世叔齐逃往宋国。

【译文】

十一年春，齐国的国书率军攻伐鲁国。

夏季，陈国的辕颇逃往郑国。五月，哀公联合吴国进攻齐国。甲戌日，齐国的国书率军与吴军战于艾陵，齐军大败，吴军俘虏了国书。

秋季七月辛酉日，滕君虞母卒。

冬季十一月，安葬滕隐公。卫国的世叔齐逃往宋国。

◎十二年◎

【原文】

十有二年春，用田赋。

夏五月甲辰，孟子卒。公会吴于橐皋①。

秋，公会卫侯、宋皇瑗于郧②。宋向巢帅师伐郑。

冬十二月，螽。

【注解】

①橐皋：地名，在今安徽巢县西。②郧：地名，在今山东莒县南。

【译文】

十二年春，实行田赋制度。

夏季五月甲辰日，孟子卒。哀公在橐皋与吴人会面。

秋季，哀公在郧地会见卫侯和宋的皇瑗。宋国的向巢率军讨伐郑国。

冬季十二月，发生蝗灾。

◎十三年◎

【原文】

十有三年春，郑罕达帅师取宋师于喦。

夏，许男成卒。公会晋侯及吴子于黄池①。楚公子申帅师伐陈。于越入吴。

秋，公至自会。晋魏曼多帅师侵卫。葬许元公。九月，螽。

冬十有一月，有星孛于东方②。盗杀陈夏区夫。十有二月，螽。

【注解】

①黄池：地名，在今河南封丘南。②孛：指彗星。

【译文】

十三年春，郑国的罕达率军在喦地歼灭宋军。

夏季，许君成卒。哀公在黄池会见晋侯及吴子。楚国的公子申率军讨伐陈国。越军攻入吴国。

秋季，哀公从会盟地回国。晋国的魏曼多率军入侵卫国。安葬许元公。九月，发生蝗灾。

冬季十一月，有彗星在东方出现。强盗杀死陈国的夏区夫。十二月，发生蝗灾。

◎十四年◎

【原文】

十有四年春，西狩获麟①。小邾射以句绎来奔②。

夏四月，齐陈恒执其君，置于舒州③。庚戌，叔还卒。五月庚申，朔，日有食之。陈宗竖出奔楚。宋向魋入于曹以叛。莒子狂卒。六月，宋向魋自曹出奔卫。宋向巢来奔。齐人弑其君壬于舒州。

秋，晋赵鞅帅师伐卫。八月辛丑，仲孙何忌卒。

冬，陈宗竖自楚复入于陈，陈人杀之。陈辕买出奔楚。有星孛。饥。

晋国的赵鞅率师讨伐卫国。

【注解】

①麟：麒麟，传说中的一种瑞兽。②句绎：在今山东邹县东南。③舒州：在今河北大城。

【译文】

十四年春天，在西部狩猎，获得麒麟。小邾射带着句绎逃亡到鲁国。

夏天四月，齐国的陈恒拘留他的君主，安置在舒州。庚戌日，叔还卒。五月庚申朔日，有日食现象发生。陈国的宗竖逃亡到楚国。宋国的向魋进入曹而据以叛宋，莒君狂卒。六月，宋国的向魋从曹逃亡到卫国。宋国的向巢逃亡到鲁国。齐人在舒州杀掉了自己的国君壬。

秋天，晋国的赵鞅率师讨伐卫国。八月辛丑日，仲孙何忌卒。

冬天，陈国的宗竖从楚国再次回到陈，陈人把他杀了。陈国的辕买出逃到楚国。有彗星出现。发生饥荒。

第五卷

礼记

礼 记

我们中华民族有着五千年灿烂的文化传统，其文化核心之一就是"礼"，而"三礼"：《仪礼》《礼记》和《周礼》集中表述了"礼"的思想。

"三礼"是指《仪礼》《礼记》和《周礼》这三部儒家经典。

"礼"本来是指祭祀鬼神时的一种仪式，后来引申指社会上一切礼仪。

"礼"，就是身体力行，是一种脚踏实地的实践活动。

《礼记》是这样解释"礼"的："夫礼者，所以定亲疏，决嫌疑，别同异，明是非。"（《礼记·曲礼》）这是说"礼"可以区别人们不同的地位、作为是非的标准。也就是说，人在社会上要找到自己合适的坐标。《礼记》还说："礼节民心"，"礼者，天地之序也"，"中正无邪，礼之质也。庄敬恭顺，礼之制也。过制则乱，胜质则伪。"（《礼记·乐记》）"礼"是节，节就是掌握一定的度，凡事过了度肯定不好。"礼"既要防止破坏秩序的祸乱，也要防止流于形式的虚伪。人都是有欲望的，欲望的需求是没有止境。人的欲望，既是社会发展的动力，如果失去节制，也是巨大的破坏力量。

中华自古就是"礼仪之邦"。"礼"是中国古代传统文化的主题内容，也是中国古代儒家思想的核心价值观念。"礼"是中国古代社会生活的规范、制度和思想观念。

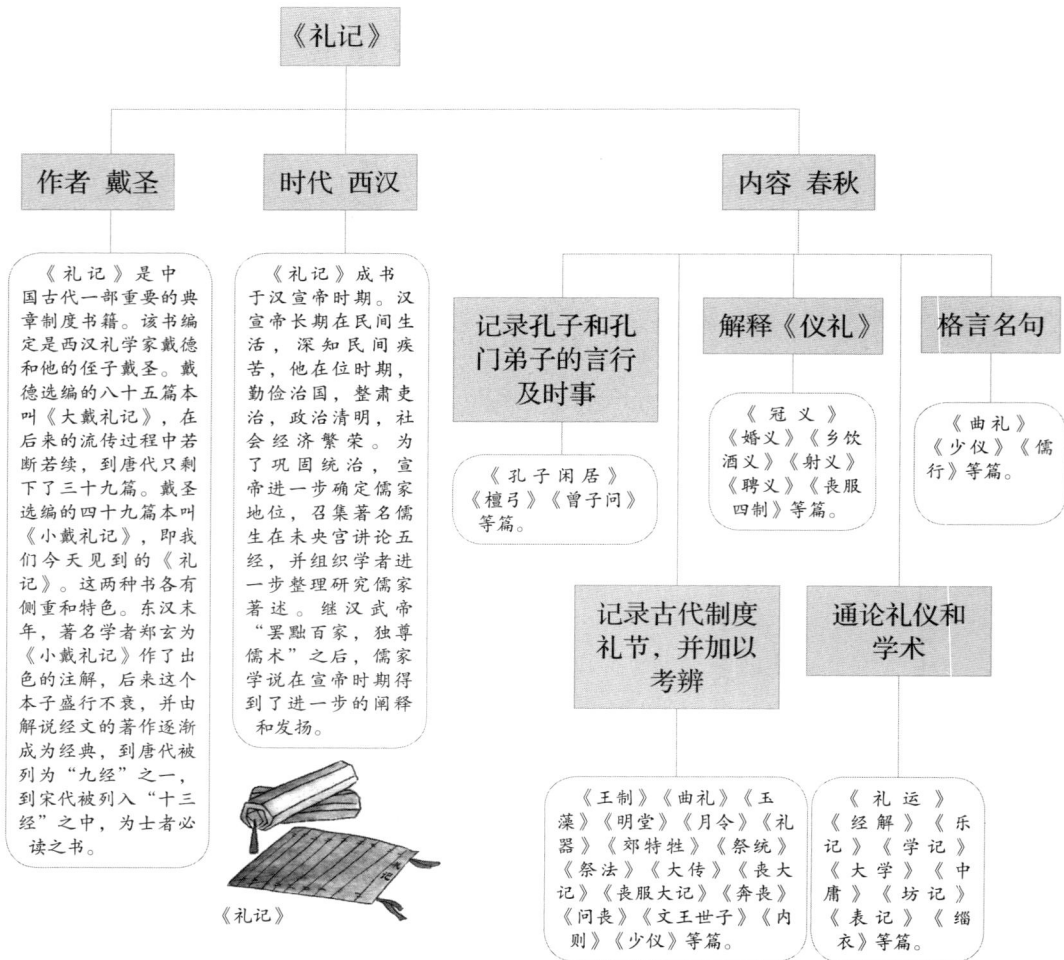

《礼记》

作者 戴圣

《礼记》是中国古代一部重要的典章制度书籍。该书编定是西汉礼学家戴德和他的侄子戴圣。戴德选编的八十五篇本叫《大戴礼记》，在后来的流传过程中若断若续，到唐代只剩下了三十九篇。戴圣选编的四十九篇本叫《小戴礼记》，即我们今天见到的《礼记》。这两种书各有侧重和特色。东汉末年，著名学者郑玄为《小戴礼记》作了出色的注解，后来这个本子盛行不衰，并由解说经文的著作逐渐成为经典，到唐代被列为"九经"之一，到宋代被列入"十三经"之中，为士者必读之书。

时代 西汉

《礼记》成书于汉宣帝时期。汉宣帝长期在民间生活，深知民间疾苦，他在位时期，勤俭治国，整肃吏治，政治清明，社会经济繁荣。为了巩固统治，宣帝进一步确定儒家地位，召集著名儒生在未央宫讲论五经，并组织学者进一步整理研究儒家著述。继汉武帝"罢黜百家，独尊儒术"之后，儒家学说在宣帝时期得到了进一步的阐释和发扬。

《礼记》

内容 春秋

记录孔子和孔门弟子的言行及时事

《孔子闲居》《檀弓》《曾子问》等篇。

解释《仪礼》

《冠义》《婚义》《乡饮酒义》《射义》《聘义》《丧服四制》等篇。

格言名句

《曲礼》《少仪》《儒行》等篇。

记录古代制度礼节，并加以考辨

《王制》《曲礼》《玉藻》《明堂》《月令》《礼器》《郊特牲》《祭统》《祭法》《大传》《丧大记》《丧服大记》《奔丧》《问丧》《文王世子》《内则》《少仪》等篇。

通论礼仪和学术

《礼运》《经解》《乐记》《学记》《大学》《中庸》《坊记》《表记》《缁衣》等篇。

《周礼》

《周礼》，是一部记述国家王室制度的书，通过对300多种职官掌管的具体事物的记述，阐明了社会制度的思想。

《周礼》共6篇，每篇一官，配以天、地、春、夏、秋、冬四时，分述周代六官的职守。它的内容是：

（1）天官：冢宰，掌邦治。

（2）地官：司徒，掌邦教。

（3）春官：宗伯，掌邦礼。

（4）夏官：司马，掌邦政。

（5）秋官：司寇，掌邦刑。

（6）冬官：司空，掌邦事。

《周礼》

《周礼》的出现

汉武帝时民间的一位姓李的人，从山岩屋壁中发现了古《周礼》，呈现给了河间献王，全书只缺少《冬官》一篇，于是悬赏千金，向民间征求，没有得到，只好取《考工记》补进去。河间献王将这部《周礼》献给了汉武帝，藏于秘府。

《仪礼》

《仪礼》17篇，先秦儒家所传授的六经《诗》《书》《礼》《乐》《易》《春秋》中的《礼》就是指《仪礼》。

《仪礼》

《仪礼》是有关祭天、祀祖、区分尊卑上下、维护社会等级制度的礼节和行为规范。《仪礼》的内容有冠、昏、丧、祭、乡、射、朝、聘八种，是记载古代宗教仪式和风俗习惯的礼仪之书，也是研究古代社会生活和文化的必读书。这在春秋以前，是"士"以上的贵族们必须学会的礼仪。

我们简单介绍一下《仪礼》的内容：

《士冠礼》：第一：古时候，男子20岁就算成年人了，要加冠，加冠时要举行冠礼，这是成年礼，加冠命字。

《士昏礼》第二：士以上的贵族娶妻成婚的礼仪。昏（婚）礼有六项内容，所以也叫六礼：纳采、问名、纳吉、纳徵、请期、亲迎。

冠礼。

《士相见礼》第三：是士初次相见的礼仪。

《乡饮酒礼》第四：记载乡（古代基层行政组织）定期举行酒会的仪式。

《乡射礼》第五：记载乡（古代基层行政组织）定期举行射箭比赛大会的礼仪。

《燕礼》第六：讲述诸侯与其大臣举行的宴饮之礼。宴会上有歌舞表演。

《大射礼》第七：是讲君王主持射箭比赛的礼仪。

《聘礼》第八：这是国君派遣使节到其他诸侯国进行友好访问的礼节。

燕礼。

《公食大夫礼》第九：这是讲国君举行宴会招待外国使节的礼仪。

《谨礼》第十：记述诸侯朝见天子的礼节。

《丧服》第十一：讲的是古代人们根据亲疏关系为去世的亲属穿不同丧服、服不同丧期的礼仪制度。

《士丧礼》第十二、《既夕礼》第十三：这两篇讲的是士死后的丧葬过程和礼仪。

《士虞礼》第十四：讲述士埋葬父母后回家为父母举行的安魂礼仪。

《特牲馈食礼》第十五：士定期在家庙中以豕（猪）祭祖的礼仪。

《少牢馈食礼》第十六、《有司彻》第十七：这两篇讲述诸侯的卿大夫定期在家庙中用少牢祭祖的礼仪（用羊和猪两牲为祭品称为"少牢"）

士相见礼。

士丧礼。

《礼记》

《礼记》49篇，共约90000字。内容主要是记述先秦的礼仪制度，阐释《仪礼》，记录孔子与弟子的言论等。

《礼记》流传到现在的有40篇《大戴记》和49篇《小戴记》，我们现在说的《礼记》就是《小戴记》。

《礼记》中的《礼运》篇讲述了大同社会的政治原理，康有为著的《大同书》其理论渊源就在这里。孙中山先生曾亲笔书写《礼运》篇，三民主义也从《礼记》中吸取了合理成分。我们现在讲的"小康社会"，其概念也源于此。

《礼记》中的《学记》讲的是教育原理。《礼记》中的《大学》讲的是"修身、齐家、治国、平天下"一套完整的社会政治原理。《礼记》中的《中庸》讲的是宇宙观和人生哲学。《大学》《中庸》两篇被宋代的朱熹从《礼记》中抽出来，与《论语》《孟子》合编为"四书"。

《小戴礼记》

"三礼"及"大小戴记"比较

书名	周礼	仪礼	礼记	
			大戴记	小戴记
作者	相传为周公所作	古文家认为是周公，今文家认为是孔子	秦汉儒者（孔子弟子及其后辈）	
选编			戴德	戴圣
篇数	6篇	古文亡佚，今存17篇	85篇，今存40	49篇
内容	记述周代官制和社会规范	记载礼仪规范	解释仪礼，含哲理、政治，并及礼乐器物、生活礼节	

曲礼上第一

【原文】

曲礼曰：

毋不敬，俨若思，安定辞①。安民哉！

傲不可长，欲不可从，志不可满，乐不可极。

贤者狎而敬之，畏而爱之。爱而知其恶，憎而知其善。积而能散，安安而能迁②。临财毋苟得，临难毋苟免。很③，毋求胜；分，毋求多。疑事毋质，直而勿有。

若夫，坐如尸④，立如齐⑤，礼从宜，使从俗。

夫礼者，所以定亲疏，决嫌疑，别同异，明是非也。礼不妄说人，不辞费。礼不逾节，不侵侮，不好狎。修身践言，谓之善行。行修言道，礼之质也。礼闻取于人，不闻取人。礼闻来学，不闻往教。

道德仁义，非礼不成。教训正俗，非礼不备。分争辨讼，非礼不决。君臣、上下、父子、兄弟，非礼不定。宦学事师，非礼不亲。班朝治军⑥，莅官行法，非礼威严不行。祷祠、祭祀、供给鬼神，非礼不诚不庄。是以君子恭敬撙节⑦，退让以明礼。鹦鹉能言，不离飞鸟；猩猩能言，不离禽兽。今人而无礼，虽能言，不亦禽兽之心乎？夫唯禽兽无礼，故父子聚麀⑧。是故圣人作，为礼以教人，使人以有礼，知自别于禽兽。

太上贵德⑨，其次务施报⑩。礼尚往来：往而不来，非礼也；来而不往，亦非礼也。人有礼则安，无礼则危，故曰"礼者不可不学"也。夫礼者，自卑而尊人。虽负贩者，必有尊也，而况富贵乎？富贵而知好礼，则不骄不淫。贫贱而知好礼，则志不慑。

人生十年曰幼，学；二十曰弱，冠；三十曰壮，有室；四十曰强，而仕；五十曰艾，服官政；六十曰耆，指使；七十曰老，而传重⑪；八十、九十曰耄；七年曰悼。悼与耄虽有罪，不加刑焉。百年曰期，颐。

大夫七十而致事，若不得谢，则必赐之几杖；行役以妇人，适四方，乘安车。自称曰"老夫"，于其国则称名。越国而问焉，必告之以其制。

谋于长者，必操几杖以从之。长者问，不辞让而对，非礼也。

凡为人子之礼，冬温而夏清，昏定而晨省。在丑夷不争⑫。

夫为人子者，三赐不及车马⑬，故州闾乡党称其孝也，兄弟亲戚称其慈也，僚友称其弟也，执友称其仁也，交游称其信也。见父之执⑭，不谓之进，不敢进；不谓之退，不敢退；不问，不敢对。此孝子之行也。

夫为人子者，出必告，反必面；所游必有常，所习必有业；恒言不称老。年长以倍，则父事之。十年以长，则兄事之。五年以长，则肩随之⑮。群居五人，则长者必异席。

傲不可长。

欲不可从。

志不可满。

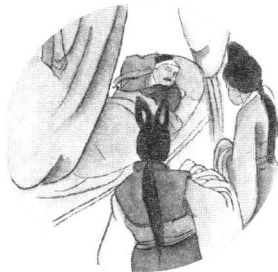
乐不可极。

人一生中各个年龄阶段的称谓及如何从于长者

人七岁称为"悼"。

人长到十岁称为"幼"，开始学习。

二十岁称为"弱"，要举行冠礼。

三十岁称为"壮"，娶妻成家。

四十岁称为"强"，可以外出做官。

五十岁称为"艾"，可以独当一面处理政事。

六十岁称为"耆"，可以指导使唤他人。

七十岁称为"老"，应该传重于子孙了。

八十岁、九十岁的老人称为"耄"。

"耄"和"悼"即使犯有罪过，也不施加刑罚。

百岁老人称为"期"，应当颐养天年了。

七十岁的老人可以自称为"老夫"。大夫七十岁就可以致仕退休了，如果不得辞官，（君王）应当赐给他几和杖。

后辈到长者那儿去商议事情，一定要附带几、杖随从他。长者问话，不先谦让就回答，是不符合礼的。随从长者登上丘陵，一定要朝长者所看的方向观望。

　　为人子者，居不主奥[16]，坐不中席，行不中道，立不中门；食飨不为概[17]，祭祀不为尸；听于无声，视于无形；不登高，不临深；不苟訾，不苟笑。

　　孝子不服暗，不登危，惧辱亲也。父母存，不许友以死；不有私财。

　　为人子者，父母存，冠衣不纯素[18]。孤子当室[19]，冠衣不纯采。

　　幼子常视毋诳[20]，童子不衣裘裳。立必正方，不倾听。长者与之提携，则两手奉长者之手。负剑辟咡诏之[21]，则掩口而对。

做儿子的礼仪

儿子应照顾好父母的日常生活起居，应使父母在冬天里感到温暖，在夏天里感到凉爽。

晚上替父母铺床安枕，早晨向他们请安问好。

做儿子的，虽官至三命但不敢接受君王的车马之赐。

见到父亲的挚友，不叫上前就不上前，不让退后便不退后，不问话就不敢随便答话。

外出必须告知父母。

回家必须当面禀告。出游必须有固定的地方。

学习必须有一定的专业。

起居饮食祭祀不居于主位。

要善于揣摩父母的心思，让父母心情愉悦。

孝子不潜伏于暗处，不登临危险之地，害怕（因出危险而）辱没父母的名声。

不随便嬉戏笑闹。父母在世，不可对朋友以死相许，也不积蓄私房钱。

做儿子的，父母在世，衣帽不镶白边；父母去世，孤子主持家事，衣帽不镶彩边。

从于先生，不越路而与人言。遭先生于道，趋而进，正立拱手。先生与之言，则对；不与之言，则趋而退。

从长者而上丘陵，则必乡长者所视。

登城不指。城上不呼。将适舍，求毋固。将上堂，声必扬。户外有二屦[22]，言闻则入，言不闻则不入。将入户，视必下。入户奉扃[23]，视瞻毋回。户开亦开，户阖亦阖。有后入者，阖而勿遂。毋践屦，毋踖席[24]，抠衣趋隅[25]。必慎唯诺。

大夫、士出入君门，由阓右[26]，不践阈[27]。

凡与客入者，每门让于客。客至于寝门，则主人请入为席，然后出迎客；客固辞，主人肃客而入；主人入门而右，客入门而左；主人就东阶，客就西阶，客若降等，则就主人之阶；主人固辞，然后客复就西阶。主人与客让登，主人先登；客从之。拾级聚足，连步以上。上于东阶，则先右足；上于西阶，则先左足。

帷薄之外不趋[28]，堂上不趋，执玉不趋。堂上接武[29]，堂下布武[30]。室中不翔[31]。并坐不横肱。授立不跪，授坐不立。

凡为长者粪之礼[32]，必加帚于箕上，以袂拘而退[33]。其尘不及长者，以箕自乡而扱之[34]。

奉席如桥衡[35]，请席何向，请衽何趾。席南向北向，以西方为上；东向西向，以南方为上。

若非饮食之客，则布席，席间函丈[36]。主人跪正席。客跪，抚席而辞。客彻重席，主人固辞。客践席，乃坐。主人不问，客不先举。将即席，容毋怍。两手抠衣，去齐尺[37]。衣毋拨，足毋蹶。

先生书策、琴瑟在前，坐而迁之，戒勿越。虚坐尽后，食坐尽前。坐必安，执尔颜。长者不及，毋儳言。正尔容，听必恭。毋剿说，毋雷同。必则古昔，称先王。侍坐于先生，先生问

侍坐之礼

如果请来的不是饮酒吃饭的客人，为他布席时应当宽敞一些，席与席之间大约应有一丈间隔。

主人跪下为客人整理席位时，客人应当下手用手按席表示辞谢。

客人要撤掉垫在上面的席子时，主人要再三请他不要撤去。

客人登席，主人才就坐。

主人不发问，客人不抢先说话。

将要入席时，脸色不要有变化，要用双手提起衣裳，使衣裳的下摆离地面一尺左右。

饮酒吃饭就尽量往前坐。

坐有坐相，一定要安稳，表情要保持自然。

父亲和老师召唤自己，一定要声应身从，马上站起立即行动。

向老师请教学业要起立，请老师重复一遍也要起立。

长者没有提及的话题，不要妄言。要端正你的仪容。

先生发问，要等他把话问完再回答。

如果在自己尊敬的人面前陪坐，要坐在席端距离他最近的地方，不使中间有空席。

侍坐于君子，要保持仪容端正，不要侧耳偷听，不要粗声大气地喊叫，不要左顾右盼，不要无精打采。

在君子身旁陪坐，如果君子打呵欠，伸懒腰，摆弄拐杖、鞋子，观看天色早晚，陪坐的人就应该请求告退了。

在长辈身旁陪坐，不能穿着鞋上堂，也不能在堂前台阶上脱鞋。穿鞋时，要跪着拿起鞋子，退避到一旁再穿。

见两个人坐在一起，或两个人站在一起，不要侧身插入他们中间。

男女不同坐一块儿。

焉，终则对。请业则起，请益则起。父召，无"诺"。先生召，无"诺"。"唯"而起。侍坐于所尊，敬毋余席。见同等不起。烛至，起。食至，起。上客，起。烛不见跋[38]。尊客之前不叱狗。让食不唾。

侍坐于君子，君子欠伸、撰杖屦、视日蚤莫[39]，侍坐者请出矣。侍坐于君子，君子问更端，则起而对。侍坐于君子，若有告者曰"少间，愿有复也"，则左右屏而待。毋侧听，毋噭应[40]，毋淫视，毋怠荒。游毋倨，立毋跛，坐毋箕，寝毋伏。敛发毋髢[41]，冠毋免。劳毋袒，暑毋褰裳。

侍坐于长者，屦不上于堂，解屦不敢当阶。就屦，跪而举之，屏于侧。乡长者而屦，跪而迁屦，俯而纳屦。

离坐离立[42]，毋往参焉。离立者不出中间。男女不杂坐，不同椸枷[43]，不同巾栉，不亲授。嫂叔不通问，诸母不漱裳[44]。外言不入梱[45]，内言不出梱。

女子许嫁，缨。非有大故，不入其门。姑、姊、妹、女子子已嫁而反，兄弟弗与同席而坐，弗与同器而食。父子不同席。男女非有行媒，不相知名。非受币，不交不亲。故日月以告君，斋戒以告鬼神，为酒食以召乡党僚友，以厚其别也。取妻不取同姓，故买妾不知其姓，则卜之。寡妇之子，非有见焉，弗与为友。

贺取妻者曰："某子使某，闻子有客，使某羞[46]。"贫者不以货财为礼，老者不以筋力为礼。

名子者不以国，不以日月，不以隐疾，不以山川。

男女异长。男子二十，冠而字。父前子名，君前臣名。女子许嫁，笄而字[47]。

凡进食之礼：左肴右胾[48]；食居人之左，羹居人之右；脍炙处外，醯酱处内，葱渫处末[49]，酒浆处右；以脯修置者，左朐右末[50]。客若降等，执食兴辞；主人兴辞于客，然后客坐。主人延客祭。祭食，祭所先进。肴之序，遍祭之。三饭，主人延客食胾，然后辩肴。主人未辩，客不虚口[51]。

男女成人、交媾之礼

给儿子取名，不用国名，不同日月之名，不用身体上的暗疾为名，不用山川为名。

男子到了二十岁，就要举行成人礼。

女子许嫁之后，才行成人礼，并为她取字。

女子一旦订婚，就要系上五色彩缨。除非有大的变故，就不要进她的屋门。

男女之间没有媒妁做媒，不互通姓名。没有接受男方的聘礼，双方不交际往来。

一旦选定了男女婚期，就要把吉日登记上报，并沐浴斋戒而后祭告家庙中的鬼神，然后大摆宴席请请乡亲朋友。

侍食于长者，主人亲馈，则拜而食；主人不亲馈，则不拜而食。

共食不饱，共饭不泽手[52]。

毋抟饭。毋放饭。毋流歠[53]。毋咤食。毋啮骨。毋反鱼肉。毋投与狗骨。毋固获。毋扬饭。饭黍毋以箸。毋嚃羹[54]。毋絮羹[55]。毋刺齿。毋歠醢[56]。客絮羹，主人辞不能亨。客歠醢，主人辞以窭[57]。濡肉齿决，乾肉不齿决。毋嘬炙[58]。卒食，客自前跪，彻饭齐[59]，以授相者。主人兴辞于客，然后客坐。

侍饮于长者，酒进则起，拜受于尊所，长者辞，少者反席而饮。长者举未釂[60]，少者不敢饮。

长者赐，少者贱者不敢辞。赐果于君前，其有核者，怀其核。御食于君，君赐余，器之溉者不写[61]，其余皆写。

馂馀不祭[62]，父不祭子，夫不祭妻。

御同于长者，虽贰不辞。偶坐不辞。

羹之有菜者用梜[63]，其无菜者不用梜。

为天子削瓜者副之，巾以绤[64]。为国君者华之，巾以绤[65]。为大夫累之[66]，士疐之[67]，庶人龁之。

父母有疾，冠者不栉，行不翔，言不惰，琴瑟不御，食肉不至变味，饮酒不至变貌，笑不至矧[68]，怒不至詈。疾止复故。

有忧者，侧席而坐；有丧者，专席而坐。

水潦降，不献鱼鳖。献鸟者佛其首[69]，畜鸟者则勿佛也。献车马者执策绥。献甲者执胄，献杖者执末，献民虏者操右袂，献粟者执右契，献米者操量鼓，献孰食者操酱齐，献田宅者操书致。

凡遗人弓者：张弓尚筋，弛弓尚角；右手执箫，左手承弣[70]；尊卑垂帨[71]。若主人拜，则客还辟，辟拜。主人自受，由客之左，接下承弣，乡与客并。然后受。进剑者左首。进戈者前其镈[72]，后其刃。进矛戟者前其镦[73]。

进几杖者拂之。效马效羊者右牵之，效犬者左牵之。执禽者左首，饰羔雁者以缋。受珠玉者以掬。受弓剑者以袂。饮玉爵者弗挥。凡以弓、剑、苞、苴、箪、笥问人者，操以受命，如使之容。

凡为君使者，已受命，君言不宿于家。君言至，则主人出拜君言之辱；使者归，则必拜送于门外。若使人于君所，则必朝服而命之；使者反，则必下堂而受命。

博闻强识而让，敦善行而不怠，谓之君子。君子不尽人之欢，不竭人之忠，以全交也。

礼曰：君子抱孙不抱子。此言孙可以为王父尸，子不可以为父尸。为君尸者，大夫、士见之，则下之。君知所以为尸者，则自下之；尸必式[74]。乘必以几。

斋者不乐不吊。

凡献弓给人的，张了弦的弓要使弓弦朝上。

凡作为国君使者出使的，一旦接受了命令就必须立即出发，不得带着君命在家过夜。

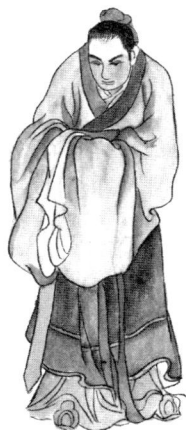

博闻强记而能够谦让，广多善事而不懈怠，可称之为君子。君子不要求别人无尽地喜欢自己，也不要求别人全力为自己尽忠，以使交情得以完美地保持下去。

居丧之礼：毁瘠不形，视听不衰，升降不由阼阶，出入不当门隧。居丧之礼：头有创则沐，身有疡则浴；有疾则饮酒食肉，疾止复初。不胜丧，乃比于不慈不孝。五十不致毁，六十不毁，七十唯衰麻在身⑦，饮酒食肉处于内。

生与来日，死与往日。

知生者吊。知死者伤。知生而不知死，吊而不伤。知死而不知生，伤而不吊。

吊丧弗能赙⑦，不问其所费。问疾弗能遗，不问其所欲。见人弗能馆，不问其所舍。赐人者不曰"来取"，与人者不问其所欲。

适墓不登垄，助葬必执绋⑦。临丧不笑。揖人

父之仇，弗与共戴天。

必违其位。望柩不歌。入临不翔。当食不叹。邻有丧，舂不相；里有殡，不巷歌。适墓不歌，哭日不歌。送丧不由径，送葬不辟途潦。临丧则必有哀色，执绋不笑，临乐不叹，介胄则有不可犯之色。故君子戒慎，不失色于人。

国君抚式，大夫下之。大夫抚式，士下之。

礼不下庶人，刑不上大夫。刑人不在君侧。

兵车不式，武车绥旌，德车结旌。

史载笔，士载言。前有水，则载青旌。前有尘埃，则载鸣鸢。前有车骑，则载飞鸿。前有士师，则载虎皮。前有挚兽，则载貔貅。行，前朱鸟而后玄武，左青龙而右白虎；招摇在上⑦，急缮其怒⑦；进退有度，左右有局，各司其局。

居丧之礼

守丧之礼：虽因哀伤而身体羸瘦，但不可形销骨立，也不可以损坏视力和听力。

上、下堂不走阼阶，进、出门不走正中的甬道。

头上长了疮才能洗头，身上发痒了才可洗澡。

活人（为死人的服丧期）从人死的第二天算起。

孝子禁不住哀伤而伤害了身体，就要等同于不慈不孝。

病了才能饮酒吃肉，病愈后还要恢复原样。

卜筮之礼

在宗庙外举行典礼要选在单日，在宗庙内举行典礼要选在双日。

凡需要用卜筮决定举行典礼的日子，十天以外的称为"远某日"，十天以内的称为"近某日"。

卜筮时要说"选择吉日，借助你这从无差错的大龟来占卜"，或说"借助你这从无差错的大蓍草来占筮"。

卜、筮都不得超过三次。占卜、占筮也不可互相重复使用。

用龟甲叫作占卜，用蓍草叫占筮。

有怀疑就问卜，问了卜就不会再犹豫不定；办事情择吉日，择定了日子就一定要履行。

父之仇，弗与共戴天。兄弟之仇，不反兵。交游之仇，不同国。

四郊多垒，此卿、大夫之辱也。地广大，荒而不治，此亦士之辱也。

临祭不惰。祭服敝则焚之，祭器敝则埋之，龟策敝则埋之，牲死则埋之。凡祭于公者，必自彻其俎。

卒哭乃讳[80]。礼不讳嫌名，二名不遍讳。逮事父母，则讳王父母。不逮事父母，则不讳王父母。君所无私讳，大夫之所有公讳。《诗》《书》不讳。临文不讳。庙中不讳。夫人之讳，虽质君之前，臣不讳也。妇讳不出门。大功、小功不讳。入竟而问禁，入国而问俗，入门而问讳。

外事以刚日，内事以柔日。凡卜筮日，旬之外曰"远某日"，旬之内曰"近某日"。丧事先远日，吉事先近日。曰："为日，假尔泰龟有常[81]，假尔泰筮有常。"卜筮不过三。卜筮不相袭。

龟为卜，策为筮。卜筮者，先圣王之所以使民信时日，敬鬼神，畏法令也；所以使民决嫌疑，定犹与也。故曰："疑而筮之，则弗非也。日而行事，则必践之。"

君车将驾，则仆执策立于马前。已驾，仆展轮[82]。效驾，奋衣由右上，取贰绥；跪乘，执策分辔，驱之五步而立。君出就车，则仆并辔授，左右攘辟。车驱而骑，至于大门，君抚仆之手，而顾命车右就车[83]。门闾、沟渠必步。凡仆人之礼，必授人绥。若仆者降等，则受，不然则否。若仆者降等，则抚仆之手；不然，则自下拘之。

客车不入大门。妇人不立乘。犬马不上于堂。

故君子式黄发，下卿位，入国不驰，入里必式。

君命召，虽贱人，大夫、士必自御之。

乘驭之礼

国君的车将要套马出行，驾车的仆人要手持马鞭站在马前。

上车后，要跪在车上，手执马鞭，并将马缰绳分别握在两个手中。

君王出来乘车时，仆人要把马缰绳合握在一手，而用另一只手将绥递给君王。

左右群臣都要为君王避让，车前行时群臣要急步紧跟。

车行至大门口，君王要按住仆人的手示意停车，而回头命令车右上车。

当车驶过大门、里巷、沟渠等地方时，车右要下车步行。

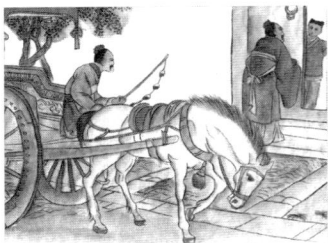

客人的车不可直接驶进主人家的大门，妇女不站着乘车。

国君乘车，路遇高龄老人要行轼礼。

进入国都不驱驰，行过里巷要行轼礼，经过卿的朝位要下车步行。

介者不拜，为其拜而蓑拜[84]。

祥车旷左[85]。乘君之乘车，不敢旷左；左必式。

仆御妇人，则进左手，后右手。御国君，则进右手，后左手而俯。国君不乘奇车。

车上不广欬，不妄指。立视五嶲[86]，式视马尾，顾不过毂。国中以策彗恤勿驱[87]，尘不出轨。

国君下齐牛，式宗庙。大夫、士下公门，式路马。乘路马，必朝服，载鞭策，不敢授绥，左必式。步路马，必中道。以足蹙路马刍[88]，有诛。齿路马，有诛。

【注解】

①定：指说话语气要确切。②安安：安于所习惯的环境或事物。③很：指争讼。④尸：用一活人扮作父祖的形象以代父祖受祭，此人即自称为尸。⑤齐：通"斋"。⑥班：正位次。⑦撙（zǔn）：自我抑损。⑧麀（yōu）：母鹿，在此泛指雌兽。⑨太上：指帝皇之世，即传说中的三皇五帝时代。⑩其次：指后王。⑪传重：父亲把宗庙土的地位传

给嫡长子，就叫传重。⑫丑夷：丑，众也；夷，侪也。指同辈、平辈。⑬三赐：指三命之赐。⑭父之执：父亲的朋友。⑮肩随：并行而差退。⑯奥：屋中西南角，尊长居住。⑰概：量米麦时刮平斗斛的器具。⑱纯（zhǔn）：古代衣裳、鞋帽的镶边。⑲孤子：二十九岁以下而无父称为孤子。⑳视：通“示”，示意。㉑负剑辟咡诏之：剑，挟小儿于胁下如带剑也。辟，倾也。咡（èr），口旁也。㉒屦（jù）：古代的一种单底鞋。㉓扃（jiǒng）：上门的横杠或门栓。㉔踖（jì）：践踏。㉕抠：提。㉖闑（niè）：古代大门正中所竖的短木。㉗阈（yù）：门槛。㉘帷薄：帷，指布幔。薄，指帘子。㉙接武：武，足迹。接武，指足迹相接。㉚布武：每移足，各自成迹，不相接连。㉛翔：指甩开手臂。㉜粪：除污秽。㉝拘：遮蔽。㉞扱：即收取垃圾。㉟桥衡：桥，措井上打水的桔槔衡，指桔槔上起杠杆作用的横本杆。㊱函丈：三席为一丈，广三尺三寸三分，谓函丈。㊲齐（zī）：衣裳的下边。㊳跋：本也，指火把的柄。㊴蚤莫：早暮。㊵噭：号呼三声。㊶髢（tì）：垂发。㊷离：两也。㊸椸（yí）枷（jiā）：椸，晾衣服的竹竿。枷，衣架。㊹诸母：父之诸妾有子者。㊺梱（kǔn）：门槛。㊻羞：进也。所进者，据郑玄《注》说，是一壶酒，十条干肉，无干肉就送一条狗。㊼笄：女子的成人礼。㊽胾（zì）：熟肉带骨切成大块叫肴，纯肉切块叫胾。㊾渫（xiè）：即渫，蒸葱。㊿朐（qú）：干肉中间弯曲就叫朐。(51)虚口：漱口。(52)泽手：揉搓手。吃饭用手，既与人共饭，手宜洁净，不得临食时揉搓手，使别人嫌恶。(53)歠（chuò）：饮。(54)嚃（tā）羹：羹不嚼菜，合而饮之。(55)絮：调也。(56)歠醢：醢即肉酱、歠醢是指像吃羹一样饮而食之。(57)窭（jù）：贫，不足。(58)嘬：吞食。(59)齐：指酱、腌菜等。(60)釂（jiào）：即干杯。(61)写：泻，是说把食物从一个容器倒入另一个容器。(62)馂（jùn）：吃剩的食物。(63)梜：箸，筷子。(64)絺（chī）：细葛布。(65)绤（xī）：粗葛布。(66)累：通“裸”。(67)疐（dì）：通“蒂”。(68)矧（shěn）：齿。(69)佛其首：用小竹笼把鸟罩上。(70)弣（fǔ）：弓中部把手处。(71)帨：古人腰际的佩巾。(72)鐏：戈柄末的金属套。(73)镦：矛戟柄末端的金属套。(74)式：通“轼”，是古代车箱前供人凭依的横木，人立于车凭轼俯身向人表示敬意也叫轼。(75)衰：通“缞”（cuī），古时丧服，用粗麻布制成。(76)赙（fù）：赠送财物给办丧事的人家。(77)绋：牵引灵车的大绳。(78)招摇：指北斗第七星。(79)缮：坚定，坚持。(80)卒哭：祭名，指人死葬后的最后一次祭礼。(81)泰龟有常：泰龟，大龟。此指龟甲。有常：指其无差错。皆为尊称美辞。(82)軨：车阑，即车箱前面和左右两面横直交结的栏木。(83)车右：勇力之士，护卫君王，乘车则在右边。(84)蓌拜：蓌（cuò），蹲也，犹诈也。著铠甲而拜，形仪不足，似诈也。(85)祥车：死者生前所乘的车。(86)嶲：guī：即规，车轮的周长。(87)策彗：即以彗策。彗，带叶的竹扫帚。恤勿：搔摩也。(88)蹙：通“蹴”，蹋也。

礼，是用来规定人们之间的亲疏关系，决断事理上的疑问、分辨事物的异同、明确道理上的是非的。

依礼而言，不随便讨好人，不说多余的话。

依礼而行，不超越节度，不侵犯侮慢他人，不与人亲昵失敬。

加强自身修养，实践许下的诺言，便可称之为“善行”。

行为有修养，言谈合道理，就体现了礼的本质。

关于礼的学问，要到别人那儿取法学习。

【译文】

《曲礼》说：

（凡事）不要不严肃认真,（神情要）庄重若有所思,说话要态度安详、言辞确切。这样才能使人信服,使民众安定!

傲气不可滋长,欲望不可放纵,心志不可自满,享乐不可穷极。

对有德行的人要亲近而敬重,畏服而爱慕。（对）所爱的人要知道他的缺点,（对）所恨的人要知道他的优点。（财富）既能善于积聚,又能广泛布施;（处境）既能安于现状,又能适时变迁。面对财物,不随便获取;面临危难,不随便逃避。遇有争讼,不求胜过他人;分配财物,不求多于别人。事有疑问,不要臆断;自己正确,不要得理不让人。

如果坐着,就要像"尸"那样端庄矜持;如果站着,就要同斋戒那样恭恭敬敬。礼仪要遵从事理机宜,出使他国要顺从当地的风俗习惯。

礼,是用来规定人们之间的亲疏关系,决断事理上的疑问、分辨事物的异同、明确道理上的是非的。依礼而言,不随便讨好人,不说多余的话。依礼而行,不超越节度,不侵犯侮慢他人,不与人亲昵失敬。加强自身修养,实践许下的诺言,便可称之为"善行"。行为有修养,言谈合道理,就体现了礼的本质。关于礼的学问,只听说到别人那儿取法学习,没听说主动要求别人来学习;只听说前来投师学习,没听说主动前去教授。

没有礼,就不能成就仁义道德;没有礼,教训人民移风易俗就不能完备;没有礼,就不能决断分辨争讼的是非;没有礼,就不能确定君臣、上下、父子、兄弟的名分;外出游学拜师,没有礼,师生之间就不会亲密;排列朝班,整治军队,莅临官职,执行法令,没有礼,就失去了威严;临时的祭祀和定期的祭祀,供奉鬼神,没有礼,就失去了虔诚和庄重。因此,君子态度恭敬,凡事有节制,对人谦让,以此来体现礼。鹦鹉虽能学人言,终究不外是飞鸟;猩猩虽懂人语,到底还是禽兽。现在作为人而不知礼,虽然讲的是人话,其心也不过是禽兽。正因为禽兽没有礼,所以父子能共一雌兽。因此,圣人制定礼制,用以教化人民,使人民有了礼制而自知区别于禽兽。

上古时代,人们崇尚德,以德为贵;（后来则讲究施惠和报答）礼崇尚有来有往:只往而不来,不合乎礼;只来而不往,也不合乎礼。人人都有了礼,社会就能安定;人人都没有了礼,社会就会危机,因此说"礼,是不可以不学的"。礼的原则,要求自己谦卑而尊重他人,既使是身份低微的人,也有值得尊敬的（地方）,何况是富贵的人呢?富贵而且懂得爱好礼义,就不会骄奢淫泆;贫贱却能懂得爱好礼义,便不会畏怯困惑。

人长到十岁称为"幼",开始学习;二十岁称为"弱",行冠礼;三十岁称为"壮",娶妻成家;四十岁称为"强",可以外出做官;五十岁称为"艾",可以独当一面处理政事;六十岁称为"耆",可以指导使唤他人;七十岁称为"老",应该传重于子孙了;八十岁、九十岁称为"耄";七岁称为"悼"。"耄"和"悼"即使犯有罪过,也不施加刑罚。百岁老人称为"期",应当颐养天年了。

大夫七十岁就可以致仕退休了,如果不得辞官,（君王）应当赐给他几和杖,外出办事要派妇人服侍,出使四方,要让他乘坐安车。七十岁的人可以自称"老夫",但在本国朝廷上仍需自称名字。别国来问国政,一定要能把本国的制度告诉人家。

到长者那儿去商议事情,一定要附带几、杖随他。长者问话,不先谦让就回答,是不符合礼的。

凡做儿子的礼仪,应使父母在冬天里感到温暖,在夏天里感到凉爽;晚上替父母铺床安枕,早晨向他们请安问好。与同辈人相处,不发生争吵。

做儿子的,虽官至三命但不敢接受君王的车马之赐,因此地方上的人称他孝顺,兄弟亲戚称他慈爱,同事友好称他敬重兄长,朋友称他仁爱,同他有交往的人称他诚实。见到父亲的挚友,不叫上前就不上前,不让退后便不退后,不问话就不敢随便答话:这些都是孝子的品行。

做儿子的,外出必须告知父母,回家必须当面禀告;出游必须有固定的地方,学习必须有一定的专业;平时说话不自称"老"。年长自己一倍的人,以父辈之礼对待;年长自己十岁的人,以兄长之礼对待;年长自己五岁的人以同辈之礼对待,但一块儿行走应略退后。五个人同在一起,就必须为年长者另设专席。

做儿子的，起居不占家长的尊位，不坐当中的席位，不走中间的道路，不站在门的中央，在为招待宾客或祭祀而设的食礼和飨礼中不居于主位，祭祀时不敢充当"尸"，（要善于揣摩父母的心思）虽然没有听到父母的声音也能知道他们要指使自己了。不攀登险峻的高处，不临近危险的深渊；不随便诋毁他人，不随便嬉戏笑闹。

孝子不潜伏于暗处，不登临危险之地，害怕（因出危险而）辱没父母的名声。父母在世，不可对朋友以死相许，也不积蓄私房钱。

做儿子的，父母在世，衣帽不镶白边；父母去世，孤子主持家事，衣帽不镶彩边。

平时要用正确的道理教育幼儿，绝不能欺骗他。儿童不宜穿皮裘和裙子，站立一定要端正，不要歪着头听长者说话。长辈挽扶儿童，儿童要双手握住长辈的手。长辈背负儿童或挟着儿童时，俯身在儿童耳旁说话，儿童要用手掩口再回答长者的话。

随从先生行路，不越过道路到另一边去同别人说话。在路上遇见先生，应当快步前迎，站立端正向老师拱手致敬。先生同自己讲话，就应当回话；如不讲话，则应快步退下。

随从长者登上丘陵，一定要朝长者所看的方向观望。

登城不要用手乱指划，在城上不要乱呼乱叫。外出宿于旅舍，要求不能像在家一样。将要走进堂屋，应当高声说话(使屋内人听到)。如果门外有两双鞋，能听见室内的说话声，就可以进去；否则不要进去。将进入室内时，眼睛一定要向下看；进之后，双手要像捧着门闩一样，眼睛不要东张西望。进门之前门是开着的，进屋之后就仍然让它开着；进门之前门是关着的，进屋之后就应随手把门关上。如果身后还有人要进来，就不要把门立即关上。不要踩别人的鞋子，不要越过席次去就坐，应当提起衣脚走到席位下角入座。谈话时一定要谨慎。

大夫、士出入国君的朝门，要走门橛的右边，不要踩踏门槛。

凡主人与客人一起进门，每到一个门前主人都要请客人先进。但客人来至寝室门口时，主人要自己先进去，为客人铺好坐席之后再迎客入室。如果客人谦逊，一再请主人先行，则主人要在前引导客人入内。主人进门后走右边，客人则走左边。主人来到东阶前，客人来到西阶前。客人地位如果低于主人，就要跟随主人走向东阶，主人一再推辞，然后客人再回到西阶。主人与客人又谦让着上台阶，然后主人先登，客人随之而登。登阶时主宾一级一级踩着走，上一级一并足，步步相继而上。上东阶，先抬右脚；上西阶，先抬左脚。

在帷幔和帘子外面不快步行走，在堂上不快步行走，端着玉器不快步行走。在堂上要小步行走，在堂下可大步流星。在室内，不要甩着膀子行走。和别人一块儿坐着，不要横着胳膊。把东西交给站立的人，不用下跪；把东西交给坐着的人，不要站着。

凡为长辈清扫席前垃圾之礼，必须将扫帚放在簸箕上双手捧着前去，然后用一手的衣袖遮住扫帚且扫且退。（这样，可）避免灰尘飞扬到长者身上，（扫之后）要将簸箕口朝自己一方扫入垃圾。

为长者捧席，要像桔槔上的横木一样左高右低。布设坐席时要请问长者面朝哪个方向，布设卧席时要请问长者脚朝哪个方向。席面如若是南北方向，则以西方为上；如若是东西方向，则以南方为上。

如果请来的不是饮酒吃饭的客人，为他布席时应当宽敞一些，席与席之间大约应有一丈间隔。主人跪下为客人整理席位时，客人应当跪下用手按席表示辞谢。客人要撤掉垫在上面的席子时，主人要再三请他不要撤去。客人登席，主人才就坐。主人不发问，客人不抢先说话。将要入席时，脸色不要有变化，要用双手提起衣裳，使衣裳的下摆离地面一尺左右。衣裳不要摆动，脚步不能急促。

老师的书策琴瑟放在前面，（做弟子的）应当跪着绕过去，千万不能从上边跨过去。不饮酒吃饭时应尽量往后坐，饮酒吃饭就尽量往前坐。坐有坐相，一定要安稳，表情要保持自然。长者没有提及的话题，不要妄言。要端正你的仪容，洗耳恭听。不要抄袭他人的学说，也不要同别人雷同，要依据古代的道理，称引先贤的遗训。在老师那儿侍奉陪坐，先生发问，要等他把话问完再回答。向老师请教学业要起立，请老师重复一遍也要起立。父亲和老师召唤自己，不要只应声而不行动，一定要声应身从，马上站起即时行动。在自己尊敬的人面前陪坐，要坐在席端距他最近的地方，不使中间有空席。看到同辈的人不用起立。（天黑后）有人送来火把，要起立。（吃饭时）有人送来饭菜要起立。尊贵的客人来了要起立。火把不要等烧到根部再换掉。在贵客面前不要喝叱狗。在谦让食物时不要吐口水。

在君子身旁陪坐，如果君子打呵欠，伸懒腰，摆弄拐杖、鞋子，观看天色早晚，陪坐的人就应该

宾客如果地位低于主人，就要端着饭食站起来，对主人陪食加以推辞。

客人吃过三口饭后，主人要引导客人吃大块的切肉，然后请客人依次遍吃各种食物。

陪长辈吃饭，如果长辈向晚辈递酒，晚辈应站起来走到陈放酒樽的地方向长辈行拜礼，然后再接酒。

请求告退了。在君子身旁陪坐，如果君子转换话题询问另外一件事，就要起立回答。在君子身旁陪坐，如果有人进来禀告君子说："等您稍有闲暇，有事想向您汇报。"陪坐者就应该退避到一旁等候。不要侧耳偷听，不要粗声大气地喊叫，不要左顾右盼，不要无精打采。走路不要大摇大摆，站立不要左偏右斜，坐着不要两腿分开，睡觉不要趴伏着身子，头发要收拢好不要下垂。帽子不要随便脱下，劳作时不要袒脚露臂，炎热时不要撩起衣裙。

在长辈身旁陪坐，不能穿着鞋上堂，也不能在堂前台阶上脱鞋。穿鞋时，要跪着拿起鞋子，退避到一旁再穿。如果面朝长辈穿鞋，要先跪下把鞋拿近，再俯身穿上鞋子。

见两个人坐在一起，或两个人站在一起，不要侧身插入他们中间。两人并排站在一起，不要从他们中间穿过。男女不同坐一块儿，不共用一根竹竿或一个衣架晾晒衣服，不共用面巾和梳子、篦子，不亲手递给对方东西。叔嫂之间不通问候。不让庶母洗涤衣裳。男人在外面的公务不说给家中妇女听，妇女闺门内的琐事也不要用来聒噪男人。

女子一旦订婚，就要系上五色彩缨。除非有大的变故，就不要进她的屋门。姑、姊妹以及自己的女儿，已经出嫁又回到家里来的，兄弟们不和她同席而坐，也不与她们共用餐具。父子也不同席而坐。

男女之间没有媒妁做媒，不互通姓名。没有接受男方的聘礼，双方不交际往来。因此，一旦选定了男女的婚期，就要把吉日登记上报，并沐浴斋戒而后祭告家庙中的鬼神，然后大摆宴席遍请乡亲朋友，以此来显示慎重男女之间的区别。娶妻不娶同姓的女子，因此买妾时如果不知道她的姓氏，就要用占卜断定吉凶。寡妇的儿子，如果不是才能突出，不要同他结为朋友。

向娶妻的人祝贺，应当说："某

子派某前来，听说您宴请宾客，特意送来一份礼物。"如果家境贫寒，就不必送财物；如果年高体弱，就不必劳动身体亲身前来。

给儿子取名，不用国名，不同日月之名，不用身体上的暗疾为名，不用山川为名。

男女分别按长幼排序。男子到了二十岁，就要举行成人礼仪，并为他取字，但儿子在父亲面前仍然称名（不称字），臣子在君王面前也称名（不称字）。女子许嫁之后，才行成人礼，并为她取字。

凡向客人行进食之礼，要把带骨头的肉块陈放在左边，把纯肉块陈放在右边。饭食放在客人的左边，羹汤放在客人的右边。细切的烤肉放在外侧，醋和酱放在里侧，蒸葱放在末端，酒浆放在后边。如果再放脯脩，就要把形状弯曲的放在左边；形状挺直的放在右边。宾客如果地位低于主人，就要端着饭食站起来，（对主人陪侍）加以推辞，（并表示要下堂去用饭。）主人要站起来说请他安坐饮食一类的话，然后客人才重新在堂上就坐。主人引导客人行食前祭礼。祭食物，应从先进上的开始，然后依次遍祭各种食物。客人吃过三口饭后，主人要引导客人吃大块的切肉，然后请客人依次遍吃各种食物。主人还没有吃遍各种食物之前，客人不饮酒以洁口。

陪长辈吃饭，如果长辈亲自向自己盘中夹送食物，就要行拜礼然后再吃；如果长辈不亲自为自己夹菜，就不必行拜礼。

与人在同一个食器内吃饭，不要求吃饱；与人同在一个食器内吃饭不要揉搓手。

不要用手搓饭团吃，不要将剩饭再放回食器中，不要在喝汤时狼吞虎咽，不要在吃饭时喷喷作声。不要啃骨头，不要把吃过的鱼肉再放回食器内，也不要把骨头喂狗。不要单挑自己喜欢的菜吃，不要为使饭凉的快些而簸扬，吃黍米饭不要用筷子（而要用手）；不要不嚼汤中的菜而囫囵吞咽，不要给自己的羹汤添加调料。吃饭时不要剔牙。不要像喝汤一样喝调料。如果客人往自己的汤里加调料，主人要道歉，说"家人不善于烹煮羹饭"。客人有饮调料的，主人也要道歉，说"家贫以致食物不足"。温软的肉可以直接用牙齿咬开吃，干肉用牙咬不开（而要用手撕开再吃）。不要大口吞食烤肉。吃完后，客人要起身前跪，帮助主人收拾饭桌，将吃剩的饭菜交给佣人。主人则要站起来，请客人不必动手，然后客人再重新入座。

献野鸟时要用小笼罩住（防止它啄人）。

陪长辈吃饭，如果长辈向晚辈递酒，晚辈应站起来走到陈放酒樽的地方向长辈行拜礼，然后再接酒；如果长辈说不必客气，晚辈即可返回自己席上饮酒。但长辈没有饮干杯中酒，晚辈就不敢饮酒。

长辈有赏赐，晚辈和地位卑下者不必推辞。如果君王当面赐给臣下水果，水果有核，则臣下应当把果核揣进怀里（不能随便丢弃）。侍候国君吃饭，国君将吃剩下的饭菜赐给侍者，如果食物是盛在可以洗涤的容器内，就不必倒在别的器皿中再吃；如果食物是盛在不可洗涤的容器内，就应当倒在可以洗涤的器具中再吃。

吃别人剩下的饭菜可以不举行食前祭祀，父亲吃儿子进的馔可以不祭，丈夫吃妻子进的馔也可以不祭。

陪侍长辈吃饭，即使主人献上双份食物，也不能推辞（因为自己是侍者，食物非为自己专设）。如果同辈两人并坐为客，（主人献上双份饭菜）自

献车马的，要手执马鞭和登车绳献上。

已也不须推辞（因为主人的意思未必是专为自己所设）。

羹汤中有菜就用筷子，没有菜就不用筷子。

为天子削瓜，应当把瓜顺切成四瓣然后横切开来，用细葛布覆好送上；为国君削瓜，应当把瓜切成两瓣然后横切开来，再用粗葛布覆好送上；为大夫削瓜，应当把瓜切成两半再横切开来，不用覆盖就可送上；士（自己动手削瓜，然后）去掉瓜蒂即可食用；庶人（只把瓜蒂去掉）就咬着吃。

父母有病，已经成人的儿子顾不上梳理头发，走路顾不上注意姿势，说话顾不上注意辞藻，不弹奏琴瑟。吃肉少到不至改变食物的滋味，饮酒少到不至脸红，笑不露齿，怒不骂人。父母病体痊愈之后，再恢复到原来的样子。

遭遇忧患的人，自己独席而坐；遇有丧事的人，只坐单席。

雨水多降的季节，不向人献鱼鳖（因为不足珍异）。献野鸟时要用小笼罩住（防止它啄人）。驯服的鸟就不用罩住了。献车马的，要手执马鞭和登车绳献上。献铠甲的，要拿头盔献上。献手杖的，要拿住手杖的末端。献俘虏的，要抓住俘虏的右手。献粟的，要拿符契的右半边献上。献米粮的，要拿量鼓献上。献熟食的，要将调料献上。献田宅的，要将房地契献上。

凡献弓给人的，张了弦的弓要使弓弦朝上，来张弦的弓要使弓背朝上，右手拿着弓的末端，左手托着弓背的中部。不分贵贱，授受双方都要互相鞠躬致意。如果主人行拜受礼，客人就要退后避让主人的拜谢。主人亲自接受所赠的弓，要由客人的左边，从客人手的下边托着弓背中央，与客人同向并排站立，然后接过弓来。进献宝剑的，要把剑柄朝左递给主人。进献戈的，要将戈把朝前，戈刃朝后。进献矛戟的，也要把柄递给人家。

进献几、杖的，要擦抹干净。送马送羊的，要用右手牵着。送狗的可以用左手牵着。拿禽鸟送人的要使鸟头向左，拿羔羊、大雁送人的，要系上彩色的装饰。接受别人赠送珠玉的人要用双手捧着。接受弓剑的人要用衣袖承接。用玉杯饮酒的人不可挥动酒杯。凡用弓、剑，或用苞、苴、箪、笥等容器盛物送人的，（送东西的人）应先拿着这些东西接受主人的吩咐，就好像使者奉命出使一样。

慰问病人而不能馈赠钱物，就不要问病人需要什么。

　　凡作为国君使者出使的，一旦接受了命令就必须立即出发，不得带着君命在家过夜。国君有命令传到，主人就要出门拜迎君命；使者回去的时候，主人要到大门外拜送。如果臣下派使者到国君那里请示君命，则一定要穿上朝服令使者。使者返回后，一定要下堂接受使者带回的君命。

　　博闻强记而能够谦让，广多善事而不懈怠，可称之为君子。君子不要求别人无尽地喜欢自己，也不要求别人全力为自己尽忠，以使交情得以完美地保持下去。

　　《礼》书上说："君子抱孙不抱子。意思是说孙子可以充当祭祀祖父的尸，儿子却不可以充当祭祀父亲的尸。为已故君王充当尸为人，大夫、士见了都要下马致敬。国君知道了为先君充当尸的人，也要亲自下车（向他致意）。而充当尸的人也应当凭轼还礼。尸乘车时一定要用几垫脚。

　　斋戒的人，不听音乐，也不凭吊死者。

　　守丧之礼：虽因哀伤而身体羸瘦，但不可形销骨立，也不可损坏视力和听力；上、下堂不走阼阶，进、出门不走正中的甬道。守丧之礼：头上长了疮才能洗头，身上发痒了才可洗澡，生病了才能饮酒吃肉，病愈后还要恢复原样。假如孝子禁不住哀伤而伤害了身体，就要等同于不慈不孝。五十岁守丧不可因悲痛而毁坏身体，六十岁守丧不可影响健康，七十岁守丧只需身穿丧服，可以饮酒吃肉，住在室内。

　　活人（为死人的服丧期）从人死的第二天算起，死者的（殓殡期）从人死的当天算起。

　　与死者的亲属相识的要向他们致慰问辞，与死者相识的要向死者致悼辞。只与亲属相识而不认识死者的，仅致慰问辞而无须致悼辞；只与死者相识而不认识其家属的，仅致悼辞而不必致慰问辞。

　　吊丧而不能拿出钱物来助人办丧事，就不要询问丧家的花费。慰问病人而不能馈赠钱物，就要问病人需要什么。见到客人而

凡作为国君使者出使的，一旦接受了命令就必须立即出发。

不能招待住宿，就不要问他住在什么地方。赠人礼物不要让人家来取，送东西给人也不要问人家想要什么。

　　走进墓地不要登上坟冢，为人送葬一定要牵引灵车。参加丧礼不可嬉笑。对人作揖要离开原位。看到灵柩不要唱歌。参加丧礼不张臂走路。面对饭食不唉声叹气。邻居家有丧事，不唱歌助舂。同里有丧，不在巷中唱歌。进入墓地不要唱歌。参加吊唁的日子也不要唱歌。护送灵车不贪走捷径，也不躲避泥途和雨水。参加丧礼脸上要有哀伤的表情，牵引灵车不能嬉笑，参加欢乐的场合不唉声叹气，穿上盔甲就要有不可侵犯的威严。因此，君子要小心谨慎，不能在人前失态。

　　国君手抚车轼表示敬意的时候，大夫就应该下车。大夫手抚车轼表示敬意的时候，士就应该下车。（礼不为庶人而制，故）不适用于庶人；（刑不为大夫面制，故）不施用于大夫受过刑的人不能在国君身边（听用）。

　　乘坐兵车的人不行轼礼，武车上旌旗要任其舒展，德车上的旗帜应缠结垂敛。

　　记录王事的史官要携带书写工具，管理外交的士人要携带盟会的文辞。队伍前进的时候，如果遇到河流，就树起饰有青雀的旗帜；如果前面有风吹起的尘埃，就树起饰有鸣鸢的旗帜；如果前边有车马，就树起饰有鸿雁的旗帜；如果前面有军队，就挂起虎皮；如果前面有猛兽，就树起饰有貔貅的旗帜。军队布阵的法则：前为朱鸟阵，后为玄武阵，左边青龙阵，右边白虎阵。中军用画有北斗七星的军旗，高举在上，以激励战士的士气，前进、后退都有节度，向左、向右各有布局。将帅各司其职。

　　对于杀父的仇人，和他不共戴天。对于兄弟的仇人，随时携带兵刃(见了就杀掉)。对于朋友的仇人，不和他同住一国。

四面边境多筑壁垒，这是卿大夫的耻辱。广袤的土地，荒废而得不到开垦。这是士的耻辱。

参加祭祀不可怠慢。祭服破了，就得烧掉；祭器坏了，就得埋掉；占卜用的龟策坏了，祭祀用的牲畜死了，全部都要埋掉。凡到国君的宗庙去助祭的士，祭祀结束后必须亲自动手撤走祭品。

卒哭祭之后才开始避讳死者的名字。按照礼的规定，不避讳名字的同音字，两个字的名字不必同时都避讳（只讳其中一个字即可）。侍奉父母的人，要避讳祖父母的名字；自幼丧失了父母的人，则可以不避讳祖父母的名字。在国君面前可以不避自己的家讳，但在大夫面前要避君讳。读《诗》《书》时可以不避讳，写文章可以不避讳，在庙中读祝告辞可以不避讳。国君夫人的家讳，即使当着国君的面，臣也可以不避讳，这是因为妇人的家讳不出家门的缘故。大功、小功的亲戚不避讳。来到一个新的地方要打听当地的禁忌，进入其他的国境要了解该国的习俗，到了别人家里要询问这家的避讳。

在宗庙外举行典礼要选在单日，在宗庙内举行典礼要选在双日。凡需要用卜筮决定举行典礼的日子，十天以外的称为"远某日"，十天以内的称为"近某日"。丧事先卜远日，吉事先卜近日。卜筮时要说"选择吉日，借助你这从无差错的大龟来占卜"，或说"借助你这从无差错的大蓍草来占筮"。卜、筮都不得超过三次。占卜、占筮也不可互相重复使用。

用龟甲叫作占卜，用蓍草叫占筮。占卜与占筮，是先代圣王用来使人民择吉办事的吉日，敬重祭祀的鬼神，畏惧国家法律的；是用来使人民决断嫌疑，走出犹豫的。所以说"有怀疑就问卜，问了卜就不会再犹豫不定；办事情择吉日，择定了日子就一定要履行"。

国君的车将要套马出行，驾车的仆人要手持马鞭站在马前。马车套好后，驾车的仆人要察看一下车轴两端的辖头，试一下车马套是否牢固。然后，拂干净衣服上的灰尘，从车的右边上车，登车时要抓住副绥。上车后，要跪在车上，手执马鞭，并将马缰绳分别握在两个手中，然后驱马行车。试行五步后，再由跪乘变为立乘（以待君王上车）。君王出来乘车时，仆人要把马缰绳合握在一个手里，而用另一只手将绥递给君王。左右群臣都要为君王避让，车前行时群臣要急步紧跟。车行至大门口，君王要按住仆人的手示意停车，而回头命令车右上车。当车驶过大门、里巷、沟渠等地方时，车右要下车步行，（以保护君王的安全。）凡驾车的仆人之礼，一定把绥递给乘车的人。如果驾车的人身份比乘车人低，乘车人就接过他递来的绥；如果驾车人身份比乘车人高，乘车人就不敢接受。如果驾车人身份比乘车人低，乘车人要先按住他的手（以示不必客气，然后再接绥）；如果驾车人不比乘车人身份低，乘车人就要从驾车人的手下边取过绥来。

客人的车不可直接驶进主人家的大门，妇女不站着乘车。向人赠送犬马不能牵上堂来。

因此，国君乘车，路遇高龄老人要行轼礼，经过卿的朝位要下车步行，进入国都不驱驰，行过里巷要行轼礼。

国君命令召见臣下，即使国君的使者地位卑下，大夫、士也必须亲自迎接。

身穿铠甲的人不下拜。（因为铠甲沉重，行动不便，致使穿铠甲行礼不到位）所以，穿铠甲下跪会使人觉得不诚实。

载魂的祥车要守着左边（以象征死者之神乘坐）。乘国君的车却不敢空着左边，但臣子乘在左边一定要俯身凭轼。

仆人为妇女驾车，要使左手在前执辔，右手置身后。（略示侧身背向妇女，以避嫌疑，因为仆人居中驾车，妇女居左。）为国君驾车，就要右手在前执辔，左手置于身后，并微俯身躯以示恭敬。国君不乘奇邪不正的车。

乘车时不大声咳嗽，不胡乱指划。立乘在车上只能向前看相当于车轮五周的距离，行轼礼时要看着马尾，回头看时目光不超过车毂。在都城中，要用竹子轻轻赶马，以便扬起的灰尘不飞出车辙之外。

国君乘车，经过宗庙要下车，看到祭牛要行轼礼。大夫、士乘车，经过国君门口要下车，看到国君的车马要行轼礼。臣子乘国君的车马，一定要穿上朝服，将马鞭载在车上（而不敢使用），而且不敢让驾车人向自己授绥，站在车左边的位子上一定要凭轼俯身。牵着国君的马行走时，一定要走在路的中间。用脚践踏君马吃的饲料要受到处罚，估算君马的年龄也要受到处罚。

曲礼下第二

【原文】

凡奉者当心，提者当带。

执天子之器，则上衡①；国君，则平衡；大夫，则绥之②；士，则提之。

凡执主器，执轻如不克。执主器，操币圭璧，则尚左手③；行不举足，车轮曳踵；立则磬折垂佩④。主佩倚，则臣佩垂；主佩垂，则臣佩委。执玉，其有藉者则裼，无藉者则袭。

国君不名卿老、世妇⑤。大夫不名世臣、侄娣⑥。士不名家相、长妾⑦。

君大夫之子，不敢自称曰"余小子"⑧。大夫、士之子，不敢自称曰"嗣子某"⑨，不敢与世子同名⑩。

君使士射，不能，则辞以疾，言曰："某有负薪之忧⑪。"

侍于君子，不顾望而对，非礼也。

君子行礼，不求变俗。祭祀之礼，居丧之服，哭泣之位，皆如其国之故，谨修其法而审行之⑫。

去国三世，爵禄有列于朝，出入有诏于国，若兄弟宗族犹存，则反告于宗后⑬。

去国三世，爵禄无列于朝，出入无诏于国，唯兴之日⑭，从新国之法。

君子已孤不更名；已孤暴贵⑮，不为父作谥。

居丧未葬，读丧礼。既葬，读祭礼。丧复常，续乐章。居丧不言乐，祭事不言凶，公庭不言妇女。

振书、端书于君前⑯，有诛。倒筴、侧龟于君前，有诛。

龟筴、几杖、席盖、重素、袗绤绤⑰，不入公门。苞屦、扱衽⑱、厌冠⑲，不入公门。书方、衰、凶器⑳，不以告，不入公门。

公事不私议。

君子将营宫室，宗庙为先，厩库为次，居室为后。凡家造，祭器为先，牺赋为次㉑，养器为后。

凡执主器，执轻如不克。

侍于君子，不顾望而对，非礼也。

公事不私议。

　　无田禄者，不设祭器。有田禄者，先为祭服。君子虽贫，不粥祭器^㉒；虽寒，不衣祭服；为宫室，不斩于丘木。

　　大夫、士去国，祭器不逾竟。大夫寓祭器于大夫^㉓，士寓祭器于士。

　　大夫、士去国，逾竟，为坛位，乡国而哭；素衣，素裳，素冠；彻缘^㉔，鞮屦^㉕，素幦^㉖；乘髦马，不蚤鬋^㉗，不祭食；不说人以"无罪"；妇人不当御，三月而复服。

　　大夫、士见于国君，君若劳之，则还辟，再拜稽首^㉘；君若迎拜，则还辟，不敢答拜。

　　大夫、士相见；虽贵贱不敌，主人敬客，则先拜客；客敬主人，则先拜主人。凡非吊丧，非见国君，无不答拜者。

　　大夫见于国君，国君拜其辱^㉙。士见于大夫，大夫拜其辱。同国始相见，主人拜其辱。君于士，不答拜也；非其臣，则答拜之。大夫于其臣，虽贱，必答拜之。

　　男女相答拜也。

　　国君春田不围泽^㉚，大夫不掩群，士不取麛卵^㉛。

　　岁凶，年谷不登，君膳不祭肺^㉜，马不食谷，驰道不除，祭事不县^㉝；大夫不食粱，士饮酒不乐。

　　君无故玉不去身，大夫无故不彻悬，士无故不彻琴瑟。

　　士有献于国君，他日君问之曰："安取彼？"再拜稽首而后对。

　　大夫私行，出疆必请，反必有献。士私行，出疆必请，反必告。君劳之，则拜；问其行，拜而后对。

　　国君去其国^㉞，止之曰："奈何去社稷也？"大夫^㉟，曰："奈何去宗庙也？"士，曰："奈何去坟墓也？"

　　国君死社稷，大夫死众^㊱，士死制。

　　君天下，曰"天子"。朝诸侯，分职授政任功，曰"予一人"。践阼^㊲，临祭祀，内事曰"孝王某"，外事曰"嗣王某"。临诸侯，畛于鬼神^㊳，曰"有天王某甫"。崩，曰"天王崩"。复，曰"天子复矣"。告丧，曰"天王登假"。措之庙，立之主，曰"帝"。天子未除丧，曰"予小子"。生名之，死亦名之。

　　天子有后，有夫人，有世妇，有嫔，有妻，有妾。

　　天子建天官，先六大^㊴，曰大宰、大宗、大史、大祝、大士、大卜，典司六典。天子之五官，曰司徒、司马、司空、司士、司寇，典司五众。天子之六府，曰司土、司木、司水、司草、司器、司货，典司六职。天子之六工，曰土工、金工、石工、木工、兽工、草工，典制六材。

　　五官致贡曰享^㊵。五官之长曰伯，是职方。其摈于天子也，曰"天子之吏"。天子同姓，谓之"伯父"；异姓谓之"伯舅"，自称于诸侯，曰："天子之老"。于外，曰公；于其国，曰君。

　　九州之长^㊶，入天子之国，曰牧。天子同姓，谓之"叔父"；异姓谓之"叔舅"。于外，曰侯；于其国，曰君。

　　其在东夷、北狄、西戎、南蛮，虽大曰"子"。于内，自称曰"不穀"^㊷；于外，自称曰"王老"。

　　庶方小侯，入天子之国，曰"某人"。于外，曰子，自称曰孤。

天子。

诸侯。

大夫。

庶人。

天子的女官

后。 夫人。 命妇。 嫔。 妻。 妾。

天子之六太

太宰。 太宗。 太史。 太祝。 太士。 太卜。

天子之五官

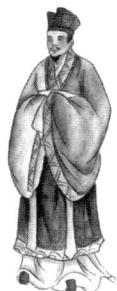    

司徒。 司马。 司空。 司士。 司寇。

天子之六府

司土。 司水。 司草。 司器。 司木。 司货。

天子之六工

土工。　　金工。　　石工。　　木工。　　兽工。　　草工。

天子当依而立[43]，诸侯北面而见天子，曰觐。天子当宁而立[44]，诸公东面，诸侯西面，曰朝。

诸侯未及期相见，曰遇；相见于郤地[45]，曰会。诸侯使大夫问于诸侯，曰聘；约信，曰誓；涖牲，曰盟。

诸侯见天子，曰"臣某侯某"[46]。其与民言，自称曰"寡人"。其在凶服，曰"嫡子孤"。临祭祀，内事，曰"孝子某侯某"；外事，曰"曾孙某侯某"。死曰"薨"，复，曰"某甫复矣"。既葬，见天子，曰"类见"[47]。言谥曰"类"。

诸侯使人使于诸侯，使者自称曰"寡君之老"。

天子穆穆，诸侯皇皇，大夫济济，士跄跄，庶人僬僬。

天子之妃曰后，诸侯曰夫人，大夫曰孺人，士曰妇人，庶人曰妻。公侯有夫人，有世妇，有妻，有妾。夫人自称于天子，曰"老妇"；自称于诸侯，曰"寡小君"；自称于其君，曰"小童"。自世妇以下，自称曰"婢子"。

子于父母，则自名也。

列国之大夫，入天子之国曰"某士"；自称曰"陪臣某"。于外曰"子"，于其国曰"寡君之老"。使者，自称曰"某"。

天子不言"出"。诸侯不生名。君子不亲恶。诸侯失地，名；灭同姓，名。

为人臣之礼，不显谏。三谏而不听，则逃之。子之事亲也，三谏而不听，则号泣而随之。

君有疾饮药，臣先尝之。亲有疾饮药，子先尝之。医不三世，不服其药。

儗人必于其伦[48]。

问天子之年，对曰："闻之，始服衣若干尺矣。"问国君之年，长，曰："能从宗庙社稷之事矣。"幼，曰："未能从宗庙稷社之事也。"问大夫之子，长，曰："能御矣。"幼，曰"未能御也"。问士之子，长，曰："能典谒矣[49]。"幼，曰："未能典谒也。"问庶人之子，长，曰："能负薪矣。"幼，曰："未能负薪也。"

夫人自称于诸侯，曰"寡小君"。

天子的配偶叫作后，诸侯的配偶叫作夫人。

为人臣之礼，不显谏。三谏而不听，则逃之。

问国君之富，数地以对，山泽之所出。问大夫之富，曰："有宰食力[50]，祭器衣服不假。"问士之富，以车数对，问庶人之富，数畜以对。

天子祭天地，祭四方，祭山川，祭五祀，岁遍。诸侯方祀，祭山川，祭五祀，岁遍。大夫祭五祀，岁遍。士祭其先。

凡祭：有其废之，莫敢举也；有其举之，莫敢废也。非其所祭而祭之，名曰淫祀[51]。淫祀无福。

天子以牺牛，诸侯以肥牛，大夫以索牛，士以羊、豕。

支子不祭，祭必告于宗子。

凡祭宗庙之礼，牛曰"一元大武"[52]，豕曰"刚鬣"[53]，豚曰"腯肥"[54]，羊曰"柔毛"，鸡曰"翰音"，犬曰"羹献"，雉曰"疏趾"，兔曰"明视"；脯曰"尹祭"[55]，槁鱼曰"商祭"[56]，鲜鱼曰"脡祭"[57]；水曰"清涤"，酒曰"清酌"；黍曰"芗合"[58]，粱曰"芗萁"，稷曰"明粢"[59]，稻曰"嘉蔬"；韭曰"丰本"，盐曰"咸鹾"[60]；玉曰"嘉玉"，币曰"量币"[61]。

天子死曰崩，诸侯死曰薨，大夫曰卒，士曰不禄，庶人曰死。在床曰尸，在棺曰柩。

羽鸟曰降，四足曰渍。

死寇曰兵。

祭王父曰皇祖考，王母曰皇祖妣。父曰皇考，母曰皇妣，夫曰皇辟。

生曰父，曰母，曰妻；死曰考，曰妣，曰嫔。

寿考曰卒，短折曰不禄。

天子视不上于袷[62]，不下于带。国君绥视[63]，大夫衡视，士视五步。凡视，上于面则敖，下于带则忧，倾则奸。

君命，大夫与士肄。在官言官[64]，在府言府[65]，在库言库[66]，在朝言朝。朝言不及犬马。辍朝而顾，不有异事，必有异虑。故辍朝而顾，君子谓之固[67]。在朝言礼，问礼对以礼。

大飨不问卜，不饶富。

凡挚，天子鬯[68]，诸侯圭，卿羔，大夫雁，士雉，庶人之挚匹。童子委挚而退。

野外军中无挚，以缨、拾、矢，可也。

妇人之挚：椇，榛，脯，脩，枣，栗[69]。

纳女于天子，曰"备百姓"[70]；于国君，曰"备酒浆"；于大夫，曰"备扫洒"。

子之事亲也，三谏而不听，则号泣而随之。

生曰父，曰母，曰妻；死曰考，曰妣，曰嫔。

短折曰不禄。

天子祭天地，祭四方，祭山川，祭五祀。

祭祀宗庙的牲物都有特殊的称号。

【注解】

①衡：平的意思。此指平正当心的位置。②绥（tuǒ）之：指低于心的位置。③尚：上。④磬折：指臣子为表示恭敬而佝偻着身子，样子像磬的背一样。⑤世妇：指两媵，其地位仅次于夫人而贵于诸妾。⑥世臣、侄娣：世臣，指父亲时代的老臣。侄，指妻子兄长的女儿。娣，指妻子的妹妹。

⑦家相、长妾：家相，又叫家宰，是帮助治理家事的家臣的首领。长妾，指家中生有儿子的妾。⑧余小子：天子居丧时的自我称呼。君大夫的儿子应当避讳。⑨嗣子某：诸侯守丧时的自我称呼。大夫、士的儿子应当避讳。⑩世子：天子、诸侯的嫡长子。⑪负薪之忧：这是有病的谦虚的说法。⑫修：循，遵循的意思。⑬反告：是指冠、娶妻必通报，死亡必奔丧。⑭兴：是指被国君起用为卿大夫。⑮暴贵：指士庶被用为诸侯，有连升数级的意思。⑯振书：书，指文书。振书，是指去掉文书上的灰尘。⑰袗（zhěn）：单也。⑱扱（chā）衽：将上衣前襟插入腰带中，是为初丧父母所服的丧服。⑲厌冠：即丧冠，因形状低伏而称厌冠，厌者，伏也。⑳凶器：指冥器，古代的殉葬器物。㉑牺赋：牺，指祭祀甩的牺牲，大夫所用牺牲可以向人民征收，因此叫牺赋。㉒粥：通"鬻"，卖。㉓寓：藏，寄放。㉔缘：衣服的滚边。㉕鞮（dī）屦：革屦。㉖素襪（mì）：素，白狗皮。襪，同"幎"，车轼上的覆盖物。㉗蚤、鬌：蚤，通"爪"。鬌，通"剪"，指剃治须发。㉘稽首：古代的一种拜礼，其拜法是用手扶地，头先拜至手，然后再叩头碰至地上，完成这一套动作就叫一稽首。㉙拜其辱：拜其自屈辱至此。㉚泽：指猎场。㉛麛（mí），幼鹿，此泛指幼兽。㉜祭肺：周人重肺，因此，吃牲肉前先用牲的肺行食祭礼，即从肺的末端掐取一小块儿，放进器里祭祀先人。㉝县：通"悬"，悬挂。㉞去其国：指出国征伐。㉟大夫："大夫去其国"的省略说法，指大夫因获罪于国君而被迫离开祖国。㊱众：指讨贼御敌。㊲践阼：指上下庙堂和郊坛（设于郊外以祭祀天地、山川诸神之坛）的主阶。㊳畛（zhěn）：告诉，祷告。㊴大：太。㊵享：献。㊶九州之长：天下九州，天子于每一州中选择一位诸侯中的贤才，加之一等官爵，使他主持一州之内的列国。取牧养下民之义，故叫作牧。㊷不穀：谦称。穀是善的意思，不穀即不善之人。㊸依：通"扆"，又名斧依，户牖之间绣有斧纹的屏风。㊹宁：古代宫殿的门、屏之间，为群臣朝帝王的地方。㊺邻地：邻，间也，指两国之间的边境。㊻臣某侯某：上"某"代表国名，下"某"代表诸侯名。㊼类见：类，像也。类见，指类似于正式朝见天子的礼节，但又不是正式的朝见礼节。㊽傧：拟，比。㊾谒：请的意思。㊿宰：通"采"，采力之，指采集土地的租税，收集老百姓的贡赋。51淫祀：过多而滥的祭祀。52一元大武：元，头也。武，迹也。牛若肥则脚大，因此，一元大武，犹言一头大肥牛。53刚鬣（liè）：鬣，指猪鬃。猪肥大则鬣硬长。54腯：肥。55尹祭：尹者正也，指将脯裁截方正后用于祭祀。56商祭：商者量也。祭用干鱼，应当干湿适中。57脡（tǐng）祭：脡者直也。用活鱼祭祀必须是鲜鱼。鱼鲜煮熟才能挺直。58芗合：芗，通"香"。合，指黍熟后则黏聚不散。芗合指煮熟的黍饭。59明粢：明，洁白。粢，稷也。60咸鹾（cuó）：盐的咸味比较浓。61量币：量者度也，币者帛也。62袷（jié）：古代人所穿中衣的交领。63绥：通"妥"，绥视，指视于面部以下。64官：放版图文书之处。65府：放宝藏货贿之处。66库：车马兵甲之处。67固：固陋，指鄙野不懂礼节。68鬯（chàng）：酒名。用黑黍酿制，其味芳香。69椇（jǔ）榛（zhěn）：两种植物的果实。70备：充数。以下几句都是谦卑之辞，不敢以伉俪期望，仅充数而言。

【译文】

凡捧东西的人要捧在当心处，提东西的人要提至腰带处。

为天子拿器物，就要高过胸口；为国君拿器物，要和胸口一平；为大夫拿器物，要低于胸口；为士人拿器物，提到腰际就可以了。

父亲过世后，即使能够大富大贵，也不为亡父追赠谥号。

凡为主人拿器物，要举轻若重，即使东西很轻，也要做出不胜重负的样子（以表示小心恭敬）。为主人拿器物，如币、圭、璧等物时，要左手在上（右手在下）；行走时，不要高抬脚步，要像车轮辗地一样脚跟擦地而行。站立时，上身要微向前倾，使佩玉悬垂下来。如果主人直立，腰佩依贴在身上，臣下就要弯腰，使腰佩悬垂下来。如果主人弯腰，腰佩悬垂下来，臣子就要俯身使腰佩垂到地上。（行聘礼时）手拿玉器，如果玉器衬垫有束帛，就要袒露出里面的裼衣；如果没有衬托，就要披上外衣。

国君不直接呼唤上卿、世妇的名字。大夫不直接呼唤世臣、侄娣的名字。

士人不直接呼唤家相、长妾的名字。

君大夫的儿子，不敢自称"余小子"，大夫、士的儿子不敢自称"嗣子某"，不敢和世子同名。

如果国君使士与自己一块儿射箭，而士不会射，就应当以有病为托辞，说："我有负薪之忧。"

侍奉君子，如果君子发问，（应当观察一下在座诸位有无超过自己的，然后再做回答。）如果目中无人，抢先回答，这便是失礼了。

徙居他国的君子，不可改变原来的礼俗。祭祀的礼仪，守丧的服制，哭泣死者的位置，应当一如祖国的礼法，并谨慎地遵循，认真地实行。

如果离开母国已经三代了，但族人中仍然有人在朝居官，那么出入来往别国仍然需要向国君报告。如果本国仍有宗族兄弟，自己遇有婚丧诸事，也应当回去告诉族长。

如果离开母国已经三代了，族中已经没有人在朝廷做官，出入来往别国就不需要再向国君报告，但只有做了别国的卿大夫，才可以遵从新国的礼法。

君子在父亲过世后不可更换名字。父亲过世后，即使能够大富大贵，也不为亡父追赠谥号。

守丧而未下葬，应当研读有关丧礼的书；下葬之后就要研读祭礼的书；除丧恢复正常之后，就可以研读诗书了。守丧期间不谈论乐事，祭祀当中不谈论凶事，公庭之上不谈论妇女。

到国君面前（才）拂去书簿上的尘土，整理散乱的书籍，是要治罪的。当着国君的面，颠倒筮策、翻倒卜龟，也要受到处罚。

卜问吉凶的龟策，老人使用的几杖，丧车专用的席盖，以及穿戴纯白色的衣冠和露出身体的单内衣，都不能进国君的宫门。穿丧鞋，戴丧冠，孝服装束，也不能进入国君的宫门。记录宾客赠送葬礼的方板、丧服以及丧葬所用的冥器，不事先禀告，也不得拿进国君的宫门。

凡是公家的事情，不许私下议论。

君子将要营建宫室，首先应建造宗庙，其次是马厩和库房，最后才建自己的住房。大夫家中制造器具，要先造祭器，其次造祭牲的圈牢，最后造日常使用的饮食器皿。

没有田地俸禄的人，可以不置备祭器；有田地俸禄的人，要先制作祭服。君子即使贫穷，也不能出卖祭器；即使天气寒冷，也不能随便穿上祭服。营造宫室，不砍伐墓地的树木。

士、大夫离开自己的国家，不可把祭器带出国外。大夫的祭器应寄放在大夫家中，士的祭器则应存放于士的家里。

大夫、士离开自己的母国，一出国境，就应当设置祭坛，面向母国伤心地哭泣；应当穿素衣、素裳，戴素冠；要拆去衣裳和帽子的镶边，穿生皮革做的鞋，用白狗皮覆盖车轼；要乘不修剪毛的马，不能修剪手脚指甲和胡须头发，吃饭之前也不用行食前祭礼；不向人辩解自己冤屈无罪；不同妇女行房事。这样经过三个月后，才可以恢复原来的生活。

大夫、士晋见国君，如果国君亲自对他们表示慰问，大夫、士就应当后退避让，并两次稽首拜谢国君。国君如果迎接大夫、士并行拜礼，大夫、士就应该后退避让，并且不敢回礼答拜（以此表示自己不敢接受国君的拜礼）。

大夫、士相见，彼此虽然贵贱悬殊，但如果主人尊敬客人，就可以先拜客人；如果客人尊敬主人，就可以先拜主人。除非吊丧和进见国君这两种情况，受过拜礼都要回拜答礼。

大夫去见别国国君，国君要拜谢他屈尊来访。士去见别国大夫，大夫要拜谢士屈尊来访。同国之人初次相见，主人要拜谢客人驾临寒舍。但是，国君对于士则可以不回礼答拜。如果是别国的士，国君就要答拜。大夫对于自己的家臣，即使家臣地位卑贱，也一定要回礼答拜。

男女之间一定要互相回礼答拜。

国君春天打猎不合围猎场，大夫打猎不对群处的野兽赶尽杀绝，士打猎时不获取幼兽和鸟卵。

灾荒年月，收成不好，国君用膳不杀牲，喂马不用谷物；驰道不加修整，祭祀不悬钟磬；大夫不吃稻粱饭，士请客饮酒不奏乐。

国君无故不让佩玉离身，大夫无故不撤去钟磬，士无故不撤掉琴瑟。

士向国君献礼。如果有一天国君问："（你）是从哪里得来这些东西的？"士先要跪拜叩头，然后再回答。

大夫因私出国，行前必先请示君王，回来后一定要对君王有所馈献。士因私出国，行前必先请示君王，回来后一定要向君王报告。国君慰劳他们，他们应该拜谢；国君询问他们旅途的见闻，他们应该先下拜，然后回答。

国君离开自己的国家，群臣应该劝止他说："为什么要抛弃自己的社稷呢？"大夫离开自己的国家，应当劝止说："为什么要离开自己的宗庙呢？"如果是士，就应当劝止说："为什么要抛弃自己的祖坟呢？"

国君应当为社稷效死，大夫应当为黎民百姓效死，士应当为国家法制效死。

君临天下称为"天子"。朝会诸侯，分派官职，授予政事，委任事功，（天子在行使这些政务时）就称"予一人"。以主人身份主持祭祀，如果祭祖宗，就称"孝王某"；如果祭天地神祇，就称"嗣子某"。天子临幸诸侯国内，祭祀鬼神时就称"天王某"。天子去世，要说"天王崩"。为天子招魂，要说："天王，魂兮归来。"为天子讣告天下，要称"天王升天了"。将天子的神灵安置于宗庙，敬立牌位，要称"帝"。天子守丧而未除，要称"予小子"。活着守丧如此称呼，未除丧而去世也如此称呼。

天子的女官，有后，有夫人，有世妇，有嫔，有妻，有妾。

天子设立治天道、事鬼神的官职，名为六太，即太宰、大宗、太史、太祝、太士、太卜，其职责是掌管六种法典制度。天子设立的五官名叫司徒、司马、司空、司士、司寇，其职责是管理五个方面的臣属。天子设立的六府之官名叫司土、司木、司水、司草、司器、司货，其职责是掌握分类职事。天子设立的六种工匠之官名叫土工、金工、石工、木工、兽工、草工，负责六个方面的器材和制作。

诸侯北面而见天子，曰觐。

天子站在屏风和路门之间，诸公站在天子的西边面朝东、诸侯站在天子的东边面朝西叫作朝。

遇

会

聘

誓

盟

公、侯、伯、子、男五等诸侯向天子呈献各自的政绩，称为"享"。诸侯之长称做"伯"，主管一方的政事。他辅佐天子治理天下，因此又称"天子之吏"。伯如果与天子同姓，就称为"伯父"；如果与天子异姓，就称为"伯舅"。伯对诸侯们自称"天子之老"，在封国之外称"公"，在封国之内称"君"。

九州之长进入天子京畿内，就称为"牧"。如果他同天子同姓，就称为"叔父"。如果与天子异姓，就称为"叔舅"。在封国之外称"侯"，在封国之内称"君"。

其他诸如东边的夷人、北边的狄人、西边的戎人、南边的蛮人，即使拥有广袤的土地，也只能称"子"。他们在国内自称"不毂"，在国外自称"王老"。

作为荒蛮之地的方国小侯，进入天子王畿就称"某人"。他们在国内自称"子"，在国外自称"孤"。

天子背对着屏风南面站立，诸侯面朝北而见天子叫作觐。天子站在屏风和路门之间，诸公站在天子的西边面朝东、诸侯站在天子的东边面朝西叫作朝。

诸侯之间未曾预约见面时间和地点而相见叫遇，按约定时间在两国边境附近相见叫作会。诸侯派大夫向别国诸侯慰问叫作聘。诸侯之间以言语相互约束以取信叫作誓。面对神灵杀牲缔约叫作盟。

诸侯去见天子，自称"臣某侯某"。对臣民讲话，自称"寡人"。服丧期间会见外国宾客，自称"嫡子孤某"。在宗庙主持祭祀，自称"孝子某侯某"。在郊坛主持祭祀自称"曾孙某侯某"。诸侯去世叫作"薨"，招魂时要说："某甫回来吧。"诸侯下葬后，嗣君未除丧而见天子叫"类见"。将要出葬时向天子请赐谥号叫"请类"。

诸侯派使者出使别的诸侯国，使者要自称"寡君之老"。

天子的仪容，幽深和敬；诸侯的仪容，雄壮显明；大夫的仪容，齐齐整整；士的仪容洒脱舒扬；庶人的仪容，忙忙匆匆。

天子的配偶叫作后，诸侯的配偶叫作夫人，大夫的配偶叫作孺人，士的配偶叫作妇人，庶人的配偶叫作妻。公侯有夫人，有世妇，有妻，有妾。公、侯的夫人对天子自称为"老妇"，向别国诸侯自称"寡小君"，对自己的国君自称"小童"。从世妇以下，都自称"婢子"。

子女在父母面前都自称名。

各诸侯国的大夫，进入天子的畿内就称为"某士"；自己称为"陪臣某"。在别国被称为"子"，对本国被称为"寡君之老"。使者出使别国，应称为"某"。

史书记载天子的事迹不用"出"字。诸侯去世，史书不直呼其名。君子不原谅作恶的天子与诸侯。因此，如果诸侯丧失自己的国土，或者攻灭自己的同胞，史书记载这些事情时可以直呼其名。

作为臣子，不当面指责国君的过错（应当微言讽谏以劝国君纠正错误）。但是，如果再三劝谏，君王死活听不进去，做臣子的就可以离开国君而出走。然而，作为儿子，在侍奉父母的时候，如果再三劝谏，父母仍不听从，就应当号啕哭泣跟从父母（而不能离他们而去）。

国君有病需要吃药，做臣子的应当预先尝一下。父母有病需要吃药，做儿子的应当预先尝一下。行医治病相传不过三代的医生，不服用他的药物。

要比较一个人，必须把他置于同类人中间（如大夫同大夫相比，士与士相比）。

询问天子的年龄，如果年长，可以说："听说可以穿多大的衣服了。"询问国君的年龄，如果年长，可以说："能主持宗庙祭祀和国家大事了。"如果国君年幼，则可以说："还不能主持宗庙祭祀和国家大事。"询问大夫儿子的年龄，如果儿子年龄已大，就可以说："（您儿子）可以驾车了吧？"如果儿子年纪尚幼，则可以说："（您儿子）还不会驾驶车吧？"问询士的儿子的年龄，如果儿子尚幼，就可以问："（您儿子）还不能主持接待宾客的事吧？"如果儿子已经长大，就可以问："（您儿子）可以主持接待宾客的事了吧？"询问庶人的儿子的年龄，如果儿子已经长大，就可以说："（您儿子）可以背柴薪了吧？"如果儿子年纪尚幼，则可以说："（您儿子）还不能背柴薪吧？"

问询国君的财富，应当历数国土上山川、土地出产的物产，然后再作回答；问询大夫的财富，应当回答说："有采地可以收取租赋，祭祀时不需向人求借祭器和祭服。"问询士的家财，就用有多少车轺来回答。问询庶人的家产，就用有多少牲畜来回答。

天子应当祭祀天地之神，四方神灵，山川之神，以及户神、灶神、溜神、门神、行神等五祀之神。一年要祭祀一遍。诸侯应当祭祀封国之内的山川之神，以及户神、灶神、溜神、门神、行神等五祀之神，一年也要遍祭一次。大夫应当祭祀户神、灶神、溜神、门神、行神等五祀之神，一年也要遍祭一次。士则只需要祭祀各自的祖先。

凡是祭祀,(应当注意把握以下原则：)如果有已经废弃不再祭祀的,就不敢再祭祀；如果已经开始祭祀,就不敢再废弃了。不是自己应该祭祀的神而加以祭祀,就叫"淫祀",淫祀不会给祭祀者带来福音。

天子祭祀用纯一毛色的牛,诸侯祭祀用经过精心饲养的牛,大夫祭祀可以用临时挑选的牛,士祭祀可以用羊和猪。

庶出的子孙不主持祭祀,(如果有特殊情况需要)主持祭祀,必须事先报告嫡系子孙。

凡祭祀宗庙所用的礼物(牲物都有特殊的称号)：牛叫作"一元大武",猪叫作"刚鬣",小猪叫作"腯肥",羊叫作"柔毛",鸡叫作"翰音",狗叫作"羹献",野鸡叫作"疏趾",兔叫作"明视",干肉叫作"尹祭",干鱼叫作"商祭",鲜鱼叫作"脡祭",水叫作"清涤",酒叫作"清酌",黍叫作"芗合",粱叫作"芗萁",稷叫作"明粢",稻叫作"嘉蔬",韭叫作"丰本",盐叫作"咸鹾",玉叫作"嘉玉",币叫作"量币"。

天子死叫作"崩",诸侯死叫作"薨",大夫死叫作"卒",士死叫作"不禄",庶人死叫作"死"。死人放在床上叫作"尸",装进棺材里叫作"柩"。

有羽毛的鸟死叫作"降",四脚的动物死叫作"渍"。

抵御贼寇而死叫作"兵"。

祭祀祖父称为"皇祖考",祭祀祖母称为"皇祖妣",祭祀父亲称为"皇考",祭祀母亲称为"皇妣",祭祀丈夫称为"皇辟"。

当他们在世时就分别称为父、母、妻；死后就称为考、妣、嫔。

长寿而死叫作"卒",短寿夭折叫作"不禄"。

瞻望天子,视线往上不可高于他的交领,往下不可低于衣带。瞻望国君,视线要稍低于面部。至于士人,视线可以旁及士周围五步以内的地方。凡是瞻望他人,视线高于对方的面部就显得傲慢,低于衣带就显得忧愁,歪着头、乜斜着眼睛看人就显得似有奸邪之心。

国君有命令,士和大夫要认真研究学习。在官署就谈论官署的事,在府中就谈论府中的事,在库中就谈论库中的事,在朝廷就谈论朝廷的事。在商讨国家政事的地方,不谈论犬马等私事。退朝之后,(臣子们应当各自退去,不要回头观望：)如果回头观望,则不是另有他事,就是心里转换了别的念头,因此退朝而回头看者,君子称之为"固"。上朝时,言谈举止都应该符合礼仪：提问题要有礼,回答问题同样要有礼。

天子设宴大飨诸侯,事先不必预卜吉日；(所用酒食器物)符合飨礼即可,无需奢侈浪费。

瞻望天子,视线往上不可高于他的交领,往下不可低于衣带。瞻望国君,视线要稍低于面部。

凡是送见面礼,天子用鬯,诸侯用圭,卿用小羊,大夫用雁,士用野鸡,庶人用鸭。儿童送见面礼,把礼物放在地上就应该退避到一旁去。

在野外行军打仗,没有别的见面礼,就可以用马缨、射箭时束袖的臂套或箭代替。

妇女的见面礼,用榛子、棒子、肉脯或干肉、枣子、栗子等物。

把女儿嫁给天子时应当说"备百姓",嫁给国君时应当说"备酒浆",嫁给大夫时应当说"备扫洒"。

王制第五

【原文】

王者之制禄爵：公、侯、伯、子、男，凡五等。诸侯之上大夫卿、下大夫、上士、中士、下士，凡五等。

天子之田方千里，公、侯田方百里，伯七十里，子、男五十里。不能五十里者[1]，不合于天子[2]，附于诸侯，曰附庸[3]。天子之三公之田视公、侯，天子之卿视伯，天子之大夫视子、男，天子之元士视附庸[4]。

制：农田百亩，百亩之分，上农夫食九人，其次食八人，其次食七人，其次食六人，下农夫食五人。庶人在官者[5]，其禄以是为差也。

诸侯之下士视上农夫，禄足以代其耕也。中士倍下士，上士倍中士，下大夫倍上士，卿四大夫禄，君十卿禄。次国之卿三大夫禄，君十卿禄。小国之卿倍大夫禄，君十卿禄。

次国之上卿，位当大国之中，中当其下，下当其上大夫。小国之上卿，位当大国之下卿，中当其上大夫，下当其下大夫。其有中士、下士者，数各居其士之三分[6]。

凡四海之内九州，州方千里，州建百里之国三十，七十里之国六十，五十里之国百有二十，凡二百一十国。名山大泽不以封，其余以为附庸、间田[7]。八州，州二百一十国。

天子之县内，方百里之国九，七十里之国二十有一，五十里之国六十有三，凡九十三国。名山大泽不以盼[8]。其余以禄士，以为间田。

凡九州，千七百七十三国，天子之元士、诸侯之附庸不与。

天子百里之内以共官[9]，千里之内以为御[10]。

千里之外设方伯，五国以为属，属有长；十国以为连，连有帅；三十国以为卒，卒有正，二百一十国以为州，州有伯。八州，八伯，五十六正，百六十八帅，三百三十六长。八伯各以其属，属于天子之老二人[11]，分天下以为左右，曰二伯。

千里之内曰甸[12]。千里之外曰采，曰流。

天子三公、九卿、二十七大夫、八十一元士。

大国三卿，皆命于天子；下大夫五人，上士二十七人。次国三卿，二卿命于天子，一卿命于其君，下大夫五人，上士二十七人。小国二卿，皆命于其君；下大夫五人，上士二十七人。

王者之制禄爵：公、侯、伯、子、男，凡五等

公爵。

侯爵。

伯爵。

子爵。

男爵。

天下之州、国划分（除天子畿内之外的八州）

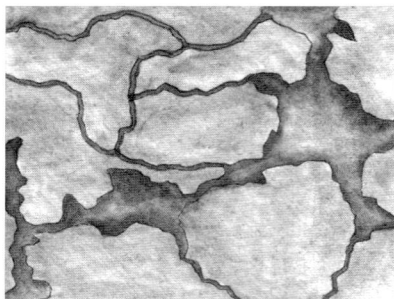

四海之内共分九州，每一州（的面积）方圆一千里。州内的名山大泽不封给诸侯。分封后剩余的土地作为附庸和闲田。（除天子畿内之外的八州）每州有二百一十个国家。

每州建立方圆一百里的国家三十个。

方圆七十里的国家六十个。

方圆五十里的国家一百二十个。

天子畿内之国家划分

畿内的名山大泽也不封赐给卿大夫。分封剩下的田地，一部分作为士的禄田，另一部分作为供调济用的闲田。

方圆一百里的国家有九个。

方圆七十里的国家有二十一个。

方圆五十里的国家有六十三个。

天子之三公九卿

太师。

太傅。

太保。

少师。

少傅。

少保。

冢宰。

司徒。

宗伯。

司马。

司寇。

司空。

天子使其大夫为三监⑬，监于方伯之国，国三人。

天子之县内诸侯，禄也；外诸侯，嗣也⑭。

制：三公一命卷⑮；若有加，则赐也，不过九命，次国之君不过七命，小国之君不过五命。

大国之卿不过三命，下卿再命，小国之卿与下大夫一命。

凡官民材，必先论之⑯。论辨⑰，然后使之。任事，然后爵之。位定，然后禄之。

在王畿千里之外的地方设立方伯。五个国家为一属，设有属长；十个国家为一连，设有连帅；三十个国家为一卒，设有卒正；二百一十个国家为一州，设有伯。

爵人于朝，与士共之。刑人于市，与众弃之。是故公家不畜刑人，大夫弗养，士遇之途弗与言也。屏之西方，唯其所之，不及以政，亦弗故生也⑱。

诸侯之于天子也，比年一小聘⑲，三年一大聘，五年一朝。

天子五年一巡守。岁二月，东巡守，至于岱宗⑳，柴，而望祀山川㉑。觐诸侯，问百年者，就见之。命大师陈诗；以观民风。命市纳贾，以观民之所好恶、志淫故辟。命典礼，考时月，

爵人于朝，与士共之。

定日，同律、礼乐、制度、衣服，正之。山川神祇，有不举者为不敬㉒，不敬者君削以地。宗庙有不顺者为不孝㉓，不孝者君绌以爵。变礼易乐者为不从，不从者君流。革制度衣服者为畔，畔者君讨，有功德于民者，加地进律㉔。

五月南巡守，至于南岳，如东巡守之礼。八月西巡守，至于西岳，如南巡守之礼。十有一月北巡守，至于北岳，如西巡守之礼。归假于祖祢㉕，用特㉖。

天子将出，类乎上帝，宜乎社，造乎祢。诸侯将出，宜乎社，造乎祢㉗。

天子无事，与诸侯相见，曰朝。考礼、正刑、一德，以尊于天子。天子赐诸侯乐，则以柷将之㉘；赐伯、子、男乐，则以鼗将之㉙。诸侯，赐弓矢，然后征；赐铁钺㉚，然后杀；赐圭瓒㉛，然后为鬯㉜，未赐圭瓒，则资鬯于天子。

天子命之教，然后为学。小学在公宫南之左，大学在郊。天子曰辟雍㉝，诸侯曰頖宫㉞。

天子将出征，类乎上帝，宜乎社，造乎祢，祃于所征之地㉟；受命于祖，受成于学。出征执有罪，反，释奠于学，以讯馘告㊱。

天子、诸侯无事，则岁三田，一为乾豆㊲，二为宾客，三为充君之庖㊳。无事而不田，曰不敬。田不以礼，曰暴天物㊴。天子不合围，诸侯不掩群。天子杀则下大绥㊵，诸侯杀则下小绥，大夫杀则止佐车㊶，佐车止则百姓田猎。獭祭鱼㊷，然后虞人入泽梁。豺祭兽㊸，然后田猎。鸠化为鹰㊹，然后设罻罗㊺。草木零落，然后入山林，昆虫未蛰，不以火田。不麛，不卵，不杀胎，不殀夭㊻，不覆巢。

冢宰制国用㊼，必于岁之杪㊽。五谷皆入，然后制国用。用地小大，视年之丰耗。以三十年之通制国用，量入以为出。

祭用数之仂㊾。丧三年不祭，唯祭天地社稷，为越绋而行事㊿。丧用三年之仂。丧祭，用不足曰"暴"[51]，有余曰"浩"[52]。祭，丰年不奢，凶年不俭。

国无九年之蓄，曰不足；无六年之蓄，曰急；无三年之蓄，曰国非其国也。

三年耕，必有一年之食。九年耕，必有三年之食。以三十年之通，虽有凶旱水溢，民无菜色，然后天子食，日举以乐。

天子七日而殡，七月而葬。诸侯五日而殡，五月而殡。大夫、士、庶人三日而殡，三月而葬。

三年之丧，自天子达。

庶人县封[53]，葬不为雨止，不封，不树。丧不贰事，自天子达于庶人。丧从死者，祭从生者，支子不祭。

天子七庙：三昭三穆[54]，与大祖之庙而七。诸侯五庙；二昭二穆[55]，与大祖之庙而五。大夫三庙：一昭一穆，与大祖之庙而三。士一庙。庶人祭于寝。

天子、诸侯宗庙之祭，春曰礿，夏曰禘，秋曰尝，冬曰烝[56]。

天子祭天地，诸侯祭社稷，大夫祭五祀。

中国、戎夷五方之民

东方的少数民族称为夷，他们披头散发，身刺花纹，有些人不吃熟食。

南方少数民族称为蛮，他们在额头上刻上图案，有些人不吃熟食。

西方少数民族称为戎，他们披头散发，身穿兽皮，有些人不吃谷物。

北方少数民族称为狄，他们穿禽兽羽毛做成的衣服，居住在洞穴里，有些人不吃谷物。

天子祭天下名山大川。五岳视三公[57]，四渎视诸侯[58]。诸侯祭名山大川之在其地者。天子、诸侯祭因国之在其地而无主后者[59]。

天子牷礿、祫禘、祫尝、祫烝[60]。诸侯礿则不禘，禘则不尝，尝则不烝，烝则不礿。诸侯礿牷，禘一牷一祫[61]，尝祫，烝祫[62]。

天子社稷皆大牢[63]。诸侯社稷皆少牢[64]。大夫、士宗庙之祭，有田则祭，无田则荐[65]。庶人春荐韭，夏荐麦，秋荐黍，冬荐稻；韭以卵，麦以鱼，黍以豚，稻以雁。祭天地之牛角茧、栗，宗庙之牛角握，宾客之牛角尺。诸侯无故不杀牛[66]，大夫无故不杀羊，士无故不杀犬豕，庶人无故不食珍。

庶羞不逾牲[67]。燕衣不逾祭服。寝不逾庙。

古者公田藉而不税[68]，市廛而不税[69]，关讥而不征[70]，林麓川泽以时入而不禁。夫圭田无征[71]。

用民之力，岁不过三日。

田里不粥[72]，墓地不请[73]。

司空执度度地居民[74]，山川沮泽，时四时[75]，量地远近，兴事任力。

凡使民，任老者之事，食壮者之食。

凡居民材[76]，必因天地寒暖燥湿，广谷大川异制。民生其间者异俗：刚柔、轻重、迟速异齐，五味异和，器械异制，衣服异宜。修其教，不易其俗；齐其政，不易其宜。

中国、戎夷五方之民，皆有性也，不可推移。东方曰夷，被发文身，有不火食者矣。南方曰蛮，雕题交趾[77]，有不火食者矣。西方曰戎，被发衣皮，有不粒食者矣。北方曰狄，衣羽毛穴居，有不粒食者矣。中国、夷、蛮、戎、狄，皆有安居、和味、宜服、利用、备器。

五方之民，方语不通，嗜欲不同。达其志，通其欲，东方曰寄，南方曰象，西方曰狄鞮，北方曰译。

凡居民，量地以制邑，度地以居民，地邑民居，必参相得也。无旷土，无游民，食节事时，民咸安其居，乐事劝功，尊君亲上，然后兴学。

司徒修六礼以节民性[78]，明七教以兴民德，齐八政以防淫，一道德以同俗，养耆老以致孝，恤孤独以逮不足，上贤以崇德，简不肖以绌恶[79]。

命乡简不帅教者以告[80]。耆老皆朝于庠[81]，元日习射上功[82]，习乡上齿[83]，大司徒帅国之俊士与执事焉。不变，命国之右乡简不帅教者移之左，命国之左乡简不帅教者移之右，如初礼。不变，移之郊，如初礼。不变，移之遂，如初礼。不变，屏之远方，终身不齿。

命乡论秀士，升之司徒，曰选士；司徒论选之秀者，而升之学，曰俊士。升于司徒者不征于乡，升于学者不征于司徒，曰造士。

乐正崇四术，立四教[84]，顺先王《诗》、《书》、《礼》、《乐》以造士。春秋教以《礼》、《乐》，冬夏教以《诗》、《书》。王大子、王子、群后之大子，卿大夫、元士之嫡子，国之俊选，皆造焉。

凡入学以齿。将出学，小胥、大胥、小乐正简不帅教者以告于大乐正[85]，大乐正以告于王。

王命三公、九卿、大夫、元士皆入学。大变，王亲视学。不变，王三日不举，屏之远方，西方曰棘，东方曰寄。终身不齿。

大乐正论造士之秀者以告于王，而升诸司马，曰进士。

司马辨论官材。论进士之贤者以告于王，而定其论，论定，然后官之；任官，然后爵之；位定，然后禄之。大夫废其事，终身不仕，死以士礼葬之。

有发[86]，则命大司徒教士以车甲。

凡执技，论力：适四方，裸股肱，决射御。凡执技以事上者，祝、史、射、御、医、卜及百工。凡执技以事上者，不贰事，不移官，出乡不与士齿。仕于家者，出乡不与士齿[87]。

司寇正刑明辟[88]，以听狱讼。必三刺[89]。有旨无简[90]，不听。附从轻，赦从重。

凡制五刑[91]，必即天论[92]，邮罚丽于事[93]。

凡听五刑之讼，必原父子之亲、立君臣之义以权之，意论轻重之序、慎测浅深之量以别之[94]，悉其聪明、致其忠爱以尽之。

疑狱，氾与众共之[95]。众疑，赦之。必察小大之比以成之。

成狱辞，史以狱成告于正[96]，正听之。正以狱成告于大司寇，大司寇听之棘木之下[97]。大司寇以狱之成告于王，王命三公参听之。三公以狱之成告于王，王三又[98]，然后制刑。

凡作刑罚，轻无赦。刑者侀也[99]，侀者成也，一成而不可变，故君子尽心焉。

析言破律，乱名改作，执左道以乱政，杀。作淫声、异服、奇技、奇器以疑众，杀。行伪而坚、言伪而辨、学非而博、顺非而泽以疑众，杀。假于鬼神、时日、卜筮以疑众，杀。此四诛者，不以听。

凡执禁以齐众，不赦过。

有圭璧金璋，不鬻于市。命服命车，不鬻于市。宗庙之器，不鬻于市。牺牲，不鬻于市。戎器，不鬻于市。用器不中度，不鬻于市。兵车不中度，不鬻于市。布帛精粗不中数，幅广狭不中量，不鬻于市。奸色乱正色，不鬻于市。锦文珠玉成器，不鬻于市。衣服饮食，不鬻于市。五谷不时，果实未孰，不鬻于市。木不中伐，不鬻于市。禽兽鱼鳖不中杀，不鬻于市。关执禁以讥，禁异服，识异言。

大史典礼，执简记，奉讳恶。

天子斋戒受谏。司会以岁之成质于天子。冢宰斋戒受质。大乐正、大司寇、市三官以其成从质于天子。

大司徒、大司马、大司空斋戒受质。百官各以其成质于三官。大司徒、大司马、大司空以百官之成质于天子。

百官斋戒受质，然后休老劳农，成岁事，制国用。

凡养老，有虞氏以燕礼，夏后氏以飨礼，殷人以食礼。周人修而兼用之，五十养于乡，六十养于国，七十养于学，达于诸侯。

八十拜君命，一坐再至，瞽亦如之。九十使人受。

五十异粻，六十宿肉，七十贰膳，八十常珍。九十饮食不离寝，膳饮从于游可也。

六十岁制，七十时制，八十月制，九十日修。唯绞、紟、衾、冒，死而后制。

五十始衰，六十非肉不饱，七十非帛不暖，八十非人不暖，九十虽得人不暖矣。

五十杖于家，六十杖于乡，七十杖于国，八十杖于朝。九十者，天子欲有问焉，则就其室，以珍从。

七十不俟朝，八十月告存，九十日有秩。

五十不从力政，六十不与服戎，七十不与宾客之事，八十斋丧之事弗及也。

五十而爵，六十不亲学。七十致政，唯衰麻为丧。

有虞氏养国老于上庠，养庶老于下庠。夏后氏养国老于东序，养庶老于西序。殷人养国老于右学，养庶老于左学。周人养国老于东胶，养庶老于虞庠，虞庠在国之西郊。

有虞氏皇而祭，深衣而养老，夏后氏收而祭，燕衣而养老。殷人冔而祭，缟衣而养老。周人冕而祭，玄衣而养老。

凡三王养老皆引年。八十者，一子不从政。九十者，其家不从政。废疾非人不养者，一人不从政。父母之丧，三年不从政。齐衰、大功之丧，三月不从政。将徙于诸侯，三月不从政。自诸侯来徙家，期不从政。

少而无父者谓之孤，老而无子者谓之独，老而无妻者谓之矜，老而无夫者谓之寡。此四者，天民之穷而无告者也，皆有常饩。

瘖、聋、跛、躃、断者、侏儒、百工，各以其器食之。

道路，男子由右，妇人由左，车从中央。

父之齿随行，兄之齿雁行，朋友不相逾。

轻任并，重任分。班白不提挈。

君子耆老不徒行。庶人耆老不徒食。

大夫祭器不假。祭器未成，不造燕器。

方一里者，为田九百亩。方十里者，为方一里者百，为田九万亩。方百里者，为方十里者百，为田九十亿亩。方千里者，为方百里者百，为田九万亿亩。

自恒山至于南河，千里而近。自南河至于江，千里而近。自江至于衡山，千里而遥。自东河至于东海，千里而遥。自东河至于西河，千里而近。自西河至于流沙，千里而遥。西不尽流沙，南不尽衡山，东不尽东海，北不尽恒山，凡四海之内，断长补短，方三千里，为田八十万亿一万亿亩。方百里者，为田九十亿亩。山陵、林麓、川泽、沟渎、城郭、宫室、途巷，三分去一，其余六十亿亩。

古者以周尺八尺为步，今以周尺六尺四寸为步。古者百亩，当今东田百四十六亩三十步。古者百里，当今百二十一里六十步四尺二寸二分。

方千里者，为方百里者百。封方百里者三十国，其余方百里者七十。又封方七十里者六十，为方百里者二十九，方十里者四十。其余方百里者四十，方十里者六十。又封方五十里者百二十，为方百里者三十。其余方百里者十，方十里者六十。名山大泽不以封。其余以为附庸闲田。诸侯之有功者，取于闲田以禄之。其有削地者，归之闲田。

天子之县内方千里者，为方百里者百。封方百里者九，其余方百里者九十一。又封方七十里者二十一，为方百里者十，方十里者二十九。其余方百里者八十，方十里者七十一。又封方五十里者六十三，为方百里者十五，方十里者七十五。其余方百里者六十四，方十里者九十六。

诸侯之下士禄食九人，中士食十八人，上士食三十六人，下大夫食七十二人，卿食二百八十八人，君食二千八百八十人。次国之卿食二百一十六人，君食二千一百六十人。小国之卿食百四十四人，君食千四百四十人。次国之卿，命于其君者，如小国之卿。

天子之大夫为三监，监于诸侯之国者，其禄视诸侯之卿，其爵视次国之君，其禄取之于方伯之地。方伯为朝天子，皆有汤沐之邑于天子之县内，视元士。

诸侯世子世国，大夫不世爵，使以德，爵以功。未赐爵，视天之元士，以君其国。诸侯之大夫，不世爵禄。

七 教

君臣。

父子。

夫妻。

兄弟。

长幼。

宾客。

朋友。

八 政

饮食。

衣服。

事为。

异别。

度。

量。

数。

制。

六礼：冠、昏、丧、祭、乡、相见。
七教：父子、兄弟、夫妇、君臣、长幼、朋友、宾客。
八政：饮食、衣服、事为、异别、度、量、数、制。

【注解】

①不能：不足。②不合于天子：不参与王朝的聚会。③附庸：指附属于诸侯的小国。④元士：即上士。⑤庶人在官者：指在官府中任职的庶人。⑥"其有"至"三分"：指小国如设中士、下士，其人数各占上士人数的三分之一。⑦间田：指没有固定主人、可供调济之用的"闲田"。⑧颁（bān）：通"颁"。⑨共：通"供"。⑩御：指天子的衣食。⑪天子之老：指天子的上公。⑫甸：四面各五百里，方圆一千里。⑬监：官名，负责监临督查之职。因为每州设三名监官，所以称"三监"。⑭"天子"至"嗣也"：王畿以内的土地，用于天子百岁之食禄之邑。王畿以外的土地则用以封建，使其子孙嗣守。⑮衮：通"衮"。⑯论之：考察人选的德行道艺。⑰论辨：考察之后得出结论。⑱故：欲。⑲聘：慰问。⑳岱宗：指东岳泰山。㉑"柴，而望"两句：柴：祭祀天神的一种方法。望：祭名，用于祭祀山川之神。㉒举：

祭。㉓不顺：指祭祀的时间不对，或者宗庙中昭穆顺序错位。㉔律：爵命的等次。㉕归假（gé）于祖祢：归至祖庙而告知。假，至。㉖特：指一头牛。㉗“类乎”至“造乎祢”：这几句中出现的“类”、“宜”、“造”，都是祭祀名称。㉘柷（zhù）：一种木制的敲击乐器，形状像方斗，上宽下窄。㉙鞉（táo）：一种乐器，形状像拨浪鼓。㉚铁钺：即斧，一种兵器。㉛圭瓒：一种灌酒的器具，形状像勺子，玉质，其柄像圭。㉜鬯（chàng）：一种祭祀用酒。㉝辟雍：指天子所设学校的名称。辟，明。雍，和。㉞頖（pàn）宫：指诸侯的学校。㉟祃（mà）：军祭名。㊱馘（guó）：杀死敌人后割取敌人的左耳代所杀之敌，用以计功。㊲乾豆：将猎物风干后盛入豆中，以作祭祀之用。豆，古代盛肉的器皿。㊳庖：厨房，此指日常食用。㊴暴：虐害。㊵绥：旌旗。㊶佐车：驱赶、拦截野兽的车。㊷獭祭鱼：水獭捕鱼后，常常将猎物陈列在水边慢慢食用，陈列形状类似祭祀。㊸豺祭兽：豺捕杀猎物后，将猎物围成一个圆圈，陈列形状类似祭祀。㊹鸠化为鹰：古人认为鹰可以化为鸠，鸠也可以化为鹰。㊺罻（wèi）：小网。㊻殀（yāo）：杀死，砍伐。夭：幼小的动物。㊼冢宰：天子下面的最高行政长官。㊽杪（miǎn）：树梢。㊾仂（lè）：十取其一。㊿绋：拉輴车的大绳，这里代指丧事。(51)暴：于用无度而物力伤残。(52)浩：预算过度，过于奢侈。(53)县封：入葬。(54)三昭三穆：指天子有六亲庙，比诸侯多二亲庙，即于祢、祖、曾祖、高祖庙之上，又多二祖庙。(55)二昭二穆：即祢、祖、曾祖、高祖四庙。(56)礿（yuè）、禘（dì）、尝、烝（zhēng）：古代四种祭祀的名称。(57)五岳视三公：祭祀五岳比照祭祀三公的牲、器。(58)四渎：指江、淮、河、济四条河流。(59)无主后者：指先王、先公，如夏禹之类，曾有功德于民，应世代享受祭祀，但由于绝后，无人为之主祭。(60)犆（té）：单独的意思。祫：合也，共同、一块儿的意思。(61)禘一犆一祫：指一年举行犆祭，一年举行祫祭。(62)尝祫、烝祫：尝一犆一祫、烝一犆一祫的省略语。(63)大牢：即太牢，牛、羊、猪三牲具备称太牢。(64)少牢：仅有羊、猪二牲称少牢。(65)荐：献，即荐新之礼，向先人供献四时鲜物。(66)故：指祭祀或宴请宾客。(67)庶：从。羞：美味食物。逾：超越。(68)藉而不税：指借用民力耕种而不征收人民的田税。(69)市廛而不税：指征收店铺税而不征收货物税。廛，店铺。(70)关讥而不征：指稽查而不征税。讥，稽查。(71)圭田：指卿大夫的祭田。(72)田里不粥：指田地和居邑受之于公家，不得私自出卖。粥，通“鬻”。(73)墓地不请：孔颖达解释为：“家墓之地，公家所给，族葬有常，不得辄请求余处。”(74)度度：前一个“度”为丈尺，后一个“度”为度量。(75)时四时：观察四季的寒暖、燥湿。(76)材：指城郭居邑等。(77)雕题交趾：在额头刻写图案，染上颜色。雕，刻。题，额。交趾，指拇指相对。(78)司徒：天子的卿，掌管邦教。(79)简：选择。(80)乡：设于国都周围的行政组织。(81)耆老：指退休的官吏和乡里德高望重的贤人。朝：集会。庠：乡里的学校。(82)元日：吉日。射：指乡射礼。(83)乡：乡饮酒礼。上齿：教民尊敬年长者。(84)“乐正”两句：四术、四教：指的都是《诗》《书》《礼》《乐》。乐正：乐官之长，掌管贵族子弟的教育。(85)小胥、大胥：都是大乐正的属官。小乐正：大乐正的副手。(86)有发：指有军事行动而征集士卒。(87)出乡不与士齿：古人轻视有技艺的人，因而这些人地位比较低贱。但为了体现亲亲的原则，规定他们在乡中可以与士按年齿排列位次，但出了乡就不可以按年齿与士排列位次了。(88)司寇：天子的卿，掌管刑罚。(89)三刺：指欲杀犯罪之人，三问之而后行，即问群臣、群吏和万民。(90)旨：这里指犯罪动机。(91)五刑：指墨、劓、剕、宫、大辟。(92)必即天论：陈澔解释为：“天伦，天理也。天之理至公而无私。”(93)邮罚丽于事：陈澔解释为：“邮”与“尤”同，责也。凡有罪责而当诛罚者，必使罚与事相附丽，则至公无私，而刑当其罪矣。(94)浅深：指同样有罪，但动机上有善恶之分。(95)汜（sì）：广泛。(96)史：掌管文书的小吏。正：负责刑辟的廷尉的属吏。(97)棘木：古代天子宫寝有五门，即皋门、库门、雉门、应门、路门，外朝在皋门和库门之间。外朝左边种有九棵棘树，是卿大夫之位；右边种有九棵棘树，是公、侯、伯、子、男之位；南边有三棵槐树，是三公之位。(98)三又：指天子在确定犯人有罪时要从各个角度提出宽恕罪犯的可能，以此体现天子对刑罚十分慎重。又，通“宥”，宽恕的意思。(99)侀（xíng）：通“型”，指已定型的人体。

【译文】

王者制定俸禄爵位的等级为公、侯、伯、子、男，总共五等。诸侯制定俸禄爵位的等级为上大夫或卿、下大夫、上士、中士、下士，总共五等。

天子的禄田方圆千里，公侯的禄田方圆百里，伯的禄田方圆七十里，子、男的禄田方圆五十里。禄田不足方圆五十里的，不能参与王朝的聚会，附属于其他诸侯国的，称为附庸；天子的三公的禄田比照公侯，天子的卿的禄田比照伯，天子的大夫的禄田比照子、男，天子的元士的禄田比照附庸。

制度规定：每个农夫受田一百亩。百亩土地按土地肥沃程度分类；上等的农田可以养活九人，二等农田可以养活八人，三等农田可以养活七人，四等农田可以养活六人，最次等的农田可以养活五人。在官府中做事的庶人，他们的俸禄依照这种情况按级别的不同区分等差。

诸侯的下士（的俸禄）比照耕种上等农田的农夫，他们的收入足以弥补因从事公务活动而耽误农耕的损失。中士的俸禄是下士的两倍，卿的俸禄是大夫的四倍，国君的俸禄是卿的十倍。次一等的诸

天子每隔五年就要巡视一遍天下。

侯国的卿的俸禄是大夫的三倍，国君的俸禄是卿的十倍。小诸侯国的卿的俸禄是大夫的两倍，国君的俸禄是卿的十倍。

次等诸侯国的上卿，地位相当于大国的中卿，中卿相当于大国的下卿，下卿相当于大国的上大夫。小诸侯国的上卿，地位相当于大国的下卿，中卿相当于大国的上大夫，下卿相当于大国的下大夫。小国而设中士、下士的，人数各占士人数的三分之一。

四海之内共分九州，每一州（的面积）方圆一千里。每州建立方圆一百里的国家三十个，方圆七十里的国家六十个，方圆五十里的国家一百二十个，总计有二百一十个国家。州内的名山大泽不封给诸侯。分封后剩余的土地作为附庸和闲田。（除天子畿内之外的八州）每州有二百一十个国家。

在天子的畿内，方圆一百里的国家有九个，方圆七十里的国家有二十一个，方圆五十里的国家有六十三个，总计有九十三个国家。畿内的名山大泽也不封赐给卿大夫。分封剩下的田地，一部分作为士的禄田，另一部分作为供调济用的闲田。

总计天下九州，共有国家七百七十三个，其中还不包括天子的元士的禄田和诸侯的附庸国。

天子用都城周围方圆一百里以内的田地赋税供给朝廷的公事开销，用方圆一千里以内的田地赋税供给天子的生活开销。

在王畿千里之外的地方设立方伯。五个国家为一属，设有属长；十个国家为一连，设有连帅；三十个国家为一卒，设有卒正；二百一十个国家为一州，设有伯。王畿之外设有八个州，计有八个伯，五十六个卒正，一百六十八个连帅，三百三十六个属长。八个伯各自率领属下，隶属于两位天子之老。把天下分为左右两部分，（由两位天子之老掌管）称之为二伯。

王畿千里之内的地方称为甸，千里之外最近的地方称为采，最远的地方称为流。

天子的官制，设有三公、九卿、二十七位大夫、八十一位元士。

大诸侯国设有三卿，皆由天子直接任命；大诸侯国另设大夫五人，上士二十七人。次等诸侯国设有三卿，其中的二卿由天子直接任命，剩下的一个卿由国君任命；另外设下大夫五人，上士二十七人。小诸侯国设有二卿，均由国君直接任命。另设下大夫王人，上士二十七人。

天子委派自己的大夫担任三监，监察各方伯属下的诸侯国。每一州委派三人。

王畿内公卿大夫们的田地，只是他们的俸禄；王畿外诸侯们的田地，可以世代继承。

王制规定：三公再加一命就可以穿衮服，如果天子再对三公施加恩惠，就叫作赐，但级别不能超过九命，次等诸侯国的国君的级别不能超过七命，小诸侯国的国君的级别不能超过五命。

大诸侯国的卿（的级别）不超过三命，下卿（的级别）不超过二命，小诸侯国的卿与下大夫（的级别）均是一命。

凡从庶民中选拔人才做官，务必要事先考察他们的德行道艺。考察之后得出结论，然后才能任用其中的优秀者。先让他们承担工作，再授给他们爵位。然后再供给俸禄。

要在朝廷上授人爵位并在士人面前公开举行封爵仪式。惩治罪犯也要在大庭广众之下公开进行，以表明官民一起抛弃罪犯的决心。因此，国家不蓄养受过刑的人，大夫也不供养他们，士在路上遇见受刑之人也不与其交谈。把罪犯放逐到西方偏远之地，任其漂泊，使其不得享有政治权利，表示不希望他们再活下去。

诸侯对于天子，每年要有一次小聘问，三年要有一次大聘问，每过五年要亲自去京师朝见一次天子。

天子每隔五年就要巡视一遍天下。这一年的二月，天子先向东巡视，到达东岳泰山，燔柴以祭祀天神，遥望以祭祀山川之神。接见东方诸侯，询问百岁老人，并前往其他处慰问。命令乐师采集当地流行的诗歌，以观察当地的民风。命令主管商贸的官员上报各种货物的价格，以考察当地人民的好恶，如果心志淫邪，那么他们喜好的物品就邪辟不正。命令典礼官校定当地的季节、月份和每天的时辰，统一律法、礼乐、制度、衣服样式，使其合乎标准，有偏差的要加以纠正。对山川之神不举行祭祀的，就属于不敬，犯了不敬之罪的国君要被削夺封地。举行宗庙祭祀时，如果使昭穆次序错位或不按时祭祀，就属于不孝，犯了不孝之罪的国君要被贬低爵位。改变礼仪和音乐，就属于不从，犯下不从之罪的国君要被流放。改变制度规章和衣服服饰的，就属于叛逆，犯下叛逆之罪的国君要被声讨。如果有功德施予民众的，就加封土地，加赐田禄。

五月，天子向南巡视，到达南岳，各种祭祀礼仪与东巡时完全相同。八月，开始向西巡守，来到西岳，各种祭祀礼仪与南巡时完全相同。十一月，开始向北巡守，来到北岳，各种祭祀礼仪与西巡时完全相同。巡守结束后回到京师，要到祖庙和父母庙中去报告巡视归来，并用特选的一头牛举行祭祀。

天子外出之前，应该用类祭祭祀上帝，用宜祭祭祀社神，用造祭祭祀祢庙。诸侯外出的时候，要用宜祭祭祀社神，用造祭祭祀祢神。

天子在太平时期与诸侯相见，称为朝。朝见时要考察诸侯国的礼仪，纠正刑律中的弊端，使诸侯们修养德行、尊崇天子。天子赏赐诸侯乐器，就由使者手持枏向诸侯致辞，然后再颁赐；（天子）赏赐伯、子、男乐器，就由使者手持毄向诸侯致辞。诸侯获得天子赏赐的弓矢之后便掌握了征伐的权力；获得天子赏赐的铁钺之后便掌握了诛杀大权；获得天子赏赐的圭瓒之后便掌握了制造鬯酒的权力；倘若诸侯没有获得天子赏赐的圭瓒，就只能从天子那里获取鬯酒了。

天子命令兴办教育，然后开始设立学校。小学设在国君宫廷南面的左边位置，大学设在都城的郊外。天子开办的大学称为辟雍，诸侯们开办的大学称为颏宫。

天子出征之前，应当用类祭祭祀上帝，用宜祭祭祀社神，用造祭祭祀祢神，用祃祭祭祀所要征伐之地的神灵；在祖庙里通过占卜来确定出征的吉凶，还应在太学里研究并制定出作战计划。出征俘虏敌人返回后，要在学校放置奠祭物，向先圣、先师报告所俘虏和杀死敌人的数量。

天下太平之时，天子和诸侯每年要打猎三次，这三次打猎的用途分别为：一为宗庙祭祀，二为款待宾客，三为供国君食用。天下太平无事而不去打猎，便称为不敬；打猎时不遵守有关的礼制，便称为暴殄天物。天子在打猎的时候，不要采取合围的办法；诸侯在打猎的时候，不要将成群的野兽一网打尽。天子杀死了猎物就要放倒大指挥旗；诸侯杀死了猎物，就要放倒小指挥旗，大夫杀死了猎物就让佐车停下，佐车一停下老百姓就可以打猎了。水獭在春天下水取鱼并将鱼儿排列在岸边之后，渔夫即可以下河捕鱼。豺杀死其他野兽并将猎物成圈排列之后，猎人即可以进入山林打猎。鸠鸟变化成鹰之后，捕鸟人即可以张开网罗。草木零落以后，伐木人便可以到山林砍伐树木了。昆虫还没有冬眠，就不能放火烧荒肥田。不捕获幼兽，不掏取鸟卵，不捕杀怀孕的雌兽，不残害幼小的兽仔，更不能倾覆鸟巢。

宰相制定国家的财政预算，一定要在年末。五谷都收藏到仓廪之中，然后再制定国家的预算。根据耕地面积大小和年成丰歉情况，以三十年收入的平均数为基准，制定国家的财政预算，要做到量入为出。

祭祀费用占全年财政支出的十分之一。遇有大的丧事，三年不祭祀宗庙，只祭祀天地和社稷，这便是"越过丧事而行祭事"。办丧事所用的费用，要占三年总开支的十分之一。丧事、祭事的花费超过预算的就称为"暴"，丧事、祭事的花费低于预算的称为"浩"。举行各种祭祀时，丰收之年不可过度奢侈，灾荒之年不可过于省俭。

国家没有九年的储蓄便称为"不足"；没有六年的储蓄便称为"急"；没有三年的储蓄便称为"国非其国"。

耕种三年，一定会有可供一年食用的余粮。耕种九年，一定会有可供三年食用的余粮。凭着三十年的风调雨顺，即使遭遇水旱灾害，人民也不会担心挨饿，然后天子才可以安心用膳，杀牲盛馔而食，并奏乐佐膳。

天子去世七天之后移棺进入殡宫，七个月后举行下葬仪式；诸侯去世五天之后，移棺进入殡宫，五个月后举行下葬仪式；大夫、士、庶人去世三天之后，移棺进入殡宫，三个月后举行下葬仪式。

父母之丧要守孝三年，自天子至于庶人都应当遵守。

庶人悬棺下葬，即使遇上大雨，也不能停止，下葬后不封土起坟，也不在墓地种树。守丧期间，不从事与守丧无关的事情，自天子至于庶人都应当遵守这一原则。丧礼的规格要与死者生前的身份级别相符，祭礼的规格要与孝子的身份相符。非嫡系子孙，不得主持宗庙祭祀。

天子要立七座宗庙：三座昭庙，三座穆庙，一座太祖庙。诸侯要立五座宗庙：两座昭庙，两座穆庙，一座太祖庙。大夫要立三座宗庙：一座昭庙，一座穆庙，一座太祖庙。士只能设立一座宗庙。庶人只能在家中祭祀先祖。

天子和诸侯在宗庙举行祭祀仪式，春天的祭祀称为礿祭，夏天的祭祀称为禘祭，秋天的祭祀称为尝祭，冬天的祭祀称为烝祭。

天子祭祀天地，诸侯祭祀社稷，大夫祭祀五祀。

天子祭祀天下的名山大川：祭祀五岳就要比照宴飨三公的规格，祭祀四渎就要比照宴飨诸侯的规格。诸侯应该祭祀位于自己封地内的名山大川。天子和诸侯都应该祭祀那些从前曾经在其境内立国、现在已经后继无人的先公。

天子要立七座宗庙：三座昭庙，三座穆庙，一座太祖庙。

诸侯祭祀社稷之神只用羊猪二牲的少牢。

天子于春天举行礿祭，夏天举行禘祭，秋天举行尝祭，冬天举行烝祭。诸侯举行了礿祭就不能举行禘祭，举行了禘祭就不能举行尝祭；举行了尝祭就不能举行烝祭；举行了烝祭就不举行礿祭。诸侯春天举行的礿祭也是特选一庙单独进行，夏天的禘祭，秋天的尝祭，冬天的烝祭，都是一年独祭、一年合祭。

天子祭祀社稷之神都用牛、羊、猪三牲齐备的太牢。诸侯祭祀社稷之神只用羊猪二牲的少牢。大夫、士祭祀宗庙，有封地的就祭，没有封地的只行荐新之礼就可以了。庶人春天向先祖荐献韭菜，夏天荐献新麦，秋天荐献黍子，冬天荐献稻谷。荐韭菜配以禽蛋，荐新麦配以鲜鱼，荐黍子配以猪肉，荐稻谷配以鸿雁。祭祀天地用犄角如蚕茧或栗子大小的牛犊，祭祀宗庙用犄角有一握长短的小牛，宴飨宾客用犄角一尺长的壮牛。诸侯无故不得杀牛，大夫无故不能杀羊，士无故不得杀狗、猪，庶人无故不得吃珍物。

日常饮食不得逾越祭祀时的标准，平时所穿的衣服不得超过祭祀时所穿的服饰的规格，起居之所不得超过宗庙的规模。

古时候，借用民力耕种公田而不再征收他们的田税，交易场所，只收取店铺租费而不再征收货物税；出入关口，稽查来往人员的身份而不再征收关税。森林、山麓、河流、沼泽，按时节进去打猎、捕鱼就不加禁止。卿大夫祭祀用的圭田，也不征收田税。

　　国家征用民力，每年不能超过三天。

　　由公家分给的房屋田产不得私自买卖，墓地不得要求划定在墓葬区以外的地方。

　　司空负责丈量土地、安置居民。对于山川沼泽之地，则要按时观察那里的寒暖、干湿状况，并测量土地距离的远近，然后兴工程、用民力。

　　使用民力的时候，要让他们承担老年人都能做的工作，吃壮年人都能吃饱的食物。

　　凡是设立人民居住的城邑，一定要根据当地气候的寒暖干湿状况，地理环境中宽广的谷地和大河流域分布，采取不同的建制。人们生活在不同的环境中会形成迥然不同的习俗，或刚强，或柔弱，或轻捷，或滞重，或迟缓，或迅疾，性情互有差异，口味各不相同，各种用具规格不一，四季服饰参差不齐。（对不同地域、不同习俗的居民）要加强对他们的教化，但不能改变他们习俗，要统一全国的政令，但又要根据各地的特点，因地制宜采取相应的政策。

　　中原和戎夷等四方之地的居民，都有自己的习性，不可相互置换。东方的少数民族称为夷，他们披头散发，身刺花纹，有些人不吃熟食，南方少数民族称为蛮，他们在额头上刻上图案，两脚向里勾，有些人不吃熟食；西方少数民族称为戎，他们披头散发，身穿兽皮，有些人不吃谷物；北方少数民族称为狄，他们穿禽兽羽毛做成的衣服，居住在洞穴里，有些人不吃谷物。中原人和夷人、蛮人、戎人、狄人，都有安逸的居处、可口的美味、舒适的衣服、便利的器物、完备的工具。

　　五方的居民，语言各不相通，嗜好各不相同。（这就需要由翻译来）表达他们的意思，沟通他们的交流，东方的夷人称为"寄"，南方的蛮人称为"象"，西方的戎人称为"狄鞮"，北方的狄人称为"译"。

　　凡是安置人民的居住场所，都要通过丈量土地的广袤来确定城邑的大小，度量田地的面积确定居民的多少。土地广狭，城邑大小，居民多少，一定要使这三个方面相称。没有荒芜的土地，没有无业游民，人民饮食有节制，不违农时，人人安居乐业，勤勉事功，尊敬国君，敬爱师长。以上这些都实现了，就可以兴办学校，施行教化了。

　　司徒通过修定六礼用以节制人民的情性，宣扬七教用以振兴人民的道德，整治八政用以防止人民淫邪，赡养老人用以引导人们崇尚孝道，救济孤独残疾用以诱导人们怜贫惜弱，尊重贤能用以推崇德行，淘汰不肖用以摒弃罪恶。

　　（司徒）命令乡里挑选出不遵循教化的人报告上来，再命令退休官员和德高望重的长者都到乡学里集会，选择良辰吉日，举行射礼：射箭以成绩为尊，乡饮以年龄为尊，大司徒率领国家才俊参与乡射礼和乡饮礼。如果这些仪式还是不能改变不肖之徒的恶习，就命令国都的右乡检举不遵循教化的人并把他们迁移到左乡，命令国都的左乡检举不遵循教化的人把他们迁移到右乡。然后再举行一次射礼，以感化这些不遵循教化的人。做完这些事情后，如果他们仍旧不遵循教化，就把他们迁往郊外，再举行一次射礼继续感化他们；至此还是不悔改的，就把他们摒弃到远方，终身不得再收留。

　　命令各乡选拔优秀之士，上报给司徒，称为选士；司徒选出其中更加优秀者，送入大学，称为俊士。上报给司徒的选士，可以免除乡中的徭役；进入大学的俊士，可以免除国家的徭役，又称为造士。

　　（掌管音乐的）乐正提倡四种学术，设立四门课程，根据先王传下来的《诗》《书》《礼》《乐》造就人才。春、秋二季传授《礼》《乐》；冬、夏二季传授《诗》《书》。王太子，王子，诸侯的太子，卿大夫、元士的嫡子，国家的俊士和选士，都要前往大学接受乐正的指教。

　　凡是入学的学生，都要按照年龄大小安排课程。完成学业离开学校之前，乐正的属官大胥、小胥以及小乐正要检举不遵循教导的学生，把名单报告给大乐正，大乐正再报告给国君。

　　国君命令三公、九卿、大夫、元士都到学校去（这是为了教导不肖的学生）。如果这还不足以使他们改邪归正，国君就要亲临学校进行视察；如果这样仍不奏效，国王就要三天用膳不奏音乐，并将他们摒弃到远方：流放到西方称为棘，流放到东方称为寄。终身不再录用。

　　大乐正选拔造士中的优秀者，把名单报告给国君，国君提拔他们到掌管邦教的司马手下，称之为进士。

　　司马辨别、考察、任用人才。考察选拔进士中的贤能之士，把名单上报给国君，并由国君为他们下最后的评语。下完评语，然后委任他们官职；就任官职，然后赐予爵位；获得爵位，然后再发给俸禄。如果大夫荒废公事，就终身不能再做官，死后也只能按照士的丧礼规格将其下葬。

　　有军事行动要征发士卒，就命令大司徒教进士们乘兵车、穿战甲。

凡是凭借技艺立身的人，就要考察他们的气力：派他们到各个地方，裸露胳膊大腿，比试射箭和驾车的本领。凡是凭着技艺侍奉君主的人，是指祝、史、射手、御手、医生、卜师以及各行各业的工艺匠人。凡是凭借技艺为侍奉君主的人，不让他们从事本职以外的工作，也不调迁他们的官职。他们离开本乡后，不能根据年龄大小与士排列位次；即便在卿大夫家中任职，出了乡也不能根据年龄大小与士排列位次。

司寇负责审定刑律、查明犯罪事实，以审理诉讼。欲杀犯罪之人，须事先询问文武群臣、各级官吏、元士庶民，然后方可定罪。如果只有犯罪动机，而没有犯罪事实，则难以听讼断狱。如果有附有赦，那么就施刑从轻，赦免从重。

凡判定罪犯应接受五刑中的某一种刑罚，就务必要顺应天理，做出的判罚应与犯罪事实相符。

凡审理五刑类的案件，一定要从体谅父子的亲情、确立君臣关系大义的角度来权衡轻重；要考虑犯罪事实的轻重程度，分析犯罪动机的善恶深浅，以区别对待；要充分发挥自己的聪明才智，奉献自己的忠君爱民之心，来彻底查清案情。

有疑问的案件，一定要同大家广泛讨论。如果大家都对案件产生疑问，就应当赦免犯罪嫌疑人。审案时一定要参考同类大小案件的比例来定案。

审定了案犯的供辞后，记录员要将审案结果报告给负责刑辟的正；正复核准确之后，将审案结果报告给大司寇；大司寇在外朝棘树下重新审理一遍，然后将审理结果报告给国王，国王命令三公对案件重新检察，检察核实之后，三公再把审理结果报告给国王；国王又对罪犯三次提出宽宥的理由，然后才判定罪行。

凡制定刑罚，对于轻罚不作赦免的规定。刑，就是侀的意思。所谓侀则是指成型的意思，人体一旦受刑就永远不可复原，因此君子对于审案定罪这件事，应该十分尽心。

剖析言辞、破坏法令的人，变乱名义的人，更改制度的人，用异端邪道来扰乱国政的人，杀无赦。行为虚伪却使人坚信不疑，言论虚假却善于诡辩，学非正道却涉猎颇广，顺从错误却文过饰非，做出这些行为的杀无赦。假托鬼神之意、时日吉凶、卜筮休咎，以疑惑民众的人，杀无赦。对于以上四种该杀的人，无需开庭审理。

凡是拿禁令统一民众的，不必引用赤兔罪犯的事例来教育民众。

不到市场上出卖自家的圭、璧、金、璋等珍贵物品；不到市场上出卖国君颁赐的官服、命车；不到市场上出卖宗庙里的祭器；不到市场上出卖祭祀用的牺牲；不到市场上出卖军用器械；不到市场上出卖不符合规格的日用百货；不到市场上出卖不合规格的战车；布帛粗细不合乎要求、布幅宽窄不合乎尺寸，不拿到市上去卖；色彩奇邪压倒正色的不拿到市上去卖；饰有锦饰花纹或镶嵌珠宝玉石的器具不拿到市上去卖；不到市场上出卖衣服、饮食；不到市场上出卖尚未成熟的五谷、瓜果；不到市场上出卖尚未成材的树木；幼小的禽兽鱼鳖也不拿到市上去卖。关卡依据禁令稽查过往行人，禁穿奇装异服，识别不同语言。

太史掌管礼仪，负责记录，并向国王奏明需要避讳的先王的名字和忌日。

天子斋戒之后接受群臣年终的奏事和劝谏。负责统计的官员司会把年终总结（向天子汇报），接受天子的评断。由冢宰斋戒后接受评断结果。大乐正、大司寇、市三官相从把年终总结上奏天子，接受天子评断。

司寇正刑明辟。

审定了案犯的供辞后，记录员要将审案结果报告给负责刑辟的正。

有疑问的案件，一定要同大家广泛讨论。

大司徒、大司马、大司空斋戒后接受各自属官的年终总结进行评断，百官各以其年终总结接受三官的评断。大司徒、大司马、大司空，将百官的年终总结再上奏天子，接受天子的评断。

百官斋戒后接受评断结果，然后返回住所，休养老人，慰劳农夫。年终总结评断完毕之后，开始制定来年的各项预算。

赡养老人有各种礼仪：有虞氏用燕礼，夏后氏用飨礼，殷人用食礼，周人对三代的礼仪兼而用之但又有所取舍。年过五十的人在乡里举行养老礼，年过六十的人在国都举行养老礼，年过七十的人在太学举行养老礼，从天子到诸侯（都要遵守以上关于举行养老礼仪的规定）。

年逾八旬的老人接受国君的赏赐，（要用）

六十养于国。

一跪两叩首（表示答谢），盲人也同样如此；年过九十的老人（接受国君的赏赐）只需请别人代为接受就可以了（不必亲自叩首答谢）。

年过半百的老人可以吃比年轻人精细的食粮；年过六十的老人可以隔天吃一次肉食；年过七十之后吃肉之外还要另吃一份（佐飧美食）；年过八十之后，可以经常吃山珍海味；九十岁的老人饮食不离身边，而且饮料和食物也要伴随他到游玩的任何地方。

（人之将老，其死也速，应当预先准备丧葬用具。）年过六十的老人，每年都要修治丧具；年过七十的老人，每个季度都要修整丧具；年过八十的老人，每月都要整治丧具；年过九十的老人，每天都要修理丧具。只有容易制作的绞、纷、衾、冒等丧葬用品，才在人去世后临时制作（不用预先准备）。

人年过五十就开始衰老；年过六十不吃肉就难以满足身体的需要；年过七十不穿丝质的服装就难以取暖；年过八十不靠别人的体温就难以取暖；年逾九旬，虽然依靠别人的体温，也难以取暖了。

年过五十可以在家中拄杖；年过六十可以在乡里拄杖；年过七十可以在国内任何地方拄杖而行；年过八十可以拄着拐杖上朝面君；年过九十以后，天子如有所问，就应当携带山珍海味，前往老者家中，屈尊请教。

年过七十（尚未退休的老臣），上朝时不须等候到散朝；年过八十（尚未退休的老臣）国君要派人到他家中问政并进行慰问；年过九十（尚未退休的老臣），国君每天要派人到他家中馈送美食。

年过五十不服国家的徭役；年过六十不服国家的兵役；年过七十不参与迎往送来的琐事；年过八十可以不参加丧礼和祭礼。

年过五十可以授予爵位；年过六十无须亲赴学校习艺；年过七十应该致仕退休，遇有丧事，只须穿丧服、系麻绖就可以了。

（举行养老之礼，一定要在宣讲孝道的学校。）有虞氏在上庠为国老举行养老礼，在下庠为庶老举行养老礼；夏后氏在东序为国老举行养老礼，在西序为庶老举行养老礼；殷人在右学为国老举行养老礼，在左学为庶老举行养老礼）；周人在东郊为国老举行养老礼，在西郊的虞庠为庶老举行养老礼。

有虞氏头戴皇进行祭祀，穿深色衣服举行养老礼；夏后氏头戴收进行祭祀，穿黑色燕衣举行养老礼；殷人头戴冔进行祭祀，穿白色衣服举行养老礼；周人头戴冕进行祭祀，穿缁衣素裳的朝服举行养老礼。

上古的三代君王，对国老、庶老举行完养老礼仪之后，都要按户校核居民的年龄（对其他老者施行恩赐）。年过八十的老人，可以有一个儿子不服徭役；年过九十的老者，全家都可以不服徭役；家中有残疾人，而且离开别人的照料无法生活者，可以有一个人不服徭役；父母去世后，子女守丧三年期间可以不服徭役；服齐衰、大功丧的人，可以三个月不服徭役；从大夫采地迁往诸侯封地的人，可以三个月不服徭役；从诸侯封地迁往大夫采地居住的人，可以一年不服徭役。

年纪幼小而丧失父亲的孩子称为孤，年老而没有子嗣的老人称为独，年老而没有妻室的人称为矜，年老而死去丈夫的妇人称为寡。以上四种人，都是上帝的子民中穷困潦倒又无处求告的人，（因此）应该经常接济他们日用的食粮。

哑巴、聋子、跛子、瘸子、四肢残缺不全的人、矮小畸形的侏儒，由各行各业的工匠用各自的技能供养他们。

在道路上行走（的规则是）：男子走道路的右边，女子走道路的左边，车子走道路的中间。

与父亲的同龄人一块儿行走，应该跟随在他们身后；与兄长的同龄人一块儿行走，应该与他们并行而稍稍退后；与朋友们一块儿行走，不要抢到他们前面。

轻活儿由一个人独自承担，重活儿由大家合力完成，头发花白的人不让他提携东西。

君子中的老人不徒步行走，庶人中的老人不白口吃饭。

大夫家用的祭祀器具不假借于人，祭器尚未制造完成，不制造生活用具。

方圆一里的土地划分为九百亩。方圆十里的土地为方圆一里的土地的一百倍，可以划分为九万亩。方圆一百里的地方为方圆十里土地的一百倍，可以划分为九百万亩。方圆千里的土地相当于一百块方圆一百里的土地，可以划分为九亿亩。

从北岳恒山到南边黄河，将近千里远近。从南边黄河到达长江，将近千里远近。从长江到南岳衡山，超过千里远近。从东边黄河到东海之滨，超过千里远近。从东边黄河到西边黄河，将近千里远近。从西边黄河到流沙，超过千里远近。向西到流沙，向南到衡山，向东至大海，向北至恒山，四海之内，取长补短，总计方圆三千里，划分为八十一亿亩。方圆百里的土地划分为九百万亩，其中山岭、森林、河流、湖泊、沟渠、水道、城郭、房屋、道路、街巷总共占三分之一，剩余田地六百万亩。

古时候，以步作为计量单位，一步相当于周朝的八尺；现在一步仅相当于周朝的六尺四寸。古时候一百亩相当于现在鲁国的一百四十六亩零三十步。古时候的一百里相当于现在的二十一里零六十步四尺二寸二分。

方圆一千里的地域为一百块方圆一百里的地域，其中封三十个方圆一百里的国家，剩余七十个方圆一百里的地块。又封六十个方圆七十里的国家，相当于二十九个方圆一百里的国家与四十个方圆十里的国家。此后，还剩余四十个方圆一百里的地块和六十个方圆十里的地块。又封一百二十个方圆五十里的国家，相当于三十个方圆一百里的国家，还剩余十个方圆一百里的地块和六十个方圆十里的地块。名山大湖不分封给诸侯。（分封之后）剩余的田地，就作为诸侯的附庸小国和供调济的闲田。诸侯中有立功的，就从闲田中拿出土地赏赐给他。诸侯中有被削减田地的，（被削减的田地）就归并到闲田中。

天子的王畿之内，方圆一千里的土地包含着一百个方圆一百里的地块。封九个方圆一百里的国家，还剩九十一个方圆一百里的地块。又封二十一个方圆七十里的国家，相当于十个方圆一百里的国家和二十九个方圆十里的国家，还剩余八十个方圆一百里的地块和七十一个方圆十里的地块。又封六十三个方圆五十里的国家，相当于十五个方圆一百里的国家和七十五个方圆十里的国家，还剩余六十四个方圆一百里的地块和九十六个方圆十里的地块。

诸侯的下士的俸禄可以养活九个人，中士的俸禄可以养活十八个人，上士的俸禄可以养活三十六个人，下大夫的俸禄可以养活七十二个人，卿的俸禄可以养活二百八十八个人，国君的俸禄可以养活二千八百八十个人。次等国家的卿的俸禄可以养活二百一十六人，国君的俸禄可以养活二千一百六十人。小国家的卿的俸禄可以养活一百四十四人，国君的俸禄可以养活一千四百四十人。次等国家的卿由其诸侯国的国君任命，俸禄与小国之卿相同。

天子的大夫担任三监，监察诸侯国的，其俸禄比照诸侯国的卿，其爵位比照次等诸侯国的国君，其俸禄来源取自方伯的直接管辖地。方伯为了朝见天子，在天子的王畿内都分有汤沐用的封邑，其面积大小比照天子元士的封地。

诸侯的世子承袭封国，大夫不世袭爵位，（而是）按照其德行任命官职，凭借其功业获取爵位。诸侯的世子未得到天子正式赐爵之前，其身份比照天子的元士，（并以元士的身份）治理他的封国；诸侯国的大夫不世袭爵位和俸禄。

六种礼仪是指：冠礼、婚礼、丧礼、祭礼、乡射礼和相见礼。

七种教化指（处理好以下各种关系）：父子、兄弟、夫妇、君臣、长幼、朋友、宾客。

八政是指：有关饮食、衣服、技艺、器物品类、长度单位、容量单位、计算方法、物品规格等八个方面的规章制度。

礼运第九

【原文】

昔者仲尼与于蜡宾①，事毕，出游于观之上②，喟然而叹。仲尼之叹，盖叹鲁也。

言偃在侧③，曰："君子何叹？"孔子曰："大道之行也④，与三代之英⑤，丘未之逮也⑥，而有志焉⑦。大道之行也，天下为公，选贤与能，讲信修睦。故人不独亲其亲，不独子其子；使老有所终，壮有所用，幼有所长，矜寡、孤独、废疾者皆有所养；男有分，女有归⑧。货，恶其弃于地也，不必藏于己。力，恶其不出于身也，不必为己。是故谋闭而不兴，盗窃乱贼而不作。故外户而不闭，是谓大同。"

子曰："今大道既隐，天下为家，各亲其亲，各子其子，货、力为己；大人世及以为礼⑨，城沟池以为固⑩，礼义以为纪，以正君臣，以笃父子，以睦兄弟，以和夫妇，以设制度，以立田里，以贤勇知，以功为己。故谋用是作⑪，而兵由此起。禹、汤、文、武、成王、周公，由此其选也⑫。此六君子者，未有不谨于礼者也，

大道之行也，天下为公。

父慈，子孝，兄良，弟悌，夫义，妇听，长惠，幼顺。

以著其义，以考其信⑬，著有过，刑仁讲让⑭，示民有常。如有不由此者，在执者去，众以为殃。是谓小康。"

言偃复问曰："如此乎礼之急也？"孔子曰："夫礼，先王以承天之道，以治人之情，故失之者死，得之者生。《诗》曰：'相鼠有体，人而无礼。人而无礼，胡不遄死⑮！'是故夫礼，必本于天，淆于地⑯，列于鬼神⑰，达于丧、祭、射、御、冠、昏、朝、聘。故圣人以礼示之，故天下国家可得而正也。"

言偃复问曰："夫子之极言礼也，可得而闻与？"孔子曰："我欲观夏道，是故之杞，而不足征也，吾得《夏时》焉⑱。我欲观殷道，是故之宋⑲，而不足征也，吾得《坤乾》焉。《坤乾》

夫礼之初，始诸饮食。

之义，《夏时》之等，吾以是观之。

子曰："夫礼之初，始诸饮食，其燔黍捭豚^⑳，汙尊而抔饮^㉑，蒉桴而土鼓^㉒，犹若可以致其敬于鬼神。及其死也，升屋而号，告曰：皋——某复^㉓！'然后饭腥苴孰^㉔。故天望而地藏也^㉕，体魄则降，知气在上。故死者北首，生者南向，皆从其初。昔者先王未有宫室，冬则居营窟，夏则居橧巢^㉖；未有火化，食草木之实、鸟兽之肉，饮其血，茹其毛；未有麻丝，衣其羽皮。后圣有作，然后修火之利，范金^㉗，合土，以为以台榭宫室牖户；以炮，以

燔，以亨，以炙，以为醴酪^㉘；治其麻丝，以为布帛；以养生送死，以事鬼神上帝，皆从其朔。故玄酒在室^㉙，醴盏在户^㉚，粢醍在堂^㉛，澄酒在下^㉜，陈其牺牲，备其鼎俎，列其琴瑟、管磬、钟鼓，修其祝嘏^㉝，以降上神与其先祖，以正君臣，以笃父子，以睦兄弟，以齐上下，夫妇有所，是谓承天之祜。作其祝号^㉞，玄酒以祭，荐其血毛，腥其俎，孰其肴；与其越席^㉟，疏布以幂；衣其浣帛^㊱，醴盏以献，荐其燔炙^㊲；君与夫人交献，以嘉魂魄，是谓合莫^㊳。然后退而合亨^㊴，体其犬、豕、牛、羊，实其簠簋、笾、豆、铏、羹^㊵，祝以孝告，嘏以慈告，是谓大祥。此礼之大成也。"

孔子曰："呜呼哀哉！我观周道，幽、厉伤之，吾舍鲁何适矣！鲁之郊禘^㊶，非礼也，周公其衰矣！

"杞之郊也，禹也。宋之郊也，契也。是天子之事守也^㊷。故天子祭天地，诸侯祭社稷。"

子曰："祝嘏莫敢易其常古，是谓大假。祝嘏辞说，藏于宗祝巫史，非礼也，是谓幽国。盏斝及尸君^㊸，非礼也，是谓僭君。冕弁兵革，藏于私家，非礼也，是谓胁君。大夫具官^㊹，祭器不假，声乐皆具^㊺，非礼也，是谓乱国。故仕于公曰臣，仕于家曰仆。三年之丧与新有昏者^㊻，期不使。以衰裳入朝，与家仆杂居齐齿^㊼，非礼也，是谓君与臣同国。故天子有田以处其子孙，诸侯有国以处其子孙，大夫有采以处其子孙，是谓制度。故天子适诸侯，必舍其祖庙，而不以礼籍入^㊽，是谓天子坏法乱纪；诸侯非问疾吊丧，而入诸臣之家，是谓君臣为谑。是故礼者，君之大柄也，所以别嫌明微，傧鬼神^㊾，考制度，别仁义^㊿，所以治政安君也。故政不正则君位危，君位危则大臣倍、小臣窃。刑肃而俗敝，则法无常；法无常而礼无列，礼无列则士不事也。刑肃而俗敝，则民弗归也。是谓疵国。"

子曰："故政者君之所以藏身也，是故夫政必本于天，殽以降命⁵¹。命降于社之谓殽地，降于祖庙之谓仁义，降于山川之谓兴作，降于五祀之谓制度。此圣人所以藏身之固也。"

子曰："故圣人参于天地、并于鬼神⁵²，以治政也；处其所存，礼之序也；玩其所乐，民之治也。故天生时而地生财，人其父生而师教之，四者君以正用之，故君者立于无过之地也。"

子曰："故君者所明也⁵³，非明人者也；君者所养也，非养人者也；君者所事也，非事人者也。故君明人则有过，养人则不足，事人则失位。故百姓则君以自治也，养君以自安也，事君

以自显也。故礼达而分定，故人皆爱其死而患其生。"

子曰："故用人之知去其诈，用人之勇去其怒，用人之仁去其贪。"

子曰："故国有患，君死社稷，谓之义；大夫死宗庙，谓之变⁵⁴。"

子曰："故圣人耐以天下为一家、以中国为一人者⁵⁵，非意之也⁵⁶，必知其情，辟于其义⁵⁷，明于其利，达于其患，然后能为之。何谓人情？喜，怒，哀，惧，爱，恶，欲，七者弗学而能。何谓人义？父慈，子孝，兄良，弟悌，夫义，妇听，长惠，幼顺，君仁，臣忠，十者谓之人义。讲信修睦，谓之人利。争夺相杀，谓之人患。故圣人之所以治人七情，修十义，讲信修睦，尚辞让，去争夺，舍礼何以治之？饮食男女，人之大欲存焉。死亡贫苦，人之大恶存焉。故欲恶者，心之大端也。人藏其心，不可测度也。美恶皆在其心，不见其色也，欲一以穷之，舍礼何以哉？"

子曰："故人者，其天地之德，阴阳之交、鬼神之会，五行之秀气也。故天秉阳，垂日星；地秉阴，窍于山川，播五行于四时，和而后月生也。是以三五而盈，三五而阙。五行之动，迭相竭也。五行、四时、十二月，还相为本也。五声、六律、十二管，还相为宫也⁵⁸。五味、六和、十二食，还相为质也⁵⁹。五色、六章、十二衣，还相为质也⁶⁰。"

子曰："故人者，天地之心也，五行之端也⁶¹，食味、别声、被色而生者也。故圣人作则，必以天地为本，以阴阳为端，以四时为柄⁶²，以日星为纪，月以为量，鬼神以为徒，五行以为质，礼义以为器⁶³，人情以为田，四灵以为畜⁶⁴。以天地为本，故物可举也。以阴阳为端，故情可睹也。以四时为柄，故事可劝也。以日星为纪，故事可列也。月以为量，故功有艺也⁶⁵。鬼神以为徒，故事有守也。五行以为质，故事可复也。

子曰：故人者，其天地之德，阴阳之交、鬼神之会，五行之秀气也。

礼义以为器，故事行有考也。人情以为田，故人以为奥也⁶⁶。四灵以为畜，故饮食有由也。"

子曰："何谓四灵？鳞、凤、龟、龙，谓之四灵。故龙以为畜，故鱼鲔不淰；凤以为畜，故鸟不獝；麟以为畜，故兽不狘⁶⁷；龟以为畜，故人情不失。"

子曰："故先王秉蓍龟，列祭祀，瘗缯⁶⁸，宣祝嘏辞说，设制度。故国有礼，官有御，事有职，礼有序。"

子曰："故先王患礼之不达于下也。故祭帝于郊，所以定天位也；祀社于国，所以列地利也；祖庙，所以本仁也；山川，所以傧鬼神也；五祀，所以本事也。故宗祝在庙，三公在朝，三老在学，王前巫而后史，卜筮瞽侑皆在左右⁶⁹，王中心无为也，以守至正。故礼行于郊，而百神受职焉⁷⁰；礼行于社，而百货可极焉；礼行于祖庙，而孝慈服焉⁷¹；礼行于五祀，而正法则焉。故自郊社、祖庙、山川、五祀，义之修而礼之藏也。"

子曰："是故夫礼，必本于大一⁷²，分而为天地，转而为阴阳，变而为四时，列而为鬼神，其降曰命，其官于天也⁷³。夫礼必本于天，动而之地，列而之事，变而从时，协于分艺。其居人也曰养⁷⁴，其行之以货力、辞让、饮食、冠昏、丧祭、射御、朝聘。"

子曰："故礼义也者，人之大端也，所以讲信修睦，而固人之股肤之会、筋骸之束也；所以养生、送死、事鬼神之大端也，所以达天道、顺人情之大窦也。故唯圣人为知礼之不可以已也。故坏国、丧家、亡人，必先去其礼。"

子曰："故礼之于人也，犹酒之有蘖也，君子以厚，小人以薄。

礼行之以货力、辞让、饮食、冠昏、丧祭、射御、朝聘。

故圣王修义之柄、礼之序，以治人情。故人情者，圣王之田也，修礼以耕之，陈义以种之，讲学以耨之，本仁以聚之，播乐以安之。故礼也者，义之实也；协诸义而协，则礼虽先王未之有，可以义起也。义者，艺之分、仁之节也。协于艺，讲于仁，得之者强。仁者，义之本也，顺之体也，得之者尊。故治国不以礼，犹无耜而耕也，为礼不本于义，犹耕而弗种也；为义而不讲之以学，犹种而弗耨也，讲之于学而不合之以仁，犹耨而弗获也；合之以仁而不安之以乐，犹获而弗食也；安之以乐而不达于顺，犹食而弗肥也。四体既正，肤革充盈，人之肥也；父子笃，兄弟睦，夫妇和，家之肥也；大臣法，小臣廉，官职相序，君臣相正，国之肥也；天子以德为车，以乐为御，诸侯以礼相与，大夫以法相序，士以信相考，百姓以睦相守，天下之肥也。是谓大顺。大顺者，所以养生、送死、事鬼神之常也。故事大积焉而不苑⑦，并行而不缪，细行而不失；深而通，茂而有间，连而不相及也，动而不相害也：此顺之至也。故明于顺，然后能守危也。"

子曰："故礼之不同也⑦，不丰也，不杀也，所以持情而合危也。

"故圣王所以顺，山者不使居川，不使渚者原中原，而弗敝也。用水、火、金、木，饮食必时。合男女，颁爵位，必当年德。用民必顺。故无水旱昆虫之灾，民无凶饥妖孽之疾。故天不爱其道，地不爱其宝，人不爱其情。故天降膏露，地出醴泉，山出器车，河出马图⑦，凤凰麒麟皆在郊棷⑱，龟龙在宫沼，其余鸟兽之卵胎，皆可俯而窥也。则是无故，先王能修礼以达义，体信以达顺，故此顺之实也。"

【注解】

①蜡（zhà）：古代国君于十二月举行的祭祀。宾：指陪祭者。②观：指宗庙门外两旁的高建筑物。③言偃：即子游。④大道：指五帝时代的治理天下之道。⑤三代之英：指夏、商、周三个朝代的杰出人物，如文、武、成、汤、周公等人。⑥逮：赶上。⑦志：记载。⑧归：女子出嫁。⑨世及：父子相传称为"世"，兄弟相传称为"及"。⑩沟池：指护城河。⑪用：由。⑫选：即选拔杰出人物。⑬考：成全。⑭刑仁：对民众中有仁德的人，用礼赏赐，作为众人效法的标准。刑，法则。⑮遄死：迅速死掉。⑯浍：通"效"，效法。⑰列于鬼神：郑《注》曰："取法度于鬼神。"⑱"是故"三句：杞：国名，由夏禹的后代建立。《夏时》：夏代的历法。⑲宋：国名，由商汤的后代建立。⑳燔、捭：均为炙烤的意思。豚：猪肉，这里泛指兽肉。㉑汙（wū）尊：指凿地成坑以为尊。抔（póu）饮：用手捧而饮之。㉒蒉（kuì）桴：指用土抟成鼓椎。桴，鼓椎。土鼓：指用土鼓成鼓形。㉓皋：呼号的声音。㉔苴：蒲包。孰：通"熟"。㉕天望：指人死后到屋顶上向天号告以招魂。地藏：指不用棺椁，直接将尸体埋入土中。㉖槽（zēng）巢：指用柴草搭成的巢穴。㉗范金：用模型浇铸金属器皿。㉘酪：醋。㉙玄酒：指水。㉚醴盏：初酿成的酒。㉛粢醍：一种甜而醇厚的浑酒。㉜澄酒：没有沉淀物的清酒。㉝祝：人享神的祝辞。嘏：尸代表神、祖先向祭者的祝福之辞。㉞祝号：祝福中

美好的称号。㉟越席：翦蒲织成的草席。㊱浣：煮染。㊲燔炙：燔肉炙肝。㊳莫：指冥漠世界。㊴合亨：合烹，指将未煮熟的食物重新加工。㊵铏（xíng）：古代盛菜羹的器皿。㊶郊：天子祭天。禘：子孙祭祖。㊷天子之事守：陈澔曰："唯此二国（杞、宋），可世守天子之事以事其祖。"㊸盏：夏代的酒杯。斝：殷代的酒杯，其形状为大口，圆腹，下有三锥形足。㊹具官：措各种执事皆备。㊺祭器不假，声乐皆具：按照礼的规定，无地的大夫不得制造祭器，有地的大夫可以制造祭器但不得全备，因此此祭祀时必须假借。大夫拥有的乐器和乐人也都有一定的限制，不得逾制而全备。㊻新有昏者：指刚结婚的人。昏，通"婚"。㊼齐齿：指没有上下尊卑之分。㊽礼籍：记载礼的简策，上面载有进入诸侯宗庙应当注意的忌讳。㊾傧鬼神：指礼敬鬼神。傧，接待宾客。㊿别仁义：孙希旦曰："仁主于慈爱，义主于断制，以礼别之，而刑赏、黜陟当矣。"(51)殷：效法。(52)并：比方。(53)所明：指通过兼听使自己变得聪明。(54)变：通"辩"，正道。(55)耐：通"能"。(56)意：私意测度。(57)辟：通"通"，明白，与下文的"知""明""达"意义相似。(58)五声：宫、商、角、徵、羽。(59)五味：酸、苦、辛、咸、甘。六和：指春多酸，夏多苦，秋多辛，冬多咸，调以滑、甘，合而为六。(60)五色：青、赤、黄、白、黑。(61)五行之端：五行之性不可见，体现在人的身上表现为仁、义、礼、智、信，然后可以通过它们发现五行的本性。(62)柄：权衡。(63)器：器具。(64)四灵：指麟、凤、龟、龙四种动物。(65)艺：事之界限。(66)奥：主宰。(67)"故龙"六句：鲔：泛指大鱼。淰（shěn）：水搅动而鱼惊走。獝（xù）：禽惊骇而乱飞。狘（xuè）：惊走。(68)瘗（yì）缯：一种祭祀方式。瘗，埋葬。缯，币帛。(69)侑：膳宰。(70)百神受职：古人认为，风雨寒暑，四时节候，都为百神掌管，百神各受其职，则风调雨顺，就不会发生自然灾害。(71)服：行。(72)大一：即太一，古代哲学的一个范畴，指处于混沌未分的元气状态的天。(73)官：效法。(74)养：当作"义"字。(75)苑：积聚，郁结。(76)礼之不同：指人有贵贱等级的不同，相应地礼也分为不同的等级。(77)河出马图：传说伏羲氏时，有龙马从黄河中出现，背负"河图"；有神龟从洛水中出现，背负"洛书"。伏羲氏根据"河图""洛书"发明了八卦，即《周易》的来源。(78)椒（zōu）：湖泊地带。

【译文】

从前孔子参加蜡祭仪式，担任陪祭。祭礼结束后，来到门阙的楼观上游览，不禁喟然长叹。孔子的叹息，大概是叹息鲁国吧。

子游在旁问道："先生因何叹息呢？"孔子回答说："大道通行的时代，以及夏、商、周三朝圣贤当政的时代，尽管我都没有赶上，但是却有文献（把那两个时代的事迹）记载下来。大道通行的时代，天下为民众所公有，德才兼备的人被民众选举出来。人与人之间互讲诚信，邻里之间和睦相处。因此，人们不只是亲爱自己的双亲，也不只是抚养自己的子女，而是使老年人都能善终，成年人都能人尽其用，幼童都能得到抚养，鳏寡、孤独、残疾者都能得到抚恤；男子各有各的职责，女子都能适时出嫁。人们痛恨糟踏浪费财货的行为，但是绝没有将财货据为已有的心思。人们厌恶有力气而偷奸耍滑的行为，但是绝不自恃气力谋取私利。所以，阴谋诡计因没有门路而受到扼制，大盗和乱贼也不会出现。夜不闭户，这就叫作大同社会。"

孔子说："如今大道已经消隐不现，天下变为私人的天下，人们只亲爱自己的亲人，只抚养自己的子女，财货、气力均为己所用；天子、国君世袭相传以为礼，修筑城墙和护城河作为防御工事，用礼仪作为纲纪，以端正君臣关系，加深父子情感，使兄弟之间关系和睦，使夫妻之间关系和谐，设立各项制度，划分各家田地，尊重智勇之士，重用有功之人。因此，权谋开始兴起，战事频繁发生。夏禹、商汤、周文王、周武王、周成王、周公旦，便是涌现出来的杰出人才。这六位人才，无不谨慎恪守礼制，用礼表彰民众的道义之举，用礼成全民众的诚信之举，用礼揭露各种过失，用礼标榜仁爱，用礼提倡谦让，用礼指示民众遵守法规。如果有人不遵行礼义，民众就废黜他，并将其视为祸殃。这便叫作小康社会。"

子游又问道："这么说礼是很要紧的事情了？"孔子回答说："礼制，是古代圣贤承接天道，用来治理人类情欲的，因此，丧失礼制便无法生存，遵循礼制才能生存。《诗经》上说：'看那老鼠尚且还有肢体，做人反而没有礼。做人如果没有礼，何不快点去死呢！'所以说礼必须承接天道，仿效地理，取法于鬼神，而贯彻到丧事、祭祀、射箭、驾车、冠礼、婚礼、朝礼、聘礼等各项礼仪中去。所以圣贤用礼教育万民，天下国家就可以治理好了。"

子游又问道，"先生您这样推崇礼制，可以说给我听听吗？"孔子说："我想要了解一下夏朝的礼制，所以去了杞国，但是杞国的礼不足以代表夏朝的礼，我只得到了《夏时》这本书。我想要了解一下殷朝的礼制，所以到了宋国，但是宋国的礼也不足以代表殷朝的礼，我也只得到了《坤乾》这本书。《坤乾》一书体现了事物变化的道理，《夏时》一书记载了四时运转的程序，我就是据此来考察夏、殷两代的礼制的。"

冕、弁、兵器等器物收藏于私人家里，这是不合乎礼制的。

孔子说："最初的礼，起源于饮食。人们烧烤黍米、猪肉，凿地成坑为樽，用手捧着喝水，用土抟成鼓椎，用土筑成鼓形，以此表达对鬼神的敬意。人死之后，（死者亲人）就爬上屋顶，对天呼叫道：'某某，魂兮归来。'然后用生米为死者含饭，用蒲包裹肉为死者祭奠。所以，望天而招魂，掘地而藏尸，肉体埋入地下，灵魂上升到天上。因此，今天人死后头朝北而葬，活人则屋朝南而居，都是当初流传下来的习俗。从前，先王没有宫室，冬天居住在洞窟之中，夏天则居住在用柴草搭成的巢穴里；不会使用火，只能吃植物的果实，或是茹毛饮血；没有丝麻，只能身穿羽毛和兽皮。后来，圣人出世，教导百姓用火烧铸金属器皿，使用泥烧制砖瓦，建造台榭、宫室，制造窗户和门；还教导民众将食物

或裹泥而烧，或用火烧烤，或用镬烹煮，或直接贯入火中；用火蒸酿醴酒和醋；煮染麻丝，将其织成布帛，用以养生送死，祭祀鬼神上帝，所有这些都是从圣贤教会人们使用火开始的。因此，玄酒放在屋中，醴、盏放在门口，醍齐放在堂上，澄酒放在堂下，陈列祭祀用的牺牲，置备鼎俎，又陈列琴、瑟、管、磬、钟、鼓等乐器，操作祝告神鬼之辞和尸向主人的祝福之辞，恳请上天和祖先降临，以端正君臣之间的名分，加深父子之间的感情，使兄弟之间关系和睦，改善上下级之间的关系，使夫妇二人各尽其责，这就是承受天赐之福。选定祝辞中美好的称号，用玄酒来祭祀，献上宰杀的牺牲，奉上盛有生肉的俎，敬献煮熟的牲肉；铺设用蒲编织而成的席子，用粗布遮盖酒樽，穿上用煮染过的帛做成的祭服，献上醴和盏，进献烧烤过的牲肉和肝脏，国君和夫人可以交替向尸献酒，以使先人灵魂快乐，这就称做合莫。祭祀完毕后，将祭品撤下来，再合在一块儿煮熟，把狗、猪、牛、羊的骨头和肉分开来，装在篮筐、笾、豆以及刑器盛的羹汤里，分别敬献给参加祭礼的宾客们。人对神的祝辞要以'孝'来立言，神对人的致福之辞则要以'慈'来立言，这叫作大吉大利。这就是礼达到相当完备的程度了。"

孔子说："呜呼哀哉！我考察周朝的治国大道，至幽王和厉王时代已经衰微了。（如果）舍弃鲁国，我还能到什么地方呢？鲁国举行郊祭和禘祭之礼，这不合乎礼制。周公制定的礼都已经衰微了！

"杞国举行郊祭之礼，用禹配祭。宋国举行郊祭之礼，用契配祭。这些都是先王的后世子孙应当继续遵守的祭礼。因此，天子祭祀天地，诸侯只能祭祀社稷。"

孔子说："祭神辞和祝福辞，不能变更古代流传下来的法度，这是礼的大节。祭神辞和祝福辞，收藏于宗、祝、巫、史里，这是不合乎礼制的，这样的国家称为昏暗之国。用盏和绎向尸君献酒，这是不合乎礼制的，这样的君主称为僭礼之君。冕、弁、兵器等器物，收藏于私人家里，这是不合乎礼制的，称为威胁君主。大夫之家，如果各种执事具备，祭祀用具齐备，乐器和乐人全备，这是违背礼制的，这样的国家称为乱礼之国。因此，为王公做事称之为臣，在私人家做事称之为仆。服三年之丧及新婚不久的人，朝廷有事也不征召他们服役。身穿丧服上朝，或者与家里的仆人没有上下尊卑之分，都不合乎礼制的规定，这样的国家称为君臣同国。所以，天子有田地用以安置子孙后代，诸侯有封国用以安置子孙后代，大夫有采地用于安置子孙后代，这就叫作制度。因此，天子来到诸侯的封国，一定要下榻于诸侯的祖庙中，如果天子不按照礼籍上的规定去做，便称之为天子坏乱法纪；诸侯如果不是探望疾病或是吊唁死者，而经常在诸臣之家出入，称之为君臣互相戏谑。所以，礼是国君治理天下的工具，它可以辨别嫌疑，明察幽微，礼敬鬼神，考察制度，根据不同的对象区别运用仁或者义，是

用来治理国家安定君位的。因此，朝政不正君位就危险了，君位危险了大臣就会背叛君主，小臣就会窃权。如果刑罚严峻而风俗败坏，那么法令就会经常变更；法令更变不定，就不能区分等级，上下等级不能区分，那么士人就不会恪尽职守了。刑法严峻而风俗败坏，民众就不会归附国家，这样的国家称为病国。"

孔子说：国政是君王用以藏身的手段。因此国政必须根源于天理，君王必须依据天理来下达政令。根据土地的自然状况发布政令称为效地利，根据祭祀祖庙的需要发布政令称为仁义，根据山川的四季出产发布政令称为兴作，根据五祀的需要发布政令称为制度：这是圣人用来牢固藏身的所在。"

孔子说："因此，圣人参照天地运行的规律、比照鬼神的秉性来处理政事。圣人所处的环境，到处都是礼制下井然的秩序；圣人所感到欢乐的，是民众得到了治理。因此，上天使四时运行，土地出产财富，人由父母所生，由老师教导，这四个方面，国君能够正确运用，那么国君也就可以立于不败之地了。"

孔子说："所以国君使自己变得聪明，而不是使别人变得聪明；国君由万民所供养，而不是供养万民；国君由别人所服侍，而不是服侍别人。因此国君使别人变得聪明，他就会犯错误；国君供养别人，就会资用匮乏；国君服侍别人，就会失掉君位。所以，百姓以国君为榜样来实现自我管理，以供养国君来求得生活安定，以为国君办事来求得显贵。礼制实现了，上下名分也就确定了，所以人人都乐于为守义而效死，耻于背义而偷生。"

孔子说："国君应当利用别人的智慧，而提防他们的伪诈；应当利用别人的勇敢，而提防他们的鲁莽；应当利用别人的仁爱，而提防他们的贪欲。"

孔子说："国家一旦遇上大患，国君就应当为社稷而死，这称为大义；大夫应当为宗庙而死，这称为正道。"

孔子说："圣人把天下统一为一家，把天下人团结成一人，这并非异想天开。必须懂得人情，通达人生义理，知道人们的利益所在，了解人们所忧虑的事情，然后才能实现。什么叫作人情？喜、怒、哀、惧、爱、恶、欲，这七种情欲是人生来具备而无须后天学习的。什么叫作人生义理？父亲慈爱、子女孝顺、兄长贤良、弟弟恭敬、丈夫仁义、妻子顺从、长者关怀少者、少者顺从长者、君主仁义、臣子忠诚，这十个方面统称为人生义理。讲究信义，和睦相处，称之为人利；相互争夺残杀，称之为人患。因此，圣人用以治理人的七情，培养人的十义，促使诚信、和睦风气的形成，崇尚谦让，放弃争夺，除了礼还能用什么来治理呢？饮食男女之事，这是人的基本欲望。死亡贫苦之患，这是人生最厌恶的事情。因此，所欲和所恶，是人们心目中两个最基本的出发点。人们隐藏自己的思想，很难让人测度。美恶都深藏于人们心中，从表面上不容易看出来，要想看穿人们的思想，除了用礼还有什么途径呢？"

孔子说："因此，人承接天地之德，体现了阴阳的交感、鬼神的聚会，积聚了五行运转的灵秀之气。所以，上天秉持阳气，通过日月星辰垂照万物；大地秉持阴气，通过山川沟通发泄，分布五行于四时之中，四时和顺于是生出了十二个月。因此，过十五天月亮就会圆满，再过十五天月亮就会亏缺。五行的运行，循环相接。五行、四时、十二个月，周而复始，循环往复。五声、六律、十二管，轮流用以确定官音的高低。五味、六和、十二月的食物，轮换以酸、苦、辛、咸、甘作为本味。五色、六章、十二月的衣服，轮换以青、赤、黄、白、黑作为本色。"

孔子说："因此，人是秉承天地的自然法则，体现五行的秉赋特性，能尽食五味六和、尽辨五声、六律，尽分五色六章的（高级）生灵。因此，圣人制定法则，一定以天地之道为根本，以阴阳变化为开端，以四季运转为权衡，以太阳星辰为纲纪，以十二月为分限，以鬼神为依傍，以五行为本体，以礼义为工具，以人性为田地，以四灵为家畜。以天地德性为根本，因此天地万物都可以利用；以阴阳变化为开端，因此各种人情变化都可以洞察；以四季运转为权衡，因此各种耕作事宜均能取得成功；以太阳星辰为纲纪，因此万事都可以处理得有条理；以十二月为界限，因此做事就有了准则；以鬼神为依傍，因此政事就可以守而不失；以五行为本体，因此凡事都可以周而复始，以礼义为工具，因此做任何事情都会取得成效；以人情为田地，人就能主宰自我；以四灵作为牲畜，因此饮食就有了保障。"

孔子说："什么是四灵呢？四灵就是麒麟、凤凰、龟和龙。因此，以龙作为家畜，各种鱼类就不会随意游走；以凤凰作为家畜，各种鸟类就会惊飞乱跳；以麒麟作为家畜，百兽就不会惊走乱窜；以龟作为家畜，就可以预卜而不至于出现偏差了。"

孔子说："因此，先王们用蓍草和龟甲卜筮，依次举行各种祭祀，埋牲、赠币帛献给神，宣读告神和祝福的文辞，设立各种规章制度，因此国家才有礼制，官吏各司其职，职事各有所属，礼仪也有了秩序。"

孔子说："前代的国君担心礼制不能一直贯彻下去，因此，在南郊祭祀上帝，以确定天帝至高无上的地位；在国中祭祀社神，以列举土地养育万物的功绩；在宗庙祭祀先祖，以体现仁爱的根本；祭祀山川，以敬事鬼神；祭祀五祀，以体现事功。所以，在宗庙中设置宗人和祝官，在朝廷中设置三公，在学校里设置三圭，天子的前面有掌管神事的巫，后面有礼载人事的史，卜人、筮人、乐官、膳宰都在天子左右服侍，而天子不必劳神苦思，亲自操劳，只须坚守正道就可以了。因此，祭祀天帝，众神就能尽职尽责；祭祀社神，百姓就能货尽其用；祭祀祖庙，孝悌之道就能通行于天下；祭祀五祀之神，天下的法则就能各得其正了。因此，祭祀天神、社神、先祖之神及山川之神，就是培养道义、保存礼制的所在。"

孔子说："所以，礼应以天地的原始物质太一为根本。太一分离而为天地，运转而为阴阳，变化而成四季，分布起来而为鬼神。太一这一元气降临人世则称为命，这就是效法于天理。礼应以天道为根本，然后通行于天下，分布于众事之中，并随着四时的变化而变化，以配合月份变化制定出评定事功的标准。礼体现在人身上，就称之为义，礼在实行的时候要通过货财、劳力、辞让、饮食、冠礼、丧礼、祭祀、射箭、驾车、朝觐、聘问等表现出来。"

孔子说："因此，礼义是人们做一切事情的出发点，它可以促使人们讲究信义、和睦相处，也可以加固人们肌肤的组合，强固人们筋骨的联结；它是养生送死、祭祀鬼神的基本指导原则；也是体现天理、顺适人性的重要渠道。所以，只有圣人才懂得礼不可废弃的道理。因此，国家灭亡，家庭破裂，个人死亡，都是先从废弃礼开始的。"

孔子说："因此，礼对于人而言，就像是酒曲对酒的关系：君子因此变得厚道，小人因此变得苛薄。因此，圣人以义为手段，以礼为秩序，用来治理人情。所以，人情正如先王的田地，先王用礼作为工具耕种它，用义栽培它，用加强教育来铲除杂草，用施行仁义来凝聚人心，用传播音乐来安定民心。因此，礼是义的定制，只要协调礼和义的关系，那么即使是先王没有实行的礼，也可以根据义的要求制定出来。义是区分法则的依据，是施行仁义的节度，只要把义和法则结合起来，并据以施行仁义，就可以变得强盛。仁是义的根本，也是通达天理人情的具体表现，施行仁义的人就能受人尊重。因此，治理国家而不用礼，就好像耕种田地而没有农具一样；制定礼而不符合义，就好像耕耘农田而不播种一样；施行义而不推行教化，就好像播了种而不铲除杂草一样；推行教化而不合乎仁，就好像铲除杂草而不收获庄稼一样；以仁为指导推行教化而不用音乐来安定民心，就好像收获之后不去享用一样；用乐安定民心而不顺达天理人情，就好像品尝果实而无益于健康一样。因此，四肢端正，皮肤丰盈，称之为健康的人；父子情深，兄弟和顺，夫妻和睦，称之为幸福的家庭；大臣遵纪守法，小臣清正廉洁，官吏尽职尽责，君臣以正道相处，称之为开明的国家；天子以德作为乘坐的车辆，以乐作为驾车的驭手，诸侯们以礼相处，大夫们遵行法令，士以诚信互相勉励，百姓和睦相处，称之为天下大治，（这种境界）叫作大顺。大顺就是养生丧死，就是侍奉鬼神的正常道理。所以，国事成堆而不积聚，政令并行而不矛盾，事情细小而不遗漏。虽然深幽也可以通达，虽然茂密也能留有余地，相互连接而不抵触，实行起来而互不妨害，这就是大顺了。因此，了解顺的各项目标，就能够时刻保持警惕。"

孔子说："所以，礼有一定的标准，根据等级贵贱的差别，既不能超越标准，也不能低于标准，这才是合乎人情、避免偏差的依据。

"因此，圣王顺乎天理人情而统治四方；在山区住惯的人，就不要把他们迁徙到水边；在水乡住惯的人，也不要把他们迁徙到平原大陆，这样做是为了不打乱居民的生活习性。使用水、火、金、木、土等各种资源，以及形成一定的饮食习惯，都要顺应四季的变化；使男女婚配，封赐爵位，都必须与人们的年龄和德行相适应；征用民力必须顺应农时。因此，没有水、旱、害虫等自然灾害，民众也就不必担心忍饥挨饿和天下出现妖孽了。因此，上天不隐藏生育万民之道，大地不隐藏养育万民之宝，人们不隐藏自己的真实感情。因此，天降雨露，地出甘泉，山川出产各种资源，黄河中有龙马负图而出，凤凰、麒麟都出现在郊区的沼泽中，龟、龙都出现在宫廷的水池里，其他各种鸟的卵和怀孕的野兽，都可以俯首拾到。做到这些并没有其他的原因，只是先王能够修整礼制通达义理，体现诚信而通达顺畅，所以能够获得这种大顺的结果。"

学记第十八

【原文】

发虑宪①，求善良，足以谀闻②，不足以动众。就贤体远，足以动众，未足以化民。君子如欲化民成俗，其必由学乎！

玉不琢，不成器。人不学，不知道。是故古之王者建国君民，教学为先。《兑命》曰③："念终始典于学④。"其此之谓乎？

虽有嘉肴，弗食，不知其旨也；虽有至道，弗学，不知其善也。是故学然后知不足，教然后知困。知不足，然后能自反也；知困，然后能自强也。故曰"教学相长"也。《兑命》曰"学学半"⑤。其此之谓乎？

君子安其学而亲其师。

古之教者，家有塾，党有庠，术有序，国有学⑥。比年入学，中年考校。一年，视离经辨志。三年，视敬业乐群。五年，视博习亲师。七年，视论学取友，谓之小成。九年，知类通达，强立而不反，谓之大成。夫然后足以化民易俗，近者说服而远者怀之。此大学之道也。《记》曰："蛾子时术之⑦。"其此之谓乎？

大学始教，皮弁、祭菜⑧，示敬道也。《宵雅》肄三⑨，官其始也⑩。入学鼓箧，孙其业也⑪。夏、楚二物⑫，收其威也。未卜禘⑬，不视学⑭，游其志也。时观而弗语，存其心也。幼者听而弗问，学不躐等也⑮。此七者，教之大伦也。《记》曰："凡学，官先事，士先志。"其此之谓乎？

大学之教也，时教必有正业，退息必有居。学：不学操缦⑯，不能安弦；不学博依⑰，不能安诗；不学杂服⑱，不能安礼；不与其艺⑲，不能乐学。故君子之于学也，藏焉修焉⑳，息焉游焉。夫然，故安其学而亲其师，乐其友而信其道，是以虽离师辅而不反也。《兑命》曰："敬孙务时敏㉑，厥修乃来㉒。"其此之谓乎？

今之教者，呻其佔毕㉓，多其讯㉔，言及于数进而不顾其安㉕，使人不由其诚，教人不尽其材。其施之也悖，其求之也佛㉖。夫然，故隐其学而疾其师，苦其难而不知其益也。虽终其业，其去之必速。教之不刑㉗，其此之由乎？

大学之法，禁于未发之谓豫，当其可之谓时，不陵不节而施之谓孙㉘，相观而善之谓摩。此四者，教之所由兴也。

发然后禁，则扞格而不胜㉙；时过然后学，则勤苦而难成；杂施而不孙，则坏乱而不修；

凡学之道，严师为难。师严，然后道尊。

过其时而学则难成。

独学而无友，则孤陋而寡闻。燕朋逆其师[30]，燕辟废其学[31]。此六者，教之所由废也。

君子既知教之所由兴，又知教之所由废，然后可以为人师也。故君子之教喻也。道而弗牵，强而弗抑，开而弗达。道而弗牵则和，强而弗抑则易，开而弗达则思。和易以思，可谓善喻矣。

学者有四失，教者必知之。人之学也，或失则多，或失则寡，或失则易，或失则止。此四者，心之莫同也。知其心，然后能救其失也。教也者，长善而救其失者也。

善歌者，使人继其声。善教者，使人继其志。其言也约而达，微而臧[32]，罕譬而喻，可谓继志矣。

君子知至学之难易，而知其美恶，然后能博喻[33]；能博喻，然后能为师；能为师，然后能为长；能为长，然后能为君。故师也者，所以学为君也[34]，是故择师不可不慎也。《记》曰："三王四代唯其师[35]。"此之谓乎？

凡学之道，严师为难。师严，然后道尊。道尊，然后民知敬学。是故君之所不臣于其臣者二：当其为尸，则弗臣也；当其为师，则弗臣也。大学之礼，虽诏于天子，无北面，所以尊师也。

善学者，师逸而功倍，又从而庸之[36]。不善学者，师勤而功半，又从而怨之。善问者，如攻坚木，先其易者，后其节目，及其久也，相说以解。不善问者反此。善待问者如撞钟，叩之以小者则小鸣，叩之以大者则大鸣；待其从容，然后尽其声。不善答问者反此。此皆进学之道也。

记问之学，不足以为人师。必也其听语乎？力不能问[37]，然后语之。语之而不知，虽舍之可也。

良冶之子，必学为裘[38]。良弓之子，必学为箕[39]。始驾马者反之，车在马前[40]。君子察于此三者，可以有志于学矣。

古之学者，比物丑类[41]。鼓无当于五声[42]，五声弗得不和。水无当于五色[43]，五色弗得不章。学无当于五官[44]，五官弗得不治。师无当于五服[45]，五服弗得不亲。

君子曰：大德不官，大道不器，大信不约，大时不齐。

察于此四者，可以有志于学矣。三王之祭川也，皆先河而后海，或源也，或委也，此之谓务本。

【注解】

①宪：法则。②谀（xiǎo）闻：小有名气。③《兑命》：《尚书》中的篇名。兑，当为"说（yuè）"。④典：经常。⑤学（xiào）学半：前一学指教学。学学半，意思是说，教别人，一半也是向人学习。⑥"家"至"学"：塾、庠、序、学，均为学校的名称。术，当为"遂"，古代五百家为党，一万二千五百家为遂。⑦蛾子时术：蛾，即蚁。术，为"衔"字之误。⑧皮弁：皮弁服。祭菜：指举行释菜礼祭祀先师、先圣。⑨《宵雅》肄三：《宵雅》，即《小雅》，《诗经》中的篇名。肄三，指学习《小雅》中的三篇诗歌，即《鹿鸣》《四牡》《皇皇者华》。⑩官其始：以居官受任之处的优越之处诱导人们致力于学习。⑪孙：顺也，指恭顺的意思。⑫夏、楚：古代惩罚学生用的教鞭。夏，指用榎木做的教鞭；楚，指用荆条做的教鞭。⑬卜禘：禘，大的祭祀。在举行禘祭之前要进行占卜，因此称为卜禘。⑭视学：考校学校的优劣。⑮躐（liè）：越过，超越。⑯操缦：练习弹奏音乐的指法。⑰博依：即博喻，指博通于鸟兽、草木、天时、人事之情状。⑱杂服：指洒扫、应对、投壶、沃盥等细碎的小事。⑲与：喜欢。⑳臧：心怀学习之志。㉑敬：敬道。孙：逊，顺业。务：努力学习。敏：快速。㉒厥修乃来：指所修习的学业学有所成。㉓呻其佔毕：呻，吟诵。佔，看视。毕，简册，书籍。㉔多其讯：讯者难也。指教师自己并不通晓义理，在外面又不肯承认，因此假装知识丰富，向学生们提问一些疑难问题，以掩饰自己的无知。㉕数：指名物制度。㉖佛：通"拂"，违背。㉗刑：成功。㉘陵节：超过限度。㉙扞（hàn）格：互相抵触，格格不入。㉚燕朋：燕者亵也。指不正当、不庄重的朋友。㉛燕辟：指贪图享受玩乐。㉜臧：善，美。㉝博喻：此指广泛地因材施教。㉞所以学为君：指向教师学习做国君的品德。㉟三王四代：三王，指夏、商、周。四代，指夏、商、周、虞。㊱庸：功劳。㊲力不能问：指学生的能力不足于回答教师的提问。㊳良冶之子，必学为裘：孔《疏》曰："善冶之家，其子弟见其父兄世业陶铸金铁，使之柔合以补治破器，皆令全好，故此子弟仍能学为裘袍补续兽皮，片片相合，以至完也。"㊴良弓之子，必学为箕：孔《疏》曰："言善为弓之家，使干角挠曲调和成其弓，故其子弟亦观其父兄世业，仍取柳和软挠之成箕也。"㊵车在马前：指将初学驾车的马拴在车后面，使之熟悉驾车之事。㊶丑：比。㊷五声：宫、商、角、徵、羽。㊸五色：青、赤、黄、白、黑。㊹五官：泛指各级政府官员。㊺五服：斩衰、齐衰、大功、小功、缌麻。

【译文】

思考问题先考虑到法度，热衷于求得贤才，这样的人可以取得一点名气，但却不足以感动民众。亲近贤良的人，体察关心关系疏远的人，就足以感动民众，但却不足以教化人民。君子如果要想教化人民，移风易俗，就一定要从办学兴教做起！

玉石不经过雕琢，不能成为（精美的）玉器。人不经过学习，不会懂得（世间的）道理。所以说，古代的君王，建立国家，统治人民，都会把办学兴教放在第一位。《说命》里说："应该自始至终经常地想着学习。"说的大概就是这个意思吧？

即使有美味佳肴，不亲口尝一尝，就不会知道它的滋味；即使有非常好的道理，不去认真学习，就不会懂得它的美妙。因此，通过学习，才知道自己的不足；通过教育别人，才能发现自己的学识哪里还有未通达的地方。知道了自己的不足，然后才能自我反省；知道了自己还有未通达的地方，然后才能自强不息，不断进

即使有美味佳肴，不亲口尝一尝，就不会知道它的滋味。

步。因此说，教和学是互相促进的。《说命》里说："教育别人，同时也是在增长自己的知识。"大概说的就是这个意思吧？

古代的教育，家里有私塾，党中有学校，遂中和国都有学校。学子们每年入学一次，隔年考试一次。学习一年过后，要考察学子们读经断句的能力以及他们的学习志趣；学习三年过后，要考察学子们是否专心致力于学业以及是否与同学们和乐相处；学习五年过后，要考察学子们是否能够广博地学习并亲敬师长；学习七年过后，要考察学子们谈论学问的深浅以及结交什么样的朋友，至此，学子们的学习便可以称之为学业小成。学习九年过后，学子们要能够触类旁通，有自己独立的见解而不违反师道，这就可以称之为学业大成。这之后，就可以教化人民，移风易俗，使自己身边的人心悦诚服，使远方的人也都慕名归附，这便是大学教育的宗旨。《记》中说："蚂蚁随时都在衔泥，（久而久之）也就积成土堆。"大概说的就是这层意思吧？

大学开学的时候，要头戴皮弁帽身穿皮弁服，用释菜礼祭祀先圣、先师，用来表示尊师重道之意。教学子们学习并歌唱《诗·小雅》中的《鹿鸣》《四牡》《皇皇者华》三首诗歌，以居官受任的优越处诱导人们致力于学习。学生入学，学官要击鼓召集学生，打开书箱发放书籍，以使学子们以恭敬顺从的态度对待自己的学业。教鞭是用来鞭笞不听教的学子，以整肃校风。国君不举行卜禘活动，不到学校考察学生的学业，目的在于让学生们从容畅游地用心学习。老师时时对学子们认真观察而不轻易开口解说，目的在于使学生们心存疑问（从而激起学子们努力学习的动力）。低年级的学子们只听（教师）讲解而不提出问题，是因为学习应当一级一级上升而不能一蹴而就。以上七项，便是教学的大原则。《记》中说："凡教学，学官应当安排好教学的相关事宜，学子们则要先树立学习的志向。"大概讲的就是以上的道理吧？

大学的教学，一定要按照季节时令安排教学内容，所教内容一定要是古籍经典，课后休息一定要有固定的场所。学习（要循序渐进，不能急于求成）：不练习弹奏音乐的指法，就不能演奏琴瑟；不广泛地学习博喻比兴手法，就学不会作诗；不学习各种服饰细碎的制度，就学不好礼仪；对技艺的学习缺少兴趣，就不可能掌握这些技艺。因此，君子对于学习，心中常怀向学的志向，经常修整学习思路而不废弃，无论是休息时间，还是闲暇游乐的时候都能如此。这样的话，所以便能够安心向学而亲敬师长，与同学和乐友善而笃信道义，因此，即使离开了老师和同学，也不会违背道义。《说命》中说："重视道义，顺从学业，努力学习，不断精进，不断实践，那么他修习的学业也就可以取得成功了。"大概说的就是上面的道理吧？

现如今的教师，只会照本宣科，（却不懂得其中的深奥道理；）还经常向学生提一些疑难问题，（以掩盖自己的无知；）还只讲那些名物制度，（而不去究究其中的义理；）只顾盲目地赶教学进度，而不考虑学子们的接受能力；教育学生时也并不竭尽所能地把自己的知识毫无保留地传授给学生，而是有所保留；教授给学生们的知识错误百出，向学生们提出的问题也不符合情理。像这样下去的话，学生们学得不清不楚，对老师又心怀怨恨，苦于学习的艰难而又不知道学习到底有什么用处，虽然最后毕业了，学过的知识也一定就很快忘记了。教育的不成功，大概就是这个缘故吧？

大学的教育方法：在学子们的邪念还没有萌发之前就能够及时制止便称之为"预防"，在学子们到了适龄的时候及时开始教育便称之为"适时"，不超越阶段而循序渐进地开展教育叫作"顺序"，相互观察学习对方身上的优点长处就叫作"观摩"。以上四个方面，便是教育兴盛成功的方法。

如果坏事发生了之后才加以制止，就会互相抵制、格格不入而难以奏效；错过了适学年龄才开始学习，就会既费工夫力气而又难有所成；如果杂乱无章地而不是循序渐进地教学，教学秩序就会变得混乱不堪；如果一个人独自学习而没有良师益友，就会孤陋寡闻。结交不正当的朋友，就会违背师教；沉溺在享受游乐中，就会荒废自己的学业。以上六者，是教育失败的原因所在。

君子知道了兴盛教育的办法，又懂得了造成教育失败的原因，这样之后就可以作为教师去从事教学了。因此，君子教育学生的方法，是去引导学生而不是强制灌输，是去鼓励学生进取而不是去抑制思维，是去多方面加以启发且又不说透的教学方法。加强引导而不强制，就能使学生心平气和地学习；鼓励进取而不抑制，就会使学生感到知识容易接受；加以启发且不说透，就会使学生勤于思索。学生在学习过程中就能够做到心平气和地学习，而且感到学习起来比较容易，而又养成了勤于思索习惯，这就可以称之为善于教学了。

如果一个人独自学习而没有良师益友，就会孤陋寡闻。

学生容易犯四种错误，教师在教学过程中一定要注意。人们在学习过程当中，有的失于贪多，有的失于求少，有的失于求易，有的失于半途而废。以上四者，心理变化都是不一样的，各有各的特点。只有了解学生们的各种心理，才能纠正他们容易犯的各种错误。教育目的的根本，就在于使人的长处得到发扬、使他们的错误得到纠正。

善于唱歌的人，能够吸引别人跟着自己一块儿唱；善于教学的人，能够影响别人继承自己的治学志向。老师的语言应该言简意赅，含蓄精妙，比喻要少用且明白易懂，（能做到以上几点）就可以称得上能使人继承他的志向了。

君子懂得治学上的难易，而又知道学问上的是非，这样以后就能够广泛地因材施教。能广泛地因材施教，就能够为人师表；能够做别人的老师，就能够做国家的官吏；能够做官吏，就可以做一国之君。因此，跟随老师学习，就是在向他学习做国君的道理。因此，选择老师一定要慎重。《记》中说："三王四代（时的君主之所以圣明）就是因为他们选择了优秀的老师。"说的大概就是这个意思吧？

大凡在求学的过程中，学生尊敬老师是最难做到的。只有老师受到了尊敬，他所教授的道理才能受到尊重；道理被人尊重了，人们才会懂得崇尚学习，养成学习之风。因此，只有两种情况国君才可不以对待臣子的礼仪对待臣下：一是当臣子充当尸的时候，国君不把他当成臣子；再就是当臣子担任自己的老师时，也不把他当臣子看待。根据大学的礼仪，老师即使被召到国君那儿去讲学，也不面朝北坐在臣子的位置上，这都是为了表现对老师的尊敬。

善于学习的人，老师无须费多少力气就可以取得事半功倍的效果，而且还能够将功劳归于老师。不善于学习的人，老师辛辛苦苦的教学也只能取得事倍功半的效果，而且还会怨恨老师。善于提问题的人，如同砍削坚硬的木头，先从比较容易砍削的部位入手，然后再是较难的结节处，砍到一定程度后，木头自然就会分解。不善于提问题的人，就刚好与此相反。善于回答问题的人就像撞钟一样，轻轻地撞击会发出轻微的声音，重重地撞击就会发出震耳的轰鸣，等到钟声渐渐消失，问题也就迎刃而解了。不善于回答问题的人，刚好与此相反。所有这些，都是促进学业进步的办法。

死记硬背书上的一些内容来等待学生的提问，作为老师就不合格。必须等学生提出问题，再（根据这些问题）一一解答才行。只有当学生们没有能力提出问题时才能够直接给他讲解；如果讲解之后他们仍然不能理解，这个问题就可以先放弃不用管了。

优秀的铁匠的儿子，一定先学会缝补衣裳。优秀的弓匠的儿子，一定先学会编制畚箕。刚开始学习驾车的小马驹，要将它拴在车子的后面（以逐渐适应驾车）。君子明白这三件事情里面的道理，就可以树立学习的志向了。

古代的学者，在各类事物的类比上都很擅长。鼓声，并不能归入五声之中，但若缺了鼓声，五声就难以和谐。水，并不能归入五色之中，但若缺少了水，五色就不可能鲜亮。学习，并不能归入五官的分内职能之事，但若缺少了学习，各级官吏就难以掌管好自己的职事。老师，并不属于五服之亲的任何一种，但若没有老师的教育，五服之亲就不会懂得相亲相爱这个道理。

君子说：具有大德行的圣人，不会局限在一官一职；掌握大道理的贤才，不会专于一种才能；拥有大信用的人，无须订盟立约；懂得把握大时机的人，绝不讲究整齐划一。明白了这四个方面的道理，就可以明确学习的根本、确立学习的志向了。

三王在祭祀河流的时候，都是先祭祀河流，后祭祀大海。河是海的源头，海是河的归宿，这种祭祀就叫作致力于根本。

乐记第十九

【原文】

　　凡音之起①，由人心生也。人心之动，物使之然也。感于物而动，故形于声。声相应②，故生变。变成方③，谓之音。比音而乐之，及干、戚、羽、旄，谓之乐④。

　　乐者，音之所由生也，其本在人心之感于物也。是故其哀心感者，其声噍以杀⑤；其乐心感者，其声啴以缓⑥；其喜心感者，其声发以散⑦；其怒心感者，其声粗以厉；其敬心感者，其声直以廉；其爱心感者，其声和以柔。六者非性也，感于物而后动。是故先王慎所以感之者，故礼以道其志，乐以和其声，政以一其行，刑以防其奸。礼乐刑政，其极一也，所以同民心而出治道也。

　　凡音者，生人心者也。情动于中，故形于声。声成文⑧，谓之音。是故治世之音安以乐，其政和；乱世之音怨以怒，其政乖；亡国之音哀以思，其民困。声音之道，与政通矣。

　　宫为君，商为臣，角为民，徵为事，羽为物，五者不乱，则无怗懘之音矣⑨。宫乱则荒，其君骄；商乱则陂⑩，其官坏；角乱则忧，其民怨；徵乱则哀，其事勤；羽乱则危，其材匮。五者皆乱，迭相陵，谓之慢。如此则国之灭亡无日矣。

　　郑卫之音⑪，乱世之音也，比于慢矣。桑间濮上之音⑫，亡国之音也。其政散，其民流，诬上行私而不可止也。

　　凡音者，生于人心者也。乐者，通伦理者也⑬。是故知声而不知音者，禽兽是也。知音而不知乐者，众庶是也。唯君子为能知乐。是故审声以知音，审音以知乐，审乐以知政，而治道备矣。是故不知声者，不可与言音；不知音者，不可与言乐；知乐则几于礼矣。礼乐皆得，谓之有德，德者得也。是故乐之隆，非极音也；食飨之礼⑭，非致味也⑮；《清庙》之瑟⑯，朱弦而疏越⑰，壹倡而三叹⑱，有遗音者矣；大飨之礼，尚玄酒而俎腥鱼，大羹不和，有遗味者矣。是故先王之制礼乐也，非以极口腹耳目之欲也，将以教民平好恶而反人道之正也⑲。

人化物也者，灭天理而穷人欲者也。

　　人生而静⑳，天之性也。感于物而动，性之欲也。物至知知㉑，然后好恶形焉。好恶无节于内，知诱于外，不能反躬，天理灭矣㉒。夫物之感人无穷，而人之好恶无节，则是物至而人化物也。人化物也者，灭天理而穷人欲者也。于是有悖逆诈伪之心，有淫泆作乱之事，是故强者胁弱，众者暴寡，知者诈愚，勇者苦怯，疾病不养，老幼孤独不得其所，此大乱之道也。

是故先王之制礼乐，人为之节：衰麻哭泣^㉓，所以节丧纪也；钟鼓干戚，所以和安乐也；昏姻冠笄，所以别男女也；射乡食飨，所以正交接也。礼节民心，乐和民声，政以行之，刑以防之。礼乐刑政，四达而不悖，则王道备矣。

乐者为同^㉔，礼者为异。同则相亲，异则相敬。乐胜则流^㉕，礼胜则离。合情饰貌者^㉖，礼乐之事也。礼义立，则贵贱等矣。乐文同^㉗，则上下和矣。好恶著，则贤不肖别矣。刑禁暴，爵举贤，则政均矣。仁以爱之，义以正之，如此则民治行矣。

乐由中出，礼自外作。乐由中出，故静；礼自外作，故文。大乐必易^㉘，大礼必简。乐至则无怨，礼至则不争，揖让而治天下者，礼乐之谓也。暴民不作，诸侯宾服，兵革不试，五刑不用，百姓无患，天子不怒，如此则乐达矣。合父子之亲，明长幼之序，以敬四海之内，天子如此则礼行矣。

大乐与天地同和，大礼与天地同节。和，故百物不失；节，故祀天祭地。明则有礼乐，幽则有鬼神。如此，则四海之内合敬同爱矣。礼者，殊事、合敬者也，乐者，异文、合爱者也。礼乐之情同，故明王以相沿也。故事与时并，名与功偕^㉙。

故钟鼓管磬，羽籥干戚，乐之器也；屈伸俯仰，缀兆舒疾^㉚，乐之文也；簠簋俎豆，制度文章^㉛，礼之器也；升降上下，周还裼袭，礼之文也。故知礼乐之情者能作，识礼乐之文者能述，作者之谓圣，述者之谓明。明圣者，述作之谓也。

乐者，天地之和也。礼者，天地之序也。和，故百物皆化^㉜；序，故群物皆别。乐由天作，礼以地制。过制则乱，过作则暴。明于天地，然后能兴礼乐也。

论伦无患^㉝，乐之情也；欣喜欢爱，乐之官也^㉞；中正无邪，礼之质也；庄敬恭顺，礼之制也。若夫礼乐之施于金石^㉟，越于声音，用于宗庙社稷，事乎山川鬼神，则此所与民同也。

王者功成作乐，治定制礼。其功大者其乐备，其治辩者其礼具^㊱。干戚之舞，非备乐也；孰亨而祀^㊲，非达礼也。五帝殊时，不相沿乐；三王异世，不相袭礼。乐极则忧，礼粗则偏矣。及夫敦乐而无忧，礼备而不偏者，其唯大圣乎！

天高地下，万物散殊，而礼制行矣。流而不息，合同而化，而乐兴焉。春作夏长，仁也。秋敛冬藏，义也。仁近于乐，义近于礼。乐者敦和，率神而从天，礼者别宜，居鬼而从地^㊳。故圣人作乐以应天，制礼以配地。礼乐明备，天地官矣。

天尊地卑，君臣定矣。卑高已陈^㊴，贵贱位矣。动静有常，小大殊矣^㊵。方以类聚，物以群分^㊶，则性命不同矣。在天成象，在地成形。如此，则礼者天地之别也。

地气上齐^㊷，天气下降，阴阳相摩，天地相荡，鼓之以雷霆，奋之以风雨，动之以四时，暖之以日月，而百化兴焉。如此，则乐者天地之和也。

化不时则不生，男女无辨则乱升^㊸，天地之情也。

及夫礼乐之极乎天而蟠乎地，行乎阴阳而通乎鬼神，穷高极远而测深厚。乐著大始^㊹，而礼居成物。著不息者天也^㊺，著不动者地也。一动一静者，天地之间也。故圣人曰礼乐云。

昔者舜作五弦之琴以歌《南风》^㊻，夔始制乐以赏诸侯^㊼。故天子之为乐也，以赏诸侯之有德者也。德盛而教尊，五谷

舜作五弦之琴。

时熟，然后赏之以乐。故其治民劳者，其舞行缀远[48]；其治民逸者，其舞行缀短。故观其舞，知其德；闻其谥，知其行也。

《大章》，章之也。《咸池》，备矣。《韶》，继也。《夏》[49]，大也。殷周之乐尽矣。

天地之道，寒暑不时则疾，风雨不节则饥。教者，民之寒暑也，教不时则伤世。事者，民之风雨也。事不节则无功，然则先王之为乐也，以法治也[50]，善则行象德矣。

夫豢豕为酒，非以为祸也；而狱讼益繁，则酒之流生祸也。是故先王因为酒礼。壹献之礼，宾主百拜，终日饮酒而不得醉焉，此先王之所以备酒祸也。故酒食者，所以合欢也；乐者，所以象德也；礼者，所以缀淫也。是故先王有大事，必有礼以哀之；有大福，必有礼以乐之。哀乐之分，皆以礼终。乐也者，圣人之所乐也，而可以善民心。其感人深，其移风易俗，故先王著其教焉。

夫民有血气心知之性，而无哀乐喜怒之常；应感起物而动，然后心术形焉[51]。是故志微噍杀之音作[52]，而民思忧；啴谐、慢易、繁文、简节之音作，而民康乐；粗厉、猛起、奋末、广贲之音作[53]，而民刚毅；廉直、劲正、庄诚之音作[54]，而民肃敬；宽裕、肉好、顺成、和动之音作[55]，而民慈爱；流辟、邪散、狄成、涤滥之音作[56]，而民淫乱。

是故先王本之情性，稽之度数，制之礼义，合生气之和[57]，道五常之行，使之阳而不散，阴而不密[58]，刚气不怒，柔气不慑，四畅交于中[59]，而发作于外，皆安其位而不相夺也；然后立之学等，广其节奏，省其文采，以绳德厚，律小大之称，比终始之序，以象事行，使亲疏、贵贱、长幼、男女之理皆形见于乐。故曰：乐观其深矣。

土敝则草木不长，水烦则鱼鳖不大[60]，气衰则生物不遂[61]，世乱则礼慝而乐淫。是故其声哀而不庄，乐而不安，慢易以犯节，流湎以忘本，广则容奸[62]，狭则思欲，感条畅之气[63]，而灭平和之德，是以君子贱之也。

凡奸声感人，而逆气应之；逆气成象，而淫乐兴焉。正声感人，而顺气应之；顺气成象，而和乐兴焉。倡和有应，回邪曲直各归其分，而万物之理各以类相动也。是故君子反情以和其志，比类以成其行，奸声乱色不留聪明，淫乐慝礼不接心术，惰慢邪辟之气不设于身体，使耳目、鼻口、心知百体皆由顺正，以行其义。

然后发以声音，而文以琴瑟，动以干戚，饰以羽旄，从以箫管，奋至德之光，动四气之和，以著万物之理。是故清明象天，广大象地，终始象四时，周还象风雨，五色成文而不乱，八风从律而不奸，百度得数而有常[64]，小大相成，终始相生，倡和清浊，迭相为经。故乐行而伦清，耳目聪明，血气和平，移风易俗，天下皆宁。故曰：乐者乐也，君子乐得其道，小人乐得其欲，以道制欲，则乐而不乱；以欲忘道，则惑而不乐。是故君子反情以和其志，广乐以成其数，乐行而民乡方[65]，可以观德矣。

【注解】

①音：指歌曲。②声：声音。③成方：指成为曲调，即形成歌曲。④干：盾牌。戚：斧头。羽：野鸡毛。旄：旄牛尾。以上均为古人舞蹈时手中所拿的道具。⑤噍（jiào）：急促。杀（shài）：衰微。⑥啴（chǎn）：宽绰的样子。⑦发：高昂。⑧成文：即成方。参见【注解】③。⑨怗（zhān）滞（chì）：敝败不和谐。⑩陁：倾颓。⑪郑卫之音：指春秋期间郑国和卫国的民间音乐。⑫桑间濮上之音：据史书记载：纣王命令乐师延作长夜靡靡之乐。殷商灭亡后，延带着乐器投濮水而死。到了春秋时期，晋国乐师涓夜渡濮水，听到水中作此乐声，便记录下来，后来把这首曲子演奏给晋平公听。晋平公的乐师旷没有等他奏完，就按住他的乐器说："此亡国之音也，得此必于桑间濮上乎？纣之所由亡也。"⑬伦理：人伦物理。⑭食飨之礼：指食礼和飨礼，用于宗庙祭祀或招待宾客。⑮致：极。⑯《清庙》：《诗经》中的篇名，内容是周人祭祀文王时演奏的乐章。⑰朱弦：指用经过水煮并染成红色的熟丝做成的琴弦。越：瑟底面上的小孔。⑱倡：通"唱"，歌唱。叹：和声。⑲平好恶：使知道好恶的区别。⑳静：心情平静，没有情欲搔扰。㉑知知：不断地认识事物。㉒天理：天性。㉓衰麻：代指丧服制度。㉔同：协调好恶，使之团结一心。㉕流：指不重视尊卑关系。㉖合情：指感情融洽，这是乐的作用。饰当为饬。饬貌：指人注意检点自己的仪表，这是礼的作用。㉗文：指礼仪

中威仪交错之状。㉘大乐：指最完美的音乐。㉙"故事"两句：事：礼。名：乐。㉚缀：舞蹈者的位置。兆：舞蹈者的活动范围。㉛文章：器物的装饰。㉜化：化生。㉝论伦：指和谐。㉞官：功用。㉟金石：乐器。㊱辩：通"遍"，普遍。㊲孰亨：即熟烹。㊳居鬼：循依先贤的神灵。㊴卑高：山高泽卑。㊵"动静"两句：动静：指阴阳的运转。小大：指万物。㊶"方以类聚"两句：方、物：泛指万物。类、群：均指类别。㊷齐：跻，上升。㊸乱升：指酿成混乱。㊹大始：即太始，指天。㊺著：明白。㊻《南风》：古佚诗名。㊼夔：舜时的乐官。㊽行缀：舞蹈的行列位置。㊾《大章》"至"《夏》"：《大章》《咸池》《韶》《夏》，均为古代佚乐曲名，分别是尧、黄帝、舜、禹时的乐曲。㊿法治：治理的方法。51心术：感情。52志微：指声音细弱。53贲：大。54廉直：廉洁直率。劲正：刚劲正直。庄诚：庄重真诚。55肉：玉璧的边。好：玉璧中间的圆孔。用璧的边缘和圆孔比喻人们声音的圆转润泽。56狄：通"逖"，远的意思。成：淫泆轻佻的意思。涤滥：如水一样涤荡放滥，一去而不复返。57生气：阴阳二气。58阳而不散，阴而不密：古人认为阳主动，阴主静，因此，以阳比喻演奏开始，以阴比喻演奏结束。59四：指阴、阳、刚、柔。畅：通畅。60水烦：指捕捞无度。61气衰：阴阳之气衰弱。62广：舒缓。63条畅之气：指逆气。64"是故"至"有常"：清明：指人的歌声。广大：指钟鼓的轰鸣。终始：周而复始。周还：往复回旋。五色：指五声。八风：上古时代的八种乐器，即：钟鎛、磬、埙、鼓鼗、琴瑟、柷敔、笙、箫等。百度：音乐的节奏。65乡方：向着道义。乡，通"向"。

【译文】

大凡歌曲的产生，都源于人的内心活动。内心的变动，是外物造成的。内心受到外物的刺激而有所变动，于是通过声音表现出来。声与声之间相互应和，这才产生变化，成为富于节奏的曲调，便称为歌曲。根据歌曲用各种乐器进行演奏，并拿着干、戚、羽、旄伴舞，便称为乐。

乐，是由音调产生的，它源于人心对外物的感受。因此，内心感到哀伤，发出的声音就急促而低沉；内心感到欢快，发出的声音就宽绰而舒缓；内心感到喜悦，发出的声音就高昂而爽朗；内心感到愤怒，发出的声音就粗犷而严肃；内心感到崇敬，发出的声音就正直而单纯；内心感到热爱，发出的声音就和悦而温柔。这六种情感并非人的天性，而是受到外物的刺激而产生的。先王十分重视（那些）能够刺激人心的外界事物，所以制定礼仪用以引导人们树立远大的志向，创作音乐用以调和人们的性情，颁布政令用以统一人们的行动，制定刑罚用以防止人们作奸犯科。礼、乐、刑、政，四者的最终目的只有一个，即统一民心而使国家大治。

大凡歌曲都产生于人的内心变化。情感在心里变动，就通过声音表现出来。各种声音按照一定的规律排列成富于节奏的曲调，就称为歌曲。因此，治世的歌曲安详和乐，用以表示政通人和。乱世的歌曲充满怨怒，用以表示政治乖戾。亡国之音哀婉而愁怨，用以表示百姓困苦无望。所以，音乐的道理与政治是相通的。

官声代表国君，商声代表臣子，角声代表民众，徵声代表事情，羽声代表物品。五声不乱，就不会出现不和谐的歌曲。官声乱了歌曲就显得荒散，这象征着国君骄奢。商声乱了歌曲就显得偏邪，这象征着大臣堕落。角声乱了歌曲就显得忧伤，这表示民众有怨恨。徵声乱了歌曲就显得哀伤，这表示徭役过于繁重。羽声乱了歌曲就显得危急，这象征着民财匮乏。五声出现混乱，互相侵凌而不和谐，就称为"慢音"。一旦出现这种情况，那么国家离灭亡的日子就不会太远了。

郑卫之音，是乱世的音乐，它的特

乐，是由音调产生的，它源于人心对外物的感受。

征与慢音相似。桑间濮上之音，是亡国的音乐，有这种音乐的国家，政务荒散废弛，民众流离失所，臣子欺上瞒下、以权谋私而不可禁止。

凡是歌曲，都产生于人的内心活动。乐，都和人伦物理相沟通。因此，只能听懂声音而不能听懂歌曲的，便是禽兽。只能听懂歌曲而不懂得乐法的，便是平凡之人。只有君子才真正懂得歌曲。所以君子通过辨别声音而懂得歌曲，通过欣赏歌曲而懂得乐法，通过推究乐法而懂得政治得失，从而具备完整的治国之道。因此，不会辨别声音的人，不可以同他谈论歌曲；听不懂歌曲的人，不可以同他讨论乐法。懂得乐的内涵也就差不多懂得礼了。懂得礼和乐，就可以称得上有德。德，也就是得到的意思。因此，乐的规模盛大，并不是为了极尽对歌曲的欣赏。举行食礼和飨礼，并不是为了极尽对食物的享受。演奏《清庙》所用的瑟，配以朱红色的弦，而且底部有着稀疏的空眼。演奏时，一人领唱，三人和声；演奏完毕，余音袅袅不绝。举行大飨之礼，将玄酒置于上位，俎中盛有生鱼；(尽管)大羹中不添加调料，(但是)品尝完毕却有不尽的余味。因此，先王制定礼乐，并不是为了极力满足人们口腹耳目的享受，而是为了引导民众有所爱有所恨，从而回归到做人的正道上来。

一个人初生的时候没有情欲，这是天赋的本性，有感于外物的刺激而产生内心活动，这是人性所具有的欲望。随着外物对人的内心的不断刺激，人们对事物的认识不断增加，然后就表现出喜好和厌恶的情感。如果好恶之情在内心之中没有节制，而它又受到外界事物的不断引诱，使人无法返回平静的本性，那么人所禀赋的天性就灭绝了。外界事物对人的刺激没有穷尽，而内心的好恶之情又没有什么节制，那么外界事物一刺激，人就随着外界事物的变化而变化。人一旦受制于外界事物，其结果必然是灭绝天性而穷极个人的欲望。于是，就会产生叛逆诈伪的心理，就会做出淫泆作乱的事情。因此，强者胁迫弱者，人多的欺负人少的，智者欺骗愚者，勇敢者凌辱怯懦者，有病的人得不到治疗，老幼孤独之人得不到照顾，这便是大乱的世道了。

因此，先王制定礼、乐，目的就是为了节制人们的行为；制定丧服制度和有关哭泣的礼仪，用来节制人们的丧事活动；制作钟鼓乐器和干戚舞具，用来节制人们对安乐的享受；制定婚礼、冠礼和笄礼，用来明确男女之间的区别；制定乡射、乡饮酒和宴享宾客的礼仪，用以端正人们的社交行为。用礼节制人的心志，用乐调和民众的声音，用政推行治国之道，用刑防止人们犯罪。礼、乐、刑、政，四个方面通达而没有悖乱，那么实行王道的条件就具备了。

乐的作用在于使人们团结一心，礼的作用在于使人们有所区别。团结使人们相互亲近，区别使人们相互尊敬。过于强调乐，人们就会放纵无礼；过于强调礼，人们就会离心离德。感情融洽，这是乐的作用；注意检点行为，重视仪表，这是礼的作用。礼义确立了，贵贱等级也就可以区分了；乐的形式统一了，上下关系也就和睦了；好与坏的标准明确了，贤才和庸人也就可以分清了。用刑罚禁止暴虐，用爵位举荐贤能，政治便会清明；用仁心爱护百姓，用礼仪端正行为，民众就能够得到治理。

乐源于人的内心活动，礼则通过人的外在行为表现出来。乐源于人的内心活动，因此它能使人平静安和；礼表现于人的外在行为，所以才会有种种仪节规定。完美的音乐一定是平易的，盛大的典礼一定是简朴的。乐教推行到极致，民众就没有怨恨，礼教推行到极致，民众就没有纷争。能使人们互相

乐的作用在于使人们团结一心。

谦让而使天下实现大治的，就是礼、乐。暴民不作乱，诸侯服从天子，不动用军队征伐，不使用各种刑罚，百姓没有祸患，天子不专横暴虐，能实现以上这些，乐教的目的就达到了。使父子和睦相亲，使长幼关系明确，使百姓互相尊敬，天子能够做到这些，礼教的目的也就达到了。

完美的音乐符合自然的和谐，盛大的礼仪依循自然的秩序。符合自然的和谐，那么万物就不会失去本性；依循自然的秩序，那么礼仪就可以用于祭祀天地。在明处有礼乐（教化民众），在暗中有鬼神（助人成事），如此则天下的民众就会互敬互爱。礼，事虽各异，但恭敬的感情相同；乐，虽曲调不同，但仁爱的心情无异。礼、乐在使人和睦相处这一目的上相同，所以贤明的君王都沿袭使用。又根据时事的变化对礼乐之制有所改良，依据建立的功勋来确立礼乐的名目。

因此，钟、鼓、管、磬、羽、龠、干、戚，都是乐的器具。弯腰、伸体、俯身、仰面、行列位置、活动范围及动作快慢，都是乐的表现。簠、簋、笾、豆，各种礼节装饰，都是礼的器具。上堂下堂，绕圈转体，袒衣掩衣，都是礼的表现。所以，理解礼乐功用的人能够制作礼乐，知道礼乐表现形式的人能够传授礼乐。制作礼乐的人称为"圣"，传授礼乐的人称为"明"。所谓"明圣"，就是传授、制作礼乐的意思。

乐，表现天地的和谐；礼，表现天地的秩序。天地关系和谐，万物才得以化生；天地秩序井然，万物才得以区分。乐是由天制作出来的；礼是由地制作出来的。过于强调礼，就会出现各种混乱；过于强调乐，就会使文乐、武乐混杂不分。明白了天地运行的道理，然后才可以制作礼乐。

和谐而不丧失原则，这是乐的精神；

帝王功业有成，便开始创作音乐。

使人欣喜欢爱，这是乐的作用。中正平和，这是礼的本质；恭敬和顺，这是礼的节制。至于将礼乐通过乐器表现出来，通过声音传播出去，然后用于对宗庙社稷和山川鬼神的祭祀，这些从天子到庶民都是一样的。

帝王功业有成，便开始创作音乐；政治清明，国家安定，便开始制作礼仪。功业巨大的，创作的音乐便也完备；政治影响深远的，制作的礼仪便也周全。干、戚之舞，并不是完备的乐；熟烹牲肉来祭祀，并不算完备的礼。五帝的时候，时代各异，所使用的乐迥然相异；三王的时候，时世不同，所使用的礼也各有不同。乐极便会生悲，礼粗就会出现偏差。至于能做到既尊重乐而又没有放纵之忧，既能使礼制完备而又不会出现偏差，大概只有大圣人才能做得到吧。

天高地低，万物散布其间而又迥然相异，礼制由此而产生。阴阳二气，流动不息，相互融合而化生万物，音乐由此而兴起。春生夏长，这是天地之仁；秋收冬藏，这是天地之义。仁的道理近似于乐，义的道理近似于礼。乐，敦促万物亲和，遵从神灵的旨意，顺应天道的变化；礼，辨别万物所宜，依循先贤的神灵，顺从地道的运行。因此，圣人创作音乐以适应天道变化，制作礼仪以配合地道的运行。礼、乐既显明又完备，自然界的万物也就各得其所了。

天尊地卑，君臣之间的名分便由此而确立了。山高泽深，贵贱之间的地位便由此而确定了。阴阳的运转恒常不变，万物之间的差别便由此而确定了。（万物都是）同类相聚，异类相分，所以各自的特征及生命的长短不同。在天形成天象，在地形成地理，这样，就需要用礼来区分万物之间的差别了。

地气上升，天气下降，阴阳二气相交相磨，天地双方相激相荡，再加上雷霆的震荡，风雨的滋润，四季的交替，日月的照耀，天地万物便由此产生出来了。这样，就需要用乐来体现万物之间的和谐了。

天地万物不及时化育就不能生长；男女之间的差异无法辨别就会导致社会混乱，这便是天地的本性。

《大章》用以表彰尧的德行，《咸池》用以歌颂黄帝尽善尽美的德行。

礼、乐，充塞于天地之间，通行于阴阳鬼神之处，极高极远而莫测深厚。乐用来显示原始的动机，礼用来辨别已成的事物。明显地运行不息的，是天，明显地静止不动的，是地。有动有静的，是天地间的万物。所以圣人说："礼乐这么说。"

当初，舜制作五弦琴，用来为歌唱《南风》伴奏。夔开始制乐，用来赏赐诸侯。所以天子制乐，用以赏赐诸侯中有德行的人。诸侯德行盛大，政教昌隆，五谷丰登，然后天子把制作的乐赏赐给诸侯。因此，诸侯治下的民众劳苦的，（参加乐舞的人就少）舞蹈的行列间隔就显得疏远；诸侯治下的民众安逸的，（参加乐舞的人就多）舞蹈的行列间隔就显得密集。因此，观看诸侯编排的舞蹈，便能知道他的德行；听到诸侯的谥号，便能了解他生前的作为。

《大章》用以表彰尧的德行。《咸池》用以歌颂黄帝尽善尽美的德行。《韶》用以歌颂舜对尧的德政的继承。《夏》用以歌颂禹把尧、舜的德政发扬光大。殷、周两个朝代的乐都臻于完美。

天地运行的规律：如果寒与暑不能及时交替，就会产生疾病；如果风雨不受节制，就会出现饥荒。教化，就是民众的寒暑，施教不及时，就会损害世道人心。事功，就是民众的风雨。如果不加以节制，就会劳而无功。然而，先王制定乐，提供了一种治理天下的方法，如果这种方法适宜，就能使民众的行为符合德的要求了。

养猪酿酒，并不是为了制造祸端；然而狱诉之事日益增多，的确是由酗酒造成的。所以先王特地为此制定了饮酒的礼仪。按照饮酒礼的规定，即使行一献之礼，宾主之间也要互相行许多礼节，因此，即使整天饮酒也不会喝醉，这便是先王用以防止酒后惹祸的方法。因此，置备酒食，是用来使人们欢喜快乐的；乐，是用来使人们效法先圣德行的；礼，是用来防止人们放纵淫逸的。因此，先王遇有丧亡大事，一定会用礼仪表达哀悼之情；遇有吉庆大事，一定会用礼仪表达欢快之情。悲哀和欢乐的程度，最终都要合乎礼的规定。乐，为圣人所喜好，而可以使民心向善。它可以感化人们的内心深处，还可以移风易俗，所以先王设置专门的官吏来施行乐教。

人人都有血肉之躯和用心感知事物的本性，而没有恒常不变的喜怒哀乐之情；喜怒哀乐因为受到外界事物的刺激而发生变动，然后形成了感情。因此，演奏细弱、衰微的乐曲，就会使人忧郁，演奏宽舒和谐、缓慢平易、形式繁杂而节奏宽简的乐曲，就会使人愉悦，演奏粗犷、开头刚猛、结尾亢奋、广大而愤怒的乐曲，就会使人坚定而刚毅，演奏廉洁直率、刚劲正直、庄重真诚的乐曲，就会使人肃然起敬，演奏宽畅、圆润、流利、和顺的乐曲，就会使人慈爱。演奏怪诞、散乱、轻佻、滥长而又放纵的乐曲，就会使人心志淫侈。

因此，先王根据人的性情，考察音律的度数，用以节制礼仪。这样，乐就能合乎阴阳二气的和谐，遵循五行运转的规律，使乐开始时声音高扬而不散漫，乐结束时声音低沉而不郁结，表现出阳刚之气而不含怨怒，表现出阴柔之气而不显畏缩。以上四种精神在乐中融会贯通并演奏出来，五音就能各安其位而不相互侵夺。然后就可以确立学习的等级，广泛地学习乐的节奏，研究乐的表现形式，并以乐的精神作为衡量德行是否宽厚的标准，又比照音律度数的匀称，排列章节起讫的次序，而模拟事功和德行，从而使亲疏、贵贱、长幼、男女的道理都能通过乐表现出来。所以说："通过乐所能观察到的东西实在是太深刻了。"

土地贫瘠则草木难以生长，捕捞过度则鱼鳖难以长大，生气衰竭，则生物不能长成，世道混乱则礼崩而乐坏。所以这样的乐曲就显得悲哀而不庄重，欢乐而不安详，缓慢而节奏紊乱，放纵而无所归宿，舒缓而包容奸恶，急促而思念情欲，诱使人们产生逆乱的情绪，灭绝人们平和的美德，因此君子鄙视这种音乐。

奸邪的声音从外部诱惑；逆乱的情绪从内心响应。逆乱的情绪形成具体的事实，淫邪的音乐就产生了。纯正的声音从外部影响，和顺的情绪从内心响应。和顺的情绪形成具体的事实，和谐的音乐就产生了。外界的刺激同内心的反应一唱一和，邪恶和正直各归其类，万物的情理也各以同类相互感动。所以君子要反省自己的情欲以调和心志，比较外物的品类以遵守善行，使自己的感官不接触奸声乱色，使自己的内心不受淫乐、邪礼的污染，怠惰、侮慢和邪辟的习气不玷污身体，使耳、目、口、鼻、心智及身体其他部分都和顺纯正，以实践有意义的行为。

然后，用声音来表达，用乐器来演奏，用干、戚等舞具表演武舞，用羽、旄等舞具装饰文舞，用箫管配合演奏，以此来发扬光大最美好德行的光辉。因此，歌声清明以象征上天，器乐声宏大以象征大地，乐章周而复始以象征四季，舞姿周回旋转以象征风雨。五声严格按照规则排列而不混乱，八音均合乎音律而不凌越，音乐的节奏都有一定的度数而不越轨；声音高低大小相辅，乐章前后始终相成。一唱一和，一清一浊，唱和相应，清浊相杂。因此，乐一旦得到推广，人伦关系就会清楚明白，人们就会变得耳聪目明，血气和平；社会移风易俗，天下得以安宁。因此说："乐，就是快乐。"君子因从乐中找到仁义之道而感到快乐，小人因从乐中得到欲望的满足而感到愉悦。仁义压制住欲望，就能获得欢乐而不迷乱；欲望压制住仁义，就会受到蛊惑而无法感到快乐。因此，君子要控制自己的情欲以调和自己的心志，推广乐事以成就乐的教化。乐一旦得到推广，人心会向道，民众也就可以观察德行了。

【原文】

德者，性之端也。乐者，德之华也。金石丝竹，乐之器也。诗，言其志也。歌，咏其声也。舞，动其容也。三者本于心，然后乐器从之。是故情深而文明，气盛而化神，和顺积中而英华发外，唯乐不可以为伪。

乐者，心之动也。声者，乐之象也。文采节奏，声之饰也。君子动其本，乐其象，然后治其饰。是故先鼓以警戒，三步以见方，再始以著往，复乱以饬归[1]，奋疾而不拔[2]，极幽而不隐；独乐其志，不厌其道，备举其道，不私其欲。是故情见而义立，乐终而德尊，君子以好善，小人以听过[3]。故曰："生民之道，乐为大焉。"

乐也者，施也；礼也者，报也。乐，乐其所自生，而礼，反其所自始。乐章德[4]，礼报情，反始也。

所谓大辂者，天子之车也；龙旂九旒，天子之旌也；青黑缘者[5]，天子之宝龟也；从之以牛羊之群，则所以赠诸侯也。

乐也者，情之不可变者也。礼也者，理之不可易者也。乐统同，礼辨异。礼乐之说，管乎人情矣[6]。

穷本知变，乐之情也；著诚去伪，礼之经也。礼乐偩天地之情[7]，达神明之德，降兴上下之神[8]，而凝是精粗之体[9]，领父子君臣之节[10]。

是故大人举礼乐[11]，则天地将为昭焉。天地诉合[12]，阴阳相得，煦妪覆育万物[13]；然后草木茂，区萌达[14]，羽翼奋，角觡生[15]，蛰虫昭苏，羽者妪伏[16]，毛者孕鬻[17]，胎生者不殰[18]，而卵生者不殈[19]，则乐之道归焉耳。

乐者，非谓黄钟、大吕、弦歌、干扬也，乐之末节也，故童者舞之。铺筵席，陈尊俎，列笾豆，以升降为礼者[20]，礼之末节也，故有司掌之。乐师辨乎声诗，故北面而弦。宗祝辨乎宗庙之礼，故后尸。商祝辨乎丧礼，故后主人。是故德成而上，艺成而下，行成而先，事成而后。是故先王有上有下，有先有后，然后可以有制于天下也。

【注解】

①乱：乐曲的最后一章。②拔：过快。③听过：听完之后洗心革面，改过自新。④章：彰。⑤青黑缘：龟。千年之龟，其甲之边缘变成青黑色。⑥管：贯。⑦伪：依照。⑧上下之神：即天地之神。⑨凝：成。精粗：万物大小。是：正。⑩领：理治。⑪大人：圣人。⑫近合：指音乐感动天地之气，使天气下降，地气上腾。近，通"熹"，指蒸动。⑬煦妪：抚育万物成长。⑭区（gōu）萌：卷曲的萌芽。⑮角骼（gé）：泛指兽类。⑯妪伏：孵卵。⑰孕鬻：即孕育。⑱殰（dú）：指动物胎死腹中。⑲殈（xù）：裂。⑳升降：上堂和下堂。此泛指宾主之间的礼仪。

【译文】

德，是人性的表露；乐，是德行的花朵；金、石、丝、竹，是乐的器具。诗，用来抒发人的志向；歌，用来表达人的心声；舞，是心志的外在表现。诗、歌、舞三者皆源于人的内心活动，然后用乐器配合演奏。所以，感情真切而形式鲜明，气氛浓厚而变化神妙。和顺的感情蕴藏于心中，才会产生美妙的音乐。由此可见，只有乐是不能伪装的。

乐，是人的内心活动的表现；声，是乐的表象。声音的结构变化及节奏舒缓，是对声音的装饰。君子内心有所感动，通过乐表现出来，再以一定的声音结构和节奏来修饰。因此，演奏《武乐》时，先要击鼓警戒众人，然后前进三步明确舞列行进的方向；一阕结束后，再重复第一阕开始的动作，由此进入下一阕的表演；舞蹈结束时，又回复到最初的位置。在整个舞蹈过程中，动作迅疾利索而不匆忙，歌词含义深邃而不隐晦。人们根据每个人的喜好欣赏音乐的内容，却不厌弃它所蕴含的道理，充分利用其中蕴含的教化之道，而不会只为了满足自己的欲望。因此，人们的情感既可以得到充分表达，又能使道义得以确立，演奏完毕后，德行会更受人尊崇。君子听完这种音乐后，会更加乐善好施；坏人听完这种音乐后，也会痛改前非。因此说："抚育人民的方法，乐教是最重要的。"

乐的作用，在于给予；礼的作用，在于报答给予。乐，用于表达自己所由产生的欢乐之情；礼，用以表达对始祖的感恩之情。乐用来彰显道德，礼用来报答恩情，并追溯到始祖。

所谓大辂，指的是天子乘坐的车辆；缀有九条旒的龙旗，指的是天子所用的旌旗；有青黑色边缘的，是天子的宝龟；成群的牛羊，则是天子用以赠送诸侯的礼品。

乐，表现内心确定不变的感情；礼，表现社会上不可变易的道理。乐用以团结人们，礼用以区别尊卑。礼乐的道理，贯通了人情世理。

探究人的内心而了解其感情变化，这是乐的情理，彰明真诚、舍弃虚伪，这是礼的功用。礼乐依循天地运行的规律，通达神明的德性，感召天地神灵，使自然万物遵守其固有的秩序，并理顺父子、君臣之间的名分。

因此，圣人能制定礼乐，而天地运行的规律也将因此而显明。天地之气蒸腾，阴阳二气相通，以抚育万物生长。然后，草木茂盛，种子发芽；鸟兽长出羽翼，生成角骼；蛰虫苏醒；鸟类孵卵；兽类怀孕生育，胎生者没有死胎，卵生者卵不破裂。所有这些都应归功于乐所体现的自然之道啊。

乐，并非单指黄钟、大吕、弦歌、干扬，这些不过是乐的细枝末节，因此，让儿童来表演舞蹈。铺设筵席，陈列樽、俎、笾、豆，以及升堂、下堂、作揖、打躬等礼节，也不过是礼的细枝末节，所以这些都由有司来负责。乐师只懂得声律、诗歌，因此只能在下位面朝北为人演奏。宗祝只能分辨宗庙的礼节，所以只能跟随在尸的后面相礼。商祝善于分辨丧事的礼节，所以只能随在主人后面行礼。因此，有德行的居上位，有一技之长的居下位，用行动彰显德行的居上位，凭着技艺做出事功的居下位。所引，先王为了使上下尊卑有别，才为天下制定了各种礼乐。

【原文】

魏文侯问于子夏曰①："吾端冕而听古乐，则唯恐卧。听郑、卫之音，则不知倦。敢问古乐之如彼②，何也？新乐之如此，何也？"

子夏对曰："今夫古乐，进旅退旅③，和正以广；弦匏笙簧，会守拊鼓④；始奏以文，复乱以武；治乱以相，讯疾以雅；君子于是语，于是道古，修身及家，平均天下。此古乐之发也。今夫新乐，进俯退俯，奸声以滥，溺而不止；及优侏儒，獶杂子女⑤，不知父子；乐终不可以语，不可以道古。此新乐之发也。今君之所问者乐也，所好者音也。夫乐者，与音相近而不同。"

文侯曰；"敢问何如？"

子夏对曰："夫古者天地顺而四时当，民有德而五谷昌，疾疢不作而无妖祥[6]，此之谓大当[7]。然后圣人作，为父子君臣，以为纪纲。纪纲既正，天下大定。天下大定，然后正六律[8]，和五声，弦歌《诗》、《颂》。此之谓德音，德音之谓乐。《诗》云：'莫其德音，其德克明。克明克类，克长克君，王此大邦。克顺克俾[9]，俾于文王。其德靡悔，既受帝祉，施于孙子。'此之谓也。今君之所好者，其溺音乎[10]！"

文侯曰："敢问溺音何从出也？"

子夏对曰："郑音好滥淫志，宋音燕女溺志[11]。卫音趋数烦志[12]，齐音敖辟乔志。此四者，皆淫于色而害于德，是以祭祀弗用也。《诗》云[13]：'肃雍和鸣，先祖是听。'夫肃肃，敬也；雍雍，和也。夫敬以和，何事不行？为人君者，谨其所好恶而已矣。君好之，则臣为之。上行之，则民从之。《诗》云[14]：'诱民孔易。'此之谓也。"

然后圣人作，为鞉、鼓、椌、楬、埙、篪[15]，此六者，德音之音也。然后钟、磬、竽、瑟以和之，干、戚、旄、狄以舞之，此所以祭先王之庙也，所以献酬酳酢也，所以官序贵贱[16]，各得其宜也。所以示后世有尊卑长幼之序也。

钟声铿，铿以立号，号以立横[17]，横以立武。君子听钟声，则思武臣。石声磬，磬以立辨[18]，辨以致死。君子听磬声，则思死封疆之臣。丝声哀，哀以立廉，廉以立志。君子听琴瑟之声，则思志义之臣。竹声滥[19]，滥以立会，会以聚众。君子

子夏对魏文侯问。

今夫古乐，进旅退旅，和正以广；弦匏笙簧，会守拊鼓。

今夫新乐，进俯退俯，奸声以滥，溺而不止。

听竽笙箫管之声，则思畜聚之臣。鼓鼙之声欢，欢以立动，动以进众。君子听鼓鼙之声，则思将帅之臣。君子之听音，非听其铿锵而已也，彼亦有所合之也。

宾牟贾侍坐于孔子^⑳。孔子与之言，及乐。曰："夫《武》之备戒之已久^㉑，何也？"对曰："病不得其众也。"

"咏叹之，淫液之^㉒，何也？"对曰："恐不逮事也^㉓。"

"发扬蹈厉之已早^㉔，何也？"对曰："及时事也。"

"《武》，坐致右^㉕，宪左，何也？"对曰："非《武》坐也。"

"声淫及商^㉖，何也？"对曰："非《武》音也。"

子曰："若非《武》音，则何音也？"对曰："有司失其传也^㉗。若非有司失其传，则武王之志荒矣。"

子曰："唯。丘之闻诸苌弘^㉘，亦若吾子之言是也。"

宾牟贾起，免席而请曰^㉙："夫《武》之备戒之已久，则既闻命矣。敢问迟之迟而又久^㉚，何也？"

子曰："居，吾语汝。夫乐者，象成者也。总干而山立^㉛，武王之事也。发扬蹈厉，大公之志也。《武》乱皆坐，周召之治也。且夫《武》始而北出，再成而灭商^㉜，三成而南，四成而南国是疆，五成而分，周公左，召公右；六成复缀以崇^㉝。天子夹，振之而驷伐^㉞，盛威于中国也；分夹而进，事早济也；久立于缀，以待诸侯之至也。"

且女独未闻牧野之语乎？武王克殷，反商^㉟，未及下车，而封黄帝之后于蓟，封帝尧之后于祝，封帝舜之后于陈；下车而封夏后氏之后于杞，投殷之后于宋，封王子比干之墓^㊱，释箕子之囚^㊲，使之行商容而复其位^㊳；庶民弛政^㊴，庶士倍禄；济河而西，马散之华山之阳而弗复乘，牛散之桃林之野而弗复服^㊵，车甲衅而藏之府库而弗复用，倒载干戈，包之以虎皮，将帅之士使为诸侯，名之曰"建橐"^㊶。然后天下知武王之不复用兵也。

散军而郊射^㊷：左射，《狸首》；右射，《驺虞》^㊸；而贯革之射息也^㊹。裨冕，搢笏，而虎贲之士脱剑也。祀乎明堂，而民知孝。朝觐，然后诸侯知所以臣。耕藉，然后诸侯知所以敬。五者，天下之大教也。食三老五更于大学，天子袒而割牲，执酱而馈，执爵而酳，冕而总干，所以教诸侯之悌也。若此，则周道四达，礼乐交通，则夫《武》之迟久，不亦宜乎！

君子曰：礼乐不可斯须去身。致乐以治心^㊺，则易直子谅之心油然生矣^㊻。易直子谅之心生则乐，乐则安，安则久，久则天，天则神，天则不言而信，神则不怒而威。致乐以治心者也。

致礼以治躬则庄敬，庄敬则严威。心中斯须不和不乐^㊼，而鄙诈之心入之矣。外貌斯须不庄不敬，而易慢之心入之矣。故乐也者，动于内者也；礼也者，动于外者也。乐极和，礼极顺，内和而外

乐者天地之命，中和之纪。

顺，则民瞻其颜色而弗与争也，望其容貌而民不生易慢焉。故德辉动于内，而民莫不承听；理发诸外，而民莫不承顺。故曰：致礼乐之道，举而错之天下，无难矣。

乐也者，动于内者也。礼也者，动于外者也。故礼主其减[48]，乐主其盈。礼减而进[49]，以进为文[50]；乐盈而反[51]，以反为文。礼减而不进则销，乐盈而不反则放。故礼有报，而乐有反。礼得其报则乐[52]，乐得其所则安。礼之报乐之反，其义一也。

夫乐者，乐也，人情之所不能免也。乐必发于声音，形于动静，人之道也。声音、动静、性术之变[53]，尽于此矣。故人不耐无乐[54]，乐不耐无形；形而不为道，不耐无乱。先王耻其乱，故制《雅》《颂》之声以道之，使其声足乐而不流，使其文足论而不息，使其曲直、繁瘠、廉肉、节奏足以感动人之善心而已矣[55]，不使放心邪气得接焉。是先王立乐之方也[56]。

是故乐在宗庙之中，君臣上下同听之，则莫不和敬；在族长乡里之中[57]，长幼同听之，则莫不和顺；在闺门之内，父子兄弟同听之，则莫不和亲。故乐者，审一以定和[58]，比物以饰节[59]，节奏合以成文，所以合和父子君臣、附亲万民也。是先王立乐之方也。

故听其《雅》《颂》之声，志意得广焉；执其干戚，习其俯仰诎伸，容貌得庄焉；行其缀兆，要其节奏，行列得正焉，进退得齐焉。故乐者，天地之命，中和之纪，人情之所不能免也。

夫乐者，先王之所以饰喜也，军旅铁钺者[60]，先王之所以饰怒也。故先王之喜怒，皆得其侪焉：喜则天下和之，怒则暴乱者畏之。先王之道，礼乐可谓盛矣！

子赣见师乙而问焉[61]，曰："赐闻声歌各有宜也。如赐者宜何歌也？"

师乙曰："乙，贱工也，何足以问所宜？请诵其所闻，而吾子自执焉。爱者，宜歌《商》。温良而能断者，宜歌《齐》。夫歌者，直己而陈德也，动己而天地应焉，四时和焉，星辰理焉，万物育焉。故《商》者，五帝之遗声也。宽而静、柔而正者，宜歌《颂》。广大而静、疏达而信者，宜歌《大雅》。恭俭而好礼者，宜歌《小雅》。正直而静、廉而谦者，宜歌《风》。肆直而慈爱，商之遗声也。商人识之[62]，故谓之《商》。《齐》者，三代之遗声也；齐人识之，故谓之《齐》。明乎《商》之音者，临事而屡断。明乎《齐》之音者，见利而让。临事而屡断，勇也。见利而让，义也。有勇有义，非歌孰能保此？故歌者上如抗，下如队；曲如折，止如槁木；倨中矩，句中钩[63]；累累乎端如贯珠。"

故歌之为言也，长言之也。说之，故言之；言之不足，故长言之；长言之不足，故嗟叹之[64]；嗟叹之不足，故不知手之舞之、足之蹈之也。

——子贡问乐

【注解】

①魏文侯：战国初期魏国的创始者，曾尊子夏为师。②古乐：先王的正乐。③旅：俱。④会守拊鼓：拊鼓者在音乐伴奏中居于指挥的位置，其他乐器演奏者都听从他们的指挥。会，合。守，待。拊，拊搏，一种敲击乐。⑤獶杂子女：男子和妇人像猕猴一样杂处嬉戏，乱了男女之间的尊卑关系。⑥疢（chèn）：病。⑦大当：天地间无有不当。⑧六律：指黄钟、太簇、姑洗、蕤宾、夷则、无射等六种古代的乐律。⑨顺：慈和顺从。俾：上下相亲。⑩溺音：指下文所述的郑、宋、卫、齐四国之音。⑪燕女溺志：讨好女子而使人意志消沉。⑫趋数：应为"促速"之误。⑬《诗》云：以下引自《诗经·周颂·有瞽》。⑭《诗》云：以下引自《诗经·大雅·板》。⑮鞉、鼓：指鼗鼓。椌（qiāng）楬（qià）：指柷敔。埙：一种吹奏乐器。篪（chí）：似横笛的吹奏乐器。⑯官序贵贱：排列官位的高低贵贱次序。⑰横：指气势充沛。⑱辨：指分辨节义。⑲滥：融合各种乐器的声音。⑳宾牟贾：人名，复姓宾牟，名贾。㉑备戒：击鼓备戒，指让舞者作准备。㉒淫液：声音连绵不断。㉓不逮事：指不能成功。逮，及。事，戎事。㉔发扬蹈厉之已早：陈澔曰："初舞时，即手足发扬，蹈地而猛厉，何其太早乎？"㉕坐：跪。致：膝至地。㉖商：商声，代表杀伐。㉗有司：负责音乐的官员。㉘苌弘：周朝大夫。㉙免席：避席。㉚迟：长。㉛总干：持盾牌。山立：正立。㉜成：指一个乐章。㉝复缀：返回到起始的位置。崇：完备。㉞振：摇铎以为节拍。驷：四。伐：一击一刺为一伐。㉟反商：来到商朝的都城。㊱比干：商纣王的叔父，有名的贤臣，因多次劝谏纣王，被剖心而死。㊲箕子：商纣王的叔父，有名的贤臣，因多次劝谏纣王，被监禁。㊳行：看望。商容：商纣时有名的贤臣，因多次劝谏纣王而被废为庶人。㊴政：通"征"，征收徭

役。⑩桃林：地名，在华山旁边。⑪建橐（gāo）：借指平息干戈，停止征伐。建，藏弓的器具。橐，藏箭的器具。⑫郊射：一种射箭的礼仪。⑬《狸首》、《驺虞》：均为诗歌篇名。⑭贯革之射：将士们习武时举行的比赛，因力能穿革，所以称为"贯革之射"。⑮致乐：深入研究音乐。⑯易：平易。直：正直。子：慈爱。谅：诚信。⑰斯须：片刻。⑱减：简单。⑲进：自勉自强。⑳文：美好，和善。㉑反：返本归真。㉒报：褒，勉励。㉓术：表达方式和手段。㉔耐：通"能"。㉕曲：声音柔和。㉖方：道。㉗族长：此代指家族。㉘审：郑《注》曰："审其人声也。"人声，指人声音高低及人的不同情感。㉙比、饰：均为配合的意思。物：指乐器。㉚铁钺：代指武器。㉛子赣：子贡。㉜商人：指周代的宋人，为商人的后裔。㉝"下如队"五句：队：坠，下坠。倨：直转。句：通"勾"。㉞嗟叹：指歌的叹和流连。

【译文】

魏文侯问子夏道："我头戴礼帽身穿礼服来欣赏古乐，唯恐睡着，而欣赏郑卫之音，却从不知疲倦。我冒昧地请教一下您，古乐为什么使人昏昏欲睡，新乐为什么使人精神振奋呢？"

子夏回答说："表演古乐时，舞蹈者同进同退，动作整齐，音乐平和、纯正、宽舒，管弦乐队随着鼓点而演奏。舞蹈在鼓声中开始，在铙声中结束，结束时击相以整齐行列；快舞时则要击雅以调整节奏。（表演结束后）君子们就聚在一起讨论乐的意义，并谈古论今，一起探讨修身、齐家、治国、平天下的伟业，这就是演奏古乐的意义。今天的新乐，舞蹈者进也弯腰，退也屈背，歌曲声音放纵淫邪，引诱人们耽溺其中不能自拔，至于那些俳优侏儒，男女混杂，父子之间不讲名分。表演结束后，没有什么可谈论的，也不能诱导人们谈古论今，这便是演奏新乐的结果。现在，您所问的是关于乐的道理，而所喜爱的是对音的享受。乐，与音相近但两者的作用不同。"

魏文侯问道："请问这是怎么回事呢？"

子夏回答说："古时候，天地和顺而四季适时，人民有德而五谷丰登，疾病不流行，也不会有妖邪灾异的出现，这就称为'大当'。后来圣人出世，确立了父子君臣的名分，作为伦常纲纪。伦常纲纪确立了，天下才安定下来。

今天的新乐，舞蹈者进也弯腰，退也屈背，歌曲声音放纵淫邪，引诱人们耽溺其中不能自拔。

宋国的音乐崇尚讨好女性，使人意志消沉。

天下安定了，然后制定六律，调和五声，用乐器伴唱《诗》《颂》，这就是德音，德音称为乐。《诗》说：德音虽然寂静无声，却十分昭明。他既能辨明是非，又能区别善恶，所以能做师长、做人君，可以统治广大的国家。能使人们慈和顺从而又上下相亲，其德如此广大，延及他的儿子文王。他的德行完美无瑕，没有可后悔的地方。他已接受天帝的祝福，又将福祉传递给子孙。这里所说的就是德音。如今您所喜好的，恐怕就是溺音吧！"

魏文侯问道："请问溺音是怎么来的？"

子夏回答说："郑国的音乐崇尚泛滥，使人意志放纵；宋国的音乐崇尚讨好女性，使人意志消沉；卫国的音乐崇尚急促而迅疾，使人意志烦躁；齐国的音乐崇尚傲慢、怪僻，使人意志骄逸。这四种音乐都会使人们纵于声色而戕害人们的德性，因此，在祭祀的时候都不用。《诗》说：'肃敬、雍和地合奏共鸣，正是先祖要欣赏的音乐。'肃，是肃敬的意思。雍，是雍和的意思。肃敬雍和，还有什么事情不能做呢？身为国君，只要谨慎地选择自己的好恶就可以了。君子喜欢什么，臣子就会去做什么。上面流行什么，老百姓就会跟着仿效什么。《诗》说，'诱导民众是很容易的事情。'说的就是这个意思。"

然后，圣人制作了鞉、鼓、控、楬、埙、篪等乐器，这六种乐器，都是用来演奏德音的。然后用钟、磬、竽、瑟来伴奏，用干、戚、旄、狄来伴舞，这就是在宗庙中祭祀先王的音乐，也可以用来配合献酬酳酢的礼仪，还可以用来区别官位的尊卑贵贱，使之各得其宜。这是为了昭示后世应当有尊卑长幼的秩序。

钟声铿锵，可以用来发号施令，听到号令就会精神旺盛，精神旺盛就可以建功立业。因此，君子听到钟声，就会思念武将。磬声磬磬，可以用来分明节义，节义分明就会视死如归，因此，君子听到磬声，就会思念为保卫疆土而牺牲的守将。弦乐哀戚，可以用来激发臣子们的廉正之心；有了廉正之心，意志才能坚定。因此，君子听到琴瑟声，就会思念立志守义的臣子。融合各种管乐的声音，可以使人团结，人们团结就能聚合民众。因此，君子听到竽笙箫管之声，就会思念能聚拢民众的良臣。鼓、鼙之声欢快，可以使人激动，人们激动了就会奋进向前。因此，君子听到鼓、鼙之声，就会思念将帅之臣。君子欣赏音乐，并不是仅仅欣赏铿锵的声音，而是通过声音找到和自己的情志相契合的地方。

宾牟贾在孔子身边陪坐。孔子与他谈论起乐的话题。孔子说："《武》舞开始的时候，要花很长时间击鼓以警戒众人，这是为什么呢？"宾牟贾回答说："这是象征武王伐纣时，担心得不到天下诸侯的支持，因而用很长时间收拢人心。"

孔子又问："长歌曼舞，乐声连绵不断，这又是为什么呢？"宾牟贾回答说："这是象征当初武王担心伐纣之事不能取得成功而发出的长叹。"

孔子又问："但又很快地手舞足蹈起来，这又是为什么呢？"宾牟贾回答说："这是象征武王趁机进行伐纣之事的情景。"

孔子又问："《武》舞中，舞蹈者右腿跪地，左腿抬起，这是什么意思呢？"宾牟贾回答说："这不是《武》舞中的跪法。"

孔子又问："乐曲中夹杂着许多杀气腾腾的商声，这是为何？"宾牟贾回答说："这不是《武》乐中应该有的声音。"

孔子又问："如果不是《武》乐中应该有的声音，那又是什么声音呢？"宾牟贾回答说："这应该是有司误将这种声音掺入《武》乐中了。若非如此，就是当时武王的意志已经慌乱了。"

孔子说："对。我听苌弘说起过这件事，他的说法与您的看法一致。"

宾牟贾站起身来，离席向孔子请教道："《武》舞开始时要花很长时间击鼓以警戒众人，我的看法已经得到了您的肯定。请问《武》舞六阕乐音都很长，这是为什么呢？"

孔子说道："您请坐，我来告诉您。所谓乐，象征着事业的成功。手执盾牌，巍然屹立，象征着武王的武功。手足发扬，蹈地而猛烈，象征着太公望威武鹰扬之志。《武》舞结束时，舞蹈者都跪倒在地，象征着周公和召公辅政时实现大治。《武》舞开始时队伍向北挺进，下一个乐章是东进灭商；第三个乐章是伐纣成功后收兵南归；第四个乐章是南方各国都已收入版图；第五个乐章是周公和召公分陕而治，第六个乐章是天下诸侯尊崇周天子。如果天子也加入舞蹈者的行列，就要敲铎作为节拍，士兵两两相对，四击四刺，象征着周人以盛威征服了中国。舞蹈分成两队前进，以象征伐纣的事业取得成功。舞蹈者长久地站在固定的位置上静止不动，这象征了武王等待诸侯的到来。"

你难道没有听说过有关牧野之战的传闻吗？武王战胜纣王后，来到商朝的都城，还没有来得及下车，就把黄帝的后裔分封到蓟地，把帝尧的后裔分封到祝地，把帝舜的后裔分封到陈地；下车之后，又把夏禹的后裔分封到杞地，把商的后裔安置到宋地，修整王子比干的墓，将箕子释放出狱，派人看望商容并使其恢复官位；废除了民众的徭役，下级官吏的俸禄也增加了一倍；然后收兵西归，渡过黄河，马放华山，牛散桃林，使它们不必再为战争服役。兵车铠甲涂上祭血，收藏到库房之中，不再使用。用虎皮将干戈兵器包着倒置起来，将帅封为诸侯。以上各种做法统称"建橐"。然后，天下人都

乐用以影响人们的内心；礼用以规范人们的行为。因此礼应该简明，乐应该丰富。

知道武王不再用兵打仗了。

解散了军队而习郊射之礼。郊射礼在东郊太学中举行，就演唱《狸首》；在西郊太学中举行，就演唱《驺虞》。（郊射之礼取代了习武射箭）贯革之射就从此停息了。大臣们身穿朝服，腰插笏板，而勇猛的武士们也脱下佩剑不再使用了；在明堂举行祭祀，民众就懂得了孝道。定期朝见天子，诸侯便懂得如何做臣子了。天子亲自耕种田地，诸侯们便懂得敬事天地

鬼神的道理。郊射、裸冕、祭祀、朝觐、耕籍，这五个方面是天下推行的大教化。五更时，在太学里宴请三老，天子要袒露上身，亲自为三老分割牲体，并拿着肉酱向他们劝食，手执酒爵向他们劝酒，还亲自戴冕持盾而舞，以此教导诸侯们懂得孝悌的道理。这样一来，周代的教化就贯彻于天下了，礼乐就通行于四方乐。《武》舞表演得长久一些，不也是可以理解的吗？

君子说："礼乐不可片刻离身。"研究乐理以修养身心，那么平易、正直、慈爱、诚信之心就会油然而生了。平易、正直、慈爱、诚信之心一旦产生，心情就会愉悦；心情愉悦，内心就会安静；内心安静，生命就会长久；生命长久，就能体会天理；体会天理，就能与神明相通。体会天理，就会无须说话而获得信任；与神明相通，就可以无须发怒就能获得威严。这就是研究乐理以修养身心的结果。

用礼来端正言行，就会显得庄严而恭敬，庄严而恭敬，就会显得有威严。人的心中稍有不和顺、不欢乐，卑鄙、狡诈之心就会侵入，人的外貌稍有不庄重、不恭敬，轻慢、懒怠之心马上就会侵入。所以，乐是用来影响人的内心的，礼是用来规范人的行为。乐能使人的心情平和，礼能使人的外貌恭顺，内心平和而外貌恭顺，人们就会瞻仰他的容颜而不与他相争，瞻望他的容貌而不会产生轻率怠慢之心了。因此，德性的光辉惠泽于内心，人们就没有不承受、不听从的；符合礼仪的举止表现于外，民众也就没有不承受、不顺从的了。所以说，深入研究礼乐的道理，并将它普及到天下，天下就没有什么难以治理的事情了。

乐，用以影响人们的内心；礼，用以规范人们的行为。因此，礼应该简明，乐应该丰富。礼仪简明，人们就会自勉自强；自勉自强，人们就会变得美好和善。音乐丰富，人们就会返本归真；返本归真，人们就会变得美好和善。礼仪简明，人们仍不自勉自强，就会使礼仪毁灭，音乐丰富，仍不能返本归真，就会导致人们放纵。因此，礼要求回报，乐要求返本归真。礼得到回报，人们就会感到快乐；乐实现返本归真，人们就会感到安定。礼的回报，乐的返本归真，二者的根本作用是一致的。

乐，就是快乐的意思，（追求快乐）是人的本性，因此不能避免。心情快乐，一定会发出声音，表现为动作，这是人的自然之道。人性表达方式的变化，都可以通过声音和动作表现出来。因此，人不能没有欢乐，欢乐不能没有外在的表现形式，表现形式不符合道义，就不能避免混乱。古代的圣王耻于国家出现混乱，因此创作了《雅》《颂》之声对人们加以引导，使声音足以表达快乐的心情而不至于淫邪放纵，使人们对歌词的欣赏足以引起议论而不至于想入非非，使乐声的曲直、繁简、脆润、节奏足以感动人们的善心，而不至于使放荡之心、邪恶之气接近自身。这便是先王制定乐的宗旨。

因此，乐在宗庙中演奏，君臣上下共同欣赏，就无不融洽而恭敬，在乡、党、邻、里演奏，老老少少共同欣赏，就无不和睦而恭顺；在家中演奏，父子兄弟共同欣赏，就无不融洽而亲密。因此，音乐审定一个基调以决定众乐器的和声，再以各种乐器配合节奏，按照一定的节奏使五声和谐，以构成一支完整的乐曲，从而使父子亲情、君臣关系融洽，亿万民众团结。这便是先王创制乐的宗旨。

所以，欣赏《雅》、《颂》的音乐，可以使人们的心志意趣宽广；手持盾牌和大斧，练习俯仰屈伸的舞姿，可以使人们的容貌庄重；踏着舞步，合着节拍，可以使人们行列端正，进退划一。因此，乐是天地对人的教化，是维护人性保持中和的纲纪，也是满足情感需求的不可缺少的因素。

乐，是先王用以修饰内心喜悦之情的；军旅兵器，是先王用以发泄愤怒之情的。因此，先王的喜怒之情，都有相应的表现形式：内心喜悦则天下和气；内心愤怒，暴乱者就会心存畏惧。先王的治国之道，礼乐可谓是最盛行的了。

子贡见到师乙，向他询问道："我听说，各人有各人适合演唱的歌曲。像我这样的人，适合唱什么歌呢？"

师乙回答说："我师乙，只不过是一个地位卑贱的乐工，哪里值得您来问询适合唱什么歌呢？请允许我把自己听闻到的讲给您听，由您自己决定吧。仁爱之人，适合歌唱《商》。温良而果敢的人，适合歌唱《齐》。歌曲，能够使自己正直并且述说德行，使自己内心感动与天地相应，能使四季调和，星辰运行不悖逆，从而使万物生长发育。所以《商》，是五帝时代的遗音。宽厚而安静、温柔而刚正的人，适合歌唱《颂》。旷达而安静、疏朗而诚信的人，适合歌唱《大雅》。恭俭而好礼的人，适合歌唱《小雅》。正直而安静、廉洁而谦虚的人，适合歌唱《风》。直率而慈爱，是商代的遗音。商人懂得它，所以称之为《商》。《齐》，是三代时的遗音；齐国人懂得它，所以称之为

乐，就是快乐的意思，追求快乐是人的本性，因此不能避免。

《齐》。精通《商》音的人，遇事果敢决断。精通《齐》音的人，见利而能谦让。临事而能决断，便是勇气。见利而能推让，便是义气。勇气、义气兼而有之，如果没有音乐修养，有谁能保持这两种美德而长久不失呢？因此，唱歌的人，歌声高亢像是越举越高，歌声低沉像是愈跌愈低：歌声回旋像是折断，歌声终止如同枯木；歌声直转如同曲尺，歌声婉转如同弯钩；而歌声连绵不绝，像是用线贯穿的珍珠。"

因此，歌唱就是说话，但却是把音节拉长了的说话。心情喜悦，所以要说出来，说出来还不足以表达感情，就用咏叹和流连的歌唱方式来表达；咏叹和流连的方式还不足以表达，就不知不觉地手舞足蹈起来了。

以上是《子贡问乐》。

缁衣第三十三

【原文】

子言之曰："为上易事也，为下易知也，则刑不烦矣。"

子曰："好贤如《缁衣》^①，恶恶如《巷伯》^②，则爵不渎而民作愿，刑不试而民咸服。《大雅》曰：'仪刑文王，万国作孚。'"

子曰："夫民教之以德，齐之以礼，则民有格心；教之以政，齐之以刑，则民有遁心。故君民者，子以爱之，则民亲之；信以结之，则民不倍；恭以莅之，则民有孙心。《甫刑》曰：'苗民匪用命，制以刑。惟作五虐之刑曰法。'是以民有恶德，而遂绝其世也。"

子曰："下之事上也，不从其所令，从其所行。上好是物，下必有甚者矣。故上之所好恶，不可不慎也，是民之表也。子曰："禹立三年，百姓以仁遂焉，岂必尽仁？《诗》云^③：'赫赫师尹，民具尔瞻。'《甫刑》曰：'一人有庆，兆民赖之。'《大雅》曰：'成王之孚，下土之式。'"

子曰："上好仁，则下之为仁争先人。故长民者章志、贞教、尊仁，以子爱百姓；民致行己，以说其上矣^④。《诗》云，'有梏德行^⑤，四国顺之。'"

子曰："王言如丝，其出如纶。王言如纶，其出如綍。故大人不倡游言。可言也，不可行，君子弗言也。可行也，不可言，君子弗行也。则民言不危行，而行不危言矣。《诗》云：'淑慎尔止，不愆于仪^⑥。'"

子曰："君子道人以言，而禁人以行，故言必虑其所终，而行必稽其所敝，则民谨于言而慎于行。《诗》云：'慎尔出话，敬尔威仪。'《大雅》曰："穆穆文王，于缉熙敬止！'"

子曰："长民者衣服不贰，从容有常，以齐其民，则民德壹。《诗》云：'彼都人士，狐裘黄黄。其容不改，出言有章。行归于周，万民所望。'"

子曰："为上可望而知也，为下可述而志也，则君不疑于其臣，而臣不惑于其君矣。《尹吉》曰^⑦：'惟尹躬及汤，咸有壹德。'《诗》云：'淑人君子，其仪不忒。'"

子曰："有国者章善瘅恶^⑧，以示民厚，则民情不贰。《诗》云：'靖共尔位^⑨，好是正直。'"

子曰："上人疑，则百姓惑，下难知，则君长劳。故君民者，章好以示民俗，慎恶以御民之淫，则民不惑矣。臣仪行，不重辞，不援其所不及，不烦其所不知，则君不劳矣。《诗》云：'上帝板板，下民卒瘅。'《小雅》曰：'匪其止共，惟王之邛^⑩。'"

子曰："政之不行也，教之不成也，爵禄不足劝也，刑罚不足耻也，故上不可以亵刑而轻爵。《康诰》曰：'敬明乃罚。'《甫刑》曰：'播刑之不迪^⑪。'"

子曰："大臣不亲，百姓不宁，则忠敬不足，而富贵已过也。大臣不治，而迩臣比矣。故大臣不可不敬也，是民之表也；迩臣不可不慎也，是民之道也。君毋以小谋大，毋以远言近，毋以内图外，则大臣不怨，迩臣不疾，而远臣不蔽矣。叶公之顾命曰^⑫：'毋以小谋败大作，毋以嬖御人疾庄后，毋以嬖御士疾庄士、大夫、卿士。'"

子曰："大人不亲其所贤，而信其所贱，民是以亲失，而教是以烦。《诗》云：'彼求我则，如不我得。执我仇仇，亦不我力。'《君陈》曰：'未见圣，若己弗克见。既见圣，亦不克由圣。'"

子曰："小人溺于水，君子溺于口，大人溺于民，皆在其所亵也，夫水近于人而溺人，德易狎而难亲也，易以溺人。口费而烦^⑬，易出难悔，易以溺人。夫民闭于人而有鄙心，可敬不可慢，易以溺人。故君子不可以不慎也。《太甲》曰：'毋越厥命，以自覆也。若虞机张，往省

括于厥度 ⑭，则释。'《兑命》曰：'惟口起羞，惟甲胄起兵，惟衣裳在笥，惟干戈省厥躬。'《太甲》曰：'天作孽，可违也。自作孽，不可以逭 ⑮。'《尹吉》曰："惟尹躬天见于西邑夏 ⑯，自周有终，相亦惟终。'"

子曰："民以君为心，君以民为体。心庄则体舒，心肃则容敬。心好之，身必安之。君好之，民必欲之。心以体全，亦以体伤；君以民存，亦以民亡。《诗》云 ⑰：'昔吾有先正，其言明且清。国家以宁，都邑以成，庶民以生，谁能秉国成？不自为正，卒劳百姓。'《君雅》曰：'夏日暑雨，小民惟曰怨。资冬祁寒，小民亦惟曰怨。'"

子曰："下之事上也，身不正，言不信，则义不壹，行无类也。"

子曰："言有物而行有格也 ⑱，是以生则不可夺志，死则不可夺名。故君子多闻，质而守之；多志，质而亲之；精知，略而行之。《君陈》曰：'出入自尔师虞，庶言同。'《诗》云：'淑人君子，其仪一也。'"

子曰："唯君子能好其正，小人毒其正。故君子之朋友有乡，其恶有方。是故迩者不惑，而远者不疑也。《诗》去：'君子好仇。'"

子曰："轻绝贫贱而重绝富贵，则好贤不坚而恶恶不著也。人虽曰不利，吾不信也。《诗》云：'朋友攸摄，摄以威仪。'"

子曰："私惠不归德，君子不自留焉。《诗》云：'人之好我，示我周行。'"

子曰："苟有车，必见其轼。苟有衣，必见其敝。人苟或言之，必闻其声；苟或行之，必见其成。《葛覃》曰：'服之无射。'"

子曰："言从而行之，则言不可饰也，行从而言之，则行不可饰也。故君子寡言而行，以成其信，则民不得大其美而小其恶。《诗》云：'白圭之玷，尚可磨也。斯言之玷，不可为也。'《小雅》：'允也君子，展也大成。'《君奭》曰：'昔在上帝，周田观文王之德 ⑲，其集大命于厥躬。'"

子曰："南人有言曰：'人而无恒，不可以为卜筮。'古之遗言与？龟筮犹不能知也，而况于人乎？《诗》云：'我龟既厌，不我告犹。'《兑命》曰：'爵无及恶德，民立而正。事纯而祭祀，是为不敬。事烦则乱，事神则难。'《易》曰 ⑳：'不恒其德，或承之羞。''恒其德，侦，妇人吉，夫子凶。'"

【注解】

①《缁衣》：《诗经·郑风》篇名。"缁衣"本指朝服。此诗讲郑武公、桓公文子并为周司徒，善于供职，受人拥戴，为他们做新缁衣授之，因此被称为"好贤"之诗。②《巷伯》：《诗经·小雅》篇名。巷伯是奄人，为王后宫巷官之长，奄人因谗言受害，故痛恨那种坏人，要投给豺狼虎豹及诸方恶鬼吃掉。此诗被称为"恶恶"之诗。③《诗》云：见《诗经·小雅·节南山》。④说：通"悦"，欢愉。⑤梏：《毛诗》作"觉"，正直。⑥"淑慎"两句：淑：善。止：容止。愆（qiān）：郑玄说，过也。⑦《尹吉》曰：郑玄说："'吉'当为'告'。""尹告"，伊尹之语也，这是伊尹告诉大甲的话。⑧瘅（dàn）：憎恨。⑨靖：《毛诗》说，谋也。⑩匪：非。止：职。共：通"恭"，恭敬。邛：病，辛劳。⑪播刑之不迪：郑玄说："'播'犹施也。'不'衍字也。'迪'，道也，言施刑之道。"⑫叶公：郑玄说是叶公子高，孙希旦说"叶"字是"祭"字之误。祭公即祭公谋文。顾命：郑玄说，临死遗书。⑬口费：郑玄说，言口多空言且烦数也。⑭括：遗"栝"，箭的末端。⑮逭（huàn）：逃避。⑯天：郑玄说，当为"先"字之误。⑰"《诗》云"句：所引诗，前五句为逸诗，后三句见《诗·小雅·节南山》。⑱物：孔疏说："谓事之征验。"⑲周田观文王之德：郑玄说："古文'周田观'为'割身劝。'割即盖也。"⑳"《易》曰"句：见《易》中桓卦九三爻辞与六王爻辞。

【译文】

孔子说："在上的君主容易侍奉，在下的臣子容易被君主了解，就不会多用刑罚了。"
孔子说："喜欢贤人像《缁衣》诗中所写的那样，憎恶坏人如同《巷伯》诗中所写的那样，那么爵位就不会滥赏，民众就会兴起诚实风气，刑罚不必使用，而民众都能服从。《诗·大雅·文王》中说：'效法周文王，天下各国就会兴起诚信的风气。'"

孔子说："用道德来教育民众，用礼义来约束民众，那么他们就会有向善的心意；如果用政令来教育民众，用刑罚来约束民众，那么民众就有逃避的念头。因此，统治民众的人，要像对待子女那样地爱护民众，那么民众就会亲近他；能够用诚信来团结民众，那么民众就不会背叛他；能够用谦恭的态度对待民众，那么民众就会有顺从之心。《尚书·甫刑》中说：'苗民（的君主）不用政令来教育民众，而用刑罚来统治，制定了五种酷刑，称作法。'因此民众的德行很坏，竟至于断绝了后嗣。"

孔子说："下级侍奉上级，不是服从他的命令，而是效法他的行为。上级所喜欢的事，下级一定更喜欢。所以，上级的爱憎不可不慎重，因为他们是民众的表率。"孔子说："禹即位三年，百姓都通行仁道，难道百姓全都喜欢仁道吗？（是禹教化的结果。）《诗·小雅·节南山》说：'声名显赫的尹太师，民众都在瞻望着你。'《尚书·甫刑》说：'天子一人有美德，千千万万的民众都赖以得到好处。'《诗·大雅·下武》说：'周成王的诚信，是天下的表率。'"孔子说："上级喜欢仁道，下级就会争先恐后地做仁道的事。因此领导民众的人要表明行仁的志向，用正道教化，尊崇仁道，并像对待子女那样爱护百姓，民众就会尽心竭力地去行仁道，使君长获得愉悦。《诗·大雅·抑》说：'有正直的德行，四方民众都会归顺。'"

孔子说："君王说的话像丝一样细微，但传到外面就会变得如缓带一样粗大，如果君王说的话真有缓带那样粗大，那么传到外面就会变成如拉枢车大绳那样粗大了。因此执政的人不提倡说浮而不实的话。可说而不可做的话，君子不说；可做而不可说的事，君子不做。这样，民众说话就不敢高于行动，而行动也不会高于言论。《诗·大雅·抑》说：'好好谨慎你的举止，不要失于礼仪。'"

孔子说："君子用语言引导人向善，而用行动禁止人们去做恶事。因此说话必须考虑后果，而行动必须考察是否有弊端。这样民众就会谨慎自己的言行。《诗·大雅·抑》说：'小心你的出言吐语，敬谨你的威严仪表。'《大雅·文王》说：'文王真是美善啊，品德光明，行为恭敬！'"

孔子说："身为民众君长的人，衣服有一定的样式，举动有常规，并用这些来约束他的民众，民众的德行就会齐一。《诗·小雅·都人士》说：'那些京都的人士，狐皮袍子黄灿灿，仪容动作有规矩，出言吐语有章法，行为都以忠信为根本。他们正是万民所仰望的。'"

孔子说："做君上的内心望而可知，做臣下的言行可称述记载，那么君主就不会对他的臣子猜疑，臣子也不会对君主不了解了。《尚书·咸有壹德》说：'只有我伊尹和汤，都有纯一的德行。'《诗》说：'好人君子，他的仪容不会有差错。'"

孔子说："统治国家的人，彰明善良而憎恨罪恶，这样来引导民众多行善事，民众的情志也就不会不一致。《诗·小雅·小明》说：'小心谋守好你的职位，爱好这正直的德行。'"

孔子说："在上位的人多疑，下面的百姓就迷惑；在下位的人居心难测，君长就格外操劳。因此统治民众的人，表明自己的爱好以指示民众风俗的趋向，慎重地表明自己的憎恶，而防止民众的淫逸奢侈，那么民众就不会迷惑了。臣子们遵奉道义行事，不崇尚虚华言辞，不援引国君做不到的榜样要求国君，不烦扰国君做他所不了解的事，这样国君就不辛劳了。《诗·大雅·板》说：'国君邪辟不正，下民尽受其害。'《小雅·巧言》说：'不奉行职责，只会是造成君王的操劳。'"

孔子说："政令不能实行，教化不能成功，是因为爵禄赏赐不当，不足以鼓励人们向善，刑罚加于无罪人身上而干恶事的就不足为耻。因此在上位的人不可以滥用刑罚而轻赏爵禄。《尚书·康诰》说：'你要谨慎严明地运用刑罚。'《尚书·甫刑》说：'施刑罚于不遵道义的人。'"

孔子说："大臣与国君不相亲，致使百姓不得安宁，这是君臣之间忠诚和恭敬之，心不足又过分富贵而造成的。大臣不理政事，近臣就会结党营私。因此大臣不可以不敬重，他们是民众的表率；对近臣不可不谨慎选择，他们是民众的向导。国君不可与小臣商量大臣的事，不可跟远臣谈论近臣的事，也不可同内臣议论外臣的事；这样，大臣就不会怨恨，近臣就不会嫉恨，远臣就不会被障蔽了。祭公谋父死前的遗书上说：'不要用小臣的计谋而败坏大臣的作为，不要因宠信的妃妾而厌弃庄重的皇后，不要因为宠近的臣子而排斥庄重的忠臣，即那些尊礼的大夫卿士。'"

孔子说："在上位的人不亲信贤德之人，而亲信无德的贱人，民众会因此也亲近失去德行的人，而教化也因此会混乱。《诗·小雅·正月》说：'当他要求得到我，如同生怕得不到我；得到我又搁置一旁，并不真正信任我。'《尚书·君陈》说：'没有见到圣人，就像自己不能见到圣人；已经见到圣人，又不能用圣人。'"

孔子说："小人被水所淹没，君子被口所淹没，在上位的人被民众所淹没，都是由于轻慢不慎造成的，水与人亲近而淹没人；有道德的人容易接近，但是难亲密，容易接近而忘了恭敬就会淹没人；说话悖理而絮烦，出口容易后悔难，出口容易就会淹没人；民众有不通正道且有卑鄙之心的人，只可用恭敬的态度对待而不可轻慢他们，否则就容易淹没人。因此，君子不可以不慎重。《太甲》说：'不要轻易发布政令，以自取失败。如同虞人张开了弓弩，往前察看使箭对准了目标再发射。《尚书·兑命》说：'口引起羞辱，甲衣头盔引起战争，衣裳放在箱子里，用兵动武要先审察一下自身。'《太甲》说：'天造成的灾害还可以避开，自己造成的灾害不可以逃避。'《尹吉》说：'伊尹我的先人在亳西安邑见夏（的先君），能自守忠信而得善终，他的辅臣也都能善终。'"

孔子说："民众把国君当作自己的心，国君把民众当作自己的身体。心强壮身体就舒泰，心严肃容貌就恭敬。心喜欢什么，身体就安于什么；国君喜欢什么，民众必然想做什么。心借身体得以保全，也因身体而受到伤害；国君依靠民众而存在，也因民众而灭亡。《诗·小雅·节南山》说，'从前我们有先君，政教分明又清廉。国家因此得安宁，都城因此得建成，民众因此得生存。谁能掌国政，（做到）不自以为是，尽慰老百姓。'《尚书·君雅》说：'夏季暑天下雨，小民埋怨天；到冬季天气寒冷，小民又埋怨天。'"

孔子说："下级侍奉上级，自身不正派，说话不可信，就是守义不专一，品行就无法同法式比较了。"

孔子说："说话要有事实根据，行为要有一定法则，这样生存时就不会被迫改变志向，死后也不至于被剥夺美名。因此，君子要多听取意见，正确的就取来坚持；要多学习知识，正确的学问要学而不厌；要精思熟虑所学的知识，求其要旨并且能够运用。《尚书·君陈》说：'政教出入，要采纳众人的智慧，使众人看法相同再实施。'《诗》说：'好人君子，他们行为道义是纯一的。'"

孔子说："君子爱好正直的品行，小人却厌恶正直的品行。所以，君子们的朋友都是同一类的，有相同的好恶。因此，接近他们的人不会对他们产生疑惑，远离他们的人也不会对他们产生怀疑。《诗·周南·关雎》说：'君子喜欢言行一致的朋友。'"

孔子说："容易同贫贱的朋友绝交而难同富贵的人绝交，那就是好的态度不坚定而疾恶的态度不明显。即使有人说他不贪利，我也不相信。《诗·大雅·既醉》说，'朋友相辅正，辅正用礼义。'"

孔子说："私下施恩惠而不符合德义，君子不会收留。《诗·小雅·鹿鸣》说：'人们如果喜欢我，就应指示我大道。'"

孔子说："如果有了车，必能看到车前的横木；如果有了入服，必能看到被穿破的情况；如果有人在说话，必能听到声音；如果认真做事，必定会见成效。《诗·周南·葛覃》说：'君子穿葛制的衣服也不厌倦。'"

孔子说："说了就随着去做，说的话就不可掩饰；做了就随着去说，做的事就不可掩饰。因此，君子少说话而以行动成就自己的信用，那么民众也就会不夸大自己的好处而掩饰自己的毛病。《诗·大雅·抑》说：'白圭上有疵点，还可以把它磨去。话要是说错了，就不可挽回了。'《小雅》说：'信实的人才是君子，真诚的人才有大成就。'《尚书·君陈》说：'从前上天见文王有诚信德行，就将伟大的天命集中降在他身上。'"

孔子说："南方人有句话说：'人要没有恒心，占卜也难定他的吉凶。'这大概是古代留下的谚语吧？连用灵龟卜筮尚且不能知道，何况是凡人又怎么能知道呢？《诗·小雅·小旻》说：'（占卜太多）连龟也已厌倦，再也不将吉凶告诉我了。'《尚书·兑命》说：'爵位不要赏赐给劣性的人，赐以爵位并要确立他为卿大夫的，须是有恒心而行正道的人。如果每事都加爵给这种劣德的人而行祭祀，这就是不敬重鬼神。由这种德性恶劣的人去主管祭祀事情，就会事烦致乱，侍奉鬼神也难使鬼神得福。《易》说：'不使德行有恒，就会受到羞辱。''要使德行有恒，要问于正人，这在妇人是吉，但在男人则是凶。'"

儒行第四十一

【原文】

鲁哀公问于孔子曰："夫子之服，其儒服与？"孔子对曰："丘少居鲁，衣逢掖之衣①。长居宋，冠章甫之冠②。丘闻之也：君子之学也博，其服也乡③。丘不知儒服。"

哀公曰："敢问儒行。"孔子对曰："遽数之④，不能终其物。悉数之，乃留，更仆未可终也。"

哀公命席。孔子侍曰："儒有席上之珍以待聘⑤，夙夜强学以待问，怀忠信以待举，力行以待取。其自立有如此者。

鲁哀公问于孔子曰：夫子之服，其儒服与？

"儒有衣冠中，动作慎；其大让如慢，小让如伪，大则如威⑥，小则如愧；其难进而易退也。粥粥若无能也⑦。其容貌有如此者。

"儒有居处齐难⑧，其坐起恭敬，言必先信，行必中正，道途不争险易之利，冬夏不争阴阳之和；爱其死以有待也，养其身以有为也。其备豫有如此者⑨。

"儒有不宝金玉，而忠信以为宝；不祈土地，立义以为土地；不祈多积，多文以为富；难得而易禄也⑩，易禄而难畜也⑪。非时不见，不亦难得乎？非义不合，不亦难畜乎？先劳而后禄，不亦易禄乎？其近人有如此者。

"儒有委之以货财，淹之以乐好⑫，见利不亏其义；劫之以众⑬，沮之以兵⑭，见死不更其守；鸷虫攫搏⑮，不程勇者⑯；引重鼎，不程其力；往者不悔，来者不豫；过言不再，流言不极；不断其威，不习其谋⑰。其特立有如此者。

"儒有可亲而不可劫也，可近而不可迫也，可杀而不可辱也。其居处不淫⑱，其饮食不溽⑲，其过失可微辨而不可面数也。其刚毅有如此者。

"儒有忠信以为甲胄，礼义以为干橹⑳；戴仁而行，抱义而处；虽有暴政，不更其所。其自立有如此者。

"儒有一亩之宫㉑，环堵之室㉒，筚门圭窬㉓，蓬户瓮牖㉔；易衣而出，并日而食；上答之㉕，不敢以疑；上不答，不敢以谄。其仕有如此者。

"儒有今人与居，古人与稽；今世行之，后世以为楷；适弗逢世，上弗援，下弗推，谗谄之民有比党而危之者；身可危也，而志不可夺也；虽危，起居竟信其志㉖，犹将不忘百姓之病也，其忧思有如此者。

"儒有博学而不穷，笃行而不倦，幽居而不淫，上通而不困；礼之以和为贵，忠信之美，优游之法㉗；举贤而容众㉘，毁方而瓦合㉙。其宽裕有如此者。

"儒有内称不辟亲㉚，外举不辟怨；程功积事，推贤而进达之，不望其报；君得其志，苟利国家，不求富贵。其举贤援能有如此者。

"儒有闻善以相告也，见善以相示也，爵位相先也，患难相死也，久相待也，远相致也。其任举有如此者。

"儒有澡身而浴德，陈言而伏，静而正之，上弗知也；粗而翘之③¹，又不急为也；不临深而为高，不加少而为多；世治不轻，世乱不沮；同弗与，异弗非也。其特立独行有如此者。

"儒有上不臣天子，下不事诸侯；慎静而尚宽，强毅以与人，博学以知服；近文章，砥厉廉隅③²；虽分国，如锱铢；不臣，不仕。其规为有如此者。

"儒有合志同方，营道同术；并立则乐，相下不厌；久不相见，闻流言不信；其行本方立义；同而进，不同而退。其交友有如此者。

"温良者，仁之本也。敬慎者，仁之地也。宽裕者，仁之作也。孙接者③³，仁之能也。礼节者，仁之貌也。言谈者，仁之文也。歌乐者，仁之和也。分散者，仁之施也。儒皆兼此而有之，犹且不敢言仁也。其尊让有如此者。

"儒有不陨获于贫贱③⁴，不充诎于富贵③⁵，不慁君王③⁶，不累长上③⁷，不闵有司³⁸，故曰儒。今众人之命儒也妄，常以儒相诟病。"

孔子至舍，哀公馆之，闻此言也，言加信，行加义："终没吾世，不敢以儒为戏。"

儒者不祈多积，多文以为富。

儒者是用忠信作为盔甲，用礼义作为盾牌从而不被人欺侮。

【注解】

①逢：宽大。掖：通"腋"，腋下。②章甫：殷玄冠之名，宋人戴它。③乡：郑玄说，衣少所居之服，冠长所居之冠，是之谓乡。④遽：匆忙，急促。⑤珍：玉。待聘：指待诸侯聘问之事而能被用上。⑥威：通"畏"，畏惧。⑦粥粥：柔弱的样子。⑧齐难：郑玄说："齐庄可畏难。"⑨备豫：预先有所准备。⑩禄：供给俸禄。⑪畜（xù）：容留。⑫淹：浸渍。⑬劫：劫胁。⑭沮：郑玄说，"恐怖之。"⑮鸷虫：凶猛野兽。⑯不程勇者：王引之说："不程勇者"应作"不程其勇"与"不程其力"对文。程，量度。⑰习：俞樾说，习乃是重复之意。⑱淫：奢侈。⑲溥：浓厚。⑳干橹：小盾，大盾。㉑一亩：孔疏说，经一步，长百步也，折而方之，则东西南北各十步。宫：墙垣。㉒环堵：四面每面一堵。堵，五版为一堵。㉓圭窬：穿墙而做成的门边小户，上锐下方，形状像圭。㉔牖：窗户。㉕上答之：郑玄说，谓君用其言。㉖信：通"伸"，伸展。㉗优游之法：郑玄说，法和柔者也。㉘举贤句：据孔疏改。㉙毁方而瓦合：据《汉书·陈汤传》说，"瓦合"是杂凑的意思。㉚辟：避。㉛翘：陈澔说，"'翘'与'招其君之过'的'招'字同，举也。举其过而谏之也。"㉜厉：磨。廉隅：棱角。㉝孙：通"逊"，谦逊。㉞陨获：困迫失志之貌。㉟充诎：欢喜失节之貌。㊱慁（nùn）：污辱。㊲累：系。㊳闵：病。

【译文】

鲁哀公问孔子说："先生的衣裳，大概就是儒者应该穿的服装吧？"孔子回答说："我幼年的时候居住在鲁国，所以穿的都是腋下袖子宽大的衣服。长大以后居住在宋国，所以戴殷代的章甫冠。我听说,君子的学问一定要广博,服装穿着要遵从遵循乡土的风俗。我不知道儒者的服装是应该怎么回事。"

哀公说:"那么,请问儒者的行为是怎样的呢?"孔子回答说:"匆忙之间要一一讲述,是说不完那些事的。如果要全部一一讲述出来的话,那就非久留不可,即使随从的仆人换班休息也讲不完。"

哀公就让人摆设了坐席。孔子陪侍哀公坐着,说:"儒者有如筵席上的珍玉,等待被诸侯聘问;早晚勤勉努力地学习,等待别人来咨询;心怀忠心诚实,等待别人的荐举;努力修身行道义,等待别人来录用。儒者的修养立身就是这样的。

"儒者是衣服帽子都冠都合礼,动作也均谨慎。对那些于大事推让不敢接受,就像有点傲慢一样的样子;对小事也推让不敢接受,就像有点虚伪一样;做大事情好像有所畏惧,做小事情又好像有所惭愧。他们难于很难进取,却易于引退,柔弱得就好像一点本领都没有。儒者的容貌就是这样子的。

"儒者是起居严肃可畏,坐立毕恭毕敬,讲话必定先讲信用,行为动作必定不偏不倚。在道路上不和别人争走易行好走的路而避开险难不好走的路,在冬天和夏天不和别人争冬暖夏凉的地方;舍不得轻易一死而要等待命运的改变,保养自己的身体而准备更有作为。儒者做事必定预先有所准备就是这样子的。

"儒者不会把金玉当作珍宝,而是把忠信当作珍宝;不希求土地,而将树立正义道义看作土地;不希求多积钱财,而将多学文章技艺当作自己的财富;要儒者出来做官这是很难办到的,但是给他的俸禄却是可以简易作出的。虽然给的俸禄可以简易作出,但是要想容留他又还是很难的。因为若不是光明的世道就不能见到儒者,像这样要容留他不是也很难吗?先效劳勤勉做事后取俸禄,像这样供给他俸禄不是很简易的事情吗?儒者与人接近就是这样子的。

"儒者是即使用钱财物品来馈赠他,用娱乐玩好的事情来浸渍他,他也不会因见了利就亏损了义;即使用让许多人胁逼他,用兵器威吓他,他也不会因正面对着死亡而选择改变操守;遇到凶猛的野兽就去搏斗,他也不先估量一下自己的勇猛之力够不够;要举重鼎,他也不先估量一下自己的力气够不够;对过去以往的事情从不后悔,对未来的事情也不妄加揣测;错误的言论不会犯第二次,流言蜚语不去查追根究底;时时保持着威严,计划定了不再重复考虑。儒者的独立精神就是这样的。

"儒者可以亲近,却但不可以胁制;可以接近,却不可以逼迫;可以杀死,却不可以被侮辱。他居住的地方并不奢侈豪华,饮食也并不丰富多样,有过失,可以轻微委婉地给他示意,却不可以当面一一斥责。儒者的刚强坚毅就是这样子的。

"儒者是用把忠信作为盔甲,用礼义作为盾牌从而不被人欺侮;在外遵循仁道行路,在日常生活中也守护正义居家;即使遇到暴虐的统治,也不改变自己的立场。儒者自立就是这样的。

"儒者是仅有一亩大小的居住地方居所,四面各都围着一堵高墙的屋子,竹子编成的门,门旁又有一扇圭形的小门,是用蓬草编成,又并且用瓮嵌成的窗洞;(全家只有一件体面的衣服,)要相互替换着才能出门,(也不是天天粮食充足,)两天只能吃一天的饭食;上面朝廷要用他的时候,他不怀猜疑之心(做官竭尽忠心);朝廷上面不用他的时候,他也不会为谄媚巴结(以求得做官)。儒者做官就是这样的。

"儒者虽是同和当代人一起居住的,但却能合乎古代君子的道理;在今世所做的事,却可以做后世的楷模;如果正好没有遇上政治光明的时代,上面的人不提拔,下面的人不推荐,谗言谄媚的人又结成党羽对他陷害,但是也只可能伤害他的身体,而不可能改变他的志向;虽然受到危害,但是在日常生活中却始终能伸展自己的志

儒者是起居严肃可让人敬畏,坐立毕恭毕敬。

向，而且还是时刻不忘百姓的痛苦。儒者忧虑深思就是这样子的。

"儒者是会广博地学习而没有止境，笃实行道而从不厌倦。在个人独处的时候，不颓废放荡；在自己通达而得到上面任用的时候，不感到才德不足的窘困。礼节以和谐为贵，以忠信为美，以宽和为法则。仰慕贤人却又能涵容众人，可以摧抑自己方正端直的锋芒而能和众人相处随和。儒者宽容充裕就是这样的。

"儒者推荐人才时对内不回避自己的亲属，对外不避开和自己所怨恨的人；考核对方的功业必积累很多事实，然后推

儒者是会广博地学习而没有止境，笃实行道而从不厌倦。在个人独处的时候，不颓废放荡。

举其中的贤人而使他得到任用，但不企望能得到报答；只要能使国君任用荐举的贤人而能够实现他的志向，并且有利于对国家，自己并不贪图富贵。儒者推举贤人、引荐贤能之人就是这样的。

"儒者是听到好的话就互相转告看见好的事就互相介绍。有爵位互相推让，要让对方居先；如果有患难就相互争先，甚至不惜牺牲自己。若有朋友久处下位，就等待和他一起迁升；若有朋友远在别国尚未得志，就招致来推荐给明君。儒者任用举荐就是这样的。

"儒者是不仅清洁身体洗去污浊，而且又能沐浴于道德而洁净自己的品格；陈述自己的意见，而又敬服地听候国君的命令。安静地谨守正道，而自己有善言正行也不一定为国君所知道；国君有过失，委婉地启发劝谏，而且不急切地去干去做；（如果自己地位尊贵了）就不在地位卑下的人面前显耀自己的高位，（当自己有了一点小胜利）也不夸大小胜利它而自以为成绩很多；处在太平时期，（虽然和许多贤人在一起）也并不轻视自己，身处在混乱时期，（虽然大道不能被推行）并不灰心丧志；见解相同的不和他们结成党羽，和自己见解不同的也不对他们加以诋毁。儒者立身行动独特就是这样子的。

"儒者是对上不做天子的臣子，对下也不为诸侯做事；谨慎安静而崇尚宽厚，坚强刚毅而不苟同他人，学问渊博而知道服畏前贤；所接近的是文章一类的事，而同时磨砺锻炼自己，使自己行为品性方正不苟；即使分国土作为俸禄给他，也看得像锱铢一样微不足道；既不为臣子，也不求做官。儒者的规矩行为就是这样的。

"儒者交朋友要有相同的志向和意趣，研习道艺有相同的方法；和朋友地位相同并立的，那是很愉快的，而即使地位在下面，也不厌恶卑贱；和朋友很久不相见了，听到诽谤朋友的谎言也不会相信；儒者必定以方正为行为的根本，做事必定依存遵循义理；与自己志同道合的就进而相交，不相同的就退而避开。儒者交朋友就是这样子的。

"温和善良是仁义的根本，恭敬谨慎是仁义的基础，宽容充裕是仁义的作为，谦逊待人是仁义的技能。礼节是仁义的外貌，言谈是仁义的文章，歌咏舞乐是仁义的和悦，分散积蓄是仁义的施行。儒者兼有这许多方面，但还不敢说自己已经全部做到仁义了。儒者恭敬谦让地待人接物就是这样的。

"儒者在贫贱的时候不丧失他的一贯志向，在富贵的时候不骄奢而丧失原先的节操。不因为被君王侮辱而就违反道义，不因为卿大夫的困迫而丧失志气，不因为群吏的困扰而违背道义。所以这就叫作'儒'。现在被众人称为儒者的，却没有儒者的实质，因此常常用儒者的名称互相讥讽。"

孔子从卫国返往回鲁国回家来时，鲁哀公招待让他住在馆舍；鲁哀公自从听了这番话后，讲话更加注重信用问题，行为更加合乎求义理。鲁哀公说："我终身再不敢拿儒者开玩笑了。"

冠义第四十三

【原文】

凡人之所以为人者，礼义也。礼义之始，在于正容体①，齐颜色，顺辞令。容体正、颜色齐、辞令顺，而后礼义备，以正君臣、亲父子、和长幼。君臣正，父子亲，长幼和，而后礼义立。故冠而后服备，服备而后容体正、颜色齐、辞令顺。故曰：冠者礼之始也。是故古者圣王重冠。

古者冠礼：筮日、筮宾，所以敬冠事；敬冠事所以重礼，重礼所以为国本也。

故冠于阼，以著代也；醮于客位，三加弥尊②，加有成也。

已冠而字之，成人之道也；见于母，母拜之，见于兄弟，兄弟拜之，成人而与为礼也；玄冠玄端，奠挚于君，遂以挚见于乡大夫、乡先生，以成人见也。

成人之者，将责成人礼焉也。责成人礼焉者，将责为人子、为人弟、为人臣、为人少者之礼行焉。将责四者之行于人，其礼可不重与！

故孝弟忠顺之行立，而后可以为人；可以为人，而后可以治人也。故圣王重礼。故曰：冠者礼之始也，嘉事之重者也。

是故古者重冠，重冠故行之于庙。行之于庙者，所以尊重事③。尊重事，而不敢擅重事，不敢擅重事，所以自卑而尊先祖也。

【注解】

①容体：举止，举动。吕大临说："容体，动乎四体者也。"②三加：冠礼始加缁布冠，再加皮弁服，三加爵弁服。弥尊：更加贵重。因爵弁尊于皮弁，皮弁尊于缁布冠，故每加益尊。③尊重事：尊崇嘉事。

【译文】

人之所以成为人，是因为有礼仪。礼仪的肇始，是在于使举动端正，使态度端庄，使言谈恭顺。举动端正、态度端庄、言谈恭顺，然后礼仪才算齐备；并用来使君臣各安其位，使父子相亲，使长幼和睦。君臣各安其位，父子相亲，长幼和睦，然后礼仪才算建立。所以戴上成人的帽子，然后能够举动端正、态度端庄、言谈恭顺。所以说，冠礼是成人之礼的开始。因此，古代圣王很重视冠礼。

古时举行冠礼要占卜日期和选择主持人，这是用来表示对冠礼之事的恭敬。对冠礼之事表示恭敬，因而重视守礼法；而重视礼法，又是用以立国的根本。

所以在主人阼阶上加冠，是用来显示加冠者将要替代父亲成为一家之长。又请他站在客位上，并向他敬酒，加冠三次，愈加愈贵重，则是勉励他往后有所成就。

既已加冠，就要用字称呼他，这是对待成人的道理。见了母亲，拜母亲，母亲也答拜他；见于兄弟，兄弟要再次拜见他，这是因为他已成人，而都得跟他行礼。穿戴上黑色的帽子和朝服去拜见国君，将见面礼物放在地上，（表示不敢直接交给国君；）又带了礼物去拜见乡大夫、乡先生，都是以成人的身份去拜见。

已经是成人的人，就要求他以后能行成人之礼。要求他能行成人之礼，就是要求他以后能有作为他人儿子、兄弟、臣下、晚辈的合于礼的行为。对于一个人将要求有这四种合礼的行为，那么冠礼怎么可以不重视呢！

所以为人子能孝，为人弟能悌，为人臣能忠，为人晚辈能顺，然后可以成人；可以成人了，然后才可以管治别人。所以圣王都重视冠礼。所以说，冠礼是成人之礼的开始，是嘉礼中最重要的。

因此古时候很重视冠礼。因为重视冠礼，所以要在宗庙里举行。在宗庙举行冠礼，是表示尊崇大事。尊崇大事就不敢专擅它。不敢专擅大事，是表示辈分低微而尊敬祖先。

昏义第四十四

【原文】

昏礼者①，将合二姓之好②，上以事宗庙，而下以继后世也，故君子重之。是以婚礼纳采、问名、纳吉、纳征、请期③，皆主人筵几于庙④，而拜迎于门外，入，揖让而升，听命于庙⑤，所以敬慎重正婚礼也。

父亲醮子而命之迎⑥，男先于女也。子承命以迎，主人筵几于庙而拜迎于门外。婿执雁入，揖让升堂，再拜奠雁，盖亲受之于父母也。降出，御妇车，而婿授绥，御轮三周，先俟于门外。妇至，婿揖妇以入。共牢而食⑦，合卺而酳⑧，所以合体⑨，同尊卑⑩，以亲之也。

敬慎重正、而后亲之，礼之大体，而所以成男女之别，而立夫妇之义也。男女有别，而后夫妇有义；夫妇有义，而后父子有亲；父子有亲，而后君臣有正。故曰：昏礼者，礼之本也。

昏礼者，将合二姓之好，上以事宗庙，而下以继后世也。

夫礼始于冠，本于婚，重于丧、祭，尊于朝、聘，和于射、乡，此礼之大体也。

"夙兴⑪，妇沐浴以俟见。质明⑫，赞见妇于舅姑⑬，妇执笲枣、栗、段、脩以见⑭。赞醴妇⑮。妇祭脯醢，祭醴。"成妇礼也。舅姑入室，妇以特豚馈⑯，明妇顺也。"厥明⑰，舅姑共飨妇以一献之礼⑱，奠酬⑲。舅姑先降自西阶，妇降自阼阶。"以著代也。

成妇礼，明妇顺，又申之以著代，所以重责妇顺焉也。妇顺者，顺于舅姑，和于室人⑳，而后当于夫㉑，以成丝麻布帛之事，以审守委积盖藏㉒。是故妇顺备，而后内和理；内和理，而后家可长久也。故圣王重之。

是以古者妇人先嫁三月，祖庙未毁㉓，教于公宫㉔；祖庙既毁㉕，教于宗室㉖。教以妇德、妇言、妇容、妇功㉗。教成祭之㉘，牲用鱼，芼之以蘋、藻㉙，所以成妇顺也。

古者天子后立六宫㉚，三夫人、九嫔㉛、二十七世妇、八十一御妻㉜，以听天下之内治㉝，以明章妇顺，故天下内和而家理㉞。天子立六官、三公、九卿、二十七大夫、八十一元士㉟，以听天下之外治，以明章天下之男教，故外和而国治。故曰：天子听男教，后听女顺；天子理阳道，后治阴德；天子听外治，后听内职。教顺成俗，外内和顺，国家理治，此之谓盛德。

是故男教不修，阳事不得，适见于天㊱，日为之食㊲；妇顺不修，阴事不得，适见于天，月为之食。是故日食则天子素服，而修六宫之职，荡天下之阴事㊳；月食则后素服，而修六宫之职，荡天下之阳事。故天子之与后，犹日之与月，阴之与阳，相须而后成者也㊴。天子修男教，父道也；后修女顺，母道也。故曰：天子之与后，犹父之与母也。故为天王服斩衰，服父之义也；为后服资衰㊵，服母之义也。

【注解】

①昏礼：郑玄说，娶妻之礼，以昏为期，因名焉。必以昏者，取其阳往阴来之义。②"将合"句：因为同姓不婚，所以说"将合二姓之好"。③纳采：纳雁以为采择之礼，即男家向女家送一只雁，告诉已选择其女为对象。问名：询问女子姓名。纳吉：男家占卜得吉兆，通告女家。纳征：纳聘礼作为婚姻之证。请期：请求女家同意婚期。④主人：女方父母。⑤听命于庙：女方父母听受婿家之命于庙堂上的两楹之间。

新娘由车夫载回，新郎先行返回，在大门口迎候。

⑥醮：敬酒，受方不必回敬。⑦共牢：泛指夫妇共用一种食物。⑧合卺而酳（yìn）：合饮一个酒杯。卺，以一匏分为二，夫妇各用其半以酳，故称"合卺而酳"。⑨合体：合卺有合体之义。⑩同尊卑：共牢则不异牲，共同尊卑之义。⑪凤：第二天早上。⑫质明：正明，天亮时。⑬赞：助，此指协助行礼见婆婆的礼物。⑭笲：竹器。⑮赞醴妇：孙希旦说："妇既见，宜有以答之，故赞为舅姑酌醴（即斟甜酒）以礼妇也。"⑯特豚：指一头小猪。⑰厥明：馈豚的第二天。⑱"舅姑"句：孙希旦说："凡飨礼，主人献宾，宾酢主人，主人又酌自饮毕，更爵以酬宾，为一献。此飨妇之礼，舅献祀姑酬，故曰'共飨妇以一献之礼'。"⑲奠酬：孔疏云："妇酢舅，舅于阼阶上受酢，饮毕乃酬，妇更爵先自饮毕，更酒以酬姑，姑受爵奠于荐左，不举爵，正礼毕。"⑳室人：郑氏曰："室人，女妐、女叔、诸妇也。"即丈夫的姐妹及兄弟的妻子。㉑当：称，适合。㉒审：周密。守：守护。委积：积聚，储备。盖藏：储藏。委职、盖藏，此均指家中储藏的财物。㉓祖庙未毁：指此女犹于此祖有服，则于君为亲属。㉔教于公宫：使女师教育于祖庙。㉕祖庙既毁：指此女子此祖无服，则于君为疏远。㉖教于宗室：教之于宗子之家。㉗德：指贞顺的品德。言：指辞令。容：指化妆术。功：指纺织、刺绣等女工之事。㉘祭之：祭告其女所出之祖。㉙笔：做羹的菜。郑氏云："鱼、蘋藻，皆小物，阴类也。"鱼为俎实，蘋藻为羹菜。㉚六宫：正寝一，燕寝五，共为六宫。㉛九嫔：王宫中的女官，也是帝王妃子。《周礼·天官·内宰》："九嫔掌妇学之法，以教九御。"㉜世妇：宫中女官，相当于妃嫔之类。《周礼·天官·冢宰》："世妇掌祭祀宾客丧纪之事。"御妻：也称"女御""御女"，宫内女官，位在世妇之下。《周礼·天官·女御》："掌御叙于王之燕寝，以发时献功事，凡祭祀赞世妇，大丧掌沐浴，后之丧持翣……"㉝听：掌管。㉞"以明"两句：此句或以为当作："以明章天下之妇顺，故内和而家理"。此说见王梦鸥《礼记今注今译》。㉟六官：天地四时（春夏秋冬）之官，共六官。元士：官名。天子之士所以称元士，异于诸侯之士也。㊱适：郑氏曰，适之言责也，谴责之义。见：现。㊲食：蚀。㊳荡：荡涤，清除秽恶。㊴相须：相待，相依存。㊵资：郑玄谓当为"齐"。

【译文】

婚礼是将要合成两姓之间的融合欢好，是对祖先的祭祀和宗族的延续，所以君子看重婚礼。因此婚礼中的纳采、问名、纳吉、纳征、请期，女方父母都要在宗庙里设筵摆席，并在门外敬迎男方的使者。进了庙门，互相揖让着登上堂，在庙堂的两柱子间聆听接受使者传达的婿家之命。这些都是用来使婚礼更加恭敬、谨慎、隆重又光明正大。

男方父亲在向儿子敬酒后吩咐他去迎娶新妇，这是表示男方比女方主动。儿子接受父命前去迎娶，女方父母则在庙里设下筵席，而且在庙门外拜迎女婿的到来。女婿捧着雁进门，相互揖让着登堂，下拜两次，献上雁，原来这是秉承父母之命的意思。然后下堂出

敬慎重正而后亲之，礼之大体，而所以成男女之别，而立夫妇之义也。

来，驾好新娘坐的车，再把车上的拉手绳交给新娘登车。新郎驾车，等车轮转了三圈后让车夫驾驭，自己先返回，在大门外等候。新娘到达，新郎向新娘作揖，迎请入门。吃饭的时候，夫妇共用一种食物，合饮一个酒杯，用来表示合为一体、尊卑相同地相亲相爱。

凤兴，妇沐浴以俟见。

恭敬、谨慎、隆重又光明正大的婚礼举行过后，然后去爱她，是礼的基本原则，并且这样以后男女之间的分别就建立了起来，夫妇间的道义也随之形成了。夫妇间有了分别，然后夫妇间才有道义；夫妇间有了道义，然后父与子才能亲爱和睦；父与子能亲爱和睦，然后君与臣才能各安其位、各行其是。所以说，婚礼是礼的根本。

礼是从冠礼开始的，以婚礼作为根本，丧祭礼着重于隆重，朝觐和聘问着重尊敬，射礼和乡饮酒则重视和睦，这就是礼的大原则。

婚礼第二天清早起床，新娘梳洗打扮后，等待拜见公婆。天明时分，协助行礼的妇人带着新娘去见公公婆婆。新娘拿着竹器，盛着枣子、栗子、加姜桂腌制的干肉去拜见（枣子和栗子献给公公，干肉献给婆婆）。协助行礼的妇人代替公公婆婆给新娘敬甜酒。新娘在席上祭肉酱、祭甜酒。这样就完成了做媳妇的礼仪。等公公婆婆回到卧室，新娘又拿一头小猪去进献，表明做媳妇的孝顺。次日，公婆共用"一献之礼"的方式向媳妇赐酒，公婆虽受到媳妇的回敬，但不用和她同饮。饮完后，公婆先从西阶下去，新娘再从主人的阼阶下去，用这个方式来表明新娘将替代婆婆（做一个家庭主妇）。

做媳妇的礼仪完成了，媳妇的孝顺表明了，又再次申明她将替代主妇的地位，这都是因为在郑重地要求媳妇要做到孝顺。所谓媳妇的孝顺，就是指顺从公婆，与夫家的女眷相处和睦，然后才称得上是和丈夫相匹配的；并且还要能处理丝麻、布帛的事情，周密地守护家中积聚储藏的财物。因此，做媳妇的能做到孝顺无差错，然后家庭内部和谐安定；家庭内部和谐安定，然后家族可以长久不衰。所以圣王重视妇女的孝顺。

因此古时候女子出嫁前的三个月，如果她的高祖庙还未迁，那就在太宗的庙里接受女师的婚前教育；如果她的高祖庙已经被迁走，就在宗子之家接受婚前教育。教给她有关于妇人的贞顺品德、说话谈吐、容貌化妆、女工之事。教育完成过后，祭告女子的祖先，用鱼作牺牲，用蘋、藻做成羹菜，用这些来表示成全妇人柔顺的德行。

古代天子在王后以下设立六官、三夫人、九嫔、二十七世妇、八十一御妻，用来掌管天下的内部治理，申明表白妇人的和顺，所以天下内部和睦而家庭安定有序。天子设立六官、三公、九卿、二十七大夫、八十一元士，用来掌管天下的外部治理，申明表白天下臣民的政教，所以外部和谐而国家安康稳定。所以说："天子掌管外部的治理，王后掌管内部的管理。"教导和顺形成了风俗，外部和内部都和睦协调，国和家都得到了整治，这就叫作盛德。

因此，臣民政教不能修治，阳道之事不能施行，上天就会出现谴责的征兆，就会有日食；妇人的和顺德行不能修治，阴道之事不能施行，上天也会出现谴责的征兆，就会有月食。因此发生日食时，天子就穿上纯白的衣服，整治六官的职事，清除天下阳事中的秽恶；发生月食时，王后就穿上纯白的衣服，整治六官的职事，清除天下阴事中的秽恶。因此天子和王后，就好比太阳与月亮，阴与阳，相互依存而后才能成功。天子修治臣民的政教（就如父亲管教儿子），是父道；王后修治妇人的和顺，（就如母亲教导女儿）是母道。因此说："天子和王后，就好比父亲和母亲。"所以臣子为天子服斩衰三年，就是和为父亲服丧三年一样的意思；为王后服齐衰三年，就是和为母亲服丧一样的意思。

乡饮酒义第四十五

【原文】

乡饮酒之义[1]：主人拜迎宾于庠门之外[2]，入，三揖而后至阶，三让而后升，所以致尊让也。盥洗、扬觯[3]，所以致洁也。拜至，拜洗，拜受，拜送，拜既[4]，所以致敬也，尊让、洁敬也者，君子之所以相接也。君子尊让则不争，洁、敬则不慢；不慢不争，则远于斗辩矣[5]；不斗辩，则无暴乱之祸矣。斯君子所以免于人祸也，故圣人制之以道[6]。

乡人、士、君子[7]，"尊于房户之间[8]"，宾主共之也[9]。尊有玄酒[10]，贵其质也。羞出自东房[11]，主人共之也[12]。洗当东荣[13]，主人之所以自洁，而以事宾也。

宾主，象天地也[14]。介僎[15]，象阴阳也[16]。三宾[17]，象三光也[18]。让之三也，象月之三日而成魄也[19]。四面之坐，象四时也[20]。

天地严凝之气，始于西南而盛于西北，此天地之尊严气也，此天地之义气也。天地温厚之气，始于东北而盛于东南，此天地之盛德气也，此天地之仁气也。主人者尊宾，故坐宾于西北，而坐介于西南以辅宾。宾者，接人以义者也。故坐于西北。主人者，接人以德厚者也，故坐于东南；而坐僎于东北，以辅主人也。仁义接，宾主有事，俎豆有数[21]，曰圣[22]。圣立而将之以敬，曰礼。礼以体长幼，曰德。德也者，得于身也。故曰："古之学术道者，将以得身也，是故圣人务焉。"

祭荐[23]，祭酒[24]，敬礼也[25]。哜肺[26]，尝礼也[27]。啐酒[28]，成礼也[29]。于席末[30]，言是席之正，非专为饮食也，为行礼也。此所以贵礼而贱财也。卒觯[31]，致实于西阶上[32]，言是席之上，非专为饮食也，此先礼而后财之义也。先礼而后财，则民作敬让而不争矣。

乡饮酒之礼：六十者坐，五十者立侍，以听政役，所以明尊长也。六十者三豆[33]，七十者四豆，八十者五豆，九十者六豆，所以明养老也。民知尊长养老，而后乃能入孝悌。民入孝悌，出尊长养老，而后成教。成教而后国可安也。君子之所谓孝者，非家至而日见之也；合诸乡射，教之乡饮酒之礼，而孝悌之行立矣。

孔子曰："吾观于乡[34]，而知王道之易易也[35]。"

主人亲速宾及介[36]，而众宾自从之[37]；至于门外，主人拜宾及介，而众宾自入。贵贱之义别矣。

三揖至于阶，三让以宾升[38]，拜至、献酬，辞让之节繁。及介，省矣[39]。至于众宾，升受，坐祭，立饮，不酢而降。隆杀之义辨矣[40]。

工入[41]，升歌三终[42]，主人献之。笙入三终[43]，主人献之。间歌三终[44]，合乐三终[45]。工告乐备，

乡饮。

遂出。一人扬觯，乃立司正焉㊻。知其能和乐而不流也㊼。

宾酬主人，主人酬介，介酬众宾，少长以齿㊽，终于沃洗者焉㊾。知其能弟长而无遗矣。

降。说屦㊿，升坐，修爵无数[51]。饮酒之节，朝不废朝[52]，莫不废夕[53]。宾出，主人拜送，节文终遂焉。知其能安燕而不乱也。

贵贱明，隆杀辨，和乐而不流，弟长而无遗，安燕而不乱，此五行者，足以正身安国矣。彼国安而天下安，故曰："吾观于乡，而知王道之易易也。"

乡饮酒之义：立宾以象天，立主以象地，设介僎以象日月，立三宾以象三光。古之制礼也，经之以天地，纪之以日月，参之以三光，政教之本也。

亨狗于东方[54]，祖阳气之发于东方也[55]。洗之在阼，其水在洗东，祖天地之左海也[56]。尊有玄酒，教民不忘本也。

宾必南乡[57]。东方者春，春之为言蠢也[58]，产万物者圣也[59]。南方者夏，夏之为言假也[60]。养之，长之，假之，仁也。西方者秋，秋之为言愁也[61]。愁之以时察[62]，守义者也。北方者冬，冬之为言中也，中者藏也[63]。是以天子之立也：左圣，向仁；右义，偝藏也[64]。

介必东乡，介宾主也[65]。主人必居东方。东方者春，春之为言蠢也，产万物者也。主人者造之[66]，产万物者也。

月者三日则成魄，三月则成时，是以礼有三让，建国必立三卿。三宾者，政教之本，礼之大参也[67]。

尊有玄酒，教民不忘本也。

降。说屦，升坐。

【注解】

①乡饮酒：是乡人会聚饮酒之礼。郑玄曰：名曰："乡饮酒义者，以其记乡大夫饮宾于庠序之礼，尊贤养老之义。"孔颖达说：此篇前后凡有四事，一则三年宾贤能，二则卿大夫饮国中贤者，三则州长习射饮酒，四则党正蜡祭饮酒。总而言之，皆谓之乡饮酒。②庠：乡学，州、党则称序。③盥：洗手。洗：洗爵（酒杯）。扬觯（zhì）：举起酒杯。觯，古代饮酒器皿。④"拜至"至"拜既"：拜至，主人于宾之初至而拜之。拜洗，拜主人为己洗爵。拜受，宾拜受爵。拜送，宾已受爵，主人在阼阶上拜送。拜既，宾饮卒爵而拜。既，尽也。⑤斗辩：斗谓逞于力。辩，谓竞于言。⑥道：孙希旦说："道犹礼也。"⑦乡人：乡大夫。士：州长，党正。君子：指卿、大夫、士。⑧尊：酒樽。⑨宾主共之：孔颖达疏云："设尊于东房之西，室户之东，示宾主共有此酒也。"酒虽主人之物，宾亦以酢主人，故曰"宾主共之"。⑩玄酒：水。太古祭祀以水当酒，水无本色，古人习以为黑色，故称玄酒。⑪羞：菜肴。⑫共：通"供"。⑬洗：古盥洗器名，形状如沫盆。荣：屋翼，屋檐两端上翘的部分。⑭"宾主"两句：孙希旦说：宾者，主人之所以敬事，象乎天之尊，主人以礼下人，象乎地之卑，故曰"宾主象天地"。⑮介：古时主有傧相迎宾，宾随从通传叫介，即陪客。僎（zūn）：古文《礼》"僎"皆作"遵"。即是此乡之人做了卿大夫来观礼者。⑯象阴阳：孙希旦说："介，僎以辅宾主

之礼，犹阴阳以助天地之化，故曰：'介僎象阴阳。'"⑰三宾：众宾之长。或说，宾、介、众宾，是三宾。⑱三光：日月星。⑲月之三日：月朔后三日。成魄：生成月初时的月光。⑳"四面"至"四时"：孔颖达曰：四面之坐象四时者，主人东南象夏始，宾西北象冬始，僎东北象春始，介西南象秋始。㉑有数：有当然之数，合乎规定的数目。㉒圣：通"明"，指礼义所在通贯而显明。㉓祭荐：主人献宾，宾即席祭所荐脯、醢。㉔祭酒：宾既祭荐，又祭酒。㉕敬礼：敬重主人之礼。㉖哜（jì）：尝。㉗"尝礼"句：孔颖达云，宾既祭酒，兴，取俎上之肺，齿哜之，所以尝主人之礼也。㉘啐：饮酒入品。㉙成礼：成主人之礼。㉚席末：席西头。㉛卒觯：尽爵，干杯。㉜致实：酒为觯中之实，致尽此实，亦即是干杯。㉝豆：盛食品的器皿。㉞乡：乡饮酒。㉟易易：甚易（推行）。㊱速：招请。郑玄云，即家招之。㊲"而众宾自从之"句：敖继公曰，主人既速介，既先归，介及众宾皆同至宾之门外，俟宾同往也。㊳以宾升：引导宾升阶。㊴"及介，省矣"：孔颖达说，介酬主人则止，主人不酬介，是及介省矣。㊵"隆杀之义"：孙希旦说，宾之礼隆，介杀于宾，众宾又杀于介，此隆杀之义也。㊶工：乐正。㊷升歌三终：孔颖达说，此谓升堂歌《鹿鸣》《四牡》《皇皇者华》，每一篇为一终也。主人献之，谓献工也。㊸笙入三终：孔颖达说，笙入三终者，谓吹笙之人，入于堂下，奏《南陔》《白华》《华黍》，每一篇一终。主人献之，谓献笙人也。㊹间歌三终：间，代。堂上歌《鱼丽》，堂下笙《由庚》为一终；堂上歌《南有嘉鱼》，堂下笙《崇丘》为二终；堂上歌《南山有台》，堂下笙《由仪》为三终。堂上堂下一歌一吹，相代而作。㊺合乐三终：工歌《关雎》，则笙吹《鹊巢》合之；工歌《葛覃》，则笙吹《采蘩》合之；工歌《卷耳》，则笙吹《采蘋》合之。堂上下歌、瑟、笙俱作也。㊻司正：饮酒之间监察仪法者。㊼流：失礼放肆。㊽齿：年龄顺序。㊾沃洗者：洗涤之人，如执掌罍洗之人，以水沃、盥、洗爵者。㊿说：通"脱"。51修爵无数：孔颖达说，谓无算爵也，即是不计杯数。52朝不废朝：治事者，朝以听政，而乡饮在听政以后始举行，故朝不废朝。53莫不废夕：乡饮礼毕，犹可以治私事，是莫不废夕。莫，通"暮"。54亨：烹。东方：堂的东北。55祖：法，效法。56天地之左海：此谓天地之间，海居于东，东则左，故称。57乡：向。58蠢：活动生长的样子。59圣：生气通达。60假：大。61愁：郑玄说，愁读为揫。揫，敛也。62察：郑玄说，犹察察，严杀之貌。63中者藏也：王夫之说，中者犹内也，谓藏于内也。64偝：背对着。65介宾主：介于宾主之间。介，间。66造：就（位）。67参：参照，根据。

【译文】

乡饮酒礼的意义：主人到庠门外拜迎宾，进入庠门，行进中主人要与宾互行三次揖礼而后到达堂阶前，又要相互谦让三次而后登坛上堂，这样来表示对对方的尊重和谦让。主人洗手，洗觯，而后举觯向宾献酒，这样来表示洁净。主人行拜礼感谢宾的到来，宾行拜礼感谢主人为己洗觯，行拜礼而后接受主人的献酒，主人献酒后行拜礼表示恭敬，宾干杯后行拜礼致谢，这些都是为了表示恭敬。尊重、谦让、洁净、恭敬，是君子接交的原则。君子相互尊重、谦让就不会争执，洁净、恭敬就不会怠慢，不怠慢、不争执就会远避打闹争吵。不打闹争吵，就不会有暴乱的祸害。这就是君子用以避免人为祸害的原则，所以圣人依据这种原则制定了乡饮酒礼。

乡人、士、君子举行乡饮酒礼时，盛酒的樽放置在东房和室门之间，宾和主人共同饮用。樽里面盛玄酒，这是以它的质朴为贵。菜肴从东房端出，是主人用来洗手使自己清洁而侍奉宾的。

宾主象征天地，介僎象征阴阳，三位宾长象征天上的三光。（迎宾上堂时）宾主要相互谦让三次，象征月亮在（月底前或月初后）三日而出现魄。四面的坐席，象征四季。

天地间的严肃凝重之气，开始于西南，而盛行于西北，这是天地间的尊严之气，这是天地间的道义之气。天地间的温和敦厚之气，开始于东北，而盛行于东南，这是天地间的盛德之气，是天地间的仁爱之气。主人尊重宾，因此让宾坐在西北边，而让介坐在西南边以辅助宾。做宾的，是用义与人交接的人，因此坐在东南边，而让僎坐在东北边，以辅助主人。仁和义相交接，宾主各有其礼，俎、豆等器具而有一定的数量，叫作（宾主之意）通达；（宾主之意）通达而又奉行恭敬就叫作礼，用礼来体现长幼尊卑关系就叫作德。所谓德，就是对于自身有所得的意思。因此说古时候学习道艺的人，将使自己的身心有所得，所以圣人致力于道义的修养。

宾用脯、醢行食前祭礼，用酒行食前祭礼，这是对主人表示敬重的礼节。拿取俎上的肺尝一尝，这是尝食的礼。尝一尝酒，这是表示饮酒之礼已成。当酒在席的末端，是说席的正中不是专为饮食用的，是为行礼用的，这样来表示重礼轻财的意思。宾饮于觯中的酒，是在西阶上进行的，说明宾的席上不是专为饮酒用的，这体现了先礼而后财的意思。先礼而后财，民众就会兴起恭敬谦让的风气而不争执了。

在乡饮酒礼上：六十岁以上的人坐，五十岁以下的人站着侍候以听从差遣，这样来表明尊敬长者。六十岁的人席前设三豆，七十岁的设四豆，八十岁的设五豆，九个岁的设六豆，这样来表明奉养老人。

民众知道尊敬长者和奉养老人，而后才能在家中孝顺父母和尊敬兄长。民众能在家中孝顺父母和尊敬兄长，出外又能尊敬长者和奉养老人，而后教化成功，教化成功而后国家才可以安定。君子所说的孝，并不是挨家挨户、天天见面加以教导，而是集合民众参加乡射礼，并通过乡饮酒礼进行教育，孝悌的德行就树立起来了。

孔子说："我参观乡饮酒礼，从而知道王道的教化也是很容易进行的。"

主人亲自前往邀请宾和介，众宾都跟随宾、介而来；到达庠门外，主人拜请宾、介入门，众宾跟随宾、介而入，贵贱有别的意思就由此体现出来了。

宾主互行三次揖礼到达堂阶前，又相互谦让三次而后主人与宾上堂。

（进入庠门后）宾主互行三次揖礼到达堂阶前，又相互谦让三次而后主人与宾上堂，接着主人还要向宾行拜礼，向宾献酒而相互酬酢，以及种种推辞和谦让的礼仪都十分繁缛，到与介行礼就简略了。至于向堂下的众宾献酒，是众宾依次到西阶上接受献酒，然后就在西阶上坐下用酒行食前祭礼，再站起来饮干杯中酒，也不酌酒回敬主人，就下堂去了。行礼该隆重和该减轻的原则由此就清楚了。

乐工进来，升堂唱三首歌，然后主人向他们献酒；接着笙工进来，（在堂下）吹奏三支乐曲，然后主人向他们献酒；接着歌唱和吹笙交替进行，唱三首歌、吹三支曲；最后歌唱和乐器合作，（把《周南》和《召南》中的诗各）演唱了三首。乐工向宾报告乐歌演唱完毕，（乐工们）便出去了。一人举觯（献给宾，作为旅酬礼的开端），于是主人设立司正（负责旅酬时监礼），因此知道乡饮酒礼可以使人和乐而又不放纵失礼。

宾向主人进酬酒，主人向介进酬酒，介又向众宾之长进酬酒，以下按年龄长少依次递相进酬，一直到负责沃洗的人，因此知道乡饮酒礼能使年少的和年长的都受惠而无遗漏。

宾主都下堂，脱鞋，再上堂就坐，开始不计数地递相酬酒。饮酒时间的把握，要使早晨不耽误早朝，傍晚不耽误夕见。宾退出，主人行拜礼相送，乡饮酒的礼仪就此结束，可知乡饮酒礼能使人安乐而不乱。

贵贱的区别分明，行礼隆重和减轻的原则清楚，使人和乐而不放纵失礼，年少的和年长的都受惠而无遗漏，使人安乐而不乱，这五项就足以端正自身而安定国家了。那些国家都安定，币天下就安定了，所以（孔子）说："我参观乡饮酒礼，从而知道王道的教化也是很容易推行的。"

乡饮酒礼的意义：设立宾以象征天，设立主人以象征地，设立介、僎以象征日月，设立三宾长以象征三光。古代制定礼，以天地为经，以日月为纲纪，以三光为参照，这就是政教的根本。

在东方烹煮狗肉，效法阳气发生于东方。洗设在阼阶下，供盥洗用的水放在洗的东边，效法天地的左方是大海。樽里面盛玄酒，是教育民众不忘本。

宾必须面朝南。东方是春的方位，春是蠢动的意思。万物蠢动而产生就是圣。南方是夏的方位，夏是大的意思，养育万物、生长万物、壮大万物，就是仁。西方是秋的方位，秋是敛的意思，按时刈割收敛，就是守义。北方是冬的方位，冬是中的意思，中就是收藏在里面的意思。因此天子所立的位置，左边是圣，面向着仁；右边是义，背靠着收藏。

介必须面朝东，介于宾主之间。主人必须处在东方。东方是春的方位，春是蠢动的意思，是产生万物的季节。主人造食以供宾，就像春季产生万物。

月亮在（月底前或月初后）三日而出现魄，三个月形成一季，因此礼有谦让三次的仪节，建立国家必须设立三卿。（乡饮酒礼上）设立三位宾长，是象征政教的根本，礼的大数正是参照着月亮。

射义第四十六

【原文】

古者诸侯之射也，必先行燕礼①。卿、大夫、士之射也，必先行乡饮酒之礼。故燕礼者，所以明君臣之义也；乡饮酒之礼者②，所以明长幼之序也。

故射者，进退周还必中礼。内志正，外体直，然后持弓矢审固；持弓矢审固，然后可以言中。此可以观德行矣。

其节：天子以《驺虞》为节，诸侯以《狸首》为节，卿、大夫以《采蘋》为节，士以《采蘩》为节。《驺虞》者，乐官备也；《狸首》者，乐会时也；《采蘋》者，乐循法也；《采蘩》者，乐不失职也。是故天子以备官为节，诸侯以时会天子为节，卿、大夫以循法为节，士以不失职为节。故明乎其节之志，以不失其事，则功成而德行立；德行立，则无暴乱之祸矣。功成则国安，故曰：射者，所以观盛德也。

是故古者天子以射选诸侯、卿、大夫、士。射者，男子之事也，因而饰之以礼乐也。故事之尽礼乐而可数为以立德行者，莫若射，故圣王务焉。

是故古者天子之制：诸侯岁献，贡士于天子，天子试之于射宫③，其容体比于礼，其节比于乐，而中多者，得与于祭。其容体不比于礼，其节不比于乐，而中少者，不得与于祭。数与于祭而君有庆，数不与于祭而君有让。数有庆而益地，数有让而削地。故曰：射者，射为诸侯也。是以诸侯君臣尽志于射，以习礼乐。夫君臣习礼乐而以流亡者，未之有也。

故《诗》曰："曾孙侯氏④，四正具举⑤。大夫君子，凡以庶士，小大莫处⑥，御于君所。以燕以射，则燕则誉。"言君臣相与尽志于射，以习礼乐，则安则誉也。是以天子制之，而诸侯务焉。此天子之所以养诸侯而兵不用，诸侯自为正之具也。

孔子射于矍相之圃⑦，盖观者如堵墙。射至于司马⑧，使子路执弓矢出延射，曰："贲军之将⑨、亡国之大夫，与为人后者⑩，不入。其余皆入。"盖去者半，入者半。又使公罔之裘、序点扬觯而语⑪。公罔之裘扬觯而语曰："幼壮孝悌⑫、耆耄好礼⑬、不从流俗、修身以俟死者不？在此位也！"盖去者半，处者半。序点又扬觯而语曰："好学不倦、好礼不变、旄期称道不乱者不⑭？在此位也！"盖廑有存者⑮。

射之为言者，绎也⑯，或曰：舍也。绎者，各绎己之志也。故心平

内志正，外体直，然后持弓矢审固。

体正，持弓矢审固；持弓矢审固，则射中矣。故曰："为人父者，以为父鹄^⑰；为人子者，以为子鹄；为人君者，以为君鹄；为人臣者，以为臣鹄。"故射者各射己之鹄。故天子之大射，谓之"射侯"。射侯者，射为诸侯也。射中则得为诸侯，射不中则不得为诸侯。

天子将祭，必先习射于泽^⑱。泽者，所以择士也。已射于泽，而后射于射宫。射中者得与于祭，不中者不得与于祭。不得与于祭者有让，削以地。得与于祭者有庆，益以地，进爵绌地是也^⑲。

故男子生，桑弧蓬矢六^⑳，以射天地四方。天地四方者，男子之所有事也。故必先有志于其所有事，然后敢用谷也，饭食之谓也。

射者，仁之道也。射求正诸己，己正而后发；发而不中，则不怨胜己者，反求诸己而已矣。孔子曰^㉑："君子无所争，必也射乎？揖让而升，下而饮。其争也君子。"

孔子曰："射者何以射？何以听？循声而发，发而不失正鹄者，其唯贤者乎！若夫不肖之人，则彼将安能以中？"

《诗》云："发彼有的，以祈尔爵。"祈，求也。求中以辞爵也。酒者，所以养老也，所以养病也。求中以辞爵者，辞养也。

【注解】

①燕礼：诸侯闲暇时与卿大夫们举行的一种饮酒礼。②乡饮酒之礼：是党正为正齿位所举行的乡饮酒礼。③射宫：在都城附近，为国君与群臣习射之地。④曾孙侯氏：孔疏说，谓诸侯也。⑤四正具举：正爵四行。四行，即献宾、献公、献卿、献大夫。诸侯射前，先行燕饮之礼。⑥小大莫处：即大夫、士等，小大处于司职的没有不来的。⑦翟相之圃：翟相系地名，圃为种蔬菜的园子。⑧射至于司马：主人命其属吏一人为司马，以主持射礼。⑨贲：败。⑩与为人后者：意即干求做别人的后嗣。⑪公罔之裘、序点扬觯而语：《释文》说，公罔是姓，裘是名字；序是姓，点是名。这是在射礼完毕行酬礼时，使此二人举觯以誓众。⑫幼壮：孔疏说，二十为幼，三十为壮。⑬耆耋：孔疏说，六十为耆，七十为耋。⑭者不：问是否有此行。⑮劘：少的意思。⑯绎：陈述。⑰鹄：靶心。⑱泽：宫名。⑲绌：通"黜"，贬损。⑳桑弧蓬矢：桑木做的弓，蓬梗做的箭矢。㉑孔子曰：见《论语·八佾》。

【译文】

古时候诸侯举行射礼，必先举行燕礼；卿大夫、士举行射礼，必先举行乡饮酒礼。因此燕礼是用来明确君臣间的道义的；乡饮酒礼是用来明确长幼次序的。

因此射箭的人，进退旋转必须符合礼，内心端正，外体正直，然后持弓矢稳固而瞄准无差；持弓矢稳固而瞄准无差，然后才谈得上射中。由此可见通过射礼可以观察一个人的德行。

射礼的音乐节奏：天子以《驺虞》为节奏，诸侯以《狸首》为节奏，卿大夫以《采蘋》这支乐曲为节奏，士以《采繁》为节奏。《驺虞》这支乐曲表现官职完备的欢乐。《狸首》这支乐曲表现按时朝会天子的欢乐；《采蘋》这支乐曲，表现遵循法度的欢乐；《采繁》这支乐曲，表现不失职守的欢乐。因此天子以表现官职完备的乐曲为节奏，诸侯以表现按时朝会天子的乐曲为节奏，卿大夫以表现遵循法度的乐曲为节奏，士以表现不失职守的乐曲为节奏。所以明白音乐节奏的意义，而对各自的职事没有失误，就可以使政事成功而德行树立。德行树立起来就不会有暴乱的祸害了。政事成功就可以使国家安定，因此说："射礼是用来观察德行是否充盛的。"

因此古代的天子用射礼来考察诸侯、卿大夫、士（的德行和才艺）。射箭是男子的事，又从而用礼乐来加以修饰。因此做一件事能充分体现礼乐而又可以常做，用以树立德行的，没有比得上射礼的了，所以圣王都致力于这种礼。

因此古代天子的制度是：诸侯每年贡献士给天子，天子在射宫对士进行考试，那些仪容体态符合礼，动作节奏符合乐，而射中次数多的，就能参加祭祀。那些仪容体态不符合礼，动作节奏不符合乐，而射中次数少的，就不得参加祭祀；所贡献的士多次参加祭祀，贡士的国君就能获得褒奖；所贡献的士多次不得参加祭祀，贡士的国君就要遭受谴责。多次获得褒奖的国君就增加封地；多次遭受谴责的国君就要被削地。因此说："射箭的人，是为诸侯而射。"所以诸侯国的君臣都尽心于射，用以演习礼乐。

君臣都演习礼乐而（国家破灭）君臣出奔流亡的事，还从来没有过。

因此《诗》说："王的曾孙做诸侯，四杯正酒都献过。卿大夫啊君子们，凡在场的众士们，小官、大官无不到，侍奉在这国君处。又燕饮来又射箭，又安乐来又荣耀。"这是说君臣共同尽心于射，以演习礼乐，就又安乐又荣耀。因此天子制定了射礼，而诸侯致力于射礼，这是天子用来抚育诸侯而不动干戈以及诸侯用来修正自己的办法。

孔子（同他的学生）在矍相的一个菜园子里演习射礼，围观的人多得如同重重墙壁一般。射礼进行到确立司马的时候，孔子使子路拿着弓矢出来延请想参加射礼的人，说："败军之将，亡国的大夫，干求做别人后嗣的人，不得进来。其余的人都可以进来。"大概走掉了一半人，进来一半人。（射礼完毕行旅酬礼的时候）又使公

射，是绎的意思，就是各自陈述自己的志向。

罔之裘和序点举觯告诫众人。公罔之裘举觯说："年轻时有孝悌的德行，到老年还能喜好礼，不受流俗的影响，修洁自身一直到死，诸位有这种德行吗？（如果有）就可以在宾位上。"大概走掉一半人，留下一半人。序点又举觯告诫众人说："好学而不知疲倦，好礼而不改变，到九十岁、百岁的高龄仍实行道义而不乱，诸位有这种德行吗？（如果有）就可以在宾位上。"留下来的人就很少了。

射，是绎的意思，或者说是舍的意思。绎，就是各自陈述自己的志向，因此心气平和身体端正，就能持弓矢稳固而瞄准无差；持弓矢稳固而瞄准无差，就能射中了。因此说："做父亲的，以为所射的靶心是考验自己是否够资格做父亲的；做儿子的，以为所射的靶心是考验自己是否够资格做儿子的；做国君的，以为所射的靶心是考验自己是否够资格做国君的；做人臣的，以为所射的靶心是考验自己是否够资格做人臣的。"所以射箭的人，各射心目中以为是考验自己的靶心。因此天子的大射礼叫作射侯。射侯，就是用射礼来检验（参射的诸侯）是否能做诸侯的意思：射中就能做诸侯，射不中就不得做诸侯。

天子将举行祭祀，必先在泽宫演习射礼。泽，就是选择士的意思。在泽宫演习过射礼，而后在射宫举行射礼。射中的能参加祭祀，射不中的不得参加祭祀。不得参加祭祀（推为士的诸侯）就要受到谴责，并被削减封地；能够参加祭祀（推为士的诸侯）就要受到褒奖，并增加封地；（受褒奖的诸侯先）晋升爵位，（受谴责的诸侯先）削减封地。

因此生下男孩，就要用桑木做的弓、蓬梗做的矢六支，分别射向天地和四方。天地和四方，是男子发展事业的地方，因此必须是使该子有志于他所要发展事业的地方，然后才敢用粮食喂孩子，就是让孩子吃饭的意思。

射箭，体现了仁的道理。射箭要求端正自身，自身端正了而后发射，发射而没有射中，不埋怨胜过自己的人，反过来寻求自身的毛病罢了。孔子说："君子没有什么可争的事。如果有，一定是射箭吧？行揖礼谦让而上堂，射毕下堂饮酒，那种竞争也是君子式的。"

孔子说："射箭的人怎么射中？怎么听音乐的节奏？按照音乐的节奏发射，发而能射中靶心的，大概只有贤者吧。如果是无德无才的人，那他怎能射中？"

《诗》说："发射那靶心，以祈使你饮酒。"祈，是求的意思，求射中而辞酒不饮。酒，是用来颐养老年人的，是用来颐养病人的。求射中而辞酒不饮，就是辞让颐养之礼。

燕义第四十七

【原文】

古者周天子之官，有庶子官。庶子官职诸侯、卿、大夫、士之庶子之卒，掌其戒令与其教治，别其等，正其位。国有大事，则率国子而致于大子，唯所用之。若有甲兵之事，则授之以车甲，合其卒伍，置其有司，以军法治之；司马弗正。凡国之政事，国子存游卒①，使之修德学道，春合诸学，秋合诸射，以考其艺而进退之。

诸侯燕礼之义。君立阼阶之东南②，南向尔，卿、大夫皆少进。定位也。君席阼阶之上，居主位也。君独升立席上，西面特立。莫敢适之义也③。

设宾主，饮酒之礼也。使宰夫为献主，臣莫敢与君亢礼也。不以公卿为宾，而以大夫为宾，为疑也④。明嫌之义也。宾入中庭，君降一等而揖之，礼之也。

君举旅于宾⑤，及君所赐爵，皆降，再拜稽首，升成拜⑥，明臣礼也。君答拜之，礼无不答，明君上之礼也。臣下竭力尽能以立功于国，君必报之以爵禄，故臣下皆务竭力尽能以立功，是以国安而君宁。礼无不答，言上之不虚取于下也。上必明正道以道民，民道之而有功，然后取其什一，故上用足而下不匮也，是以上下和亲而不相怨也。和宁，礼之用也，此君臣上下之大义也。故曰：燕礼者，所以明君臣之义也。

席，小卿次上卿，大夫次小卿⑦，士、庶子以次就位于下⑧。献君，君举旅行酬。而后献卿，卿举旅行酬。而后献大夫⑨，大夫举旅行酬。而后献士，士举旅行酬。而后献庶子。俎豆、牲体、荐羞，皆有等差。所以明贵贱也。

【注解】

①凡国之政事，国子存游卒：政事，在此指力役士功之事。游卒，指尚未做官者。②君立阼阶之东南：据《仪礼·燕礼》说，国君开始在堂上，见卿、大夫进来，而后下至台阶的东南。③适：通"敌"。④疑：孔疏说，拟也。公卿位尊，仅次于君，若又尊以为宾，则有拟之于君之嫌，故说"为疑也"。⑤君举旅于宾：旅酬礼是由国君举觯发端饮尽，之后酌酒酬宾，体现燕礼待臣下。⑥升成拜：宾接受君的酬酒后，要下堂行再拜稽首礼以谢君。⑦小卿次上卿，大夫次小卿：上卿即"三卿"。小卿，大夫之上司徒之下的小司徒，司马之下的小司马。⑧士、庶子以次就位于下：因其未仕，故依次就位于下。⑨献大夫：旅酬毕，主人再向大夫献酒。

【译文】

古时周天子所设的官中有庶子官，庶子官掌管诸侯、卿、大夫、士的众子这些做父亲副手的人，掌管有关他们的戒令，以及对他们的教

庶子官职诸侯、卿、大夫、士之庶子之卒，掌其戒令与其教治，别其等，正其位。

育管理，区别他们的尊卑等级，理正他们的位次。国家有大事，就率领众子到太子那里，听从差遣使用；如果有战争，就授给众子战车和盔甲，集合兵卒让他们率领，并为他们设置军官，依照军法来对他们进行管理，司马不征发他们的赋役。凡国家有力役士功一类的事，众子列入未做官的游卒中（而不参加），让他们修养德行，学习道艺。春季把他们集合在大学学习，秋季把他们集合在射官里，以考察他们的道艺，而决定对他们升级或斥退。

诸侯燕礼之义。君立阼阶之东南，南向尔，卿、大夫皆少进。

诸侯举行燕礼的意义。君站在阼阶下的东南边，面朝南揖请卿、大夫们进前来，卿、大夫们都稍进前，这是为了确定卿、大夫们在燕礼上的位置。君的席摆设在阼阶上，这是表示处于主人的位置。君独自上堂站在席位上，面朝西独自站立，这是表示没有人敢与君匹敌。

设立宾主，这是饮酒礼的需要。使宰夫做献酒的主人，是因为臣没有人敢同君对等行礼。不用公卿做宾，而用大夫做宾，因为（用公卿做宾就近于）比之为君了，这体现了明别嫌疑的意思。宾进来走到庭

燕礼者，所以明君臣之义也。

中的时候，君要走下一级台阶而揖请他上堂，这是礼敬宾的表示。

君为宾举酒行旅酬礼，以及凡接受君所赐酒的，都要下堂行再拜稽首礼，（君要命小臣加以推辞）受赐者又上堂再拜稽首以成拜礼，这是表明臣对君应有的礼节。君要回礼答拜，这是表明对于别人的礼没有不回礼的，同时也是表明君上对臣应有的礼数。臣下为国竭力尽能建立功劳，君一定要用爵位和俸禄加以报答，因此做臣下的都致力于竭力尽能为国立功，所以国家安定而国君安宁。君对于别人的礼没有不回礼的，是表明君上不白向下索取。君上必须彰明正道来教导民众，民众依从教导而有收获，然后君才向民众按十分之一的税率收税，因此政府的用度充足而下面的民众也不匮乏。所以能够上下和睦亲密而不相怨恨。和睦安宁，是运用礼的结果，这是君臣上下所应明白的大义。因此说："燕礼，是用来彰明君臣关系之义的。"

设置席位，小卿的席位在上卿之下，大夫的席位又在小卿之下，士和庶子依次在阼阶下就位。主人向君献酒，接着君为宾举酒行旅酬礼，而后主人再向卿献酒；君为卿举酒行旅酬礼，而后主人再向大夫献酒；君为大夫举酒行旅酬礼，而后主人再向士献酒；君为士举酒行旅酬礼，而后主人向庶子官献酒。各人位前所设的俎、牲肉、脯醢、菜肴，都依据尊卑等级而有差别。所有这些都是为了表明贵贱的不同。